Martin Mulsow

Savoirs précaires
Pour une autre histoire des idées à l'époque moderne

L'Allemagne, proche et lointaine : suffisamment proche pour nourrir un langage commun, suffisamment lointaine pour que l'échange scientifique soit toujours une source d'étonnement et de retour sur soi et sur ses évidences. Réunir des approches et des disciplines différentes, soutenir des traductions et des publications originales, éditer des ouvrages novateurs comme des « classiques », telle est la conviction de la collection *Bibliothèque allemande*. Fondée en 1984, elle a l'ambition de promouvoir le débat intellectuel venu d'Allemagne et de se donner la chance de le visiter en français. Au travers de cet échange scientifique, elle facilite la transmission de savoirs au delà des frontières, et permet ainsi de renforcer les liens interculturels d'une Europe en crise identitaire.

La traduction de cet ouvrage a été réalisée avec le soutien du Goethe-Institut, financé par le Ministère des Affaires étrangères allemand, dans le cadre du programme franco-allemand de coopération avec la Fondation Maison des sciences de l'homme, Paris.

Nous remercions la Ernst-Abbe-Stiftung pour son généreux soutien.
Traduit de l'allemand par Laurent Cantagrel et Loïc Windels.
La version originale de cet ouvrage a été publiée en 2012 chez Suhrkamp – Francfort-sur-le-Main, sous le titre *Prekäres Wissen. Eine andere Ideengeschichte der frühen Neuzeit*.

ISBN : 978-2-7351-2430-5
ISSN : 2105-4584
Imprimé en France

Illustration de la couverture
Jan Davidszoon De Heem, *Nature morte aux livres*,
Fondation Custodia, Collection Frits Lugt, Paris, Inv. 183

Relecture
Franziska Humphreys, Evelyne Seguy

Suivi éditorial, relecture, mise en pages, conception et couverture
Astrid Thorn Hillig

© 2012, Suhrkamp - Francfort-sur-le-Main, tous droits réservés
© 2018, Éditions de la Maison des sciences de l'homme, Paris

Martin Mulsow

SAVOIRS PRÉCAIRES

Pour une autre histoire des idées à l'époque moderne

Traduit de l'allemand par Laurent Cantagrel et Loïc Windels

Bibliothèque allemande

Éditions de la Maison des sciences de l'homme

Sommaire

Avant-propos · 1

Introduction : Savoir précaire, transferts risqués
et matérialité de la connaissance · 3

Première partie
Tactiques du précariat savant

I. La *persona* du penseur radical · 25
   1. Le précariat clandestin · 29
   2. Les deux corps du libertin · 41
   3. Portrait du libre penseur
      en jeune homme · 57
   4. L'art du nivellement, ou :
      comment sauver un athée ? · 77
   5. Une bibliothèque de livres brûlés · 103

II. Confiance, méfiance, courage : perceptions épistémiques,
vertus et gestes · 123
   6. Un savoir menacé. Prolégomènes
      à une histoire culturelle de la vérité · 125
   7. L'harpocratisme. Gestes de retrait · 145
   8. *Sapere aude*. La vertu épistémique
      dans une perspective historique · 163

Deuxième partie
Fragilités et implications de la bourgeoisie savante

III. Transferts problématiques · 175
   9. La feuille dans le tableau. Études visuelles historiques
      et micro-histoire philosophique · 177
   10. Secrets de famille.
       Transferts précaires parmi les proches · 205
   11. Le colis perdu. Histoire communicationnelle
       de l'histoire de la philosophie en Allemagne · 215

IV. Communautés de fascination et histoire de l'information
(du savoir érudit) 237
    12. Protection du savoir et savoir de protection :
magie défensive, antiquarisme et objets magiques 241
    13. Vigilance et mobilité.
Contribution à l'histoire informationnelle de la numismatique
et du voyage en Orient sous le règne de Louis XIV 257
    14. Microgrammes orientaux. Navigation dans le savoir savant,
du carnet de notes au livre publié 277

Conclusion 303

Notes 307

Table des illustrations et sources 417

Index des noms de personnes 421

Planches en couleur hors texte   entre les pages 172 et 173

Avant-propos*

Il faut modifier les termes du débat concernant la forme que doit prendre une « histoire du savoir » européen à l'époque moderne. D'une part, cette histoire a besoin d'études de cas qui ne soient pas puisées dans le répertoire des grands auteurs bien connus et des courants dominants, mais appliquent les théories existantes à des matériaux inconnus. D'autre part, on a désormais assez célébré l'accumulation, l'organisation et l'utilisation d'informations et de savoirs. Il est temps de mettre en lumière le versant précaire, celui de la perte : le peu de sécurité dont jouissaient certaines théories et certains savoirs, les dangers auxquels ils étaient exposés, le statut précaire des groupes des détenteurs de ces savoirs, les réactions aux pertes et aux menaces, les risques liés à la transmission de savoirs hérétiques. Il faut compléter l'histoire européenne du savoir par tous ces aspects dont l'importance doit être réévaluée. Le matériau est suffisamment riche pour montrer à quel point l'histoire de la philosophie et de la philologie en particulier peut gagner à s'ouvrir aux études culturelles, au *material turn* et à l'*iconic turn* de l'histoire de la communication et de l'information.

Les études de cas réunies dans ce volume ont été rédigées pendant les sept dernières années à Princeton, Munich, Rutgers et Erfurt-Gotha. Elles ont en commun le désir de tracer une « autre » histoire des idées, loin des sentiers battus, et s'efforcent d'offrir des récits alternatifs en partant de la situation de ceux qui appartiennent à ce que j'appelle le « précariat savant ». Par certains côtés, ce livre prolonge mes études publiées dans des ouvrages antérieurs, *Die unanständige Gelehrtenrepublik. Wissen, Libertinage und Kommunikation in der Frühen Neuzeit* [La République des Lettres inconvenante. Savoir, libertinage et communication à l'époque moderne] (2007) et *Moderne aus dem Untergrund. Radikale Frühaufklärung in Deutschland 1680-1720* [La modernité clandestine. Penseurs radicaux de la *Frühaufklärung* allemande (1680-1720)] (2002), mais il leur ajoute

---

* Avant-propos de l'édition originale, 2012.

de nouveaux aspects, surtout une prise en compte plus importante des sources iconographiques et des matériaux manuscrits ainsi qu'une attention renforcée portée aux gestes et aux attitudes.

Je voudrais remercier Eva Gilmer pour son remarquable travail d'édition ainsi que Asaph Ben-Tov, Michael Multhammer, Kristina Petri et Stefanie Kießling pour l'aide qu'ils m'ont apportée dans la rédaction définitive du manuscrit.

Ce livre est dédié à Carlo Ginzburg, l'ami qui m'est un modèle comme nul autre pour fondre ensemble, au-delà de la pure recherche historique, des mouvements de pensée contemporains et une histoire souterraine.

Introduction :
Savoir précaire, transferts risqués et matérialité de la connaissance

Savoirs perdus

Nous croyons pouvoir être sûrs de notre savoir, mais c'est une illusion. Le savoir aussi peut être mis en danger. On peut tout à coup perdre les informations qui le composent. C'est d'ailleurs une expérience aujourd'hui familière à quiconque possède un ordinateur : il arrive que des données deviennent introuvables, soient effacées, que le contenu entier d'un disque dur disparaisse en un instant. Que se passe-t-il alors ? Des pensées ont perdu leur support et se sont évanouies, alors que, la seconde d'avant, on les croyait durables, on les trouvait belles et bien élaborées. Dans la mesure où l'on ne peut plus les mémoriser ni les recréer, elles cessent d'exister. On éprouve alors avec douleur le contraste qu'il y a entre l'intemporalité à laquelle des énoncés peuvent prétendre et notre incapacité à les retrouver dans toute leur complexité, tels qu'on les avait d'abord pensés.

Quelque chose d'analogue se produit lorsque des espèces animales ou végétales disparaissent. Dans ce cas également, quelque chose – le code génétique – est lié à ses supports matériels, et lorsque ces supports vivants ne se reproduisent plus, une sorte de « savoir » de la nature se perd, un ensemble constitutif complexe où étaient enregistrés des expériences de survie, des capacités d'adaptation, des perfectionnements évolutifs, etc.

Il en va de certains manuscrits ou de certains livres comme du capital génétique de tigres devenus si rares qu'il n'en subsiste plus que quelques spécimens : les idées qu'ils contiennent peuvent disparaître avec leurs supports matériels. Quand en 1533, à Genève, l'antitrinitaire Michel Servet fut envoyé au bûcher à l'instigation de Calvin, on brûla avec lui tous les exemplaires que l'on put saisir de sa *Christianismi restitutio*. Seuls trois d'entre eux échappèrent aux bourreaux, et c'est à partir de ces exemplaires que l'ouvrage put connaître une nouvelle vie : sa diffusion reprit timidement en se limitant longtemps à des copies manuscrites, qui permirent cependant, au XVIIIe siècle, de le réimprimer[1]. Les choses se déroulèrent autrement pour Kazimierz Łyszczyński : exécuté en 1689, il fut l'un des nombreux auteurs dont les écrits ont été si parfaitement détruits qu'il ne demeura littéralement plus rien de sa pensée[2].

Que signifie cet aspect de rareté et de mise en danger pour notre conception du savoir ? Quand on parle de « savoir », il est essentiel de préciser si l'on prend le mot au sens strict ou au sens large, en particulier dans certaines expressions telles que « culture du savoir », « histoire du savoir » ou « gestion du savoir ». Dans la stricte acception épistémologique du terme, il y a longtemps qu'on ne définit plus le savoir, avec Platon, comme une opinion vraie justifiée. Dans les débats récents, on discute d'autres conditions constitutives du savoir, qu'elles soient définies de façon interne ou externe, ou d'une autre manière encore[3]. Mais lorsque les problèmes soulevés sont de ceux où le contexte joue un rôle important, comme c'est le cas dans ce livre, cette conception purement épistémologique du savoir paraît trop étroite. Dans les pages qui suivent, j'adopterai par conséquent une conception plus large, qui part plus nettement d'une dimension subjective et renvoie surtout à des convictions fondées, c'est-à-dire à des réflexions théoriques assez complexes, distinctes de ces plus petits éléments constitutifs du savoir que sont les informations[4]. Ainsi compris, le savoir est comme le produit « cuisiné » résultant de la réunion et du traitement de la masse crue des informations. C'est de l'information organisée, imprégnée d'un contexte empirique, et qui est donc connectée à beaucoup d'autres informations, sans jamais rester isolée[5].

Les informations (les *small facts*) sont bien sûr elles aussi chargées de théorie, mais il est inutile d'entrer dès à présent dans ces discussions de détail. Retenons seulement ceci : lorsqu'il s'agit du « savoir » d'acteurs sociaux, le concept de savoir se rapproche du concept de sens comme constituant un moyen pour s'orienter dans l'action, tel que l'ont développé Max Weber et Alfred Schütz[6]. De même que le sens a le plus souvent une dimension sociale originaire, qu'il est repris à d'autres, sédimenté et typifié par autrui, on peut ainsi comprendre le savoir comme du sens devenu social. On peut alors parler d'états de savoir subjectifs et réfléchir à leurs rapports avec le savoir social institutionnalisé. Le critère consistant à exiger que ce savoir soit également vrai ne peut guère être maintenu : même un « faux » savoir et des théories erronées peuvent motiver une action et l'orienter.

Quoi qu'il en soit, même une masse d'informations et de données transformée en savoir peut disparaître quand disparaît son support. Charles Bovelles, philosophe de la Renaissance, a déclaré que l'Univers est composé d'une quantité maximale de substance sans aucune science – ajoutant qu'à l'inverse, l'homme comporte une quantité très vaste de science pour très peu de substance[7]. Peu d'images expriment aussi bien la dangereuse situation du savoir humain. Sa base matérielle ne pourrait guère être plus étroite qu'elle n'est. Quand un homme disparaît, tout son univers disparaît avec lui.

On m'objectera peut-être que je m'appuie trop sur une conception du savoir centrée sur l'individu. Si l'on considère le savoir comme du sens socialement transmis, ne doit-on pas plutôt considérer que c'est le groupe, l'institution, la société qui lui sert de support, et non la personne seule ? Le savoir n'est-il pas conservé dans la langue et la sémantique communes, ce qui le protège contre la perte de ses incarnations singulières[8] ? Même quand certaines de leurs bibliothèques brûlent, les sociétés peuvent conserver les éléments fondamentaux de leur savoir. Sans doute, mais cette considération ne s'applique pas à de « petits » éléments de savoir spéciaux, contre-intuitifs, révolutionnaires, qui sont si rares qu'ils ne sont parfois jamais devenus un texte imprimé ni n'ont pris de forme « commune » quelconque.

Il se peut que nous soyons devenus plus sensibles à la perte de savoir depuis que nous avons fait l'expérience des défaillances des ordinateurs. Mais on n'en a pas encore tiré les conséquences. On n'a pas encore compris que le *material turn* impose à l'historien des idées de s'intéresser non seulement à la mémorisation du savoir, mais aussi aux dangers qui le menacent. Dès lors, les objets exotiques et ceux des cabinets de curiosités ne sont plus les seuls à être dignes d'intérêt : il faut leur ajouter l'encre délavée et les papiers carbonisés. Quand le savoir est-il en danger ? Par qui est-il persécuté ? Quelle différence y a-t-il entre un savoir qui disparaît avec des hommes et un savoir qui disparaît avec des textes ? Comment a-t-on réagi à la mise en danger du savoir ? Telles sont quelques-unes des questions posées par ce livre. Si l'on pense à toutes ces rêveries humaines, des « colonnes de Seth » de l'Égypte ancienne, censées résister au feu et au déluge, jusqu'à la plaque de la sonde *Pioneer 10* comportant un message que des extraterrestres devaient pouvoir lire, l'homme semble avoir toujours imaginé que son savoir était d'emblée disponible comme un tout[9]. On était plus modeste à l'époque moderne, et les problèmes posés par la conservation du savoir étaient alors souvent d'une nature très terre à terre. Comment être sûr qu'une lettre, un paquet ou un message secret arrive réellement à son destinataire ? Comment communiquer certaines choses au lecteur, au nez et à la barbe des censeurs ? Comment empêcher la police de saisir et détruire tous les exemplaires d'un nouveau livre ?

Précarité

J'essaie d'appréhender ces phénomènes au moyen du concept de « savoir précaire ». « Précaire » signifie ici incertain, épineux, délicat, problématique ou révocable. Cette qualification concerne moins le contenu du savoir que son statut. Il est évident que ce statut est souvent une conséquence du contenu, en particulier lorsque ce dernier est subversif et qu'il n'est pas du goût d'une élite au pouvoir. Mais commençons par négliger ce point pour décrire trois formes de précarité que peut prendre le statut du savoir : statut précaire du support du savoir, statut social précaire et statut précaire du rôle du locuteur et des déclarations.

Statut précaire du support de savoir : le statut d'un support de savoir est précaire lorsque le support en question peut être facilement perdu ou détruit. C'est le cas lorsque des textes ou des images n'ont jamais été imprimés et ne sont disponibles qu'en quelques exemplaires manuscrits, voire lorsqu'il n'en existe qu'un seul exemplaire. C'est également le cas lorsque le savoir n'existe que de façon orale, sans support écrit et sans être garanti par un groupe ou une tradition bien établie[10], lorsqu'il n'a donc qu'une existence subjective dans la tête de celui qui en est le détenteur.

Les samizdats, cette littérature des pays du Bloc de l'Est durant la guerre froide qui n'était diffusée que sur des feuilles dactylographiées, sont paradigmatiques de cette précarité[11]. Avant eux, des arguments critiques contre la religion furent « publiés » clandestinement aux XVIIe et XVIIIe siècles sous forme de copies manuscrites, en France et dans beaucoup d'autres pays européens[12]. Tous ces textes étaient hautement menacés : ils étaient interdits, les autorités de l'Église et de l'État les recherchaient et, une fois confisqués, ils étaient souvent détruits. Il n'existe que trois exemplaires du *Theophrastus redivivus*, vaste ouvrage savant clandestin des années 1650 qui constitue peut-être le tout premier traité philosophique connu à être explicitement athée[13]. Le hasard aurait aussi pu aisément les anéantir. Mais même des écrits aussi peu compromettants que des notations d'airs d'opéra étaient précaires. À l'époque moderne, la partition d'une pièce constituait parfois un savoir secret jalousement gardé par l'orchestre qui la jouait : elle n'était ni imprimée ni diffusée, afin de rester la propriété exclusive d'une compagnie d'opéra. Si cette dernière venait à être dissoute, la musique disparaissait le plus souvent aussi sans laisser de traces[14]. Il y avait encore d'autres formes de savoir exclusif, comme les recettes alchimiques et les inventions scientifiques ou techniques[15].

Il faut aussi rappeler qu'il a existé une « littérature » philosophique avant l'invention de l'écriture : on ne connaît de la doctrine d'un penseur présocratique comme Pythagore que quelques rares fragments, transmis par des sources écrites plus tardives. Rappelons enfin les formes de savoir naguère encore vivaces dans bien des cultures orales dont tout témoignage a disparu avec leurs derniers survivants.

Statut social précaire : le statut social de quelqu'un est précaire lorsqu'il a des convictions considérées comme choquantes ou dangereuses, ou qui sont interdites. Cette personne se voit alors obligée de communiquer ses idées de manière secrète, en dissimulant son identité ou, du moins, ses intentions et ses opinions[16]. Si ces idées viennent à être connues, leurs auteurs sont souvent exposés à des mesures répressives, parfois même à des persécutions. Leur carrière, leur liberté voire leur vie sont en danger. Il leur est généralement interdit de prétendre à une reproduction institutionnalisée de leur savoir, c'est-à-dire d'enseigner à l'université et de former des disciples. À l'époque moderne, grâce à l'existence de l'imprimerie, il leur est plus aisé de publier leurs textes, mais souvent seulement dans certains lieux bien précis et en prenant toutes sortes de précautions : garder l'anonymat, tenir secret le nom de l'imprimeur, diffuser l'ouvrage de façon clandestine[17]. C'était, et cela reste, une activité à hauts risques.

Précarité du statut du rôle de locuteur et des déclarations : quand ils ne publiaient pas leurs écrits de façon clandestine, ces auteurs ont souvent trouvé, pour échapper à la persécution, des moyens raffinés afin de rendre leurs convictions accessibles à un public plus large, au moins de manière indirecte, sans qu'on puisse pour autant leur faire porter la responsabilité de leurs propos : ils se masquaient, se construisaient une double *persona*, recouraient à des pseudonymes, pour ne donner que quelques exemples.

Ainsi, au lieu de prétendre directement à la vérité, le savoir précaire était souvent formulé dans un « cadre » : on l'insérait dans une fiction littéraire ; on le faisait énoncer par l'un des locuteurs d'un dialogue ; on le déguisait dans une farce relevant du « jeu sérieux » et dans laquelle il était impossible de déterminer si tel acte de langage devait être pris au sérieux ou n'était qu'une plaisanterie ; on le proférait comme un élément « obscur » d'une énigme ou d'une allusion peu claire ; ou bien on le formulait dans des types de discours particuliers et « problématiques », comme les *dubia* universitaires[18]. Dans tous les cas, il s'agissait d'éviter ou de brouiller toute implication claire de l'énonciateur dans telle ou telle de ses déclarations, de sorte qu'en cas de doute – c'est-à-dire en cas de plainte, de poursuites ou d'accusation –, l'auteur puisse toujours prétendre que ce n'était pas ce qu'il avait voulu dire.

Si nous parlons ici de types de discours « problématiques », c'est en appliquant à la notion de savoir le qualificatif « problématique » au sens ancien du terme, que Kant a formulé ainsi : « Les jugements problématiques sont ceux où l'on admet l'affirmation ou la négation comme simplement *possibles* (arbitraires)[19]. » Un savoir, ou plutôt une conviction, est donc discuté, qui ne peut pas encore prétendre être définitivement fixé dans le réseau sémantique. Ce n'est pas son caractère vrai ou faux qui importe ici, mais seulement son contenu propositionnel. Ce dernier teste en quelque sorte les conséquences qu'aurait son intégration dans le réseau sémantique. En ce sens, un tel savoir est bien précaire. En français, auquel l'allemand a emprunté le mot *prekär*, « précaire » a en effet aussi le sens d'« hésitant » et de « révocable ». Le mot vient du latin *precarius*, terme technique appartenant au vocabulaire du droit romain. Est précaire une propriété ou une activité dont la jouissance ou l'exercice n'a été octroyée que grâce « à une permission toujours révocable par celui qui l'a accordée[20] ». Dans notre contexte, cela signifie que le savoir précaire est incertain, que l'on ne sait s'il est valide ou s'il ne faudra pas finir par rejeter sa prétention à la vérité, que ce soit pour des raisons de contenu ou parce qu'une instance de pouvoir en a décidé ainsi : songeons à l'Inquisition romaine, qui inscrivait des livres sur son *Index librorum prohibitorum*, ou bien au Conseil aulique impérial, qui pouvait condamner un livre et ordonner des poursuites contre son auteur sur tout le territoire de l'Empire[21].

L'histoire du « problématique » compris en ce sens concerne, à l'époque moderne, toute une série de genres et de stratégies énonciatives servant à susciter une incertitude, à commencer par les formes relevant du *ioco-serio*, du discours mi-sérieux, mi-plaisant[22]. Ainsi, lorsqu'on commença à se demander sérieusement si la philosophie d'Épicure ne contenait pas malgré tout une part de vérité, on eut la prudence de le faire dans le cadre d'un ouvrage plaisant[23]. De même, on sait que la thèse révolutionnaire de Copernic sur l'héliocentrisme a d'abord été présentée par Andreas Osiander comme une hypothèse purement mathématique, que son statut « problématique » situait au-delà de la question de sa vérité ou de sa fausseté empirique[24].

Le précariat savant

J'appelle « précariat savant » le syndrome des différentes formes de statuts précaires dans leur ensemble. Mot-valise, le néologisme « précariat » unit « précaire » et « prolétariat ». Dans les travaux sociologiques récents, il sert à suggérer que la pérennisation de conditions incertaines de travail et d'existence a provoqué, dans nos sociétés, la formation d'une couche sociale inférieure du type d'une classe, mais que l'on ne peut décrire comme une couche sociale spécifique parce qu'elle est sans forme et peut concerner jusqu'aux couches supérieures intellectuelles traditionnelles[25]. Il s'agit de transformer notre manière d'appréhender la stratification sociale à partir du critère de la sécurité du revenu. Si l'on applique ces idées à notre approche des milieux savants, on peut parler d'un précariat savant. On entend par là une pérennisation des formes précaires de savoir qui conduit les individus concernés à renforcer certaines formes d'habitus correspondantes, à adopter des pratiques clandestines habituelles, à s'exprimer de façon déguisée, voire à dissimuler en partie leur propre identité. Comme nous le verrons, ce précariat concerne aussi les couches « supérieures » des milieux scientifiques établis. On pourrait lui opposer le concept de bourgeoisie savante, désignant la couche composée des détenteurs de savoir qui peuvent normalement s'appuyer sur des modalités assurées de publication, d'institutionnalisation et d'enseignement, dont les idées disposent d'un espace de reconnaissance et qui ne sont pas contraints de dissimuler. Comme pour le précariat, il ne faut pas considérer cette bourgeoisie savante (il faudrait en fait parler de « sécuriat savant ») comme une classe sociale aux contours bien définis, mais seulement comme un ensemble dispersé sans forme claire.

Cette approche de l'histoire du savoir change par ailleurs notre façon de considérer la division en courants radicaux, modérés et orthodoxes, fréquente en histoire des idées[26]. L'essentiel n'est plus la classification des convictions, mais le statut des détenteurs de savoir, et la question concrète de déterminer si ce statut est sûr et à quel point il l'est. Il est vrai que cette sécurité provenait le plus souvent de l'acceptation sociale des idées d'un auteur, qui pouvait le conduire à être nommé à des postes d'enseignement et attaché à un protecteur, ce qui lui procurait des élèves et la certitude que ses écrits seraient publiés. Mais ce ne fut pas toujours le cas. Il pouvait arriver que même un penseur radical ait – au moins quelque temps – la possibilité de développer ses propres idées dans l'entourage protégé d'un prince l'ayant pris sous son aile (ainsi de Johann Lorenz Schmidt, traducteur rationaliste de la Bible, à la cour de la comtesse de Löwenstein-Wertheim-Virneburg[27]), et, à l'inverse, que des penseurs modérés basculent dans une situation précaire. La frontière entre précariat et bourgeoisie passait parfois à l'intérieur d'une même personne, quand un théoricien devait pratiquer une séparation entre différents savoirs : Isaac Newton fit ainsi une distinction très nette entre ses ouvrages de physique, qu'il publia, et ses travaux en alchimie et en histoire des religions, qu'il se garda de publier[28]. Un autre exemple de ce genre est donné par Hermann Samuel Reimarus : c'était en apparence un professeur reconnu de Hambourg, qui avait publié de nombreux ouvrages de philosophie, mais il avait aussi un pied dans le précariat savant puisqu'il travaillait en secret à une *Apologie* critiquant le dogme de la Révélation[29]. Précariat savant et bourgeoisie savante ne désignent donc d'abord ici que des groupes de personnes. Mais il sera également utile d'élargir ces notions en les considérant aussi comme des *ensembles au sens de Bruno Latour*, comprenant des personnes, des images et des manuscrits. En ce cas, nous parlerons de « support de savoir » de façon neutre, expression qui peut également désigner la pure potentialité d'une actualisation du savoir[30].

À la différence de ce qui se passe avec la tripartition entre Lumières radicales, Lumières modérées et orthodoxie, on n'a pas besoin ici de recourir à un concept strictement exclusif : il s'agit plutôt de distinguer des zones de faible intégration par le partage de savoirs et de convictions et des zones de forte intégration[31]. La radicalisation, dans ses conséquences, peut alors être décrite comme une précarisation du savoir. Le chapitre 3 montrera ce que cette transformation a d'utile dans des cas comme celui de Theodor Ludwig Lau, « libre penseur » qui, en tant que caméraliste, a pu intégrer son savoir dans le débat social, alors que cela lui était refusé en tant que philosophe.

Niches de savoir

Si l'on prend au sérieux la métaphore de Gregory Bateson d'une « écologie de l'esprit » en l'appliquant à l'histoire intellectuelle, on peut réfléchir avec profit à la protection des espèces et aux espèces en danger à propos du savoir et des idées[32]. Au contraire d'une histoire des idées qui retrace des évolutions en s'appuyant sur les cas normaux[33], il s'agit ici de s'intéresser aux cas limites, aux catastrophes ou aux quasi-catastrophes lors desquelles du savoir est perdu, ou sur le point de disparaître. Alors seulement on rend visibles des niches – pour reprendre un terme utilisé en écologie –, que des libres penseurs persécutés, des femmes ou des savants novateurs se sont créées afin de protéger leurs idées et de les diffuser malgré les dangers[34]. Qu'il s'agisse d'un Spinoza confiant le manuscrit de son *Éthique* à ses amis les plus proches en les chargeant de le publier après sa mort[35] ou d'un Reimarus léguant son *Apologie* aux membres de sa famille en qui il avait confiance à cet égard (nous verrons cela plus précisément au chapitre 10), il faut toujours reconstruire la situation historique concrète qui a rendu nécessaire la formation de ces niches. Publier ou ne pas publier (ou encore publier de façon posthume) sont des actes de langage, c'est-à-dire des actions dont il convient de découvrir les mobiles et les intentions[36].

Les niches n'avaient pas seulement pour fonction de dissimuler réellement des manuscrits, elles pouvaient aussi être de nature institutionnelle ou textuelle. À l'université de Paris, au XIIIe siècle, ceux qu'on appelait les averroïstes tentèrent de créer une niche institutionnelle pour la philosophie en séparant les vérités philosophique et théologique en fonction des disciplines respectives[37]. Les dissidents religieux du XVIe siècle et les libertins du XVIIe siècle jouaient sur le double sens des mots pour se rendre inattaquables et échapper aux persécutions de leurs adversaires. Ou bien ils inventaient des stratégies pour dire entre les lignes autre chose que ce qui était dit à la surface du texte, comme l'avaient fait leurs homologues spirituels du judaïsme et de l'islam médiévaux[38].

Dans de telles niches, le savoir est rare par définition. Il est élitaire, non pas au sens où seule une couche sociale supérieure y aurait accès, mais parce que seuls des cercles restreints d'initiés peuvent l'acquérir. Il obéit à une autre logique que le savoir situé loin des dangers et des controverses, dans le courant dominant de la « grande tradition ». La différenciation fondamentale du savoir en fonction des milieux auxquels appartiennent ses détenteurs est connue depuis longtemps. En 1553, à la suite de Lorenzo

Valla et plusieurs siècles avant Wittgenstein, afin de démasquer les pièges linguistiques dans lesquels tombent les philosophes de profession, ceux qu'il appelait des « pseudo-philosophes », l'humaniste Mario Nizolio distingua trois sortes de savoir : le savoir de ces pseudo-philosophes, création purement artificielle (*idiōs*) qui ne correspond pas à l'usage linguistique ; le savoir des gens normaux, utilisé communément (*koinōs*) ; et le savoir par excellence (*kyriōs*), celui de l'élite intellectuelle, plus spécifique. Nizolio définit ce dernier comme « la connaissance d'une ou de plusieurs choses dignes d'être sues, difficiles à comprendre, et ignorées du vulgaire[39] ». C'est également en ce sens qu'il faut comprendre la distinction opérée par Averroès entre le savoir ordinaire et le savoir exceptionnel : il est en effet d'avis que les philosophes sont capables de digérer plus de savoir et de vérité que le simple peuple, auquel il est donc légitime de ne pas communiquer certaines idées – on s'en voudrait de lui causer des maux de ventre[40].

Refuser de communiquer un savoir à certains groupes n'est pas en soi un indice de son statut précaire. Au contraire, il peut s'agir d'un savoir réservé à une instance de pouvoir, à l'Église ou à l'État (*Arcana imperii*)[41]. C'est seulement quand le savoir est aussi perçu comme composé d'informations « brûlantes », c'est-à-dire de connaissances qui, contrairement aux dogmes « froids » et immuables, sont libres de poursuivre leur développement interne, qu'il faut, comme le dit Averroès, un solide estomac pour digérer intellectuellement et intégrer ce savoir, susceptible de s'étendre dans des directions inattendues, voire indésirables. Nous définirons plus loin le concept de « charge subversive inférentielle », qui permettra de décrire ce qu'est une information « brûlante ». Mais si l'on veut créer une niche protectrice pour ce type de savoir, on est confronté au paradoxe de devoir circonscrire quelque chose qui, par son contenu, ne peut pas l'être, ou alors seulement de façon formelle et temporaire : par la langue, en l'écrivant en latin, que les gens simples ne savent pas lire[42], ou de façon institutionnelle, en le rattachant à la faculté de philosophie. Mais le conflit est latent et il n'est que trop facile d'abattre les barrières linguistiques ou institutionnelles, surtout quand on a affaire à des partisans fervents voire fanatiques de la vérité. La véracité, qui est, avec l'exactitude, une des deux vertus cardinales que Bernard Williams attribue à la vérité, ne tolère souvent aucune frontière communicationnelle[43].

Les notes de bas de page constituent une niche de savoir par excellence[44]. Dans ces caves de l'érudition ne dorment pas seulement les bonnes bouteilles dont a parlé Robert Minder. On y entrepose également les marchandises de contrebande, de ces marchandises que l'on désire dérober à la vue du lecteur pressé en les exposant malgré tout quelque part. Jacob Soll a montré comment les notes de bas de page et les commentaires d'Amelot de La Houssaye à propos d'historiens antiques comme Tacite ou de théoriciens politiques comme Machiavel ont subrepticement introduit au XVIIe siècle une forme de pensée critique annonciatrice des Lumières. Si cette pensée critique put se développer à Paris, au centre du pouvoir et non en sa périphérie, c'est seulement parce que ces formes indirectes que sont les annotations et les commentaires permettaient de prendre des libertés qui auraient été impensables dans une argumentation située dans le corps du texte[45]. Parce qu'elles retenaient moins l'attention que le texte proprement dit, les notes de bas de page ouvraient des espaces où l'on pouvait essayer des pensées subversives et faire passer en douce des impertinences ou des extravagances. On a bien ici un savoir précaire implicite, dans le sens littéral du déplacement d'idées dangereuses vers le niveau « préconscient » du texte situé en bas de page.

C'est encore plus vrai dans le cas de la note marginale manuscrite, qui est comme une note de bas de page à usage privé, ou une offre de communication confidentielle à l'intention de celui à qui l'auteur donnait à lire son exemplaire annoté. John Toland communiquait de cette façon avec son ami Robert Molesworth[46]. Dans certains cas, le caractère privé ou « domestique »[47] de la note marginale peut donner la clef du niveau préconscient compris en ce sens. Dans cette mesure, on peut se demander si, dans leur matérialité et leur unicité, les réflexions manuscrites n'offrent pas un accès privilégié à la dimension affective de la pratique scientifique, à l'histoire de la fascination exercée par l'exotique, le subversif et le problématique.

Transferts risqués

Le statut précaire du savoir a des conséquences évidentes sur la communication : toute transmission représente un risque potentiel pour l'émetteur comme pour le récepteur. Il n'était pas rare que quelqu'un soit condamné à de lourdes peines pour la simple raison qu'il possédait un exemplaire d'un texte interdit, comme le *De trinibus impostoribus* ou le *De vindiciis contra tyranos*. Même la transmission physique de l'information pouvait se révéler risquée. Le caractère universel du savoir est aussi peu une garantie de sa pérennité matérielle que de la réussite de son transfert d'un détenteur à un autre. Dans l'ensemble, bien sûr, l'histoire de la communication du savoir à l'époque moderne est l'histoire d'un succès. L'imprimerie a non seulement entraîné la standardisation des textes, la possibilité de les comparer et une plus grande objectivité, mais aussi la tolérance et l'émergence d'un espace public[48]. Voilà ce que nous avons appris. Un peu de scepticisme est néanmoins de mise, et il faudrait en particulier opérer quelques distinctions. Si l'on en croit Adrian Johns, les médias imprimés n'ont pas seulement favorisé l'émergence de standards identiques (comme l'a montré Elizabeth Eisenstein), ils ont aussi encouragé la différence et les différends[49]. Quand on y regarde de plus près, les vues d'ensemble se brouillent et l'histoire de la communication se révèle beaucoup plus problématique. Des imprimeurs remplacent des passages entiers entre deux phases de l'impression, des feuillets s'égarent, des auteurs ajoutent en toute hâte des corrections de dernière minute.

De même, distinguer entre savoir précaire et savoir « normal » permet de se rendre compte qu'à l'époque moderne, le savoir précaire qui hibernait dans des niches avait à surmonter toute une série d'obstacles pour être transmis. On peut s'en faire une idée en songeant, plus près de nous, à la littérature de samizdat en Europe de l'Est durant la guerre froide : des textes, des pamphlets étaient tapés sur des machines à écrire privées, reproduits par hectographie et – seule forme de « publication » – diffusés sous le manteau, de la main à la main ; le savoir était réprimé, des auteurs envoyés au goulag. Chaque transfert courait le risque d'échouer et de mettre en danger l'expéditeur et le destinataire du message.

Les problèmes de transfert concernent d'une part le caractère implicite du savoir : l'ensemble, qu'on a du mal à démêler, formé par les pratiques, les convictions, les expériences propres à une génération et les appropriations individuelles ne peut que passer pour « démodé » auprès d'une nouvelle génération ; certaines compétences, comme la maîtrise du latin, peuvent se perdre, certaines pratiques, comme l'habitude de recueillir les fruits de ses lectures sur des cahiers de lieux communs, peuvent disparaître pour de bon. Mais il y a d'autre part des problèmes de transfert spécifiques au savoir subversif : la censure et les persécutions rendent le secret nécessaire, encouragent des techniques clandestines de diffusion, incitent à faire passer des idées entre les lignes au moyen d'allusions[50]. On a recours à des pseudonymes, à de fausses mentions d'éditeurs, à des titres fictifs. Ces techniques n'ont souvent servi à rien : les livres étaient confisqués, les tirages détruits et les auteurs emprisonnés ou exécutés. Ou bien elles suscitaient des malentendus ou des incompréhensions. Dans la mesure où les auteurs clandestins avaient eux-mêmes du mal à savoir qui avait écrit tel ou tel livre, où ils pouvaient s'en procurer un exemplaire et ce que pouvait bien signifier telle ou telle allusion, il est indéniable que le monde de la clandestinité présentait une certaine opacité[51].

Les recherches des vingt dernières années sur les transferts culturels ont développé une série de concepts qui peuvent se révéler utiles pour le cas plus spécifique du transfert de savoir. C'est le cas par exemple des distinctions entre « culturème » et « structurème », et entre culture de départ et culture de référence. On a mis en valeur les changements de significations que subit un savoir donné, développé dans une culture de départ, lorsqu'il se trouve reconstitué dans de nouveaux contextes nationaux ou culturels[52]. Dans le cas du savoir précaire, la reconstitution peut conduire à des déformations d'une ampleur particulière. Un savoir qui ne pose aucun problème dans une culture donnée peut soudain devenir explosif dans une autre, par exemple dans le cadre d'une autre religion ou d'une autre confession. Les arguments antichrétiens répandus parmi les Juifs d'Amsterdam sous forme manuscrite au XVIIe siècle devinrent ainsi de véritables bombes à retardement quand ils tombèrent par hasard entre les mains d'intellectuels qui n'appartenaient pas à ce milieu, voire lorsque certains d'entre eux furent imprimés.

Risqué, le transfert du savoir l'est aussi de façon tout à fait terre à terre, lorsqu'un paquet n'arrive pas à son destinataire par exemple. Une reconstitution des échanges intellectuels qui repose sur les pratiques des acteurs concernés ne peut pas faire l'économie de telles contingences. Je montrerai ainsi dans une étude de cas comment la perte – ou peut-être sa destruction délibérée par des adversaires – d'un paquet de notes de lecture sur l'histoire de la philosophie a eu une influence décisive sur l'évolution de l'historiographie philosophique allemande. Si, en décrivant les conséquences d'une action, on se mettait, comme le fait Bruno Latour, à compter les choses au nombre des actants, on pourrait, pour des cas de ce genre, écrire l'histoire intellectuelle d'une époque en tenant compte des « actions » imputables aux manuscrits, aux dispositions de la censure et aux trajets postaux[53]. Pour une histoire de l'information de la précarité, cela signifie qu'il faut mettre les « espèces en danger » au cœur du processus historique et parvenir à cartographier le fonctionnement mais aussi les dysfonctionnements de la communication : où se trouvaient les grippages dans la République des Lettres ? Où retirait-on les paquets de la circulation au lieu de les expédier à un nouveau destinataire ?

L'implicite : histoire des idées et *cultural studies*

La discipline que l'on appelle en français « gestion des connaissances » a emprunté à Michael Polanyi son concept de savoir implicite (ou connaissance tacite), pour l'appliquer aux questions touchant à la direction d'entreprise[54]. J'ai déjà évoqué le rôle joué par l'implicite dans les problèmes de transfert. Je pense que l'on peut utiliser les réflexions de Polanyi pour intégrer différentes formes de savoir à la description du précariat savant. On devrait en particulier se demander s'il ne faudrait pas qualifier d'implicites les formes de savoir qui relèvent du paratexte, des images ou des pratiques. On sait que, pour Polanyi, un savoir est implicite s'il concerne la *façon* dont on effectue quelque chose, même si l'agent de cette action ne dit pas ou n'est pas en mesure de dire explicitement en quoi consiste son *savoir-faire*. Cela vient en partie du fait que le savoir implicite consiste en automatismes qui sont devenus des habitudes, mais en partie aussi du fait que l'on n'y prend pas garde, c'est-à-dire que ce savoir implicite constitue simplement un arrière-plan pour l'attention qui dirige l'action.

Ces deux formes d'implicite peuvent servir à intégrer à l'histoire du savoir de nouvelles approches empruntées aux *cultural studies*. Ce que l'on appelle *intellectual history* est aujourd'hui en grande partie une histoire culturelle de pratiques intellectuelles[55]. Le savoir est ancré dans les schémas de pensée et les actions des hommes par les pratiques liées à son appropriation, si bien que les modes implicites du savoir sont loin d'être dénués d'effet. De manière analogue, une idée fondamentale de Michel Foucault est que ces facteurs implicites (qu'il appelle les formations du discours) marquent aussi le contenu des formes de savoir.

La catégorie du savoir implicite permet d'ouvrir l'histoire du savoir à d'autres aspects des études culturelles. On peut ainsi interpréter les images, les émotions et la gestuelle comme autant d'expressions, corporelles ou non spécifiées, du savoir, même si elles peuvent, par la suite, devenir l'objet de l'attention et être alors employées explicitement pour encadrer des énoncés. Dans le cas de la transmission du savoir au sein des entreprises, Nonaka et Takeuchi affirment que l'une des clefs du succès réside dans l'alternance constante entre implicite et explicite. Peut-être faut-il se représenter la communication au sein du précariat savant sur un mode semblable : comme une alternance entre une transmission implicite et personnelle dans le cercle restreint des familiers et des déclarations explicites dans des documents écrits mais qui sont à leur tour remplis d'allusions, de pratiques et de gestes textuels qui relèvent de l'implicite.

Le savoir iconique relève lui aussi de l'implicite dans la mesure où la description (linguistique) d'une image ne suffit pas pour en saisir pleinement le sens. La rareté du savoir précaire permet d'établir un lien avec les études visuelles historiques (*historische Bildwissenschaft*). Contrairement à l'histoire de l'art qui réduisait son objet à un canon d'œuvres reconnues comme œuvres d'art, les études visuelles ont fait de toutes les représentations iconiques des objets d'attention scientifique, qu'elles relèvent ou non de l'art, incluant les films, les photoreportages, les bandes dessinées, les graffitis ou les illustrations scientifiques[56]. De la même manière, ne pourrait-on imaginer ainsi des « études textuelles historiques » qui élèveraient au rang d'objet de leurs recherches des textes qui ne se trouvent pas uniquement dans les livres et les manuscrits ? Comme le montrera l'étude de cas menée dans le chapitre 9, il est possible de reconstruire une pensée philosophique que l'on croyait perdue à partir de textes arrivés jusqu'à nous dans une peinture. Ce cas se situe ainsi à la croisée des études visuelles et des études textuelles puisque le texte en question nous a été transmis de façon précaire dans une image, et que le tableau n'est pas interprété en fonction de son caractère artistique, mais comme un document historique, relevant lui-même des besoins du milieu savant en matière de représentation.

Les images en provenance de l'univers savant nous intéressent pour d'autres raisons, notamment parce qu'elles sont susceptibles de fournir des réflexions à la fois sur le statut de l'homme de savoir et sur le caractère menacé du savoir. Sous forme d'allégories – c'est-à-dire sous forme codée –, ces images montrent que les pratiques culturelles savantes sont structurées par des rapports de confiance et de méfiance : confiance envers le petit groupe de ceux qui partagent la même sensibilité intellectuelle et produisent du savoir nouveau ; méfiance à l'égard des instances de pouvoir qui rejettent ce nouveau savoir, le comprennent de travers, le dédaignent et le mettent en danger. Pour l'observation des conditions du savoir, les gestes et les allégories en disent souvent plus long que les textes. Dans les emblèmes, les portraits et les actions mises en scène, la nature double de la « représentation » est particulièrement sensible : l'univers social y est à la fois représenté et en représentation[57].

L'implicite comprend aussi – dans un sens très large – des aspects inconscients d'ensembles complexes de connaissances ainsi que les « tonalités » affectives qu'une thèse ou un élément de savoir peut avoir pour quelqu'un. Cette dimension de l'implicite touche en profondeur aux ambivalences des formes de vie modernes. Dans bien des activités apparemment abstraites de l'érudit à son pupitre ou du chercheur dans son laboratoire, la fascination, la crainte et le dégoût ne laissent pas de jouer un rôle.

Les notes manuscrites nous offrent une voie d'accès privilégiée aux strates du savoir implicite : lorsqu'un savant réagit immédiatement à ce qu'il lit sous formes de notes, écrites parfois d'une main tremblante, ou lorsqu'il exprime sa réaction d'enthousiasme ou de rejet dans des notes marginales inscrites dans le livre même, son appropriation de ce qu'il lit se donne à voir dans toute sa dimension cognitive et émotionnelle. Le savoir concernant l'Orient, par exemple – la langue des Éthiopiens, le légendaire royaume du prêtre Jean, les dieux de Syrie –, pouvait être à la fois fascinant et subversif. Comme je le montrerai au chapitre 14, il a attiré, de façon presque magique, beaucoup de savants de l'époque moderne parce qu'il annonçait un univers inconnu, exotique ; mais c'était aussi un savoir dangereux en raison des perspectives nouvelles qu'il pouvait ouvrir : depuis les possibilités d'alliance politique contre l'Empire ottoman jusqu'à la relativisation de la religion chrétienne[58]. Pour les pratiques savantes établies, ce savoir constituait en même temps un défi extrême : qui, en effet, était capable de maîtriser l'arabe, le syriaque, le copte et l'amharique ? Comment traiter la multitude d'informations récoltée dans ces manuscrits ? Comment l'intégrer au réseau sémantique ?

Le savoir concernant la magie présentait une extrême ambivalence à l'époque moderne. Les humanistes le tiraient de traités kabbalistiques ou de manuels de nécromancie, établissaient des liens avec la philosophie antique et s'efforçaient de donner un sens aux étranges diagrammes, aux noms d'anges et aux formules magiques qu'ils y trouvaient. Comme on pourra le constater dans le chapitre 12, cette matière les attirait et les rebutait à la fois. Ils commençaient à collectionner les talismans sans savoir que faire de ces « objets étrangers[59] », et finissaient par écrire des traités à leur sujet, en prenant soin d'y faire disparaître presque toute trace de leur fascination. Mais ce serait une grave erreur de se concentrer sur le seul produit fini qu'était le livre publié : le « savoir explicite » qui y est exposé repose en effet sur plusieurs couches de savoir implicite qui témoignent d'une approche craintive et stupéfaite de la magie, d'expériences inavouées ou d'une passion de collectionneur pour les objets magiques.

Le concept de charge subversive inférentielle

Tant dans notre analyse de ce qui rend précaire le statut du savoir que dans ce que nous avons emprunté aux études culturelles, nous avons jusqu'à présent laissé de côté le contenu du savoir précaire. Mais on aurait tort de faire entièrement abstraction des contenus, sans exception, car c'était souvent ces derniers qui rendaient précaire le statut de ceux qui les formulaient. Quels sont donc les contenus caractéristiques du savoir précaire ?

Les penseurs des Lumières ont souvent reproché aux élites de l'orthodoxie de faire ce qu'ils appelaient de la *Konsequenzenmacherei*, de la fabrication abusive de conséquences, quand ces élites accusaient un auteur de défendre des thèses conduisant à des idées athées, hérétiques ou socialement dangereuses. Et en effet, ce type d'accusation a souvent été pratiqué à l'excès afin de définir le plus étroitement possible l'orthodoxie en place et de la défendre sans compromis. La *Konsequenzenmacherei* contenait néanmoins une part de vérité : ce qui était subversif, bien souvent, ce n'était pas tant telle ou telle affirmation hétérodoxe isolée que ses conséquences sur l'état du savoir dominant.

Il faut donc ajouter au concept d'implicite de Polanyi l'emploi très différent qu'en fait Robert Brandom, d'une bien plus grande portée philosophique[60]. Brandom se qualifie lui-même de pragmatiste rationaliste, car il comprend le fait d'affirmer quelque chose et celui d'être convaincu de quelque chose de manière pragmatique, au moyen de deux pratiques sociales : donner des raisons et exiger des raisons. Pour le dire grossièrement : affirmer, c'est selon lui savoir implicitement comment quelque chose doit être effectué. On peut établir un lien entre ce pragmatisme rationaliste et une histoire des idées s'intéressant en premier lieu aux pratiques. Celle-ci se concentre sur les pratiques érudites caractéristiques des formes de savoir : collectionner des textes, cacher des manuscrits et les diffuser de façon clandestine, faire des extraits de livres et introduire en douce des idées radicales dans ses notes de bas page. Le pragmatisme rationaliste, pour sa part, s'intéresse aux pratiques consistant à donner des raisons et à tirer des conclusions, ou encore, comme le dit Brandom :

> « Dire ou penser *que* les choses sont ainsi et pas autrement, c'est assumer un genre particulier d'engagement articulé *de façon inférentielle* : on avance quelque chose comme une prémisse adéquate pour des inférences ultérieures, c'est-à-dire qu'on *autorise* son emploi comme prémisse et que l'on assume la *responsabilité* de se donner à soi-même le droit de prendre cet engagement, et de justifier sa propre autorité, dans les circonstances appropriées, typiquement en exposant ce qu'on dit comme la conclusion d'une inférence tirée d'autres engagements du même genre qu'on est déjà en droit de prendre ou pour lesquels on peut obtenir ce droit[61]. »

L'idée d'assumer une responsabilité est essentielle pour notre propos. On peut dire en effet que certaines des tactiques concernant le savoir précaire consistaient justement à *ne pas* assumer une responsabilité de ce type, à se refuser d'expliciter certaines idées. Le chapitre 2 notamment montrera qu'on a conçu des constructions quasi juridiques pour ne pas avoir à assumer la responsabilité épistémique de propos athées. Nous avons vu que les formes d'élocution précaires s'efforçaient de formuler leurs propos de telle sorte qu'on ne puisse pas les imputer clairement au locuteur.

Pourquoi les penseurs radicaux se seraient-ils refusé à expliciter leurs thèses ? Pour la simple raison que cela aurait rendu visibles les conséquences de ces thèses. On peut donc dire que le savoir précaire possède une « charge subversive inférentielle ». Un savoir est inférentiellement subversif quand son intégration dans l'état général du savoir conduirait à y renverser un nombre significatif de vérités établies[62]. Les idées subversives sont comme les « cygnes noirs », des faits ou des événements très rares et toujours imprévisibles, qui ont un impact immense une fois qu'ils se sont produits ou ont été perçus[63]. Il est donc irritant d'accepter un savoir ou des informations de ce type.

Dans les sciences cognitives, on parle de « réseau sémantique » pour signifier que le savoir en général est organisé de telle sorte que des éléments de connaissance sont stockés dans certains « nœuds », auxquels on se réfère ensuite quand on déduit certaines propriétés en d'autres nœuds du réseau[64]. Les répercussions sur le paysage du savoir seront d'autant plus fortes que des nœuds « centraux » – certaines idées politiques ou théologiques, par exemple – auront été modifiés. Prenons l'exemple des arguments de Michel Servet contre la doctrine chrétienne de la Trinité, notamment l'affirmation factuelle qu'il n'y a aucun passage du Nouveau Testament sur lequel pourrait s'appuyer la croyance en la Trinité. Ces arguments étaient inférentiellement subversifs parce que les accepter n'aurait pas seulement obligé à abandonner un des dogmes propres au christianisme par rapport aux autres religions monothéistes, mais aurait aussi conduit à remettre en cause la nature divine du Christ et à en tirer bien d'autres conséquences encore.

Autre exemple : la thèse défendue par Isaac La Peyrère en 1655, affirmant qu'il y avait eu des hommes avant Adam[65]. Elle semble d'abord n'être qu'une thèse exégétique étrange et isolée. Mais si on la replace dans l'univers du savoir du XVIIe siècle, on voit bien qu'elle a des conséquences dangereuses : les peuples du Nouveau Monde pourraient ainsi compter parmi les descendants de ces préadamites, ce qui veut dire que l'économie du salut, l'histoire du péché originel et de sa rédemption par le Christ, n'aurait aucune pertinence pour eux ; il aurait également pu exister des peuples anciens avant la Création elle-même, ce qui ferait éclater le cadre de la chronologie biblique. Et dès lors que la chronologie biblique des six mille années, environ, de la Création, n'est plus valable, d'innombrables autres idées deviennent caduques.

Les arguments de Servet ou de La Peyrère n'étant ni mauvais ni facilement réfutables, ils étaient subversifs. On essaya donc d'isoler ce « savoir » et de le retirer de la circulation. Pour contrer ces tentatives et pouvoir diffuser leurs idées malgré toutes les résistances, les auteurs adoptèrent de multiples tactiques. On peut enfin considérer comme subversifs les éléments de savoir qui ne s'opposaient pas directement aux opinions courantes, mais avaient un caractère erratique et ne se laissaient pas aisément intégrer au cadre existant. Lorraine Daston a étudié ces *strange facts* dans l'œuvre de Francis Bacon et a ainsi montré que c'était précisément leur rareté et leur étrangeté qui leur donnaient un énorme potentiel destructif vis-à-vis de la vision du monde aristotélicienne traditionnelle[66].

Éléments précaires au sein de la bourgeoisie savante

Il me semble important de toujours considérer le précariat savant dans le contexte de la bourgeoisie savante, c'est-à-dire de résister aux tentations d'un sentimentalisme social qui idéalise les penseurs « marginaux » ou « radicaux », les « dissidents » et les « libres penseurs »[67]. On court sinon le risque de rassembler en un grand groupe des individus isolés ou de petits groupes, tombés dans la marginalité ou la protestation pour des raisons très différentes, et de suggérer ainsi une homogénéité qui n'a jamais existé dans les faits. C'est pourquoi je m'inspire des recherches sociologiques récentes sur le précariat et tâche au contraire d'identifier de petites entités et de petits domaines où domine le savoir précaire et où règne ce que Robert Castel appelle un défaut de liens traditionnels – dans notre cas, les liens du savoir traditionnel[68]. Inversement, il existe aussi à l'intérieur du milieu savant établi des zones de vulnérabilité à certaines formes de précarité. On peut alors parler de fragilité.

Je considère que c'est un résultat important de mon ouvrage *Moderne aus dem Untergrund* [Les Modernes clandestins] d'avoir montré, précisément pour cette période de la fin du XVIIe et du début du XVIIIe siècle, décisive pour l'évolution de la modernité[69], que les radicalisations ne se sont produites que dans le contexte étroit des débats savants existants. Loin de former une tradition indépendante (à la manière d'un proto-marxisme, par exemple), c'était le plus souvent la dynamique concrète de ces débats qui créait un espace pour ces radicalisations. En termes de méthode, la conséquence est la suivante : quand on dresse la cartographie des zones de savoir précaire à l'époque moderne, on ne doit pas oublier d'y faire figurer les savants qui occupaient des postes officiels et dont la production savante était « sûre ». Nous verrons que ce furent avant tout des facteurs implicites, comme les ambivalences et les fascinations, qui fragilisaient le savoir parmi les gens en place. Mais des circonstances extérieures comme les voyages ou l'envoi de documents pouvaient également comporter de nombreux risques, pour le savoir comme pour ses détenteurs.

C'est dans cet esprit que ce livre essaie de rassembler des éléments d'une théorie et d'une histoire du savoir précaire à l'époque moderne, en choisissant ses exemples dans des zones de précarité très variées. On peut certes observer des formes de précariat savant à d'autres époques, antérieures ou postérieures, mais je me limiterai à mon domaine de compétences, c'est-à-dire à la période qui va de la Renaissance aux Lumières. Dans l'état actuel des choses, il serait présomptueux – et méthodologiquement douteux – de vouloir écrire une histoire générale du savoir précaire et de ses transferts à l'époque moderne. Au lieu de cela, ce livre se concentre sur des études de cas qui reposent presque toutes sur des documents découverts dans les archives. J'y tire les conséquences de la problématique posée par mon objet en évitant de formuler des généralités abstraites. Dans une intention théorique, ce livre descend, pour ainsi dire, vers les problèmes quotidiens du savoir implicite, il va visiter les arrière-cours du savoir subversif, les points de raccordement de transferts défectueux.

Tout l'art consiste à choisir les bonnes « personnes conductrices », au sens où Blumenberg a parlé de « fossiles-conducteurs[70] », c'est-à-dire des personnes qui nous permettent d'accéder aux strates dérobées de l'histoire des idées. Dans ce but, les penseurs de second voire de troisième plan, qui n'ont guère retenu l'attention jusqu'à présent, sont tout à fait indiqués, d'abord parce qu'ils nous offrent un accès privilégié aux manières d'agir et aux façons de penser typiques de leur époque, ensuite parce qu'ils nous introduisent dans des domaines situés loin des sentiers battus de la recherche. J'ai trouvé certaines de ces personnes conductrices dans l'Italie du début du XVIIe siècle, notamment dans les milieux libertins de Venise : le peintre Pietro Della Vecchia notamment, un imitateur peu connu du Titien et de Giorgione, et qui est un des rares artistes dont on peut prouver qu'il a fréquenté des intellectuels libertins ; mais également des penseurs comme Gabriel Naudé ou Jacques Gaffarel, Otto Tachenius ou Johann Michael Vansleb (ou Wansleben), qui ont voyagé en Italie. L'Allemagne du début des Lumières, de la *Frühaufklärung*, a, elle aussi, fourni à ce livre son contingent de personnes conductrices : Theodor Ludwig Lau, un élève du célèbre Christian Thomasius qui s'est tellement radicalisé que son professeur finit par refuser de le soutenir plus longtemps ; ou bien Peter Friedrich Arpe et Johann Heinrich Heubel, juristes de Hambourg et de Kiel qui ont vécu, comme nous le verrons, une sorte de radicalité sublimée. À côté d'eux, un rôle important revient aux « fossiles-conducteurs » de la bourgeoisie savante : Johann Christoph Wolf, pasteur hébraïsant qui a observé avec un regard parfois plein de fascination les penseurs hérétiques et précaires qui l'entouraient ; l'antiquaire et numismate Charles-César Baudelot de Dairval ; ou encore Christoph August Heumann, historien de la littérature de Göttingen, qui n'était devenu professeur qu'après avoir fait lui-même l'expérience du précariat en raison d'un « péché de jeunesse » – une interprétation de la Bible un peu trop téméraire qui l'avait longtemps exclu de la carrière universitaire. Pour les membres de la bourgeoisie savante, les livres et les thèses des auteurs précaires étaient des *strange facts* (expression que j'expliciterai au chapitre 14) : des idées bizarres, voire repoussantes, mais qu'il fallait absolument connaître si l'on voulait être en mesure d'évaluer l'univers des possibles.

L'« autre histoire des idées à l'époque moderne » que je m'apprête à raconter ne parle donc pas, ou peu, de Descartes, de Spinoza, de Locke, de Hume. Elle parle de savants oubliés, ou à demi oubliés. Elle n'aborde pas les grands sujets de la métaphysique et de l'épistémologie, mais des sujets en marge, comme la magie et la numismatique, l'exégèse biblique et le droit naturel, l'histoire de la philosophie et l'orientalisme. Elle ne s'intéresse pas seulement aux théories, mais aussi aux émotions, aux peurs, aux fascinations et aux encouragements. Elle a aussi existé, cette autre histoire.

Première partie

Tactiques du précariat savant

I. La *persona* du penseur radical

Depuis quelque temps, on parle en histoire des sciences de la « *persona* scientifique[1] ». S'inspirant de l'essai de Marcel Mauss intitulé « Une catégorie de l'esprit humain : la notion de personne, celle de "moi" », on désigne ainsi un moi formé à la science des temps modernes, qui obéit à certaines règles, un type d'homme de science en train de se constituer en fonction d'un contexte particulier, et qu'il faut situer entre l'individu et l'institution sociale, entre lesquels il fait fonction de médiateur[2].

Évitons d'emblée une ambiguïté : le concept de *persona* peut également prendre un sens sociologique et juridique, celui d'un rôle ou d'une fonction. C'est l'acception sur laquelle je me concentrerai dans le chapitre 2, où j'étudierai des élaborations presque juridiques de rôles destinés à aider le penseur radical à présenter ses idées. Il faut distinguer de ce sens celui de *persona* mentionné plus haut, qui renvoie davantage à un habitus complexe d'homme de science ou de savant, composé de pratiques savantes, de références à des exemples, d'acceptation de certaines autorités, d'idéaux de comportement et de formes d'argumentation. Dans les faits, on passe bien sûr souvent d'un sens à l'autre de la *persona* : même un rôle que l'on joue peut devenir une habitude.

Les historiens de la philosophie australiens Ian Hunter, Stephen Gaukroger et Conal Condren se sont intéressés plus particulièrement à la *persona* du philosophe. Ian Hunter a notamment présenté la reconstruction de *personae* philosophiques comme une alternative à la conception de Skinner et Pocock, qui interprètent les événements textuels comme des actes de langage[3]. Selon lui en effet, l'école de Cambridge, en se concentrant sur les textes, réduit la réalité historique. On ne peut expliquer la rivalité de différentes écoles philosophiques par une simple opposition de « paradigmes » étrangers l'un à l'autre, elle repose souvent sur une concurrence très concrète de *personae*, de formes de reproduction scientifique liées à des pratiques sociales et intellectuelles et aux personnes qui les incarnent.

L'intention de Hunter est d'éradiquer tout reste de transcendantalisme par une approche purement historique. Ce n'est donc pas un hasard s'il prend notamment comme exemple Christian Thomasius et la *Frühaufklärung*, les débuts des Lumières allemandes, à Halle. Il peut en effet rattacher sa démarche aux idées mêmes de Thomasius, qui avait récusé la métaphysique de ses prédécesseurs :

> « Thomasius s'appuyait sur la doctrine chrétienne des dommages causés par la Chute aux facultés intellectuelles de l'homme ainsi que sur la théorie épicurienne de l'impuissance de la raison humaine face aux passions corporelles afin de disqualifier la connaissance des objets métaphysiques et la prétendue capacité de l'homme à se maîtriser lui-même par la raison. Il développa en outre une histoire contextuelle de la philosophie, reposant en partie sur les travaux de son père, Jacob, et en partie sur la vaste histoire de l'hérésie de Gottfried Arnold, pour qui la métaphysique et la théologie étaient les résultats de la corruption historique de la foi chrétienne par les philosophies platonicienne et aristotélicienne. »

Cela lui a permis, selon Hunter, de remettre en cause les prétentions à la vérité de la métaphysique et de la théologiess, qu'il traitait comme des phénomènes historiques dont on peut étudier les effets sur le droit, la politique et la société civile.

C'est surtout dans le domaine de la philosophie morale que l'on voit quelles pratiques servent à former une *persona* :

> « Thomasius faisait un usage également moral et thérapeutique de sa théorie épicurienne des affects (*Affektenlehre*), la développant comme un exercice éthique visant à susciter chez ses étudiants en droit un scepticisme envers leur capacité à connaître des objets transcendants. Il exigeait d'eux qu'ils se concentrent sur la tempérance en matière morale et fassent le meilleur usage possible des connaissances venant des sens et de l'histoire. Il cherchait ainsi à cultiver une attitude psycho-cognitive qui fût à la fois hostile à la métaphysique et à la théologie et ouverte à une série de disciplines plus récentes – le droit public, l'histoire politique, la philosophie politique de Hobbes et Pufendorf et l'histoire de la théologie et de la philosophie –, visant toutes à remettre en cause l'infrastructure intellectuelle de l'État confessionnel à l'époque moderne[4]. »

Pour Hunter, le représentant de la *Frühaufklärung* de Halle donne ainsi l'exemple de la construction intentionnelle d'une nouvelle *persona* philosophique : ses étudiants sont initiés à une nouvelle façon de voir la philosophie au moyen d'exemples, d'aperçus historiques nouveaux, de nouvelles relations entre les disciplines, mais également de nouveaux vêtements et d'un comportement différent.

Si l'on applique cette approche aux pratiques culturelles précaires des auteurs libertins et « radicaux » en matière de savoir, on s'aperçoit rapidement que leur *persona* ne se réduit pas à un cas particulier de la *persona* philosophique. Les penseurs radicaux n'ont jamais été en mesure de fonder des écoles comme celle de Halle, permettant de susciter la formation de *personae*. Mais, dans un cadre restreint, ils ont adopté certaines suggestions de leurs prédécesseurs spirituels – par exemple l'idéal du sage, du « preud'homme », du *sapiens*, de celui qui est au-dessus des opinions de la foule et ose avoir des idées hétérodoxes[5]. Le chapitre 4 montrera, par l'exemple de Peter Friedrich Arpe, comment ces idéaux de *persona* se mêlent à une *persona* dont la socialisation est propre à cette époque et comment une attitude fondamentalement hostile à la métaphysique conduit en effet à des lectures neuves de textes libertins – ne serait-ce qu'en conduisant à niveler leur critique de la religion reposant sur des arguments métaphysiques. Le chapitre 6 abordera à nouveau le thème de l'idéal du *sapiens* dans la perspective de l'histoire de l'art.

La *persona* du penseur radical de l'époque moderne comporte un aspect essentiel, qui la distingue de celle d'un philosophe de la bourgeoisie savante : son haut degré de familiarisation avec les tactiques, auxquelles elle est même contrainte de recourir, « tactiques » étant pris dans le sens que lui donne Michel de Certeau lorsqu'il oppose les choix stratégiques des gens établis aux tactiques de ceux qui ne le sont pas[6]. Comme on le verra dans le chapitre 1, ces tactiques peuvent concerner les modalités précaires de parler et d'agir des auteurs clandestins, marquant parfois la *persona* elle-même dans la mesure où l'auteur se crée une niche d'où il peut s'exprimer en pratiquant une distinction entre différents rôles (chapitre 2). Mais c'est précisément là que l'on découvre une variété déconcertante. Chez Theodor Ludwig Lau, par exemple, la division presque juridique de sa *persona* entre un chrétien privé et un « païen » public est tout à fait différente de la division habituelle de sa *persona* entre un philosophe radical clandestin et un réformateur caméraliste qui publie sous son nom. C'est ce qu'on montrera au chapitre 3.

Le chapitre 5 anticipe en quelque sorte les problèmes de transfert de savoir qui seront abordés dans les chapitres 9 à 11. Il y est en effet question d'auteurs qui recueillent des informations sur des textes qui ont été détruits, sans pouvoir accomplir le transfert vers l'époque présente. Ce faisant, le problème de la *persona* se pose encore de façon aiguë pour le penseur radical, car le fait de rassembler des informations sur des livres brûlés faisait partie des tactiques adoptées par les intellectuels critiques dont l'activité avait pour visée apologétique de « sauver » les textes radicaux. La « bibliothèque des livres brûlés » est un projet réflexif cohérent pour les auteurs précaires, qui, conscients du statut menacé des textes interdits, s'efforcent de tirer le savoir précaire du danger où il se trouve en attirant sur lui la lumière d'une plus grande publicité.

Je n'irai toutefois pas aussi loin que Leo Strauss, pour qui le (véritable) philosophe est toujours déjà en lui-même un penseur radical s'opposant à la société qui l'entoure et, de ce fait, constamment menacé. À ce titre, tous les philosophes seraient contraints d'adopter une *persona* de dissimulation[7].

À mon sens, une telle affirmation brouille les rapports réels et empêche de faire des distinctions pertinentes. Comme on le sait, la conception de Strauss mène à une herméneutique du soupçon qui suppose que tous les textes philosophiques transmettent entre les lignes une autre doctrine que celle qui est lisible en surface. C'est une généralisation abusive de tactiques plutôt rares employées par les penseurs libertins[8].

1. LE PRÉCARIAT CLANDESTIN

« Un emploi précaire, selon des caractères structurels, constitue, dans une trajectoire professionnelle, une situation problématique, traitée et évaluée de manière plus ou moins active. »

Robert Castel et *Klaus Dörre*[1]

Biographies précaires

En mai 1719, peu de temps avant la Foire de printemps de Francfort, Theodor Ludwig Lau s'ouvrit les veines du poignet[2]. Il s'était rendu en ville pour faire imprimer, de nouveau, un livre. Il courait un risque, parce qu'il avait interdiction de venir à Francfort depuis 1717, lorsqu'il y avait fait secrètement imprimer un ouvrage de libre penseur, les *Meditationes philosophicae de Deo, Mundo, Homine*, où il avait rassemblé, sous forme d'aphorismes, tout ce qu'on pouvait alors trouver en fait de littérature radicale récente : Spinoza et Vanini, Hobbes et Locke, Beverland et Toland[3]. Lau pensait sans doute que le moment était venu de discuter ces idées en Allemagne. Son livre de 1717 fut aussitôt saisi. Deux ans plus tard, en 1719, il voulait pour ainsi dire récidiver et, défendant son droit de publier librement, présenter ses idées avec plus d'insistance encore. Il dut donc refaire ce trajet dangereux et venir une nouvelle fois à Francfort. Il régnait d'ailleurs une certaine liberté dans la ville, aucune action judiciaire ne pouvant être intentée contre les visiteurs pendant toute la période de la foire[4]. Lau s'exposa donc au danger et vint à Francfort habillé en conseiller prussien. Mais quelque chose dut mal se passer, on le reconnut, et, en dépit de la liberté de la foire, on l'arrêta et on le jeta en prison. Il s'empara alors d'une pince, qu'il trouva ou qu'on avait oublié de lui ôter, et s'en servit pour s'ouvrir les veines.

Voici donc une existence précaire, en marge de la société de l'époque moderne, en cette période « politique » et « galante » de la *Frühaufklärung*[5].

Je pourrais raconter d'autres destins analogues – et je le ferai, afin de disposer d'une base permettant de s'interroger sur ce que j'appelle le « précariat clandestin » et de formuler de nouvelles questions sur trois niveaux : le premier concerne les biographies précaires, le deuxième, la parole précaire et le troisième, le savoir précaire.

Le précariat clandestin – ce sont les intellectuels qui ont écrit en secret, qui ont diffusé leurs textes en secret, sous forme manuscrite (à moins qu'ils ne les aient laissés dans leurs tiroirs), ou bien qui les ont fait imprimer, mais sous le couvert de l'anonymat ou d'un pseudonyme[6]. La raison de ce caractère secret tient au contenu de ce qu'ils avaient à dire : critique politique très poussée, critique de la religion, mépris envers tout ce qui était considéré comme moral et convenable[7]. Leur statut précaire s'explique par l'incertitude sociale qui était presque nécessairement la conséquence de leurs activités clandestines. Quand ces intellectuels étaient identifiés comme les auteurs de leurs textes, une longue et impitoyable dérive vers la marginalité commençait pour eux. Lau, qui survécut à sa tentative de suicide de 1719, a régulièrement essayé par la suite de reprendre pied socialement ; il s'est efforcé, à Erfurt puis à Königsberg, d'entamer une carrière universitaire, mais il était toujours précédé par sa réputation de spinoziste, propagée par des abrégés du genre de l'*Historia atheismi*[8]. Lau finira sa vie misérable et gravement atteint dans sa santé mentale, dans un hospice d'Altona[9].

Ce n'est cependant pas la façon dont s'achèvent les existences précaires qui nous intéresse ici, mais plutôt leur commencement. Je suis loin de vouloir faire du sentimentalisme social, de considérer les penseurs radicaux des Lumières comme des héros annonçant la modernité, dans le cadre d'une *Whig-History*[10]. Il s'agit plutôt de chercher à donner une description appropriée de la précarité de ceux qu'on appelle les penseurs des Lumières radicales, en tenant compte non seulement de leur situation sociale, mais aussi, en relation avec celle-ci, de leur situation intellectuelle et de leurs modes de discours et de communication. Il faut entendre « précaire » dans toute son ampleur sémantique, qualifiant une situation non seulement incertaine et fâcheuse, mais aussi – d'après le sens dérivé de la signification originelle du terme dans le droit romain – révocable à tout moment[11].

Sans travail depuis 1711, Lau se trouvait en 1719 dans une phase que l'on pourrait appeler, avec Roger Chartier, « le temps de comprendre[12] ». Après avoir étudié auprès de Christian Thomasius, il avait passé six ans à voyager pour se former et avait ensuite commencé une carrière prometteuse comme conseiller et directeur de cabinet du jeune duc de Courlande, Frédéric-Guillaume. Mais après la mort de ce dernier, en 1711, Lau n'obtint pas de nouvel emploi. Il se consacra alors uniquement à des travaux écrits, de caméralisme d'une part, afin de donner du poids à ses candidatures, de philosophie d'autre part, pour faire connaître ses idées. Mais trop de juristes bien formés se pressaient pour obtenir des emplois dans les administrations locales.

À l'époque que l'on appelle *Frühaufklärung*, au cours des années 1690-1710, on constate que le nombre d'étudiants dans l'Empire est trop élevé[13]. Il serait évidemment naïf d'affirmer que la *Frühaufklärung* allemande est née à cause d'une pléthore d'étudiants. Mark H. Curtis avait posé une corrélation analogue entre radicalisation et *alienated intellectuals* dans son essai classique de 1962, « The Alienated Intellectuals of Early Stuart England »[14] : ces lettrés frustrés et aliénés qui n'avaient pas trouvé d'emplois correctement rémunérés auraient constitué, selon lui, le milieu porteur de ce qui allait devenir le puritanisme et le républicanisme. Mais cette corrélation est problématique. Dans le cas allemand, il faut en outre ajouter ceci : aucune révolution n'eut lieu au début ni au milieu du XVIIIe siècle, la situation était relativement stable, il n'y eut que des penseurs radicaux isolés. Il existait une couche assez large d'*Aufklärer* libéraux, mais qui avaient pactisé avec l'État princier : il suffit de penser à tous les disciples de Thomasius et de Wolff qui affluèrent pour occuper des emplois publics dans les années 1700-1750[15].

Roger Chartier a exposé la vraie problématique de la pléthore d'étudiants, que l'essai de Curtis tendait plutôt à masquer, en s'appuyant sur la sociologie de Pierre Bourdieu[16]. À la conception marxiste d'une influence idéologique immédiate des situations précaires que défend Curtis, il faut préférer une vue médiatisée : les emplois qu'occupent les intellectuels, les titres qu'ils acquièrent à l'université, sont dévalorisés par l'accroissement massif du nombre de diplômés, dont le capital culturel perd alors de sa valeur. Cette dévaluation reste socialement méconnue pendant un certain temps. Des jeunes gens en grand nombre continuent de vouloir fréquenter les universités, pour y soutenir une thèse et devenir juristes à la cour. Mais il arrive un moment où l'on perçoit le déséquilibre entre les titres universitaires et les emplois réels. Les intéressés élaborent alors des stratégies de reconversion par lesquelles ils essaient de réagir à la nouvelle situation en cherchant, par exemple, à exercer d'autres professions et à obtenir d'autres emplois à l'aide des études traditionnelles qu'ils ont suivies[17]. D'après Chartier, ce sont ces stratégies qui transforment l'espace social, et non pas simplement une réaction directe d'« aliénation » et de frustration.

Il est surprenant de voir que certains représentants allemands de la *Frühaufklärung* avaient perçu ce mécanisme précis dès les années 1700. Depuis la fin de la guerre de Trente Ans, des milliers d'étudiants, surtout des juristes, avaient afflué pour occuper les nouveaux emplois dans les administrations des gouvernements absolus qui étaient alors en train de se constituer dans les petits États des territoires allemands[18]. Mais, vers 1700, il s'était formé une bulle – les nouveaux arrivants étaient en trop grand nombre. Gabriel Wagner, un esprit dérangeant qui voulait être plus radical encore que Christian Thomasius, écrivait ainsi : « Mais quelles peuvent donc être aujourd'hui les aspirations des grands messieurs, s'ils ne soutiennent plus les vrais nobles chez nous, à cause de la foule innombrable des diplômés[19] ? » Il entend par là que le surplus de diplômés de l'université provoque une inflation des titres qui en fait baisser la valeur. Or cette baisse concerne aussi les « vrais » universitaires, de haute qualité, ceux que Wagner appelle les « vrais nobles », en souvenir de la querelle sur la vraie noblesse (*de vera nobilitate*), qui veut démontrer, depuis Dante, que la vraie noblesse est celle de l'esprit[20]. Mais si le crédit du véritable travail intellectuel baisse également du fait de l'excédent universitaire, alors, prophétise Wagner, les nobles et les princes ne vont plus s'inspirer de l'idéal de la formation universitaire, ils ne feront plus venir d'intellectuels à leur cour et ne les soutiendront plus. Wagner réfléchit donc sur les éventuels changements de stratégies dans la noblesse et sur leurs conséquences pour les gens de lettres et les savants bourgeois, auxquels les soutiens feront alors défaut.

Chartier a baptisé « le temps de comprendre » la durée qui s'écoule entre l'inflation réelle du nombre de diplômés sur le marché universitaire et les réactions des intellectuels à cette nouvelle situation. Il s'agit là évidemment de quelque chose de bien plus général qu'une simple phase de chômage, comme celle qu'a vécue Theodor Ludwig Lau. Néanmoins, le chômage, ou bien le temps, souvent interminable, passé à travailler comme précepteur d'étudiants nobles ou riches, a été une expérience marquante qui a accéléré la « compréhension » de la situation précaire[21].

Quelles conséquences avait cette « compréhension » ? Tandis que Chartier, Frijhoff et d'autres tendent à chercher des réponses quantitatives à cette question, je voudrais prendre ici une autre voie et étudier ce phénomène sur quelques exemples qualitatifs. Quand il s'agit des Lumières radicales, on a toujours affaire à de *small numbers*[22], si bien que les données quantitatives ne sont guère utiles. Mais il faut en même temps se garder de conclure trop vite d'une « compréhension » de la situation à une « radicalisation ». En plein accord avec le propos de Chartier, je me propose de suivre les stratégies que révèlent les comportements de certains intellectuels.

Il apparaît alors assez vite que ces tactiques n'ont jamais été claires ni simples. Car celles qui concernaient les positions sociales n'étaient pas toujours les mêmes que celles qui concernaient le développement et l'expression de conceptions intellectuelles. Il n'est que de considérer quelques biographies : pour Peter Friedrich Arpe, un juriste de Kiel, le « temps de comprendre » se déroula dans les années 1720, lorsqu'il perdit son poste de professeur de droit sans en trouver de nouveau. En titre d'un de ses livres, il appelle ironiquement cette période ses « vacances d'été » (*Feriae aestivales*)[23]. Il collectionne alors des œuvres clandestines, s'adonne à des activités que l'on ne pouvait guère pratiquer ouvertement à l'époque, l'étude des traditions magiques par exemple, et survit en exerçant les fonctions de correspondant. Il réagit à sa situation par des satires et par un réflexe d'historien : il collectionne de façon presque maniaque des matériaux sur les machinations politiques et les affaires universitaires[24]. Johann Georg Wachter, un des plus talentueux historiens de la philosophie, à qui son spinozisme a fermé toute carrière universitaire, gagne son pain avec des travaux précaires, en rédigeant des inscriptions à la cour de Prusse, puis en triant la collection de monnaies et de médailles de Leipzig. Il vit toujours à la limite du minimum vital, sans aucune sécurité, dépendant de l'aide de quelques rares amis[25]. Refusant de se rétracter comme le lui conseillent Gottsched et Brucker, il continue d'écrire des livres proches du spinozisme, mais ne les publie pas, avant de mourir déçu et amer. Gabriel Wagner, déjà mentionné, est impropre à tout poste parce qu'il expose toujours ouvertement ses idées, sans se soucier de diplomatie ni de politesse. Il mène une existence incertaine, effectuant de petits travaux, régulièrement soutenu par Leibniz, qui apprécie son intelligence. Ses principales œuvres philosophiques, qu'il rédige à côté de ses travaux alimentaires, ne sont jamais publiées[26].

Ce sont là ce que j'appellerais des existences précaires de la première sorte. Mais il y a par ailleurs une tout autre forme de précariat clandestin, celui des gens en place. La précarité ne concerne pas seulement les chômeurs ou ceux qui dépendent d'un salaire, on la rencontre aussi dans les couches les plus hautes de la société : chez des professeurs, des membres d'académies, des protagonistes fameux de la République des Lettres – dans les cas où ils ont mené une double vie. Prenons seulement le cas de Hermann Samuel Reimarus : ce professeur, à qui son ascension sociale avait permis de fréquenter les milieux aisés de Hambourg, qui avait des domestiques, de l'argent pour se constituer une grande bibliothèque, et qui était une personnalité de premier plan dans les milieux culturels de la ville, avait rédigé en secret la critique de la Bible la plus radicale que l'on puisse imaginer au XVIIIe siècle, *Apologie oder Schutzschrift für die vernünftigen Verehrer Gottes* [Apologie ou plaidoyer pour les adorateurs raisonnables de Dieu]. Presque personne n'était au courant. Si le public en avait eu vent, un scandale eût éclaté, il serait devenu, lui et sa famille, la cible désignée des théologiens et de la foule, et aurait tout perdu, son poste, son statut social, sa réputation[27]. C'est bien un cas de précarité : l'existence sociale est entièrement révocable, et, avec elle, l'*ontological security*, comme l'appelle Giddens. Et cela peut aller jusqu'à l'intégrité physique : rappelons que le journaliste radical Wekhrlin fut molesté par la foule après avoir été démasqué à Ansbach et en mourut[28].

On rencontre des existences clandestines tout aussi précaires dans d'autres pays, par exemple en France : Nicolas Fréret, membre de l'Académie des inscriptions et belles-lettres, était un spécialiste célèbre de chronologie et de l'Antiquité, mais il était également l'auteur secret de la clandestine *Lettre de Thrasybule à Leucippe* et d'autres œuvres de critique mordante de la Révélation[29]. Ces ouvrages circulaient en copies manuscrites, mais Fréret eut, comme Reimarus, la chance de pouvoir mourir en paix, son double jeu n'ayant pas été découvert de son vivant. L'immense tension – et le caractère tragique – de ces existences est révélée par un détail concernant Reimarus : d'après ses livres de comptes, il aurait accueilli chez lui comme tuteur un autre auteur radical, Johann Lorenz Schmidt. Recherché dans tout l'Empire à cause de la publication de sa traduction rationaliste de la Bible, ce dernier vivait en exil à Altona au Danemark, sous un faux nom, comme Lau, menant une existence précaire de la première sorte[30]. Si l'on imagine Reimarus et Schmidt, deux des principaux philologues allemands de leur temps à étudier la Bible dans un esprit critique, très proches en esprit, assis seuls tous deux dans le même bureau, et que l'on se demande s'ils s'exprimaient ouvertement et discutaient ensemble leurs idées déistes, je présume que la réponse est non. Reimarus avait trop à perdre pour pouvoir se permettre de tomber le masque, même devant un homme dont les idées étaient voisines des siennes comme nul autre. Tout communication était dangereuse. Que se serait-il passé si Schmidt, sous la contrainte, avait été obligé de le trahir ?

Nous allons nous intéresser ici à la matrice complexe et sans cohérence des tactiques sociales et intellectuelles du précariat clandestin, de ses modalités de parole et d'expression et de ses formes de savoir, distinctes les unes des autres en fonction des logiques différentes que suivent les existences en marge et les doubles vies. Je vais commencer par me pencher plus précisément sur les tactiques de Theodor Ludwig Lau, le malheureux prisonnier de Francfort[31].

Entre réforme et révolution

Pendant la période correspondant à son « temps de comprendre », Lau doit faire face à différentes circonstances. En tant que juriste et expert financier sans travail, il doit développer des stratégies pour obtenir à nouveau un emploi à la cour, malgré la concurrence d'innombrables juristes bien formés. Il réagit à cette situation en écrivant : il rédige une série d'ouvrages caméralistes qui contiennent des propositions de réformes concernant surtout la politique fiscale et les lois de police. En même temps, sa longue *peregrinatio academica* en Hollande, en France et en Angleterre l'a rendu, comme d'autres de sa génération, ouvert au monde et réceptif aux idées nouvelles de John Locke, Thomas Hobbes, Jean Le Clerc, Baruch Spinoza et d'autres. Dans cette perspective, le « temps de comprendre » signifie pour lui une période de réflexion sur des tactiques à mettre en œuvre pour parvenir à alimenter les débats publics en Allemagne avec ces idées, que l'on y perçoit comme extrêmes et menaçantes. Disciple de la première heure de Thomasius, il se sent suffisamment confiant pour oser une telle démarche et se croit en sûreté grâce au professeur de Halle. Celui-ci avait montré à ses étudiants comment affronter courageusement l'orthodoxie, repenser des concepts et décider du cours à donner aux discussions.

Lau poursuit ses deux objectifs de manière conséquente : il se présente comme réformateur dans ses écrits sur les impôts et comme révolutionnaire intellectuel dans ses ouvrages philosophiques. Comment peut-il concilier les deux ? N'est-ce pas paradoxal ? Produites par deux *personae*, ses œuvres ne se contredisent-elles pas entre elles ? C'est bien le cas, et il est passionnant de voir comment les écrits révolutionnaires constituent parfois l'arrière-plan invisible des thèses apparemment inoffensives exposées dans les écrits réformateurs. Car tout auteur cherche bien sûr à minimiser les contradictions internes de son œuvre et à les dissimuler dans ses ouvrages publiés. C'est ce que l'on observe aussi chez Reimarus : en toute rigueur, le déisme de théologie naturelle qu'il défend dans ses livres officiels, par exemple dans ses *Abhandlungen von den vornehmsten Wahrheiten der natürlichen Religion*, est compatible avec sa critique radicale de la Bible. Mais personne n'aurait supposé l'existence d'un arrière-plan antichrétien derrière la théologie naturelle[32].

Quoi qu'il en soit, Lau, on le verra plus en détail dans le chapitre 3, écrit ses textes réformateurs de telle manière que le lien avec ses idées radicales reste intact (tout au moins à ses propres yeux). Il y propose certes des mesures publiques justifiées par les intérêts des princes, mais les lecteurs qui connaissent ses œuvres clandestines ne manqueront pas de reconnaître le fondement philosophique de ces propositions, qui devait rester caché aux lecteurs « naïfs » de ses écrits réformateurs.

Parole précaire

Mais quelle était donc la tactique trouvée par Lau pour présenter des idées radicales au public allemand ? C'était son interprétation tout à fait particulière de l'« éclectisme »[33]. Le terme était employé par les penseurs de la *Frühaufklärung* pour éviter l'esprit de chapelle et les fanatismes intellectuels qui ne servent qu'à perpétuer les écoles respectives et non à répandre la vérité conçue sans préjugés. Pour le dire en termes modernes : l'éclectisme était une technique culturelle pour traiter la pluralité. On va chercher dans tous les courants ce que l'on trouve convaincant et, pour le reste, on pense par soi-même. Mais, vers 1700, l'éclectisme lui-même a connu une dévaluation de sa signification, parce que tous désormais s'en réclamaient, ce qui était à nouveau une manière de dissimuler la politique d'accès aux postes d'une école, en l'occurrence de l'école dite « éclectique » des disciples de Thomasius. On peut observer par ailleurs des stratégies de reconversion visant à faire l'éloge du scepticisme comme d'une sorte d'éclectisme de meilleur aloi[34]. Telle n'était pas la voie choisie par Lau. Comme on le verra plus précisément dans le chapitre suivant, il suivit la distinction faite par Pufendorf dans le droit naturel entre plusieurs *personae morales* – on dirait aujourd'hui : entre différents rôles sociaux que l'on est susceptible de jouer. Lau partait de l'idée que l'on pouvait diviser son rôle de locuteur en un moi public d'une part, qui pouvait même exprimer des points de vue radicaux dans un esprit éclectique, presque comme un « païen » ou un athée, et un moi privé de l'autre, qui continuait d'être un citoyen loyal et un bon chrétien. Cela devait suffire, selon Lau, pour être toléré par l'État et par l'Église[35].

Mais cette construction quasi juridique n'a pas produit les résultats escomptés. Même Thomasius n'a fait que s'en moquer et a reproché à Lau de dissimuler : ce n'était qu'une façon lâche de renier le fait que lui, Lau, *était* bel et bien spinoziste et athée. Personne n'était disposé à admettre la tentative de Lau de développer une parole expérimentale ou ce que j'aimerais appeler une parole précaire.

Il y a beaucoup de formes diverses de parole précaire. Pensons au livre de Leo Strauss, *La persécution et l'art d'écrire*, sur les techniques développées par al-Fārābī, Maïmonide ou Spinoza pour s'exprimer entre les lignes[36]. Ici aussi, « précaire » signifie « révocable », car l'auteur radical ne doit pas prendre parti pour la doctrine implicite de son œuvre, celle que l'on doit lire entre les lignes, il peut à tout moment se retirer à la surface du texte. Si, comme je l'ai déjà évoqué en introduction, l'histoire du « problématique » et du « précaire » pris en ce sens est si confuse et si peu manifeste à l'époque moderne, c'est parce qu'il s'agit d'une histoire de niches : depuis les genres et les stratégies d'expression rendant possible un état d'équilibre révocable, en passant par les cadres institutionnels comme celui de la dispute académique, avec ses interlocuteurs opposés, jusqu'aux traitements littéraires, aux formulations en dialogues, aux équivoques et autres formes de jeux sérieux des discours à moitié facétieux, voire jusqu'à l'obscurcissement intentionnel du propos[37].

Ces formes d'expressions variaient en fonction du type de précariat clandestin dans lequel on se trouvait[38]. Un auteur menant une double vie pouvait s'exprimer tout à fait ouvertement dans une œuvre clandestine, car il ne la publiait pas, mais il devait apprendre à se taire dans son métier et sa vie quotidienne et trouver, pour ses ouvrages officiels, une forme d'argumentation équivoque lui permettant de ne pas se contredire complètement. Un auteur vivant dans une semi-clandestinité comme Lau, qui avait publié ses *Meditationes*, même si c'était sous le couvert de l'anonymat, devait réfléchir à des constructions juridiques comme celle du double rôle, mais il employait aussi des techniques de brouillage semi-sérieuses grâce auxquelles le statut illocutoire exact des thèses énoncées restait dans le vague. Lau dit ainsi dans l'avant-propos de ses *Meditationes, Theses, Dubia*, que certaines des idées exposées dans son livre sont

> « seulement le divertissement d'un esprit plaisant [*jocosi tantum Ingenii Lusus*] et le produit d'une argumentation plus libre [*liberioris Rationis Meditationes*] ; plusieurs sont des vérités plus claires que le soleil de midi, les autres restent douteuses, des thèses discutables dans les deux sens [*dubiae et in utramque Partem, Theses* [...] *disputabiles*][39] ».

Savoir précaire

Une parole précaire en ce sens n'est certes pas la même chose qu'un savoir précaire, qui désigne tout simplement, comme je l'ai exposé dans l'introduction, l'existence révocable de la production écrite d'auteurs clandestins. La pensée de quelqu'un qui ne publie pas, n'occupe pas de poste universitaire, n'a ni disciple ni public assuré, peut vite disparaître. En ce sens, un savoir précaire est un savoir qui peut à tout moment être perdu. Cela a été le quotidien pour les intellectuels des Lumières radicales. S'ils voulaient que leurs écrits leur survivent à coup sûr, il leur fallait placer une très grande confiance dans une ou plusieurs personnes responsables de leur succession, imaginer de nombreuses feintes organisationnelles et financières et prendre des mesures de précaution[40]. Chez Spinoza, cela a fonctionné, chez d'autres, non. Dans certains cas, tout a été perdu.

Je voudrais notamment attirer l'attention sur le fait que le précariat clandestin imposait à ses membres un « souci de soi » tout à fait particulier. Ce souci – de la persistance de leur pensée, de leurs idées – peut déterminer l'habitus de toute une existence. Comment des œuvres peuvent-elles être cachées et sauvées à la fois ? Comment le désir de communiquer des idées remettant en cause les repères courants peut-il être freiné et reporté vers un avenir indéfini que l'on ne vivra plus ? On peut bien parler ici, en reprenant une expression de Konrad Ehlich, d'une situation de communication « distendue », et cela, de façon existentielle[41]. Le message n'atteint son destinataire qu'après la mort de son émetteur.

Quelques faits tirés de l'histoire policière de la *Frühaufklärung* allemande serviront à illustrer ce qu'est concrètement le savoir précaire. En 1693, Gabriel Wagner avait confié le manuscrit de son grand livre, *Weltweise Geschicht*, à un libraire de Leipzig pour qu'il le fasse imprimer. Mais Christian Thomasius, que Wagner avait vertement attaqué en 1691, parvint, par l'intermédiaire de son beau-frère, Adam Rechenberg, à arracher le manuscrit des mains du libraire et à le faire circuler parmi quelques savants[42]. Jakob Friedrich Reimmann, qui avait ainsi pris connaissance de ce texte pour ainsi dire volé, put l'exploiter pour son *Historia literaria… derer Teutschen*[43]. Wagner ne put rien faire d'autre que de réécrire tout son livre de mémoire, avec bien de la peine et des invectives. En 1715, il publia un résumé de son manuscrit qui, réécrit et fortement augmenté, atteignait à présent trois mille cinq cents pages. Ce résumé devait servir de prospectus afin de trouver enfin un éditeur[44]. Mais le texte lui-même ne fut jamais publié et le manuscrit disparut. On voit qu'il n'est pas nécessaire de renvoyer aux cas spectaculaires qui se déroulèrent dans le contexte de l'Inquisition espagnole, comme celui de Tommaso Campanella, emprisonné dans un cachot de Naples, à qui on ôtait sans cesse ses manuscrits philosophiques qu'il recommençait chaque fois à rédiger[45] – on peut se contenter d'étudier les événements d'Allemagne centrale. Theodor Ludwig Lau s'est efforcé pendant toute sa vie de publier ses nombreux écrits. En 1736 encore, peu avant sa mort, il publie une bibliographie de ses ouvrages inédits, afin d'attirer au moins publiquement l'attention sur leur existence[46]. À sa mort, en 1740, il emporte ses œuvres avec lui dans la tombe. Ses manuscrits sont restés introuvables jusqu'à aujourd'hui. Après le scandale de son *Elucidarius cabalisticus*, qu'il avait publié jeune et dans lequel il tentait de faire une synthèse de Spinoza et de la kabbale, Johann Georg Wachter, dont la pensée n'avait pas cessé d'évoluer, se refusa à publier ses livres ultérieurs[47]. Ses manuscrits ne purent donc plus influencer le développement des Lumières en Allemagne et ils sont aujourd'hui encore presque inconnus. Quelques-uns d'entre eux se trouvent du moins dans les archives, quand ils n'ont pas été emportés en Union soviétique après la Deuxième Guerre mondiale[48].

L'absence de tant d'œuvres clandestines a causé un évident effet de distorsion *a posteriori*, notamment dans la perception des Lumières par les historiens. On ne peut corriger cette distorsion qu'en prenant conscience de l'existence d'un précariat clandestin et de la façon dont il était intégré dans les processus de communication et de non-communication des Lumières. Une histoire de la communication des Lumières doit aussi tenir compte des stratégies de reconversion consécutives aux bouleversements intellectuels qui ont marqué le début du XVIIIe siècle, et qui faisaient partie de tout un ensemble de stratégies dont la majeure partie visait à un compromis, non à une confrontation[49].

Revenons une fois encore au début de ce chapitre : le « temps de comprendre » est le temps subjectif dans lequel le précariat clandestin prend conscience de soi. Cette phase a-t-elle pu jouer un rôle efficace par la communication intersubjective d'idées et contribuer à un processus d'apprentissage social, à un « temps de comprendre » objectif ? La réponse à cette question a dépendu de facteurs hautement contingents, sans qu'aucune stabilisation institutionnelle ne vienne atténuer ce caractère accidentel. De nombreux cas montrent que, dans le précariat clandestin, les contingences frappaient souvent sans que rien ne vienne s'interposer[50]. Des manuscrits furent confisqués à leurs auteurs, d'autres disparurent après leur mort, des emplois et des protections prirent fin brutalement. On comprend qu'il ait pu arriver que quelqu'un se taille les veines.

2. Les deux corps du libertin

« S'il lui prenait fantaisie de montrer son Moi *in puris naturalibus*, ou seulement en chemise de nuit et bonnet de coton, de par le diable, tout le monde prendrait la fuite devant tant de platitude et d'inanité! Mais il le drape dans des oripeaux bariolés de théâtre et dissimule son visage derrière les masques de la joie et de l'amour pour paraître intéressant et pour donner plus de force à sa voix grâce au porte-voix ménagé à l'intérieur. Enfin le Moi jette un regard de haut sur ses oripeaux et s'imagine qu'ils le constituaient [...]. »

Bonaventura [August Klingemann], Les Veilles de nuit[1]

La nature et la grâce

Il y eut au XIVe siècle, en France, un évêque qui prétendait « observer le célibat le plus strict en tant qu'évêque, tout en étant dûment marié en tant que baron[2] ». C'est sans doute là un exemple frivole pour illustrer un phénomène respectable, le fait qu'une seule et même personne peut jouer plusieurs rôles institutionnels différents. Les exigences de la précarité appellent des constructions audacieuses. Ernst Kantorowicz a écrit un livre classique sur l'histoire de ce phénomène juridique et sacré, *Les deux corps du roi*. Il y mentionne dès le début celui qu'on appelle l'Anonyme normand, qui vivait vers 1100 et parla du roi comme d'une *gemina persona*, une personne double : « Nous devons ainsi reconnaître [dans le roi] une personne *géminée*, dont l'une procède de la nature, l'autre de la grâce[3]. » Le roi ne meurt jamais, dira-t-on plus tard. Car, à la mort de celui qui l'exerce, la fonction de « corporation unitaire » est immédiatement transférée à son successeur.

En travaillant à son livre à Princeton, avant 1957, Kantorowicz avait l'intention d'expliquer les origines médiévales de l'État-nation moderne[4].

Il soutenait la thèse provocante selon laquelle les racines de l'État sont à chercher dans une fiction juridique et théologique. La scission fictive décrite par Kantorowicz a duré jusqu'au XVIIe siècle, où la construction des deux personnes ou des deux corps du roi n'était pas encore tombée dans l'oubli. Mais on peut en écrire l'histoire en adoptant une autre perspective que celle d'une théorie de l'État. À partir de la thèse de la *gemina persona*, on pourrait se demander par exemple si ce modèle d'une personne dédoublée entre nature et grâce n'a pas attiré des intellectuels qui étaient dans la nécessité de scinder leur propre personne.

Cette question nous conduit loin des sources étudiées dans *Les deux corps du roi*, ouvrant sur une tradition qui va de la dispute entre saint Augustin et Pélage sur la nature et la grâce aux affirmations scolastiques sur la *gemina substantia Christi*. Et elle nous mène jusqu'à l'époque moderne : en ces temps de dissimulation et de nicodémisme (le fait de taire ses propres convictions religieuses) [5], le modèle théologico-politique de la personne du roi, voire de la personne du Christ, put-il fournir un mode d'emploi pour se forger une *gemina persona* ?

Considérons par exemple François La Mothe Le Vayer, un de ces écrivains de la France de Richelieu qu'on appelle les libertins érudits. Le Vayer avait pris pour modèles le stoïcisme antique et le scepticisme pyrrhonien. Dans l'avant-propos de ses *Quatre dialogues faits à l'imitation des anciens*, parus sous un pseudonyme en 1630, il dut convaincre ses lecteurs et ses censeurs méfiants que l'*imitatio* des païens de l'Antiquité par un auteur moderne ne permettait pas de conclure que ce dernier était devenu lui-même païen[6]. Il est indispensable pour Le Vayer d'introduire une distinction dans le cadre de l'imitation, et c'est précisément dans ce but qu'il emploie une terminologie jouant, comme chez l'Anonymus Normannus, avec la distinction de la nature et de la grâce. Dans la « Lettre de l'Autheur », Le Vayer écrit :

> « Je serois plus en peine de vous justifier en termes de Religion quelques moralitez purement Physiques, si je ne m'estois déja fait entendre à vous que je n'ay rien écrit qu'en Philosophe ancien et Payen *in puris naturalibus* ; et si vous ne connoissiez assez la submission de mon esprit aux choses divines, lesquelles je laisse par respect traitter à ceux qui ont droict de toucher l'Arche, et s'approcher du Sanctuaire[7]. »

Le Vayer écrit donc en païen, alors qu'en privé, pour ainsi dire, il est évidemment chrétien – c'est ainsi qu'on peut compléter ce qu'il dit. Il divise ses rôles entre celui de l'auteur et celui de la personne privée.

Il était bien sûr déjà arrivé auparavant qu'un auteur renvoie à un autre rôle de locuteur pour se protéger. En 1519, Girolamo Benivieni avait reconnu avec contrition, eu égard à l'orthodoxie de l'Église, que Jean Pic de la Mirandole et lui-même, dans leur œuvre de jeunesse, *Commento sopra una canzone d'amore*, s'étaient exprimés « en platoniciens plus qu'en chrétiens[8] ». C'était un problème structurel que la Renaissance connaissait évidemment depuis ses débuts. Mais quand Le Vayer décrit son rôle d'auteur païen, il le fait en usant d'une expression clairement théologique : *in puris naturalibus*. Il s'agit là d'un mot-clef utilisé par les théoriciens contemporains de l'Église, en particulier les jésuites, très répandu dans le contexte du débat sur la grâce, au point de faire partie du jargon employé par un auteur libertin dans un avant-propos[9]. L'expression désigne l'état hypothétique dans lequel se trouve l'homme quand on fait entièrement abstraction – de manière contraire aux faits – de son rapport avec la grâce divine. Le pur état de nature n'existe pas, on ne peut le concevoir qu'en pensée[10].

C'était le cas quand on raisonnait, par exemple, à propos du savoir ou des droits de l'homme naturel. Ou, bien des années avant le débat sur la grâce, quand quelqu'un comme Pomponazzi, qui enseignait la philosophie naturelle, exposait certaines considérations sur l'âme humaine ou sur le destin sans tenir compte des vérités de la Révélation. On employait alors déjà l'expression *in puris naturalibus* : au point de vue de l'état de nature seulement, on pouvait apprécier l'idée aristotélicienne ou stoïcienne selon laquelle, d'après l'expression d'Albert le Grand et des averroïstes, on pouvait et devait parler *de naturalibus naturaliter* (en termes naturels à propos des choses naturelles)[11]. La *natura pura* était une construction quasi juridique, tout comme la *gemina persona*, et toutes deux avaient en commun de postuler un état naturel de l'homme faisant abstraction de l'état de grâce, qu'il s'agisse du corps naturel du monarque ou de l'état d'esprit naturel du philosophe.

Mais qu'est-ce que la « nature » pour Le Vayer ? Toute la pointe de son pseudo-argument consiste à identifier, au-delà de la détermination de la grâce, l'hypothétique *natura pura* avec la raison naturelle telle que la concevaient les philosophes païens antiques. L'Antiquité est pour ainsi dire l'état de nature de l'humanité. L'argument théologique qu'emploie Le Vayer pour atténuer la portée de son recours imitatif à l'Antiquité grecque – qui, en principe, ne différait en rien de celui des platoniciens florentins –, affirmant que l'Antiquité païenne avait présenté les choses telles qu'elles étaient « par nature », revient à dire que l'Antiquité procédait entièrement en suivant la connaissance rationnelle. Le Vayer fait ainsi fusionner l'hypothèse théologique et l'imitation de l'Antiquité. Et dans cette fusion, que favorisaient les diverses traditions sémantiques du discours sur la *natura pura*, guettait, comme déjà chez Pomponazzi, l'idée averroïste de la double vérité, mais faisant ici référence à la personnalité de celui qui l'unissait en lui-même, et non à la distinction entre faculté philosophique et faculté théologique[12]. Cette distinction institutionnelle commode était supprimée. C'est en cela que réside la véritable provocation dissimulée par l'apparente soumission de Le Vayer aux règles du jeu jésuites.

Pomponazzi et Averroès

Pour comprendre cette différence, intéressons-nous d'un peu plus près à Pomponazzi. Le meilleur moyen de découvrir sa véritable pensée est de le suivre dans un amphithéâtre et d'écouter son enseignement dans le cercle intime de ses étudiants. En 1516, dans *De immortalitate animae*, Pomponazzi écrit à propos du fait de ne pas dire la vérité sur la nature mortelle de l'âme :

> « Et il ne faut pas en accuser le politique [*politicus*]. Car de même que le médecin invente de nombreuses choses pour faire recouvrer la santé au malade, le politique compose des fables [*apologos format*] pour mettre les citoyens sur le droit chemin. Mais, dans ces fables, comme le dit Averroès dans l'avant-propos au troisième livre de la *Physique*, il n'y a, au sens propre, ni vérité ni fausseté[13]. »

Averroès, à qui en appelle Pomponazzi, a en effet déclaré dans cet avant-propos, écrit vers 1180, que les affirmations religieuses sont neutres au regard de la vérité :

> « Et nous voyons les orateurs modernes [*loquentes*, l'équivalent de l'arabe *Mutakallimun*, les représentants de la « Kalām », littéralement : du discours, de la « théologie » de type islamique – les *loquentes* sont donc les théologiens] dire que celui qui apprend d'abord la philosophie ne peut pas apprendre ensuite la religion [*leges*], et celui qui apprend d'abord la religion, aucune autre science ne lui est ensuite obscure. Et ils ont raison : celui en effet en qui sont réunies l'habitude et l'intelligibilité de la vérité, ses problèmes ne viennent pas toujours de la fausseté, mais tout au moins de ce en quoi il n'y a ni vérité, ni fausseté : comme dans la religion[14]. »

Pour Averroès et ses successeurs, les religions sont des *leges* – des lois –, elles ont donc seulement une force normative, et pas de prétention à la vérité. Ceux qui prétendent le contraire (comme les théologiens, qu'Averroès appelle les *Mutakallimun*) confondent les catégories.

Il est intéressant de voir qu'Averroès ne pose pas sa distinction entre philosophie et religion en termes absolus, mais en relation avec l'ordre dans lequel se fait l'apprentissage et avec les conséquences de l'habitude : « Celui qui a l'habitude d'accueillir du faux est disposé à être entravé par la vérité[15]. » Et celui qui est habitué à une nourriture indifférente à la vérité est comme celui qui est habitué à manger du pain : s'il lui arrive de goûter à un plat plus épicé, il ne le supporte pas. Cette habitude a une dimension sociale : le problème est en effet que le peuple n'a pas un estomac aussi solide et aussi habitué à des plats variés que celui des philosophes, et qu'il n'est donc pas en mesure de digérer des idées inhabituelles. Mais les philosophes supportent beaucoup de choses – ils supportent la pluralité et les hypothèses[16].

Cela nous ramène au XVIe siècle et à ses innovations très variées. Quand, au cours du semestre d'été 1514, à Bologne, Pomponazzi commente l'avant-propos d'Averroès à la *Physique* d'Aristote – on a conservé un manuscrit de ce commentaire à Arezzo –, il se fait insultant envers les *statuarii* (terme qu'il reprend de Platon), c'est-à-dire envers ceux qui établissent les préceptes et les lois : c'est un handicap pour les philosophes que de se voir

> « d'ordinaire méprisés par la cité [...] les législateurs [*viri statuarii*] sont considérés ; ils connaissent le droit, parce que ce sont des brigands ; et les gouvernants [*gubernatores*] sont des brigands, et les brigands s'aiment entre eux ; et ce sont tous des ignorants, et les ignorants s'aiment entre eux. [...] [Mais la philosophie] ne recherche pas l'amitié des princes[17] ».

Comme l'a dit Averroès, l'autre handicap dont souffre la philosophie est l'habitude : « Aucun philosophe ne peut étudier la religion* ; ce ne sont que de puériles bagatelles [*sunt pedochiarie tot nuge*] ; un véritable philosophe ne peut pas entendre ce genre de choses[18]. » Il y perdrait sa sensibilité à la vérité. Tiberio Russiliano, un élève de Pomponazzi qui suivit ce même cours quatre ans plus tard, a tiré des conséquences radicales de ces déclarations[19]. Et Pomponazzi lui-même n'a plus publié après 1516 ses propres recherches sur les causes naturelles des miracles ou sur le déterminisme qui gouverne le monde[20].

Quelle est la position du philosophe à l'égard du mensonge ? Est-ce que ce sont des mensonges que l'on présente au peuple ? Le philosophe ment-il à ses censeurs et au grand public ? Ces mensonges sont-ils légitimes ? À la différence des mensonges religieusement motivés, très répandus au XVIe siècle, nous avons ici affaire à des mensonges philosophiquement motivés. Il ne s'agit pas du mensonge dicté par la nécessité, mais du mensonge salutaire. Le mensonge par nécessité, accompagné des techniques de la réserve mentale (quand on se distanciait intérieurement de ce que l'on avait dit) et de l'équivoque (quand on employait des termes que l'on pouvait comprendre autrement), était une conséquence du nicodémisme, ce silence que devaient garder les minorités religieuses craignant les persécutions. La théorie philosophique de la double vérité est sans doute elle aussi liée au souci des intellectuels de se mettre à couvert des poursuites

---

* Je traduis ainsi *studere legibus*. (*N.d.A.*)

de l'Église, mais leur défense du mensonge salutaire ouvre davantage de perspectives. Pomponazzi rapporte ainsi les idées d'Averroès :

> « Les fables ne sont ni vraies ni fausses ; nous disons que ce sont des discours fictifs parce que, sous cette couverture, elles visent le bien, sous elle, elles visent le vrai. [...] Ce furent des hommes bons qui firent ces lois [religieuses] pour notre bien [...]. Il convient au médecin de dire des choses fausses [...][21]. »

Chez le médecin comme chez le fondateur de religion, ce qui compte est donc, pour ainsi dire, l'acte illocutoire de guérir, et non le contenu propositionnel du discours. En même temps est posée une distinction sociale entre les législateurs religieux d'un côté et le simple peuple de l'autre. Le philosophe se trouve entre les deux. Est-il lui-même un « médecin » ? Non, il n'administre pas de mensonges, il se refuse à s'abaisser jusque-là pour ne pas perdre sa sensibilité à la vérité. C'est pourquoi je ne pense pas que l'on puisse en conclure simplement que Pomponazzi faisait lui-même usage de la permission de mentir, et qu'ainsi ses déclarations publiques n'auraient été qu'un camouflage.

Il ne s'agit donc pas tant ici d'un dédoublement de la vérité en une vérité philosophique et une vérité théologique – qui pourrait suggérer un rapprochement avec la condamnation parisienne de 1277 –, que d'une réflexion sur les différents statuts pragmatiques des déclarations philosophiques et religieuses : les déclarations religieuses sont des directives législatives, elles sont politiques et ont une structure complexe à l'égard de la vérité. Elles ne « visent le vrai » que dans la mesure où elles visent le bien. On pourrait penser ici à Pétrarque disant qu'il était mieux de vouloir le bien que de connaître le vrai[22].

L'utilisation du théorème de la double vérité au XVIᵉ siècle remettait-elle en cause la notion même de vérité – à tel point que l'on pouvait finir par se moquer d'elle ? Il nous faut à présent poser cette question en nous demandant si la conception de la religion et de la politique comme mensonge salutaire a remis en cause le concept de vérité. Parmi les « vertus de la vérité », Bernard Williams compte l'exactitude et la sincérité[23]. Toutes deux sont certainement affectées par la thèse du mensonge salutaire politique et religieux. Pour la vérité religieuse, comme on l'a vu pour le XVIIᵉ siècle, le théorème avait donc bien un effet de remise en cause.

L'homme au masque

Les origines de la théorie de la double vérité telle que la défend La Mothe Le Vayer sont-elles à chercher à la Renaissance ou bien au Moyen Âge ? Quelques historiens ont supposé, à bon droit, que cette « théorie » n'avait été au Moyen Âge qu'une construction voire une élucubration de certains défenseurs de l'orthodoxie souhaitant nuire à leurs adversaires[24]. Des aristotéliciens médiévaux comme Boèce de Dacie, Siger de Brabant et Jean de Jandun furent dénoncés de cette manière. Dans son livre *La doppia verità*, Sergio Landucci a récemment repris la question pour revenir, contre les historiens « révisionnistes », à une lecture des textes originaux selon laquelle les maîtres de Paris pourraient tout à fait avoir ébauché un discours sur la double vérité[25]. Luca Bianchi essaie pour sa part de porter le débat sur un autre plan et d'étudier les répercussions de ce qu'il appelle la « légende » de la double vérité, relevant la présence du concept de *duplex veritas* dans des contextes très différents[26]. Dans une certaine mesure, la question reste donc ouverte, mais elle est désormais étendue à de nouveaux champs. On doit en outre toujours distinguer les cas où une séparation de deux domaines de vérité est formulée explicitement de ceux où elle n'est qu'implicitement présupposée. De même, il faut se demander si, à partir d'une simple dénonciation, une théorie de ce genre – au moins vaguement esquissée – a pu se former au fil du temps dans les cercles libertins, qu'on l'y ait défendue par jeu ou sérieusement.

Quoi qu'il en soit, on est tenté d'associer la division des rôles défendue par Le Vayer à un tableau de Salvator Rosa datant de ces mêmes années 1640, qui représente un homme montrant à un autre un masque – une *persona*, donc, pour *personare*, pour parler à travers elle (planche I)[27]. Rosa était un homme de cour, comme l'était Le Vayer, et il a formulé ici son expérience de la dissimulation sous forme imagée, comme Le Vayer l'avait énoncée de façon tactique. Tout comme Le Vayer, Rosa avait été marqué par le stoïcisme antique[28]. À cette époque, il intervenait dans des débats sur le sens et la fonction du théâtre ; on peut ainsi supposer que les deux hommes de son tableau représentent Térence et Plaute. Peu de temps après, Rosa a entièrement abandonné le genre de la comédie, dont il était même dégoûté. Mais cette peinture semble encore témoigner d'un intense intérêt pour les possibilités de changements de rôles.

On peut donc interpréter la toile comme représentant un philosophe qui, comme le faisait Le Vayer pour son lecteur, explique à son interlocuteur le changement de *persona* ; la différence entre le porte-parole païen et antique et la propre identité. Il y a toujours ici un paradoxe latent : le masque montre tout en cachant, derrière lui se trouve ce que l'on présume être le vrai visage, lequel, en même temps, ne peut être vrai que s'il tient le masque devant lui[29].

Persona moralis

La construction quasi juridique à laquelle a recours le libertin érudit qu'était La Mothe Le Vayer se prêta à de nouvelles formulations, actualisées, au début du XVIIIe siècle. Les successeurs des libertins français pendant la *Frühaufklärung* étaient des éclectiques – comme Theodor Ludwig Lau, évoqué plusieurs fois dans le chapitre 1, économiste, juriste et philosophe hétérodoxe[30]. Rappelons-nous : en 1717, Lau publie ses *Meditationes philosophicae de Deo, Mundo, Homine*, en 1719, les *Meditationes, Theses, Dubia*[31] ; ces deux livres, qui traitent d'idées philosophiques venues de Hobbes, Spinoza, Toland, Vanini et d'autres, sont interdits dès leur parution ; Lau est arrêté et chassé de Francfort, acquérant vite une réputation d'« athée ».

Mais Lau s'inspirait d'une conception philosophique exposée par Pufendorf, celle de l'*ens morale*. L'être moral de l'homme dépasse son être naturel, si bien que cette différence d'avec la nature, que Le Vayer désignait par le concept théologique de grâce, pouvait à présent être formulée par le concept juridique de l'*ens morale* ou de la *persona moralis*. En tant qu'individu, l'homme – ou un groupe d'hommes – est une personne morale dans la mesure où il joue un rôle donné, par exemple comme citoyen, comme époux, comme personne chargée d'un office, etc[32].

Selon Lau, ceux qui brûlent des livres et persécutent les auteurs prétendument hétérodoxes ne pratiquent pas seulement la fabrication de conséquences (*Konsequenzmacherei*) indues et déloyales, ils confondent les différents rapports et les personnes morales : *Confundunt diversos respectus et personas morales*[33]. À l'en croire, on pouvait s'exprimer en théologien ou en philosophe, en adoptant des rôles très différents :

> « À cause de leurs propriétés mutuellement opposées, il ne faut surtout pas faire fusionner les deux *personae morales* d'un théologien et d'un sage de ce monde, ni faire de tous deux une seule personne[34]. »

C'est la position que Lau a adoptée pour se justifier aux yeux de Christian Thomasius, son ancien professeur : il ne faut pas le condamner comme athée, mais l'apprécier en fonction de ses différents rôles. Car c'est précisément ce qui s'est produit dans les reproches qu'on lui a adressés : on a mélangé les rôles, sans voir qu'il parlait dans ses écrits en philosophe et non en théologien. Cette *fallacias compositionum et divisionum*, c'est-à-dire cette conclusion erronée qui confond les différentes *personae*, conduit pourtant tout droit à interpréter ses écrits de manière arbitraire, car alors des hérésies « que [s]a raison et [s]es sens désapprouvent [pourraient] [lui] être attribuées sans difficulté[35] ». Lau ne peut être à l'abri du reproche d'athéisme, dû aux prétendues conséquences théologiques de ses déclarations philosophiques, que si l'on accepte le fait qu'il examine en philosophe des orientations de pensée qu'il n'adopterait pas en tant que personne chrétienne ou « théologienne ». À ses yeux, il devrait être possible de remettre d'anciennes idées hérétiques sur le tapis. D'un point de vue théologique, cela pourrait même servir à renforcer l'orthodoxie en la mettant à l'épreuve des hérésies.

> « Mais je nie entièrement qu'à partir du *medio termino* que je reconnais : j'ai écrit ce petit livre, on puisse extraire ces *conclusiones* : *ergo* on y trouve la révélation de mes propres principes fondamentaux, que j'approuve de cœur et de bouche comme vérité orthodoxe. *Ergo* je suis spinoziste et athée incarné. *Ergo* on devrait me jouer une tragédie à la Vanini[36]. »

En d'autres termes : on devrait l'envoyer au bûcher.

Dans ces formulations renaît, sous une nouvelle forme, l'espace de liberté des intellectuels que les averroïstes parisiens avaient créé en séparant de manière institutionnelle théologie et philosophie[37]. Désormais, pour atteindre son but, l'intellectuel ne se sert plus de la terminologie d'Averroès ni de la fiction juridique des jésuites, mais du langage politique de Pufendorf. Lau avait étudié le droit naturel de Pufendorf auprès de Thomasius. Il connaissait très bien le chapitre I, 1 du *De jure naturae et gentium* et sa théorie de la personne.

Il y a une certaine ironie à voir Lau utiliser ici une arme que Thomasius avait développée lui-même quand il avait adapté le concept de *persona* de Pufendorf à ses propres fins. Attaqué par Hector Masius, pasteur de la cour du Danemark, Thomasius avait, pour se défendre, distingué sa personne politique de sa personne privée à l'aide du concept de Pufendorf[38]. Ainsi un roi, en tant que personne politique, exige-t-il que ses sujets lui obéissent, mais, s'il veut apprendre à monter à cheval – en tant que personne privée –, il doit suivre les indications de son professeur d'équitation, comme tout un chacun. Thomasius en tirait la conclusion que l'obéissance et l'intérêt de l'État étaient essentiels pour certaines de ses *personae*, mais pas pour toutes. En qualité d'auteur, il ne s'y sentait pas obligé. Un auteur devait avancer des arguments, rien d'autre. C'était donc un malentendu de la part de la cour danoise de l'accuser de lui faire insulte.

Theodor Ludwig Lau reprit cet argument sans mentionner sa source d'inspiration. Et il le modifia ; car il ne s'agit plus chez lui de faire une distinction entre la liberté de l'auteur et les devoirs du sujet, mais d'établir une différence entre la personne publique de l'auteur athée et la personne privée chrétienne. Ce n'est plus le décorum ou le comportement public de l'auteur qui est décisif, mais le statut de sa foi personnelle.

On peut aussi relever la présence de Hobbes en arrière-plan. Celui-ci avait très clairement montré que « les ordres humains n'ont aucune influence sur la croyance ou l'incroyance » et que chaque citoyen d'un État peut ainsi croire à titre privé ce qui lui plaît[39]. C'est seulement à l'égard des prescriptions de l'Église qu'il fallait suivre d'autres règles. Selon Hobbes, il ne saurait exister d'Église universelle située au-dessus des États et à laquelle tous les chrétiens seraient contraints d'obéir[40], c'est le souverain de chaque État qui détient le pouvoir de décider des directives concernant l'adoration publique et rituelle de Dieu. À partir de cette doctrine de Hobbes, Lau pouvait en appeler à son droit d'aller à l'église en tant que personne privée, et d'accomplir ainsi ses « devoirs » religieux, tout en ayant des idées philosophiques naturalistes en tant que penseur[41]. Mais ce que Lau pense en réalité dépasse manifestement cette répartition des rôles. Car il revendique pour lui en termes clairs le droit de publier ses livres déistes. Il reconnaît sans doute que la censure est permise, pour des motifs qui relèvent de la raison d'État, mais lorsque l'on ne trouve que des arguments idéologiques – théologiques – à opposer, lorsqu'un livre n'est donc pas immédiatement nuisible pour l'État, alors Lau considère que sa publication doit être autorisée. Pour comprendre cette revendication de liberté de publication en rapport avec les différentes *personae* d'un homme, il est bon d'anticiper un peu sur Kant.

L'espace public et le public

Emmanuel Kant affirmera : « L'usage *public* de notre raison doit toujours être libre, et lui seul peut répandre les lumières parmi les hommes ; mais son *usage privé* peut souvent être étroitement limité, sans pour autant empêcher sensiblement le progrès des lumières[42]. » Cela semble de prime abord être le contraire exact de ce que Hobbes avait à l'esprit : chez ce dernier, liberté en privé, restrictions en public ; chez Kant, restrictions en privé, liberté en public. En réalité, il n'y a pas d'opposition complète, parce que Kant entend par usage privé l'usage de la raison que fait quelqu'un occupant un « poste civil ». Là, l'État, tout à fait dans le sens de Hobbes, a en effet intérêt à ce que la « machine », comme dit Kant, fonctionne. C'est seulement dans son exigence d'un espace public libre que Kant va bien au-delà de Hobbes. Car, pour lui, les individus peuvent également se considérer comme membres d'une société civile universelle ayant pour tâche de s'adresser à un public – ce à quoi l'État n'a pas le droit d'opposer des obstacles. La société civile universelle est cette autorité universelle que Hobbes avait encore refusée sous la forme d'une Église universelle. Elle existe à présent et relativise le pouvoir de l'État. La liberté de l'usage public de la raison est donc bien plus que la seule liberté du particulier chez Hobbes.

La pensée de Lau le conduit vers l'espace public de Kant. Car lui aussi conçoit un public auquel le philosophe veut s'adresser. Sa distinction entre les personnes morales va au-delà d'une simple reformulation de la différenciation des positions de la « nature » et de la « grâce ». La position du philosophe est en elle-même différenciée, ou plus exactement : distanciée d'elle-même. C'est en cela que consiste la compréhension de soi du philosophe comme « éclectique ». Lau ne puise donc pas seulement dans l'arsenal de Pufendorf, mais aussi dans celui de Thomasius. Les éclectiques – c'est le concept polémique adopté par les adeptes de Thomasius contre les « sectaires » – n'ont pas besoin de se rattacher à des autorités, ils sont capables de se confronter à la pluralité des traditions et de la traiter à l'aide de leur seul jugement[43]. Ces idées sur la libre circulation de la pensée ressemblent à celles qu'Anthony Collins développait pendant ces mêmes années dans son *Discourse of Free-Thinking* – même si, en Allemagne, seul Nikolaus Hieronymus Gundling se déclarait favorable à une alliance entre éclectisme et libre pensée dans le sens de Collins[44].

Aux yeux de Lau, le philosophe éclectique est celui qui explore et examine le *theatrum* du monde[45]. Lau, *veritatis eclecticae amicus*, présente son écrit au *magno mundi auditorio*[46]. Il a organisé une « mascarade philosophique » comme s'il était l'accessoiriste qui distribue les masques[47]. Ainsi arrive-t-il que, dans l'éclectisme de Lau, un auteur sans « autorité » se présente devant le public. L'auteur devient éditeur, *collector* et *relator*[48]. Car, dans sa construction, il argumente précisément contre le fait de se rattacher définitivement à certaines autorités : il ne veut offrir qu'une « scène », un *theatrum*. C'est pourquoi il écrit à propos des acteurs qui exécutent des choses atroces sur scène, dans le style des drames de Lohenstein, que « ces représentants et comédiens moraux ne doivent pas être appelés des gens sans vertu », de même qu'il ne faut le considérer lui-même, en tant qu'écrivain, comme un athée, sous prétexte qu'il a « pris le masque d'un sage païen[49] ».

Il y a bien sûr une différence entre la construction des « masques » de Lau et celle de La Mothe Le Vayer. Le Vayer se replie sur son droit à faire parler son hypothétique *natura pura*. Mais Lau réclame juridiquement la possibilité de jouer, dans son rôle de philosophe, un nouveau rôle encore, à savoir de mettre en scène une certaine philosophie. Il souhaite pouvoir exposer des thèses au jugement sans être aussitôt identifié corps et âme à ces thèses. Ce faisant, dans les métaphores qu'il emploie, il aplanit comme sans y prendre garde la différence entre l'acteur et l'auteur de la pièce. Celui qui joue le meurtrier d'un tyran ne peut pas être accusé de meurtre. Tel est l'argument de Lau.

Comédiens

Pour comprendre la complexité de l'argument de Lau, même s'il peut paraître bien fragile, regardons un instant en Angleterre où l'on rencontre, à la même époque, des réflexions analogues. En 1698, Jeremy Collier, théologien conservateur et critique hostile au théâtre, déclencha une controverse en persistant à affirmer, malgré la popularité croissante des spectacles, que l'acte consistant à jouer sur scène une action mauvaise et immorale était en lui-même mauvais et immoral[50]. Il fallait donc rejeter les représentations théâtrales comme potentiellement immorales.

Il est intéressant de voir que les critiques qui répondent à Collier insistent, de manière tout à fait analogue à ce que fera Lau un peu plus tard, sur le fait que l'on doit distinguer entre l'auteur d'une pièce et le personnage dans la pièce. La distinction entre le privé et le public joue ici un certain rôle, car ces critiques identifient le privé avec le domaine authentique et réel, et le public avec les domaines rhétorique et fictionnel. William Congreve écrit par exemple que « rien ne doit être attribué aux convictions ou aux sentiments privés de l'auteur si, à un moment donné, l'un de ces personnages mauvais, dans l'une de ses pièces, se comporte lui-même de manière folle ou immorale, en paroles ou en actions[51] ». Pour Michael McKeon, ce débat a été un moment important pour ce qu'il appelle la « division du savoir » (*division of knowledge*) – analogue à la division du travail – entre le public et le privé. Selon lui, les arguments de ceux qui critiquaient Collier « sont étayés par l'idée que les sentiments du personnage existent dans quelque chose comme une sphère publique alors que ceux de l'auteur ont une existence privée[52] ». Nous ignorons si Lau a suivi ce débat – ou son équivalent allemand, comme la querelle du théâtre de Hambourg[53] ; si c'est le cas, il a pu y puiser des incitations pour ses propres arguments.

Mais ce n'est pas tout. En Angleterre aussi, on avait vu un philosophe transposer la séparation entre rôle public et pensées privées au problème de la publication des écrits : Anthony Ashley Cooper, le troisième comte de Shaftesbury. Chez lui, la méfiance envers la vulgarité des textes imprimés, fréquente dans les milieux de la noblesse, était associée de manière subtile avec des réflexions philosophiques nourries d'une part du stoïcisme, de l'autre de la philosophie de Locke. Pour Shaftesbury, l'habitude moderne d'écrire en vue de la publication dépersonnalise l'auteur. Ce mode d'écriture prétend être « personnel », mais ne fait en réalité que construire un rôle inauthentique, destiné à séduire les lecteurs. Aussi l'auteur doit-il s'efforcer d'aller à l'encontre de ce phénomène et de s'inspirer de modèles antiques de la notion d'auteur, notamment de certaines techniques de mise à distance[54]. Puisque la publication est déjà dépersonnalisée, on pourrait en tirer parti, selon Shaftesbury, pour obtenir un accroissement de connaissance grâce au dédoublement qui en résulte – comme dans les dialogues socratiques : l'auteur doit « se multiplier lui-même en deux personnes et être son propre sujet[55] ». Et en un autre endroit, il écrit : « Nous devons découvrir une certaine duplicité de l'âme et nous diviser nous-mêmes en deux parties[56]. »

On ne sait pas si Shaftesbury, en écrivant ces phrases, avait en tête Pufendorf voire La Mothe Le Vayer, mais c'est peu vraisemblable. Il est plus probable qu'il ait pensé au dialogue socratique, au *daimon* socratique ou platonicien et aux pensées sur soi-même de stoïciens comme Épictète ou Marc-Aurèle. Ce sont là des techniques de dédoublement destinées à créer une distance par rapport à soi-même qu'il a lues à la lumière de la conception qu'expose John Locke de la *reflection* comme d'une *notice which the Mind takes of its own Operations*[57]. C'est là une tradition de la division en *personae* tout à fait différente de la tradition libertine et averroïste ou de celle du droit naturel. Elle a suivi en Angleterre son propre cours, en étant reprise, par exemple, par George Berkeley dans son *Alcyphron* ou par Adam Smith dans sa *Theory of Moral Sentiments*[58]. Michael McKeon commente :

> « De même que l'auteur apprend la réflexivité mentale des microdomaines du privé et du public, ainsi l'auteur privé, son personnage étant séparé de la sphère publique lors du processus de la publication, est équipé par cette même réflexivité mentale pour surmonter cette séparation[59]. »

Éclectisme

Theodor Ludwig Lau n'a pas repris cette théorie subtile de la publication réflexive, qui conduit à un type de raisonnement dialogique et à donner une réfraction ironique à ses propres idées. L'ironie n'était pas son fait, et ce fut vraisemblablement sa confiance dans la force méthodologique de l'éclectisme qui le fit renoncer à une écriture ironique ou burlesque[60]. Tandis que Shaftesbury avait rejeté des titres comme *Meditations* ou *Solitary Thoughts* comme des désignations naïves d'un caractère pseudo-privé, Lau a intitulé de manière programmatique ses livres de 1717 et de 1719 *Meditationes* – voulant sans doute souligner ainsi moins leur caractère de confessions que leur aspect provisoire.

Ce coup d'œil sur l'Angleterre permet de reconnaître au moins une chose : ce n'est pas un anachronisme d'employer des concepts comme celui d'espace public à propos des premières années du XVIII siècle. Il existe dès cette époque toute une série de réflexions sur la séparation du privé et du public. Dans la perspective des idées de Kant sur l'espace public, on peut dire que l'interprétation que donne Lau de l'éclectisme comme d'un instrument de mise à distance représente un pas sur le chemin menant à l'injonction kantienne de se servir de son propre entendement (*sapere aude*) dans l'espace public des Lumières. La faculté de juger est au cœur de l'éclectisme dans la mesure où c'est l'auteur éclectique qui doit choisir entre les divers arguments des différentes « sectes » – « penser par soi-même » est la devise du philosophe éclectique[61]. Dans l'éclectisme de Lau, c'est moins l'auteur que le lecteur qui doit opérer ce choix. Le lecteur reçoit donc une plus grande responsabilité que dans la conception courante de l'éclectisme. Lau ne prétend précisément pas reprendre à son propre compte les thèses qu'il présente. Dans l'avant-propos des *Meditationes*, il reconnaît, comme on l'a vu, que quelques-unes de ses déclarations ne sont que des jeux de pensée plaisants, des formes d'argumentation plus libres, d'autres sont des « vérités plus claires que le soleil de midi », le reste, des doutes et des thèses discutables en différents sens[62]. Le lecteur doit donc décider ce qu'il fait de ce qu'on lui présente[63].

On ne peut évidemment pas écarter entièrement le soupçon que tous ces arguments ne soient des pseudo-arguments, développés pour pouvoir mieux diffuser encore ses idées de libre penseur – un soupçon qu'avait déjà Christian Thomasius. Ils pouvaient en tout cas servir à Lau pour se protéger, car il ne dit pas quelles sont les thèses qu'il approuve (les « vérités plus claires que le soleil de midi ») et quelles sont celles qu'il considère simplement comme discutables. Dans son effort pour se rendre inattaquable par des finesses juridiques, il arrive certainement à Lau de tomber dans quelques imprécisions conceptuelles – par exemple quand, dans sa comparaison de l'« éditeur » d'un écrit avec un acteur qui joue un rôle, il mélange deux fonctions tout à fait différentes : l'acteur n'est vraiment qu'un porte-parole innocent, mais celui qui édite une pièce sur un tyrannicide peut tout à fait avoir des intentions politiques.

Je suis néanmoins d'avis qu'il faut prendre au sérieux, jusqu'à un certain point, les jeux de pensée de Lau. L'interprétation qu'il propose de l'éclectisme est effectivement discutable, et le début du XVIIIe siècle fut de fait une période au cours de laquelle on conçut, de manière expérimentale, les premières formes de sphère publique. On rencontre, par exemple, des argumentations quasi juridiques dans le débat contemporain à propos de la façon dont il faut traiter les cas de plagiat. L'institution imaginaire de la République des Lettres est élevée au rang d'instance pouvant faire office d'une sorte de tribunal de la raison[64]. Une génération après Lau, Johann Lorenz Schmidt, à l'occasion de l'interdiction de sa traduction de la Bible, en a appelé au public comme à une autorité possédant le droit de trancher les questions litigieuses. Ursula Goldenbaum va même jusqu'à affirmer que la constitution d'un espace public en Allemagne commence avec cette affaire[65].

Personae et pluralisation

Si l'on considère la série des esquisses quasi juridiques de Le Vayer à Lau – une série dans laquelle on pourrait aussi inclure Charles Blount, libertin et déiste anglais[66] –, on est enclin à penser qu'il ne s'agit pas de cas isolés, d'exceptions, mais d'un symptôme. Un symptôme de la crise de la pluralisation de l'époque moderne, de cette multiplicité nouvelle des traditions, des prises de positions et des visions du monde entre lesquelles choisir[67]. On peut aussi considérer dans cette perspective le phénomène de la naissance de l'espace public. Ces hommes ont-ils rien fait d'autre que de chercher des espaces de liberté dans le cadre des lexiques établis, théologique ou juridique – pour des opinions divergentes, exprimées de façon légitime, pour un discours rationnel qui pût ne pas tenir compte des prescriptions de la Révélation et de l'autorité? À cet égard, l'association de la personnalité morale et de l'éclectisme est précisément une pièce importante pour une histoire encore à écrire du traitement de la pluralisation: comment l'a-t-on abordée, comment l'a-t-on supportée?[68] On pourrait suivre cette histoire depuis les compromis politiques de la paix d'Augsbourg et les constructions dialogiques des humanistes, en passant par les modèles de tolérance des Lumières, jusqu'à la problématique actuelle du consensus fondamental, de l'identité culturelle et de la diversité tolérable. Il s'agit là sans nul doute d'une étrange histoire, parallèle à celle des constructions juridiques et sacrales de Kantorowicz. On voit chez celui-ci l'État national émerger lentement d'un christianisme universel; de même, dans l'histoire de la pluralisation, on verrait naître à nouveau, à partir du rapprochement de la confession et de la nation, une universalité possible – même si c'est sur la base pragmatique de la reconnaissance de visions du monde égales en droit. Les deux corps du libertin font partie de la préhistoire de cette mise à distance moderne. Mais il faut se demander quelle durée de validité chacun de ces modèles proposés pouvait revendiquer. Pour autant que l'on sache, les divisions subtiles de la personne par les libertins ont à peine survécu à l'influence exercée par le modèle de l'authenticité personnelle à partir de Rousseau.

Pour reprendre une expression de Burkhard Gladigow, le XVIIIe siècle tardif, l'époque d'après Rousseau, est bien plus caractérisé par une « singularisation » que par une pluralisation. Dans le domaine religieux, la singularisation signifie l'incapacité ou l'interdiction d'« avoir » plus d'une religion. Ce qui entraîne aussi la prétention de l'État à pouvoir imposer cette religion unique[69]. Mais, allant au-delà de Gladigow, je pense que l'on peut observer une singularisation ou une dé-pluralisation dans d'autres domaines également. Theodor Ludwig Lau eut beau s'appuyer sur la terminologie juridique la plus moderne – celle de Pufendorf –, on n'en a pas accepté ses thèses pour autant et la division en plusieurs *personae* devint au fil du temps toujours moins évidente. Ce qui était permis aux institutions était loin de valoir pour le philosophe. Peut-être la naissance de l'espace public est-elle allée de pair avec la singularisation parce qu'elle a précisément créé l'espace libre que l'on voulait conquérir par des constructions quasi juridiques qui devinrent, de ce fait, superflues.

Le goût pour une division en plusieurs personnes et la capacité à la réaliser ne continuèrent d'exister que dans un cadre limité. Goethe fut en ce sens un cas exceptionnel. Dans une lettre de 1813 à Friedrich Heinrich Jacobi, il s'enorgueillit ainsi d'être « polythéiste en tant que poète et artiste, mais panthéiste en tant que naturaliste, et avec autant de détermination dans un cas comme dans l'autre ». Et en tant que personne morale, c'était un chrétien monothéiste[70]. La « personne morale » de Goethe n'est cependant plus la *persona moralis* de Pufendorf, mais le sujet d'une morale individuelle. L'instrumentalisation par Lau de la doctrine juridique de la personne relevait déjà d'une époque passée.

3. Portrait du libre penseur en jeune homme

*« Poèmes et peintures disent parfois d'audacieuses vérités,
Poètes et peintres sont de licencieux jeunes gens. »
John Denham, « Instructions à un peintre » (1667)*[1]

Portraits

Les portraits de libres penseurs et de penseurs radicaux sont rares. De quelle manière peut-on se faire représenter quand on est dans un statut précaire ? Comme un libertin mondain, confortablement installé, fumant sa pipe auprès de sa maîtresse – ainsi que le fit Adrian Beverland, le Hollandais qui avait réinterprété le récit biblique du Paradis sous forme d'histoire sexuelle[2] ? Ou comme un noble blasé, en train de couronner son singe avec les lauriers du poète – comme le comte de Rochester, auteur de poèmes satiriques et de textes obscènes, qui mourut de syphilis et d'alcoolisme[3] ? Si l'attribution est exacte, Beverland s'est fait peindre par Ary de Vois, fameux peintre de Leyde (planche II). Le portrait semble dater d'avant 1679, l'année où Beverland dut s'enfuir en Angleterre. Le scandale causé par son livre *De peccato originali*, paru en 1678, avait été trop grand : il y appliquait l'interprétation allégorique de la poésie érotique latine et grecque à l'histoire d'Adam et Ève, faisant de l'arbre de la connaissance un symbole phallique et de la pomme cueillie par Ève un symbole des testicules. Petit-fils du grand philologue Gerhard Johannes Vossius, Beverland était alors âgé de vingt-huit ans. Il trouva plaisant de se faire peindre en compagnie d'une prostituée au chemisier largement ouvert, en train de lire, comme si elle était la muse qui l'avait inspiré dans ses études bibliques. On peut voir sur le tableau le titre du livre qu'elle lit : *De prostibulis veterum* – « Sur les prostituées de l'Antiquité ». C'était le grand projet auquel travaillait Beverland, son obsession. Au cas où la présence d'une prostituée en chair et en os dans le tableau n'aurait pas suffi, on y voit aussi un verre de vin sur la table, et Beverland, en robe de chambre, dans une pose mondaine, tient une pipe du bout des doigts. Le petit-fils de bonne famille, fin connaisseur de la littérature pornographique, pouvait manifestement se permettre de vivre ainsi. Et il voulait montrer à la postérité qu'il était un homme du monde, un libertin.

Le cas de John Wilmot, deuxième comte de Rochester, est analogue. Son portrait, qu'il fit réaliser par le peintre flamand Jacob Huysmans, est encore plus provocant (planche III). Huysmans était peintre à la cour de Charles II, où Rochester vivait comme familier du roi et comme enfant terrible. Si le portrait a été peint vers 1675-1676, alors il montre – comme dans le cas de Beverland – un jeune homme de vingt-huit ans. Celui-ci était bien plus fortuné encore que le savant hollandais. Il s'était fait un nom à la guerre et brillait à la cour, où il était un causeur très spirituel. Mais il se fit remarquer par ses excès d'alcool, sa vie de débauche et ses constantes plaisanteries grossières et obscènes ; en 1676, il fut banni définitivement de la cour. Rochester se fit portraiturer en poète qu'il était, avec un air blasé et un geste choquant : un manuscrit à la main, il couronne un singe des lauriers du poète. Le singe a arraché des pages d'un livre et en tend une à Rochester.

La scène est certainement une plaisanterie, une provocation en peinture. Mais qu'est-ce que Rochester veut dire exactement au spectateur ? On a supposé que son portrait illustre son attaque satirique contre la personne et l'œuvre de John Dryden, grand écrivain dramatique, critique et poète. Dryden avait joui pendant un certain temps de la protection du comte, qui facilita la présentation au roi de ses pièces de théâtre. Mais cela ne dura guère – les tempéraments des deux hommes étaient trop différents. En 1675-1676 s'éleva une controverse venimeuse, et les gestes de soumission « simiesques » de Dryden, dont Rochester méprisait le manque de sincérité, donnèrent apparemment au comte l'idée de faire réaliser ce double portrait : de lui-même et de Dryden, qu'il fit représenter en singe offrant à son patron sa dédicace vide et insignifiante. La signification profonde du portrait va certainement bien au-delà. Le choix de faire peindre un singe trahit le profond scepticisme de Rochester envers les idées élevées, comme celles de Dryden, sur l'inspiration et la raison humaine. Le noble libertin est aussi l'auteur d'une *Satyr Against Mankind*.

Beverland et Rochester sont représentés dans des poses qu'aucun intellectuel sérieux ne choisirait pour son portrait. Même si la provocation et le blasphème ornaient dans certains milieux l'expression de la pensée, il y eut aussi un type du libre penseur sobre. Pouvait-on donner en une représentation picturale ? Quelle image de la libre pensée entendrait-il donner ?

Un des très rares portraits que nous ayons d'un penseur radical allemand de la *Frühaufklärung* est celui de Theodor Ludwig Lau. Le Cabinet des gravures de Dresde en possède une gravure, qui est peut-être le seul exemplaire conservé (planche IV)[4]. Après ses études à Königsberg et à Halle, Lau, que nous retrouvons ainsi dans ce chapitre, a voyagé pendant six ans en Europe de l'Ouest, où il a pu bénéficier des stimulations intellectuelles les plus diverses[5]. Ses connaissances et les sujets qu'il aborde comprennent les mathématiques et la physique appliquées (il a assisté aux leçons de Newton), la jurisprudence, la philosophie, la théologie et la littérature, mais aussi la politique, l'économie et la fiscalité. Pour rendre justice à cette variété de disciplines, il faut considérer les thèmes qu'il traite dans leurs rapports entre eux et décrire sa vie d'une manière analogue à celle qu'a adoptée Pamela Smith pour Johann Joachim Becher, économiste, inventeur et alchimiste. Becher fut lui aussi un savant universel, versé en sciences de la nature, philosophie, politique et économie, ainsi qu'un voyageur instable, toujours à la recherche d'un nouveau protecteur et de nouveaux domaines d'application[6]. Pour pouvoir élaborer un profil général d'intellectuels de ce genre, il faut soigneusement identifier dans ces champs des schémas de pensée qui leur aient été communs. Un coup d'œil sur la biographie de Becher, actif dans les années 1660 et 1670, devrait suffire à nous mettre en garde contre la tentation de jongler trop vite avec des concepts comme « baroque » ou « Lumières » et d'utiliser des classifications comme « personnage de transition ». Si l'on situe au contraire des hommes comme Becher et Lau dans les courants de leur époque, on apprend des choses surprenantes sur les Lumières radicales.

Le portrait de Lau qui se trouve dans le Cabinet des gravures a été gravé en 1737 à Hambourg par Christian Friedrich Fritzsch. Ce dernier l'a sans doute réalisé *ad vivum*, comme on le lit sous le portrait, mais il s'inspire pour les détails de deux peintures à l'huile un peu plus anciennes, datant toutes deux de 1734[7]. L'une était de Johann Ferdinand Schor[er], de Königsberg, et comportait déjà, comme c'est le cas sur la gravure, un sablier dans lequel le sable est presque entièrement passé ; l'autre est de Christian Sidau de Mittau, qui a entouré le portrait d'une série d'emblème[8]. Les deux portraits peints ont disparu, mais on sait que la gravure de Fritzsch en a réuni certaines caractéristiques, si bien qu'elle nous transmet le sens que Lau avait cherché à élaborer par les indications qu'il avait données aux peintres.

Le portrait est didactique, autobiographique, codé à l'aide d'emblèmes et en même temps représentatif. Il forme un contraste éclatant avec la misère réelle du penseur, qui était sans travail depuis 1711 et cherchait des emplois. En ce sens, ce portrait est aussi une image (rajeunie, Lau étant alors déjà âgé de soixante-sept ans) pouvant servir lors d'une candidature : malgré son manque d'argent, Lau s'est mis une fois encore sur son trente et un, avec épée, manteau et perruque. Mais il souhaite apparemment indiquer aussi par ce portrait quelque chose comme son testament,

Ill. 1. Theodor Ludwig Lau, *Portrait* (détail *Vobis haec mysteria manent*).

ses mérites et ses apports, et il le fait de manière symbolique en montrant négligemment de la main droite un livre ouvert sur lequel on peut lire : *Vobis haec mysteria manent* – « Pour vous, ces choses restent des mystères » ou bien « ces mystères restent pour vous » (ill. 1). Des mystères – c'est-à-dire quelque chose auquel on doit être initié si l'on veut le comprendre. On pense aussitôt à la franc-maçonnerie, qui venait alors de se constituer en Angleterre et avait fait en 1733 une première tentative pour s'établir en Allemagne[9]. Ou encore à John Toland, un modèle d'esprit libre pour Lau, qui avait publié en 1720 son *Pantheisticon*, une sorte de profession de foi et de liturgie de la Socratic Society, la communauté imaginaire des panthéistes[10].

Quoi qu'il en soit, Lau, le combattant à la plume (sur son épée est écrit le mot *penna*), incite le spectateur du tableau à déchiffrer ses mystères – les emblèmes énigmatiques de sa doctrine de Dieu, de l'homme et de la société, qu'il a fait peindre sur les colonnes qui l'encadrent[11].

Le joueur de flûte de Francfort

Je commence par quelques stimulations. « J'ai sifflé [= joué de la flûte], fort et de façon assez mélodieuse, mais ils n'ont pas voulu danser. » Tel est le bilan qu'à soixante-six ans, peu avant sa mort, Lau tire de sa vie, alors qu'il a passé dix-neuf années à être poursuivi, à ne pouvoir s'établir nulle part, en homme stigmatisé d'athéisme et à qui on a interdit de reprendre jamais pied dans une existence bourgeoise[12]. De manière inhabituelle pour un penseur des Lumières radicales, l'expression qu'il choisit pour son bilan est biblique. Dans l'Évangile selon saint Matthieu, XI, 16-17, Jésus dit de saint Jean-Baptiste qu'il a été le plus grand prophète : « Que celui qui a des oreilles pour entendre entende. » Mais ceux qui n'ont pas voulu écouter le prophète sont comme « des enfants assis sur les places, qui en interpellent d'autres : "Nous vous avons joué de la flûte, et vous n'avez pas dansé ! Nous avons entonné un chant funèbre, et vous ne vous êtes pas frappé la poitrine !" ». Dès la phrase précédente, Lau avait adopté un ton religieux : *Dixi et liberavi animam* – « j'ai parlé et j'ai libéré mon âme ». C'est le soupir qui suit un aveu, dérivé d'Ézéchiel, III, 19, et que devait aussi exhaler Kierkegaard cent ans plus tard[13].

Quelle sorte de libre penseur utilise ainsi des formules religieuses ? Et recourt, dans ces mêmes années, aux emblèmes et aux idées hermétiques de métempsychose[14] ? Que sont, de manière plus générale, la libre pensée et les Lumières radicales en Allemagne vers 1700 ? Sont-elles à situer dans la tradition des prophéties radicales, dans la continuité des oppositions aux puissances établies ? Un autre « joueur de flûte » pourrait nous donner une première indication de la justesse de cette hypothèse : celui que l'on appelait le « jouer de flûte de Niklashausen ». De son vrai nom Hans Böheim, c'était un berger venu en 1476 à Niklashausen, lieu de pèlerinage marial en Franconie, et qui prêchait sur les révélations qu'il avait reçues. Ses prédications devinrent vite des discours contre les prêtres avec des revendications « communistes » : « [...] le pape et l'empereur, princes et comtes, chevaliers et valets, bourgeois et paysans devraient partager avec l'homme du peuple, tous à égalité, tous les impôts devraient être abolis et la propriété collective rétablie[15] ». Plus de trente mille partisans suivirent Böheim, et la phrase de saint Matthieu sur le « joueur de flûte » ou sur l'invitation à danser résonne dans le nom qu'on lui donna.

L'époque de la Réforme radicale et de ses avant-courriers au Moyen Âge tardif était passée depuis longtemps lorsqu'en 1717, l'année du 200e anniversaire de la Réforme, le « joueur de flûte » Lau fit son entrée à Francfort et publia de façon anonyme son livre radical, *Meditationes philosophicae de Deo, Mundo, Homine*. Il est peu probable que Lau ait jamais entendu parler de Böheim. De son temps, on portait la veste et les guêtres à la mode française, et l'épée au côté. Les révoltes millénaristes avaient fait place à des plans de réformes judicieusement conçus. Et pourtant : on peut représenter Lau comme un rebelle social tempéré par le caméralisme de la monarchie absolue, qui poursuivait une ample vision allant de la philosophie à la fiscalité – et qui a échoué parce qu'il était venu trop tôt[16]. Comme nous l'avons déjà mentionné dans le chapitre précédent, sa philosophie parut de manière anonyme et clandestine, tandis que ses écrits de finances et d'économie étaient publiés légalement, sous le nom de leur auteur.

Pour pouvoir adapter à l'Allemagne le concept de « Lumières radicales », il faut en effet résoudre de nombreux paradoxes. Le fait que les penseurs radicaux, comme les penseurs modérés de la *Frühaufklärung*, se trouvaient en partie dans l'entourage immédiat des princes – en tant que caméralistes, théoriciens de la raison d'État ou juristes du *Jus publicum* – n'est pas la seule circonstance paraissant contredire l'esprit d'opposition des Lumières radicales[17]. L'autre alliance, entre les penseurs radicaux et les spiritualistes radicaux – que l'on pense à Johann Konrad Dippel ou à Johann Christian Edelmann –, appelle aussi une explication, car la critique radicale de la religion et les intentions mystiques ne semblent guère compatibles entre elles[18]. On trouve enfin chez nombre d'auteurs radicaux, de Knutzen à Gundling et Zeidler, des restes de la tradition satirique du XVIe siècle burlesque et grossier – des éléments qui paraissent eux aussi très éloignés de la « modernité » d'un Locke ou d'un Spinoza[19]. Pour comprendre un peu mieux ces paradoxes, je propose une double lecture : je vais lire en parallèle les écrits caméralistes « officiels » de Lau d'une part et ses œuvres anonymes de philosophie radicale de l'autre. Quelle image en ressort-il ?

Un caméraliste

Le caméralisme de Theodor Ludwig Lau est une théorie économique reposant sur des principes de justice sociale. Les raisons profondes de ces principes sont à chercher dans ses écrits philosophiques. Ses essais d'économie et de théorie fiscale sont des exemples précoces de conceptions de ce à quoi pourrait ressembler une intervention planifiée de l'État princier dans la vie commerciale. Ils reposent sur des idées nouvelles concernant les lois de l'économie[20]. Pour Lau, une politique économique et financière correcte doit reposer sur une bonne gestion budgétaire, une industrie manufacturière, un commerce florissant grâce aux marchands, une banque, un trésor princier et le sens de l'épargne. Outre Becher, ses modèles étaient Veit Ludwig von Seckendorff, Wilhelm Schröter ainsi que le mercantiliste anglais Sir Josiah Child, directeur de la Compagnie britannique des Indes orientales[21]. Parmi les auteurs qu'il cite, on trouve notamment John Locke et sa théorie de l'argent : « La vraie valeur de l'argent est de passer d'une personne à l'autre lors de l'achat et de la vente[22]. » Locke n'a donc pas seulement été source d'inspiration pour Lau comme penseur d'une *reasonable Christianity* – il a repris cette expression pour décrire sa propre position[23] –, mais aussi comme théoricien du commerce.

Dans ses écrits, qui, après son renvoi de son poste d'expert en finances de l'administration de Courlande, servaient aussi de recommandation à l'intention d'éventuels princes[24], Lau justifie ses revendications dans la perspective des intérêts du prince et de son pays : il est bon d'introduire la liberté de culte pour attirer des citoyens, garantir le droit et assurer le bien-être et la paix – ce sont les conditions pour qu'un royaume soit florissant et le pouvoir de son monarque stable[25]. Mais ces biens peuvent tout autant être formulés à partir de sa théorie philosophique elle-même. Car la liberté est pour Lau l'état originaire de l'homme et son bien suprême[26]. Même s'il a beaucoup emprunté à Hobbes, Lau le critique sur ce point, comme le fait un texte clandestin de la même époque, le *Symbolum Sapientiae*[27]. La liberté de culte et de conscience est essentielle à ses yeux[28]. La doctrine du bien-être de Lau repose sur une vision du monde naturaliste et hédoniste, qui s'inspire de Spinoza, Toland et Vanini. La physiologie associée à cette doctrine part d'aspirations et d'impulsions de l'homme comprises en un sens mécaniste, qui sont d'abord spontanées et ne seront qu'ensuite limitées par les structures de la société[29]. Quand on lit dans l'*Entwurff einer Wohl-eingerichteten Policey* [Esquisse d'un gouvernement bien organisé] que la constitution intérieure d'un État consiste en une joyeuse société d'hommes menant joyeuse vie[30], il faut comprendre – ce que seule la lecture des *Meditationes* peut révéler – que l'on n'y trouve ni crainte religieuse ni mécanismes de pouvoir de l'État. Il y a de l'ironie à ce que, derrière l'auteur d'une conception de l'ordre civil, qui est donc un acteur du processus de discipline sociale de l'époque moderne[31], se soit caché en réalité un anarchiste pour qui le plus grand bonheur résidait dans l'absence de toute forme de régulation :

> « Un état bien plus heureux, même s'il n'est plus possible ni approprié, est celui de l'homme comme pure créature. Il est alors un être libre, qui agit librement et pense librement. Sans roi, sans loi, sans troupeau. Il n'espère aucune récompense, il ne craint aucune punition. Il ne connaît pas le vice et ignore tout du péché[32]. »

Seule l'expression qu'ajoute Lau, « même s'il n'est plus possible ni approprié », atténue cette contradiction. Cette concession nous met sur la voie de la division, qui passe dans la personne de Lau même, entre le révolutionnaire par conviction philosophique et le réformateur par réalisme. Il faut garder à l'esprit cette distinction quand on considère l'ensemble de son œuvre, si l'on veut ne pas interpréter ses ruptures internes comme des faiblesses logiques mais comme l'expression d'une tension immanente[33].

Dans cette mesure, le fait que Lau réfléchisse d'abord en fonction de l'intérêt des princes n'est pas en complète contradiction avec les penseurs et les traditions « démocratiques » des Lumières radicales, c'est plutôt une stratégie pour faire accepter certaines doctrines radicales. À les lire attentivement, les écrits caméralistes de Lau contiennent ainsi un reste de dissimulation – du moins si l'on interprète son esquisse d'histoire culturelle et d'histoire du pouvoir comme l'expression de ses propres idées, selon lesquelles les « chaînes de la religion » ont permis au pouvoir monarchique et à ses « nouveaux maîtres » de rendre « esclaves » les hommes, originellement libres, en inventant toutes sortes de lois, qui ont aussi donné naissance au droit de la nature et des gens (*jus naturae et gentium*)[34]. Et Lau formule cette critique des princes : « Les princes l'interdisent sans doute à leurs sujets, mais eux-mêmes n'ont dans toutes leurs actions qu'un unique but suprême : satisfaire leurs désirs, et rechercher leur intérêt ou leur utilité[35]. » Lau joue avec des idées tout à fait anarchistes et séditieuses qui, si on les prenait au sérieux, réduiraient à néant toute sa formation en *jus naturae*, pour ne rien dire de sa position à la cour princière[36].

Mais la dissimulation n'est pas parfaite. En certains endroits, le naturalisme de Lau transparaît jusque dans sa théorie politique. Cela s'exprime dans ses propositions de réforme, qui dépassent la mesure habituelle. Le meilleur exemple en est la prise de position résolue de Lau en faveur de la polygamie[37].

La polygamie

Comme l'a justement interprété Isabell Hull, la thèse de la polygamie, qui apparaît régulièrement chez les caméralistes et les spécialistes de droit naturel vers 1700, est une sorte d'expérience de pensée à des fins de provocation par laquelle on jouait avec la possibilité de changements sociaux radicaux, en premier lieu parce qu'on y esquissait une distinction entre la Révélation et le droit naturel et qu'on y rendait visibles les différences des mœurs chez d'autres peuples[38]. Des mœurs orientales en Occident ? Influencé par Beverland, Lau a insisté plus que nul autre sur cette expérience de pensée, qu'il justifiait d'un point de vue caméraliste par le fait qu'une population nombreuse était nécessaire au bien-être des États. Nous sommes ici dans la phase initiale de ce que Michel Foucault a appelé le « biopouvoir » : l'État se préoccupe toujours plus du corps et de la sexualité de ses sujets[39]. Le naturalisme d'un penseur des Lumières radicales comme Lau s'insère parfaitement dans ce développement du biopouvoir.

Lau avance aussi en faveur de la polygamie l'argument de la « bonne police » : elle pourrait entraver les méfaits de la prostitution. Mais il signale que le « clergé jaloux de l'honneur de Dieu » ne permettra pas que l'on adopte une telle réforme[40]. Si l'on ajoute la théorie clandestine du pouvoir que l'on trouve dans ses *Meditationes*, on voit ce que pense Lau des fondements du pouvoir du clergé. Il explique la position de la religion comme résultant de l'interaction complexe de la mentalité « mélancolique » superstitieuse des dominés et de l'aspiration au pouvoir des « colériques », qui ont exploité la crainte religieuse, inventé les oracles et les mystères et mis ainsi en place un clergé[41].

En principe, Lau, tout comme Thomasius, pouvait compter jusqu'à un certain point sur le soutien des princes contre l'orthodoxie de l'Église, mais sa proposition sur la polygamie allait certainement au-delà de ce que l'on pouvait supporter dans une telle alliance. Il est caractéristique de la tension intérieure que nous avons relevée chez Lau qu'il ait d'abord exprimé sa proposition avant de s'objecter à lui-même qu'elle était impossible à réaliser – comme dans un cas de double contrainte. Et l'on reconnaît aussi cette tension au fait qu'on retrouve toujours, dans la discussion sur la polygamie, des souvenirs collectifs de la Réforme radicale, surtout des expériences de polygamie chez les anabaptistes de Münster[42]. Chez Lau, la revendication de polygamie ne s'inscrit donc pas seulement dans les conséquences de son naturalisme, mais aussi – d'un point de vue purement historique – dans la tradition de la révolte spiritualiste.

Emblèmes

On le voit : on a affaire avec Lau à une pensée complexe, qui fait fusionner plusieurs traditions et plusieurs niveaux. Dans le chapitre 2, j'ai montré que cette pensée s'exprime par ailleurs au moyen d'emprunts à Pufendorf, sous forme d'une théorie des multiples *personae* de l'intellectuel. Je voudrais aborder ici un autre aspect. Pour exprimer sa pensée, Lau a eu recours aux emblèmes – ce qui, bien qu'il ait été un penseur des Lumières, pourrait conduire à le qualifier de « baroque », en tout cas si nous nous en tenons aux réflexions de Walter Benjamin et d'Albrecht Schöne[43]. Nous nous trouvons ainsi au seuil du continent oublié de l'art des emblèmes politiques, moraux et philosophiques aux XVIe et XVIIe siècles et de la métaphorologie philosophique. Tout comme Becher, Lau a fait appel aux emblèmes pour expliciter ses idées fondamentales. Becher choisit par exemple comme emblème personnel un gobelet (*Becher*) – allusion transparente à son nom – dans lequel a lieu une transmutation, comme dans un four d'alchimiste. Une main distille depuis le ciel le jus d'une vigne dans ce gobelet. Becher mélange ici des connotations religieuses et profanes de façon tout à fait consciente : le gobelet est à la fois le récipient de la transsubstantiation et un instrument technique. Même la devise ajoutée : *Bibat qui potest, lavet qui vult, turbet qui audet* (« Boit qui peut, lave qui veut, trouble qui l'ose ») mêle une formule à boire apparemment profane, aux échos hédonistes, avec la symbolique profonde du Graal. Car cette devise est une citation cachée d'un des textes fondateurs des rose-croix, *Chymische Hochzeit Christiani Rosen-Creutz* [Les Noces chymiques de Christian Rose-Croix], que seuls les adeptes peuvent reconnaître[44].

Quand Lau fait faire son portrait, en 1734, il demande au peintre de décorer le pourtour du portrait avec sept emblèmes qui doivent résumer toute sa pensée en symboles simples[45]. Sur le premier emblème (ill. 2), en haut à gauche, on lit en titre : *Rationis et Revelationis Objecta mea*, « Mes objets [entendus ici comme objets thématiques] de la raison et de la Révélation[46] ». L'image montre un paysage côtier avec des phares, surmonté d'un triangle dans le style des représentations de la Trinité. Les sommets du triangle sont marqués D, M et H, ce qu'il est aisé de déchiffrer en *Deus*, *Mundus* et *Homo*, termes renvoyant aux trois domaines fondamentaux de la métaphysique : la théologie rationnelle, la cosmologie et la psychologie. On reconnaît le titre du livre de Lau publié en 1717, *Meditationes philosophicae de Deo, Mundo, Homine*, comme d'ailleurs, de façon très analogue, celui du livre de Christian Wolff, paru trois ans plus tard, *Vernünfftige Gedancken von Gott, der Welt und der Seele des Menschen* [Idées rationnelles de Dieu, du monde et de l'âme humaine]. Dans le triangle, un « III » renvoie lui aussi à cette triangulation philosophique. Mais pourquoi tout cela plane-t-il au-dessus d'un paysage côtier ? Parce que ces marquages philosophiques indiquent à la pensée la voie à suivre. Dans son livre d'emblèmes de 1620, *Zinne-Poppen*, Anna Roemers Visscher a écrit sous un emblème *Intelligentibus* : pour ceux qui comprennent. Et son image représente un signal lumineux sur la mer[47].

Ill. 2. Theodor Ludwig Lau, *Portrait* (emblème *Rationis et Revelationis Objecta mea*).

Images du sens commun et du salut public

Les autres emblèmes nous font pénétrer dans la doctrine des réformes caméralistes. Placé juste sous le premier, le deuxième emblème (ill. 3) donne à voir deux colonnes surmontées en voûte par une couronne ornée du double visage de Janus bifrons – et, à l'arrière-plan, les tours d'un royaume. Sur la colonne de gauche est inscrit *Regnorum*, sur celle de droite, *Regum*. L'emblème est intitulé *Sunt mihi curae, utraque Salus*, ce que Lau traduit lui-même librement par : « Le bien du royaume et de ses rois me tient à cœur[48]. » C'est un bon exemple des difficultés d'un politicien réformateur à la cour : il doit évidemment souligner qu'il sert le souverain ; mais il souhaite aussi mettre en évidence que le royaume, c'est-à-dire la population, ne lui tient pas moins à cœur. Il ne peut s'avancer davantage. Mais quelle leçon doivent en tirer les gouvernants ?

C'est ce que montre le troisième emblème (ill. 4). Il contient une couronne traversée par un sceptre et une épée qui se croisent, avec au-dessous une araignée dans sa toile, une ruche avec des abeilles et une fourmilière. Tout en bas, on voit une plume, ou plutôt une charrue, un caducée de Mercure et une pièce d'artillerie. *Vobis, Tales Eos Facere Monstro* – « Je vous enseigne, monarques du monde, à transformer vos ordres sociaux, vos habitants et sujets, en autant d'araignées, d'abeilles et de fourmis », telle est la devise qui accompagne cet emblème, faisant allusion une fois encore à la Bible, ici au Livre des Proverbes, VI, 6[49]. Dans son livre *Politische Gedancken* [Réflexions politiques], Lau avait enjoint aux princes et aux ministres d'accroître la richesse de leurs États et « de s'efforcer, comme les fourmis et les abeilles travailleuses, d'acquérir et d'accumuler[50] ». La rangée supérieure des symboles représente les dirigeants, l'araignée dans sa toile, la domination du souverain sur son royaume, la rangée inférieure, les ordres des savants, des marchands et des soldats. On connaît ce genre de symboles, notamment par la page de titre gravée du *Leviathan* de Hobbes[51]. Lau a pu emprunter l'image du souverain comme une araignée dans sa toile aux *Emblemata ethico-politica* de Zincgref[52].

Le symbole de l'araignée a un autre écho dans l'œuvre de Lau. Il apparaît en effet également dans les *Meditationes philosophicae de Deo, Mundo, Homine*, où l'on lit : « Dieu est l'araignée et le monde la toile[53]. » La métaphore est ici au service d'une affirmation théologique antitrinitarienne : Dieu est un (et non trois). Lau l'interprète en outre de manière panthéiste, dans le sens de la *natura naturans* de Spinoza. Une dimension supplémentaire de cette image nous conduit à une conception relativiste de la raison humaine. Car, dans la *Religio Medici* de Thomas Brownes, un texte que Lau connaissait très bien, la citation de Salomon est modifiée de la manière suivante : « Quelle raison ne devrait pas se mettre à l'école des abeilles, des fourmis et des araignées ? Quelle main sage leur enseigne ce que la raison ne peut pas nous enseigner[54] ? » C'est là affirmer en même temps que des êtres vivants, aux attributs différents du point de vue biologique, sont tous dotés d'une raison spécifique[55], et plaider pour

Ill. 3. Theodor Ludwig Lau, *Portrait* (emblème *Sunt mihi curae, utraque Salus*).

Ill. 4. Theodor Ludwig Lau, *Portrait* (emblème *Vobis, Tales Eos Facere Monstro*)

la théologie naturelle, la preuve de l'existence de Dieu par l'ordre harmonieux de la création. Lau s'est servi de la théologie naturelle contre les justifications théologiques tirées de la Révélation, tout en subvertissant le but de son argumentation en n'interprétant pas Dieu comme cause transcendante mais immanente du monde[56].

Et du côté des gouvernés ? Le quatrième emblème, situé en haut à droite (ill. 5), donne des explications à leur sujet. Il représente un nuage d'où sort une main, comme chez Becher, mais qui tient ici des ciseaux ; en dessous, deux moutons, l'un presque mort, l'autre avec un lainage abondant. La devise est la suivante : *Tondereque docui non deglubere* – « Je vous ai enseigné à tondre les moutons, pas à les écorcher[57]. » Cet emblème se rapporte d'abord à la théorie des impôts de Lau, et sous les moutons se trouve en effet un livre ouvert marqué aux initiales « A. S. », abréviation pour *Aufrichtiger Vorschlag von Vermehrung der Intraden… durch bessere Regulierung der… Steuer-Wesen* [Proposition honnête pour multiplier les rentrées… par une meilleure réglementation… de la fiscalité][58]. Lau connaissait le passage de la vie de Tibère écrite par Suétone, dans lequel Tibère enjoint par ces mots à ses commandants en chef de ne pas exiger de leurs sujets qu'ils paient trop d'impôts[59]. Et il connaissait sans doute aussi la transformation de ce passage en emblème, que l'on trouve par exemple dans le livre *Emblemata partim ethica, et physica, partim vero historica et hieroglyphica* de Nicolas Reusners, publié en 1581. Wilhelm Schröter en avait fait le frontispice de son ouvrage sur le trésor et les finances des princes, *Fürstliche Schatz- und Rentkammer* (ill. 6)[60]. Comme le plaidoyer en faveur de la polygamie, la thématique de la juste mesure sociale en matière de fiscalité, qui s'exprime chez les moralistes comme dans le caméralisme[61], est un indice supplémentaire de ce que les convictions de Lau relevant des Lumières radicales interviennent secrètement dans ses propositions politiques réalistes. Un révolutionnaire qui ne peut pas abolir le règne des princes peut au moins essayer d'alléger le poids de leur domination. Il lui est trop souvent arrivé de voir les sujets littéralement écorchés afin que la cour puisse maintenir son train luxueux. Le mot de Lau cité plus haut[62] sur l'intérêt propre des princes est explicite à ce sujet.

Ill. 5. Theodor Ludwig Lau, *Portrait* (emblème *Tondereque docui non deglubere*).

Ill. 6. Wilhelm Schröter, *Fürstliche Schatz- und Rentkammer.*

La persécution thématisée

Le cinquième emblème (ill. 7) porte la devise : *Aerem feriunt Cornua vestra* – « Vos cornes frapperont l'air » (c'est-à-dire dans le vide). Lau commente : « Vous, envieux courroucés contre moi ! vous ne m'atteindrez pas : je tromperai vos persécutions[63]. » Ce *mysterium* énigmatique réfléchit manifestement les expériences de persécution du penseur radical. L'emblème montre un lion (Lau), accompagné d'un renard et d'un agneau ; au-dessus d'eux se trouve une étoile argentée dans un champ noir ; trois bélier noirs leur font face, prêts à l'assaut. Le lion, le renard,

Ill. 7. Theodor Ludwig Lau, *Portrait* (emblème *Aerem feriunt Cornua vestra*).

Ill. 8. Theodor Ludwig Lau, *Portrait* (emblème *Pro re nata, sum usus Utroque*).

l'agneau : trois animaux, trois qualités politiques. Tu dois être lion et renard, avait dit Machiavel au prince[64], et certains politiciens avaient repris cette devise par la suite : fort, mais aussi rusé ; et en même temps – ajoute Lau de manière emblématique – pénétré d'intentions très pures, comme l'agneau innocent. Alors une bonne étoile veillera sur toi et les assauts de tes persécuteurs seront vains. Lau thématise donc sa propre « ruse », son art de la dissimulation et sa comptabilité en partie double dans une existence pleine de tensions entre le politicien réformateur et le penseur des Lumières radicales.

Le sixième emblème (ill. 8) est également au service de cette thématisation de soi et montre à quel point a été amère la persécution permanente qu'il a subie de ses adversaires. *Pro re nata, sum usus Utroque* – « Suivant les circonstances, j'ai utilisé l'un et l'autre. » Ce que Lau commente en ces termes : « Tantôt j'ai dû rire de bon cœur, en chrétien raisonnable, sur la bande de ces Messieurs perfides, rancuniers et envieux, tantôt j'ai dû ressentir une pitié très vive à cause de leur yeux presbytes voire tout à fait aveugles[65]. » Rire et pleurer – on en voit les incarnations, Démocrite et Héraclite, sous forme de deux satyres, tenant des masques, près de deux arbres. Derrière eux, on aperçoit une montagne, le Pinde ou l'Hélicon – selon le commentaire de Lau – ou le Parnasse, sur lequel se tient Pégase ; une cascade s'en écoule, la fontaine de Castalie, consacrée aux Muses.

Cet emblème dessine une image très complexe de *self-fashioning*. On devine des alternances brusques d'émotions contrastées, la dissimulation de celui qui revêt différentes *personae* et ses réactions aux intrigues. En même temps, le lieu où se déroulent ces changements successifs est celui-là même où le poète s'abreuve à la source d'inspiration. Le fait que Pégase soit aussi présent confirme qu'il s'agit bien ici de la source de la poésie et de la sagesse, car c'est un coup de sabot de Pégase qui fit jaillir la source de l'Hélicon[66]. Ce qui est inhabituel d'un point de vue iconographique est que Lau combine le thème des satyres et des muses avec le motif de Démocrite et d'Héraclite. Les deux philosophes remplacent ici en quelque sorte les muses personnifiant la comédie et la tragédie, Thalie et Melpomène, que l'on aurait plutôt attendues. Mais étant donné que Lau se conçoit comme un philosophe autant que comme un poète (et un traducteur de poètes), il a pu avoir l'idée d'entre-tisser les deux. Démocrite qui rit sur le monde et Héraclite qui pleure sur lui sont censés illustrer la façon dont Lau, écrivain, a réagi aux attaques : de manière ironique et satirique ou bien sérieuse et tragique, selon les circonstances[67]. La représentation des philosophes en satyres tenant des masques reflète une tradition dans laquelle les satyres, Bacchus ou les figures de *putto* portent des masques faisant référence au théâtre du monde et au rôle qu'y joue l'homme[68]. Lau et son peintre avaient peut-être à l'esprit la gravure de titre de Peter Aubry pour la satire de Moscherosch, *Philander von Sittewald*, sur laquelle un *putto* et un satyre sont assis l'un en face de l'autre avec des masques (ill. 9)[69].

Mais Lau a-t-il écrit des satires ? S'est-il comporté en Démocrite ? Dans le catalogue de ses écrits inédits, on en trouve plusieurs qui pourraient entrer en ligne de compte. On y découvre ainsi l'existence d'un écrit intitulé *Soloecismus Adami-Evae* – soit la « faute d'Adam et Ève » (probablement une traduction ou une adaptation du *Peccatum originale* obscène d'Adrian Beverland)[70]. Lau qualifie le style qu'il emploie dans cette œuvre de *Historice- Theologice- & Satyrico* en même temps que de *Reflexive-Criticus*[71].

Ill. 9. Johann Michael Moscherosch, *Philander von Sittewald*.

Certains autres de ses écrits sont plutôt héraclitéens dans la mesure où ils se plaignent des accusations dont on l'a accablé.

L'image du changement des masques rappelle en même temps le schéma fondamental de la pensée de Lau, très lié à son double rôle de philosophe clandestin et de caméraliste de cour. Dans son plaidoyer contre son maître Thomasius, on l'a vu, il a indiqué à maintes reprises, en se référant à la théorie de Pufendorf des différentes *personae morales*, qu'il était légitime de jouer plusieurs rôles : il pouvait ainsi être un « païen », un athée comme auteur public, même si, en tant que personne privée, il restait chrétien. Il avait profondément intériorisé cette pluralité des rôles[72].

Cet emblème possède une autre dimension encore, très personnelle, derrière toutes les postures d'écriture et les rôles publics : il témoigne des fluctuations émotionnelles auxquelles Lau était en proie, lui qui était soumis à une pression immense, sans emploi, persécuté, hors d'état de publier ses nombreux écrits inédits. Souvenons-nous de sa tentative de suicide en 1719, lorsqu'il s'ouvrit les veines avec une pince dans sa cellule : c'était le visage héraclitéen, la dépression, la peur à l'état brut. Peut-être y eut-il

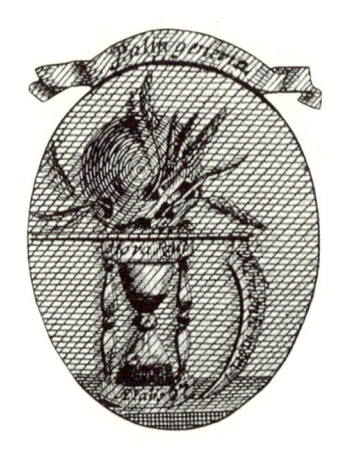

Ill. 10. Theodor Ludwig Lau, *Portrait* (emblème *Palingenesia*).

parfois aussi un rire sauvage, un rire horrifié, sur l'étroitesse d'esprit de sa propre époque.

Après toutes ces réflexions sur sa propre existence apparaît, en bas à droite du tableau, un emblème séparé (ill. 10) – celui qui était à l'origine sur la peinture de Schorer. Il est à l'écart des autres, plus grand et, par son contenu, d'un ordre pour ainsi dire plus privé encore qu'eux. C'est l'emblème de la mort – de sa propre mort. Reprenant le symbolisme classique des tableaux de vanités, il montre un sablier et un crâne d'où sortent quatre épis verts. Ce n'est pourtant pas un avertissement traditionnel, un *memento mori* (ce que l'on peut néanmoins lire sur la faux qui y est ajoutée), mais un emblème tout à fait particulier. Il est question ici de palingénésie, de la « réincarnation » et de la « résurrection », comme l'appelle Lau. Cet emblème établit un lien avec un étrange écrit, plus tardif, de Lau, intitulé *Palingenesia parentum meorum*, une épitaphe commentée non seulement de ses propres parents – mais aussi de lui-même[73]. Il y est longuement question de son père, Philipp Lau, et de ce qu'il était devenu (fonctionnaire des finances, professeur non titulaire), mais aussi – étrangement – de ce qu'il n'était pas devenu (conseiller au tribunal de la cour, professeur titulaire) : « Il n'est devenu rien de tout cela ! » Lau réfléchit à ce sujet en longues phrases qui s'appliquent aussi à sa propre carrière manquée : « Il a été tout cela en réalité en ne voulant pas l'être », et en vient ensuite à parler de lui-même, composant pour sa propre épitaphe cette mise en garde : « Qu'il arrête [...] d'être un pécheur insensé, qu'il commence à devenir un nouvel homme, un homme né de nouveau, pour vivre et mourir comme un être vraiment raisonnable et vraiment chrétien dans le nouveau zodiaque de sa vie[74]. »

Les « trois quarts des grains se sont écoulés » à travers le sablier, Lau se sent proche de la mort. En 1736, il est obsédé par des idées de mort. Il perçoit comment « chaque coup de cloche entonne sans cesse, d'une très puissante voix de basse, le : souviens-toi que tu dois mourir[75] ! ». Lau considère cette année comme une « grande année climatérique » à laquelle il ne survivra sans doute pas. Aussi essaie-t-il de mettre tant bien que mal sa vie en ordre, en publiant une bibliographie de ses nombreux travaux inédits. Il avait été chassé de Rödelheim, près de Francfort, où il vivait, ainsi que de La Haye. Dans ces deux localités, on avait mis le feu chez lui et brûlé une partie de ses écrits, qu'il conservait sous forme manuscrite ; il n'est pas étonnant qu'il se soit senti persécuté et qu'il ait sans doute souffert d'un délire de la persécution[76]. Ses derniers mots furent ceux du psaume 140 : « Seigneur, délivre-moi des hommes méchants, préserve-moi des hommes violents qui méditent le mal dans leur cœur et qui provoquent des querelles chaque jour[77]. »

Son livre *Palingenesia* renvoie en partie à l'espoir qu'il place en la *Memoria*, en un souvenir durable qu'il laissera dans la postérité, mais la palingénésie semble en partie aussi un véritable espoir de résurrection, spiritualiste et chrétien, comme l'indique le terme *Wiedergebohrner*, « né de nouveau », aux échos piétistes. Dans ses *Meditationes* de 1717, Lau s'était déclaré partisan de la doctrine de la métempsycose : « C'est pourquoi je ne crains pas la mort qui est pour d'autres la plus effroyable de toutes les choses. Il n'y a pas de disparition, pas d'anéantissement. [...] La métempsycose ne prend jamais fin[78]. » Il y eut un temps où il croyait, dans l'esprit d'Épicure et de Lucrèce, qu'il existait des atomes qui se réassemblaient constamment. À présent, en 1736, sa doctrine paraît plutôt alchimique, elle rappelle entre autres Johann Konrad Dippel et n'évoque plus nécessairement une transmigration incessante des âmes : « Jusqu'à ce que, par l'art de la métamorphose chimique et alchimique, à partir des restes et du chaos calcinés du monde actuel, soient créés et modelés une nouvelle terre et un nouveau ciel[79] ! »

On peut se demander si l'idée de palingénésie et la doctrine de la métempsycose fonctionnent comme des substituts de religion, comme des consolations alternatives à l'approche de la mort. On rencontrera sous peu un substitut de religion tout à fait analogue dans le wolffianisme de gauche, où l'on spéculera abondamment sur les voyages planétaires des âmes[80].

Une sorte de transcendance

Ainsi se pose pour finir la question de savoir si, pour un déiste comme Lau, il était vraiment possible de penser un sens civique sans transcendance : un engagement politique sans religion. Le portrait du libre penseur que nous avons examiné montre-t-il un libertin laïc ou le représentant baroque d'une religion privée ?

Lau vit à l'époque où l'absolutisme prend forme en Allemagne, avec son État princier, ses besoins en juristes et en économistes, en gouvernement (*Policey*) et en régulation[81]. Mais c'était en même temps l'époque où l'on valorisait davantage l'expérience concrète – ce qu'Erhard Weigel a appelé la « sagesse réelle » – face aux doctrines et aux dogmes purement théoriques[82]. Il y eut un mouvement de réformes comprenant aussi bien des pédagogues comme Ratke et Schupp que des naturalistes et des techniciens comme Jungius ou des linguistes et économistes comme Becher[83]. Les deux tendances coexistaient en Allemagne depuis le milieu du XVIIe siècle, et, à cet égard, l'époque où vécut Lau, les années autour de 1700, n'était pas en rupture mais en nette continuité. Les nouvelles impulsions venues du droit naturel ou du spinozisme se situent dans ce cadre plus général. L'éclectisme de Lau offre à première vue un patchwork de fragments de différents langages, politiques et philosophiques : machiavélisme, caméralisme, spinozisme, libertinage et théorie du droit naturel. Même l'hermétisme et la mystique spiritualiste y ont laissé des traces. Cela tient en partie au rôle de médiateur culturel et d'instigateur de réformes que Lau entendait jouer et dans lequel il a interprété le concept d'éclectisme. On lui a reproché d'employer des langages au caractère fragmentaire, qui rendent ses argumentations incohérentes : certaines métaphores y sont employées de façon polémique, sans s'harmoniser avec d'autres métaphores pour former un système[84]. Comme on l'a vu, cette « incohérence » s'explique en partie par la division intérieure entre l'anarchiste et le politique réaliste ; et elle a en partie à voir avec le fait que Lau pense encore très fortement à la manière du XVIIe siècle, au moyen d'images complexes – et de références bibliques. Ces structures, que l'on peut expliquer en termes d'histoire des mentalités, forment le soubassement de sa pensée, malgré le primat théorique donné à la raison et à la critique de la religion.

On peut interpréter la présence implicite de cette transcendance dans sa mentalité soit comme une « conversion » chrétienne tardive, soit comme un complément et un ancrage nécessaires pour quelqu'un qui s'est conçu comme un porte-parole de nouvelles tendances, que ce soit sur un mode ironique et rieur, ludique ou plein de conviction. D'un point de vue philosophique, la référence à la transcendance dans les *Meditationes* est celle du droit naturel : Dieu est encore nécessaire comme source des devoirs de l'individu envers la société. Mais en même temps, le panthéisme de Lau remet en question la personnalité de ce Dieu présupposé par le droit.

Cette contradiction ne peut sans doute pas être résolue, mais si l'on y regarde plus attentivement, on peut déceler à quels endroits de l'équilibre éclectique transparaissent des sacralisations, au moins de l'ordre d'une « religion civile », qui ont été des façons d'éviter ce qui reste le domaine réservé de la transcendance chrétienne. On relève ainsi une certaine utopie de l'existence libre, au-delà de toute idée de péché, mais aussi une façon de miser sur la corporéité, voire, à la fin, sur la doctrine déjà évoquée de la métempsycose. À la fin de sa vie, Lau s'est déclaré partisan de tout cela – aussi ne peut-on parler d'une véritable conversion.

Avec sa théorie des rôles des diverses *personae*, Lau s'est néanmoins réservé un petit domaine intérieur dans lequel il était libre de préserver quelque chose de chrétien : des racines émotionnelles, des espoirs, un attachement profond à l'univers imagé de la Bible, à ses proverbes et aux psaumes. Cela, me semble-t-il, est le lieu de la transcendance chez Lau, au-delà de toutes les tendances de religion civile. Païen en public, chrétien en privé – cette attitude paradoxale, qui est exactement le contraire de ce qui caractérise un candidat politiquement correct à la présidence ; païen en public, chrétien en privé : cela signifie aussi qu'il y avait une limite pour cet homme qui osait propager de manière expérimentale une vision séculière des choses, y compris des aspects révolutionnaires. La limite consistait à se permettre de se replier en privé sur ce qui était ancien. Le portrait l'exprime clairement, surtout le sablier sur le bord inférieur. À la différence du « joueur de flûte de Niklashausen » héraut d'une révolte sociale et religieuse, celui de Francfort n'a pensé les Lumières radicales comme révolte que dans son cœur ; dans ses projets politiques, il les a envisagées sous forme de « réformes imposées d'en haut » ; et, à la différence de l'homme moderne pluralisé, il a défendu vers l'extérieur une vision séculière du monde, tout en cherchant à s'en soulager dans son for intérieur.

4. L'ART DU NIVELLEMENT, OU : COMMENT SAUVER UN ATHÉE ?

> « La philosophie comme recherche de la vérité à propos d'un ordre métaphysique et moral indépendant ne peut […] fournir aucune base commune utilisable pour une conception politique de la justice dans une société démocratique. » Il faut donc nous efforcer de « rester à la surface, philosophiquement parlant ».
>
> *John Rawls* (d'après *Richard Rorty*[1])

La catégorie du nivellement n'est pas courante en histoire des idées. Elle ne gagne en précision que quand on la met en rapport avec des concepts comme la tolérance, le compromis et l'éclectisme. Le nivellement est l'aplanissement conscient de ce qui se démarque, des positions extrêmes : un plaidoyer pour l'absence de toute excitation. Par rapport à la conception de la subversivité inférentielle développée dans l'introduction de ce livre, le nivellement se comprend comme l'aplanissement des conséquences que des contemporains inquiets de préserver le christianisme avaient l'habitude de tirer dans certains cas. Nous verrons que cet aplanissement est associé à une *persona* philosophique, celle du « sage ». Le chapitre 6 montrera que la *persona* du « sage » est une contre-figure, opposée à la philosophie d'école, sachant se protéger de la « Fortune » et rester autonome.

Si l'on associe l'approche de Ian Hunter, qui propose de placer la *persona* philosophique au cœur de l'analyse des univers intellectuels du passé[2], à des travaux sur les formes d'énonciation « problématiques » et sur l'interprétation inférentielle de la précarité que nous pratiquons ici, alors il paraît tout indiqué de dégager, par une analyse textuelle serrée, quelle *persona* est implicitement mise en avant et au moyen de quelles stratégies textuelles opère l'auteur. Nous rencontrerons à cette occasion un habitus inattendu – une philosophie de la sérénité, qui se déploie au-delà des débats sur la vérité objective.

Vanini et le libertinage érudit en Allemagne

Giulio Cesare Vanini et les penseurs français du libertinage érudit n'ont jamais fait l'objet d'une grande attention en Allemagne, contrairement à ce qui se passe en France et en Italie[3]. Vanini est connu pour avoir été brûlé vif comme « athée » en 1619, à Toulouse, après qu'on lui eut arraché la langue. Sa philosophie est qualifiée de panthéiste, subversive et radicale. Tel est le lieu commun. En réalité, les livres de Vanini constituent des ensembles complexes, pleins de déclarations secrètes et dissimulées, et il serait beaucoup plus aisé d'évaluer les accusations et les défenses de Vanini avant et après 1700 si l'on pouvait établir de manière indiscutable ce que Vanini lui-même a vraiment pensé. Mais les spécialistes ne sont toujours pas d'accord sur la question. Dans un essai argumenté de manière extrêmement fine, Cesare Vasoli a montré pourquoi il faut se montrer prudent même avec un terme aussi innocent que « libertin » pour qualifier Vanini[4]. Il est tout de même surprenant qu'un texte comme l'*Amphitheatrum divinae providentiae* ait pu passer la censure sans obstacle. Ce livre se présente en surface comme une apologie de la religion chrétienne. Son interprétation comme document « libertin » part de l'idée que ce cadre n'était qu'un moyen pour dissimuler le jeu de quelqu'un qui tourne en dérision la religion. Mais Antonio Corsano a déjà émis l'hypothèse, en tenant compte des circonstances de la genèse du texte, qu'il pourrait quand même s'agir, d'une certaine manière, d'une véritable apologie s'adressant en particulier, notamment pour des considérations de carrière, aux savants et aux *politici*, et cherchant en même temps à transmettre les idées philosophiques de Pomponazzi[5]. Pour ce public particulier, on pouvait arguer du fait que la religion est un facteur qui joue un rôle important en matière politique ; elle contient des fables pour le peuple, tout en étant quelque chose de naturellement donné et d'inévitable[6]. Ainsi serait-on bien en présence d'une « défense de la religion ».

Nous avons déjà rencontré ces arguments de Pomponazzi dans le chapitre 2. L'idée directrice de la présentation prudente que Vasoli donne de Vanini, qu'il replace dans son contexte, est en tout cas qu'on ne peut pas conclure d'emblée que celui-ci a dissimulé sa pensée du simple fait qu'il a eu recours à des textes de Scaliger et qu'il s'élève contre l'athéisme. Il y a bien plutôt dans ses écrits une polémique qui semble authentique contre l'occultisme et contre le mélange de religion et de philosophie dans le discours de la magie ; contre celui-ci, Vanini défend, avec toute sa rigueur dialectique, la séparation des argumentations philosophique et théologique[7]. Quand il souligne donc, avec Pomponazzi, les acquis de la raison naturelle, cela n'est pas *eo ipso* dirigé contre la Révélation.

On a pourtant beaucoup parlé du « cas » Vanini en Europe vers 1700, notamment parce que de nombreux Huguenots, après avoir été chassés de

France en 1685, étaient devenus sensibles aux questions de persécution et d'intolérance. Cet intérêt a aussi pris une dimension historique, comme on peut l'observer à la reprise des discussions sur des cas spectaculaires comme la mort sur le bûcher de Michel Servet ou l'exécution de Vanini. En Allemagne, certains courants de sensibilités, venus des spiritualistes réprimés par l'Église, cherchaient à réhabiliter les persécutés au moins dans la réflexion historique à leur propos, à condition qu'ils aient cru avec sincérité à leur vocation intérieure ; le livre de Gottfried Arnold, *Unpartheyische Kirchen- und Ketzerhistorie* [Histoire impartiale de l'Église et des hérétiques] a été un modèle du genre[8]. Dans la *Frühaufklärung* de Halle, ces courants étaient mêlés : quand Christian Thomasius écrit contre la « fabrication d'hérétiques » (*Ketzermacherei*), il a en tête aussi bien Gabriel Naudé et Pierre Bayle que Gottfried Arnold.

Mais s'indigner des persécutions était une chose, débattre sur la doctrine des persécutés en était une autre. Les penseurs du début des Lumières faisaient ici souvent une nette distinction : on ne voulait certes pas exécuter de spinozistes, mais on rejetait en général clairement la doctrine de Spinoza. Il en alla d'abord ainsi de Vanini, mais les circonstances de la persécution de l'Italien et son œuvre peu univoque firent naître l'idée qu'il n'avait peut-être pas été aussi athée qu'on le lui reprochait. On put ainsi rédiger des écrits qui osaient « sauver » Vanini dans l'esprit du protestantisme[9].

Jusqu'à présent, ces sauvetages ont aussi peu attiré l'attention en Allemagne que tout le courant de ce que l'on appelle le libertinage érudit, avec des auteurs comme Gabriel Naudé, François La Mothe Le Vayer, Pierre Gassendi et Guy Patin. Le phénomène du libertinage était apparemment trop peu développé dans l'Ancien Reich, et, aujourd'hui encore, on perçoit dans l'absence de recherches allemandes sur ce sujet le peu d'écho que suscite ce courant dans un pays où, aux XVIe et XVIIe siècles, les forces spirituelles s'investissaient plutôt dans des mouvements spiritualistes et où la tradition classique, de Kant à Hegel, est marquée par l'idéalisme et non par le naturalisme[10].

Il y a malgré tout des exceptions, et les rares traductions d'auteurs des milieux libertins sont des indices de la chronologie et des modalités de la réception du libertinage érudit en Allemagne[11]. Qu'en est-il de Vanini ? Ses œuvres n'ont jamais été traduites en allemand, ni l'*Amphitheatrum* ni le *De admirandis*[12]. Mais à l'époque où le « cas » Vanini joua un grand rôle dans les discussions entre intellectuels, au début du XVIIIe siècle, on s'intéressait beaucoup à lui. Johann Gottfried Olearius et Johann Moritz Schramm écrivirent alors des biographies de Vanini, Arnold lui consacra une section dans son histoire des hérétiques, Mathurin Veyssière La Croze en parla dans ses *Entretiens*[13]. En 1712 surtout parut une *Apologia pro Vanino* anonyme[14]. Son auteur était Peter Friedrich Arpe, un juriste et savant de Kiel, qui vécut ensuite à Hambourg[15]. Cette *Apologia* entreprenait pour la première fois une vaste tentative visant non seulement à critiquer l'exécution de Vanini comme un acte barbare, mais aussi à l'absoudre du reproche d'athéisme.

Cette apologie de Vanini est néanmoins – tout comme la personne et l'œuvre de Vanini lui-même – fort complexe et difficile à interpréter. Mais il est nécessaire de bien la comprendre si l'on veut se faire une idée de la réception et des transformations de la pensée libertine en Allemagne à cette époque. Je vais aborder cette tâche en trois étapes, en posant les questions suivantes. Premièrement : quel était le contexte extérieur et intérieur de la réception de Vanini et des écrits des libres penseurs du XVIIe siècle ? Quelles étaient en particulier les relations entre les pratiques de collection et d'échanges de textes et les convictions et les courants intellectuels en Allemagne vers 1700 ? Quelle était la relation exacte entre la collecte d'écrits interdits et anonymes – activité située dans le contexte de l'*Historia literaria* – et leur exploitation dans son propre discours ? Dans un deuxième temps, j'aborderai l'*Apologia pro Vanino* d'Arpe en me demandant si Arpe était lui-même un libertin. Employait-il des techniques d'écriture de dissimulation pour cacher (et pour montrer aux initiés) qu'il sympathisait avec l'athéisme ? Comment peut-on caractériser son attitude envers Vanini et ses idées ? Dans un troisième temps, j'essaierai de résoudre ce dilemme interprétatif par une comparaison avec l'affirmation provocatrice de Richard Rorty selon laquelle la démocratie possède une priorité sur la philosophie. Cette solution pourra conduire à poser à l'avenir les bonnes questions à propos de la réception et de la circulation d'écrits interdits dans l'Allemagne du XVIIIe siècle – dans le cas présent, surtout à Hambourg. On ne sait en effet toujours pas vraiment si les écrits libertins et clandestins ont contribué de manière décisive aux Lumières en Allemagne, ou s'ils n'ont été que des phénomènes marginaux, des curiosités pour collectionneurs, sans avoir donné d'impulsions aux théoriciens[16].

Le contexte de Hambourg

Commençons par la pratique consistant à collectionner des écrits interdits. Il est frappant de voir que Hambourg et toute la région de la mer du Nord et de la mer Baltique ont constitué pour la République des Lettres un centre particulier d'activité de collecte de *clandestina* et de recherches les concernant[17]. Comment en est-on venu là ? Pour le comprendre, il faut remonter aux années 1670.

Vincent Placcius, érudit universel, avait alors publié un texte intitulé *De scriptis et scriptoribus anonymis atque pseudonymis syntagma*. Il s'agit d'un recueil comprenant les réimpressions de deux catalogues anonymes ainsi que deux longs répertoires indépendants, dans lesquels sont démasqués des *scriptores occulti*[18]. Pour réaliser ce livre, Placcius avait eu recours à l'aide d'amis érudits comme Gerhard von Maastricht, Gottfried Melm et Martin Fogel. La publication du *Syntagma* provoqua toute une série de travaux qui, sous forme tantôt de lettres, tantôt de petits essais publiés, accrurent le nombre des « kryptonymes » (terme synthétique regroupant les anonymes et les pseudonymes) découverts. On voit que cette thématique était mûre et que la *Res publica literaria* fonctionnait comme une instance d'échanges. Placcius a encore renforcé explicitement cette dynamique en 1692, en faisant imprimer une *Invitatio amica*, une « aimable invitation », qui, comme pour une compétition, annonçait que le but était d'atteindre plus de quatre mille démasquages[19]. Cette incitation produisit l'effet escompté et l'objectif fut atteint. En 1708, neuf ans après la mort de Placcius, parut le *Theatrum anonymorum et pseudonymorum*, qui identifiait 2777 anonymes et 2930 pseudonymes, auxquels venaient encore s'ajouter 519 kryptonymes hébreux[20]. La publication du *Theatrum* ne mit pas fin aux démasquages de kryptonymes, au contraire : à la suite de l'entreprise collective de démasquage de Placcius, la production de catalogues de pseudonymes et d'anonymes devint une véritable mode parmi les savants du Nord de l'Allemagne et au-delà[21]. Manifestation extérieure de cette mode concernant le savoir précaire, plusieurs publications annonçaient de nouveaux démasquages, notamment dans des domaines spécifiques comme la littérature hébraïque[22]. Sous cette surface de textes imprimés, on peut supposer qu'il y eut une quantité, dont l'ampleur est encore inconnue, de catalogues réalisés en privé, sous forme manuscrite, ou pour mieux dire : une véritable habitude culturelle du démasquage savant des kryptonymes.

Il faut mettre cette pratique en relation avec d'autres, alors également très en vogue, surtout la mode de collectionner livres et manuscrits, spécialement ceux qui étaient rares, donc notamment des textes interdits et réprimés. La possession de *rarissima* ne satisfaisait pas seulement la « curiosité » des savants, elle augmentait aussi leur prestige social dans la *Res publica literaria* et était un prétexte pour entretenir des correspondances savantes et échanger des textes[23]. Sur cette base, et conjointement avec les auteurs des histoires de l'athéisme tant appréciées, les connaisseurs ont ainsi opéré la transmission de ce qui était clandestin à l'aube des Lumières, voire sa constitution en objet cohérent. Ils en ont opéré la transmission parce que le transfert de *clandestina* était souvent une affaire de collectionneurs savants, par l'intermédiaire desquels les textes parvenaient parfois entre les mains d'auteurs radicaux[24]. Sans la présence de ces textes dans les grandes bibliothèques des collectionneurs, leur transmission aurait été le plus souvent impossible. Cela tient au fait que le milieu de la clandestinité était un milieu morcelé, sans cohérence, en France et plus encore en Allemagne[25]. Les auteurs connaissaient sans doute en partie les écrits des autres, mais en général, ils ne se connaissaient pas personnellement – conséquence de l'anonymat de leurs écrits. Dans une perspective diachronique également, en raison de la marginalisation de ces auteurs dépourvus d'influence publique, il n'y eut guère d'« écoles ». La clandestinité ne pouvait donc pas constituer un milieu dense qui aurait pu susciter une « reproduction » directe des intellectuels radicaux. La « clandestinité » ne devint au contraire possible que par les activités de savants comme Placcius et ses successeurs. Ce fut parce que ceux-ci démasquèrent des auteurs anonymes, parce que des théologiens comme Valentin Ernst Löscher et Siegmund Jakob Baumgarten décrivirent dans leurs journaux des textes hétérodoxes pour mettre en garde contre eux, parce que Jakob Friedrich Reimmann écrivit l'*Historia atheismi* ou que Johann Anton Trinius établit son *Freydenker-Lexikon*, que la « libre pensée » se constitua en objet, produisant l'impression d'une clandestinité cohérente[26]. Les connaisseurs qui établissaient des catalogues de kryptonymes étaient aussi ceux qui rassemblaient des écrits kryptonymes, rendant ainsi possible leur transmission. Les savants universels qui condamnaient et classifiaient les écrits précaires produisirent par leurs abrégés et leurs dictionnaires un espace virtuel de personnes et d'écrits hétérodoxes qui, en tant que tel, n'était pas accessible aux auteurs, mais qui, *ex post*, devint perceptible comme une totalité apparente.

La socialisation d'Arpe

Telle était la situation dans laquelle le jeune Peter Friedrich Arpe vécut sa socialisation intellectuelle, vers 1705, à Kiel, où se trouvait le savant universel Daniel Georg Morhof, et à Copenhague. Ce fut dans les bibliothèques privées de connaisseurs comme Otto Sperling, Christian Reitzer, Gustav Schrödter et Gerhard Ernst Franck von Frankenau – dont certains faisaient partie du réseau de collectionneurs et de correspondants de Placcius – qu'il découvrit les écrits interdits et commença à s'y intéresser. La bibliothèque de Frankenau contenait les œuvres de Vanini et l'on venait s'y entretenir à leur sujet[27]. Frankenau défendait la position courante selon laquelle Vanini avait été un athée, mais Arpe, qui s'était plongé dans les volumes, le contredisait. Il ne pouvait rien y trouver d'athée, disait-il, et considérait que tout l'édifice de l'accusation ne reposait que sur des médisances et des attributions erronées.

Le milieu dans lequel on s'entretenait à Copenhague du cas Vanini au cours de ces années était marqué par des courants liés aux noms de Pierre Bayle, Gottfried Arnold, Christian Thomasius et Gabriel Naudé. Bayle avait soulevé le paradoxe de l'athée vertueux et donné un exemple de révision historique et critique de la tradition intellectuelle[28]; Gottfried Arnold avait écrit un livre présentant une histoire de l'anti-Église dans laquelle les hérétiques étaient les authentiques chercheurs de Dieu[29] ; Christian Thomasius était le protagoniste de la nouvelle philosophie allemande, une philosophie sensualiste et antimétaphysique qui s'inspirait du droit naturel et de la critique historique[30]. Après Bayle, Arnold et Thomasius, Gabriel Naudé redevint d'actualité ; c'est même seulement alors que l'on put vraiment comprendre son appel à réexaminer toutes les accusations contre les soi-disant sorciers et magiciens, parce qu'elles pouvaient dissimuler les dénonciations populaires des esprits forts de la science, des mathématiques et de la philosophie[31].

Le réexamen critique de la tradition était donc à l'ordre du jour. À cette fin, il était tout aussi nécessaire de collecter les livres et les manuscrits qu'il l'avait été d'identifier les kryptonymes dans l'entreprise de Placcius. Les deux projets avaient en commun de s'intéresser en premier lieu à des textes anonymes et interdits. Seuls ceux qui se constituaient une bibliothèque libertine et clandestine rassemblant des écrits interdits voire brûlés, se disait-on, seraient en mesure d'exécuter le programme de Naudé et de réhabiliter les esprits forts contre les « erreurs populaires ».

En apparence, cette activité correspondait à la pratique bibliographique des représentants conservateurs des collectionneurs d'Allemagne du Nord. Johann Albert Fabricius et Johann Christoph Wolf avaient réuni d'importantes bibliothèques privées pour les utiliser comme instruments d'un travail éditorial et bibliographique. Eux aussi entendaient s'appuyer sur tout l'éventail du savoir traditionnel. Aussi Arpe ne se lasse-t-il pas de mentionner Fabricius et ses mérites. Mais le projet de Fabricius était différent : il s'agissait d'une apologie qui utilisait la critique historique pour sauver une fois encore la vérité de la religion chrétienne contre ses adversaires[32]. Un des piliers de cette apologie était la théologie naturelle, base commune qui faisait concorder le projet d'Arpe, inspiré de Naudé, avec celui, apologétique, de Fabricius et de Wolf[33]. Il en résulte parfois une continuité troublante entre les positions « radicales » et les positions « conservatrices » de la *Frühaufklärung* allemande, en particulier dans le domaine de l'interprétation et de la réinterprétation des écrits libertins. Tout dépend de la juste compréhension du « naturalisme » de la théologie naturelle dans chacun des cas. Nous y reviendrons.

Une philosophie sublimée

J'aimerais appeler « philosophie sublimée » les projets historiques et critiques de la génération qui suit Placcius et Morhof. On ne philosophe pas soi-même, mais on édite, on commente, on défend et, surtout, on dresse des bibliographies. Cette forme de pratique philosophique est apparue en lien avec l'activité des collectionneurs et la constitution de bibliothèques. Elle offrait en même temps la possibilité d'une forme « élégante » de discours savant permettant d'éviter le pédantisme méprisé : on en appelait aux connaisseurs et on pouvait briller en présentant des assortiments exquis de citations, des notes de bas de page choisies et des sujets inhabituels[34]. Pour la variante radicale de ces projets – celle que représente Arpe –, il y avait de plus la possibilité de formuler sa propre position de manière ouverte, si bien qu'aucun lecteur n'était en mesure de décider si l'auteur sympathisait également avec les idées des libertins. De l'extérieur, on ne percevait que l'attitude de quelqu'un qui énumère des titres et réfute historiquement des dénonciations.

Arpe n'a donc pas écrit de livre sur le destin ou la divination, mais seulement des bibliographies sur ces sujets[35]. Ces bibliographies laissaient néanmoins deviner qu'elles étaient les œuvres d'un connaisseur et d'un amateur, de sorte qu'elles suggéraient au moins une lecture « ésotérique » interprétant les références comme des déclarations d'assentiment. L'*Apologia pro Vanino* n'est sans doute pas une bibliographie, elle se présente même comme une défense engagée du philosophe italien, mais elle comporte aussi de nombreux éléments de caractère indirect et sélectif. La reconstruction historique y permet à Arpe de prendre ses distances par rapport à son objet. La question reste ainsi ouverte de savoir quelle est la position de l'auteur lui-même par rapport à la philosophie de Vanini[36]. Entend-il vraiment prouver son innocence ou ne traite-t-il son cas que parce qu'il lui offrait, par exemple, un sujet lui permettant d'aborder des thèmes subversifs comme les miracles, l'adoration des saints, l'astrologie ou l'interdiction de certains livres – un sujet permettant aussi de présenter, en connaisseur et d'une manière choisie, des positions hérétiques dans une perspective bibliographique et d'histoire littéraire ?

Et de fait, depuis sa publication, l'*Apologie* a été lue de manières extrêmement différentes. Les uns y ont vu une défense à peine déguisée du Vanini athée et libertin, les autres n'ont ni pu ni voulu croire qu'il fallait prendre ce livre au sérieux. Arpe était un homme qui plaisantait, estimait David Durand, biographe de Vanini, en 1717[37]. Et la recherche la plus récente n'est toujours pas d'accord sur la façon dont il faut lire ce livre. Francesco Paolo Raimondi a montré il y a peu, de manière vraiment convaincante, que bien des réponses d'Arpe aux arguments de la critique de la religion étaient d'une faiblesse frappante[38]. Il était dès lors plus probable qu'on ait affaire ici à un livre écrit de manière dissimulée et que l'auteur ait donc eu des convictions libertines[39]. Mais, d'un autre côté, Giovanni Papuli a attiré l'attention sur la sincérité emphatique avec laquelle procède l'*Apologia*, qu'il rapproche du piétisme radical d'Arnold[40]. Cela non plus n'est pas contestable. Comment résoudre ce dilemme ?

La solution est certainement à chercher dans le style spécifique de l'*Apologia*, que Raimondi avait déjà placé au cœur de son essai. Le livre est écrit dans un style rhétorique complexe d'adresse au lecteur, en partie sous forme d'un débat d'audience fictif instruisant le procès de Vanini comme une sorte de dialogue des morts, parsemé de citations et d'allusions à des auteurs classiques comme Horace, Sénèque, Juvénal, Lucien, Claudien et bien d'autres. Je propose donc d'aborder le texte d'Arpe par une analyse de la disposition très élaborée de ses arguments, citations, références et allusions[41].

Pour ce faire, je m'appuie principalement sur la version de l'*Apologia* augmentée de notes manuscrites, qui est environ deux fois plus longue que le texte original et donne beaucoup plus d'indications sur les idées d'Arpe (ill. 11)[42]. J'en ai sélectionné un passage qui soit aussi révélateur des accusations portées contre Arpe lui-même, celui où il traite du reproche fait à Vanini de citer des déclarations d'athées. Arpe le reconnaît: « Qui cite des propos impies éveille le soupçon qu'il est un impie[43]. » Commence alors une série de réflexions qui visent à désamorcer ce soupçon. Arpe rappelle d'abord qu'un médecin doit connaître le poison s'il veut en guérir son patient. C'est une comparaison que les théologiens qui combattent les hérésies utilisent souvent. Dans une deuxième analogie, Arpe évoque le pilote de navire qui doit voir les écueils entre lesquels il veut passer. « De même, quand apparaissent dans les livres de Vanini des écueils, des rochers et des bancs de sable, on ne doit pas l'en accuser, car il les a soigneusement mentionnés et a mis en garde le lecteur[44]. » Les écueils de l'athéisme n'apparaissent donc dans les livres de Vanini qu'afin qu'il puisse les éviter. Après quoi, Arpe dirige ailleurs l'attention du lecteur dans une note de bas de page dans laquelle il remplace l'image du pilote de navire par celle du gladiateur. Vanini « se préparait au combat contre les [athées] », ce qu'il aurait fait à la manière des *andabatae*, ces gladiateurs qui n'avaient le droit de porter qu'un casque sans visière, tâtonnant dans le noir, « s'il n'avait combattu leurs formules perverses[45] ». L'apologiste du christianisme qu'Arpe voyait en Vanini, conformément à la façon dont ce dernier se présentait lui-même, doit procéder les yeux ouverts et en pleine connaissance des arguments adverses. Arpe ajoute:

> « Vouloir ignorer les arguments de ses adversaires est le propre d'un esprit qui va de travers tout en ayant conscience de son mal. [...] Ces paroles suscitent en nous ou bien le dégoût, ou bien la crainte. Même Hercule dut supporter le dégoût lorsqu'il nettoya les écuries d'Augias. Contre la crainte, la tête doit être protégée par un casque [...][46]. »

Toujours dans sa note de bas de page, Arpe reproche aux accusateurs de Vanini de n'avoir émis leur critique que parce qu'ils cherchaient à accuser Vanini d'une manière ou d'une autre:

> « Ils ne savent pas ce qu'ils veulent, l'important est qu'il soit un athée. Il rapportait les paroles de ces derniers; et alors? Jérôme, dans le volume III

Ill. 11. Peter Friedrich Arpe, *Apologia pro Vanino*.

de ses œuvres, dans sa lettre à Minervius et à Alexandre, dit : si quelqu'un murmure de ce que je lis des expositions de la partie adverse, dont je n'approuve pas les doctrines, qu'il sache que j'écoute volontiers ces paroles de l'apôtre : Essayez tout et retenez ce qui est bon[47]. »

Ces paroles de saint Paul étaient la référence constante des penseurs éclectiques de la *Frühaufklärung* allemande, déjà plusieurs fois évoqués, qui entendaient se former une opinion personnelle après avoir soigneusement examiné toutes les traditions[48]. Si l'on critiquait cette attitude, poursuit Arpe dans sa note de bas de page, « même le très sage roi Salomon serait en faute à cause de ses paroles dans l'Ecclésiaste, III, 1 *sq.*[49] ». Dans les débats des penseurs de la *Frühaufklärung*, Salomon avait en effet été mis en relation avec l'éclectisme, surtout par Jakob Friedrich Reimmann dans un essai anonyme controversé[50].

Mais le texte principal poursuit en développant une autre stratégie de défense. On lit ainsi que Vanini s'est contenté d'aligner quelques bagatelles. Il ne s'agit donc plus de poison dangereux ni d'écueils menaçants, mais seulement de vétilles :

> « À ce que rapporte Pline, Carnéade, le plus pénétrant de tous les hommes, en discourant sur le fait qu'il n'était pas facile de discerner ce qu'est le vrai, [...], dit : de même qu'il ne pourrait y avoir de jour s'il n'y avait pas de nuit, ainsi, par Jupiter, si le vice n'était pas inné aux choses de la nature, on chercherait en vain la vertu. De cette manière, le vent affermit les arbres ; l'ail placé à côté des roses rend leur parfum plus gracieux ; le palmier croît sous une charge ; nous connaissons la vertu par le vice, et, par les déclarations erronées des athées, la doctrine du Christ s'épanouit avec plus de force[51]. »

Nous pouvons appeler cet argument l'argument par contraste. C'est un vieil argument, de la philosophie naturelle à la rhétorique : la saveur épicée naît du contraste. Et c'est bien parce que l'athéisme n'est qu'une épice dans les livres de Vanini qu'il faut le considérer comme une bagatelle.

L'argumentation revient une fois encore au schéma de pensée de l'éclectisme. Arpe rapporte que Vanini avait un accès libre à tous les livres de la bibliothèque de Roberto Ubaldino[52]. Celui-ci lui avait dit qu'il pouvait utiliser ce qu'il voulait. Arpe le fait parler en ces termes :

> « Choisis ceux qui plaisent ; rejette ce qui est discordant et, dans quelque livre que ce soit, si c'est nécessaire, fais en sorte de séparer le bon du mauvais ; dans ce tas de fumier, à ce qu'il te semble, tu trouveras peut-être une perle. Pline, gloire du peuple romain, avait coutume de dire : nul livre n'est si mauvais qu'on ne puisse en tirer profit par quelque partie[53]. »

C'est de nouveau un appel à l'éclectisme et à sa confiance dans la faculté de juger individuelle. Cet appel est étayé par l'idée que, dans n'importe quel livre, aussi mauvais soit-il (c'est-à-dire même dans un livre athée), il y a quelque chose de bon. Arpe orne encore la formule de Pline d'une citation modifiée de Virgile, pour la renforcer: « Toute terre ne produira pas tout[54]. » On est donc pour ainsi dire contraint de se servir d'un grand nombre de sources, car une monoculture (un recours exclusif à des ouvrages chrétiens, par exemple) ne produit pas le meilleur résultat possible. « Cueillons les roses en laissant les épines[55]. »

Il se produit alors un nouveau tournant dans son argumentation de défense. Il ne faut pas, comme le font les accusateurs de Vanini, se mettre aussitôt en colère avant d'avoir vraiment compris, il faut d'abord se faire une opinion. Il s'agit ici de ce que Christian Thomasius a appelé le préjugé de la précipitation[56]. Le lecteur attentif associera cette idée à l'appel précédent à la pensée éclectique et il en conclura: celui qui ne connaît pas toutes les sources ne peut pas vraiment comprendre, et il réagit trop vite, tombant dans une colère intolérante. Arpe formule de nouveau la conséquence de cette conclusion par une citation: « Nous absoudrons beaucoup de gens si nous commençons à juger avant de nous mettre en colère[57]. » Dans la plupart des cas, la pensée éclectique, qui ne juge qu'après avoir fait un état des lieux approfondi, rend tolérant. C'est encore le projet de Naudé qui transparaît ici. Dans une note de bas de page, Arpe élargit cette idée par une citation de Claudien: « Celui-là est le plus proche des dieux / qui est mû par la raison et non par la colère[58]. » Pas d'*odium theologicum*. Et la suite montre que cette conception de l'éclectisme repose sur l'idéal de l'« esprit fort » développé par Charron et Naudé: « Ceux qui n'en restent pas au voile et à la coquille pourront supporter le noyau, quel qu'il soit; ils n'en sont pas touchés. Et il n'est pas besoin d'exploser de colère au moindre mot[59]. » On doit donc avoir la capacité de supporter des choses difficiles et problématiques; tout le monde ne l'a pas, mais ceux qui s'habituent à aller jusqu'au fond des choses la développent. Cet idéal – implicite – de l'esprit fort me semble être un présupposé essentiel de la pensée d'Arpe et un des points de contact avec le libertinage français, même s'il l'associe à l'éclectisme d'un Thomasius. Il en résulte quelque chose que l'on pourrait appeler une philosophie de la sérénité: un philosophe à l'esprit fort peut se permettre de prendre connaissance même d'ouvrages hérétiques, il n'entrera pas en transes pour autant.

Arpe raconte une anecdote pour illustrer cet état d'esprit: un jeune homme est venu un jour le trouver pour lui offrir toutes sortes d'écrits interdits, s'exprimant, semble-t-il, en termes radicaux. Arpe est resté très calme et ne l'a pas même mis en garde. L'âge lui apporterait la maturité et le bon sens[60]. Cette anecdote, sur laquelle nous reviendrons, est évidemment ambiguë si l'on se souvient qu'Arpe était lui-même un collectionneur d'écrits interdits. S'il était un penseur radical, il avait de bonnes raisons de ne pas mettre en garde le jeune homme. Arpe veut cependant donner un autre sens à cette histoire : on l'y voit prendre ses distances avec douceur à l'égard d'un « fanatique », spinoziste ou libertin, et se retirer dans l'attitude pondérée du connaisseur mûr pour qui même la pensée radicale peut comporter un excès d'affects.

Pour mieux comprendre cette attitude stoïque et sceptique, il convient de faire intervenir dès à présent une note de bas de page énigmatique qui se trouve un peu plus loin dans le texte, dans laquelle Arpe prend ses distances par rapport au spinozisme avec une clarté inhabituelle pour lui. On y lit :

> « Parmi les diverses opinions sur l'existence de Dieu, dans le désaccord des philosophes, celle-ci me paraît la plus pieuse qui distingue correctement le Créateur de la créature, la cause de l'effet, et n'ose pas imaginer une substance unique, comme l'ont inventée Spinoza et ses disciples. Après le destin de Vanini, cette question sublime a été agitée avec la plus grande énergie, et il n'a pas manqué de dissertations perfides attribuant l'éternité aux choses créées et aux particules de la matière : le mouvement, avec Épicure et Toland ; la vie, avec Démocrite et Campanella ; des qualités en tous genres, avec Anaximandre ; la force plastique, avec les pseudo-stoïciens ; l'harmonie préétablie, avec Leibniz et Wolf ; enfin la raison et l'intelligence, avec Spinoza[61]. »

Pourquoi Arpe récuse-t-il tout cela ? Peut-être pour les raisons qu'avaient avancées Jakob Thomasius ou Johann Franz Budde, affirmant que cela ne concordait pas avec l'Écriture sainte ? Non, la raison est autre : « Chez eux, l'esprit humain ne peut trouver le repos, la cause efficiente ayant été supprimée[62]. » L'entendement ne peut trouver le repos. Il ne le peut que s'il atteint un point situé au-delà de ce monde, dans une sorte d'arrêt méditatif. Et c'est exactement la façon dont Arpe comprend le refus controversé de l'argument du premier mouvement par Vanini, car il ajoute : « [...] et Vanini semble avoir agi justement en refusant de confondre l'Être éternel avec le premier moteur du mouvement[63] ». Arpe interprète Vanini comme si celui-ci avait défendu une mystique de l'Être suprême qu'il se serait appropriée par sa réception de la Kabbale. Mais il semble ici, d'après Arpe, qu'il ne s'agisse pas tant d'une métaphysique que de la tranquillité de l'âme, conçue comme un art de vivre.

Il est tentant de mettre en relation l'attitude intellectuelle sceptique et stoïque d'Arpe, qui accueille la mystique apparente de Vanini aussi bien que l'éclectisme de Thomasius ou les sauvetages de Naudé, avec la renaissance contemporaine de l'anacréontisme en Allemagne. Ici aussi se manifeste un retrait dans la sphère privée, une façon de se détourner des querelles de l'Université, de l'Église, de la société et de la politique ; ici aussi, une a-religiosité et un certain anticléricalisme vont de pair avec le refus d'en tirer des conséquences politiques actives[64].

Il faut bien sûr tenir compte des circonstances temporelles dans lesquelles a pu se constituer ce mélange de radicalisme et de quiétisme. La pensée radicale avait été également associée à un conservatisme politique chez quelques libertins érudits de la France de Richelieu, dans les cercles de Naudé ou de La Mothe Le Vayer. Mais la situation est différente en Allemagne au début du XVIIIe siècle. Arpe fait partie d'une génération d'universitaires sans emploi qui durent passer de longues années à travailler comme précepteurs, ne trouvant que rarement de poste à l'université – je renvoie ici au chapitre 1 consacré au précariat clandestin. Pour Arpe, un bref épisode d'« aventurier universitaire[65] » comme professeur à Kiel, en 1723-1724, fut vite suivi d'un retour à l'existence d'un simple particulier. Malgré le « nouveau départ » par lequel on caractérise souvent la *Frühaufklärung*, cette génération est aussi marquée par une résignation née d'un enlisement des Lumières[66]. De même que Barthold Heinrich Brockes vantait la vie dans son jardin privé, Arpe vivait parmi ses livres – fussent-ils ceux d'auteurs radicaux, de Bruno à Spinoza. Sa génération ne connaissait pas encore la forme d'organisation en société secrète qui préserva plus tard les intellectuels du retrait dans une sphère purement privée. J'approfondirai ce point dans le chapitre 7.

Mais reprenons la lecture de l'*Apologia* d'Arpe pour en comprendre la logique interne. Dans le corps du texte, apparemment à titre d'exemple de littérature antichrétienne, Arpe renvoie aux écrits polémiques d'autres religions, afin de donner plus de force à l'argument selon lequel les idées « mauvaises », que l'éclectique s'approprie lui aussi, ne sont que des bagatelles : « Tu passes souvent, à pied sec, à côté des pires choses dans les livres blasphématoires des païens, des rabbins, des Arabes et des Turcs, passe donc à côté et ne piétine pas le misérable que ses ennemis ont déjà depuis longtemps réduit en cendres[67]. » Il y a longtemps que les autres religions ne sont plus une menace pour le christianisme – c'est ce que semble dire l'argument –, aussi pourrait-on faire preuve d'une tolérance magnanime. Pour confirmer ses propos, Arpe fait appel dans une note de bas de page à la *Tela ignea Satanae* de Wagenseil. Bien qu'il ait inclus des textes antichrétiens comme le *Hizzouk Emouna* d'Isaac Troki, ouvrage de mauvaise réputation, le livre de Wagenseil put être imprimé en 1681[68]. Arpe tire argument de ce permis d'imprimer pour défendre l'idée que les polémiques de ce genre ne sont pas dangereuses. En réalité, l'édition de Wagenseil, qui comprenait une réfutation, fut tout à fait contestée, et à juste titre. Hermann Samuel Reimarus, critique acéré du christianisme qu'Arpe connaissait vraisemblablement, déclara plus tard que le *Hizzouk Emouna* était un livre très convaincant auquel il avait emprunté plus d'un argument pour son *Apologie*[69]. Même le Coran, poursuit Arpe, qui est pourtant un « bourbier de mensonges », a été traduit dans de nombreuses langues, voire, depuis peu, expliqué (et le lecteur en conclut : sans que le christianisme en ait subi de dommages)[70]. Mais la note de bas de page fait alors un saut étrange – Arpe y formule une réserve :

> « Il n'est pourtant pas discutable qu'on est plus facilement trompé, et de manière plus agréable, par ceux qui portent sur eux l'apparence de la vérité que par ceux qui n'ont pas pu échapper à la tache d'une légère flétrissure ou qui sont entièrement marqués d'un noir charbon. On pense aussitôt : *Cave canem*[71]. »

Cette remarque va complètement à l'encontre de l'argument développé jusqu'alors, car elle affirme que des écrits aussi ouvertement polémiques contre le christianisme que le Coran ou les écrits juifs clandestins sont moins dangereux que des textes qui ont pour eux l'apparence de la vérité. Ce qui signifie : moins dangereux que des écrits qui, en surface, n'argumentent pas du tout de façon polémique, voire se présentent comme des ouvrages chrétiens et orthodoxes. De quoi peut bien parler Arpe ? Simplement d'écrits de critique subtile, ou d'écrits qui dissimulent ? Voici un passage de son livre dans lequel un lecteur sensibilisé par Strauss aux ambiguïtés pourra déceler une indication d'Arpe sur le statut de son propre texte : regarde, cher lecteur, mon livre se présente de manière tout à fait inoffensive, conforme au christianisme, mais il n'en est que plus subversif. Néanmoins, puisque j'interprète Arpe avant tout comme un philosophe de la sérénité, je ne veux pas abuser de ce type de lecture, seulement signaler qu'elle est possible.

Quoi qu'il en soit, le lecteur, un peu perturbé, est retourné au corps du texte qu'il avait quitté alors qu'il s'agissait de ces « misérables » d'autres religions qu'il ne fallait pas piétiner. Il lit ensuite : « Si une parole mauvaise échappe par inadvertance, elle se répand jusqu'à ce que tous l'aient à la bouche, à cause de l'attention minutieuse des adversaires[72]. » Cet argument diffère du précédent, selon lequel les paroles des païens, des Juifs et des musulmans étaient sans danger parce qu'elles étaient déjà vaincues. Arpe dit à présent qu'il faut éviter de donner artificiellement à une idée qui n'a été énoncée qu'en passant de l'importance, voire de la précision, en la réfutant, ce qui ne fait que la faire véritablement connaître et la rendre dangereuse. Mais les polémiques antichrétiennes des Juifs et des musulmans n'étaient certainement pas formulées en passant[73]. Arpe s'était en outre référé à l'édition du *Hizzouk Emouna* par Wagenseil, qui l'avait accompagnée d'une réfutation. Voici qu'il conseille à présent de ne pas du tout s'occuper des accusations antichrétiennes, c'est-à-dire de ne pas écrire de réfutation. Il a bien sûr raison d'estimer que les réfutations diffusent davantage encore certaines des idées adverses. C'est exactement de cette façon en effet que beaucoup de penseurs des Lumières radicales – par exemple l'abbé Meslier – ont pris connaissance de tout l'arsenal des critiques de la religion[74]. Mais à cet endroit et dans ce contexte, cette affirmation est contre-productive, car Arpe venait de dire que les adversaires étaient déjà vaincus – par des réfutations, évidemment. Et si on lit cet argument à la lumière de ce qui vient d'être dit dans la note de bas de page, à savoir que c'est ce qui paraît inoffensif qui est en fait vraiment subversif, et non ce qui est ouvertement polémique, il s'inverse en son contraire.

La phrase suivante est apparemment censée illustrer encore l'insignifiance de la polémique antichrétienne :

> « Si, parmi les vents, nous nous détournons avant tout de celui […] qui nous ôte nos vêtements, ainsi ces hommes nous déplaisent qui énumèrent toutes les choses les plus insignifiantes et le plus souvent fausses pour paraître avoir écrit quelque chose plus subtilement que les autres[75]. »

Les critiques de la religion ne font donc que de l'esbroufe, ils répandent des blasphèmes pour se donner de l'importance. Un homme serein et réfléchi ne devrait pas même réagir à ce genre de choses. Arpe ajoute ici l'hypothèse que la critique de la religion ne serait en fin de compte que vanité et poudre aux yeux. C'est néanmoins peu convaincant quand on pense qu'il était question au début du poison que le médecin devait connaître, c'est-à-dire d'objections à prendre au sérieux et auxquelles il fallait réagir. Dans une note de bas de page, Arpe, en référence à l'essai de Lucien de Samosate, *Comment écrire l'histoire*, mentionne le problème de ceux qui s'amusent de bagatelles au lieu de s'intéresser à l'essentiel et parlent de ce qu'ils croient voir, parce que leurs préjugés les y portent :

> « Ceux qui s'appuient sur des conjectures de cette sorte ne voient pas à quel point ils sont sots et ignorent la chose dont ils parlent, puisque l'histoire a pour habitude de discourir des hautes affaires, et non pas d'enquêter sur les causes infimes des événements dérisoires. Lucien, *De scribenda historia*. Ces gens observent non ce qui advient, mais ce qui doit advenir[76]. »

Arpe renvoie de nouveau à un art de vivre, à cette connaissance de soi qu'il juge nécessaire pour ne pas tomber dans le travers de l'intolérance. Le critique de la religion ne doit pas agir par un zèle vaniteux, et l'historien ou le théologien ne doit pas prendre les blasphèmes du critique au sérieux. À l'arrière-plan apparaît de nouveau l'idéal du sage dans le sens de la « preud'hommie » de Charron, du savant qui ne se laisse pas irriter par des choses superficielles.

J'arrête ici ma lecture suivie du chapitre d'Arpe, qui continue pendant un certain temps encore à faire alterner les arguments, les citations et les allusions. Après avoir lu ce chapitre – un parmi tant d'autres –, le lecteur se retrouve quelque peu perplexe. Il vient de voir se succéder des arguments très divers, tantôt complémentaires et tantôt allant dans des directions opposées. Comment doit-il interpréter tout cela ? S'agit-il d'un plaidoyer un peu maladroit, dans lequel un apologiste quelque peu naïf, ne faisant attention qu'aux effets rhétoriques, accumule tous les arguments imaginables à la décharge de son client ? C'est tout à fait possible : dans sa première version, l'*Apologia pro Vanini* était une œuvre de jeunesse d'Arpe, l'œuvre d'un auteur âgé d'environ vingt-cinq ans. C'est de cette manière que Mosheim, sans doute à la demande d'Arpe, a défendu le caractère inoffensif de cet ouvrage devant La Croze, lorsqu'Arpe fut soupçonné d'être impliqué dans la production du *Traité des trois imposteurs*[77]. Mais la version manuscrite augmentée que nous avons sous les yeux n'est plus une œuvre de jeunesse. Or elle confirme et renforce même le problème initial. Arpe n'est ni naïf ni stupide, ses autres œuvres le montrent suffisamment ; la difficulté est donc sans doute à chercher dans sa forme d'argumentation. J'ai essayé de dégager la philosophie de la sérénité qui, en dépit de toutes les additions, transparaît régulièrement entre les lignes et qui s'exprime par un geste qui tend à minimiser les choses : non, la philosophie de Vanini n'est pas dangereuse, elle est inoffensive, tous les écrits prétendument radicaux sont en fin de compte inoffensifs, du moins pour qui sait garder son calme. On reconnaîtrait le caractère inoffensif de l'identification, posée par Vanini, de la nature avec un dieu (ou une déesse), si l'on comprenait mieux la tradition de l'apothéose en théologie politique, suivant laquelle les empereurs sont partout divinisés[78]. Pourquoi n'en ferait-on de même avec la nature ? Il semble qu'il n'existe quasiment pas d'athéisme à proprement parler. Tous les hommes ne connaissent-ils pas en fin de compte Dieu ?

Déisme et théologie naturelle

Dans cette négation de l'athéisme, puisque la nature est divine, Arpe défend presque la même position que Theodor Ludwig Lau[79]. Ce dernier affirme dès le début des *Meditationes philosophicae de Deo, Mundo, Homine* que l'existence de Dieu est une chose entendue. Il n'existe pas d'athées, ni de nations athées[80]. Il prenait ainsi position dans un débat d'actualité qui, au plus tard depuis Jakob Thomasius (le père de Christian Thomasius), portait sur la question de savoir quels auteurs et quelles traditions depuis l'Antiquité pouvaient être considérés comme athées, implicitement ou explicitement, si bien qu'il était impossible de prendre appui sur eux pour construire une philosophie chrétienne[81]. Ce débat laissait entendre que l'athéisme pouvait exister. Mais Lau se réfère à des autorités comme Herbert of Cherbury, Ralph Cudworth ou Michel Mourgues, qui postulaient que tout homme a une connaissance originaire de Dieu, niant ainsi qu'il pût exister des athées *stricto sensu*. Lau a été influencé dans cette idée par Arpe, comme le montrent ses lettres à Christian Thomasius, dans lesquelles il signale l'importance qu'a eue l'*Apologia pro Vanino* pour ses propres convictions[82]. Il faut néanmoins considérer l'idée qu'a Lau de l'inexistence de l'athéisme dans sa relation stratégique avec deux autres éléments : le type de « théologie naturelle » dont il se sert pour la justifier, et sa revendication de liberté d'opinion et de tolérance envers les livres interdits.

Commençons par le premier élément. Lau ne ramène pas le fait que chaque homme ait une expérience de Dieu à des idées innées, mais à l'expérience sensible[83]. À première vue, il se rattache ainsi au courant alors populaire de la théologie naturelle, qui tirait avant tout des découvertes des sciences naturelles de nouvelles preuves de l'existence d'un créateur intelligent derrière la création. Arpe considère lui aussi que cette voie est encore praticable pour une apologétique : « L'argument le plus solide de l'existence divine est tiré de la nature, ce qui plaît à ceux qui sont plus savants que les autres[84]. » Et Arpe ne renvoie pas seulement à Cicéron, mais aussi à ses concitoyens Johann Albert Fabricius et Barthold Heinrich Brockes, qui avaient fait connaître la théologie naturelle à Hambourg. Cela étant, Lau remet précisément en question cette approche, en ajoutant en passant que l'on peut faire l'expérience de Dieu partout, avec chacun des sens, par la vue, l'ouïe, l'odorat, le goût et le toucher[85]. Un théologien naturel peut-il percevoir le goût de Dieu ? Non, il peut seulement se fonder sur la contemplation de la nature pour conclure à Dieu par l'entendement. On ne peut percevoir le goût de Dieu que si Dieu *est* la nature. Tel est le sens subversif de la « théologie naturelle » de Lau. Il nous faut garder ce soupçon de subversion à l'esprit en lisant les déclarations d'Arpe sur Dieu et la nature, par exemple lorsqu'il dit : « Celui qui, connaissant de manière suffisamment acérée les armes sacrées de la parole divine, associe la raison à la nature, s'attaque aux athées et aux ennemis de dieu pour les égorger avec leur propre épée, comme on dit[86]. » Arpe pense certainement ici plutôt à une théologie naturelle à la Cicéron qu'au matérialisme à peine dissimulé de Lau. Mais lui aussi – avec Vanini – nivelle en quelque sorte la théologie naturelle en rejetant l'idée de Dieu comme Premier Moteur et en ne l'admettant que comme un vague être suprême. Tout comme Lau, il a emprunté son concept de Dieu au livre pseudo-hermétique des vingt-quatre philosophes : Dieu est la sphère infinie dont le centre est partout et la circonférence nulle part[87]. Doit-on interpréter cela avec Lau comme désignant la *natura naturans* ? Arpe ne veut pas se fixer ainsi. Dans tous les concepts, il devine que guettent des « logomachies », de pures batailles de mots, des conflits potentiels qui rendent vulnérable et font que l'on se voit attribuer des positions hérétiques là où le sage doit justement s'efforcer d'échapper à toute position fixée[88]. Ces logomachies sont des conséquences de la subversivité inférentielle.

Ce refus de se prononcer explicitement est à mettre en relation avec le deuxième élément fondamental de la pensée de Lau : la revendication de tolérance et de liberté de pensée. De même que les *Meditationes* de 1717 avaient commencé par nier la possibilité de tout athéisme, les *Meditationes, Theses, Dubia* de 1719 commencent par revendiquer que l'on autorise les écrits interdits, même l'impression d'un livre comme l'anonyme *De tribus impostoribus*[89].

Une philosophie de la sérénité

Quelles sont les relations entre les trois thèses que nous venons d'évoquer – il n'existe pas de véritable athéisme, on peut percevoir Dieu par les sens, il faut faire preuve de tolérance envers les écrits radicaux? Sont-elles seulement compatibles? Ou bien s'agit-il ici d'une négligence théorique à peine excusable parce qu'elle nivelle et minimise des positions subversives? Est-ce la stratégie de pure dissimulation d'un déiste ou d'un athée convaincu, ou est-ce quelque chose d'autre encore? Je propose de faire un bref détour par l'époque actuelle pour mieux comprendre le rapport que ces thèses ont entre elles.

Richard Rorty a parlé de manière provocatrice de la « priorité de la démocratie sur la philosophie[90] ». Ce faisant, il associe la conviction de John Rawls qu'une théorie de la justice peut être élaborée sans que l'on ait à prendre position sur ce qu'est la nature de l'homme au pragmatisme de John Dewey, pour qui la philosophie est seulement un moyen de nous perfectionner, d'aspirer au bien, mais pas quelque chose qui reposerait en dernier recours sur la « vérité ». Si on lit la proposition que fait Rawls de « rester à la surface, philosophiquement parlant » avec les yeux de Dewey, elle devient, de manière inattendue, une proclamation d'anti-philosophie, de la priorité de la solidarité démocratique sur les prétentions de toutes sortes à l'objectivité. Rorty renvoie aussi à ce propos à une lignée qui nous fait remonter de John Rawls à Thomas Jefferson, c'est-à-dire aux Lumières : le père de la constitution américaine était d'avis que l'on devait être tolérant envers tous les hommes, quelles que soient notamment leurs convictions religieuses, tant qu'ils se montraient des citoyens dignes de confiance dans la vie politique collective[91].

En ayant à l'esprit cette conception d'une éventuelle limitation des ambitions philosophiques par la tolérance et la solidarité, nous pouvons à présent essayer de reconstituer l'argumentation qui est derrière la philosophie de la sérénité d'Arpe (et, en partie, de Lau également). Il faudrait la formuler à peu près de la manière suivante : l'essentiel est la liberté de pensée, qui correspond à une attitude du jugement compétent, sans hostilité prématurée. La nécessité de s'informer en détail est si importante que toutes les controverses philosophiques sur le contenu doivent passer à l'arrière-plan. Mieux encore, puisque les controverses de contenu sont tellement exposées au danger de dégénérer, pour des raisons émotionnelles, en logomachies, la première exigence d'un savant tolérant et responsable sera de minimiser les différences de contenu.

En ce sens, la pensée d'Arpe peut même être qualifiée de conservatrice au point de vue politique, d'une manière analogue à l'action politique qu'eut Barthold Heinrich Brockes comme conseiller municipal, s'efforçant d'ôter tout caractère explosif aux agitations opposant l'Église et la bourgeoisie de Hambourg[92]. C'est ici, en fin de compte, qu'il faut sans doute chercher les racines de la ressemblance difficilement compréhensible entre Arpe et les représentants conservateurs des Lumières autour de Fabricius, qui cultivaient également une attitude sceptique et stoïcienne et suivaient le principe éclectique invitant à collectionner les livres, même si c'était dans une orientation chrétienne et apologétique. Cette ressemblance fut en tout cas la condition de possibilité d'une pratique culturelle d'échanges entre les savants hambourgeois, qui permit à Arpe d'échanger librement des écrits clandestins avec Fabricius et Wolf[93].

Le nivellement, qu'une lecture attentive décèle partout dans l'*Apologia pro Vanino* d'Arpe, ne serait donc pas à interpréter comme la tactique de dissimulation d'un déiste ou d'un athée masqué, mais avant tout comme l'effort conscient d'apaisement d'un « sage » éclectique. Ce sage pouvait bien avoir une certaine sympathie pour l'athéisme, mais celle-ci ne prenait pas la forme d'une vision du monde fixe, et moins encore celle d'un programme politique. Arpe reste au contraire attaché à une vue des choses indifférente, minimaliste, qui rappelle le programme religieux minimaliste du *Tractatus theologico-politicus* de Spinoza, dans lequel toute la doctrine biblique est ramenée au commandement de l'amour du prochain. Dans une note de bas de page, Arpe écrit :

> « Selon moi, le fondement de la sainte doctrine du Christ est la connaissance de soi et la charité. Et je crie à haute voix aux autres combattants des lettres : *que de vanité il y a dans les choses !* Il nous faut avant tout éviter deux erreurs : l'une est de ne pas considérer les choses inconnues comme des choses connues, et de les approuver au hasard. L'autre, de consacrer un effort trop grand et beaucoup de travail à des choses obscures et difficiles […][94]. »

Même quand il expose ici ou là ce qu'il considère comme « chrétien » ou « pieux », Arpe évite de dire que lui-même pense ainsi. Au lieu de cela, il fait aussitôt intervenir le rappel, stoïque et sceptique, de la vanité des disputes théologiques en général. Son argument affirmant que les païens étaient déjà des « chrétiens » montre qu'Arpe intègre avec une grande facilité (ou une grande inconscience ?) les païens de l'Antiquité dans un christianisme minimaliste : « Dans l'obscurité de ces choses et les brouillards de l'esprit, il s'en est manqué de peu qu'ils n'arrivent à la vérité. Ils devinaient la nature divine du Christ, mais ne pouvaient concevoir son rôle de Messie. Mais quiconque vénère Dieu est proche du christianisme[95]. » Arpe utilise ici de manière tactique le schéma de pensée théologique de la Trinité immanente, de l'unité du Père, du Fils et du Saint-Esprit, pour en tirer la conclusion (douteuse d'un point de vue logique) que quiconque vénère Dieu, vénère de ce fait même le Christ également. Arpe ne venait-il pas de rejeter précisément les subtilités dogmatiques chrétiennes ?

On trouve quelque chose d'analogue chez Lau. Des interprètes récents lui ont reproché d'avoir une pensée superficielle et de ne choisir ses arguments qu'en fonction de la possibilité de les utiliser contre les dogmes chrétiens[96]. La question de savoir s'ils sont cohérents entre eux ne l'intéresserait pas. Mais si on lit Lau dans la perspective de la « priorité de la tolérance sur la philosophie », alors son éclectisme « négatif » a davantage de sens. Lui aussi, pourrait-on dire, est surtout soucieux de niveler, et moins de formuler des vérités cohérentes. Le recours tactique à des axiomes est alors toujours possible et légitime.

Des deux, Arpe est certainement celui qui a pratiqué le plus fortement le retrait dans le scepticisme quiétiste. Il va même si loin en ce sens qu'à cause du rejet presque constant en Allemagne du *Tractatus* de Spinoza et du *Discourse of Free-Thinking* de Collins, considérés comme politiquement dangereux, il n'ose pas dépasser la revendication défensive « qu'on [lui] concède la liberté de disserter sans dommage sur une cause non pas tant dangereuse que suscitant l'envie[97] ». En nivelant le propos philosophique, il en conteste l'aspect dangereux.

Mais Lau s'est aussi déclaré explicitement, à l'intention de Thomasius, un « indifférentiste » ; lui aussi était plutôt soucieux, dans ses livres, de lancer des idées alimentant la discussion, d'être un « courtier », de présenter un *theatrum* d'idées radicales, afin que le lecteur fasse usage de sa faculté de juger selon un éclectisme bien compris et qu'il sépare le vrai du faux[98]. Ainsi interprété, l'« esprit fort » d'Arpe est le lecteur idéal des *Meditationes* de Lau.

Le marché noir des écrits clandestins

J'ai insisté sur le fait que c'était précisément la pensée radicale sublimée, nivelée, la mise entre parenthèses de son caractère dangereux, qui avait rendu possible une continuité entre la position d'Arpe et celles des bibliophiles apologistes, encourageant un marché d'échanges – malgré toutes les différences de détail du côté de Wolf et de Fabricius.

Utilisons maintenant une notice manuscrite d'Arpe à propos de son *Apologia pro Vanino* pour pénétrer un peu dans ce milieu du marché d'écrits clandestins en Allemagne du Nord et faire de nouveau le lien entre les thèses et les pratiques. Je reviens à l'épisode déjà évoqué lors duquel un homme avait offert à Arpe des écrits interdits. Arpe écrit :

« Je me souviens qu'un jeune homme vint me trouver un jour en m'offrant des livres entiers interdits par le vulgaire, mais des plus rares, de la valeur d'un trésor. *Restitutio Christianismi* de Michel Servet, *Spaccio della Bestia trionfante* de Giordano Bruno, *De rerum sublimium arcanis* de Bodin, *Ars nihil credendi* de Geoffroy Vallée, le *Cymbalum mundi*, *The Oracles of Reason* de Charles Blount. Il était saisi d'une curiosité excessive que je ne pouvais pas condamner avec une trop grande rigueur. L'âge conduit à la tempérance [*frugem*] et à l'usage de la saine raison[99]. »

Arpe affiche un comportement serein et paisible. En connaisseur expérimenté des écrits interdits, il écarte l'inquiétude quant aux conséquences nuisibles que pourrait avoir la recherche fiévreuse de textes clandestins rares par de jeunes intellectuels. Le terme qu'emploie Arpe, *offere* (présenter, offrir), ne permet pas de savoir si le jeune homme lui a seulement montré des écrits ou s'il lui a proposé d'en faire une copie. Mais les deux choses allaient le plus souvent ensemble. La sélection de textes clandestins est en tout cas de haute tenue, surtout si l'on suppose que l'*Ars nihil credendi* renvoie à ce qu'on appelait le pseudo-Vallée et que le *Cymbalum mundi* désigne le *Symbolum Sapientiae*[100]. Qui pouvait être ce jeune homme capable de déployer un tel assortiment de textes ? Probablement pas Conrad Zacharias von Uffenbach, patricien de Francfort et bibliophile, avec qui Arpe était en correspondance depuis le milieu des années 1720 à propos de ce genre d'écrits, car Uffenbach était presque du même âge qu'Arpe[101]. Il me semble que Charles Étienne Jordan correspond assez bien à ce jeune homme. Dans les années 1725, âgé d'environ vingt-cinq ans, Jordan avait pratiqué un commerce intensif de texte clandestins, et il était un des rares à pouvoir proposer à cette époque un ouvrage comme la *Christianismi Restitutio*[102]. Anne Goldgar l'a décrit comme le type de l'homme qui aspire à se faire un nom dans la République des Lettres et qui rassemble des textes et des informations rares pour entrer en contact avec des savants et se faire connaître dans le monde[103]. Membre de la colonie huguenote de Berlin, élève du bibliothécaire berlinois Mathurin Veyssière de La Croze, Jordan avait eu l'occasion d'effectuer nombre de copies d'œuvres rares et pouvait ainsi commencer à attirer l'attention de connaisseurs et de collectionneurs connus. En 1725, il séduit Uffenbach avec la *Christianismi Restitutio* ; ce dernier ayant mordu à l'hameçon, il s'ensuivit un commerce lucratif, généralement sous forme d'échanges, parfois aussi contre de l'argent, Jordan faisant fonction de courtier. Avant de devenir précepteur et ami du prince héritier Frédéric de Prusse, le futur Frédéric le Grand, Jordan fournit à Uffenbach la *Concordia rationis et fidei* de Stosch, avec des notes marginales de l'auteur lui-même (ill. 12), le livre de Servet et le traité *De tribus impostoribus* ; il reçut en échange des œuvres italiennes de Bruno, les *Meditationes* de Lau et la *République* de Bodin. En 1726, on le voit déjà nouer des liens jusqu'en Angleterre pour parvenir à des textes

Ill. 12. Friedrich Wilhelm Stosch, notes marginales pour la *Concordia rationis et fidei*.

clandestins[104]. C'est peut-être au cours de ces années qu'il s'est présenté à Hambourg chez Arpe, qui était connu comme un spécialiste de ce domaine par son *Apologia pro Vanino* et ses *Feriae aestivales*, parues en 1726[105].

La réaction posée d'Arpe aux discours sans doute enflammés de Jordan peut aussi avoir été due à un souvenir de sa propre jeunesse. Alors qu'il était lui-même âgé d'une vingtaine d'années, il avait probablement été lui aussi une tête assez chaude. Johann Christoph Wolf, qui l'a connu à cette époque, le décrit comme quelqu'un qui voyait « on ne sait quoi » dans les textes interdits et gâchait son talent en l'appliquant à de mauvaises choses[106]. Mais on peut à présent mieux comprendre la sérénité d'Arpe, après avoir analysé son *Apologia pro Vanino* comme manifestant une attitude complexe faite de *preud'hommie*, d'éclectisme et de tolérance.

Pour se faire une idée de la circulation de livres interdits dans l'Allemagne protestante des années 1720, il convient de partir d'abord, même si c'est une simplification excessive, du triangle Berlin-Francfort-Hambourg[107]. À Hambourg se trouvaient Arpe, Johann Albert Fabricius et Johann Christoph Wolf, à Berlin, Jordan et La Croze, à Francfort, Uffenbach. Il existait sans doute d'autres collectionneurs importants de textes clandestins, comme le surintendant ecclésiastique d'Hildesheim, Jakob Friedrich Reimmann, mais ils n'étaient pas impliqués dans les échanges de manière aussi active que ne l'étaient Jordan ou Uffenbach[108]. Dans bien des cas, il est possible de montrer, à l'aide de variantes ou de notices de provenance, comment un manuscrit est arrivé de Berlin à Francfort, comment il a ensuite été prêté à Hambourg pour y être copié, comment il y a été comparé à d'autres copies, et comment d'autres textes ont suivi le chemin inverse. Quand Jordan lui a présenté sa collection, Arpe a sans doute lui aussi comparé des passages textuels pour trouver des variantes ou des informations sur la provenance de ces textes.

Le commerce des textes clandestin en Allemagne devient plus complexe dès les années 1730-1740. Beaucoup de lieux-clefs où les copies étaient effectuées de manière professionnelle ou semi-professionnelle avant d'être vendues nous sont encore inconnus. La relation entre Johann Christian Edelmann, piétiste radical et libre penseur, et son fournisseur de textes clandestins, Georg Christoph Kreyssig, nous donne un tout petit aperçu de ce commerce[109]. Kreyssig était officiellement historien local et commissaire-priseur à Dresde, mais, en secret, c'était un partisan d'Edelmann. En tant que commissaire-priseur et ami de Johann August von Ponickau, riche collectionneur de livres, il était en mesure d'exaucer presque tous les vœux d'Edelmann en matière de livres très rares. Rien qu'en 1744, le *De imposturis religionum*, le *Symbolum Sapientiae*, *L'esprit de Spinoza*, le texte du « Mutianus de Bath » et les interprétations de la Bible de Hermann von der Hardt firent le trajet de Dresde à Neuwied, où habitait Edelmann.

Y a-t-il eu dans d'autres villes de ces commissaires-priseurs apparemment intègres qui pratiquaient en réalité le commerce sur le marché noir? Sans doute. À Berlin, nous connaissons par exemple le marchand juif Pinell, qui rendait des services analogues à ceux de Kreyssig[110]. Dans le cas de Hambourg, il n'est pas encore possible de se faire une idée du commerce de textes clandestins. Il est vraisemblable qu'Arpe y ait participé. Quels écrits clandestins une bibliothèque de collectionneur pouvait-elle receler à Hambourg vers 1750? Prenons la collection du médecin Christian Joachim Lossau[111]. En entrant dans sa bibliothèque, on était frappé par une armoire en verre. Elle contenait environ un millier de *libri rari prohibiti*, tantôt manuscrits, tantôt imprimés – le plus grand arsenal de littérature clandestine de Hambourg, voire d'Allemagne. À côté d'elle se trouvait une autre armoire contenant une collection plus particulière encore: *libri publice combusti*, les livres brûlés publiquement. Pendant la *Frühaufklärung*, certains savants d'esprit libéral s'y étaient intéressés, d'abord Andreas Westphal, puis Johann Lorenz Mosheim, qui avait projeté, dans ses jeunes années, de raconter l'histoire de tous les livres brûlés dans une *Bibliotheca Vulcani*, enfin Johann Heinrich Heubel, l'ami d'Arpe qui voulait mener à bien l'entreprise laissée en plan par Mosheim, de manière élégante et avec l'aide de connaisseurs français comme Bernard de La Monnoye et Antoine Lancelot. Ce projet n'a jamais été achevé, et nous n'en possédons qu'une maigre liste de titres que Heubel a envoyée à Arpe. Mais peut-être aussi ce « volume XX » de *Sententiae librorum combustorum*, que Lossau avait dans sa bibliothèque, était-il une liasse faisant partie des matériaux rassemblés par Heubel. J'y reviendrai en détail dans le chapitre suivant.

Parmi les écrits clandestins que possédait Lossau se trouvent plusieurs exemplaires du traité *De tribus impostoribus*, en français et en latin, ainsi que, à côté de Stosch et de Lau, des textes aussi rares que le *Symbolum sapientiae*, l'*Ineptus religiosus*, qu'on appelle le *Judaeus Lusitanus*, l'écrit du « Mutianus de Bath », la *Découverte de la verité* de Hatzfeld, le pseudo-Vallée, *De origine rerum humanorum* de Wachter, l'*Examen de la Religion*, un commentaire d'Horace par Beverland, des textes de Postel, Radicati, Bury, Collins, Cuffeler, Koerbagh, Toland, Dippel, Servet, Blount, La Mettrie, des douzaines de titres de et sur Edelmann, etc. Nombre de ces textes nous sont parvenus parce qu'après la mort de Lossau, Goeze, pasteur orthodoxe et futur adversaire de Lessing, les fit acheter par le Sénat par mesure de précaution, afin de les retirer de la circulation[112].

Je suppose que la bibliothèque de Lossau avait aussi recueilli beaucoup de livres venus de la collection privée d'Arpe. Un indice allant en ce sens nous est fourni par le manuscrit *Bourboniana*, qu'Arpe a utilisé et qui se trouve parmi les textes de Lossau[113]. Arpe, qui n'avait jamais eu que des emplois temporaires, avait fait des spéculations monétaires à Hambourg et avait pu acquérir de cette manière – et par des échanges – une collection remarquable d'« écrits rares et surtout paradoxaux » dont on peut reconstituer le contenu en partie par ses notes de bas de page et par sa correspondance[114]. Il possédait du seul Giordano Bruno sept ou huit ouvrages imprimés et d'autres en copies manuscrites. Mais la collection d'Arpe, comme on le sait, avait déjà été dispersée de son vivant, c'est-à-dire avant 1740, et était parvenue dans d'autres mains[115]. Il avait apparemment dû vendre ses livres et ses manuscrits à cause de difficultés financières. Lossau peut en avoir acheté une partie, d'autres, comme ses copies de textes de Vanini, devinrent la propriété de Rudolph Johann Friedrich Schmid, un collectionneur de textes alchimiques[116].

Quel effet ?

La question qu'il nous faut poser pour terminer, au vu de l'ampleur de la présence d'écrits clandestins à Hambourg (et, avec quelques réserves, dans d'autres villes allemandes), est la suivante : la sérénité d'Arpe – une sérénité en partie également motivée par des raisons tactiques – était-elle justifiée ? La présence d'écrits radicaux de critique de la religion n'a-t-elle pas été le prétexte à une action socialement et politiquement destructrice ? Ou bien les représentants de l'orthodoxie avaient-ils raison d'être inquiets et de pousser des hauts cris pour mettre en garde contre l'influence exercée par ces ouvrages ? Peut-être ces mises en garde n'étaient-elles pas entièrement dénuées de fondement ? Mais en fin de compte, la réponse à cette question reste ouverte. On n'a pas encore vraiment étudié quelle part a joué la lecture d'écrits clandestins dans la radicalisation d'un Reimarus ou d'autres penseurs des Lumières. Tant que les voies de transmission des idées clandestines n'ont pas été suffisamment explorées, la question est condamnée à rester sans réponse. Qu'est-ce qui a été un effet des écrits clandestins et que doit-on simplement attribuer à une réaction de rejet contre un excès d'orthodoxie, à un malaise par rapport à la domination du protestantisme rigoureux ? Alan Charles Kors a montré, dans le cas de la France, que certains cas de radicalisation ne peuvent être expliqués par l'« influence » d'idées dangereuses, mais qu'ils sont une conséquence autonome de la perception de contradictions internes entre des schémas chrétiens orthodoxes d'argumentation[117]. Il nous faut donc procéder prudemment si nous voulons évaluer les effets des écrits clandestins. Nous devons également distinguer entre les effets de ces textes sur la radicalisation de certains penseurs et les effets politiques et « moraux » déstabilisateurs sur des couches plus larges de la population, auxquels pensaient les théologiens inquiets.

Comment et pourquoi les Lumières se sont-elles imposées ? C'est la vaste question à laquelle conduit le problème abordé ici de l'évaluation des effets des écrits clandestins, qui n'en constitue qu'un aspect parmi beaucoup d'autres. Nous pouvons en tout cas, grâce à la compréhension plus précise des positions de Peter Friedrich Arpe et de Theodor Ludwig Lau, étudiées à titre d'exemples, voir plus clairement pourquoi il faudrait répondre à cette question de l'influence des écrits clandestins. De fait, elle ne concerne pas seulement notre regard rétrospectif, la reconstruction par l'historien, mais aussi le regard vers le futur des acteurs eux-mêmes, la façon dont ils évaluaient leurs propres actions, leur habitus et leur attitude, quand ils manipulaient le savoir explosif qu'ils avaient entre les mains.

5. Une bibliothèque de livres brûlés

Le poêle satirique

Il y a des poèmes satiriques, des épitaphes satiriques, des médailles satiriques – et puis il y a un poêle satirique. Il se trouve aujourd'hui au musée Carolino Augusteum de Salzbourg, mais il vient sans doute du couvent de Mattsee, un collège de prêtres séculiers relevant de l'évêché de Passau où l'on plaça, au XVIIIe siècle, ce poêle qui ressemblait à une armoire de bibliothèque (ill. 13)[1]. Dans sa partie inférieure, d'habiles imitations de reliures de livres donnent l'impression de voir de véritables ouvrages alignés dans des rayonnages. Sur les tranches de ces faux in-folio sont inscrits les noms d'hérétiques, depuis Arius et Nestorius jusqu'aux hérétiques protestants de l'époque du poêle. Au-dessus des rayonnages, on lit sur un ruban : *Bibliotheca Vulcano Consecrata* – bibliothèque consacrée à Vulcain, le dieu du feu. Quand on pense à la fonction du poêle, c'est un titre sarcastique indiquant que les écrits qu'on lui confie atterriront dans la braise, c'est-à-dire en Enfer. Le poêle date de l'époque où l'on persécutait les protestants de Salzbourg. Mais une telle *Bibliotheca Vulcani* n'existait pas seulement dans l'imagination des prêtres catholiques. Quelques décennies auparavant, elle avait été effectivement esquissée, sous forme écrite, d'une tout autre manière et à de tout autres fins.

Cette « bibliothèque » de papier entendait reconstituer un savoir perdu. À l'époque moderne, la pluralité des différentes interprétations du monde ayant des prétentions à la vérité eut notamment pour effet de rendre précaires certains champs du savoir. Un savoir est précaire – selon notre définition – quand il est peu sûr, problématique et révocable. Contester la capacité de domaines épistémiques entiers à détenir le vrai, comme le firent les protestants envers celui des catholiques et inversement, implique que l'on demande à d'innombrables auteurs de se rétracter et de désavouer leurs écrits. Il n'est donc pas surprenant que l'époque moderne ait vu un grand nombre de livres interdits voire d'autodafés de livres. Il y en avait eu bien sûr aussi au Moyen Âge, comme l'a rappelé Thomas Werner de

Ill. 13. Le poêle satirique, couvent de Mattsee.

manière convaincante[2]. Mais, avec sa concentration de l'autorité, l'époque moderne est à cet égard un âge des extrêmes – il suffit de penser à l'*Index librorum prohibitorum* ou aux autodafés en série qui eurent lieu dans certaines régions[3].

Ce qui m'intéresse surtout ici est la relation entre pluralisation et radicalisation d'une part, et entre radicalisation et précarisation de l'autre. La pluralisation et la radicalisation sont liées entre elles avant tout à cause de la relativisation, conséquence accessoire et non voulue de la pluralisation. La pluralité se manifeste en effet par le fait que l'on se met à défendre bien davantage qu'auparavant différentes convictions, prétentions à la vérité et certitudes, comme ce fut le cas aux XVIe et XVIIe siècles, selon la théorie de la modernité anti-probabiliste de Benjamin Nelson[4]. Certes, aucun de ces prétendants à la certitude ne souhaitait que la vérité – par exemple la vérité théologique – ne fût remise en cause en tant que telle. Mais c'est bien là ce qui se produit quand deux adversaires, campant sur leurs certitudes, sont observés par un tiers qui tire de leur débat la conclusion qu'il faut réviser les fondements de tous leurs discours, par exemple la croyance en la Révélation. Comparé à d'autres religions avec lesquelles on lui découvre des ressemblances et des liens de dépendance, le christianisme n'est déjà plus traité aussi clairement comme une référence absolue[5].

Martin Gierl a montré l'existence d'une structure de ce genre – faisant sortir d'une situation d'opposition directe – pour la « réforme de la communication » qui eut lieu en Allemagne vers 1700, réforme d'abord piétiste, puis de la *Frühaufklärung*, lorsque Philipp Jakob Spener remit en question la méthode de réfutation traditionnelle de l'orthodoxie luthérienne, ne considérant plus les hérésies que comme des erreurs fondamentales, et qu'à sa suite, Christian Thomasius déclencha un débat sur la « fabrication d'hérétiques » (*Ketzermacherei*)[6]. La peur d'être contaminé par l'hérésie fit place à une confiance dans la capacité à intégrer des positions erronées et dans sa propre immunité aux erreurs. Ce changement s'accompagna d'une réflexion socio-historique sur la question de savoir pourquoi des hommes avaient été et étaient encore encore condamnés comme hérétiques. C'était un grand pas dans le développement de mécanismes permettant d'assimiler la pluralité, un pas conduisant déjà hors de l'époque moderne, dans la mesure où l'on considère celle-ci comme un âge des extrêmes en matière de pluralisation. Je voudrais porter mon attention sur ce point de transition. Il est en relation avec l'émergence de cette « philosophie éclectique » dont on a déjà parlé et avec l'*Historia literaria*, dans la mesure où toutes deux commencent par convoquer tout l'éventail des positions énoncées avant de faire intervenir un *judicium* comme instance d'autorité[7].

Mais cette époque de réforme de la communication piétiste et thomasienne – qui s'est également produite dans d'autres pays, sous d'autres formes, par exemple par les codes de comportement de la *galanterie* française et de la *civility* anglaise du gentleman – était aussi une époque où l'on assista à des radicalisations en philosophie et en critique de la religion qui ne furent pas toutes approuvées par les partisans de Thomasius. Les penseurs des Lumières radicales ont refusé d'adopter un cours réformateur modéré et pratiqué une forme radicale d'éclectisme en rejetant la croyance en la Révélation, c'est-à-dire la substance du protestantisme, dont même les penseurs de Halle se nourrissaient, et en remettant en question, avec un plaidoyer anarchiste contre toute autorité, la base politique réaliste à partir de laquelle les modérés lançaient leurs réformes[8].

Cela nous conduit à la deuxième question, celle des rapports entre radicalisation et précarisation. Le savoir des penseurs des Lumières radicales était en effet précaire dans un sens plus fort que celui des différentes confessions, qui pouvait être contredit suivant les lignes générales de partage des conflits religieux et idéologiques des XVIe et XVIIe siècles. Les radicaux se situaient au-delà du consensus de base des deux partis et au-delà de l'horizon de la philosophie éclectique établie. La conséquence pour ces auteurs fut une précarisation de leur statut social également, si bien que l'on peut parler d'un précariat savant du milieu clandestin. Tandis que les réformateurs modérés n'étaient en général pas précarisés, qu'ils pouvaient publier leurs écrits et enseigner dans les universités, les penseurs radicaux perdaient leurs postes et devaient se réfugier dans la clandestinité.

Je vais m'intéresser à un point où se rencontrent pluralisation, radicalisation et précarisation : le « sauvetage » des livres interdits. Cette activité commence au XVIe siècle et connaît son apogée à la fin du XVIIe siècle et au début du XVIIIe. Il s'agit du grand ensemble des débats sur la tolérance, depuis que Michel Servet a été brûlé vif, et en particulier du débat sur la liberté de penser et de publier[9]. Les partisans de Thomasius revendiquaient l'autorisation de publier des ouvrages radicaux en Allemagne (même si cela n'allait pas sans contestations ni sans conditions), et l'*Historia literaria* s'intéressait aux écrits autrefois proscrits. Gabriel Naudé et Pierre Bayle sont ici, rappelons-le, les auteurs essentiels. Le projet d'écrire une histoire des livres brûlés et interdits conserve néanmoins un caractère audacieux. Il signifie ôter sa précarité à ce savoir, autoriser pleinement, de façon rétrospective, la pluralité des positions divergentes et donner une nouvelle vie aux idées radicales. Lorsque l'on suspend son *judicium*, qui représente l'élément d'autorité, la reconstruction des cas d'interdit est un geste de critique de l'autorité et un sauvetage implicite. Car le soupçon dont il a été question dans le chapitre précédent subsiste toujours : celui qui « sauve » Servet, Vanini ou Spinoza n'est-il pas de ce fait même quelqu'un qui sympathise avec eux ? L'entreprise se rapproche alors de ce que les piétistes radicaux comme Gottfried Arnold et Friedrich Breckling ont réalisé sous forme de liste des « témoins de la vérité », qu'il faudrait sanctifier ne serait-ce que parce qu'ils étaient dans l'opposition. Ce n'est que dans ce cas, semble-t-il, lors du sauvetage des *auctores et libri combusti*, que cette sanctification se produit de manière sécularisée[10].

Il a d'ailleurs fallu attendre 1806 pour que paraisse un ample *Dictionnaire critique, littéraire et bibliographique des principaux livres condamnés au feu, supprimés ou censurés*, rédigé par Gabriel Peignot[11]. Mais il y avait déjà eu des amorces en ce sens, dans les milieux de l'*Historia literaria* et de Thomasius, au début du siècle des Lumières. Il s'agit surtout du projet d'une *Bibliotheca Vulcani*, d'un inventaire de tous les livres ayant été brûlés. Si le projet ne fut finalement pas réalisé, c'est parce que, comme on l'a dit, on le considérait en lui-même comme quelque chose de radical. La précarité du savoir radical a rattrapé sa propre réhabilitation, car on n'a conservé que de très rares traces de ce projet. Tandis qu'à Hambourg s'accroissaient les grandes bibliothèques de la bourgeoisie cultivée, surtout la *Bibliotheca graeca* de Fabricius et la *Bibliotheca hebraea* de Wolf, la *Bibliotheca Vulcani*, leur pendant radical, née dans leur voisinage immédiat, n'a jamais vu le jour[12].

La production du savoir dans l'entourage de la cour

Johann Heinrich Heubel, l'auteur de la *Bibliotheca Vulcani*, naquit en 1694 et mourut en 1758. Il appartient donc à la génération de Reimarus et de Mosheim[13]. Deux raisons expliquent qu'il n'ait jamais mené à bien son livre et qu'on puisse donc le compter au nombre des « faiseurs de projets[14] » : d'une part, son entreprise était subversive, de l'autre, les activités de Heubel se déroulaient le plus souvent dans les milieux de cour, hors du monde universitaire. Or, les personnes travaillant à la cour ne pouvaient se consacrer aux sciences que comme à une activité accessoire, et, en conséquence, leurs travaux restaient souvent inachevés. L'entreprise de la *Bibliotheca Vulcani* était donc elle-même située dans un cadre précaire. Mais le milieu curial et diplomatique offrait par ailleurs des opportunités favorables à ce projet. Il est donc bon de s'intéresser à ce contexte et d'observer Heubel dans l'entourage des légations de cour pour étudier comment son projet dépendait, du point de vue de l'histoire de l'information, d'un ensemble formé de déplacements fréquents, d'activités de collectionneur et de circulation de textes qui ne serait nullement allé de soi pour un simple professeur.

En 1717, après avoir suivi des études de droit à Wittenberg, Heubel avait été nommé précepteur, au château d'Eutin, des enfants de Christian-Auguste, prince-évêque protestant de l'évêché de Lübeck, qui était alors dans les faits le tuteur du jeune duc de Schleswig, Charles-Frédéric. Cette activité le mit au contact de plusieurs dirigeants politiques du pays, surtout du comte Henning von Bassewitz, qui s'imposa en 1719 – vers la fin de la grande guerre du Nord – comme le nouvel homme fort, après l'exécution du baron von Goertz[15]. Le petit Schleswig-Holstein avait tout misé sur la carte suédoise pendant la guerre et était ainsi ennemi du Danemark. À présent que Charles XII était mort, la Suède était en train de négocier la paix avec la Russie. Comme le duc Charles-Frédéric était le neveu du défunt roi suédois, il fut impliqué dans toutes les négociations, et la cour fut prise d'une fébrile activité voyageuse. C'est sans doute la raison pour laquelle on voit Heubel à Berlin en 1720-1721 et à Stockholm d'avril à juin 1721, dans l'entourage d'Adolf Friedrich von Bassewitz, le cousin du comte Henning[16]. Au cours de ces années, Heubel s'enthousiasma pour les documents médiévaux, si bien que ses protecteurs, Fabricius et Wolf, eurent l'espoir qu'il puisse devenir un jour une autorité dans ce domaine. Il fut accueilli à l'Académie de Berlin, alors encore récente, et y fréquenta les linguistes La Croze, Johann Leonard Frisch et Johann Georg Wachter. En Suède, quand ses charges curiales lui en laissaient le temps, Heubel se plongeait dans les trésors livresques de Stockholm et d'Uppsala ; il découvrit un manuscrit de Benzo et des matériaux inédits relatifs à l'*Atlantica* d'Olof Rudbeck[17]. Pendant ce temps, depuis le château de Gottorf, le duc se mit en route pour Saint-Pétersbourg, accompagné de Henning Friedrich von Bassewitz et d'une suite triée sur le volet[18]. Bassewitz préparait le terrain en risque-tout: il ordonna au secrétaire d'État suédois, von Höpken, de se rendre à Stockholm chargé d'un message secret et de feindre de s'être fait voler ses papiers, qui parvinrent alors au conseil de cour de l'Empire suédois, le convainquant que le Holstein défendait une position favorable à la Suède. Heubel s'est peut-être trouvé à Stockholm dans le cadre de ce voyage. On voit en tout cas à quel point les voyages étaient importants pour la circulation des textes et des idées; mais les savants ne pouvaient généralement faire de grands voyages que s'ils vivaient dans l'entourage de diplomates et d'hommes politiques. Daniel Roche a récemment attiré l'attention sur ces rapports dans son livre, *Humeurs vagabondes*[19]. Bassewitz avait mis dans le secret de son jeu diplomatique son cousin Adolf Friedrich – l'homme que fréquentait Heubel à Stockholm. Au service du Hanovre, Adolf Friedrich était depuis 1719 dans la capitale suédoise pour y négocier la paix entre l'Angleterre et la Suède. Politicien et militaire de formation, c'était un homme érudit qui put donner à Heubel, lorsqu'il fit sa connaissance, une copie d'un traité inédit d'Arni Magnusson, bibliothécaire islandais de Copenhague, sur la Bible gothique, le *Codex Argenteus*, traité que Heubel remit à son ami Wachter lors de son voyage de retour[20].

En juin 1721, Heubel séjourne à Saint-Pétersbourg, où il a donc apparemment rejoint le reste de la cour et où la paix de Nystad est signée le 10 septembre. On l'y trouve encore en décembre, buvant en compagnie de deux professeurs allemands, Bayer et Strimesius[21]. La cour de Holstein resta assez longtemps dans l'entourage de Pierre le Grand – jusqu'à ce que Charles-Frédéric ait épousé sa fille –, et l'on connaît les récits légendaires de beuveries et de spectacles burlesques qui se déroulaient dans la « joyeuse société » de Pierre[22]. En 1723, par exemple, Pierre le Grand fit brûler, en présence du duc de Holstein et après des farces parodiques anticléricales, une maquette de sa résidence d'été préférée, comme si le spectacle de feux d'artifice devait se transformer en une allégorie de la guerre[23].

Ce n'est que lorsqu'on connaît cette atmosphère exaltée, parodique et blasphématoire que l'on peut comprendre le comportement également risque-tout de Heubel, quand il est nommé professeur de droit à Kiel en 1723 – sous les auspices de Henning von Bassewitz, curateur de l'université. Car il profite d'emblée de sa conférence inaugurale, en avril, accompagnée d'arias de Weichmann et de musique de Telemann, pour se lancer dans une attaque contre le « pédantisme » des juristes: *Oratio de pedantismo juridico*[24]. Dix ans plus tôt, en février 1713, Johann Burkhard Mencke, un ami de Heubel, avait prononcé à Leipzig, au moment du carnaval, un discours *De charlataneria eruditorum*. Heubel s'en inspira et voulut faire publier son discours avec des gravures plaisantes, comme celui sur le charlatanisme des savants[25]. Lors de sa conférence inaugurale, on chanta solennellement : « À combien de fats le savoir / A tant mis la tête à l'envers / Que leurs tours de passe-passe, / Leur orgueil stupide et leur folle imagination, / Nous font subir beaucoup de turbulences, de divisions, d'hérésie / Et de dure contrainte ? » – et les amis de Heubel pouvaient à peine se retenir de rire sur leurs bancs. Ce discours se situait dans le contexte des conflits d'autorité typiques entre le droit allemand et le droit romain ; comme Peter Friedrich Arpe et Johann Vogt, ses collègues, Heubel était du côté du droit allemand[26]. Après la grande guerre du Nord, l'université se trouvait dans une phase de reconstruction, et dans certains secteurs régnait une atmosphère de renouveau réformateur. Mais seulement dans certains secteurs. Aussi arriva-t-il ce qui devait arriver : Heubel avait mal estimé sa situation, il était allé trop loin. Lui qui se sentait protégé par la cour fut renvoyé à l'été 1724. Sa faute lui avait coûté la faveur du duc[27].

C'est cette défaite qui fit naître chez Heubel l'idée d'entreprendre un projet caressé par certains disciples de Thomasius : écrire l'histoire des livres brûlés. À Kiel, le jeune Johann Lorenz Mosheim, presque du même âge que Heubel, avait commencé à y travailler, s'intéressant surtout au cas Servet[28]. Mais les luttes qu'avaient suscitées Heubel et ses collègues à l'université, et qui dégénérèrent en véritables batailles d'étudiants, rebutèrent Mosheim[29]. Peut-être faut-il voir là une des raisons pour lesquelles celui-ci ne donna pas suite au projet, sauf pour la partie concernant Servet, laissant Heubel reprendre l'idée à son compte.

Des recherches savantes pendant le congrès de paix

À en croire Reinhart Koselleck, les vaincus sont plus fortement motivés pour écrire l'histoire. Heubel était motivé. Après l'échec de sa carrière universitaire, il semble avoir repris son activité de précepteur auprès de Christian-Auguste. Il était notamment chargé de l'éducation d'Adolphe-Frédéric, futur roi de Suède, et de Frédéric-Auguste, futur duc d'Oldenbourg. Il semble les avoir accompagnés lors de leurs voyages. En avril 1727 en tout cas, Mencke écrit que Heubel a quitté l'Allemagne[30]. Son voyage le conduisit à Paris, où, comme en Suède et en Russie, il profita de l'occasion pour visiter bibliothèques et archives. Le hasard voulut que ce voyage fût lui aussi au contact de la grande politique. Depuis mai 1728 se déroulait à Soissons un grand congrès de paix au cours duquel les puissances européennes s'efforcèrent de maintenir et de consolider l'équilibre des forces. Bassewitz s'y rendit comme envoyé du duc de Holstein, mais la situation était difficile, car la Suède et le Danemark s'étaient rapprochés l'un de l'autre aux dépens des aspirations du petit duché[31]. Bassewitz n'en vivait pas moins à Soissons sur un grand pied. Heubel faisait-il partie de son escorte ou s'occupait-il à Paris, non loin de là, des fils du prince-évêque? On l'ignore[32]. Quoi qu'il en soit, il mit son temps à profit: on le trouve de nouveau à la recherche de documents médiévaux, notamment du glossaire de l'évêque goth Ansileubus, qu'il découvrit dans la bibliothèque de l'abbaye mauriste de Saint-Germain[33]. Il avait aussi été chargé par son ami Arpe, dont nous avons beaucoup parlé dans le chapitre précédent, de retrouver les pièces du procès de Vanini. Il semble donc bien avoir alors travaillé à la *Bibliotheca Vulcani*, car Vanini avait été brûlé avec ses livres. Antoine Lancelot, membre de l'Académie des inscriptions et belles-lettres, un des porte-parole de la tradition du libertinage érudit, lui donne à ce propos un *Extrait des Registres de la maison de Ville de Toulouse*[34]. Heubel fait également la connaissance de Bernard de La Monnoye, qui était la bonne personne, avec Lancelot, à qui s'adresser à Paris si l'on voulait obtenir des informations sur les livres rares et interdits. La Monnoye avait notamment écrit en 1712 une *Lettre au président Bouhier sur le prétendu livre des trois imposteurs*, dans laquelle il mettait en doute l'existence du traité légendaire[35]. Ce vieillard de quatre-vingt-sept ans, qui devait mourir peu après, semble avoir reçu Heubel et avoir discuté de son projet avec lui, car on connaît une épigramme de sa main, un « Pronostique pour l'auteur de la *Bibliotheca Vulcani* », dans lequel on lit ces propos sceptiques: « Combien je crains, tandis que tu examines les écrits fameux des hommes / Que le bûcher public a consumés de sa flamme rapide, / Que ta bibliothèque, qui comprend les livres consacrés à Vulcain, / Ne périsse de la même manière que ceux-ci[36]. » La Monnoye avait du mal à imaginer que la *Bibliotheca Vulcani* de Heubel pût être imprimée sans finir elle-même sur le bûcher. Heubel devait lui aussi être conscient de s'exposer à un grand risque. Quel éditeur pourrait-il trouver pour une telle entreprise qui, tirant les conséquences de la discussion de Thomasius sur les faiseurs d'hérétiques, voulait ramener à la vie les fantômes proscrits?

Les listes de Heubel

En août 1729, après la fin du congrès de Soissons, Heubel retourna à Hambourg[37]. Il avait déjà envoyé depuis la France une longue liste d'auteurs et d'écrits précaires à Arpe, il y ajouta encore quelques compléments et la montra à Johann Christoph Wolf, qui la recopia pour son compte[38]. Cette liste comprend les noms de soixante-sept auteurs brûlés et plus de cent soixante titres de livres brûlés (ill. 14). En la voyant, on pense aux listes déjà mentionnées des « témoins de la vérité » (*testes veritatis*) de Friedrich Breckling, c'est-à-dire à une tradition de penseurs qui ont

Ill. 14. La liste de Heubel.

souffert pour leurs convictions et ont prouvé par là qu'ils étaient d'authentiques chercheurs et de vrais héros.

La liste des auteurs comprend des noms aussi illustres que ceux d'Urbain Grandier, accusé de sorcellerie à cause de ses relations avec des religieuses, Claude Le Petit, poète satirique, Giordano Bruno, brûlé en 1600 sur le Campo de' Fiori à Rome, Michel Servet, l'antitrinitaire, Jérôme de Prague et Jean Hus, tous deux victimes du concile de Constance, l'écrivain Quirinus Kuhlmann, mort sur le bûcher à Moscou en 1689, Jérôme Savonarole, fondamentaliste religieux, et, bien sûr, Lucilio Vanini – mais aussi un bon nombre de victimes moins connues de la justice par le feu.

Pour ce qui est des livres mentionnés avec le nom de leur auteur, la longue liste des livres condamnés au feu commence à la lettre *A*, avec *De trinitate* d'Abélard, et se termine à la lettre *Z*, avec l'*Examen juris publici imperii germanici* de Johann Ehrenfried Zschackwitz, paru en 1716 à Cobourg et qui avait déplu à l'empereur à Vienne. Zschackwitz s'était alors enfui de Cobourg pour se réfugier sur le territoire prussien, à Halle. Suit la liste des ouvrages anonymes ou de domaines entiers du savoir, comme les *Sibyllini et vaticini libri item Magici, Chymiae artis volumina* ou les *Manichaeorum scripta*. Ces désignations rappellent presque certaines des inscriptions que l'on peut lire sur les fausses reliures du poêle satirique du couvent de Mattsee. La valeur de la liste de Heubel n'est pas à chercher dans ces références générales, mais dans les nombreux titres très concrets qu'elle contient également, comme : *Pompe funebre de Charles VIII. Roi de France, Aletophili veritatis lacrymae, Mysteria politica,* La Morale des Jesuites, Le Cabinet Satyrique, L'École des filles et bien d'autres encore. La proportion importante de titres français montre que Heubel a surtout fait des recherches pour son livre pendant son séjour en France.

Cette liste est sans doute à lire comme une sorte de table des matières du livre projeté. Heubel constituait des dossiers avec les informations recueillies sur ces auteurs. Dans la bibliothèque de Christian Joachim Lossau, dont nous avons parlé au chapitre 4, se trouve une liasse qui pourrait être un de ces dossiers car elle contient essentiellement des cas français datant d'avant 1729, comme le sont typiquement ceux de la liste de Heubel. Cette liasse est peut-être arrivée après la mort de Heubel ou d'Arpe dans la bibliothèque de Lossau[39]. Elle comprend presque deux douzaines de dossiers, le plus souvent d'une dizaine de pages chacun, consacrés à des autodafés de livres. Heubel en personne put assister à certains d'entre eux, par exemple celui des pamphlets du professeur Edzardi, qui eut lieu à Hambourg le 12 septembre 1729, juste après son retour de France. Il recopia un témoignage contemporain, qui raconte ainsi l'autodafé :

> « L'huissier* vint avec ses deux valets, portant un seau en fer avec des charbons ardents qu'ils versèrent sur le bloc du déshonneur. […] Les soldats formèrent un demi-cercle et les deux messieurs du tribunal allèrent de l'hôtel de ville au tribunal de juridiction inférieure. Là-dessus, la cloche d'infamie sonna pour la première fois, et l'huissier fit lecture de la notification suivante[40]. »

Heubel a repris directement ce cas dans son recueil. D'autres cas – si l'on consulte à ce sujet la liasse conservée – concernent par exemple Johann Bissendorf, un théologien exécuté à Hildesheim en 1629[41], Chazzim, un Juif d'Engelberg, en Bohême, qui s'était converti et vivait sous le nom

---

* Ou un secrétaire du tribunal. (*N.d.A.*)

de Ferdinand Franz Engelberger à Vienne, et dont Johann Christoph Wagenseil a raconté le procès, qui eut lieu en 1642, dans sa *Tela ignea Satanae*, ou encore un pasteur millénariste de Schönfeld, qui vit brûler ses livres à Kiel en 1702[42]. La liasse contient seulement des extraits de jugements ou de récits, recopiés soit dans les dossiers des procès, soit dans des publications. S'il est vrai qu'elle vient de la documentation rassemblée par Heubel, cette liasse ne peut être qu'une infime partie de l'ensemble, un simple classeur.

Dans une information notée par Peter Friedrich Arpe en marge d'un manuscrit, on lit à propos de la condamnation de Vanini :

> « Il a été condamné, je le reconnais, comme beaucoup d'hommes très innocents. Et nul n'a en effet osé affirmer qu'il a tué quelqu'un sans raison. À son actif, on doit admettre que le juge a rendu son arrêt droitement et selon les lois, mais qu'il était mal informé ; il y a un appel (*provocatio*) à mieux s'informer, que l'auteur de la *Bibliotheca Vulcani*, le très savant Brenno Vulcanius Heiseishe, illustrera par de très nombreux exemples, si le destin veut qu'elle paraisse[43]. »

Brenno Vulcanius Heiseishe : c'est donc le nom que Heubel voulait prendre, double allusion au feu et au fait de brûler, ainsi qu'au « fer brûlant » qu'il touchait*. Ce pseudonyme nous rappelle que Heubel appréciait manifestement beaucoup l'humour et le plaisir de la provocation, qui marquent sa conférence inaugurale de Kiel de 1723.

Il n'était pas entièrement inhabituel au XVIIIe siècle de parler d'une *Bibliotheca Vulcani* pour faire référence aux livres brûlés. J'ai mentionné au début de ce chapitre le poêle satirique du couvent de Mattsee. Mais Heubel et Arpe en avaient une conception vraiment différente. Ils ne voulaient pas continuer à jeter de l'huile sur le feu, mais, au contraire, sauver les vérités des penseurs proscrits, si elles étaient dignes d'être préservées, et leur rendre justice à titre posthume. Ne se retrouvaient-ils pas ainsi eux-mêmes dans le voisinage des radicaux ? Existait-il un « risque de contagion » par les idées hérétiques ?

Au voisinage du spinozisme clandestin

Cela semble presque avoir été le cas. Car la liste des livres brûlés de Heubel reparaît soudain en 1735 en un lieu tout à fait inattendu. Elle est imprimée en français, en annexe à une édition de l'anonyme *Vie de Spinosa*,

---

* Le prénom « Brenno » renvoie au verbe *brennen*, « brûler », et le nom « Heiseishe » évoque *heißes Eisen*, « fer brûlant », expression imagée désignant un sujet dangereux à aborder. (*N.d.T.*)

soi-disant imprimée à « Hambourg », « chez Henry Kunrath » (ill. 15)[44]. C'est plus spectaculaire qu'il n'y paraît. *La vie de Spinosa* n'était nullement une des biographies méprisantes de Spinoza fréquentes au XVIIIe siècle, mais le texte biographique peut-être le plus authentique dont on dispose sur le philosophe, sans doute rédigé par Jean-Maximilien Lucas, médecin et ami proche de Spinoza[45]. Cette description biographique a longtemps circulé sous forme manuscrite seulement, avant d'être publiée en 1719, lors d'une entreprise restée célèbre dans l'histoire de l'édition : vers 1700, Charles Levier, éditeur huguenot et libre penseur dont la maison d'édition était située à La Haye, vit dans la bibliothèque du quaker Benjamin Furly, à Rotterdam, le *Traité des trois imposteurs*, ouvrage athée sur les trois « imposteurs » Moïse, Jésus et Mahomet dont on ne connaît toujours pas l'auteur avec certitude. Il le copia et l'arrangea avec l'aide de Jean Aymon, voleur savant, avant de le publier en 1719, avec *La vie de Spinosa*, sous le titre de *L'esprit de Spinosa*[46]. Seuls très peu d'exemplaires de cette édition furent mis en circulation, on n'en a retrouvé que quelques-uns. L'impression resta une exception spectaculaire, après quoi le *Traité des trois imposteurs* ne circula de nouveau que sous forme manuscrite pendant un demi-siècle[47].

Mais cette impression eut une suite, dans laquelle est impliquée la *Bibliotheca Vulcani*. Levier mourut en 1734. Dans ses papiers se trouvaient environ trois cents exemplaires de l'édition sulfureuse de 1719, qu'il avait sans doute gardés – non seulement par crainte de la police, mais aussi pour que les manuscrits en circulation continuent de se vendre à un prix élevé sur le marché noir. Prosper Marchand, un ami de Levier qui avait été son compagnon dans des aventures éditoriales analogues, recueillit sa succession. Qu'allait-il faire de ces trois cents exemplaires ? Il les détruisit[48]. Plus exactement : il en détruisit une partie, celle contenant *L'esprit de Spinosa*. Il en sépara l'autre partie, *La vie de Spinosa*, qu'il put ainsi réutiliser, au moins en quelques exemplaires. Mais il voulait la compléter un peu et ne pas la vendre entièrement « nue ».

Or il se trouve qu'il était en train d'écrire l'article « *Impostoribus, de tribus* » pour son futur *Dictionnaire historique*, un in-folio dans le style de celui de Bayle, rempli d'informations spécialisées sur les textes rares et secrets, qui ne devait paraître qu'après sa mort, en 1758-1759[49]. Il rassemblait des informations pour reconstituer la genèse de l'édition de *L'esprit de Spinosa*, qu'il connaissait déjà assez bien, puisqu'elle avait eu lieu dans son entourage proche. Mais il ne savait pas tout en détail. Aussi reprit-il contact, fin 1735, après une longue interruption, avec Kaspar Fritsch, un ancien collègue éditeur qui travaillait alors à Rotterdam, et apparemment aussi avec Arpe, dont il avait fait la connaissance vers 1712, lors du voyage en Hollande de ce dernier[50]. C'est sans doute à ce moment qu'eut lieu le marché conduisant à compléter la nouvelle édition de *La vie de Spinosa* en remplaçant *L'esprit de Spinosa* détruit par la liste de la *Bibliotheca Vulcani*. Marchand intitula la liste : « Recueil alphabetique des auteurs, et des ouvrages condamnés au feu, ou qui ont merité de l'être » – cette dernière formulation n'étant évidemment qu'une mesure de protection[51]. On peut imaginer qu'Arpe a envoyé la liste à Marchand – non sans une certaine fierté – lorsque celui-ci renoua leur correspondance, et que Marchand a pensé que cette liste constituait un bon enrichissement pour le texte, qui comprenait déjà une annexe bibliographique sur les écrits de Spinoza. De cette manière, l'indication « Hambourg » que l'on lit sur l'édition de 1735, familière aux connaisseurs de Spinoza – c'est le lieu d'édition fictif du *Tractatus theologico-politicus* – devint comme une référence cachée aux amis de Hambourg, même si peut-être seuls Marchand, Heubel et Arpe comprirent cette plaisanterie pour initiés[52]. Mais quelle sorte de légitimation pouvait bien résulter de cette association de la liste de Heubel avec l'entreprise éditoriale concernant Spinoza et le *Traité* ? Spinoza devenait-il ainsi un des « témoins de la vérité » de la liste ? Les activités de Heubel et d'Arpe se retrouvaient-elles au voisinage du spinozisme et de l'athéisme ? Sur la page de titre, on lit en tout cas, à propos des ajouts à la biographie de Spinoza : « par un autre de ses Disciples ».

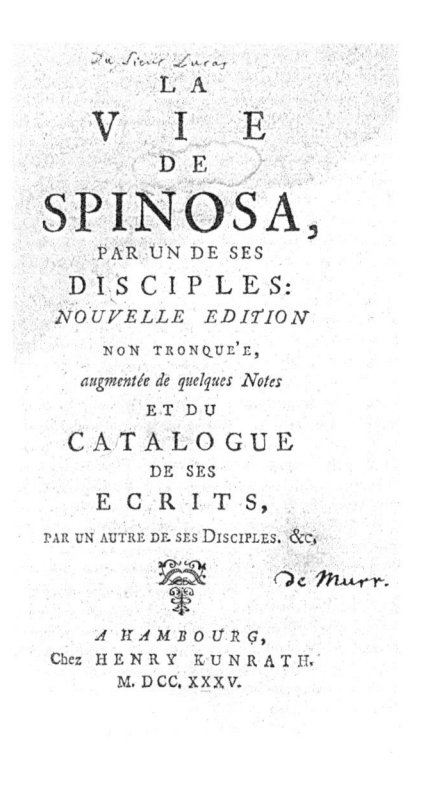

Ill. 15. *La vie de Spinosa.*

Études médiévales, jurisprudence et anticléricalisme

Pour répondre à ces questions, je voudrais tirer parti du constat que nous avons fait en replaçant l'entreprise de la *Bibliotheca Vulcani* dans son contexte, à savoir le fait que ce projet est né à proximité immédiate des débuts de l'histoire de la germanistique. Je désigne par ce terme un ensemble, caractéristique de l'époque moderne, comprenant les études de droit allemand, l'historiographie médiévale et l'histoire de la langue allemande. Cette germanistique, qui n'était pas encore divisée en disciplines, se trouvait alors dans une phase d'émergence, liée aux noms de Gottfried Wilhelm Leibniz et Johann Georg Eckhard, Burkhard Gotthelf Struve et Johann Burkhard Mencke, Wilhelm Ernst Tentzel et Johann Peter Ludewig[53].

On pourrait considérer que le lien entre ces études germaniques anciennes et l'histoire littéraire radicale est un simple hasard, s'il n'y avait encore un cas similaire : celui du philosophe Johann Georg Wachter – que Heubel connaissait –, qui fut décrié comme spinoziste après quelques publications osées et dut faire son deuil de la carrière universitaire qu'il envisageait, mais se reconvertit ensuite dans l'histoire de la langue allemande, s'intéressa à la langue de la Bible gothique de Wulfila et rédigea un épais *Glossarium Germanicum*[54]. On étudiait généralement l'histoire linguistique afin de poser les fondements d'une compréhension de la culture médiévale, de même que l'histoire du droit médiéval allemand permettait d'énoncer des idées sur l'évolution historique jusqu'à l'époque moderne, car les traditions juridiques allemandes, qui fusionnaient avec le droit romain, permettaient de remonter aux coutumes et aux institutions les plus anciennes.

Vu de près, l'*usus modernus* juridique, l'intégration humaniste du droit local suivie d'une mise en valeur durable du droit allemand, est déjà un symptôme du pluralisme naissant de l'époque moderne, car il défend les droits particuliers contre l'universalisme médiéval du droit romain[55]. Vers 1700, ce particularisme juridique était lié à un patriotisme local – dans le cas de Heubel et d'Arpe, à la tradition « cimbre » du Holstein – et avait en outre un arrière-plan confessionnel : le soupçon, formulé par Johann Georg von Kulpis et repris par Christian Thomasius, que « le droit romain, remède prétendu contre l'éclatement du droit, pourrait faire de l'Empire allemand un vassal du pape[56] » donnait aux polémiques juridiques internes une touche anticatholique. Celle-ci, jointe à la « liberté teutonne » présente en toile de fond, pouvait tout à fait aller de pair avec une attitude « libérale » à l'égard de la tradition et avec une critique générale du clergé (dans le sens d'un prolongement de la critique protestante de la hiérarchie catholique)[57].

C'est ce qu'on peut observer également chez Arpe, l'ami de Heubel. Lors du bicentenaire de la Réforme, en 1717, il prononça un discours sur le droit pontifical à l'université de Kiel et publia un livre intitulé *Laicus veritatis vindex*, dans lequel il traite du droit laïc, surtout celui des Allemands[58]. Arpe considère le laïc, qui n'est pas lié par des préceptes ecclésiastiques, comme le défenseur et le garant de la vérité. Il se réfère ici moins à Tertullien que ne l'avait fait avant lui Justus Henning Böhmer, le spécialiste du droit canon de Halle, préférant se servir de la question du droit laïc spécifiquement « allemand », à la suite de la critique de l'Église par la Réforme, comme lui donnant la liberté d'aborder la littérature anticléricale[59]. On le voit surtout dans les notes de bas de page de son livre, dans lesquelles Arpe montre sa connaissance exceptionnelle des auteurs précaires et des ouvrages clandestins. Le *Colloquium heptaplomeres* de Jean Bodin, les réflexions de Guy Patin notées dans le manuscrit *Bourboniana*, Antonius van Dale, Hobbes et Vanini – on les rencontre tous, chose très inhabituelle pour l'Allemagne de cette époque, dans les souterrains des notes de bas de page, comme si c'était là le lieu où l'on pouvait redonner vie à une bibliothèque des livres brûlés, afin de resocialiser leurs auteurs. Ce livre est le *Tractatus theologico-politicus* personnel d'Arpe. Un ami, qui se dissimule derrière les initiales J. A. R. D., écrivit pour ce livre un poème associant la revendication de la *libertas philosophandi*, de la liberté de penser, qu'avait formulée Spinoza (qui n'est évidemment pas nommé ici), avec l'idéal de l'éclectisme, tout à fait dans le sens d'Arpe. Il peint d'abord un tableau négatif du présent :

> « Vénérable ami / Après avoir souvent réfléchi / Pour savoir ce qui rend les gens tellement fous, / J'ai finalement trouvé pour vrai / Que la cause en est qu'on se sent obligé / De penser comme on pense ; de parler comme on parle ; / De vivre comme on vit ; et qu'on va, sans souci, / Quand on manque de science et de sagesse, / Emprunter de la maison du voisin de l'huile pour sa lampe[60]. »

À l'époque présente, vouloir emprunter au voisin est aussi insensé et stupide que dans la parabole des vierges sages et des vierges folles. Au temps du Christ au contraire, continue le poème, cette liberté éclectique d'emprunter « l'huile » intellectuelle du « voisin » était encore intacte, car l'emprunt était réfléchi : « Chacun avait coutume de choisir le meilleur. » L'auteur identifie directement à une morale chrétienne originaire l'idéal d'un art de vivre dans lequel on pense par soi-même. C'est la même mise en relation qu'avait établie Theodor Ludwig Lau, avec sa conception radicale et déiste de l'éclectisme, comme on l'a vu aux chapitres 2 et 3. Comme Lau, Arpe cite en devise de son livre la phrase de Tacite : *Rara temporum felicitas, ubi sentire, quae velis, et quae sentias, dicere licet* – « Il est rare, le bonheur de ces temps où l'on est libre de penser ce que l'on veut et de dire ce que l'on pense. »

Cet ancien état idéal aurait par la suite été corrompu :

> « Il y avait un Dieu, une foi, un esprit indivisé, / Jusqu'à ce que la superstition, l'envie, l'ambition, l'orgueil, l'amour-propre / Et tous ces bons garçons, quels que soient leurs noms, / Aient chassé sans crainte la vérité de son temple[61]. »

C'était la version luthérienne de l'idée de corruption que les déistes formulaient ainsi :

> « La religion naturelle était d'abord simple et claire, / Les fables en ont fait un mystère, les offrandes un profit, / Les sacrifices et les spectacles étaient préparés en détail, / Les prêtres mangeaient de la viande rôtie et le peuple mourait de faim[62]. »

Et il paraît en effet presque indifférent de parler ici de christianisme primitif ou de religion naturelle. Pour des libres penseurs chrétiens comme Matthew Tindal, il s'agissait de toute façon de la même chose[63].

Nous voyons donc le radicalisme potentiel que pouvait contenir le mouvement de droit allemand. Revenons une fois encore à Heubel et à la convergence des disciplines – droit, études germaniques et histoire littéraire. Il y a un point auquel il faut prendre garde si l'on veut mieux comprendre son projet de *Bibliotheca Vulcani* : la critique historique. Les études germaniques juridiques de l'école de Thomasius se distinguent de l'orientation plus ancienne de l'*usus modernus* en ceci notamment que, d'une part, elles ne se réfèrent pas immédiatement au droit médiéval local, mais font des distinctions en fonction de l'époque où il est né et l'adaptent prudemment, et que, d'autre part, elles soumettent les sources juridiques médiévales à une critique historique, en reprenant les réflexions de Hermann Conring[64].

On avait désormais les moyens de le faire. Pour Heubel, le mauriste Jean Mabillon était un brillant modèle de scientificité. La diplomatique développée par Mabillon permettait de découvrir des falsifications et de donner des datations exactes d'anciens documents écrits[65]. Dans sa *Profession de foi juridique*, publiée après le scandale de sa conférence inaugurale, Heubel écrit ainsi :

« Mais je suis aussi fermement persuadé que, sans l'aide de l'histoire et des temps anciens de l'Église et sans la comparaison des dispositions qui concernent l'organisation de l'Église et celle des procès judiciaires, personne ne peut correctement définir ce qui prévaut aujourd'hui en ces matières[66]. »

Et, à propos du droit romain :

« Je crois qu'aux endroits où le droit romain est en vigueur, admis par l'usage, ou bien dans la mesure où il s'appuie sur l'équité et la raison naturelles, il est nécessaire de l'étudier pour toutes choses, et nul ne peut s'en dispenser. Mais je suis en même temps fermement persuadé que quiconque s'en approche sans préparation [littéralement : *illotis manibus*, avec les mains non lavées], c'est-à-dire en ignorant l'histoire ancienne et les anciens temps aussi bien que la jurisprudence universelle, et en manquant d'autres moyens afférents, maniant cette science très noble avec une méthode perverse, n'y fera que peu de progrès[67]. »

L'objectif était donc de lier étroitement la science juridique aux études médiévales critiques et historiques, avec la compétence et la faculté de juger philologiques les plus récentes. Les « mains non lavées » n'étaient plus de mise. Et l'on peut supposer que Heubel respectait également ces normes dans ses études d'histoire littéraire sur les livres brûlés. Considérer que l'on devait traiter les documents sur les autodafés de livres de manière analogue au plus ancien code de lois allemand, le *Miroir des Saxons*, signifie deux choses : d'une part faire un examen rationnel des contenus, conformément au critère de Thomasius cité par Heubel pour le droit romain et le droit canon – en s'appuyant « sur l'équité et la raison » ; d'autre part, réaliser une reconstitution historique et critique de chaque cas. Si l'on est en mesure de décider pour des documents juridiques s'il s'agit de faux, on peut examiner, pour les procès de livres, s'il y eut des dénonciations, des interventions du pouvoir, des prévarications, ou bien si l'affaire a été menée avec une certaine honnêteté[68]. Cette double approche semble, de manière idéale, diriger l'entreprise de Heubel, si l'on admet qu'il voulait être à la hauteur de ses propres normes, auxquelles il accordait tant de valeur. Et il est aisé de reconnaître ces deux critères dans l'*Apologia pro Vanino* d'Arpe, ami de Heubel, parue en 1712 et qui constitue, d'une certaine façon, le cas-type du sauvetage, pendant la *Frühaufklärung*, d'un auteur brûlé et de ses écrits interdits[69].

Cette entreprise, qui aurait pu être menée de manière peut-être rhapsodique ou essayiste, devenait ainsi une lourde tâche. L'échec de Heubel s'explique peut-être surtout par ses propres ambitions. Si l'on voulait écrire une *Bibliotheca* à Hambourg dans les années 1720 et 1730, il fallait se mesurer à l'aune des impressionnantes *Bibliotheca* en quatre volumes de Fabricius et de Wolf – et l'on ne pouvait alors faire moins, pour le dire de façon familière, que de produire un énorme ouvrage d'au moins mille pages de reconstitutions historiques, philologiques et critiques très savantes[70]. Heubel n'avait-il pas lancé cet appel, à l'occasion de sa conférence inaugurale : « Vous les faux savants, / Vous, profondément dans l'erreur, / Allez, disparaissez[71] » ? Rien de surprenant à ce que son projet ait été étouffé sous le poids de ses propres exigences en matière de documentation à rassembler et d'études de cas.

Un changement dans les recherches sur les Lumières

Que nous apprend l'histoire de Heubel sur les Lumières ? Peut-on attribuer à Heubel un schéma de comportement typique d'un « penseur des Lumières radicales », tel que Jonathan Israel pense le reconnaître dans beaucoup de positionnements ? Pour Israel, les penseurs radicaux, en particulier ceux qui sont en relation avec le *Traité des trois imposteurs*, sont de complets modernisateurs, qui, dès les années 1700, défendaient sans compromis des idéaux fondamentaux comme l'égalité, la raison sécularisée, la liberté, la démocratie, l'égalité des sexes et les droits de l'homme, le tout appuyé sur une métaphysique moniste[72]. Tout le reste ne serait qu'une semi-modernité, pour le dire avec un concept qu'emploie Ulrich Beck pour le XXe siècle, des « Lumières modérées » ayant d'emblée une saveur de compromis.

Je ne veux pas nier qu'il y ait eu, de manière isolée, des modernisateurs complets au sens d'Israel, sans compromis voire fanatiques. Mais l'image que nous avons obtenue en étudiant les cas de l'*Apologia pro*

Vanino (au chapitre 4) et de la *Bibliotheca Vulcani* (dans ce chapitre) est bien différente. C'est l'image d'une génération sceptique déployant beaucoup d'efforts pour créer une *persona* scientifique qui parvienne à rester neutre dans les vagues de la pluralisation, à examiner la validité historique et rationnelle de toutes les informations et à ne rien exclure d'emblée. On lui trouve associé un programme de vaste réappropriation du passé, là même précisément où il est problématique et où les recherches peuvent conduire à des désagréments. Nous avons vu (dans le chapitre 1 déjà) que, pour cette génération, le problème de la précarité dans laquelle vivaient certains savants, que ce soit en étant dépendant de la cour ou parce qu'ils avaient été renvoyés de l'université, était bien plus pressant que le fait de se prononcer en faveur d'une philosophie donnée que l'on pourrait qualifier de « radicale » du point de vue métaphysique. C'est pourquoi je voudrais proposer de modifier la distinction d'Israel entre Lumières radicales et Lumières modérées, non pas pour la remplacer entièrement, mais pour être en mesure d'aborder avec plus de finesse les situations épistémiques des protagonistes.

Cette modification consiste à opérer une distinction – déjà avancée en introduction – entre le précariat savant et la bourgeoisie savante. Du côté du précariat, on ne trouve pas que les penseurs radicaux et les hérétiques, mais aussi les faiseurs de projets et les personnalités hésitantes. Même s'ils s'engagent, comme Heubel dans sa diatribe contre le pédantisme, ils peuvent rester en même temps ouverts et sceptiques. De manière caractéristique, la diatribe vise un habitus, et non une prise de position idéologique. Le précariat savant est ainsi caractérisé par ses formes d'habitus, sa pratique d'une sérénité libre d'affects et de préjugés et d'une ouverture à la pluralité, plutôt que par des professions de foi philosophiques. Du côté de la bourgeoisie savante, on trouverait aussi bien les orthodoxes, qui ont un accès assuré aux possibilités de publication et de reproduction intellectuelle, que ces courants réformateurs qui ont réussi, par des alliances – par exemple avec l'État territorial absolutiste –, à occuper eux-mêmes des positions assurées. On pourrait tout à fait décrire ces deux côtés, le précariat et la bourgeoisie, en fonction de leurs différents rapports avec la pluralité et de leurs différentes formes de légitimation et de délégitimation[73].

Les « penseurs des Lumières modérées », occupant des positions établies, avaient sans doute des outils conceptuels très similaires à ceux des penseurs radicaux, depuis l'éclectisme jusqu'à la doctrine des tempéraments en passant par la critique des préjugés, mais ils avaient, de manière générale, mis certaines limites à la liberté de pensée et à la validité de leurs principes. Pour eux, certaines prises de position n'étaient tout simplement pas tolérables. Leur habitus visait à la reproduction sociale et intellectuelle, au succès des réformes, à la polémique contre leurs adversaires orthodoxes. Ils subordonnaient parfois leurs préférences théoriques à ces aspects.

À certains points de vue, la ligne de partage entre le précariat savant et la bourgeoisie savante me semble mieux représenter la situation aux XVIIe et XVIIIe siècles que la distinction entre une « semi »-modernisation et une modernisation soi-disant « complète », car elle est plus sensible aux rapports réels, aux inimitiés et aux incertitudes. Un phénomène comme ce qu'on a appelé l'« indifférentisme », sur lequel on a tant discuté en Allemagne vers 1700, apparaît ainsi dans une nouvelle lumière[74]. D'après les critères d'Israel, la position des indifférentistes serait inintéressante, car ils persistent à rester entre les blocs. Gottfried Arnold, par exemple, qui a arraché à l'oubli les « témoins de la vérité », comme Heubel, mais dans un sens beaucoup plus religieux et de manière beaucoup plus efficace et plus influente, a été traité d'indifférentiste parce que ses critères étaient seulement l'attitude d'opposition et la recherche de la vérité des proscrits, et non le caractère vrai ou faux de leur doctrine. Mais c'est précisément là le changement dans l'histoire des mentalités que nous avons observé ici et qui constitue une réaction immédiate à la crise de la pluralisation de l'époque moderne. L'auteur d'une « histoire non partisane de l'Église » est nécessairement un indifférentiste, comme celui d'une *Bibliotheca Vulcani*. Ce n'est pas un penseur radical au sens d'Israel, mais bien un membre du précariat du savoir. Il est un gardien du savoir précaire, avec engagement et sérénité. Et c'est précisément cette attitude qui le place lui-même dans une situation sociale précaire.

II. Confiance, méfiance, courage : perceptions épistémiques, vertus et gestes

Les temps sont passés où l'on distinguait de façon presque mécanique entre conditions externes et conditions internes du savoir. Cette séparation a empêché de voir beaucoup de choses, elle s'est trop souvent révélée un réflexe défensif de philosophes qui se refusaient à tenir compte des contextes. Car si l'on accepte cette distinction, toutes les particularités concrètes, historiquement changeantes, des cultures du savoir prennent une valeur purement extérieure, y compris la terminologie des théories, l'habitus des théoriciens et les modalités d'argumentations caractéristiques d'une époque. Après Thomas S. Kuhn, l'un de ceux qui ont rompu le plus efficacement avec cette dichotomie en théorie et en histoire des sciences fut Steven Shapin. Avec Simon Schaffer, sociologue des sciences, il a montré, sur les exemples de Thomas Hobbes et de Robert Boyle, à quel point, dans chaque cas particulier, les conditions de vérification étaient complexes, renvoyant aussi bien à un savoir technique implicite qu'à des contextes d'acceptation lorsqu'il s'agissait de l'observation d'expériences[1]. Dans son livre *Une histoire sociale de la vérité*, Shapin élargit ces constats et donne une place centrale à la confiance que, dans l'Angleterre du XVIIe siècle, on n'accordait qu'à un observateur venu d'un milieu social bien établi, à un « gentleman ». Selon sa thèse, la confiance, socialement déterminée, fait partie des conditions de vérification du savoir[2]. Néanmoins, si l'on n'envisage pas tant d'écrire une histoire sociale qu'une histoire culturelle de la vérité et du savoir, d'autres aspects entrent en ligne de compte. On peut reconstituer les contextes de confiance par différents moyens, et la spécification locale des cultures du savoir les complète en ajoutant d'autres contextes, par exemple celui des rapports de méfiance. C'est vrai notamment dans le cas des libertins et des radicaux, chez qui – comme il est déjà apparu clairement dans les premiers chapitres – la vigilance et certaines tactiques étaient indispensables. Le chapitre 6 illustre ce cas particulier des conditions propres à un milieu : j'y montre, à propos des cercles libertins dans la Venise du XVIIe siècle et par des documents imagés, quels effets ont eus les menaces et la méfiance sur les relations de confiance dans des cercles intimes.

Dans la recherche universitaire, on ne parle cependant pas seulement de la confiance comme d'une condition sociale pour ainsi dire transcendantale, mais aussi de vertus spécifiques qui sont nécessaires pour qu'une conviction soit susceptible de devenir une vérité. Bernard Williams a ainsi identifié la véracité et l'exactitude comme deux vertus primaires de vérité[3]. Linda Zagzebski déclare même que l'on pourrait fonder une théorie du savoir à partir du comportement possible de personnes possédant des vertus épistémiques[4]. Je ne vais pas examiner davantage ici ces positions théoriques, mais je pense qu'il est intéressant de suivre les références à ces vertus épistémiques au cours des siècles de l'époque moderne. Aussi le chapitre 8 étudie-t-il, dans une perspective qui tient en partie de l'histoire des idées et en partie de l'histoire de la réception, les appels au courage intellectuel qui ont été formulés à l'aide de la devise *sapere aude*. Dans quels contextes et dans quels buts a-t-on appelé au courage de savoir ? Vers quoi devait se tourner ce courage ? Rappelons le projet complexe de Michel Foucault, qui a étudié les rapports entre le « dire vrai », la gouvernementalité et les pratiques de soi dans l'Antiquité, en insistant sur le rôle particulier de la *parrêsia*, du courage de tenir un discours franc[5]. On peut interpréter l'histoire moderne de la devise *sapere aude* dans la perspective de la franchise antique aussi bien que dans celle de la sagesse antique. Auparavant, le chapitre 7 prolonge la problématique esquissée dans le chapitre 6 d'une attitude de retrait face aux menaces. Jusqu'à présent, les gestes ont été abordés plutôt dans les études médiévales que dans celles qui concernent l'époque moderne. Or les images allégoriques du savoir – comme celles commentées au chapitre 6 – ne sont pas les seuls documents à contenir des gestes : de nombreux écrits de l'époque moderne sont remplis de gestes textuels qui permettent de conclure à certaines formes d'habitus de leurs auteurs. Pour reconstituer certains gestes de la *persona* scientifique, on peut donc recourir à des sources aussi bien iconographiques qu'écrites (et paratextuelles), mais aussi à des informations concernant des actions symboliques concrètes : le fait de ne pas publier certains textes, de protester en se démettant de son poste, de ridiculiser les autorités. On peut même parfois montrer comment des personnes qui énoncent un savoir précaire sont pratiquement contraintes par leur environnement à adopter certaines attitudes et certains gestes. Certains se retirent ou se mettent à justifier une double existence à la docteur Jekyll et M. Hyde. Si le savoir absolu était, pour Hegel, « l'esprit se sachant sous forme d'esprit », alors le concept de savoir esquissé dans ce livre vise tout au contraire « un esprit se sachant sous forme de corps ». On entend par là non seulement la conscience de la fragilité matérielle et de la rareté potentielle du savoir, non seulement sa révocabilité du fait de son statut précaire, mais justement aussi la réflexion sur la dimension implicite et praxéologique de ce savoir.

6. Un savoir menacé. Prolégomènes à une histoire culturelle de la vérité

« La métaphorologie cherche à parvenir à la substructure de la pensée, au sous-sol, le bouillon de culture des cristallisations systématiques, mais elle veut aussi rendre saisissable avec quel "courage" l'esprit s'anticipe lui-même dans ses images et comment son histoire s'esquisse dans le courage de la supposition. »
Hans Blumenberg

Une allégorie

Bottega della Verità – « boutique de la vérité » : tel était le nom de la librairie de l'éditeur Marcolino da Forlì, à Venise, très lié avec l'Arétin, critique des puissants et auteur d'écrits érotiques, à la réputation sulfureuse[1]. Marcolino avait choisi comme marque d'imprimeur pour ses livres une image allégorique dans laquelle la Vérité est tirée de la terre vers la lumière par Chronos, le Temps, qui la sauve des attaques de *Calumnia*, la Calomnie (ill. 16). L'image est entourée par la maxime antique *Veritas filia temporis* – « la vérité est fille du temps ». Cet emblème est l'expression des combats intellectuels et politiques que l'Arétin et Marcolino avaient soutenus dans la Venise des années 1530 et 1540. Il place l'exigence de vérité au milieu d'un maquis de fausses affirmations, de flatteries, de simulations et de falsifications, caractéristique du monde urbain et curial de l'époque moderne. Il inaugure en même temps une série de représentations emblématiques de la vérité qui accompagnaient les livres, ornaient les murs ou figuraient sur des tableaux. C'est de ces représentations qu'il va être ici question. Je cherche en elles une clef pour comprendre les rapports entre des interprétations du monde devenues très variées, le libertinage et la façon de traiter la vérité[2]. Au-delà des sentiers battus de l'histoire

Ill. 16. Marque d'imprimeur de Marcolino da Forlì.

intellectuelle traditionnelle, on peut reconstituer, du moins je l'espère, en suivant le fil des indices emblématiques et allégoriques, une sorte d'histoire culturelle de la vérité qui ne se concentre pas sur la pure production de théories mais sur des formes d'appropriation intellectuelles, des attitudes et des perceptions – et notamment des perceptions de menaces. Les emblèmes contenus dans le portrait de Theodor Ludwig Lau, que nous avons étudiés au chapitre 3, nous ont déjà indiqué la voie. Dans des chapitres ultérieurs, cette approche sera complétée par des références à l'épistémologie des vertus et à la théorie des « communautés émotionnelles ».

Mon attention portera d'abord sur le milieu du XVIIe siècle, une époque où la pluralisation en est déjà à un stade avancé, cent ans après l'Arétin, mais toujours dans sa sphère d'influence. À l'Accademia Carrara de Bergame, on peut voir une toile énigmatique du peintre vénitien Pietro Della Vecchia, datant de 1654 (planche V)[3]. Elle montre clairement une allégorie de la vérité : une femme, à peine vêtue d'un voile, un compas à la main, qu'un vieil homme situé derrière elle prend dans ses bras tandis qu'à côté d'elle, une autre personne accroupie la regarde. Ce qui est inhabituel est que le vieil homme et l'autre personne – qui pourrait représenter l'Envie, la Calomnie ou la Fortune – échangent entre eux des gestes obscènes : l'homme fait le signe du *cornuto*, avec l'index et l'auriculaire tendus, l'autre personne, le geste du *fico*, le pouce tendu passé entre les autres doigts. Se moque-t-on ici de la vérité ? Est-ce le résultat d'acrobaties intellectuelles autour de la vérité ?

Il semblerait presque qu'il en soit ainsi. Dans ce tableau, Della Vecchia a rompu avec plusieurs traditions iconographiques. La vérité personnifiée, reconnaissable surtout au soleil qui plane au-dessus de son front comme un diadème, n'est pas abstraite et intouchable, telle qu'on la représente d'habitude, elle est placée dans une position intime, érotique, par un vieillard plein de désir. L'homme occupant, dans ce tableau, la position qui est celle de Chronos dévoilant la vérité dans des toiles comparables

– représentant, justement, la *Veritas filia temporis* – est ici plutôt un philosophe qui désire la vérité[4]. Et les gestes de moquerie obscènes (appris dans le livre de Giovanni Bonifacio sur les gestes et les signes, *L'arte dei cenni*[5]) n'ont normalement rien à faire dans une allégorie philosophique.

Il y a plus. Della Vecchia était apparemment proche de l'*Accademia degli Incogniti* de Venise, qui était remplie de disciples de Cesare Cremonini, un des successeurs intellectuels de Pietro Pomponazzi[6]. Le bruit courait que Pomponazzi comme Cremonini défendaient la doctrine mal famée de la double vérité : une affirmation qui était vraie pour la philosophie pouvait être fausse pour la théologie, et vice versa[7]. Nous en avons entendu parler au chapitre 2. L'*Accademia* était dirigée par Giovan Francesco Loredano, un noble riche dont on ne savait pas si, comme homme de lettres, il était seulement galant ou bien subversif. Dans deux éditions de lettres de Loredano, on trouve le nom de Della Vecchia sous une illustration ; cela confirme que ce dernier était, avec Francesco Ruschi et Daniel Van den Dyck, un des artistes auxquels les *Incogniti* confiaient l'illustration de leurs livres. Della Vecchia était surtout le beau-frère de Van den Dyck et appartenait donc à l'entourage des familiers de Loredano[8].

On peut donc se demander si l'esprit libertin de l'*Accademia* s'exprime dans les tableaux de Della Vecchia et si cet esprit ne cherche pas à en finir avec la vérité. Selon l'image courante qu'on se fait d'eux, les libertins sont des personnes pour qui seuls comptent les plaisirs d'ici-bas et le caractère relatif de chaque situation. Bernard Aikema interprète l'allégorie de Della Vecchia dans ce sens. Il suppose même qu'elle pourrait avoir été accrochée dans la salle de réunion des *Incogniti*, de même que Titien avait peint l'allégorie de la sagesse au plafond de la bibliothèque Marciana, où l'*Accademia della Fama* se réunissait au XVIe siècle[9].

Je voudrais ici remettre partiellement en question et corriger cette interprétation d'Aikema, tout en m'appuyant par ailleurs avec gratitude sur les indices qu'il a réunis. Je ne crois pas qu'on se moque de la vérité dans cette peinture. Il y est bien plutôt question des rapports, en un sens très large, qu'entretient le philosophe avec la vérité ; ou, pour être plus précis : avec la vérité précaire.

On peut comprendre ces rapports en se référant à deux autres allégories analogues peintes par Della Vecchia : un tableau datant probablement de 1666, qui se trouve dans une collection privée de Moscou, et un autre du Museo Civico de Vicence. Si l'on rapproche ces trois tableaux, on obtient la séquence suivante : en premier lieu, un homme âgé, avec une barbe – sans doute un philosophe –, s'enfuit devant une femme avec une roue, la Fortune, et se réfugie dans les bras d'une jeune femme qui n'est vêtue que d'un manteau (allégorie de Moscou). En deuxième lieu : comme dans le tableau précédent, le philosophe enlace du bras gauche la jeune femme, qui se révèle maintenant être la Sagesse ou la Vérité, mais sa main droite ne cherche plus une protection, elle fait plutôt un geste de désir (ill. 17). Le manteau est à présent ouvert et montre la poitrine de la femme, qui regarde le vieillard. Elle tient un rouleau manuscrit sur lequel on lit : *Saepe sub sordido pallio magna latet Sapientia* – « Une grande sagesse est souvent cachée sous un manteau sale[10]. » Le philosophe s'est donc adressé à la Sagesse dont il voudrait élucider les secrets (allégorie de Vicence)[11]. Si l'on ajoute maintenant l'allégorie de Bergame, nous pouvons comprendre que le philosophe, qui est passé désormais derrière la Sagesse ou la Vérité, mais continue de la tenir embrassée, se met pour ainsi dire à l'abri derrière elle. Il affronte à présent le Destin défavorable, auquel il a échappé et qui le raille encore avec le geste du *fico*, en répondant par le geste obscène du *cornuto*. Ce n'est donc pas de la vérité qu'on se moque, mais du destin, tandis que la Vérité contribue à protéger le philosophe.

Ill. 17. Pietro Della Vecchia, *Allégorie*, Vicence. de Marcolino da Forlì.

L'arrière-plan magique

Si l'on examine un peu plus précisément les gestes de l'allégorie de Bergame, on en arrive à une image plus nuancée. Je pense en effet que ces gestes ne sont pas simplement des obscénités, mais qu'ils renvoient aussi à un arrière-plan magique. À la fin du XVIe siècle et au début du XVIIe siècle, en Italie, la magie et les formules de conjuration étaient encore très présentes. Cela vaut surtout pour l'Italie du Sud, Naples et la Calabre par exemple, mais aussi pour des régions du nord comme la Vénétie. Ce qu'on appelait la *manu cornuta* était un geste de conjuration célèbre : celui qui s'attendait à ce que quelqu'un lui jette un sort ou le mauvais œil tendait la main vers lui en écartant l'index et l'auriculaire, comme brandissant une amulette faite avec la main[12]. C'est exactement le geste que fait le philosophe sur le tableau de Della Vecchia. Le Napolitain Andrea De Jorio, spécialiste des gestes dans les années 1830, a prétendu avoir retrouvé ce geste très spécifique dans des représentations antiques,

Ill. 18. Abraxas tiré de *L'Antiquité expliquée et représentée en figures* de Bernard de Montfaucon.

comme un Silène gravé dans le bronze à Herculanum ou un abraxas, reproduit dans un livre de Bernard de Montfaucon (ill. 18)[13]. On peut supposer que Pietro Della Vecchia, qui s'intéressait à la magie, a lui aussi utilisé ce geste de manière complexe dans son allégorie[14]. Et ce n'est que si l'on comprend ce geste que l'on peut vraiment déchiffrer son tableau. On le lit alors de la manière suivante : un vieil homme, sans doute un sage, un philosophe, protège la *nuda veritas*, qu'il a dévoilée, représentée comme une femme nue avec un soleil en diadème, contre les attaques et les gestes profanateurs venant de l'extérieur. Cet extérieur est représenté par un autre personnage, sans doute *Fortuna*, qui fait également un geste magique, celui de la *mano in fica*. Ce geste peut lui aussi avoir une fonction de conjuration, mais Della Vecchia joue ici manifestement davantage avec sa signification agressive et obscène[15]. Il peut avoir le sens d'un « va-t'en ! » insultant aussi bien que d'une invitation sexuelle obscène. Celui qui comprend les gestes peut donc deviner à quel point la vérité est précaire et en danger quand elle est exposée au destin, à l'extérieur, aux gens simples. La vérité doit se

Ill. 19. « Sapiens supra Fortunam », extrait des *Emblemata partim moralia, partim etiam civilia* de Florentius Schoonhovius.

cacher – sous le proverbial « manteau sale » (*saepe sub sordido pallio magna latet sapientia*) –, et son amant – le *philosophus* au sens littéral du terme – qui la découvre doit en même temps la protéger et la dissimuler[16].

Cette interprétation correspond aussi à un lieu commun que l'on rencontre sous des formes variées dans les livres d'emblèmes de l'époque : *sapiens supra fortunam* – « le sage est au-dessus de la fortune ». Cette idée avait surtout été diffusée par le stoïcisme romain de Sénèque et avait connu une renaissance dans le néostoïcisme depuis Juste Lipse[17]. Dès le quatrième emblème de son livre *Emblemata partim moralia partim etiam civilia*, paru en 1618, Florentius Schoonhovius (ou Florens Schoonhoven), auteur hollandais d'emblèmes influencé par le néostoïcisme – que nous retrouverons au chapitre 8 –, a représenté un vieil homme qui s'agenouille au-dessus d'une femme nue, allongée sur une roue avec un tissu pouvant servir de voile, et qui l'attache (ill. 19)[18]. Au-dessus, on lit la devise *Sapiens supra Fortunam*. L'homme est le sage, la femme qu'il attache, *Fortuna*. Et voici que Della Vecchia, qui a pu avoir entre les mains le livre de Schoonhoven, neutre en matière de religion, a traduit le fait d'« attacher » la Fortune dans la gestuelle de sa propre culture, à savoir par un « lien » magique[19].

La vérité nue

On pourrait donc appeler le tableau de Della Vecchia une allégorie de la vérité menacée et protégée. À partir de là, nous pouvons éclairer d'autres contextes dans lesquels se situe cette peinture – ainsi que, implicitement, la situation épistémique du peintre ou de son commanditaire. Pourquoi la vérité devrait-elle se sentir menacée ? On est d'abord frappé par le fait que la vérité est conçue dans une dialectique entre vérité recouverte et vérité découverte. Recouverte, elle est invisible en tant que telle. Cette représentation de la vérité rappelle l'ésotérisme et la philosophie occulte. L'idée d'une *occultatio* de la vérité ne se rencontre en effet pas seulement dans la tradition kabbalistique et néoplatonicienne[20], mais aussi chez les disciples de Paracelse. Parmi ces derniers et dans le milieu des alchimistes, on exprimait parfois le vœu de voir la vérité nue et sans voile. Gerhard Dorn écrit ainsi en 1583 :

> « Je ne prends pas le manteau doré de Pallas pour Pallas elle-même, je désire plutôt contempler Pallas sous un vêtement de laine que son vêtement seulement. Bien qu'on ne soit pas autorisé à la voir nue, si ce n'est peut-être celle qui se sera exposée à la contemplation des esprits dignes de sa grâce[21]. »

Nous savons que Della Vecchia avait des contacts avec ce milieu. Un de ses portraits montre un jeune homme tenant un tableau pansophiste sur lequel il est questions de techniques pour « atteindre l'inaccessible vérité » (*inaccessibilem veritatem apprehendere*). Nous nous intéresserons plus précisément à ce portrait dans le chapitre 9.

D'un côté, la vérité est donc fondamentalement cachée, de l'autre, celui qui la cherche a grande envie de la dévoiler. Francis Bacon se situe lui aussi dans cette tradition, qui remonte à Montaigne, d'une « histoire de la fascination pour la vérité nue[22] ». *Truth is naked* dit Bacon, qui compare – bien dans la tradition platonicienne – la recherche de la vérité avec l'acte de courtiser une femme[23]. Mais cela ne signifie pas que la nudité

Ill. 20. Pietro Della Vecchia, *Allégorie grotesque de l'ouïe*.

de la vérité implique simplement qu'elle soit perceptible aux sens. Pour Della Vecchia surtout, il semble clair que le versant extérieur du monde n'est qu'apparence. Dans cet esprit, certaines de ses peintures caricaturent impitoyablement les cinq sens de l'homme comme grotesques et non fiables, si bien que le spectateur se voit obligé de conclure que la vérité est à chercher au-delà des sens (ill. 20)[24]. Mais, même dans l'*Accademia degli Incogniti*, l'idée était répandue qu'il faut distinguer entre apparence et réalité, entre superficie et profondeur invisible, entre le savoir d'une élite et les erreurs populaires. Dans les *Discorsi academici* des membres des *Incogniti*, il est souvent question de voir clair dans les *dissimulationi* et la *falsità* de la beauté extérieure pour apprendre à connaître et à aimer la vraie beauté[25].

Telle était du moins la doctrine officielle et exotérique des *Incogniti*; il faut la prendre au sérieux et nous garder de qualifier trop vite le « libertinage » vénitien d'« aristotélicien » voire de proto- « matérialiste ». Il y a néanmoins sous cette surface de la doctrine exotérique d'autres connotations encore, que les libertins parmi les *Incogniti* prenaient plaisir à savourer – surtout quand elles tendaient vers l'érotisme et la sexualité, comme dans le cas des poèmes de Giambattista Marino[26]. On obtenait ces connotations en faisant subir de légères modifications, presque insignifiantes, à l'iconographie traditionnelle. Le modèle immédiat de l'allégorie de Della Vecchia qui se trouve à Bergame est ainsi manifestement le frontispice d'un livre de Loredano, sur lequel on relève des modifications de ce genre, comme l'a déjà constaté Aikema : la gravure de titre de Francesco Ruschi pour *Dianea*, publié en 1653, un an avant la peinture de Della Vecchia (ill. 21). On y voit aussi une colonne à l'arrière-plan, et la position de *Fortuna* chez Della Vecchia est clairement peinte d'après celle de *Veritas* chez Ruschi ; le voile de *Fortuna*, tout à fait tiré vers le haut chez Della Vecchia, l'est également chez Ruschi, pour la simple raison que Chronos dévoile la Vérité : *Veritas filia temporis*. Je présume que Ruschi, à son tour, a emprunté le personnage de sa *Veritas* à une peinture de Palma le Jeune que l'on pouvait voir au Palais des Doges[27]. Elle représentait la vérité qui, d'après le verset 12 du psaume 85 (*veritas de terra orta est* – « la vérité est née de la terre »), cherche à s'élever du sol vers le haut. Chez Ruschi, c'est la Vérité qui est dévoilée par Chronos, lequel néanmoins n'est pas représenté (c'est là la modification consciente apportée par les *Incogniti*) par un vieillard, comme le voudrait l'iconographie traditionnelle, mais par un jeune homme. Cela donne à l'acte du dévoilement un aspect érotique. Le désir d'érotiser ce geste avait été apparemment plus fort que le souci de rester fidèle à l'iconographie.

Ill. 21. Francesco Ruschi, gravure de titre pour la *Dianea* de Loredano.

Chez Della Vecchia, la situation est modifiée une fois encore. L'homme est de nouveau un vieillard, mais pas un Chronos ailé. L'érotisme est maintenu, mais il se joue à présent étrangement entre un vieillard et une jeune femme. La femme se tient droite, tandis que son ancienne position est occupée maintenant par *Fortuna*. Au lieu d'un groupe de deux personnes, on en a trois, ce qui rapproche davantage le tableau d'autres allégories de la vérité, qui la montrent au milieu d'un combat entre Chronos et *Invidia*, le Temps et l'Envie (voir par exemple ill. 22). Nous avons affaire à une représentation picturale hybride, formée à partir des motifs de *veritas filia temporis* et de *veritas de terra orta est*. Cette association donne au Destin menaçant de l'allégorie de Della Vecchia, avec son geste obscène, un certain caractère de jalousie et d'envie. Ce geste confirme une autre devise sur la vérité : *Veritas odium parit* – « la vérité suscite la haine ».

Mais restons-en à l'érotisme frappant du vieil homme et de la jeune femme, qui se rattache iconographiquement à l'épisode de « Suzanne et les vieillards[28] ». Et en effet : si l'on superpose l'histoire de Suzanne à l'interprétation allégorique de la vérité, on voit qu'il y est aussi question d'un dévoilement. Quand les deux anciens, qui avaient observé Suzanne en secret et la désiraient, eurent traduit celle-ci, qui s'était refusée à eux, devant le tribunal de la synagogue, on lit : « Ces criminels ordonnèrent qu'on la dévoile – car elle était voilée – afin de se rassasier de sa beauté[29]. » Si l'on rapporte cela allégoriquement à la vérité : les philosophes veulent dévoiler la vérité pour s'enivrer de sa beauté.

Ill. 22. Élève de Frans Floris, *La Vérité défendue par le Temps*.

Dans cette strate de signification, il est question de sacrilège, d'un désir mensonger envers la vérité divine et innocente. D'une certaine manière, ces éléments mettent à mal l'image du philosophe, qui se barricade derrière la vérité et la défend en même temps contre le destin. Si on lit l'allégorie de Bergame dans la perspective de l'histoire de Suzanne, le vieillard fait le signe du *cornuto* comme pour dire : « Celle-ci a cocufié son mari, elle a couché avec un autre ! » Et la femme accroupie à côté de la vérité lui fait le signe du *fico*, comme si elle répondait au vieillard en disant : « Oui, tu as couché avec un autre homme. » Mais Suzanne, la déesse ou la Vérité, est innocente.

Il est aussi question de profanation dans la peinture de Della Vecchia représentant *Le Royaume de l'amour* (ill. 23) : une statue de la déesse de l'amour, nue, dans son temple, est entourée d'une foule[30]. Parodiant le sujet de la « toilette de Vénus », la toilette est ici interprétée de la manière la plus concrète, car plusieurs personnes présentes se bouchent le nez à cause de la puanteur qui se dégage du seau figurant au pied de la statue de Vénus. Sur la droite de l'image apparaissent de nouveau les « anciens », comme s'ils étaient passés directement d'un tableau de Suzanne au bain dans le temple de Vénus[31]. Ce sont les vieillards qui ont observé et encouragé la profanation de la déesse ou de Suzanne.

Nul doute : les philosophes de Della Vecchia sont des vieillards pleins de désir[32]. Mais ce constat n'est pas nécessairement une critique. En fonction du commanditaire, ce motif peut avoir eu une signification lascive et affirmative, par exemple si la commande du tableau était effectivement

Ill. 23. Pietro Della Vecchia, *Le Royaume de l'amour*.

venue de ces messieurs de l'*Accademia degli Incogniti*. Il existe une série d'autres tableaux du même artiste qui représentent tous la relation du philosophe ou de l'enseignant avec son élève comme une intimité érotiquement chargée (ill. 24), de manière tout à fait analogue à ce qu'avait développé le libertin Antonio Rocco dans son livre clandestin *L'Alcibiade fanciullo a scola*[33]. Della Vecchia s'est servi ici d'une citation picturale. Le personnage du professeur, avec son mouvement particulier, est peut-être imité du personnage de l'ange protecteur des *Symbolicae quaestiones* d'Achille Bocchi (ill. 25)[34] – ce qui reviendrait à découvrir une strate de signification plus profonde, visible seulement pour les initiés, concernant la relation entre professeur et élève. Cette allusion pourrait renvoyer au *genius* ou *daimon* socratique, et l'idée de montrer Chronos comme un jeune homme ailé pourrait s'en être inspirée. Ici aussi, hybridité iconographique.

Les aspects « platonisants » et « ésotériques » d'une recherche de la vérité profonde ne s'opposent pas en principe aux jeux érotiques. L'allégorie de la vérité de Della Vecchia, nous l'avons vu, est d'une grande polysémie. Elle montre un philosophe qui, face à un destin malveillant qui se moque de lui, s'est réfugié dans les bras de la Vérité et s'y défend avec un geste de conjuration magique ; mais elle montre aussi un philosophe qui éprouve un plaisir érotique et presque obscène à découvrir la vérité. Nous verrons un peu plus précisément au chapitre 9 pourquoi Della Vecchia était apparemment tout à fait en mesure de comprendre cette intimité,

6. UN SAVOIR MENACÉ | 135

Ill. 24. Pietro Della Vecchia, *Socrate et deux élèves*.

Ill. 25. Achille Bocchi,
Symbolicae quaestiones.

qu'il éprouvait peut-être lui-même. Car il avait fait en 1649 le portrait d'un homme qui développait une méthode hermétique et kabbalistique à l'aide de laquelle on pouvait découvrir les structures fondamentales universelles du monde. Cette méthode se présentait sous des apparences mathématiques, comme une méthode pythagoricienne et géométrique. L'homme s'était fait représenter avec un compas à la main.

On trouve aussi un compas dans l'allégorie de Bergame. C'est pour cette raison qu'elle est intitulée *Allégorie de l'architecture* à l'Accademia Carrara. Mais il me semble qu'il s'agit ici de l'architecture du cœur du monde, et non de la discipline exercée par les gens de la profession. La feuille que présente l'homme du portrait de 1649 ne se rapporte pas du tout à l'art de construire – mais elle parle beaucoup de philosophie. C'est l'intimité de la quête philosophique et géométrique de la vérité que Della Vecchia a en vue et qui s'accompagne d'un sentiment ambivalent de profanation. La quête de connaissances géométriques et ésotériques s'accompagne également de railleries – elles aussi à caractère profanateur – envers les circonstances extérieures, voire envers le monde extérieur, d'où résulte une forte tension entre cette quête « élevée » et un quotidien « bas ». Il est vrai que, précisément dans les cercles où l'on cherchait à révéler de manière « ésotérique » des vérités cachées, on cultivait le topos du *serio ludere*, consistant à déguiser de profonds mystères dans des récits ridicules et grotesques. Edgar Wind a appelé ce moyen stylistique la « vulgarisation elliptique[35] ». Les *Symbolicae quaestiones* de Bocchi vont dans ce sens, de même que les *Historia ludicra* de Bonifacio, qui racontent les « fables » des dieux et les secrets mythologiques de manière amusante et parfois érotisée. Cela nous signale qu'à l'*Accademia degli Incogniti*, en dépit du scepticisme à l'égard des dogmes et des institutions de la religion catholique, il était possible d'être d'une certaine manière « pieux », dans la mesure où l'on pouvait penser l'obscénité et l'ésotérisme, le désir sexuel et le penchant philosophique, les citations iconographiques plaisantes et le profond sérieux, comme des aspects compatibles entre eux.

Confiance et méfiance

L'analyse des tableaux de Della Vecchia a montré que les formes de représentation de la vérité à l'époque moderne étaient complexes et difficiles à déchiffrer pour nous. À partir de là, je voudrais, dans le reste de ce chapitre, ébaucher quelques perspectives pour une « histoire culturelle de la vérité », en particulier à propos de la Venise du XVIIe siècle. Il faut d'abord poser la question suivante: une histoire culturelle de la vérité est-elle possible? A-t-elle un sens? Ce ne peut être le cas que si les différentes modalités de représentation et de problématisation de la vérité – littéraires, artistiques, philosophiques – présentent une certaine cohérence. Or il semble précisément que ce ne soit pas le cas. La devise *veritas filia temporis*, qu'ont employée par exemple Giordano Bruno et Francis Bacon pour illustrer la manière dont un savoir en remplace un autre et présente des hypothèses de façon toute provisoire, a peu de choses à voir avec la devise identique que l'on rencontre depuis l'Arétin dans l'emblématique et dans l'art pour caractériser la victoire de la vérité sur la calomnie[36]. Fritz Saxl a relevé que l'interprétation philosophique de cette devise n'avait pas donné lieu à une expression artistique, avant d'ajouter : « Les théories abstraites sont la dernière chose à être illustrée[37]. »

Mais si une histoire culturelle de la vérité ne veut pas se contenter d'énumérer des utilisations parallèles de problématisations de la vérité, mais qu'elle cherche à les intégrer dans leurs différentes dimensions, comment faut-il la concevoir ? Pour répondre à cette question, je reprends un projet que Steven Shapin avait réalisé sur un exemple en 1994 : une histoire sociale de la vérité. Shapin place au centre de son histoire sociale, qui porte sur l'Angleterre du XVIIe siècle, le concept de confiance. Pour le dire dans les termes de Luhmann et de Giddens, la confiance est le médium dans lequel l'action sociale et la communication en fonction de la vérité deviennent possibles[38]. La société hautement différenciée d'aujourd'hui, avec ses institutions et ses systèmes d'experts abstraits, exige que les acteurs aient confiance dans le fonctionnement de ces institutions pour pouvoir y participer. Cela vaut aussi, et dans une très haute mesure, pour les cultures du savoir. Mais à l'époque moderne, telle est la thèse de Shapin, le rapport de la confiance (*trust, credibility, fides*) avec la vérité et la connaissance était différent. Il était un élément constitutif d'une communication en face à face entre le scientifique et celui qui le fréquentait, et cette communication incluait, comme contexte d'expérience, le lieu de travail (le laboratoire, par exemple), les techniciens assistants et les matériaux utilisés[39]. Un concept clef de la culture de la vérité de l'époque moderne, que Shapin illustre par l'exemple de Robert Boyle et de la science naturelle anglaise de son temps, était la *civility*, la reconnaissance sociale en tant que *gentleman*, citoyen vertueux. Car même un scientifique n'était digne de confiance que s'il était un *gentleman* faisant des déclarations fiables, et non un charlatan.

Shapin a reconnu que son histoire sociale de la vérité était taillée sur mesure pour l'Angleterre de la *Scientific Revolution* et de ses *virtuosi*. Les différences de situations nous ont incité à présenter ici notre projet d'histoire culturelle de la vérité – au moins en partie – comme une contre-esquisse à l'histoire de Shapin. Qu'y a-t-il de différent à Venise ? Je pense que l'on pourrait y reconstruire une histoire de la vérité à partir du concept fondamental non de la confiance, mais de la méfiance. La méfiance, dans la mesure où il s'agit ici d'une société dans laquelle les déguisements et la dissimulation ont été des formes d'habitus fondamentales, et ce d'une manière qui n'était pas accidentelle, mais structurelle[40]. La *Bottega della Verità*, dont il a été question au début de ce chapitre, devait s'imposer *contre* les puissants et les calomniateurs, et poursuivre ses objectifs contre le destin moqueur et malveillant qu'a représenté Della Vecchia. Là où le savoir est précaire, le savant est prudent et méfiant.

Brendan Dooley a vu dans la méfiance envers les prétentions à la vérité une des causes du succès du scepticisme au XVIIe siècle, en faisant à cette occasion référence à Venise[41]. Comme les nouvelles que donnaient les *avvisi* financés de façon privée n'étaient pas fiables, personne ne voulait plus faire confiance aux informations, pas même aux informations historiques. Il n'est donc pas surprenant que le scepticisme ait été dirigé précisément contre la *fides*, que ce soit comme *fides* actuelle ou comme *fides historica*. C'est là le versant d'histoire sociale. L'histoire théorique du scepticisme, elle, s'intéresse à la réception du pyrrhonisme antique et au courant qui s'opposait au rationalisme de l'époque moderne, trop confiant en lui-même[42].

Mais comment peut-on unir le plus étroitement possible les histoires sociale et théorique – non seulement du scepticisme, mais aussi de la vérité ? On ne peut y parvenir qu'en réalisant une « description dense ». J'entends par là, d'une part, se concentrer étroitement sur un milieu spécifique, c'est-à-dire opérer à un niveau micro- ou méso-historique, de l'autre, analyser cette culture comme un ensemble de relations sociales et de pratiques symboliques, ces dernières faisant partie des relations sociales, dont elles sont une forme d'expression[43]. C'est en ce sens que je considère la société vénitienne du milieu du XVIIe siècle. Ou mieux encore : la culture des libertins dans cette société. Le libertinage vénitien tel que les *Incogniti* l'ont cultivé pourrait, telle est mon hypothèse, être utilisé de façon heuristique comme une clef et un point focal pour comprendre les formes par lesquelles on abordait la vérité dans la Venise de cette époque. Le libertinage est à comprendre, selon Jean-Pierre Cavaillé, comme une culture philosophique, un ensemble de discours et de pratiques centré sur le type du philosophe, antithèse du type du chrétien[44]. C'est ce qu'a confirmé notamment mon interprétation de l'allégorie de Della Vecchia.

La culture des libertins de Venise est donc une culture de la méfiance, d'une méfiance qui réunit des aspects extérieurs et intérieurs, réels et symboliques. Qu'est-ce que cela peut signifier ? Une culture de la méfiance développe des modes de communication qui ouvrent aux membres appartenant à ce milieu d'autres possibilités de compréhension qu'aux personnes qui lui sont extérieures. Elle élabore et privilégie des modes d'expression ambivalents et polysémiques. Il ne faut pas comprendre cela de manière négative, comme le signe d'un manque de courage, mais comme quelque chose qui renvoie, de façon descriptive et neutre, au fait que la simulation et la dissimulation y étaient à l'ordre du jour, qu'on y cultivait un style d'écriture ambigu, équivoque, aussi bien qu'une prédilection pour les paradoxes et les éloges paradoxaux, ces éloges de choses qui sont en réalité repoussantes[45]. Dans « Della bruttezza », par exemple, un discours sur la laideur prononcé à l'*Accademia*, Antonio Rocco affirme avec impudence que Venise et la religion reposent sur les vices – paradoxe provocant qu'il résout de la manière suivante : si les hommes n'étaient pas vicieux, ni les lois ni la religion ne seraient nécessaires[46]. Rocco joue sur le topos de la *felix culpa* (faute heureuse) et donne à ses auditeurs une leçon amusante mais tout à fait subversive sur le renversement des valeurs.

De manière générale, le libertinage spécifique de cette académie semble procéder de la distinction entre l'être et le paraître[47] et d'un mépris, tout à fait conforme à l'esprit du temps, envers tout ce qui est terrestre. Si tout ce que nous pouvons connaître par les sens est vain, si – comme on le lit dans les épitaphes plaisantes de Loredano – il est entièrement indifférent que ce soit Alexandre, Socrate ou seulement un criminel voire un animal qui se trouve dans une tombe, puisque gloire et sagesse sont éphémères, alors l'absence de respect et une indifférence sans précédent envers toute forme d'autorité religieuse ou laïque semblent justifiées[48]. On peut même admettre le geste du *fico* dans des allégories. Markus Völkel a montré que Paolo Giovio – historien qui appartient au milieu romain – s'était créé un espace pour exercer son esprit critique précisément grâce aux ornementations feintes et fictives de ses portraits historiques[49] ; dans un but analogue, Nicolò Franco et Antonfrancesco Doni, polygraphes vénitiens non conventionnels, tous deux formés comme Giovio à l'école de Lucien, mirent en œuvre des moyens rhétoriques et fictifs de manière souveraine[50]. Chez eux, et un peu plus tard chez les libertins de Venise, la simulation et la dissimulation ont créé, dans une société marquée par la méfiance et les inégalités de pouvoir, un espace pour des changements polémiques et blasphématoires ainsi que pour l'emploi du comique, du ridicule ou des caprices (*capricci*)[51]. Le danger potentiel que constituaient ces *capricci* était perçu par les puissants, comme le montrent la critique théologique de Michel-Ange par Giovanni Gilio ou bien le procès que l'on intenta à Paolo Véronèse à cause des idées bizarres qu'il avait eues dans son tableau représentant la cène[52]. Donatella Riposio a qualifié les romans ambigus des *Incogniti* de *laberinti della verità*[53]. C'est en ce sens que l'on peut réunir nos différents constats sur les façons dont la vérité a été thématisée en littérature, en art et en philosophie : en tant qu'elles ne sont pas séparées des pratiques dans les domaines politique, religieux et social, mais qu'elles agissent dans ces champs.

Un habitus complexe

Aucune culture de la méfiance ne peut pourtant subsister sans des éléments de confiance. Jan Philipp Reemtsma expose clairement à quel point la confiance marque la constitution de soi :

> « Les pratiques de confiance sociale servent donc à nous assurer mutuellement de "ce que nous sommes et qui nous sommes", dans la mesure où nous sommes soumis à l'hétéronomie – et à nous assurer mutuellement de ce que nous nous accommodons du statut de l'hétéronomie, et jusqu'à quel point nous le faisons[54]. »

On peut avancer que, dans le milieu libertin, la confiance mutuelle doit être d'autant plus grande que l'on veut se montrer plus lascif et plus blasphématoire[55]. En pensant à notre effort pour comprendre les tableaux de Della Vecchia, il s'agirait donc de les replacer dans leur contexte de manière à faire apparaître l'espace social et symbolique de la confiance aussi bien que celui de la méfiance. En ce sens, je situerais du côté de la confiance la proximité érotique à l'égard de la vérité, que Della Vecchia et les *Incogniti* ont si volontiers appréciée dans sa dimension obscène et qui se manifeste dans l'allégorie sous forme du contact physique entre le philosophe et la Vérité. La confiance concerne ici l'utopie à la fois naturaliste et platonisante selon laquelle le spirituel et le corporel ne s'opposent pas[56]. Baldassare Bonifacio – lui aussi membre des *Incogniti* – conclut ainsi son *Historia ludicra* par un éloge ambigu de la fécondité. S'il place la « conception » de l'esprit au-dessus de celle du corps, c'est d'une manière qui n'est traditionnelle qu'en apparence, car, dans la même phrase où cette idée est formulée, il prend plaisir à développer la comparaison scabreuse avec les *conceptiones inguinis* (les conceptions du bas-ventre) :

> « Autant en effet l'âme est plus élevée et de plus de valeur que le corps, autant les conceptions de l'esprit sont plus nobles que celles du bas-ventre, et autant les productions [*procreationes*] de l'esprit et de l'intelligence sont plus divines que celles des désirs vénériens et des voluptés obscènes[57]. »

D'autre part, les gestes agressifs et obscènes et les gestes magiques de conjuration défensive que l'on voit dans l'allégorie de Della Vecchia paraissent relever de la sphère de la méfiance – *veritas odium parit* (la vérité engendre la haine). Le philosophe se démarque du destin, du paraître et de la jalousie de la foule pour préserver son espace de liberté et d'intimité. C'est pourquoi la vérité doit toujours aussi être recouverte[58]. L'utopie naturaliste ne peut pas être explicitée, pour deux raisons. D'une part, son attrait disparaîtrait, parce que l'érotisme, que recherchent Loredano, Bonifacio ou Pallavicino, naît précisément de la transgression de l'interdit

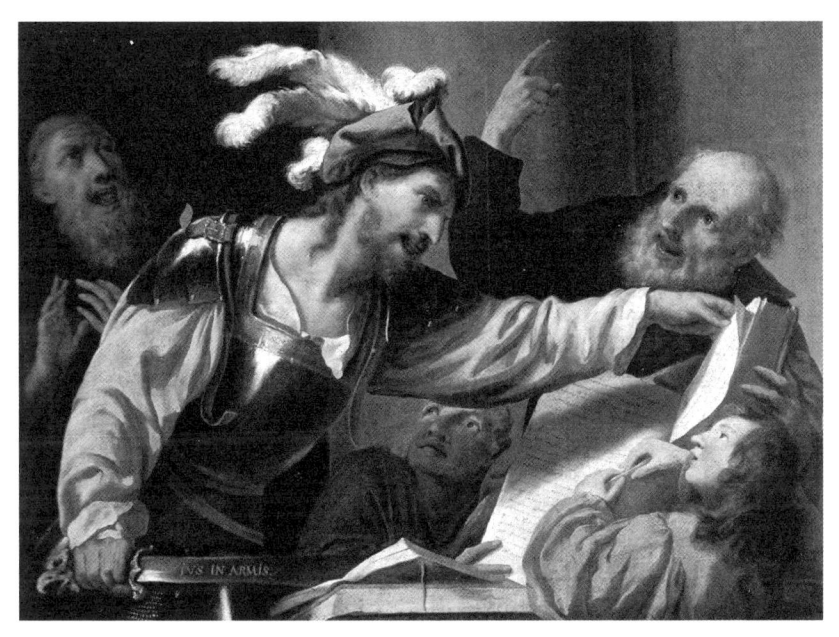

Ill. 26. Pietro Della Vecchia, *Ius in Armis*.

et du dévoilement de ce qui est caché. D'autre part, on savait fort bien dans ces milieux qu'en tant que libertin, on risquait la prison, ainsi que la perte de son honneur et de sa réputation[59]. Une histoire culturelle de la vérité à Venise devrait reconstituer les contextes de la raison d'État, de la censure et de la morale publique, qui obligeaient à séparer les actions secrètes du comportement public[60].

Ainsi comprend-on mieux la tension qui devait régner dans l'*Accademia degli Incogniti*. Lorsque Loredano, dans les arrière-salles de l'imprimerie de Francesco Valvasense, discutait en secret de la composition d'un frontispice ou donnait des textes à imprimer, sans indication de lieu ni d'éditeur, la plus grande confiance mutuelle était indispensable[61]. Antonio Rocco, dont les idées libertines et les pratiques homosexuelles étaient devenues de notoriété publique, dut être libéré à plusieurs reprises des griffes de la justice par ses protecteurs[62]. Le tableau de Della Vecchia, *Ius in Armis* (ill. 26), reflète peut-être la situation d'une saisie violente d'écrits par les autorités. On y voit un soldat, sur l'épée duquel est écrite la devise proclamant son autorité : *Jus in armis* (« le droit revient aux armes »), tirée de l'*Hercule furieux* de Sénèque. Le soldat entre dans une pièce où un maître est en train d'enseigner à ses élèves. Il menace les savants et s'apprête à arracher une page du livre ouvert. Peut-être veut-il détruire l'ensemble du livre – qui est d'ailleurs manuscrit, c'est-à-dire non publié[63].

Cette tension, cette dialectique de la confiance et de la méfiance, avait néanmoins aussi un effet productif. On créa des espaces de liberté grâce au développement d'un langage iconographique original fait d'allusions codées et d'érotisme latent ; les déguisements de la période du carnaval permettaient aux *Incogniti* d'expérimenter de nouvelles formes scéniques ; ils aidèrent à créer, par leur patronage, le premier théâtre d'opéra en Europe[64].

Il faut donc supposer, derrière les comportements des libertins vénitiens, un habitus complexe fait d'une grande sensibilité pour les différences entre l'être et le paraître, la profondeur et la superficie, l'ésotérique et l'exotérique, le spirituel et le corporel, comme il ressort clairement de l'allégorie de la Vérité de Della Vecchia. Cet habitus est selon moi le résultat de la pratique de rôles très différents, de prétentions à la vérité et de formes d'argumentation très variées. Pour finir, le phénomène de la multiplication des interprétations possibles intervient lui aussi, phénomène qui ne s'explique pas seulement par la pluralité des influences culturelles, qui a évidemment marqué cette ville commerçante[65]. Là aussi, l'essentiel a été un certain rapport, historiquement contingent, entre des pratiques et des attitudes envers les traditions et les autorités. À Venise, on se tenait à distance de l'autorité exercée par le pape depuis Rome[66]. Pour des raisons économiques, on s'entendait avec les Juifs, voire avec les musulmans[67]. Depuis qu'à la suite de la crise de l'Interdit, les jésuites avaient été expulsés de Venise, l'élite anticléricale de l'Italie se rassemblait dans cette ville[68]. La doctrine aristotélicienne, cultivée à Padoue, était relativisée à Venise par les préférences platoniciennes des patriciens[69]. Somme toute, on y avait développé des pratiques éclectiques et syncrétiques, accompagnées d'un certain laxisme et d'une certaine libéralité, permettant de vivre simultanément sur différents plans. Le libre recours aux *exempla* et aux arguments rhétoriques, qui visait plus à intervenir dans le jeu entre les pouvoirs qu'à une fidélité historique claire, produisit pour sa part un effet de pluralisation. Völkel a intitulé son petit livre sur Giovio *Die Wahrheit zeigt viele Gesichter* [la vérité présente de nombreux visages], les portraits que Giovio dessine étant en effet susceptibles de recevoir une pluralité d'interprétations. Les tableaux de Pietro Della Vecchia non seulement reflètent eux aussi une pluralité complexe, mais ils créent également de nouvelles interprétations, renforçant ainsi cette pluralité. Ici aussi, l'emploi libre (et érotisé) du langage iconographique se fait aux dépens de l'exactitude « historique », comprise comme convenance iconographique. Le libertinage et ses techniques contreviennent aux efforts habituels visant à produire de l'univocité en recourant à des autorités. Le libertinage est un parasite ; il s'attache à la pluralité et il opère en elle, et avec elle.

En ce sens, les acteurs de ce libertinage sont des exemples du type d'homme que le sociologue Bernard Lahire a appelé l'« homme pluriel »[70]. Il s'agit d'un homme dont les actions doivent être interprétées sur plusieurs plans en même temps, qui joue un grand nombre de rôles sans rien perdre de son identité pour autant. Lahire pense en l'occurrence à l'homme (post)moderne dans la société pluralisée d'aujourd'hui, mais cela ne doit pas nous empêcher de reconnaître ce type dans quelques rares intellectuels de l'époque pré-moderne. Dans la culture scientifique anglaise du XVIIe siècle, les *gentlemen* de Steven Shapin étaient experts pour mettre en scène la fiabilité et pour réduire ainsi la diversité. Leurs rôles comme membres de la société et comme producteurs de vérités scientifiques devaient coïncider à cet égard. Il en allait autrement pour les esprits libres du milieu vénitien, qui devaient soigneusement séparer leurs rôles : aristotéliciens à l'université, platoniciens en privé ; officiellement galants, obscènes en cercle restreint ; philosophes moraux de profession, défenseurs de l'amour libre dans le boudoir. Dans ce milieu, la vérité avait fondamentalement deux visages ; ou, plus précisément : la vérité « pluralisée » était dans ce contexte l'effet d'une dualité constante, elle était une figure relevant du *concetto*, contradictoire en elle-même, difficile à comprendre, pleine de gestes obscènes, se relativisant elle-même, comme dans la façon dont les *Incogniti* se moquaient d'eux-mêmes en comparant leur approche furtive de la vérité aux vieillards abordant Suzanne au bain. Il y avait en même temps – si mon interprétation de Della Vecchia est exacte – certains schémas de pensée qui maintenaient tant bien que mal cette dualité ensemble, rendant la diversité « vivable » et l'identité possible. De ces schémas relèvent l'idée d'exprimer des intentions élevées et sérieuses sous la forme d'histoires fabuleuses et érotiques, ou encore l'utopie consistant à voir dans le désir physique le début du désir intellectuel. Une histoire culturelle de la vérité à Venise aurait à retracer ces mouvements de pensée dans toute leur diversité et leur insertion dans l'histoire réelle ; elle devrait examiner toutes les formes de représentation de la vérité pour y déceler les traces qu'y a laissées la multiplication des possibilités et des interprétations.

7. L'harpocratisme. Gestes de retrait

Une culture de la défensive

Le savoir précaire peut avoir des conséquences défensives. Dans ce chapitre, il sera question d'une forme particulière de précarité : le caractère inactuel. Comment réagit un auteur quand ce qu'il écrit ne correspond pas à l'esprit de son temps ? Quand ses convictions sont des *misplaced ideas*[1], des idées qui ne sont pas à leur place là où il vit et travaille ? Doit-il persévérer sur sa voie, et, même en cas d'insuccès, se montrer combatif aux yeux de ses lecteurs ? Ou bien doit-il se retirer ? Un retrait ne signifie pas que l'on renonce à son opinion – au contraire : il peut aussi signifier que celui qui se retire se considère seulement comme un incompris dont le public n'est pas (ou pas encore) mûr pour comprendre les vérités qu'il énonce. Il trace alors entre lui et la plupart des intellectuels de son temps une frontière qui le protège et le caractérise comme « élitaire » par rapport au reste du monde, au « vulgaire ». Michel Foucault a présenté Héraclite comme le type du sage qui considère qu'il n'est pas nécessaire de parler, par opposition au type du parrhésiaste, qui déclare ouvertement son opinion[2]. L'auteur qui se retire se tait, il reste dans son milieu et se contente de dire, de manière allusive : *Sapienti sat*, « cela suffit à celui qui sait[3] ». Je voudrais appeler cet habitus « harpocratisme », pour des raisons que je vais indiquer.

La question du choix entre le retrait et un comportement plus offensif s'est posée de manière particulièrement aiguë en Allemagne à l'apogée du rationalisme, pendant une époque marquée par le grand succès de la philosophie de Christian Wolff. Ce dernier incarnait un style philosophique dans lequel on avait presque une vénération pour l'entendement et pour un type d'argumentation logique procédant par définitions et syllogismes. Pendant cette période, entre 1720 et 1760 environ, une tendance philosophique pénétra dans de larges couches cultivées de la population pour la première fois dans l'histoire de l'Allemagne[4]. Ceux qui étaient vieux jeu au point de ne pas être des rationalistes wolffiens se retrouvèrent d'autant plus sur la défensive. Vieux jeu ? On pourrait aussi dire : qui avaient la malchance de vivre dans une époque située *entre* le baroque et le romantisme, *après* l'acceptation des spéculations théosophiques baroques et *avant* celle des spéculations idéalistes. Vers le milieu du XVIIIe siècle, on faisait peu de cas des spéculations. Mais si nous voulons comprendre la préhistoire du *Sturm und Drang* et du romantisme, la transmission des idées entre le début du XVIIIe siècle et le début du XIXe siècle, nous ne pouvons pas nous permettre d'ignorer les auteurs « harpocratiques » ayant vécu entre ces deux périodes. Schelling, Baader, Herder n'ont-ils pas profité d'eux ?

Mais qui sont les auteurs qui, au cours de ces années, pensent contre l'esprit du temps ? Il y a par exemple dans les années 1720, à Helmstedt, un professeur de langues orientales, Hermann von der Hardt, à qui on ne permet pas de commenter l'Ancien Testament parce qu'il a des idées gênantes d'après lesquelles la Bible est constituée de documents historiques codés. Von der Hardt est convaincu d'avoir trouvé peu à peu la clef pour l'interprétation des textes grâce à l'étude précise de l'histoire, de la géographie et de la langue des anciens israélites. Selon lui, des mythes comme celui d'Adam et Ève ou du déluge doivent être déchiffrés comme des messages concernant des fondations de villes, des campagnes militaires ou des conquêtes. Pareille « démythologisation » de la Bible ne pouvait plaire à l'orthodoxie luthérienne de son temps, aussi le duc de Brunswick-Wolfenbüttel, dont dépendait von der Hardt, lui interdit-il de continuer à publier des écrits sur ce thème. Sur quoi le savant brûla ostensiblement les manuscrits de ses livres et en remit les cendres à son duc[5].

Il y a, dans les années 1730, un prédicateur et philosophe de Wassertrüdingen appelé Siegmund Ferdinand Weißmüller, qui a le front d'élaborer des spéculations pythagoriciennes sur la nature du monde et de réfléchir sur la quadrature du cercle. Il jouit d'une certaine protection à la cour d'Ansbach et peut ainsi se permettre de publier, à faible tirage, des écrits sur le « monde de la lumière » de Zoroastre, qu'il conçoit comme un ensemble de lignes de forces droites et courbes. Mais on se moque de lui, il est dénoncé comme alchimiste et doit se retirer. Il laisse ses autres travaux sous forme manuscrite[6].

Il y a enfin, dans les années 1740, un philosophe de Celle, Andreas Clavius, qui affirme avoir résolu les problèmes posés par la monadologie de Leibniz et par son application à la physique. Il se contente d'y faire des allusions dans d'obscures allégories et, pour le reste, supplie son public, au moyen de petites annonces dans les journaux, de lui verser une souscription pour son livre, auquel cas il dévoilera sa solution morceau par morceau. On se moque de lui également, on lui reproche de défendre une « monadologie de ducats » (*Dukatenmonadologie*), c'est-à-dire de vouloir vendre un prétendu savoir contre de l'argent, et d'être donc un charlatan[7].

Ces auteurs sont aujourd'hui facilement négligés. Cela tient justement à leur harpocratisme, à leur refus de se faire entendre, et à ce qu'historiquement parlant, ils ont été les perdants. Ce sont toujours les vainqueurs qui écrivent l'histoire, bien sûr, et même si, plus tard, leurs adversaires d'alors viennent à être réhabilités, on ne sait souvent rien de précis sur ces oubliés. La monadologie de Clavius n'est jamais parue, pas plus que le système définitif de Weißmüller ou les commentaires complets de Hardt sur la Bible. Cela ne facilite pas l'étude du potentiel intellectuel de ces auteurs.

Mais leur harpocratisme me paraît un syndrome complexe composé de différents éléments dont il faudrait comprendre l'origine de manière historique et dans une perspective de sociologie du savoir. De ce dernier point de vue, l'harpocratisme de ces auteurs est souvent l'autre versant du fait qu'ils se sont attiré moqueries et sarcasmes. Von der Hardt passe vite pour un « cinglé » de l'exégèse, on raille les annonces de Clavius dans des revues et Weißmüller devient l'objet d'une satire d'Adelgunde Luise Gottsched[8]. On a donc ici affaire à un schéma de réaction, non d'action. Dans une perspective historique, ce schéma de réaction acquiert une certaine profondeur. On peut relever des motifs, des concepts et des modes de comportement qui renvoient à des modèles.

On rencontre aussi dans ces milieux le mot-clef de quiétisme. Johann Christoph Colerus, alors âgé de trente ans, professeur adjoint à Wittenberg, écrit ainsi en 1721 à son ami Christoph August Heumann qu'il s'applique à un « quiétisme littéraire » (*quietismus literarius*)[9]. Pour forger cette expression, Colerus s'est sans doute inspiré de créations conceptuelles de son temps comme celle de *machiavellismus literarius*[10]. Ce qu'il veut dire ressort du contexte de sa lettre : il trouve la paix de l'âme dans le fait de se tenir éloigné de la lecture des revues universitaires contemporaines. Colerus se sentait isolé et mal à l'aise à Wittenberg. Il n'avait plus confiance dans le patronage (*patrocinium*) de ses professeurs Wernsdorf et Löscher, et trouvait l'orthodoxie luthérienne creuse et mensongère. Aussi s'est-il retiré : « Je n'ai guère hésité, une fois rejeté le soin de toute charge publique, à choisir une vie privée que je pusse mener de la manière la plus honnête[11]. » C'est un choix que Heumann peut comprendre aisément. Il travaille au cours de ces années-là à un traité sur la *docta ignorantia*, ce qui signifie pour lui notamment : s'abstenir de prétendre exagérément que l'on pourrait tout savoir – surtout *in dogmaticis*, dans les questions de dogme[12]. En 1746, à l'université de Gießen, Heinrich Theodor Wagner rédige une thèse intitulée *De quietismo philosophico*. Tout comme Colerus, il y reprend le terme de quiétisme, que Miguel de Molinos avait mis à la mode, en essayant de lui donner un sens adapté à ses objectifs. Il s'agit en l'occurrence d'une signification stoïcienne simple : le terme désigne la tranquillité de l'âme et la liberté par rapport aux passions, que l'on atteint en obéissant aux principes de la raison[13].

Il est vrai que ce *quietismus literarius* et *philosophicus* n'est pas encore ce que j'entends par le concept d'harpocratisme. Celui-ci est plus large et en même temps plus spécifique. Il recouvre un ensemble fait de retrait intellectuel, de prudence politique et de la conscience de se situer dans une tradition « ésotérique ». Cet ensemble n'est pas apparu de manière immédiate, il s'est formé historiquement, à partir de l'humanisme tardif de la fin du XVIe siècle.

L'harpocratisme est d'abord un geste. Dans l'histoire de la philosophie, les gestes jouent un rôle qu'il ne faut pas sous-estimer[14]. Il y a par exemple le geste du provocateur, qui refuse la tradition en bloc et lance résolument une nouvelle thèse ; il y a le geste du puriste, qui rejette tout mélange de sa doctrine avec des éléments étrangers ; ou le geste du traditionnaliste tolérant, qui intègre dans sa doctrine les opinions nouvelles ou divergentes avec un sourire de supériorité, affirmant que les opinions de ce genre ont toujours existé et qu'elles se sont depuis longtemps révélées comme faisant partie intégrante de la grande tradition. On peut considérer les gestes comme l'expression d'une certaine *persona* philosophique ou scientifique[15]. Ces *personae* se développent en partie au cours de la formation, dans la mesure où celle-ci transmet des formes d'argumentation, certaines convictions religieuses, des répertoires métaphoriques et des idéaux de comportement, mais elles se constituent aussi en partie en réaction à des situations et des défis particuliers. Au-delà de tout cela, le propre des gestes est qu'ils affirment une identité et la renforcent.

Cela concerne en premier lieu l'individu. En faisant un geste, il ne se met pas seulement en relation avec les autres, il se décrit aussi lui-même. Il se met en scène par une action tout à fait spécifique. Mais si l'on considère de plus près les images et le langage qu'utilise cette personne, ainsi que les schémas culturels auxquels elle recourt en situation de conflit, on peut voir que ses gestes ont aussi quelque chose de supra-individuel, qu'ils peuvent créer une communauté dans laquelle d'autres se reconnaissent. On pourrait alors dire que les gestes produisent quelque chose comme des communautés émotionnelles[16]. Il serait erroné de dénier aux philosophes et aux scientifiques tout ancrage dans des registres émotionnels qui créent une identité de groupe. Pour le dire avec Charles Taylor, la moralité intellectuelle et la rationalité peuvent précisément avoir leurs sources dans des pratiques sociales et des structurations émotionnelles qui donnent du sens aux activités plus abstraites[17]. Chez des auteurs qui se situent hors du courant intellectuel dominant, ces structurations jouent éventuellement un rôle plus important que chez ceux qui n'ont pas besoin d'identités fortes, qui nagent avec le courant et ne sont pas soumis à la nécessité de se justifier.

Les gestes peuvent ainsi nous fournir une clef pour décrire les courants et les regroupements intellectuels ainsi que leur situation dans le champ intellectuel[18]. On a souvent réalisé ces descriptions en ne s'appuyant que sur les théories et les contenus doctrinaux, et en recourant à des classifications sommaires, comme la *Frühaufklärung*, le « piétisme » ou l'« ésotérisme ». Mais de simples différences entre théories ne permettent guère de comprendre certains conflits, bien au contraire : ces différences ne se constituent souvent qu'au cours de conflits déjà existants avec d'autres factions. Si, en revanche, on perçoit les regroupements dans leurs totalités complexes, composées de théories, de *personae* et de schémas culturels, et dans leurs relations dynamiques avec d'autres regroupements, on peut bien mieux comprendre ces identités. Les gestes d'un philosophe constituent alors ses prises de position symboliques dans le champ intellectuel, en communication avec des adversaires ou des alliés. Et ils sont en même temps une façon de s'assurer qu'il fait bien partie d'une communauté émotionnelle.

En ce sens, l'harpocratisme est le geste de l'« ésotérisme » par excellence, non pas en ce qu'il présupposerait l'existence d'un certain corpus de doctrines hermétiques ou occultes, mais dans le sens dynamique d'une auto-exclusion défensive d'une culture élitaire du silence loin de la foule (universitaire) apparemment ignorante, qui ne prend pas part aux idées plus élevées.

Harpocrate

Mais pourquoi ce terme d'« harpocratisme »? Harpocrate est en fait le dieu égyptien du soleil, Horus, enfant. On connaît de lui de nombreuses images sur lesquelles il semble placer son doigt sur ses lèvres. Plutarque voit dans cette attitude le symbole de la connaissance des choses divines, car il interprète, à tort, la position du doigt comme un geste d'une grande profondeur indiquant une volonté de faire silence, alors qu'elle renvoie simplement à une attitude enfantine[19]. Depuis lors, Harpocrate est devenu une référence de prédilection pour des auteurs qui attachaient une grande importance à la discrétion ésotérique[20]. À partir de là, on pourrait écrire une histoire du silence savant à l'époque moderne[21]. Le versant scientifico-historique de cette histoire n'est que l'un de ses aspects. L'intérêt historique pour les représentations antiques d'Harpocrate s'accrut avec l'augmentation générale de l'antiquarisme au cours du XVIe siècle pour atteindre son apogée vers la fin du XVIIe siècle. Quand, en 1652, Athanasius Kircher s'intéressa à Harpocrate dans son *Oedipus aegyptiacus*, il le fit d'abord dans le cadre d'une discussion avec Goropius Becanus et Lorenzo Pignoria[22]. Il était question de certains canopes, c'est-à-dire de vases funéraires dans lesquels les viscères d'un mort momifié étaient enterrés séparément. Sur ces canopes se trouvaient notamment des représentations d'Harpocrate[23]. Mais on pouvait aussi le reconnaître sur des gemmes gnostiques, ainsi que sur des objets en terre cuite et des statuettes en bronze[24]. Kircher voyait dans ces représentations la confirmation de ce que ce dieu symbolisait le silence.

Jacques Spon, médecin savant de Lyon, utilisa peu après des matériaux qu'il avait trouvés chez Nicolas-Claude Fabri de Peiresc pour décrire quelques représentations antiques d'Harpocrate dans un petit volume de

Ill. 27. Représentations d'Harpocrate extraites
des *Miscellanea eruditae antiquitatis* de Jacques Spon.

mélanges (ill. 27)[25]. Spon avait développé une science de l'Antiquité (il l'appelait « archéographie ») dans laquelle on examinait huit genres de sources pour en tirer des éclaircissements mutuels : les monnaies, les inscriptions, les restes d'édifices, les représentations figurées, les pierres ciselées (gemmes), les plaques de marbre, les manuscrits et les objets utilitaires[26]. Dans le cas d'Harpocrate, il s'agissait surtout – comme déjà chez Kircher – de gemmes, mais aussi de statues. Spon s'intéressait avant tout aux attributs « panthéistes », présents sur beaucoup de ces statues, c'est-à-dire au fait de « charger » la représentation d'un dieu avec les attributs de tous les autres dieux, typique de l'hénothéisme de l'Antiquité tardive[27]. Dès 1676, Gijsbert Cuper, un savant hollandais, avait écrit une monographie entière sur le dieu égyptien à l'occasion d'un petit portrait en argent montrant Harpocrate en soleil[28].

Mais cette compréhension antiquisante d'Harpocrate n'a pas empêché l'interprétation qu'en avait donnée Plutarque comme symbole du silence de suivre son propre cours. Ce fut d'abord un cours politique, que l'interprétation antiquisante accompagnait sans le contredire : dans la conception politique du tacitisme de l'humanisme tardif (c'est-à-dire

Ill. 28. Harpocrate politique, extrait des *Principis christiani archetypon politicum* d'Athanasius Kircher.

de la variante adoucie du machiavélisme), le silence prit une nouvelle signification (ill. 28). L'intérêt portait désormais non plus sur le silence mystique, mais sur la maîtrise séculière de la différence entre ce que l'on pouvait communiquer et ce que l'on ne devait pas communiquer dans l'État de l'époque moderne[29]. Un juriste et politicien du Palatinat du Rhin, Ippolito de' Colli, reprit ainsi le motif du silence harpocratique dans sa présentation du comportement prudent[30]. Colli avait sans doute eu l'occasion de voir, dans les années postérieures à 1593, le projet de tableau de Jan Müller intitulé *Harpocrates Philosophus, Silentii Deus*, qui montrait la tête d'un savant portant le doigt à ses lèvres (ill. 29). Colli prit ce tableau comme modèle pour le frontispice de son livre *Harpocrates sive de recte silendi ratione*[31]. Comme dans son ouvrage sur le courtisan et l'homme politique idéal, il voulait montrer dans ce texte, écrit dans le style sénéquien que Juste Lipse avait popularisé, quelle utilité le silence pouvait avoir dans les actions sociales et politiques. En 1608, son collègue Bartholomäus Keckermann le suivit dans cette intention[32]. Et quelques décennies plus tard, on voit encore chez Athanasius Kircher comment, au XVIIe siècle, culture antique humaniste et conscience politique vont de pair. Kircher en effet ne se contente pas de commenter canopes et statues, il utilise en même temps son savoir d'érudit pour développer avec précision la signification du symbole d'Harpocrate pour le comportement prudent :

« Il presse ses lèvres du doigt parce que la sagesse ne s'acquiert pas au milieu du vacarme et du tumulte, mais dans le silence, la solitude et la retraite, et le mépris de toutes les choses terrestres ; ce qu'indique très bien la chouette, animal nocturne et solitaire[33]. »

Kircher nous permet aussi de distinguer une autre racine historique de l'harpocratisme : la racine « ésotérique ». Le dieu égyptien n'est pas devenu un symbole seulement pour les « politiciens », mais aussi pour les adeptes d'un savoir plus élevé et secret. Ce lien est tout particulièrement manifeste dans les *Symbolicae Quaestiones* d'Achille Bocchi, dans lesquelles Harpocrate est identifié à Hermès. Comme nous l'avons vu chez les spécialistes de l'Antiquité, cette identification repose sur la présence de quelques attributs d'Hermès dans certaines représentations « panthéistes » d'Harpocrate. Mais, dans l'ouvrage énigmatique de Bocchi sur les emblèmes, elle recouvre bien plus de choses : la figure mythologique d'Hermès y est en même temps Hermès Trismégiste, et l'invitation de Bocchi au silence concerne le silence de celui qui connaît les secrets de la création[34] :

Ill. 29. Jan Müller, *Harpocrate*.

« L'esprit est l'ornement de l'homme, l'image de l'esprit divin,
Jamais livré à la merci d'aucun sens.
Celui qui désire le connaître doit se connaître lui-même
Avant tout, et consulter Harpocrate l'Égyptien.
Il faut détourner l'esprit des sens si l'on a reçu un esprit divin[35]. »

Dans son essai « Le haut et le bas », Carlo Ginzburg a clairement montré à quel point les relations entre le savoir des « choses élevées » et le simple peuple, l'innovation scientifique et l'infraction religieuse, l'autonomisation et l'interdit, étaient embrouillées à cette époque. À propos de devises comme *Noli altum sapere, sed time* (« Ne sois pas orgueilleux, mais crains », Romains, XI, 20) et *Altum sapere pericolosum* (« Il est dangereux de connaître des choses élevées ») – que nous approfondirons dans le chapitre suivant –, il montre que le « langage politique » des emblèmes a été décisif pour marquer les limites et les possibilités dans ce champ peu clair[36]. On peut reprendre cette idée pour le cas de l'harpocratisme. Chez Bocchi et Kircher, les figures d'Harpocrate relèvent d'un langage de citations et d'images exprimant la distinction, et dont la devise invitant au silence est en même temps l'indication d'une appartenance à un savoir élitaire.

Ces emblèmes – qu'ils soient hermétiques et ésotériques ou « seulement » éthiques et politiques – ne sont pas restés sans influence. Albrecht Schöne a montré en 1964, dans un livre novateur, à quel point les emblèmes – les moyens iconographiques peut-être les plus importants de l'époque moderne – ont marqué la pensée de l'ère baroque, et que bien des passages des pièces de théâtre du XVIIe siècle restent incompréhensibles si l'on n'y reconnaît pas des paraphrases de certains emblèmes[37]. Cette idée vaut aussi pour l'habitus de l'époque moderne que j'ai qualifié d'harpocratisme.

Hardt, Weißmüller, Clavius

En cherchant à relever les manifestations concrètes de cet habitus, qui se compose – comme nous l'avons établi – de pensée « politique », d'ésotérisme et d'érudition concernant l'Antiquité, nous rencontrons au XVIIIe siècle une série de personnes qui se retirent du monde agité de l'université. Ils cessent de publier, ou annoncent qu'ils ne publieront leurs écrits que pour certains destinataires et à la demande. C'est là un étrange phénomène dans l'histoire de l'édition. D'une part, il va dans une direction contraire à celle du développement de l'espace public tel que l'a décrit Jürgen Habermas[38] : au lieu d'une expansion de l'espace public, on assiste ici à la création délibérée d'un espace non public. D'autre part, le phénomène en question est une sorte d'hybride, mêlant un comportement de type aristocratique à un comportement qui s'oriente en fonction du marché. La noblesse de l'époque moderne tenait beaucoup à ne pas être confondue avec le commun peuple en faisant imprimer des livres. Un noble qui écrivait des poésies n'avait pas besoin de les publier, au contraire : il était mal vu de le faire[39]. Ce comportement de distinction est tout à fait différent de la tendance, que l'on observe sur le marché du livre au milieu du XVIIIe siècle, à chercher à rassembler des souscriptions avant d'oser publier un ouvrage[40]. Quand donc des auteurs « harpocratiques » annoncent à cette époque qu'ils ne publieront leurs sages idées que contre le versement de souscriptions, et par petits fragments, cela paraît être un comportement hybride, fait d'un sens de la distinction pseudo-aristocratique et d'un sens bien compris des affaires. Aussi ce comportement éveillait-il un soupçon de charlatanisme et l'on mettait en garde contre de telles pratiques[41].

Ill. 30. Hermann von der Hardt, *Justitia* et *Silentium*.

Mais ce reproche de charlatanisme ne nous aide guère à comprendre les véritables motivations et l'habitus complexe des protagonistes. Pour rompre ce stéréotype, il faut considérer les circonstances précises de chaque cas particulier. Voyons d'abord celui de Hermann von der Hardt. Ce professeur aimait les énigmes, les oracles et les affectations de mystère en tous genres. Il connaissait le jeu des piétistes consistant à tirer au hasard, dans un coffret, des bouts de papier sur lesquels étaient écrits des versets de la Bible – qui servaient ainsi de devise pour une journée ou pour une situation[42]. En 1709, on le voit présenter à deux étudiants de passage un coffret qui contient des devises « harpocratiques ». À cette époque, le duc Rudolf August von Wolfenbüttel, qui l'avait soutenu, était déjà mort depuis cinq ans, et von der Hardt éprouvait une méfiance croissante à l'égard du monde politique. Il conduisit les deux étudiants dans son cabinet d'emblèmes et les initia à ce qu'il appelait son « oracle » :

« [Il] nous mena [...] à une table sur laquelle était un coffret rectangulaire, long d'une coudée environ, couvert de peintures, qu'il nous montra de l'extérieur, en faisant beaucoup de manières, après avoir ôté un morceau de cuir qui le recouvrait ; nous devions d'abord voir sur ce couvercle le fondement de toute *Sapientia* et *Politica*, voire du monde entier. Et celui-ci consistait en deux symboles. »

Le premier montrait un paysage symbolisant la *Justitia*, le second ne montrait « rien que la nuit, car on voyait les étoiles dans le ciel, et la lune luisait dans l'eau, avec ce titre : *Silentium*[43] » (ill. 30).

Justitia et *Silentium* – ces deux concepts esquissent l'image du monde de von der Hardt ; la devise qu'il fit inscrire sur sa tombe le dit encore clairement[44]. De deux choses l'une : ou bien – situation utopique – une communauté est dans l'état de la justice, alors tout est pour le mieux sur terre ; ou bien – ce qui est en général la situation réelle – la justice ne peut s'imposer. Alors règne la nuit, une nuit dans laquelle, comme le dit von der Hardt, on « doit se taire et dissimuler[45] ». Dans ce cas entre en jeu l'herméneutique du discours oblique, de l'habileté « politique » et du récit historique symbolique. Ainsi sont nées les *aenigmata prisci orbis* :

les énigmes des premiers temps, « que les histoires des grands hommes nous ont transmises en les exposant en symboles et en les laissant en souvenir à leurs héritiers charnels de façon très ornée[46] ».

En 1706, alors que son protecteur, le duc Rudolph August de Wolfenbüttel, venait tout juste de mourir, von der Hardt, à l'occasion d'une fête en l'honneur du duc Anton Ulrich, remit à ce dernier une petite *Comödie* manuscrite, un petit livre d'emblèmes plein d'allusions et d'expressions cryptées. Les messages transmis par ces moyens complexes et polysémiques étaient ambivalents. Ils félicitaient le duc tout en lui faisant deviner que, si von der Hardt avait adopté un comportement tranquille, c'était contraint et forcé, comme on le lui avait sans doute suggéré lors d'audiences. Le premier emblème montrait d'emblée Harpocrate (ill. 31), les autres, d'autres figures du silence[47].

Ill. 31. Hermann von der Hardt, *Harpocrate*.

Au cours des années suivantes, la pression exercée sur le professeur s'accrut. À cause de son interprétation rationaliste de la Bible, le conseil de l'université lui interdit en 1712 de donner des cours d'exégèse. En 1727, il fut relevé de toutes ses fonctions universitaires, à l'exception de ses activités de bibliothécaire, puis entièrement mis à la retraite. Son livre de 1723, au titre explicite de *Aenigmata prisci orbis* [Les énigmes des premiers temps], présente au début un emblème sur lequel on voit Harpocrate dans le jardin des Hespérides (ill. 32). Il se trouve devant un jardin baroque avec une villa classique au fond et des statues sur les côtés. Dans le jardin, des plantes délicates, disposées en rangées géométriques, grimpent en s'enlaçant à des piquets. Quatre de ces rangées portent les noms d'Orphée, Homère, Hésiode et Nonnos. Au premier plan se tient Harpocrate, représenté en enfant, tenant une corne d'abondance d'où sortent des fleurs, et faisant le geste qui impose silence[48]. Au-dessus, on lit l'interjection : « St! » L'enfant n'est vêtu que d'un pagne et porte un chapeau. Au-dessus de l'image est inscrit : *Tacita antiquitas*, l'Antiquité silencieuse. Le dos de la feuille reprend le thème harpocratique : sous le titre de *Harpocrates in Alcinoi horto* [Harpocrate dans le jardin d'Alcinoos], on y trouve une série de citations d'auteurs antiques dans lesquelles il est question d'Alcinoos et du jardin des Hespérides[49]. Celles-ci étaient des

Ill. 32. Hermann von der Hardt, *Aenigmata prisci orbis*.

nymphes prenant soin d'un jardin des dieux. Dans l'*Odyssée* d'Homère, Alcinoos, roi des Phéaciens qui accueille Ulysse de manière hospitalière, possède un jardin merveilleux, qui ressemble à celui des Hespérides. Sous la liste, on lit de nouveau à propos de l'Antiquité : « Antiquité hautement féconde, savante, dorée ».

Que veut donc nous dire von der Hardt en associant Harpocrate et le jardin des Hespérides ? Et pourquoi lui joint-il Alcinoos ? Avec ses pommes d'or, le jardin des Hespérides était considéré dans la tradition allégorique comme une référence cryptée à des choses élevées, comme la jeunesse éternelle et la fécondité. Alcinoos, avec son jardin, joue, lui aussi, un rôle important dans l'interprétation allégorique d'Homère par les stoïciens et les néoplatoniciens[50]. Comme von der Hardt parle de l'« Antiquité hautement féconde », le jardin désigne manifestement l'Antiquité elle-même, qui contient d'innombrables sagesses fécondes, quand on sait les « cueillir », c'est-à-dire les déchiffrer. Dans la petite image énigmatique de von der Hardt, Harpocrate est celui qui est parvenu à cueillir ces fruits – tout à fait comme Hercule. C'est ce que montre la corne d'abondance qu'il a en main. Il possède la clef de l'interprétation de l'Antiquité, mais il est prudent et ne la transmet pas. Au lieu de cela, son geste montre qu'il se présente comme un personnage silencieux.

À la fin de ses *Aenigmata prisci orbis*, von der Hardt place une image sombre où, à l'aide de citations de l'Exode et des Actes des Apôtres, il se met dans le rôle de Moïse en Égypte et se plaint amèrement : « Ils n'ont pas compris », ajoutant la question, peut-être dirigée contre le duc en exercice : « Qui t'a établi juge sur nous[51] ? »

L'emploi que fait Hardt d'emblèmes, d'énigmes et de gestes harpocratiques n'est pas tant « ésotérique » au sens de l'hermétisme qu'il n'est la conséquence de son exégèse rationaliste de la Bible. C'est justement parce qu'il voulait ramener l'Écriture sainte à des contextes historiques originaires purement terrestres qu'il dut faire l'hypothèse de l'existence de codes à décrypter. Hardt était en outre adepte d'une herméneutique empruntée aux rabbins d'après laquelle l'objet à interpréter et les circonstances où se trouve l'interprète s'éclairent mutuellement. Or, cette interdépendance produit des énigmes et des déguisements, tout à fait comme dans les romans à clef de la même époque[52].

Qu'en est-il de Weißmüller ? Weißmüller n'aimait pas seulement les symboles et les gestes de l'ésotérisme, mais aussi ses thèmes et ses contenus, non sans nuances. Il avait été l'élève du grand Christian Wolff et avait soigneusement étudié Leibniz et Newton. Il développa un pythagorisme destiné à résoudre des problèmes contemporains concernant la lumière, l'espace, la gravitation et la cohésion qui se posaient dans la monadologie et la philosophie naturelle. Dans son cas aussi, il serait donc erroné de parler simplement d'ésotérisme ou d'hermétisme : « ésotérisme raisonnable[53] » serait plus approprié.

Son implication dans le discours philosophique de son temps ne l'empêcha certes pas de puiser largement dans les ressources d'un symbolisme fanfaron lorsqu'en 1736, il exposa son système en quelques pages seulement, et plus par allusions que par une argumentation explicite. Son système se présentait comme l'élucidation du vieux mystère de la tétraktys. Dans une discussion polémique avec la monadologie de Leibniz, qu'il voulait ainsi modifier et dépasser, il cite, à la fin de son *Analyse des êtres simples et réels*, l'inscription énigmatique *Aelia Laelia Crispis* qui se trouve sur une pierre tombale antique à Bologne[54]. Il s'agissait d'une épitaphe qu'aimaient à interpréter les alchimistes et les penseurs hermétiques – et, dans cette mesure, c'était évidemment un « marqueur » de la position intellectuelle de Weißmuller. Il est vrai qu'il n'avait pas choisi de se qualifier de « penseur hermétique » ou d'« alchimiste », mais de « philosophe platonico-pythagoricien » (*platonisch-pythagoreischer Philosoph*).

En 1742, Weißmüller fait de nouveau appel à des métaphores et à des gestes ésotériques : « Une fois que le voile d'Isis a été soulevé, et après presque sept années de méditations, le Système platonicien géométrique resplendit maintenant dans la lumière[55]. » L'emploi de tous ces concepts et de tous ces motifs est à nouveau un moyen de se distinguer : Weißmüller affirme ainsi que sa pratique philosophique se différencie de celle des disciples de Wolff, avec leur sens des affaires et de la publicité. C'est en même temps un indice de sa prudence, surtout eu égard aux contenus peu orthodoxes de sa philosophie. Le résultat est une pratique de l'allusion – assez caractéristique des habitudes de cour qu'il pouvait connaître à Ansbach. À la fin de son mince *Specimen definitionum philosophiae pythagoricae*, Weißmüller écrit : « Aux sages, cela suffit, pour les autres, c'est déjà trop[56] ! » Et, à l'intention de Gottsched, il déclare qu'il « suspend » son *Systema Platonicum* presque terminé ; il n'a pas non plus fait paraître son *Salomoneis*. Il n'était visiblement pas pressé de publier[57].

Même si cette image qu'il donnait de lui-même lui était nécessaire pour prendre ses distances, son habitus distinctif produisait un effet provocateur et pouvait tout à fait être interprété comme de l'autosatisfaction et une façon de se surestimer. L'auteur d'un compte rendu caricature ainsi ce geste :

> « Il remet ici à tous les géomètres, médecins et grands esprits d'Europe la clef d'un cabinet rempli de curiosités inestimables. Mais finalement, lui-même se retire tout à coup, plein de la modeste satisfaction d'avoir infiniment amélioré et étendu la musique, la métaphysique et la théologie, et apercevant déjà en esprit de nouvelles sciences qu'il a ainsi portées à la lumière[58]. »

L'habitus attirait inévitablement la moquerie, par exemple celle de Luise Gottsched, qui écrivit en 1739 une satire dans le style de Christian Ludwig Liscow, dans laquelle Weißmüller est présenté comme un prédicateur rétrograde et naïf[59]. Rédigée dans le contexte d'une polémique acerbe entre Weißmüller et Ludovici, disciple de Wolff et ami des Gottsched, cette satire reproche notamment à Weißmüller un obscurantisme d'alchimiste.

Si l'on se souvient que Weißmüller avait commis des erreurs dans son appropriation de la science et des mathématiques de son temps, cette interprétation semble en partie justifiée. Quoi qu'il en soit, son estime de soi exagérée était perçue en référence aux types du pédant et du charlatan – tels que les satires de Liscow les avaient présentés, suivant les exemples de Swift, Mencke et Saint-Hyacinthe. Dans ses satires, Luise Gottsched reprenait exactement ce modèle. La réaction de Weißmüller fut de ne plus rien publier à partir de ce moment. Il écrivit à Johann Heinrich Wolff, en pensant à Ludovici : « Les choses spirituelles doivent pourtant être jugées spirituellement, c'est pourquoi Harpocrate se tait jusqu'à ce qu'il plaise à la sagesse divine de jeter une lumière plus claire sur la connaissance disparue[60]. » Weißmüller, blessé, se retire. Il n'écrit plus que pour lui-même, envoyant, dans le meilleur des cas, des lettres aux académies européennes pour leur faire part des résultats de ses réflexions. Il promet le système élaboré de son pythagorisme particulier à ceux qui le lui demandent directement par lettre. L'aura « quiconque le veut et le demande sans regretter son désir » : « comme l'ombre de la vraie sagesse ignore les moqueries et l'envie, vivez bien, soutenez, corrigez, complétez, et envoyez des critiques, si vous le souhaitez, à Ansbach[61] ».

Andreas Clavius s'intéressait lui aussi à la monadologie de Leibniz. En 1747, il répondit à la question sur les apports de la monadologie, mise au concours par l'Académie royale de Berlin[62]. Mais ses deux contributions sortent du cadre du concours : elles sont cryptées et placées sous l'« emblème » d'Ulysse, rentrant chez lui après avoir erré pendant vingt ans. Ainsi la philosophie, après deux mille ans, est-elle de nouveau arrivée dans sa patrie, pour ainsi dire à la cour d'Alcinoos, c'est-à-dire à celle de Frédéric-Guillaume Ier à Berlin. Le lieu ainsi désigné est celui où Leibniz a créé son académie ; mais l'idée est exprimée dans le lexique mythologique d'une Antiquité codée qu'avait aussi employé von der Hardt.

Dès 1741, dans son livre *Philosophiae antiquissimae et recentissimae prodromus*, Clavius avait parlé avec emphase de l'attitude héroïque de l'intellectuel sur la défensive : « La vérité permet qu'on la presse, non qu'on l'oppresse ; quand on la presse, elle devient plus vigoureuse, sans quoi il n'y aurait rien que de la fausseté[63]. » Clavius a ici très clairement à l'esprit une devise d'emblème : *Veritas premitur non opprimitur*, « on peut presser la vérité, non l'oppresser[64] » (ill. 33). Mais il lui a ajouté une autre devise : *premendo virescit* – « quand on la presse, elle devient plus vigoureuse ». C'est une allusion à une idée de la philosophie naturelle de l'Antiquité, ce qu'on appelle l'antipéristase[65]. Selon Aristote et d'autres, quand la chaleur est entourée de froid, elle se condense en elle-même et devient ainsi plus forte. La devise *Virtus laesa magis lucet* (« la vertu blessée brille davantage ») exprime une idée analogue[66].

Ill. 33. « Veritas premitur non opprimitur », tiré des *Selectorum emblematum centuria secunda* de Gabriel Rollenhagen.

Comme von der Hardt et Weißmüller – et comme Theodor Ludwig Lau, que l'on a rencontré dans les chapitres précédents –, Clavius est manifestement quelqu'un qui est marqué par la pensée emblématique. Elle lui sert à faire de sa position défensive un avantage, au moyen d'une pseudo-argumentation. Les argumentations de ce genre sont très instructives pour une histoire culturelle de la vérité[67]. Dans son livre, Clavius mentionne deux remparts pour résister aux ennemis de la vérité. Le premier : « D'elle-même, la vérité ne force personne à l'accepter, comme le fait le mensonge, mais elle préfère céder et est plus rapide à fuir ses ennemis. » Cette dernière expression renvoie encore aux métaphores et aux emblèmes de la philosophie vitaliste de la nature. « La vérité », poursuit Clavius,

« est par elle-même consciente d'être un bienfait pour les hommes. Aussi répond-elle aux objections de ses ennemis par le silence, afin de ne pas écraser sous les bienfaits des ennemis qui n'en sont pas dignes[68] ». L'harpocratisme apparaît de nouveau comme dernière instance. Le silence est une question d'honneur, de dignité[69]. Un aristocratisme latent marque le geste de retrait. Et il est aussi déterminant pour le deuxième rempart : « La vérité a édifié le deuxième rempart avec circonspection, prudence et sagesse. La vérité est en effet elle-même la circonspection, la prudence et la sagesse[70]. » Tandis que, dans le premier rempart, l'harpocratisme est un habitus défensif ayant trait à l'honneur, il devient offensif dans le deuxième, sous la forme de la *prudentia*. Et comme Colli le savait déjà, tous deux vont de pair.

Communautés émotionnelles

Dans l'Allemagne du XVIIIe siècle, on rencontre, comme des îles au milieu de l'océan, certaines communautés émotionnelles et intellectuelles unies par de faibles liens d'origine et de communication. Elles cultivent des gestes communs et partagent un même langage iconographique. Ce langage imagé « harpocratique » relève d'un « ésotérisme raisonnable », que l'on doit cependant se garder d'hypostasier dans le sens de certaines doctrines. Il s'agit bien plutôt d'un habitus déterminé dans le champ intellectuel. Il faut comprendre certains termes utilisés pour se qualifier soi-même – comme « pythagoricien » ou « théosophe » – comme des actes de communication, des propositions d'interprétations à l'intention de destinataires précis. Ces propositions étaient formulées dans le cadre de débats sur les interprétations des données et des méthodes scientifiques, de tensions entre différentes attitudes de communication cherchant à se distinguer. Elles faisaient partie de programmes de recherches plus vastes, par exemple d'un « programme réaliste » chez Weißmüller, s'opposant à l'« idéalisme » de Leibniz. Elles avaient une profondeur particulière en termes d'histoire de la philosophie, remontant surtout – ce qui est atypique pour l'époque – à la Renaissance et, de là, à l'Antiquité tardive. Elles étaient marquées par des espaces de liberté particuliers comme celui de la cour et par des espaces de conflits comme celui de cette ville des livres qu'était Leipzig. Tous les acteurs subissaient des contraintes spécifiques.

Je crois qu'il faut mentionner tous ces paramètres quand on parle d'ésotérisme des Lumières ou d'harpocratisme, sous peine de fixer des positions bien arrêtées mais qui n'existaient pas[71]. Cela nous permet surtout de ne pas être victimes de la polémique de l'époque, dans laquelle les Ludovici et les Liscow, occupant une position de force littéraire et éditrice, détenaient sans nul doute les meilleures cartes. À titre de correctif contre de telles déformations et dans un effort pour rendre son vrai visage à l'ésotérisme raisonnable, il peut être également bon de repérer des positions comparables à celle de Weißmüller dans d'autres champs intellectuels, plus tardifs, dans lesquels certains « facteurs de perturbation » n'interviennent plus.

Dans la suite du XVIIIe siècle, telle est ma supposition, ces communautés seront de plus en plus absorbées par l'essor de la franc-maçonnerie. Elles s'y intègrent et participent au processus que Reinhart Koselleck a appelé la formation d'un espace social intérieur[72]. Il n'est pas inintéressant d'interpréter ce processus – dans la mesure où l'harpocratisme contribue à le déterminer – comme une réaction contre des expériences de l'échec et de la dérision. Par exemple, lors de la question sur la monadologie mise au concours en 1747, comme on pouvait s'y attendre, Clavius fit partie des perdants. Mais cet échec l'a conduit à participer à la fondation d'une société secrète[73]. On peut donc bien dire que l'harpocratisme s'épanouit dans une culture de l'échec[74].

8. *Sapere aude*. La vertu épistémique dans une perspective historique

Épistémologie des vertus

Il y a depuis plusieurs années d'intenses discussions en philosophie à propos des vertus épistémiques. Ernest Sosa a introduit en 1980 le concept de vertu intellectuelle dans les débats sur la théorie de la connaissance, afin de mettre fin au débat aporétique entre *foundationalists* et *coherentists* en en prouvant le caractère superflu[1]. Il proposa de se concentrer sur les vertus individuelles plutôt que sur les caractéristiques des états de conviction. Depuis lors, Sosa a développé son épistémologie des vertus sous forme d'une analyse complexe du savoir en termes de théorie de la performance, en particulier dans son livre *Knowing Full Well* : quiconque a une conviction est comme un tireur à l'arc qui exerce l'action de viser et de tirer. La normativité épistémique consiste d'abord dans le fait d'exécuter ces actions de manière compétente. Elle recourt donc aux qualités de la personne. Mais en même temps, à un niveau plus élevé, elle consiste dans le fait que le tireur sait évaluer si et quand il doit décocher sa flèche[2].

En toute rigueur, le concept de vertu chez Sosa – et chez ses successeurs[3] – n'est volontairement pas très élaboré ; il s'épuise dans le recours à certaines compétences, fiabilités et estimations de risques. Mais les esprits que Sosa a invoqués n'ont pas manqué de se manifester. Sa proposition a incité à tenter de mettre explicitement en relation la théorie de la connaissance avec les discussions les plus récentes sur l'éthique des vertus. Des auteurs s'inspirant d'Aristote comme Alasdair MacIntyre ont fait intervenir, contre une éthique purement normative, le concept de vertu et la situation du comportement éthique dans des communautés sociales[4]. À la suite de ces efforts, Linda Zagzebski a présenté, dans *Virtues of the Mind*, une authentique épistémologie des vertu[5]. Ici aussi, les qualités individuelles fournissent le fondement d'une analyse du savoir, mais Zagzebski plaide pour une concentration sur la personne dans son ensemble et sur sa situation, de même que les théoriciens des vertus conçoivent celles-ci en relation avec toutes les qualités de la personne. Les véritables actes cognitifs sont alors à peu près ce que les personnes possédant les vertus intellectuelles appropriées feraient dans certaines circonstances. James Montmarquet a fait observer qu'une personne épistémiquement vertueuse devrait satisfaire à sa « responsabilité épistémique[6] ». De même, Zagzebski met elle aussi en parallèle le devoir moral et le devoir épistémique : « Une conviction est un devoir épistémique *stricto sensu*, dans certaines circonstances, si, et seulement si, il est injustifié de ne pas en être convaincu[7]. » Dans une perspective aristotélicienne, la vertu ne comporte pas seulement une composante motivationnelle, mais aussi un élément de fiabilité. Aussi celui qui agit pour de mauvaises raisons – d'un point de vue interne – ne peut-il passer pour vertueux, ni celui dont les actions n'ont pas de succès. Zagzebski analyse donc le concept de savoir d'une façon qui n'est ni purement externe, ni purement interne[8].

Courage intellectuel

Dans la perspective de ces réflexions épistémologiques, les efforts historiques pour lier la connaissance à un courage spécifique apparaissent sous un jour nouveau. La devise des Lumières par excellence attire tout particulièrement l'attention : *Sapere aude !* Kant la cite dans son texte de 1784 qui fit date, « Réponse à la question : qu'est-ce que les Lumières ? » Et il ajoute : « Aie le courage de te servir de ton propre entendement ! Voilà la devise des Lumières[9]. » L'expression *sapere aude* vient d'Horace, qui écrit dans sa lettre à Lollius : « C'est avoir fait la moitié de l'ouvrage que d'avoir commencé ; ose être sage, / Commence. Quiconque remet à plus tard de vivre avec sagesse / Est comme le paysan qui attend que la rivière ait fini de s'écouler[10]. » Chez Horace, il s'agissait en toute innocence d'un encouragement pratique – il n'y était pas question de savoir philosophique ni de Lumières. Mais Kant incite au courage et à l'exercice propre de la pensée. Pour le dire dans les termes de l'éthique des vertus : on en appelle ici au devoir et à la responsabilité épistémiques impliquant de développer des convictions et de les examiner rationnellement.

Un regard porté sur l'histoire de la réception de cette citation d'Horace à l'époque moderne nous aidera peut-être à comprendre comment on en est venu à lui donner un sens épistémique. Quels sont les contextes qui ont joué un rôle dans cette histoire ? Comment concevait-on la responsabilité épistémique ? Et où Kant a-t-il trouvé l'interprétation de cette citation comme « aie le courage de te servir de ton propre entendement ? » Quelle est la source de sa citation ?

Les chercheurs italiens ont parfois été plus attentifs aux mots d'ordre des Lumières allemandes que les Allemands eux-mêmes. En 1959-1960,

Ill. 34. Médaille des aléthophiles.

deux historiens italiens, Franco Venturi et Luigi Firpo, ont rivalisé pour dépister les devises célèbres. Professeur d'histoire à Turin, Franco Venturi a retracé la préhistoire de la devise kantienne au XVIIIe siècle et il est tombé sur une piste tortueuse qui reflète la diversité de ce que pouvait alors signifier le terme de « Lumières »[11].

Il n'évoque cependant pas la conférence inaugurale programmatique prononcée par Melanchthon en 1518 à Wittenberg, *De corrigendis adolescentium studiis*. Melanchthon termine son discours en invitant les étudiants à oser s'approprier le savoir (*sapere audete*), à révérer les anciens latins et à admirer le grec comme étant le fondement du latin[12]. La citation d'Horace lui sert à encourager aux études, mais cela ne vaut clairement que dans le contexte humaniste d'un travail sur les auteurs antiques. Elle n'a pas encore le sens d'un plaidoyer pour un usage autonome de la raison. L'enquête de Venturi l'a aussi conduit dans un autre siècle : chez les aléthophiles, petite société savante fondée en 1736 autour du comte Manteuffel pour diffuser la philosophie de Christian Wolff – et pour la défendre contre des attaques venues de cercles religieux conservateurs[13]. Gottsched en faisait partie à Leipzig de même que le doyen Reinbeck, à Berlin. Dans le style des sociétés italiennes de l'époque, les aléthophiles eurent aussi l'idée de faire frapper une médaille ornée d'un motif emblématique surmonté du titre « Sapere aude » (ill. 34). Selon Venturi, à partir de la frappe de cette médaille, on relève de nombreuses utilisations de la citation d'Horace au frontispice d'ouvrages des Lumières. L'éventail va de l'œuvre de Constantin Franz von Cauz, un Viennois qui combattait la persécution des sorcières, jusqu'à la traduction par Christian August Wichmann de *Characteristics of Men, Manners, Opinions, Times* de Shaftesbury[14].

Un an après l'article de Venturi, Firpo surenchérit : on pouvait déjà trouver la citation d'Horace chez Pierre Gassendi, philosophe libre penseur et sceptique[15]. D'après Firpo, Samuel Sorbière, un autre libre penseur, avait parlé, dans sa biographie de Grotius, d'un album dans lequel ses maîtres avaient noté à son intention des devises sur la vie, dans les années 1640. Parmi ces maîtres se trouvait notamment Gassendi, qui se fit connaître comme atomiste et adversaire de Descartes[16]. Rassembler des sentences était alors courant parmi les étudiants, c'était une ramification de la mode des livres d'emblèmes et des devises héraldiques. Aussi Gassendi écrit-il dans l'album du jeune Sorbière *Sapere aude*, paraissant ainsi faire une déclaration en faveur de la liberté de l'esprit et de l'absence de préjugés. Mais Firpo insiste sur le fait qu'il ne faut pas interpréter à tort cette liberté comme de l'incroyance : à la différence de certains libertins érudits de son entourage, Gassendi pensait pouvoir concilier le christianisme et la libre science. Quoi qu'il en soit, dans certains cercles privés du XVIIe siècle, la citation d'Horace était bien connue comme devise de la liberté de pensée.

La médaille des aléthophiles

Il y a peu, un historien de Leipzig, Detlef Döring, est parvenu à se rapprocher encore un peu de la solution de l'énigme concernant la préhistoire de la devise des Lumières[17]. Grâce à la correspondance de Gottsched, il a découvert que la médaille des aléthophiles avait été conçue par le philosophe Johann Georg Wachter. Celui-ci n'est plus un inconnu en philosophie : depuis que ses écrits de critique religieuse ont été édités et réimprimés par Winfried Schröder, il a été réhabilité comme l'un des penseurs radicaux les plus importants de la *Frühaufklärung* allemande[18]. Il avait anticipé la thèse de Gershom Scholem sur l'influence exercée par la Kabbale sur Spinoza (comme l'a relevé Scholem lui-même) ainsi que l'idée, encore ardemment discutée aujourd'hui depuis la découverte des manuscrits de Qumrân, selon laquelle le christianisme a été marqué par la secte des Esséniens. Le fait qu'il ait été aussi un ancêtre de la devise kantienne des Lumières confirme son importance.

Döring suppose qu'il y a eu des sympathies mutuelles entre Wachter et le cercle de Gottsched, à Leipzig. Wachter était certes une *persona non grata*, puisqu'il avait commis l'erreur de se déclarer spinoziste, ce qui revenait alors à prononcer sa propre sentence de mort sociale. Mais Gottsched et sa femme ont prudemment essayé de créer un petit espace où le philosophe amer et appauvri fût accepté[19]. Cela se traduisit entre autres par le fait de lui demander conseil lorsqu'il fut question de concevoir une médaille commémorative pour la Société des aléthophiles.

Wachter fit aussitôt quatre propositions de représentations emblématiques pour la médaille des « amis de la vérité » : la Vérité avec un flambeau en main ; un globe terrestre entouré d'une chaîne ; le système copernicien du monde ; une tête de Minerve avec les portraits de Socrate et de Platon en bas-relief sur son casque. Si la première proposition renvoie à une image courante des « Lumières », il est intéressant de réfléchir aux autres motifs, surtout dans le contexte de la devise *sapere aude* que Wachter proposait pour ces emblèmes.

On trouve un globe terrestre entouré d'une chaîne et la représentation d'un système du monde sur la gravure de titre du livre hermétique célèbre et richement illustré de Robert Fludd, *Utriusque Cosmi Maioris et Minoris Metaphysica, Physica atque Technica Historia… Tomus Primus De Macrocosmi Historia* de 1617[20]. Horst Bredekamp a souligné l'importance qu'a eue cette page de titre gravée par Matthias Merian pour le *Léviathan* de Thomas Hobbes[21]. Pour Wachter aussi, ce livre semble avoir eu une signification particulière. Sa pensée spinoziste, qui avait également intégré des éléments de la Kabbale et de l'hermétisme, était familière du motif de la chaîne de la nature telle qu'elle était représentée sur le frontispice de Fludd. Dans l'« Asclépius » du *Corpus Hermeticum*, il est question d'« une chaîne continue dont le premier maillon est dans la main de Dieu[22] ». Le spinoziste qu'était Wachter pouvait y retrouver la doctrine de Spinoza de l'enchaînement ininterrompu des choses (ou des idées) qui a sa cause immanente en Dieu. À partir de là, il pouvait indiquer sa proximité avec le wolffianisme des aléthophiles, qui, en bons disciples de Leibniz et de Wolff, avaient fait de la chaîne ininterrompue de causes et de raisons leur principe de croyance : « Ne considérez rien comme vrai, ne considérez rien comme faux, tant que vous n'êtes pas convaincus par une raison suffisante[23]. »

Ce principe de raison suffisante avait fait soupçonner Wolff de déterminisme, donc de spinozisme, et lui avait fait perdre son poste de professeur à Halle[24]. La proposition de Wachter d'un emblème présentant un motif de chaîne accompagné de la devise *sapere aude* aurait été une allusion à ce contexte qui n'aurait pas manqué de piquant ; elle lui aurait en outre donné la possibilité d'introduire en contrebande son spinozisme kabbalistique et hermétique dans la propagande des Lumières. Mais il en alla autrement. Le comte Manteuffel choisit le quatrième motif, montrant Minerve (déesse de la sagesse) avec son casque. Et l'on se mit d'accord pour ne pas représenter sur le casque les têtes de Socrate ni Platon, mais celles de Leibniz et de Wolff.

Johannes Bronisch a signalé que Manteuffel lui-même – et avec lui la Société des aléthophiles – n'était en rien spinoziste ni critique envers la religion[25]. Il discuta longuement des projets de médaille avec Johann Christoph Gottsched et sa femme[26] ; on envisagea de ne pas interpréter le *sapere aude* comme une invitation au lecteur mais seulement comme la description des efforts intellectuels héroïques de Leibniz et de Wolff : *Sapere audent*. Les aléthophiles ne pensaient donc pas en premier lieu à l'idée de propager un usage autonome de la raison. Leur propos était de démontrer l'importance (et le caractère orthodoxe) de la pensée de Wolff. Manteuffel était un amateur d'Horace : plusieurs années avant la frappe de la médaille (et bien avant Frédéric le Grand), il avait fondé un « Ordre de Sans Souci » dans l'esprit d'Horace, et c'est pourquoi – mais c'est aussi la seule raison – il avait approuvé la proposition de Wachter[27].

Lorsque la médaille fut frappée, on l'envoya aux membres de la Société des aléthophiles en guise de confirmation de leur appartenance à l'union des adeptes de la philosophie de Wolff. Cette distribution – une forme indirecte de publication – eut un assez grand effet dans lequel intervenait quelque chose comme une vertu épistémique, surtout quand les membres percevaient la médaille en relation avec une des règles fondamentales de leur société : ne contredire aucun énoncé dont la vérité serait démontrée par d'autres personnes « dont les idées sont plus justes que les vôtres », pour des raisons seulement basses, « par orgueil, obstination, ou par d'autres causes non raisonnables »[28]. Au cours des décennies suivantes, la notoriété de la devise *sapere aude* est facile à montrer du fait de la diffusion de la médaille. Venturi mentionne par exemple Stanislaw Konarski, réformateur polonais, pour qui on frappa une médaille avec l'inscription *Sapere auso* (« à celui qui a osé savoir ») : sous forme substantivée, la devise horatienne devait le désigner comme penseur éclairé.

Mais il y avait encore bien du chemin à parcourir pour arriver à Kant. Il est surprenant de voir cette devise, peu d'années après la publication de la médaille en 1740, orner une traduction allemande de Shaftesbury, *Die Sitten-Lehrer oder Erzehlung philosophischer Gespräche, welche die Natur und die Tugend betreffen* [Les moralistes, ou récit de conversations philosophiques à propos de la nature et de la vertu], parue en 1745[29]. Le traducteur anonyme était Johann Joachim Spalding, théologien alors âgé de trente ans et qui devait faire sensation peu après avec son livre *Bestimmung des Menschen*. Il est probable que Spalding, qui travaillait à l'époque comme secrétaire de l'envoyé de Suède à Berlin, von Rudenskjöld, ait été en contact avec les activités des aléthophiles. Il n'était pas seulement ami depuis longtemps d'un de leurs membres, Johann Joachim Schwabe, il avait aussi choisi comme éditeur de son livre Ambrosius Haude, qui était lui-même un ami de Manteuffel et un aléthophile. La présence de la devise *sapere aude* en page de titre de sa traduction peut donc tout à fait être interprétée comme une volonté de situer la philosophie de Shaftesbury dans le contexte du wolffianisme des aléthophiles[30]. Cela a échappé au flair de Venturi et de Firpo, de même que les œuvres comparables – mais qui n'ont pas eu le même succès – imprimées par Haude, comme son édition d'Horace (avec la Minerve de la médaille des aléthophiles en page de titre) ou la revue hebdomadaire *Der Freygeist*, rédigée par Christlob Mylius, un cousin de Lessing, et qui prend comme devise la citation d'Horace[31].

Une autre œuvre leur a échappé, au centre de laquelle se trouve ouvertement placée la devise d'Horace, dans une perspective philologique. En août 1754, à Göttingen, Johann Philipp Murray soutint une thèse qui présentait un commentaire philosophique du *sapere aude*. Âgé de vingt-huit ans, Murray était alors secrétaire de la Königliche Teutsche Gesellschaft de Göttingen, qui se concevait comme un rejeton de la Deutsche Gesellschaft de Gottsched. Dans sa thèse, Murray laisse clairement deviner ses sympathies pour le wolffianisme et signale dès le début que cette devise, qui a toujours eu beaucoup d'importance pour lui, est inscrite sur une médaille des aléthophiles, une société « qui existe encore aujourd'hui » – un peu comme s'il voulait recruter de nouveaux membres pour les aléthophiles[32].

Quand Kant reprit la devise en 1784, il avait donc eu de nombreuses possibilités de la rencontrer. La traduction de Shaftesbury par Spalding semble une source très plausible, car la réception de Shaftesbury en Allemagne puis le livre *Bestimmung des Menschen* donnèrent une puissante impulsion à se détourner de la métaphysique spéculative et à placer au cœur des Lumières la question d'une autodétermination rationnelle – comme point de référence à partir duquel même la philosophie théorique pouvait être définie[33]. Quoi qu'il en soit, les possibilités qui s'offraient à Kant remontent principalement à la médaille de Wachter de 1740. Cela fait dresser l'oreille : le fait que ce soit justement un libre penseur comme Wachter qui ait été le pivot par lequel la devise *sapere aude*, choisie par Kant pour servir de devise aux Lumières allemandes, a connu sa diffusion décisive ne jette-t-il pas un jour particulier sur l'histoire souterraine des Lumières allemandes, sur l'histoire de son savoir précaire ? Et cela même si la Société des aléthophiles en tant que telle avait un profil plutôt conservateur, allant dans le sens des Lumières modérées[34] ? On peut en effet – ce que Döring ne fait pas – se demander quels éléments d'esprit radical cette devise a permis d'introduire en contrebande dans la pensée des Lumières. Souvenons-nous des éventuelles idées hermétiques et spinozistes présentes à l'esprit de Wachter dans le cas du motif de la chaîne. Dans les Lumières allemandes, qui restaient en général modérées, beaucoup d'idées radicales n'ont pu exister que sous forme de produits de contrebande. Peut-on retrouver la position critique de Wachter à l'égard du christianisme dans sa proposition ? Sans aucun doute. Comme Firpo l'a déjà signalé, on ne peut comprendre l'histoire de la citation d'Horace à l'époque moderne que si l'on reconnaît qu'elle se trouve dans un rapport de tension avec un motif opposé, celui des mots de saint Paul, *Noli altum sapere, sed time* (« Ne sois pas orgueilleux, mais crains », Épître aux Romains, XI, 20). À l'époque moderne, on a interprété de manière erronée, volontairement ou non, les termes *altum*, qui désignait l'orgueil, et *sapere*, qui ne renvoyait nullement à un savoir théorique, comme s'ils signifiaient : « Tu ne dois pas connaître les choses élevées, qui ne te sont pas autorisées. »

La visée anti-orthodoxe

Un troisième historien italien, Carlo Ginzburg, s'est intéressé en 1976 à ce motif dans le cadre de son travail sur les interdits qui empêchent la culture populaire d'avoir accès à la culture établie[35]. La phrase de saint Paul interprétée en termes de savoir constitue un de ces interdits. Poursuivant les indications de Firpo dans les sources emblématiques, Ginzburg a également fait des trouvailles à propos de *sapere aude* : en 1618, Florentius Schoonhovius, un savant hollandais dont la devise *Sapiens supra Fortunam* nous a déjà permis de déchiffrer l'allégorie de Pietro Della Vecchia[36], avait employé précisément cette devise dans ses *Emblemata* ; il l'avait fait inscrire fièrement au-dessus de son portrait, au début de son livre (ill. 35)[37]. Ginzburg a ainsi probablement trouvé la source de l'inscription de Gassendi dans l'album de son élève ; comme les autres savants, Gassendi avait cherché dans un livre d'emblèmes une devise qui convienne. Le livre de Schoonhovius lui sera alors tombé entre les mains et l'aura incité à placer la citation d'Horace dans le contexte de ses propres idées de libre penseur.

Ill. 35. Florentius Schoonhovius, *Emblemata partim moralia, partim etiam civilia.*

Chez Schoonhovius lui-même, la devise se trouve encore dans un contexte tout à fait ambivalent. Schoonhovius était un néostoïcien, dans la mouvance de la réévaluation de la philosophie stoïcienne de la modération, de la prudence politique et de la limitation de soi que Juste Lipse avait lancée à la fin du XVIe siècle[38]. Ce stoïcisme forme précisément le point auquel pouvait se rattacher la philosophie de l'autodétermination, à la suite de Shaftesbury et de Spalding, dans la seconde moitié du XVIIIe siècle. Schoonhovius place en tout cas le *sapere aude* au-dessus de son portrait dans la perspective des trois premiers emblèmes de son livre qui traitent tous, de différentes manières, du savoir. On lit sous le premier emblème : *Nosce te ipsum*, « Connais-toi toi-même » ; sous le deuxième, *Sapiens supra fortunam*, « Le sage est au-dessus de la Fortune » ; suit enfin

Altum sapere periculosum, « Il est dangereux de connaître des choses élevées », une variante de l'interdit formulé par saint Paul auquel s'est intéressé Ginzburg. Pour une histoire culturelle du savoir et de la vérité, ces relations sont significatives. Par « choses élevées », Schoonhovius entend surtout les litiges théologiques entre confessions, qu'il détestait – ce qui n'a rien d'étonnant pendant ces années qui voient le synode de Dordrecht et la division du calvinisme hollandais. Il cherchait apparemment à atteindre un équilibre entre une prise de position en faveur d'un savoir indépendant et l'humilité chrétienne face à l'*hybris* intellectuelle. Il le trouve en interprétant le savoir comme une limitation de soi et un renoncement aux spéculations aventureuses.

On le voit : le *sapere aude* de l'époque moderne – malgré son adoption précédente par Melanchthon – a pris forme dans un mouvement de démarcation par rapport à la théologie, que ce soit dans l'habitus de la modération de soi stoïcienne, ou dans la variante plus agressive de la nouvelle science indépendante. Il n'est pas difficile de reprendre maintenant les différents fils et de les joindre. Wachter était familier des livres d'emblèmes depuis qu'il avait travaillé comme conseiller en matière d'emblèmes à la cour de Berlin. Depuis 1705, comme son spinozisme lui avait interdit toute carrière universitaire, il avait dû gagner sa vie à Berlin en inventant des devises et des inscriptions accompagnant des images emblématiques pour des occasions particulières. En 1723, quand il perdit son poste à Berlin et qu'il partit s'installer à Leipzig, il continua d'exercer ce métier : il était désormais chargé de la collection de monnaies et de médailles de la bibliothèque de l'hôtel de ville de Leipzig. Il a sans nul doute eu connaissance du livre d'emblèmes de Schoonhovius, très diffusé, ainsi que de la devise *sapere aude* qu'il contient. Mais il ne pouvait pas savoir que Gassendi s'était approprié cette devise en l'interprétant dans un sens moderne, car le récit de Sorbière n'avait alors pas encore paru. Wachter interprète néanmoins cette devise de manière tout à fait analogue au penseur français : comme devise de la raison autonome et de la liberté de pensée indépendante des dogmes religieux.

Les aléthophiles de Leipzig et de Berlin n'en étaient pas vraiment conscients. Ils ne combattaient pas avant tout l'orthodoxie luthérienne, s'efforçant plutôt de rendre le wolffianisme tolérable pour cette dernière. Mais l'enthousiasme de Manteuffel pour Horace lui avait fait accepter la proposition de Wachter, dont la tendance à produire un sens autonome ne redevint manifeste qu'avec la réception de la médaille. La contradiction entre l'intention de Manteuffel et le « sous-marin » de Wachter devint en effet vite claire aux yeux des observateurs attentifs : le geste de liberté était-il compatible avec l'attachement partisan, presque sectaire, à la philosophie de Christian Wolff ? Plusieurs contemporains eurent tôt fait de reconnaître ce paradoxe de la médaille des aléthophiles et de le critiquer.

Wachter avait plaidé pour qu'on grave les profils de Socrate et de Platon, mais on ne l'avait pas suivi. Ainsi, fin 1740, dans plusieurs lettres publiées dans la revue *Historische-Münz-Belustigung*, un auteur anonyme critiqua « les applaudissements presque aveugles » que l'on donnait à Wolff avec cette médaille[39]. Avec une ironie bien perceptible, il propose de choisir une autre devise d'Horace, *Sapiens uno minor est Iove*, ce qu'il traduit de la manière suivante : « Seul Dieu surpasse le philosophe. » Une telle formule est à sa place là où Wolff est considéré comme le philosophe par excellence, là où l'on pense implicitement que « les autres bâcleurs [...] [devraient] toujours servir de portiers ». Horace avait bien sûr déjà ironisé lui-même sur cette sentence : le sage est roi – à moins qu'il ne soit enrhumé[40].

Döring suppose, sans doute à juste titre, que l'auteur anonyme vient vraisemblablement du milieu d'Adolph Friedrich Hoffmann et de Christian August Crusius[41], des philosophes de Leipzig qui s'opposaient à la domination des adeptes de Wolff et se référaient plus volontiers à la pensée de Christian Thomasius. Ce dernier avait toujours mis en garde contre le fait de surestimer le savoir intellectuel et de se lier à des « sectes ». Crusius a eu plus tard une forte influence sur Kant, et il est donc logique que la critique anonyme laisse entrevoir ce par quoi le *sapere aude* de Kant se différencie de la devise de la médaille des aléthophiles. C'est l'adieu de Kant à tout attachement à une secte ; le sujet des Lumières est tout individu en lui-même, et non pas celui qui prend pour modèle un édifice doctrinal, aussi avancé fût-il. Aie le courage de te servir de ton *propre* entendement, lit-on chez Kant. Aie le courage d'assumer ta responsabilité épistémique.

Planche I. Salvator Rosa, *Le Mensonge*.

Planche II. Ary de Vois (attribué à), *Portrait d'Adrian Beverland*.

Planche III. Copie d'un tableau attribué à Jacob Huysmans, *Portrait du comte de Rochester.*

Planche IV. Portrait de Theodor Ludwig Lau.

Planche V. Pietro Della Vecchia, *Allégorie*.

Planche VI. Pietro Della Vecchia, *Portrait d'un jeune homme.*

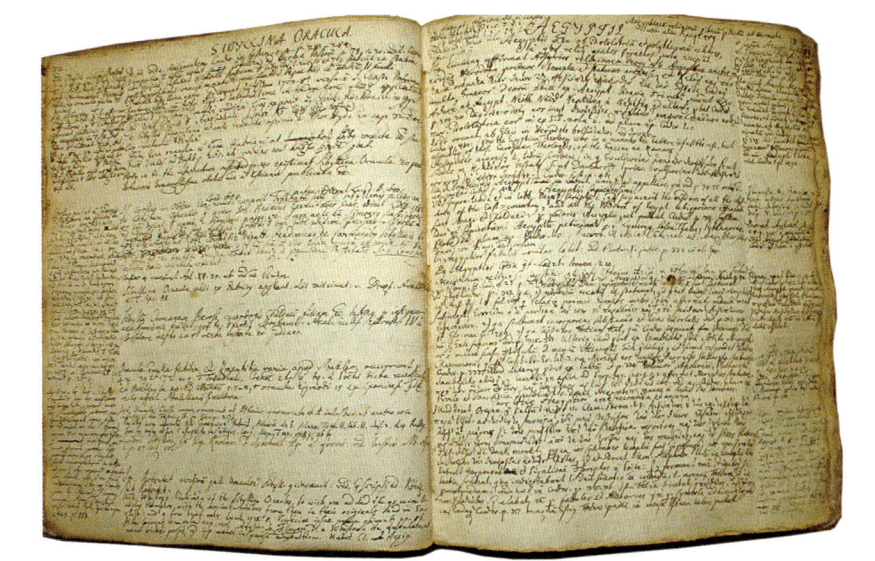

Planche VII. Johann Christoph Wolf, *Oracula Sibyllina*.

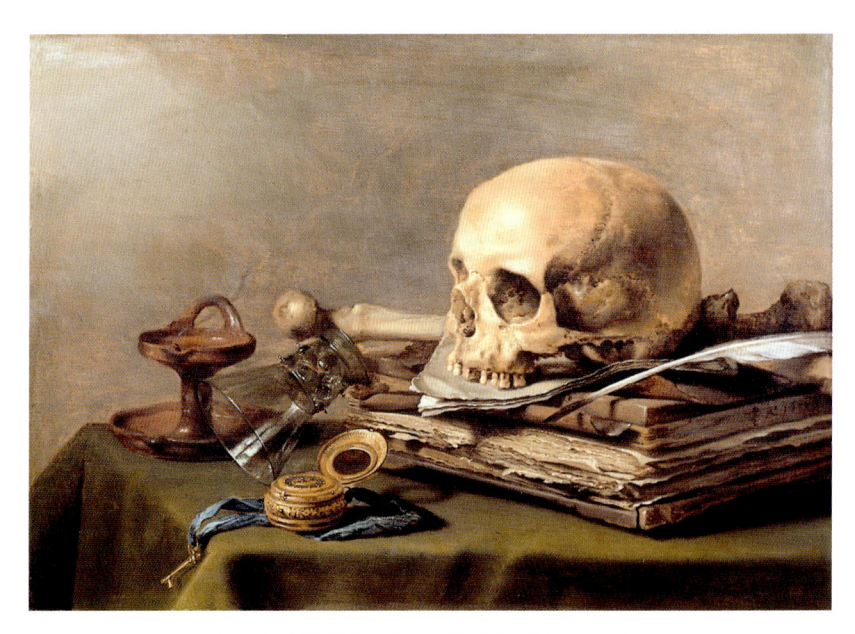

Planche VIII. Pieter Claesz, *Vanité – Nature morte.*

Planche IX. Jan Davidszoon De Heem, *Nature morte aux livres.*

Deuxième partie

Fragilités et implications
de la bourgeoisie savante

III. Transferts problématiques

Dans les sciences historiques, les théories du transfert ne manquent pas, mais celle du « transfert culturel » a donné lieu, ces dernières années, à d'innombrables travaux[1]. Cette théorie consiste à mener une étude analytique précise des processus de décomposition et de recomposition qui accompagnent le passage de théories, de concepts, de motifs, d'images ou de littérature d'une culture nationale à une autre. Cette étude peut devenir une véritable « histoire croisée[2] », très réfléchie d'un point de vue méthodologique, prenant en compte les changements de perspectives et les phénomènes d'interpénétrations multiples. À l'époque moderne, les conditions d'une Europe divisée en zones culturellement et nationalement distinctes ne sont que partiellement réunies : cette époque assiste certes à la formation d'États territoriaux, mais elle ne connaît pas encore l'idée de « nation[3] ». Par ailleurs, s'agissant de savoir précaire, la question du transfert de savoir présente alors des problèmes bien plus spécifiques que ceux des recontextualisations dans des milieux culturels différents. Ces derniers existent, bien sûr, par exemple dans les cas de transfert d'hérésie, lorsque certains courants religieux, socialement marginaux et persécutés, trouvent un terrain d'accueil dans d'autres religions[4] – mais les problèmes de transfert commencent le plus souvent bien avant le passage dans une autre culture. J'en ai déjà donné des exemples dans le chapitre 1, où l'on a vu combien les libres penseurs allemands étaient isolés, combien il leur était difficile de faire imprimer leurs textes ou de trouver des adeptes. Le chercheur qui s'intéresse à la circulation et à la propagation des idées radicales doit donc se mettre en quête de ce que j'ai appelé ailleurs des « constellations diachroniques » (*Konstellationen über Zeit*), c'est-à-dire qu'il doit chercher les traces d'une nouvelle assimilation du savoir radical par l'acquisition de manuscrits, dans des enchères ou sous le manteau[5]. Les libres penseurs s'approprient les textes de leurs prédécesseurs en partie en intervenant dans ces textes et en leur donnant pour ainsi dire un prolongement[6]. Il faut donc suivre le trajet de ces manuscrits pendant des décennies, voire des siècles. Ici aussi, des processus de décontextualisation et de recontextualisation ont lieu, comme l'a montré le chapitre 4 par l'exemple de l'appropriation spécifique de Vanini par le *Frühaufklärer* Arpe. Mais ce sont surtout les essais de « sauvetage » historico-littéraire décrits dans le chapitre 5 qui témoignent des problèmes spécifiques à ce type de transfert où le savoir est rare et matériellement menacé.

Avec le chapitre 9, qui ouvre cette nouvelle partie, je voudrais attirer l'attention sur un cas de transmission tout à fait exceptionnel : un savoir rare, qui n'a pas été recueilli dans un livre, mais qui a été « publié » sur une feuille volante apparaissant dans un tableau. Pour comprendre pourquoi le savoir contenu dans cette feuille ne pouvait pas être imprimé et pourquoi il a « atterri » dans une peinture à l'huile accrochée aux murs d'une antichambre ou d'un cabinet vénitien, il sera nécessaire de décrire avec minutie les circonstances et la paternité de cette forme de publication. À l'évidence, dans ce destin singulier, la part de contingence fut très grande. Mais le texte inscrit sur cette feuille peinte contenait du savoir perdu, que l'analyse permet de reconstruire après coup.

Cela étant, cette troisième partie se concentre surtout sur la bourgeoisie savante, pour laquelle les problèmes sont quelque peu différents. Les transferts y sont généralement beaucoup plus sûrs, qu'ils soient d'ordre spatial, temporel ou transdisciplinaire. La reproduction des idées y est assurée par l'université et par un monde éditorial soumis à la censure. Mais on peut aussi y encourir des risques. Une forme sous-estimée du risque relève du « cercle intime », c'est-à-dire du transfert au sein d'une même famille. On sait bien que les savants ont souvent vécu dans des « dynasties familiales » dans lesquelles, si le père était professeur, le fils le devenait aussi.

La dynamique de telles familles peut conduire à des cas de rejets. En s'appuyant sur les enseignements de la thérapie familiale systémique, le chapitre 10 tâche ainsi d'étudier le comportement de savants bien en place quand leur histoire familiale recelait un point obscur sur le plan des savoirs. Un grand-père, penseur radical, a légué ses manuscrits à son petit-fils : comment celui-ci réagit-il ? Pour lui, le savoir précaire fait irruption dans l'environnement protégé des liens familiaux. Sous quelles formes va-t-il se l'approprier – ou le renier ?

Le chapitre 11 montre enfin que la bourgeoisie savante connaît elle aussi des transferts dont l'échec est patent : il traite du cas d'un paquet égaré contenant des notes qui ouvraient de nouvelles voies dans l'histoire de la philosophie. Le chapitre 14 donnera une idée de ce à quoi ce genre de notes pouvait ressembler. Mais pourquoi ce paquet s'est-il égaré ? Son contenu était-il si subversif (ou si remarquable) que la concurrence a tenu à le faire disparaître après en avoir fait son miel ? L'exemple de Gabriel Wagner a montré, dans le chapitre 1, que ce genre de choses pouvait tout à fait se produire, du moins dans le milieu du précariat savant. Quoi qu'il en soit, l'étude de ce paquet perdu nous donne la possibilité de décrire à nouveaux frais la phase d'émergence de l'histoire de la philosophie comme discipline. Jusqu'à présent, cela n'a été réalisé que sous la forme aride d'une séquence d'œuvres et d'auteurs. Cette histoire devient tout autre chose dès lors qu'on l'envisage sous l'angle d'une histoire de la communication.

9. LA FEUILLE DANS LE TABLEAU. ÉTUDES VISUELLES HISTORIQUES ET MICRO-HISTOIRE PHILOSOPHIQUE

Textualité implicite

Peut-on reconstruire toute une philosophie à partir d'une image, même si c'est la philosophie du maître de Leibniz ? Par « reconstruire », je n'entends pas ici remonter des images aux théories que ces images illustrent, ni explorer les thématiques philosophiques de tel ou tel topos iconographique[1]. Il s'agit bien plutôt d'inverser la perspective de certains développements récents de l'histoire de l'art. La transformation de l'histoire de l'art en études visuelles historiques est déjà bien avancée. Elle est pour beaucoup dans le fait que désormais, l'histoire des savoirs prend largement en compte le savoir iconique. De nombreux travaux étudient la fonction que remplissent les images ou les illustrations dans les sciences[2] ; l'histoire des sciences et celle des livres entretiennent entre elles des rapports toujours plus étroits[3]. Dans leur acception la plus large, les études visuelles historiques s'intéressent à des œuvres qui relèvent de l'artisanat d'art et sont au service de la communication et de la représentation visuelles. Leur domaine ne se réduit plus seulement au « grand art ». Elles peuvent ainsi retrouver des transmissions iconiques passionnantes dans des domaines insolites et suivre dans le passé la « mémoire des images », avec sa logique propre et non verbale[4].

La réciproque est également vraie. Du côté de la science des textes aussi, de la philologie historique, on a tout intérêt à ne pas regarder les livres, les manuscrits, les journaux et les tracts comme les supports exclusifs de l'écrit. Ici aussi, on néglige trop souvent les témoignages écrits que l'on rencontre dans des domaines éloignés. Les images font partie de ces supports textuels inhabituels. Les « études textuelles historiques », de manière analogue aux « études visuelles historiques », devraient donc découvrir de tels supports en respectant leur logique propre. Elles devraient par exemple chercher à comprendre pourquoi un de ces textes s'est retrouvé dans une peinture à l'huile, au lieu d'avoir été imprimé « normalement ». Ce changement de support avait-il une raison ? Est-ce parce qu'il était précaire que le savoir a évité le support officiel et lui a trouvé un substitut ?

Les images peintes ne sont pourtant en aucun cas des messages clandestins dissimulés. Elles sont accrochées au mur, exposées à la vue, et ne se glissent pas facilement sous le manteau quand la police arrive. Il y a bien le genre des tableaux de cabinet : soustraits à la vue d'une bonne partie du public, ces tableaux pouvaient contenir des éléments à caractère privé, érotique, ou obscène. Mais on peut supposer en général qu'il a fallu bien des hasards pour qu'une feuille de papier devienne le motif pictural d'une peinture à l'huile, alors qu'elle était remplie de pensées gênantes et subversives, voire de découvertes à tenir secrètes. Il se peut qu'un premier détenteur ait confié cette feuille à un ami, à un élève, en lui enjoignant bien sûr de ne pas la rendre publique, et que cette feuille soit ensuite passée de lieux en lieux, voire de mains en mains, jusqu'à ce qu'elle finisse par servir de modèle pour un tableau, fût-ce comme simple accessoire.

Un cas de ce genre va maintenant nous occuper. Pour débrouiller l'écheveau des contingences, il faut se livrer à une micro-histoire, et comme les notes inscrites sur la feuille ont une teneur philosophique, cette micro-histoire sera elle-même philosophique. J'ai défini en introduction le concept de « charge subversive inférentielle », selon lequel une proposition est inférentiellement subversive si elle a des implications dont l'explicitation menacerait une somme de savoirs établis. Un échantillon de ces propositions « dangereuses » nous est donné par celles que contenaient, au XVIIe siècle, beaucoup de textes « occultes », hermétiques et kabbalistiques. À cette époque, dans l'ancien Empire germanique comme dans d'autres pays, ce genre de textes foisonnait. Leur marginalisation (et celle de leurs auteurs) commença avec la consolidation des orthodoxies confessionnelles, dans les années 1610-1620 au plus tard, et ne cessa de croître par la suite. Quiconque voulait obtenir une chaire à l'université devait réfléchir à deux fois avant de se présenter comme un disciple de Paracelse, de Jakob Böhme, d'Hermès Trismégiste ou du Zohar[5]. Il était plus sûr de continuer à enseigner Aristote et de pratiquer une médecine héritée de Galien. En conséquence, parmi les spéculations des esprits innovants de l'époque, et en particulier parmi les réflexions ambitieuses que ceux-ci menèrent à propos des rapports entre micro- et macrocosme, beaucoup restèrent inédites et connues seulement d'un petit cercle d'initiés. Parmi ces esprits innovants se trouvait le maître de Leibniz.

Erhard Weigel

Le 20 juin 1663, la veille de ses dix-sept ans, Gottfried Wilhelm Leibniz s'inscrivit à l'université d'Iéna[6]. Le mathématicien et philosophe Erhard Weigel y enseignait. Leibniz assista bientôt à ses cours, et Weigel devint pour lui un enseignant de premier plan[7]. Nous sommes donc ici dans le milieu de la bourgeoisie savante. Weigel n'a vraiment retenu l'attention des historiens de la philosophie que ces dernières années. On commence à présent à ne plus le considérer seulement comme le précurseur de Leibniz, mais pour lui-même, notamment en raison de sa façon caractéristique d'établir des liens entre mathématiques et philosophie morale, astronomie et ingénierie, réforme calendaire et pédagogie, sciences naturelles et ingéniosité technique. Pour ses contemporains, Weigel était une sorte de prodige. Sa maison à Iéna regorgeait d'installations techniques qui faisaient l'admiration de ses concitoyens : une canalisation acheminait le vin de la cave au rez-de-chaussée, une sorte d'ascenseur reliait les étages, et la mansarde était équipée d'un dispositif permettant d'observer les étoiles en plein jour.

Weigel devint professeur d'université en 1653, dix ans avant que Leibniz n'assiste à ses cours. Il avait obtenu son habilitation à Leipzig, avec deux *Dissertationes metaphysicae* sur les problèmes de l'existence et de la durée, tout à fait dans l'esprit de l'aristotélisme de la philosophie d'école[8]. C'était le seul moyen de réussir à l'université. Sa leçon inaugurale à Iéna – *De cometa novo* – et les écrits qui s'y rattachent relèvent des sciences naturelles et de la logique[9]. Peu à peu seulement, il devint clair que cet homme nourrissait des intérêts « pansophiques », c'est-à-dire des intérêts que l'on qualifierait aujourd'hui d'interdisciplinaires, mais qui relevaient alors d'un esprit de système que l'on trouvait surtout dans les spéculations d'ordre hermétique ou théosophique[10]. On devine les premières traces de cette évolution en 1658, dans son *Analysis aristotelica ex Euclide restituta*[11], et des signes plus prononcés se manifestent au début des années 1670, alors que Weigel est déjà solidement installé à Iéna[12].

Quand le jeune Weigel a-t-il commencé à cultiver des idées pansophiques, fût-ce en les tenant secrètes pour les besoins de sa carrière universitaire ? Quelle était la pensée de Weigel à la fin des années 1640, alors qu'il venait d'être reçu bachelier ? A-t-il évolué de l'aristotélisme scolaire vers l'univers intellectuel du pythagorisme pansophique, ou ses idées qui apparaissent dans les années 1670 étaient-elles enfouies en lui depuis longtemps ?

On connaît très peu de chose sur ses débuts. On sait tout de même qu'étant lycéen à Halle, il jouissait déjà d'une si bonne réputation de précepteur privé que des étudiants faisaient le trajet depuis Leipzig pour prendre des cours de mathématiques auprès de lui[13]. Une fois devenu lui-même étudiant à Leipzig, à l'automne 1647, il se peut qu'il ait d'abord continué à donner des cours particuliers afin de financer ses études[14]. À quoi pouvaient bien ressembler ses leçons de mathématiques ? Ne faisait-il qu'aborder les sujets classiques, ou bien le secret de son succès résidait-il déjà dans le fait qu'il mêlait étroitement la pansophie et la métaphysique à l'enseignement des mathématiques, voire qu'il en chamboulait la méthodologie par des outils pédagogiques nouveaux et surprenants ?

Après deux ans d'études, Weigel fut reçu bachelier ès arts en novembre 1649, à l'âge de vingt-trois ans. Un tableau conservé au Chrysler Museum of Art de Norfolk (Virginie) date de la même année[15] (planche VI). Il est signé Pietro Della Vecchia. Au chapitre 6, Della Vecchia avait été le « fossile-conducteur » qui nous guidait dans la thématique labyrinthique des rapports avec la vérité, et il doit à présent nous servir de guide dans d'autres territoires inconnus. Le tableau du musée Chrysler montre un jeune homme à moustache, assis à une table, qui désigne au spectateur une grande feuille de papier fixée sur un support et couverte d'une écriture soignée[16]. De sa main gauche, le jeune homme tient un compas, et de sa droite, il pointe vers le haut.

Sur la feuille, on peut voir un tableau au bas duquel on lit, en petits caractères, le nom « Erhardus Weigelius ». Ce nom a été mentionné pour la première fois en 1914, dans un catalogue[17] – on considère depuis que ce tableau est un portrait d'Erhard Weigel. Cela a apparemment échappé à l'attention des historiens de la philosophie. Dans la monographie qu'il a consacrée à Pietro Della Vecchia en 1990, Bernard Aikema a néanmoins démontré de façon convaincante que la personne représentée ne saurait être Erhard Weigel[18]. Le portrait ne ressemble pas aux autres portraits connus du professeur de Leibniz[19], et l'on n'a aucun indice du fait que Weigel, qui était alors un étudiant sans grandes ressources financières, ait pu se trouver à Venise en 1649, ni que Della Vecchia ait pu se rendre à Leipzig cette année-là.

Néanmoins, même si le jeune homme à la moustache n'est pas Erhard Weigel, le tableau n'en est pas pour autant dépourvu d'intérêt. Car si l'on pouvait prouver que les idées de la feuille peinte sont bien celles de Weigel, ne fût-ce que partiellement, on tiendrait là le plus ancien témoignage sur sa philosophie. Ce tableau nous donnerait alors la chance extraordinaire de pouvoir reconstruire les débuts philosophiques du maître de Leibniz, qui nous sont par ailleurs inconnus. Or, il se trouve que le texte peint sur la feuille est en grande partie lisible et qu'il contient l'ébauche d'un système pansophique et kabbalistique, ainsi qu'une allusion à une méthode analogique « mécanique[20] ».

Au passage, nous serions également à même de répondre à la question que nous avons posée plus haut : que Weigel enseignait-il à ses camarades dans les cours particuliers qu'il donnait alors qu'il était encore étudiant ?

De fait, le transfert de cette feuille de Leipzig à Venise implique qu'elle ait été d'abord recopiée par un étudiant durant un cours particulier, voire achetée par un savant qui s'intéressait à ces cours, puis que l'étudiant ou le savant l'ait emportée avec lui en Italie, où elle serait finalement tombée dans les mains de Della Vecchia.

Il se peut que la personne représentée dans le tableau soit cet intermédiaire – ou bien Della Vecchia lui-même. En 1649, il avait déjà quarante-six ans, mais si ses traits n'avaient pas trop vieilli, il pourrait encore correspondre au portrait. Quelques indices suggèrent d'ailleurs qu'il s'agit peut-être d'un autoportrait, à commencer par la signature apposée au bas de la feuille et qui est parfaitement lisible : « Petrus Vechia Pic[tor] ». Della Vecchia n'a signé aucun autre tableau d'une façon aussi limpide[21]. Le personnage, qui montre la feuille avec insistance de sa main droite, semble visiblement s'identifier avec l'enseignement qui y est exposé. Le compas qu'il tient dans sa main gauche invite à voir en lui un mathématicien, mais peut-être aussi un peintre ou un architecte, voire, plus généralement, un adepte d'un idéal « géométrico-mathématique » de la philosophie, comme nous l'avons vu au chapitre 6.

Une philosophie en un coup d'œil

Regardons cette feuille de plus près. Elle relève du genre de la feuille volante imprimée ou de la présentation grand format, qui permettait de rendre la philosophie visible « en un coup d'œil » à l'intention des écoliers ou des personnes intéressées, leur donnant une vue d'ensemble des relations complexes entre les premiers principes et leurs implications[22]. Il arrivait qu'on pût acheter de telles présentations sous forme imprimée, mais, le plus souvent, elles étaient seulement manuscrites. On en a un exemple célèbre avec le *Calendarium naturale* de Johann Baptist Großschedel, de 1614 (ill. 36). Sur sa feuille, Großschedel illustre les enseignements de la *res secretisssima*, la chose très-secrète, tirés surtout de l'*Occulta philosophia* de Cornelius Agrippa et qu'il dispose en schémas, figures et tableaux, à côté et au-dessous les uns des autres. Points de repère situés tout en haut, au milieu de la page, le mot « Deus » et un soleil nimbé de nuages planent au-dessus des catégories des éléments, des anges, des planètes et des tempéraments[23].

Dans le tableau de Della Vecchia, Dieu est également le point de repère supérieur. Il y est appelé « Ensoph seu Veritas » et son symbole est un carré avec un point en son centre. Guère moins occulte que celle de Großschedel, notre feuille est donc à la fois de type philosophique et kabbalistique : tout en assignant à la vérité la place du principe originel, elle l'identifie à Ensoph, le dieu infini de la Kabbale. Et, d'après son

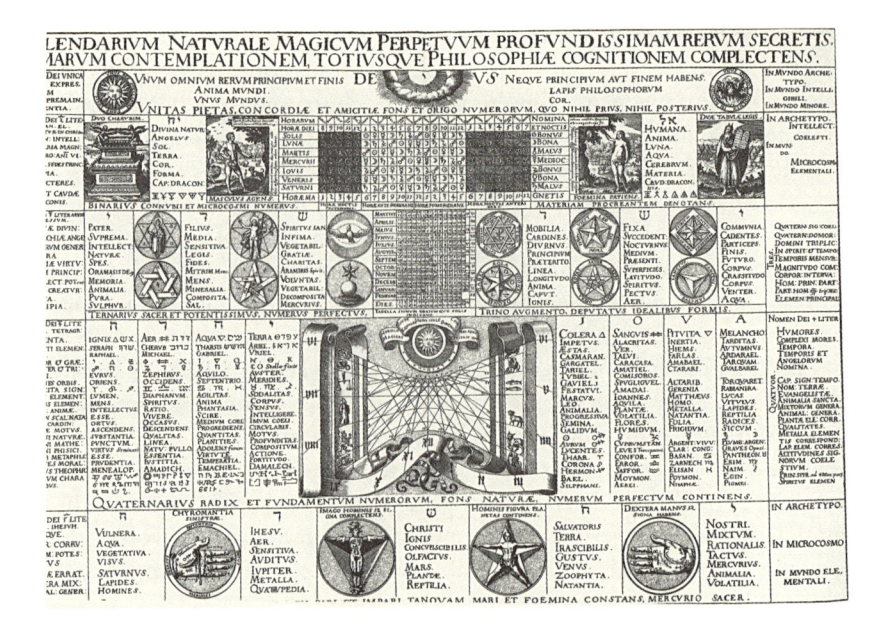

Ill. 36. Johann Baptist Großschedel, *Calendarium naturale magicum*.

titre, elle traite des « plus anciens principes des choses » (*Antiquissima rerum principia*). Or, le retour vers ce qui est « le plus ancien », vers la *prisca sapientia*, l'« antique sagesse », est un motif de la Renaissance encore vigoureux en 1649, qu'avaient employé les adeptes de l'hermétisme, du néoplatonisme, de Paracelse et de la Rose-Croix, malgré la critique historique adressée à certains éléments de ce mode de pensée remontant à la fin du XVIe siècle[24]. Le geste de l'homme qui, en tenant la feuille, attire de la main droite l'attention sur le point de l'« Ensoph » constitue un indice supplémentaire de l'appartenance du portrait à cette tradition. Ce geste – l'index tendu dirigé vers le haut, les autres doigts repliés – est celui de Platon dans *L'École d'Athènes* de Raphaël[25].

Que dit encore cette feuille ? Elle promet de révéler « combien il y a de principes », quels ils sont et comment ils sont ordonnés entre eux, et elle prétend le démontrer selon une « mécanique kabbalistique, ou analogique[26] ». Nous nous demanderons plus loin ce que peut bien signifier cette étrange « mécanique analogique ». Pour l'heure, le bloc de texte situé juste au-dessous du titre indique au moins en quel sens il est ici question de doctrine des principes et de possibilité de démontrer. Voici le début de ce texte :

« Chercher à atteindre l'inaccessible vérité en la prouvant par raison mathématique est une opération de l'intellect ; mais l'esprit a beaucoup de mal à démontrer manuellement, par l'expérience, que cette vérité est perceptible par nos sens. La vérité, qui est une, compte beaucoup de prétendants, mais peu d'adeptes. Les uns sont mathématiciens, c'est-à-dire rationnels, les autres naturalistes, c'est-à-dire mécaniques, les premiers prenant connaissance de la chose par la cause, et les seconds cherchant la cause des choses à partir des effets » (l. 4-11 ; toutes les indications de lignes renvoient à l'encadré page suivante).

Nous sommes ici en présence d'une tout autre langue que celle de Großschedel. Deux choses apparaissent clairement : le lien que ce texte fait entre philosophie et mathématique, et l'intérêt qu'il manifeste pour la théorie aristotélicienne de la preuve[27]. Ces deux choses constituent à mes yeux l'indice le plus probant du fait qu'une bonne part des idées exposées dans la feuille provient bien de Weigel. Une des caractéristiques principales de la pensée de Weigel est en effet le lien qu'il fait entre mathématique, mécanique, théorie de la preuve et philosophie pansophique. Si l'on admet cette attribution, alors on reconnaît clairement ici, dès 1649, certains des traits de l'évolution ultérieure de Weigel. Neuf ans plus tard, il proposera encore, dans son *Analysis aristetolica* (1658), de distinguer les différentes sortes de preuves dont la science dispose, car la vérité « gît pour ainsi dire au fond d'un puits profond[28] ». Et la méthode des « Anciens » restera pour lui à ce point un modèle que le livre s'achèvera sur une profession de foi en faveur d'une forme d'enseignement qui la prendrait pour guide :

« C'est ici (et nulle part ailleurs) que les Anciens purent prétendre à une telle sagesse, dont à grand-peine et sans grand succès nous poursuivons encore l'ombre aujourd'hui, alors même qu'eux n'avaient pas appris la grammaire […], ni fait précéder les sciences du réel d'une logique artificielle (bête noire des écoliers), mais qu'ils n'avaient au contraire rien connu de ces intermédiaires et de ces expédients d'invention récente […], tandis qu'à l'inverse, nombre d'entre nous, versés dans tout cela, ont progressé avec le plus grand zèle toute leur vie pour finalement rester *de purs grammairiens, de purs logiciens*, c'est-à-dire, comme on sait, de purs assistants. C'est pourquoi je dis que si nous refusons de retourner sur nos pas afin de progresser dans l'enseignement en suivant la méthode suivie par les Anciens (si seulement le divin Platon pouvait revenir à la vie !), jamais, alors même que nous le poursuivons, nous ne ferons l'expérience du Souverain Bien des philosophes[29]. »

1. **ANTIQUISSIMA RERUM PRINCIPIA QUOT ET QUAENAM-SINT EORUMQUE ORDO HAC CABALISTICA SEU ANALO-GICA MECHANICA DEMONSTRATUR**

    Inaccessibilem Veritatem apprehendere, eamque ratione
5.   mathematica probare operatio intellectus est; eadem vero per experientiam [?] sensibus perceptibilis ut praebeatur manualiter desudant ingenia. Veritas quae unica tantum est, procos multos, adeptos tamen paucos enumerat, qui, aut sunt Mathematici, seu rationales, aut Naturales, seu Mechanici,
10. quorum alteri rem per causam cognoscunt, alteri ab effectibus rerum causam investigant, utrique sane confiteri conati sunt in nua.. [?] proportionis finem obiectivam ab aliquo triuno principio conditore exorant, ut palam appositum schemapaucis omnia complectens tamquam totius Hermeticae Ortodoxaeque
15. Philosophiae fundamentum Veritatis amatoribus aperit.

ENSOPH SEU VERITAS

Philosophice	Ens	Verum	Bonum	& Unum
M......[?]	ל	צ [?]	א [?]	&Universum [...] [...] פ [?]
Physice	Ignis	Aqua	Aer	& Terra
Mathematice	Numerus	Pondus	Mensura	& Omnia mixta [?]
Hermetice	Anima	Corpus	Spiritus	& Viv.. [?]
Chimice-physice	Sulphur	Mercurius		& Mon...? [...]
Mosaice	Adam	Ham	S[..]nen [?]	& Ho.. [?] per [?] Deum [?]
Logice	Subiectum	Praedicatum[??]	Copula	& Conclusio
Aristotelice [?]	Causa efficiens	Materialis	Formalis	& Finalis
Otto Tachenius	Acidum	Alcali	Rector [?]	&Omnes res [?] in (?) [...]
Erhardus Weigelius	Scincte... [?]	Quatuor	Quadriquatuor	& Cubi quatuor

Ex relictis alijs quam plurimis; quot enim capita tot sententiae supra enarrata sufficiant.

20. Vocet igitur unus quisque sua principia [....] quae licet multa, et duo milia apparerunt; revera tamen secundum istum Cabalisticae figurae ordinem eadem sunt: ita ut si sua principia in quacunque Scientia, aut Arte aut viva aut mortua intelliguntur [?], his addito quarto ex ipsis exorto et vitam ab eis accipiente, via brevi et finita [...]bili methodo ab una ad aliam Scientiam
25. in Artes facilius [?] emergit transitus [...] omnes Scientiae, ac Artes sic inter se analogice respondentes; exempli gratia, unitas [?] apud Arithmeticos idem sonat [?] ac punctum apud Geometros [...] et sic de singulis.

Quid sit scire rem per causam: in hoc habetur Analogismo.

30. Canens Caecus canens organo motum [...]abanicum, quem non videt intelligit: scit enimprofecto choreas fidium modulationibus accommodari debere siquidem tastatores [?] tenent obedire sonans [?] tamquam [?] effectus luce [?] causae [?] [...] materia formae &c.

35. Quid sit ab effectibus cognoscere causas in hoc Epilogismo adiectitur [?]

Surdus, videns ludentes in numerum iucundum [?] ex illorum saltationibus cernit quod ex pulsato orga[nis ?] audire non potest, profecto enim prospicit pulsationes Cithariste, salta-
40. tionesmanibus, pedibus, totisque corporis areabus [?] secundare, et sic respondet [?] ultima primis, et e contra illud Hermetis quod est superius idem quod est inferius et utrumque probat hac

MECHANICA

Théorie de la preuve

Une des caractéristiques de la feuille de 1649 est cette opposition entre *Mechanici* et *Mathematici* : procédant de façon rationnelle, les mathématiciens suivent la méthode déductive, c'est-à-dire la méthode qui opère par inférence depuis une cause première ; procédant au contraire de façon empirique, les scientifiques et les techniciens « cherchent » par induction les causes des effets qu'ils observent ou veulent produire. La théorie d'Aristote distingue surtout des types de preuves en opposant une voie dite « analytique » (ou « de résolution ») et une voie dite « synthétique » (ou « de composition »). Sans se confondre tout à fait, ces types de preuves s'apparentent à ceux décrits ici. Ce qui importe à Weigel, c'est de démontrer l'unité des deux types de preuve opposés dans leur fondement commun :

> « Tous deux, assurément, ont entrepris de confesser […] qu'ils sollicitaient d'un principe fondateur tri-un [*triunus*] la fin objective de l'analogie, afin qu'aux yeux de tous ce principe révèle aux amants de la vérité un schéma approprié embrassant toutes choses en peu de mots et fondant toute la philosophie hermétique et orthodoxe » (l. 11-15).

Les esprits mathématiques comme les esprits mécaniques ont besoin d'un « schéma approprié », c'est-à-dire d'une doctrine des catégories opérationnelle qui soit reliée comme à sa base à un principe tri-un (*triunum principium*). Neuf ans plus tard, Weigel conclura son *Analysis aristotelica* en adressant ses remerciements au *triunus Deus*[30].

Sur la feuille de 1649, le mot renvoie à la trinité chrétienne, mais aussi aux ternaires, ces structures triadiques caractéristiques de l'hermétisme. En décrivant le principe fondamental trinitaire comme le fondement de la philosophie « hermétique » et de la philosophie « orthodoxe », Weigel postule une unité qui, vers 1650, était depuis longtemps devenue douteuse pour les orthodoxies confessionnelles[31]. Voilà sans doute une des principales raisons pour lesquelles Weigel, aussitôt sa carrière académique commencée, a soigneusement exclu de son discours tout élément hermétique et kabbalistique.

Pourquoi a-t-on besoin d'un semblable schéma de catégories pour établir des preuves, que ce soit de manière inductive ou déductive ? On peut penser ici aux traditions auxquelles se rattachait le jeune Weigel. C'est en tant que lycéen qu'il a pris connaissance à Halle des théories réformistes de Wolfgang Ratke et de Jan Amos Comenius[32], et peut-être des efforts du jeune Johann Valentin Andreae pour fonder sur une mathématique universelle ces réformes censées réorienter l'enseignement vers les *realien*, c'est-à-dire les sciences appliquées. Dans les *Collectaneorum mathematicorum décades XI*, publiées en 1614 et dont Georg Wagner a estimé qu'elles avaient fait sur Weigel une impression durable[33], Andreae assigne aux mathématiques un rôle clef dans la mise en œuvre de la réforme du savoir. Par ailleurs – de manière particulièrement claire dans le cas de Comenius –, cette tradition réformiste cherche à produire des définitions fondamentales qui exprimeraient la forme tripartite qui constitue toute réalité, à l'image du dieu trinitaire. En recourant à des définitions fondamentales, celui qui cherche à prouver quelque chose se réfère donc toujours aussi, indirectement, à la forme fondamentale de la Trinité en tant qu'elle est, pour ainsi dire, le fondement formel de la déduction des catégories.

Principes ternaires

Sur la feuille peinte par Della Vecchia, les principes trinitaires se manifestent par le fait que les définitions sont structurées en groupes de trois. Dans ces ternaires de définitions, tous les aspects possibles de la réalité sont abordés et les perspectives des traditions les plus diverses convergent. Parmi les disciplines représentées, on trouve ainsi la philosophie et les spéculations sur la langue originelle, la physique et les mathématiques, la chimie et les études mosaïques, ou encore la logique. Le tableau, dans lequel sont inscrits les ternaires de concepts correspondants, comporte onze rubriques, renvoyant à des essences ou à des traditions.

On observe cependant une singularité. Un quatrième concept étant ajouté en bout de ligne, chaque ternaire forme par ailleurs un quaternaire. L'auteur du tableau s'est en effet heurté à un problème : d'un côté, il était tenu à tout expliquer en ternaires par un principe fondamental tri-un, imposé à la fois par la religion chrétienne et par la théorie des principes ; d'un autre côté, il avait néanmoins en vue un grand nombre de catégories qui formaient des groupes de quatre termes, comme celles auxquelles Weigel accordera une importance stratégique quand il s'intéressera à la tétractys pythagoricienne[34]. L'auteur de notre feuille règle son problème en assignant à ses groupes ce que Reinhard Brandt appelle une structure « 1, 2, 3 / 4 » : aux trois éléments de chaque ternaire est ajouté un quatrième qui ne fait pas, à proprement parler, partie de la structure mais qui la complète comme un élément conclusif, y compris sur le plan réflexif[35]. Pour le dire dans les termes de la feuille : « [...] un quatrième leur [est] ajouté, tiré de ces derniers et tirant sa vie d'eux [...] » (l. 23).

L'unité sur laquelle sont fondés les ternaires et les quaternaires du schéma est représentée sur la feuille au-dessus d'eux : d'abord, nous l'avons vu, en tant qu'« Ensoph ou la vérité », accompagné d'un symbole ; ensuite, sous la forme d'un anneau ou d'une couronne (qui peut aussi faire allusion au Sefirot supérieur de la Kabbale, la « Kether[36] »). Le symbole du dieu de vérité est un carré avec un point en son centre[37]. Quelle que soit l'interprétation qu'il faille en donner, on peut retenir que le carré avec un point est l'expression d'une symbolique géométrique. C'est ce que confirme l'anneau qui se trouve au-dessous, sur lequel sont gravés non seulement le tétragramme (יהו), mais ce qui apparaît comme sa traduction en langage conceptuel : une série de figures géométriques constituée par un point, une droite, un plan, un cube. La série des dimensions zéro, un, deux et trois se termine donc par le cube, figure en trois dimensions. L'idée de réunir le tétragramme et la série pythagoricienne des dimensions vient de Johannes Reuchlin. Dans ses ouvrages *De verbo mirifico* (1494) et *De arte cabalistica* (1517), ce dernier avait élaboré une kabbalistique chrétienne au caractère pythagoricien très marqué[38]. Que notre auteur ait connu ces livres ou qu'il y ait eu des intermédiaires, Reuchlin constitue une première source incontestable et nous fournit une clef pour comprendre cette « kabbale » sur laquelle repose notre feuille de « mécanique kabbalistique ».

Quant au fait que des ternaires ou des quaternités puissent être appliqués à différents domaines de réalité, c'est une vieille habitude conceptuelle de la philosophie numérologique. Cornelius Agrippa parle ainsi de *scalae*, c'est-à-dire d'échelles ou de degrés de réel, et Giordano Bruno emploie la même terminologie dans son *De monade*[39]. L'auteur de notre feuille commence sa classification par la rubrique « philosophique ». Le ternaire correspondant se compose des transcendantaux *ens*, *verum* et *bonum*, et la catégorie *unum* sert d'ajout conclusif. Du point de vue numérologique, on peut dire en effet que les transcendantaux, parce qu'ils peuvent être convertis les uns dans les autres, forment tous ensemble avant tout une unité (songeons à un principe scolastique comme *ens et bonum convertuntur*, « l'être et le bien sont interchangeables », qui affirme bien une sorte d'unité, puisque les transcendantaux coïncident). Suit une série de caractères hébreux, manifestement considérés comme des représentants de la langue sacrée, c'est-à-dire de la langue originelle. On reconnaît un Lameth (ל), peut-être un zade (צ), quelque chose de très difficile à discerner qui pourrait être un aleph (א), et, pour finir, un beth (ב) ou un kaf (כ). Il n'est pas impossible que l'auteur ait accordé de l'importance à la valeur numérique de ces lettres, et le Sefer Yetsirah pourrait alors être une de ses sources éventuelles[40].

La troisième série, qui relève de la philosophie de la nature, mentionne le feu, l'eau, l'air et la terre. Ce qu'il faut remarquer ici, c'est la place de la terre en quatrième position. Le plus souvent, en effet, c'est le feu que l'on exclut, si besoin est, de l'ensemble traditionnel des quatre éléments. La série mathématique qui suit repose sur le verset bien connu du Livre de la Sagesse, XI, 20, qui dit que Dieu a créé le monde avec le nombre, la mesure et le poids[41]. La série suivante, hermétique, a pour ternaire l'âme, le corps, et l'esprit, mais il est impossible de déchiffrer ce qui constitue la quatrième catégorie.

Vient ensuite la série « chimique », ou plutôt alchimique. On y trouve mentionnés le soufre et le mercure, mais là où l'on s'attend à voir le sel venir compléter, en troisième position, la série des principes de Paracelse, il y a un blanc[42]. On ne peut pas distinguer si le peintre a omis une entrée – ce qui serait étrange –, ou s'il a laissé là une lacune délibérée. Dans cette série comme dans la précédente, il est par ailleurs impossible de déchiffrer le terme que l'auteur avait choisi pour quatrième catégorie.

À la série alchimique succède une série « mosaïque », dans le sens de la *Philosophia Mosaica* qu'Alsted, Fludd, Comenius et d'autres théoriciens d'une *philosophia perennis* chrétienne prétendaient pouvoir reconstituer[43]. Cette série a pour ternaire Adam, Ham et un nom commençant par un « S » – peut-être Sem, mais cela reste douteux. Le quatrième nom n'est pas déchiffrable non plus.

Les quatre dernières séries sont encore moins lisibles. Une première série paraît d'abord contenir des concepts de logique, comme *subjectum*, *copula*, *conclusio*, puis une autre semble énumérer les *causae* aristotéliciennes : *efficiens*, *materialis*, *formalis* et *finalis*. Suit une ligne totalement indéchiffrable et enfin une série qui semble faire écho aux allusions pythagoriciennes de l'anneau tétragrammatique puisqu'on peut y lire les notions mathématiques suivantes : *quatuor*, *quadriquatuor* et (comme catégorie conclusive) *cubi quatuor*. Cette série ne porte pas le nom d'une discipline, comme « philosophique » ou « chimique », mais celui d'une personne : « Erhardus Weigelius ». La mention de ce nom en cet endroit pourrait suggérer que l'auteur, qu'il s'agisse ou non de Weigel, reconnaissait à ce dernier une originalité particulière dans le domaine concerné par cette dernière série.

Dans ce schéma, beaucoup de choses sont difficiles à comprendre. On se rend vite compte que les ternaires ou les quaternaires ne coïncident pas avec ceux qui étaient alors partout d'usage courant, mais qu'ils ont été modifiés par des décisions manifestement prises en toute connaissance de cause. Nous n'avons pas affaire à un tableau réalisé simplement à partir d'une unique source. Et si l'on prend en considération le contexte du paragraphe introductif, on voit aussi que le texte met en relation, d'une manière assez courante dans la philosophie allemande de la renaissance tardive, la philosophie aristotélicienne de l'école et la tradition de l'occultisme et de l'hermétisme néoplatonicien[44]. Cette relation se traduit sur la feuille par le fait que la conformité des groupes quaternaires philosophique, hermétique, mosaïque et autres avec la problématique de la théorie de la science des *Seconds Analytiques* est réalisée par les deux modes fondamentaux du savoir. Johann Heinrich Bisterfeld avait de même parlé de sa *cabala* pour désigner sa théorie des catégories ultimes du réel[45].

Syncrétisme et méthode analogique

Penchons-nous à présent sur les paragraphes situés dans la partie inférieure de la feuille. Peut-être nous apprendront-ils *comment* la théorie des preuves s'articule avec la concordance des séries ? Malheureusement, ces passages sont rédigés en petits caractères, ce qui les rend très difficilement déchiffrables. Les premières lignes se réfèrent encore au schéma précédant en expliquant qu'on pourrait le continuer à l'envi : « Quant [aux traditions] qui restent, *autant d'esprits, autant d'avis*[46] : ce qui est énuméré ci-dessus suffira » (l. 17-18). *Quot capita tot sententiae* : la formule suggère que les traditions et les penseurs les plus différents ont exprimé les principes fondamentaux, dans des terminologies très diverses mais qui, en fin de compte, disent la même chose et ont une même structure. C'est ce dont le syncrétisme philosophique est convaincu depuis l'Antiquité tardive, ou – pour ce qui est du syncrétisme renaissant – depuis Pic de la Mirandole[47].

La suite précise :

> « Chacun doit donc déclarer ses principes, […] même s'ils paraissent nombreux, même s'ils sont deux mille ; car en réalité, d'après l'ordre de cette figure kabbalistique, ce sont les mêmes : de sorte que les principes de chacun sont compris dans chaque science et dans chaque art, vivants ou morts, et qu'avec eux […] on peut, au moyen d'une méthode […] finie, passer de toute science à tout art par un court chemin, toutes les sciences et tous les arts se répondant de façon analogique ; […] » (l. 19-26).

La concordance des séries conceptuelles a donc pour fonction de démontrer que des sciences et des arts aussi différents que la philosophie, la physique, la chimie ou les mathématiques reposent chacun sur quelques principes fondamentaux seulement, que l'on peut représenter en tant que tels dans d'autres séries et d'autres traditions. L'auteur renforce aussitôt son propos par un exemple en affirmant que « l'unité pour les arithméticiens [est] la même chose que le point pour les géomètres, et ainsi de suite » (l. 27-28).

Les passages suivants comprennent chacun un titre suivi d'un paragraphe qui répond par un exemple à la question posée par le titre. Les questions renvoient de nouveau à la théorie aristotélicienne de la preuve et tentent d'établir à présent l'analogie entre les différents domaines de connaissance et les deux modalités de preuve, inductive et déductive. Ainsi, la première question revient sur la méthode résolutive, qui consiste à connaître la chose par sa cause[48] : « Ce qu'est connaître une chose par sa cause, on l'apprend à l'aide de cet analogisme. » L'« analogisme » en question donne l'exemple d'un aveugle qui chante. Celui-ci ne voit pas le mouvement qu'il occasionne, mais il le saisit intellectuellement : il sait que la ronde entraînée par son chant obéit aux modulations de sa voix (l. 29-34)[49]. On peut se demander dans quelle mesure les recherches qui avaient alors lieu dans le domaine acoustique ont pu influencer le choix de cet exemple, en particulier les recherches de Mersenne ou Kircher[50].

La deuxième question inverse ce premier exemple et veut savoir « ce qu'est connaître les causes à partir des effets[51] » (l. 35-36). Cette fois, la réponse n'est pas donnée par un analogisme, mais par un « épilogisme », c'est-à-dire par une conclusion « à rebours ». L'exemple donné parle d'un sourd qui regarde des gens jouer d'un instrument. Privé de l'ouïe, il peut voir les vibrations de la guitare grâce au sens de la vue, et sentir « des secousses avec sa peau, ses pieds, tout son corps » grâce au toucher. À partir des effets de la musique sur sa vue et son toucher, il peut alors remonter à leur cause, le son (l. 37-40). De nouveau, le raisonnement logique s'accompagne d'un changement de domaine de réalité sensible (le visible, l'audible, le palpable). Ces deux exemples, portant sur une personne, illustrent la façon dont l'utilisateur de la « mécanique kabbalistique » diffusée par la feuille peut mener ses déductions à bonne fin en faisant un détour par d'autres domaines de réalité. S'il lui faut, par exemple, chercher une cause dans la physique des éléments – terre, air, feu, eau –, il peut recourir à ses connaissances alchimiques sur le soufre et le mercure, ou à ses connaissances logiques sur le sujet et la copule. Il lui faut seulement savoir que le soufre et le sujet correspondent au feu, et que tous trois doivent être appréhendés à la manière d'un point géométrique. Le texte reprend ensuite l'exemple du sourd qui ne perçoit la musique que par la vue et le toucher, et le conclut en remarquant que cette façon de raisonner illustre une sentence d'Hermès Trismégiste, disant que « ce qui est en haut est pareil à ce qui est en bas » (l. 41-42).

C'est là un hommage à l'hermétisme de la *Tabula smaragdina*, un des textes fondateurs de l'alchimie[52], dans lequel on peut lire : « Ce qui est en haut est comme ce qui est en bas, et ce qui est en bas est comme ce qui est en haut[53]. » On y déclare donc que le monde supérieur des corps célestes et des principes est analogue et relié au monde inférieur des éléments et des substances – tandis que, dans l'exemple donné par la feuille, c'est la hiérarchie des sens qui se prête à des échanges. L'hommage à la *Tabula smaragdina* advenant dans sa dernière phrase, c'est toute la feuille qui devient une sorte de commentaire du texte hermétique. Ce nouveau système présenté sous forme de tableau n'est donc lui-même qu'un reflet et une confirmation de cette mystérieuse *tabula* d'une sagesse très ancienne.

Mécanique

Mais c'est dans son rapport à la mécanique que ce nouveau système demeure le plus énigmatique. Dès le titre, il est question de « mécanique kabbalistique ou analogique », et *Mechanica* est aussi le dernier mot de la feuille, donc un terme-clef. Il est amené par la citation d'Hermès Trismégiste : « [...] et il démontre ces deux choses par cette mécanique » (l. 42-44).

Que se cache-t-il derrière ce mot ? On ne l'élucidera probablement jamais complètement. Il faut savoir en effet que les feuilles volantes ou les imprimés de grand format du type de l'œuvre représentée ici n'étaient pas conçus que pour l'enseignement : on leur donnait parfois un aspect énigmatique pour inciter à l'achat. Dans la terminologie de l'époque, *Mechanica* désigne souvent un instrument technique[54]. Or, il n'existait aucun brevet pour protéger les inventions d'instruments mécaniques ou géométriques, pas plus d'ailleurs qu'il n'en existait pour protéger les recettes et les formules. L'inventeur devait donc réussir à évoquer son invention sans en révéler le secret. Seul l'acquéreur de l'instrument (ou l'adepte de l'alchimiste) recevait ensuite le détail des instructions, parfois seulement par oral[55]. Inventé par Fabrizio Mordente en 1585, le « compas de proportion » est ainsi livré avec une notice qui le présente comme un savoir secret[56]. Nous avons affaire ici à une véritable « économie du secret », sur laquelle je reviendrai. Le maniement du compas n'était expliqué en détail que dans des notes manuscrites ajoutées en complément des imprimés et des instructions du vendeur.

On imagine à quelle précarité ce genre de savoir était exposé. Aussi a-t-il souvent disparu, ce qui serait aussi arrivé au savoir contenu dans notre feuille pansophique – si le hasard ne l'avait immortalisée dans un portrait. Même ainsi, quelque chose a été définitivement perdu, à savoir ce que l'auteur ajoutait de vive voix pour que sa feuille soit comprise. Le texte fait certes allusion à une invention, mais sans jamais l'expliquer. On peut tout juste affirmer qu'elle a trait à une méthode analogique, une façon de raisonner qui procède par détours, en empruntant des concepts appartenant à d'autres domaines de réalités. Il n'est pas sûr que l'idée d'une arithmétique conceptuelle, attestée dans des œuvres plus tardives de Weigel, joue déjà un rôle à cette date. Un détail semble toutefois le suggérer. La ligne où on peut lire les termes *quatuor*, *quadriquatuor* et *cubiquatuor* renvoie à un système de numérotation que Weigel reprendra ultérieurement à son compte, le système « tétractique ». Dans ce système de base 4, ces termes désignent en effet les premières valeurs positionnelles : 4^1, 4^2 (c'est-à-dire 16, que Weigel appelle *Secht*), et 4^3 (c'est-à-dire 64, que Weigel appelle *Schock*[57]). Ce qui vaut ainsi pour l'arithmétique doit aussi, selon l'auteur, valoir pour d'autres domaines : à partir de là, il semble avoir eu l'idée qu'il est possible de « compter » en catégories – idée que la conception leibnizienne d'une *lingua characteristica universalis* nous a depuis rendue familière[58].

Peut-être en apprendra-t-on un peu plus sur cette mécanique analogique en regardant plus attentivement le dessin situé au bas de la feuille. Ce dessin occupe à peu près la place que Großschedel avait, dans son propre imprimé, assignée à son *horologium* magique, sorte de cadran solaire astrologique muni de lignes transversales reliant différents points du ciel. Le dessin de Weigel présente aussi des lignes transversales, mais elles sont disposées à la manière d'une figure en perspective. Que peut donc représenter cet étrange dessin ? Un dé, semble-t-il, mais un dé aplati par un raccourcissement perspectif extrême – comme le célèbre crâne dans le tableau de Holbein, *Les Ambassadeurs*[59]. Une ligne médiane coupant chaque face du dé en deux, on a l'impression d'un assemblage de huit petits dés de même taille (ill. 37).

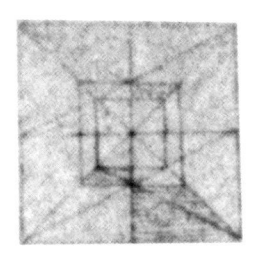

Ill. 37. Dé (détail du *Portrait d'un jeune homme* de Della Vecchia).

On comprend à présent pourquoi Dieu est représenté en haut de la feuille sous la forme d'un dé avec un point central : ce point représente le centre exact des huit dés, il est comme le centre du mouvement qui les anime, un point de pivot. Le symbole divin est en même temps la notice technique, pour ainsi dire, de la « mécanique kabbalistique » annoncée en titre et schématisée en bas de page. Mais comment l'instrument fonctionnait-il et quel était son rapport avec le système tétractique de Weigel ? S'il s'agit vraiment d'une mécanique douée de mouvement, alors le dé (déjà rendu presque méconnaissable par la perspective aplatie) devrait contenir une allusion codée à des instructions de montage grâce auxquelles il devait être possible de construire un instrument, peut-être autour d'un axe de rotation, permettant d'effectuer des « calculs » à l'aide de catégories composées de quatre éléments. Ce devait être un engin similaire aux roues combinatoires de Raymond Lulle, mais sous forme de dé. On pense aussi aux machines de Wilhelm Schickhardt ou de Kaspar Schott : ces premiers calculateurs mécaniques, qui datent de la même époque, fonctionnaient à l'aide de bâtonnets et de réglettes coulissantes[60]. Quoi qu'il en soit, cette mécanique est une application opérationnelle de la tétractys pythagoricienne interprétée par Weigel pour former un instrument combinatoire philosophique.

On ne peut évidemment pas reconstituer le détail technique de cette machine combinatoire avec les maigres allusions de la feuille. Il est cependant possible de comprendre un peu mieux son rapport avec le tableau de catégories de cette même feuille en nous appuyant sur la « pansophie » élaborée par Weigel plus de vingt ans plus tard. Dans cette somme savante, Weigel imagine une manière de cube conceptuel, et il comprend les idées catégorielles (du type de celles mentionnées par le schéma), comme des *ideae numericae*, des nombres. Voici ce qu'il en dit :

> « Ainsi, les concevabilités abstraites (qu'on appelle *espèces* et *genres*) de ces formalités particulières-universelles sont en quelque sorte des *idées*

catégorielles, c'est-à-dire des idées à partir desquelles l'intellect peut aisément concevoir et traiter les quiddités elles-mêmes (autrement dit toute chose considérée sous son aspect formel [*formaliter*])*. Il n'en va pas autrement des concevabilités abstraites de ces formalités du digit et de l'article, qu'on désigne par les substantifs *Digitus* et *Articulus***, et qui sont comme des *idées numériques*, c'est-à-dire des idées à partir desquelles on a coutume de concevoir et traiter les nombres (autrement dit toute chose considérée sous son aspect matériel [*materialiter*]), comme nous avons dit plus haut. D'où il résulte clairement que les essences des choses sont pareilles à des nombres, ce dont les plus savants parmi les anciens nous ont jadis avertis[61]. »

En ce sens, toute série catégorielle trouve son origine dans une opération numérique de l'esprit. Le concept de « substance », par exemple, produit, quand on le compare à lui-même, un second concept, le concept de « mode » (*modus*). Ces deux concepts en produisent deux autres, « acte » (*actus*) et « quantité » (*quantitas*), et l'on obtient de cette façon un groupe parfait de quatre catégories (qui, si l'on compte également sa propre génération, forme en même temps un groupe de dix, ce qui est tout à fait conforme à la théorie de la tétractys[62]).

Toutes ces précisions plus tardives permettent d'entrevoir ce que l'auteur de notre feuille volante de 1649 (Weigel ou un de ses imitateurs) avait en tête avec son dé : un cube encyclopédique contenant les principes fondamentaux de tous les domaines de savoir et construit de telle sorte que ces principes pouvaient être représentés les uns par les autres. Pour compléter l'arrière-plan historique, rappelons qu'à cette époque, Weigel était très lié à Basilius Titel, officier qui était aussi un savant privé[63]. Il lui doit sa devise – *Theoria cum praxi* – et il eut probablement l'occasion de puiser dans sa bibliothèque personnelle au moment où il s'intéressait aux doctrines pythagoricienne, kabbalistique, alchimique et hermétique. Weigel a d'ailleurs certainement eu accès à des ouvrages de ce genre dès les années 1645-1646, alors qu'il occupait un poste de secrétaire auprès de l'astrologue Bartholomäus Schimpfer à Halle[64]. On sait que Titel construisait lui aussi des instruments, surtout d'optique. Weigel aurait-il transformé une machine de Titel dont il aurait détourné la fonction pour en faire une machine philosophique fondée sur l'analogie ?

L'idée n'est pas complètement absurde. Au XVIe siècle, Cornelius Gemma avait ainsi modifié une sphère planétaire pour en faire un instrument

---

* L'arithmétique scolastique avait coutume de regarder les nombres sous deux aspects : *formaliter* (multitude composée d'unités, ou nombre nombrant) et *materialiter* (unités rassemblées, ou nombre nombré). (*N.d.T.*)

** Littéralement, « doigt » et « articulation ». Ce sont des termes de l'arithmétique scolastique, le « digit » désignant les chiffres de 1 à 9 et l'« article » désignant les dizaines. (*N.d.T.*)

combinatoire à trois dimensions dans l'esprit de Raymond Lulle[65]. Giordano Bruno a fait un grand éloge du compas de proportion de Mordente, parce qu'il y voyait le prototype d'un outil philosophique fondé sur l'analogie[66]. Il a ensuite imaginé, dans son *Lampas triginta statuarum*, une sorte de machine à démontrer[67]. Le cas de Weigel était peut-être semblable.

Le peintre

Retournons une fois encore à Pietro Della Vecchia. Qu'est-ce qui a bien pu fasciner le peintre dans cette feuille où les traces des idées pansophiques du jeune Weigel sont si présentes ? Le fasciner au point qu'il a fièrement apposé son nom et sa qualité de *pictor* au bas du portrait, voire au point d'avoir peut-être prêté ses traits au jeune homme tenant la feuille ? La réponse à ces questions réside manifestement dans le lien que le schéma fait entre mathématique et philosophie. Dans un chapitre précédent, nous avons déjà examiné un tableau de Della Vecchia, une allégorie qui contient elle aussi une « feuille pansophique » sur laquelle on retrouve la série *point, ligne, carré, cube*[68] (voir ill. 17, p. ZZ). La feuille étant enroulée sur elle-même, on ne peut déchiffrer que le coin supérieur gauche, où figurent les mots suivants : *Saepe sub sordido pallio magna latet Sapientia* – « Une grande sagesse est souvent cachée sous un vêtement sale. » Le vêtement sale est ici un manteau porté par un vieillard, probablement un philosophe. La Sagesse, ou la Vérité, qui se cache à ses côtés est représentée par une femme nue. Comme l'homme représenté dans le portrait de Norfolk, la femme tient dans sa main un compas, symbole des mathématiques, mais aussi de l'accès géométrique à la philosophie. Le vieillard se tient près de cette incarnation de la *Sapientia* dans une proximité intime qui trahit son désir, position atypique dans une allégorie et dont nous avons vu, au chapitre 6, qu'elle était une spécialité de Della Vechia[69]. Ce qui a tant fasciné le peintre dans la « pansophie » de la feuille volante, ce fut sûrement la géométrie considérée comme une clef d'accès à une vérité plus haute. Avec leurs outils et leurs compétences, dessinateurs, peintres et architectes détenaient précisément ce qui rendait quelqu'un capable, selon Weigel, de s'élever à une connaissance intime de l'univers. S'il y avait des hommes capables d'établir des rapports entre le « haut » et le « bas », c'était eux.

Intéressons-nous à présent aux éventuels commanditaires de Della Vecchia. Il n'est pas sûr du tout, en effet, qu'il s'agisse d'un autoportrait. Le tableau peut aussi bien être une œuvre de commande, de la part de quelqu'un dont le peintre partageait la vision du monde. Della Vecchia peignait volontiers et vendait souvent – peut-être aux professeurs de la ville voisine de Padoue – des tableaux représentant une « leçon de mathématiques ». Ces tableaux mettaient en scène un sage professeur initiant

Ill. 38. Pietro Della Vecchia, *La Leçon de mathématiques*.

de jeunes enfants – toujours dans une proximité intime – au monde mystérieux des nombres. On y voyait une grande feuille blanche fixée à un panneau posé sur une table pleine de livres. En fonction de son commanditaire, Della Vecchia pouvait exécuter une version exotérique ou une version ésotérique de ce tableau. Dans la version exotérique, la feuille ne présente que de banales séries de chiffres[70]. Mais dans la version ésotérique, on peut voir un schéma pansophique semblable à ceux de Weigel ou de Großschedel[71] (ill. 38). Les mains du professeur y désignent la partie supérieure de la feuille, où se situe l'*En-soph* ou le *Deus triunus*, et forment, avec trois doigts tendus, le symbole de la Trinité. Il n'est pas question ici de simples mathématiques, mais d'une sagesse plus haute.

Ce résultat nous informe sur les milieux intellectuels de Venise et de Padoue vers 1650, et il s'accorde avec ce que nous savons déjà des milieux « exotériques » et « ésotériques » de ces deux villes. À Padoue prévalait l'enseignement des mathématiques « officielles », tandis qu'à Venise, on y ajoutait volontiers l'étude de l'hermétisme, de la kabbale et du néoplatonisme. C'est du moins ce que les prédilections affichées dans l'entourage de l'Accademia Veneziana attestent pour le XVIe siècle, au temps de Giulio Camillo et de Francesco Patrizi[72]. La situation n'a pas dû beaucoup changer vers le début et le milieu du XVIIe siècle, même si cette période reste un champ de recherche largement inexploré par l'histoire de la philosophie. Or, la pansophie géométrisante semble très éloignée de l'aristotélisme subversif qui régnait dans l'entourage de *l'Accademia degli Incogniti*, et cet éloignement suscite de nombreuses énigmes.

Nous avons en outre affaire à un transfert culturel d'une pansophie allemande vers l'Italie. Comme d'autres phénomènes isolés, il demande des explications – tout comme, par exemple, la réception isolée de Johann Heinrich Alsted et de ses *Hexalogia*, *Archaeologia* et *Technologia* dans la Naples de Giacinto Gimma dans les années 1690[73]. Bien sûr, parmi les étudiants, les artisans et les artistes allemands qui franchirent les Alpes pour aller en Vénétie, certains ont pu emporter avec eux des théories « occultes », et enrichir ainsi un milieu intellectuel vénitien déjà très bigarré. Si, une fois suffisamment bien établi pour pouvoir se faire peindre, l'un d'entre eux recourait aux services de Della Vecchia, celui-ci devait sans doute choisir la version « ésotérique » de sa *Leçon de mathématiques*.

Otto Tachenius

Nous allons d'énigme en énigme. Un coup d'œil sur l'avant-dernière ligne du schéma de Weigel nous permet d'entrevoir une solution. En regardant de plus près, on reconnaît un autre nom : Otto Tachenius. Il s'agit sans nul doute d'Otto Taken (Tachenius en latin), iatro-chimiste dont l'*Hippocrates Chimicus*, paru en 1666, a joué un certain rôle dans l'alchimie (et la chimie naissante) du XVIIe siècle tardif. Ce qui nous intéresse le plus dans ce livre, c'est son lieu de publication : Venise. Or, Tachenius était un savant du nord de l'Allemagne. Né en 1610, il a travaillé comme apprenti dans plusieurs pharmacies – à Herford, Brême, Kiel, Dantzig, Vilnius et Vienne – avant de s'inscrire à la faculté de médecine de Padoue en 1645. Il y obtient le titre de docteur en médecine en 1647 et s'installe à Venise dans la foulée[74]. Ce schéma biographique correspond parfaitement au profil d'une personne qui aurait importé les thèses de Weigel en Italie. On peut imaginer qu'au cours d'un séjour dans sa patrie d'origine, Tachenius ait rencontré Weigel à Leipzig. Celui-ci lui aurait alors exposé sa théorie pansophique et Tachenius en aurait ensuite adopté les idées, notamment la tétractys catégorielle[75]. Tachenius pourrait donc être la personne qui apporta cette feuille à Venise, en y inscrivant son nom quelque part, et qui commanda à Della Vecchia un portrait de lui tenant la feuille.

Il se peut aussi que Tachenius et Weigel n'aient eu aucun contact direct, et qu'un intermédiaire ait rendu les thèses du second familières au premier. Ou alors il s'agit d'une tout autre personne, inconnue, qui, connaissant les thèses non écrites de Weigel et de Tachenius, en aurait fait une sorte d'édifice intellectuel composite. Car parmi les éléments de la feuille que l'on pourrait qualifier d'hermético-chimiques, certains sont manifestement des ajouts de Tachenius ou d'un tiers au fait de ses idées. On peut ainsi déchiffrer les deux premiers termes de l'avant-dernière ligne, jusqu'alors illisibles, en *Acidum* et *Alcali*, l'acide et l'alcali basique étant pour Tachenius les deux principes fondamentaux de la chimie, déjà découverts par Hippocrate[76]. Les deux principes hippocratiques du feu et de l'eau sont aussi à interpréter dans ce sens chimique ; représentant d'une sagesse originelle, Hippocrate était déjà, pour Tachenius, un « chimiste[77] ». La conviction que des principes tirés de traditions savantes distinctes puissent concorder sous-tend d'ailleurs bien le schéma d'ensemble de la feuille, que l'on pourrait d'une certaine manière appeler « tableau de Weigel-Tachenius ».

Dans l'hypothèse où Tachenius est bien le commanditaire et le modèle du tableau, il a croisé Pietro Della Vecchia à Venise au plus tard en 1649, si ce n'est plus tôt. Il était alors âgé de trente-neuf ans[78]. Si le tableau lui a appartenu, il l'a probablement accroché chez lui, à Venise, dans sa maison de la Calle de Morti (paroisse de Santi Giovanni e Paolo[79]) – et l'on peut alors supposer qu'il était exposé à la vue de ses patients et de ses visiteurs. Il est par ailleurs arrivé que Tachenius fasse allusion à une méthode spécifique et secrète. Si cette méthode est identique à celle que représente le tableau, les visiteurs qui regardaient la feuille d'un peu plus près ne devaient pas manquer de se demander comment fonctionnait cette « mécanique kabbalistique ». Quoi qu'il en soit, Tachenius évoque à plusieurs reprises dans son livre de 1669, *Antiquissimae Hippocraticae Medicinae*, une méthode qu'il appelle « cette voie privée, claire et absolument sûre qui est la nôtre » (*hac nostra privata, explanata, atque tutissima via*) et qu'il n'a manifestement communiquée qu'à ses élèves et à ses collègues, comme une sorte de secret[80]. Les critiques[81] qui mettaient le succès de cette méthode en doute le plongeaient dans une colère noire. Mais ses élèves avaient, « grâce à la méthode que nous leur avons transmise, saisi ce mot des pythagoriciens, que la nature est semblable en toutes choses, et qu'elle montre au grand jour, non une vérité feinte et fardée, mais la vérité pure, infaillible[82] ». À la fin de son livre, Tachenius parle même littéralement d'une méthode qui démontre de façon mécanique (*mechanice*) les relations des causes dans l'ordre naturel :

> « Et de même que j'ai démontré de façon mécanique qu'il en est infailliblement ainsi dans le macrocosme, de même, en suivant la droite raison, j'ai déduit de l'avis des Anciens qu'il devait, selon tous les indices fournis par l'expérience, en aller de même dans le microcosme[83]. »

Microcosme et macrocosme renvoient l'un à l'autre. Et en confrontant les principes fondamentaux de la nature, qui ont la légitimité d'une sagesse originaire, aux indices fournis par les expériences de chimie[84], on peut décoder les *abdita naturae*, les forces cachées de la nature[85]. En marge de ce passage évoquant l'interdépendance du macrocosme et du microcosme, Tachenius a écrit : *Hermes in scedula*, et il est clair que cette « page » (*schedula*) renvoie à la *Tabula smaragdina* de la tradition hermétique. C'est sa façon à lui de déclarer, comme le fait notre feuille, « que le haut est identique au bas ». Dans le même passage, Tachenius se réclame aussi du traité hippocratique *De diaeta* (*Du régime*), où l'on trouve une dialectique du feu et de l'eau aux tonalités presque héraclitéennes :

> « Pour toutes choses la destruction est mutuelle : pour le plus grand, elle vient du plus petit et pour le plus petit, du plus grand ; le plus grand s'accroît du plus petit et le plus petit du plus grand[86]. »

Quand on a compris cette interdépendance du macrocosme et du microcosme, on peut, selon Tachenius, déduire à partir des plus petits indices, par un procédé méthodique et géométrique, les forces invisibles en œuvre dans la nature et les révéler « comme dans un miroir[87] » (*quasi in speculo*).

Cela étant, d'un point de vue historique, les concordances entre les thèses du tableau et la méthode secrète de Tachenius restent de l'ordre de la spéculation. Ces citations du chimiste sont en effet tirées d'ouvrages largement postérieurs à 1649. Les parallèles pourraient donc n'être que de pures coïncidences. L'intérêt empirique de Tachenius pour la compréhension des processus chimiques aurait en tout cas constitué un motif pour s'approprier les réflexions du jeune Weigel sur la géométrisation de la théorie aristotélicienne de la preuve. Tachenius aurait alors été en mesure de compléter les thèses de Weigel par ses propres convictions en matière de sciences naturelles. Abstraction faite de l'avant-dernière ligne où son nom apparaît, quels auraient été en ce cas les changements qu'il aurait effectués sur la feuille de Weigel ? Sur quel point aurait-il été plus loin que lui ? Prenons le symbole divin du cube avec un point central : il serait assurément exagéré de prétendre que Tachenius l'a repris et adapté parce que cette figure géométrique ressemble au symbole chimique du sel et que le sel est le produit de la synthèse de l'acide et de l'alcali. C'est pourtant sur un certain type de sel que reposait le succès de Tachenius comme médecin et comme pharmacien. Le produisant à partir de la combustion de vipères, il l'employa avec succès sur ses patients et le commercialisa dans toute l'Europe. L'alcali contenu dans ce sel vipérin étant selon Tachenius une substance « vide », il cherche son contraire pour pouvoir saturer. Cette propriété était censée agir en cas de coagulation ou de maladie causée par l'acidité, comme l'étaient l'asthme, la pierre et l'épilepsie[88]. Par ailleurs, si l'on reprend le tableau des catégories, on constate que le feu et l'eau constituent les deux premières entrées de la série « Physique ». Or, *Aqua* et *Ignis* sont, selon *Du régime*, les deux éléments fondamentaux de la nature auxquels correspondent, selon Tachenius, *Acidum* et *Alcali*. Ces deux paires d'éléments peuvent donc être représentées l'une par l'autre, conformément à l'interchangeabilité des différents « langages » scientifiques. Ici aussi, on a donc une concordance.

Économie du secret

Tout cela, on l'a dit, relève de la spéculation et ne peut être vraiment démontré. Il est possible qu'une tierce personne ait immortalisé les pensées de Weigel et de Tachenius dans un schéma catégoriel sans que son identité parvienne jusqu'à nous. Au moins avons-nous désormais une vague idée des centres d'intérêt intellectuels cultivés vers 1650 dans bien des cercles vénitiens que des peintres comme Pietro Della Vecchia fréquentaient aussi. Ces cercles doivent nous aider à reconstituer le milieu de l'occultisme hermétique non orthodoxe sans lequel on ne comprend pas bon nombre des tableaux de cet artiste. Ce milieu cultivait une « économie du secret », qui permettait de communiquer des méthodes thérapeutiques, des produits chimiques, voire des machines de science universelle, à l'image de la méthode analogique vantée par notre feuille. S'occuper de savoir secret était même un métier : *professore de' secreti*[89]. Au chapitre 6, Della Vecchia nous avait permis d'accéder au savoir précaire parce qu'il fréquentait des libertins obligés de dissimuler leurs idées audacieuses ; il nous conduit à présent vers un autre aspect de la précarité : celui du secret de vente. Les spéculations sur l'organisation de l'Univers, les intérêts économiques, le fait de tenir le savoir secret et sa mise en danger – ce sont là les diverses facettes d'un ensemble unique et complexe.

La piste à laquelle nous a conduit Tachenius peut aussi nous permettre d'examiner les relations qu'entretenait Marco Aurelio Severino, un médecin renommé de Naples[90]. Severino était membre de l'*Accademia degli Investiganti*, qui se consacrait aux nouveaux courants scientifiques. Il était proche de la philosophie de Bernardino Telesio, pour qui, comme pour Tachenius, deux principes fondamentaux se combattent et génèrent par leur lutte l'ensemble des phénomènes naturels. Chez Telesio, ces deux principes ne sont pas le feu et l'eau mais le feu et la terre (le chaud et le froid), mais les bases étaient suffisantes pour rapprocher les deux savants, d'autant que Talesio considérait lui aussi sa philosophie comme une reviviscence de doctrines très anciennes[91]. Tachenius aurait-il puisé son inspiration chez Telesio, par l'intermédiaire de Severino ?

Autre détail intéressant : vers 1650 – à l'époque où fut peint le portrait qui nous occupe –, le jeune Franciscus Mercurius Van Helmont rendit visite à Otto Tachenius[92]. Comme Tachenius était connu pour avoir repris et développé les théories de Johann Baptist Van Helmont, le père de Franciscus Mercurius, ce dernier s'adressa à Venise au médecin allemand, qui l'hébergea chez lui pendant plusieurs mois[93]. À l'époque, le jeune Van Helmont préparait la seconde édition des œuvres de son père, qui parut chez Juntas et Hertz à Venise en 1651[94]. En vue de cette édition, il devait nouer contact avec l'éditeur et discuter de nombreux points.

De quatre ans plus jeune que Tachenius, Franciscus Mercurius était un jeune homme des moins conventionnels. Son habit était toujours des plus simples et il s'abstenait de toute marque de politesse forcée. On le voyait souvent en compagnie d'hommes étranges ou « frustes[95] ». À cet égard, il rappelle le *sordidum pallium* dont parle Della Vecchia, ce vêtement sale sous lequel se cache la Sagesse. Pourrait-il être notre « troisième homme », celui qui aurait réuni les pensées de Weigel et de Tachenius en une synthèse kabbalistique ? Nous n'avons de lui qu'un portrait à l'huile exécuté par Peter Laly bien des années plus tard, en 1671. Mais il existe un dessin de 1648, un double portrait des Van Helmont père et fils, qui paraît confirmer que le fils assumait l'héritage du père (ill. 39). On le trouve dans la première édition de l'*Ortus Medicinae* de Johann Baptist Van Helmont, parue en 1648. Sur ce dessin, le jeune Van Helmont est imberbe et porte les cheveux plus longs que le jeune homme représenté par Della Vecchia, mais ce sont des choses qui peuvent changer en l'espace d'un an. En 1667, le frontispice de l'*Alphabetum naturae* de Franciscus Mercurius Van Helmont montrera un homme dont la moustache et le bouc ressemblent à ceux du modèle de Della Vecchia, et qui tient, comme ce dernier, un compas dans la main gauche[96].

Ill. 39. Double portrait du père et du fils Van Helmont.

À la fin de 1661, l'Inquisition romaine arrêta Van Helmont à Mayence et le conduisit à Rome[97]. La raison ? Il passait pour quelqu'un qui fondait sur sa chimie une nouvelle vision du monde et qui était d'autant plus dangereux qu'il exerçait une certaine influence sur le comte palatin de Soulzbach. C'était un « vagabond » qui se croyait au-dessus des religions, les tournait en dérision ou en tirait les éléments d'une religion personnelle concoctée en suivant sa « lumière intérieure[98] ». Pour le dire dans notre terminologie : il appartenait au précariat savant. On peut se demander si, pendant son séjour à Venise, la fréquentation de Tachenius n'a pas pu donner au jeune Van Helmont l'occasion de rencontrer Della Vecchia et le milieu de l'*Accademia degli Incogniti*, dans lequel on imagine bien un tel « caméléon des religions ». Mais cette hypothèse relève elle aussi de la spéculation – comme beaucoup de choses qui ont trait à l'iatro-chimie et au libertinage à Venise au XVIIe siècle. Toujours est-il qu'il existe une série de liens possibles, qui méritent d'être examinés. À Venise, un homme avait préparé le terrain à l'iatro-chimie : Angelo Sala, mort en 1637, longtemps avant que Tachenius ne mît le pied sur le sol vénitien[99]. Et dans les années 1650-1660 plusieurs autres médecins, en plus de Tachenius, utilisent des méthodes tirées de la chimie : Giorgio Torre, né en 1607, Johann Wepfer – un immigré du nord, lui aussi –, né en 1620, et Francesco Pona, né en 1594[100]. Ce dernier faisait partie des membres, potentiellement hétérodoxes, de l'*Accademia degli Incogniti*[101]. Médecin, historien et lettré, il habitait Vérone, mais faisait de fréquents séjours à Venise, où il voyait ses amis de l'*Accademia*. Connaissait-il Tachenius ? On l'ignore. Venise ne manquait pas de lieux où l'on pouvait se rencontrer, par exemple dans les boutiques des libraires qui s'étaient fait une spécialité de vendre sous le manteau des livres interdits. L'un d'eux s'appelait Salvatore de' Negri, il tenait négoce dans le quartier de l'église San Rocco. C'est chez lui que se rendaient Della Vecchia, Tachenius, Van Helmont ou même Pona lorsqu'ils avaient besoin d'ouvrages relevant du savoir précaire, qu'ils désiraient se procurer par exemple le *De occulta philosophia* de Cornelius Agrippa, les écrits astrologiques de Pietro d'Abano, les *Clavicules de Salomon* ou même de la littérature philosophique libertine[102]. Et Salvatore de' Negri n'était que l'un de ces libraires parmi d'autres.

Une philosophie occulte dissimulée

Ébauchons un bilan. Nous avons examiné un portrait fascinant qui contient une feuille manuscrite où l'on trouve des traces évidentes de la philosophie d'Erhard Weigel. Cette philosophie, dont on ignorait tout, date d'une époque où Weigel était encore étudiant. Or, ces traces annoncent des travaux publiés par Weigel des années plus tard, et de façon si précise qu'une convergence due au hasard semble exclue. On peut en tirer une première conclusion : l'adhésion du jeune Weigel à la philosophie occulte fut beaucoup plus importante que ce que l'on pouvait soupçonner jusque-là. Sans doute inspiré par Bartholomäus Schimpfer et Basilius Titel, dont les bibliothèques personnelles lui étaient ouvertes, il a essayé, en s'appuyant sur sa connaissance remarquable des textes hermétiques, occultes et alchimiques, d'esquisser un système pansophique original en lui associant une mécanique de l'invention et de la preuve. Même s'il est aujourd'hui impossible de reconstituer cette mécanique, on peut mesurer l'effort et le travail qu'il fallut fournir à Weigel dans les années 1649-1658 pour se dégager de l'occultisme de ses débuts. L'idée de combiner la théorie aristotélicienne de la preuve et la géométrie euclidienne, comme il le fait en 1658, est déjà en germe durant sa jeunesse, de même que son intérêt pour la tétractys pythagoricienne. On constate en outre qu'un nombre étonnamment grand d'idées fondamentales de sa pensée, qui n'étaient pas connues avant le *Caput summum* de 1673, étaient déjà présentes un quart de siècle plus tôt, à commencer par cette combinatoire conceptuelle comprise au sens quasi spatial d'un réseau de relations. Weigel a longtemps gardé toutes ces idées pour lui, les diffusant tout au plus au moyen de feuilles manuscrites. On peut interpréter cela de deux manières : ou bien Weigel estimait que, pour pouvoir atteindre l'acuité conceptuelle de ses travaux ultérieurs, il lui fallait commencer par abandonner les concepts hermétiques et kabbalistiques, ou bien il s'est retenu de publier ses idées afin de faire carrière à l'université, car, vers 1650, la philosophie occulte n'avait plus sa place dans une université luthérienne. Mais dès lors que nous connaissons les premiers travaux de Weigel, il devient tout à fait évident que la philosophie occulte et hermétique refoulée de ses débuts a joué un rôle structurant pour la suite, notamment dans ses efforts ultérieurs pour concevoir une encyclopédie et une métaphysique mathématiques[103].

Weigel n'a jamais publié la « pansophie » de sa jeunesse. Mais, de façon imprévisible, ce savoir précaire a été conservé et a refait surface à Venise, dans une peinture. On ne peut reconstituer de façon définitive le trajet qu'a suivi ce savoir pour parvenir jusqu'à Della Vecchia. Mais il est certain que des idées appartenant à Tachenius sont venues compléter les idées de Weigel présentes sur la feuille tenue par le modèle du portrait. Cela suggère que Tachenius a pu servir d'intermédiaire pour faire passer ce savoir de Leipzig à Venise. Mais il se peut aussi que quelqu'un d'autre – probablement venu du nord des Alpes – ait repris et modifié à sa guise les thèses de Weigel et de Tachenius. Il est possible que ce tiers (le modèle du portrait) ait été le célèbre Franciscus Mercurius Van Helmont, mais là encore, ce n'est pas certain. Un argument contre cette identification consiste à considérer que, si tel avait été le cas, l'influence de la philosophie naturelle de son père n'aurait pas manqué de se faire davantage sentir sur la feuille pansophique. On ne peut enfin écarter l'hypothèse selon laquelle Della Vecchia aurait puisé lui-même ces idées dans son entourage et aurait tenu à les faire figurer dans un autoportrait.

Quoi qu'il en soit, le milieu intellectuel d'où provient ce tableau suscite la curiosité. Régi par une « économie du secret », il s'agissait, selon toute apparence, d'un milieu précaire plutôt que bourgeois – milieu plein d'effervescence et de théories sulfureuses sur la nature de l'univers, et en même temps plein d'assurance et de confiance dans ses méthodes mathématiques, nourrissant éventuellement des liens avec certains membres opulents de la noblesse et du patriciat vénitiens.

10. Secrets de famille. Transferts précaires parmi les proches

Comment un savoir précaire se transmet-il d'une génération à l'autre ? Ou, pour être plus précis : comment un tel savoir se transmet-il à l'intérieur de l'espace social que représente la famille ? Je voudrais, dans ce chapitre, répondre à cette question en deux temps, et selon deux approches différentes. Dans un premier temps, je m'intéresserai aux rapports qu'entretenaient les théoriciens des années 1700 avec leurs aïeuls des années 1600. Me tournant dans un second temps vers le milieu du XVIIIe siècle, j'analyserai la dynamique interne d'une famille de la bourgeoisie savante qui menaçait alors de basculer dans le précariat sans que ses membres en soient tous conscients. Nous retrouverons le milieu des savants de Hambourg que les chapitres 4 et 5 nous ont déjà fait connaître et qui a ceci de particulier qu'il s'est développé sur plusieurs générations[1].

L'Allemagne secrète

Il n'y a pas de famille sans secrets. Un oncle paternel qui boit, une aïeule qui a eu un enfant hors mariage, des parents couverts de dettes – mais aussi un ancêtre dont on ignore qu'il a été nazi, ou encore une homosexualité cachée. Et quand tout un pays cultive des traditions secrètes, il peut arriver que d'étranges relations finissent par apparaître au grand jour. Le livre d'Ulrich Raulff raconte ainsi l'histoire de l'« Allemagne secrète » des partisans de Stefan George[2]. Ce livre remarquable conduit son lecteur de la mort de George dans le Tessin à la famille von Weizsäcker et aux nouveaux humanistes des années 1950 et 1960, en passant par l'auteur de la tentative d'assassinat de Hitler, le comte Claus von Stauffenberg. Dans le sillage de cette histoire secrète ressurgissent des rumeurs et des souvenirs, mais aussi des objets. Des lettres conservées deviennent ainsi les symboles d'une adhésion, le sabre de Stauffenberg l'indice de filiations inattendues.

En quoi consistait l'« Allemagne secrète » à l'époque moderne, plus précisément pendant la période allant du déclenchement de la guerre de Trente Ans jusqu'au début du siècle des Lumières[3]? On a examiné cette période importante sous de multiples aspects – celui de la crise économique, celui du développement de l'instruction, celui de la démographie –, mais on ne l'a presque jamais considérée comme une suite de trois générations[4]. La plupart des individus faisant carrière aux environs de 1700 étaient nés entre 1650 et 1675. La génération de leurs aïeuls était née vers la fin du XVIe siècle, avant la guerre de Trente Ans. À cette époque dominaient, dans l'Empire germanique, des courants intellectuels et religieux avec lesquels l'époque des petits-fils jugera bon de prendre ses distances, comme nous l'avons vu avec l'exemple de Weigel. Ceux qu'on appelait les spiritualistes ou les « enthousiastes » croyaient en une révélation personnelle, regardaient le calvaire du Christ comme une voie intérieure vers le salut et étaient dans l'attente d'une fin prochaine de l'Histoire[5]; les sociniens, ou « photiniens », rejetaient la Sainte-Trinité[6]. Une première façon de s'interroger sur l'« Allemagne secrète » de cette époque serait donc d'examiner la façon dont ces traditions sectaires se sont perpétuées lorsqu'elles furent soumises à la persécution. Mais le plus intéressant semble encore d'étudier le comportement des descendants qui s'étaient intérieurement éloignés de leurs aïeuls.

Vers 1700, en effet, les agitations des époques antérieures paraissaient déjà lointaines. La société d'après guerre s'était administré une dose de galanterie française, et elle cherchait à se tirer des impasses où les fanatiques des différentes sectes s'étaient fourvoyés. Elle développait ainsi des modèles de pensée dits « éclectiques », reposant sur l'ouverture d'esprit et le refus de s'arrêter à une position fixe, qui devaient bientôt déboucher sur les Lumières allemandes[7]. Que faire quand on était un de ces esprits galants et modernes et que l'on comptait parmi ses ancêtres une brebis galeuse, un adepte d'une des sectes évoquées plus haut, un de ces inconditionnels chercheurs de vérité? Pour un historien, il n'est pas naturel, à première vue, de recourir à la thérapie familiale systémique qui s'est développée au cours des dernières décennies. Celle-ci met pourtant à sa disposition quelques concepts qui peuvent l'aider à décrire les difficultés éprouvées par les penseurs des Lumières vis-à-vis de leurs aïeuls. Je veux parler de la nécessaire « perspective transgénérationnelle », et du « livre de comptes » que tiennent inconsciemment toutes les familles, y inscrivant les hontes, les culpabilités, les mérites[8]. Les actions et les comportements des descendants sont souvent enchaînés à d'invisibles obligations de loyauté qui viennent de ces livres de comptes et produisent des conflits dont les répercussions peuvent se faire sentir durant tout le cours de la vie. Un système d'obligations familiales est « sain », écrivent les thérapeutes Boszormenyi-Nagy et Spark, « lorsqu'il a la capacité de se propager aux descendants et qu'il est compatible avec l'individuation affective finale des membres de la famille[9] ». La situation devient difficile lorsque l'héritage des parents et des grands-parents est lourd, qu'il comporte des parts d'ombre, qu'il est dissimulé sous des secrets et des tabous. C'est à de telles relations d'obligations précaires qu'étaient confrontés certains petits-fils des années 1700. Ils devaient eux aussi composer avec des secrets de famille tout à fait spécifiques. Choisissons-en trois qui nous permettront de distinguer différents types de réactions.

Chiliastes et sociniens

Dans la maison de Daniel Ernst Jablonski, prédicateur à la cour de Brandebourg et de Prusse, un tableau de deux mètres de haut[10] montrait Jan Amos Comenius, le célèbre théologien et pédagogue de Bohême, dernier évêque de l'Unité des frères moraves, infatigable défenseur de la tolérance, de la réconciliation et de la réforme de l'éducation – croyant, en même temps, aux prophéties et à la fin du monde[11]. Jablonski était son petit-fils. Il est pourtant intéressant de noter qu'il n'a rien publié sur son grand-père, qu'il ne s'est même jamais réclamé de lui. Ce n'est pas qu'il ait désavoué cette parenté : parmi ses amis et ses connaissances, la chose était connue. Mais il tenait apparemment à ce qu'on ne l'identifie pas de façon trop directe avec le programme de son aïeul. C'était un politique – il était donc clair à ses yeux que les temps avaient changé et que nombre de ces grandes idées visionnaires étaient dépassées. D'où la distinction qu'il opérait : reconnaître chez lui son aïeul en exposant son portrait et s'efforcer, hors de chez lui, de ne pas se faire remarquer[12].

Le cas de Nikolaus Hieronymus Gundling, professeur de droit à Halle, en Prusse, est très différent[13]. Son frère est tristement célèbre pour avoir été le pitre attitré des réunions de fumeurs de pipe (*Tabakskollegium*) à la cour du « Roi-Sergent », Frédéric-Guillaume Ier de Prusse[14]. Nikolaus appartenait au contraire à la frange la plus libérale des disciples et des héritiers du grand représentant de la *Frühaufklärung*, Christian Thomasius. Son « cadavre dans le placard » était un crypto-socinien : son grand-père, Johann Vogel, avait été, à vingt ans environ, le disciple et le partisan d'Ernst Soner, un professeur d'Altdorf qui propageait en secret des pensées antitrinitaires d'après lesquelles le Christ ne pouvait pas être appelé Dieu. Vogel avait été converti par le disciple le plus important de Soner, Martin Ruar[15]. Gundling prit les devants en abordant lui-même ce sujet. Il en traite dès la seconde livraison de sa revue, *Gundlingiana*, qu'il fera paraître durant de longues années – comme s'il avait voulu faire sa confession familiale le plus vite possible, afin de s'en libérer. Il commence par citer un passage d'une lettre où l'auteur, un luthérien, parle d'un homme très savant – *vir doctissimus* – qui aurait eu des contacts avec des groupes judaïsants. « Ce *vir doctissimus*, avoue Gundling, était feu mon grand-père

Johann Vogel[16]. » Il éclaire ensuite la biographie et les fréquentations de celui-ci en citant des documents tirés de ses papiers. Pour finir, il insiste sur le fait que Johann Vogel avait désavoué par la suite les errements de sa jeunesse et que lui, Gundling, a l'intention de faire imprimer le discours contenant ce désaveu. Il ajoute que son grand-père est « mort paisible et l'âme en paix » en 1663, et que « [s]on propre père, Wolfgang Gundling », l'a solennellement porté en terre le 9 juin et a prononcé une oraison funèbre, qu'il entend également faire imprimer[17]. Rappelons qu'à cette époque, la manière de mourir avait encore valeur d'indice sur le salut ou la damnation du défunt.

Le zèle avec lequel Gundling s'empresse d'annoncer tout cela trahit le besoin qu'il avait de laver sa généalogie de cette tache. Lorsqu'on lui reprocha plus tard de manifester à son tour des tendances sociniennes, il put les réfuter sans plus avoir à prendre garde à d'éventuels secrets de famille. L'héritage avait déjà été exposé publiquement, de même qu'avait été conjurée la malédiction de ne pas avoir l'esprit « paisible et l'âme en paix ».

Au cœur de la querelle du piétisme

Pour Abraham Hinckelmann, *pastor primarius* à Hambourg, la tension entre passé et présent fut autrement plus violente. Elle le déchira tant qu'il mourut d'une « hémorragie » en février 1695 – peut-être une rupture d'ulcère à l'estomac[18]. Son secret de famille, Hinckelmann avait dû le cacher comme on cache un forfait. Il faut dire qu'à Hambourg, la situation était proche de la guerre civile : piétistes et orthodoxes se combattaient avec acharnement, se lançant des menaces de mort du haut de leurs chaires[19]. Hinckelmann était au cœur de ces luttes : il faisait partie du petit groupe de pasteurs qui passaient pour « piétistes », parce qu'ils avaient refusé de prononcer le serment exigé par les orthodoxes. Le serment commandait entre autres de condamner les écrits du philosophe « enthousiaste » Jakob Böhme, cordonnier et mystique obscur qui vécut à Görlitz autour de 1600 et laissa des manuscrits teintés de kabbale et d'alchimie[20]. Hinckelmann était tiraillé. Intellectuellement, il rejetait la mystique de Böhme, mais en tant que bourgeois libéral, il refusait les condamnations hâtives au profit d'un jugement équilibré de l'opinion publique. Mais ce que tout le monde ignorait, c'était que, sur un plan personnel, Hinckelmann faisait partie des « héritiers » de Böhme. Son grand-père, Benedikt Hinckelmann, avait été un adepte et un ami de Böhme. Bien plus, le pasteur de Hambourg avait fait des recherches sur son grand-père qui l'avaient conduit à penser que celui-ci s'appelait à l'origine Balthasar Walther[21]. Or, Walther passait pour avoir été un ami plus intime encore de Böhme, et Abraham Hinckelmann supposait même qu'étant bien plus savant que le cordonnier, il était le véritable auteur de la plupart de ses écrits[22]. Walther ne les avait signés du nom du Böhme que pour se cacher. Plus tard, lorsqu'il s'était malgré tout retrouvé dans le viseur des autorités, il avait à nouveau changé d'identité et pris le nom de Benedikt Hinckelmann.

Même s'il reste encore une grande part d'ombre dans la vie de Jakob Böhme, les spécialistes ont rejeté aujourd'hui cette hypothèse. Mais là n'est pas l'important. Ce qui compte, c'est le point de vue intime d'Abraham Hinckelmann, qui, tandis que la querelle du piétisme faisait rage à Hambourg, en vint à se convaincre qu'il était non seulement le petit-fils d'un auteur scabreux, mais de celui-là même dont les écrits avaient provoqué les troubles violents qui secouaient sa ville. En aucun cas il ne pouvait se permettre que cela se sache : on l'aurait lynché, ou tout au moins dénoncé comme « partisan de Böhme » par ses liens familiaux. Hinckelmann, dans les années 1691-1694, opéra un détachement complet et douloureux par rapport à son histoire familiale. À la suite de ses recherches sur la philosophie de Böhme, il décida d'en faire une critique approfondie, tirant ses arguments de l'histoire des religions et présentant cette doctrine comme un rejeton tardif d'erreurs fondamentales remontant à l'époque des anciens Perses et de la Gnose[23]. Il reprit contact avec les porte-parole de l'orthodoxie luthérienne, Johann Friedrich Mayer et Johann Benedikt Carpzov. Et il fit peut-être en sorte que la bibliothèque de son grand-père, qui contenait de nombreuses « reliques » de Böhme, soit rejetée et vendue en 1692 par la branche familiale de sa tante[24]. Peu de gestes pourraient mieux incarner la liquidation du « compte transgénérationnel » et l'annulation de la dette familiale.

Hinckelmann dut éprouver dans cette situation un déchirement de tout son être. Il conservait encore chez lui l'immense trésor de manuscrits orientaux et kabbalistiques de son grand-père, dont il avait hérité et qu'il continuait d'enrichir. Fidèle à cette tradition familiale, il restait un connaisseur averti de la Kabbale, avouant même en passant son estime pour la mystique juive. Ainsi, lorsqu'il rejeta malgré tout la philosophie kabbalistique de Böhme et commença à se ranger du côté des orthodoxes, il dut faire un grand écart intérieur. Cela dura jusqu'à ce que Mayer, le porte-parole des orthodoxes, s'en prenne à Heinrich Horb, avec qui Hinckelmann avait refusé de prêter serment. Mayer le discrédita au mépris de toute bienséance et fit tant et si bien que Horb ne put supporter la situation et mourut. Par solidarité, Hinckelmann repassa alors du côté des piétistes et resta dans leur camp jusqu'à ce qu'il succombe à son hémorragie, après avoir été lui-même attaqué par des piétistes radicaux qui le jugeaient trop tiède.

Ces trois cas particuliers en disent long sur les difficultés d'être, vers 1700, un petit-fils « grevé » par son passé familial. Jablonski se tient en retrait, avec élégance et prudence ; Gundling prend les devants ;

Hinckelmann rejette l'héritage tout en dissimulant la relation problématique. Dans chacun des cas, il n'y a pas seulement un lien de parenté et un conflit psychologique de loyauté. Le patrimoine familial entre toujours en ligne de compte, en particulier les manuscrits des aïeuls et les informations exclusives venant d'eux. Le chef-d'œuvre inédit de Comenius, dont Jablonski connaissait l'existence à Halle, le discours de rétractation de Vogel, que Gundling voulait éditer, les manuscrits de Böhme en possession de Hinckelmann : tous ces exemples posent le problème de la transmission précaire de textes dont la réception publique risquait de provoquer des controverses. S'il n'est jamais facile, pour le thérapeute familial, de reconstruire le climat émotionnel dans lequel une personne est née, c'est plus difficile encore pour l'historien d'aujourd'hui qui tente d'éclairer l'Allemagne secrète des Lumières. Mais ce dernier peut malgré tout lui aussi construire – au moins partiellement – des « génogrammes » des dynamiques familiales, qu'il peut ensuite compléter à l'aide des « génogrammes » de la transmission des manuscrits[25]. La bibliothèque privée de Jablonski était parsemée d'œuvres rares de Comenius, celle de Hinckelmann débordait de textes kabbalistiques en provenance du cercle de Böhme. Les Lumières du XVIIIe siècle, qu'inaugura cette génération, portaient en elles le vieux fonds des sectes et des penseurs marginaux. Ces schémas de l'appropriation, du refoulement et de la transmission composent les couches profondes de ce que l'on a appelé « l'âge de la raison et du sentiment », et les remous provoqués ne se limitèrent pas à de simples rides en surface.

Le sacré et le profane

Pénétrons plus avant dans cet « âge de la raison et du sentiment ». Le second temps annoncé plus haut aborde une autre question : il ne s'agit plus d'étudier l'appropriation précaire ou le refus de l'héritage familial, mais d'observer la façon dont certains membres d'une famille prennent part à la communication entre générations tandis que d'autres en sont exclus. Il s'agit surtout des supports de cette communication intergénérationnelle : une langue à usage interne, qui se nourrit d'allusions et de parodies.

Franchir la frontière qui sépare le sacré du profane comporte toujours des risques difficiles à évaluer. Il suffit parfois d'un changement de ton. Parler en adoptant un ton biblique, par exemple, c'est s'attirer aussitôt le soupçon de ne pas prendre la Bible tout à fait au sérieux. Karl Marx aimait ce ton irrévérencieux. Dans *La sainte Famille*, Engels et lui se moquent ainsi d'un adversaire en parodiant l'Apocalypse :

« Alors je vis et j'entendis un ange puissant, le sieur Hirzel, s'élancer de Zurich et voler au milieu du ciel. Et il avait en sa main un petit livre ouvert et c'était comme le cinquième volume de l'*Allgemeine Literatur-Zeitung*. Et il posa son pied droit sur les masses et le gauche sur Charlottenbourg. Et il cria d'une voix forte, comme un lion qui rugit […].[26] »

Il est évident qu'on n'a pas attendu Marx et Engels pour imiter la pompe biblique. Cent ans exactement avant *La sainte Famille*, en 1744 et 1745, pendant la guerre de Succession d'Autriche, une série de bulletins de guerre furent publiés sous forme de chroniques vétérotestamentaires, signées par un certain « Abraham Ben Saddi », ou par ses frères et cousins[27]. Voici un exemple de ce qu'on pouvait y lire :

« Et il arriva qu'en ce temps-là le roi d'Allemagne, qu'on appelait alors l'Empereur Charles VI, mourut et fut réuni à ses pères. Comme il n'avait point eu de fils pour lui succéder sur le trône d'Allemagne, il écrivit une lettre, la scella de son plus grand sceau, puis il mourut[28]. »

La plupart de ces pseudo-chroniques avaient pour auteur le juriste et journaliste Christoph Gottlieb Richter, qui les écrivait à Altdorf et à Erlangen. Il avait toutefois pris son modèle en Angleterre, dans la personne de Robert Dodsley, un ami d'Alexander Pope[29] qui lança, en 1740, la vogue des imitations bibliques.

La famille Reimarus

Ces chroniques parodiques furent un best-seller en Allemagne, mais la bourgeoisie « comme il faut » ne les touchait que du bout des doigts. C'était le cas à Hambourg, où la famille Reimarus possédait ces livres. Le père, Hermann Samuel Reimarus, est aujourd'hui considéré comme un des protagonistes des Lumières allemandes et comme le critique le plus acerbe du christianisme[30]. De son vivant néanmoins, ce fait n'était connu que de quelques initiés : le manuscrit de son *Apologie*, analyse mordante de la Bible, était soigneusement gardé sous clef – des décennies avant que Lessing n'en publie des extraits, déclenchant la « querelle des fragments[31] ». La double vie du professeur de Hambourg devait rester inconnue, même pour sa femme. Mais ses enfants, Albert Hinrich et Elise, étaient plus proches de l'esprit libéral de leur père[32], comme en témoigne une lettre transcrite par une spécialiste de Reimarus, Almut Spalding. Le 8 avril 1755, Albert Hinrich, alors âgé de vingt-cinq ans et qui étudiait depuis un an la médecine à Édimbourg, écrivit à sa petite sœur, restée à Hambourg[33]. « Tu ne crains pas l'anatomie ? », lui lance-t-il enjoué en manière de défi, « eh bien, tu devrais me dépeindre à présent comme un homme qui (à l'instar de Maupertuis) se promène toujours avec un couteau pour découper les gens[34] ». Il décrit ensuite à quel point il est difficile en Écosse d'obtenir des corps pour faire des dissections anatomiques. Et alors qu'il raconte qu'ils ont failli se procurer le cadavre d'un aliéné, il tombe soudain dans le style biblique :

> « Mais avant de nous en rendre compte, voici que ses amis étaient venus et l'avaient porté au tombeau, et il est difficile d'ouvrir un mort en ce lieu, je te raconterai cela plus tard. Car pour le reste le Ciel continue de prendre soin des siens et cette histoire n'est-elle pas écrite dans le livre des Rois d'Angleterre[35] ? »

Cette dernière expression reprenait le titre du livre de Dodsley dans la traduction de Richter[36]. Reimarus le mentionne pour que sa sœur saisisse le « code » qu'il est en train d'utiliser à cet endroit de sa lettre. Puis il ajoute : « [...] une œuvre dont il n'est pas nécessaire que tu dises qu'elle se trouve chez nous, parce qu'elle est haïe à cause de son apparence extérieure[37] ».

Suit alors quelque chose d'inhabituel. Reimarus ajoute un *nota bene* et donne à sa sœur des instructions de lecture : « Lis ceci discrètement : tu pourras ensuite le montrer à papa[38]. » Chez les Reimarus, la fille avait apparemment coutume de lire les lettres du fils à voix haute, et d'abord à leur mère. Quand le père ne faisait pas cours à l'École illustre (*Akademisches Gymnasium*), il était dans son cabinet de travail, plongé dans ses livres[39]. Le jeune Reimarus s'est dit qu'il n'attendrait pas « plus tard » pour faire le récit de sa périlleuse aventure – déterrer secrètement et nuitamment des cadavres en compagnie de camarades médecins –, mais qu'il la raconterait dès à présent à sa sœur. Mais il valait mieux que sa mère ne l'apprenne pas. « Vers ce même temps », commence-t-il en prenant l'accent de Dodsley et Richter, « quatre hommes vaillants surgirent avec l'homme qui avait besoin d'eux », c'est-à-dire le jeune médecin qui avait trouvé quatre robustes compagnons pour l'aider :

> « Et il leur dit : mes bien chers frères, vous savez que nous avons besoin des morts pour l'amour des vivants et devons tirer leçon de ceux qui ont péri. Et maintenant ces temps sont mauvais car, tandis que nous examinions autour de nous si quelqu'un avait été réuni à ses pères, Pierre, Paul ou un de ceux qui gisent au cachot, ou si quelqu'un s'était pendu sous le soleil, voici, il n'y a personne ni sur la droite ni sur la gauche. C'est pourquoi, venez à moi, vous tous qui servez Esculape, montons aux Enfers [= dans la fosse] et tirons-en un de ceux qui y sont réunis. [...] Et étant arrivés au lieu où un mort gisait, ils le déterrèrent et forcèrent le cercueil, et il y eut un grand claquement. Et il y eut des gens dans les maisons autour qui veillaient, ici une lumière, et là une lumière. Mais tout le peuple fut frappé d'aveuglement, et nul ne vit les hommes quand ils sortirent ni quand ils entrèrent[40]. »

Pour le jeune Reimarus, cette langue artificiellement étrangère était manifestement un moyen de communiquer un incident scabreux à mots plus ou moins couverts. Devoir passer pour un profanateur de tombe était sûrement plus facile à supporter à ses propres yeux et à ceux de sa sœur et de son père si l'incident n'était pas rapporté dans la langue de tous les jours. La prise de distance vis-à-vis de la Bible, qui est comme la condition de toute cette gaieté, est ici mise en œuvre de manière analogue à d'autres cas de distanciation du début du XVIIIe siècle: *L'Espion turc*, par exemple, un roman par lettres de Giovanni Paolo Marana dans lequel un oriental fictif décrit les impressions que lui font les différentes cours européennes, ou bien les célèbres *Lettres persanes* de Montesquieu, qui reposent sur le même principe[41].

Critique de la Bible

N'allons certes pas en déduire qu'Hermann Samuel Reimarus devrait sa critique de la Bible à la distance qu'avaient instaurée les chroniques pseudo-bibliques qu'il avait dans sa bibliothèque. Mais on peut constater qu'il y a une certaine parenté entre l'imitation ironique des textes sacrés et la liberté sûre d'elle-même avec laquelle Reimarus se représente l'arrière-plan du texte sacré comme un tissu de charlataneries purement humaines. Dans la lettre de Reimarus fils, on vole en catimini des cadavres dans un style qui rappelle la Bible ; dans l'*Apologie* de Reimarus père, les apôtres escamotent le corps de Jésus après sa mort pour donner l'illusion de sa résurrection[42].

Parmi les camarades d'université qui partaient en quête de cadavres avec Reimarus en Écosse se trouvait sans doute Erasmus Darwin, qui fut son ami le plus proche pendant ses études[43]. Darwin était lui aussi « moderne » en matière de sciences naturelles et sceptique envers les doctrines de l'Église. Féru de littérature, il a dû apprécier le langage poétique de son ami allemand. Cette génération accomplit le passage de la philologie vers la pensée pratique des Lumières : deux générations avant Charles Darwin, le petit-fils d'Erasmus, elle pensait déjà que l'homme avait pu se développer à partir de formes de vie inférieures, et vantait l'utilité de l'électricité[44]. Ce fut Albert Hinrich Reimarus qui introduisit le paratonnerre à Hambourg en 1768. Pour le dire avec Heinz Dieter Kittsteiner, qui reprend ici un terme de Jean Delumeau, cet événement marque la fin d'une époque de « culpabilisation » : cessant d'être interprété comme un signe de la colère divine, l'orage perd son pouvoir, la faute ne repose plus sur le moi du pécheur – et cela vaut aussi pour celui dont le péché était d'avoir voulu consacrer un cadavre à la science médicale[45], qui, en 1755, avait déjà trouvé un petit paratonnerre dans la langue biblique de parodie.

11. Le colis perdu.
Histoire communicationnelle
de l'histoire de la philosophie en Allemagne

> « Le savoir est un bien collectif. Pour garantir notre savoir, nous faisons confiance à d'autres, et nous ne pouvons pas nous dispenser de cette confiance. »
> *Steven Shapin*[1]

Une autre histoire de l'histoire de la philosophie[*]

On a beaucoup fait dans les vingt dernières années pour donner à la « phase héroïque » de cette discipline qu'est l'histoire de la philosophie toute l'attention qu'elle méritait[2]. Car il faut comprendre la manière dont est née notre perception moderne de l'histoire des idées – par exemple, l'opinion selon laquelle la philosophie commence avec les Grecs – pour pouvoir comprendre les démarcations et les exclusions qu'elle a opérées, et le concept de rationalité que celles-ci supposent. Une part non négligeable de la modernité se définit par ses exclusions. Les études réalisées jusqu'à présent demandent néanmoins des compléments sur deux points au moins. Premièrement, on ne devrait plus considérer que les historiens de la littérature et de la philosophie de la première moitié du XVIIIe siècle représentent seulement des positions isolées, mais qu'ils forment un réseau[3]. Ils étaient en contact les uns avec les autres, ils se sont soutenus, parfois critiqués, et ont laissé des œuvres qui se réfèrent aussi à celles des autres. Il faut donc se demander à quoi ressemblaient ces réseaux ou, quand ils

---

[*] « Histoire de la philosophie » (*Philosophiegeschichtsschreibung*) est à entendre dans ce chapitre comme la discipline des historiens de la philosophie, comme le fait d'écrire l'histoire de la philosophie. (*N.d.T.*)

étaient plus resserrés, les constellations dans lesquelles ils s'inscrivaient. Deuxièmement, on devrait arrêter de se fonder uniquement sur des histoires de la philosophie sous forme d'ouvrages achevés et imprimés, et prendre en compte les ébauches, les manuels d'enseignement, les notes de lecture. Nous verrons au chapitre 14, avec l'exemple des notes de Johann Christoph Wolf, comment on peut s'y prendre pour intégrer ce genre de matériaux manuscrits[4]. On obtient alors une image dynamique des histoires de la philosophie, en devenir, en dialogue et en interactions[5].

Dans ce chapitre, j'aimerais partir de l'exemple de Christoph August Heumann, philosophe, philologue, théologien et historien, pour esquisser ce que pourrait être une « nouvelle » histoire de l'histoire allemande de la philosophie[6]. Nous verrons que la constellation dans laquelle se trouvait Heumann n'était pas sans conflits, et qu'elle a même pris parfois l'allure d'un roman policier, notamment en raison du rôle décisif joué par le transfert risqué de certains textes.

Pour l'historien de la philosophie et de la littérature du XVIIIe siècle, il était d'abord essentiel d'avoir accès au plus grand nombre possible de livres, voire – dans le meilleur des cas – au plus grand nombre possible de manuscrits ; sans quoi, son travail était impossible. Mais comment accéder aux textes ? Tout le monde n'avait pas les moyens financiers de se constituer une bibliothèque immense. Il y aurait d'ailleurs beaucoup à dire sur les différentes stratégies qu'élaborèrent des gens comme Johann Albert Fabricius, Johann Christoph Wolf ou Jakob Friedrich Reimmann pour parvenir à rassembler des collections comptant entre vingt et trente mille volumes[7]. La bibliothèque de Christoph August Heumann n'approcha jamais de telles dimensions. Mais l'homme était plein de ressources. Conrad Zacharias von Uffenbach l'a décrit à plusieurs reprises comme « le Pinellus et le Peirescus » de son temps[8]. Ce qu'il entendait par là est clair : Gianvincenzo Pinelli était connu pour servir de centre de prêt et de communication des textes en Italie du Nord, et Nicolas-Claude de Peiresc faisait de même dans le sud de la France, sur une plus grande échelle encore[9]. Et en effet, par son intense activité privée de prêts à distance, Uffenbach, patricien de Francfort aussi riche que savant – celui-là même que nous avons vu au chapitre 7 admirer le coffret aux oracles de von der Hardt –, possédant une collection qui regorgeait d'ouvrages les plus rares, vint en aide à plus d'un historien allemand de la littérature et de la philosophie. On pourrait consacrer tout un livre à l'importance qu'Uffenbach a eue dans l'essor de l'histoire intellectuelle des années 1720-1730, par ses échanges avec Fabricius, Wolf, Mathurin Veyssière La Croze, Johann Lorenz Mosheim, Gottlieb Stolle et beaucoup d'autres, dont Heumann[10]. On conserve à Hanovre soixante-sept lettres d'Uffenbach adressées à Heumann et datant des années 1715 à 1733[11]. C'est grâce à des hommes comme Uffenbach que le savoir précaire a pu continuer à circuler.

Par souci de simplicité, prenons deux dates et voyons comment la constellation d'acteurs de 1715 s'est transformée en celle de 1730. En 1715, l'année où Heumann publia le premier tome de ses *Acta philosophorum*, la situation de l'histoire de la philosophie était déjà d'une grande complexité en Allemagne. Les savants de la *Frühaufklärung* de Halle revendiquaient une philosophie éclectique – conception que les chapitres précédents nous ont rendue familière – visant à éviter que les courants d'idées ne se figent en « sectes » philosophiques. Ce phénomène était typique de la période qui suit la Réforme et que l'on appelle en Allemagne « époque confessionnelle » (*konfessionelle Zeitalter*). Pour empêcher cette formation de sectes et exclure les préjugés, on commençait par passer en revue tous les matériaux disponibles, avant de sélectionner ceux qui avait paru convaincants[12]. Tel était en tout cas l'idéal. Dans les faits, il en résultait pour toutes les sciences une orientation littéraire et historique liée aux derniers développements de la critique historique et philologique[13]. Venait s'ajouter à cela le modèle théologique de l'examen critique compris comme une estimation des risques et des conséquences, visant à évaluer quelles suites potentiellement dangereuses pour le christianisme pouvaient avoir ou avaient historiquement eues quels courants philosophiques. Ce modèle général laissait tout de même une certaine marge de manœuvre quant aux orientations de chacun : Johann Franz Budde mettait en garde ses contemporains contre les matérialistes et les stoïciens grecs parce qu'ils avaient produit Spinoza, d'autres contre les platoniciens et les « enthousiastes », parce qu'ils avaient été les précurseurs des spiritualistes et des occultistes de leur temps. On ne compte plus les études de cas publiées de la sorte par des savants comme Jakob Thomasius, Budde, Gundling et d'autres, qui entretenaient pour la plupart des liens mutuels étroits et des échanges constants[14].

Mais un cercle plus large de gens qui s'intéressaient à l'histoire de la philosophie sans être directement en contact les uns avec les autres contribuait aussi à l'accumulation du savoir historique. Pour donner un exemple de la façon dont l'information circulait en 1715 parmi les historiens allemands de la philosophie, je voudrais mentionner le parcours d'une question relative à une médaille sur laquelle figurait le portrait du philosophe Thalès[15]. Dans la principauté d'Ansbach, un savant s'était retrouvé en possession de cette médaille. Ses connaissances ainsi sans doute que l'état altéré de la médaille ne lui avaient pas permis de déchiffrer l'inscription en grec qui entourait le portrait situé sur l'avers[16]. Sur le revers, on voyait une silhouette féminine avec une épée et une corne d'abondance, et, devant elle, un petit autel surmonté d'un coq domestique, ainsi qu'une inscription, tout aussi difficilement lisible. Notre savant envoya un dessin de la médaille à son ami Johann Heinrich May fils. Jeune encore, ce professeur de langues grecque et orientales à Giessen portait un grand intérêt aux médailles, dont il avait déjà réuni une collection considérable[17]. May déchiffra les lettres grecques comme formant les mots ΘΑΛΗΤΟΣ ΜΙΛΗΣΙΟΥ (« Thalès de Milet ») et il interpréta la femme à la corne d'abondance comme une personnification de la chance, le coq comme un symbole de l'intelligence et l'épée comme celui du succès guerrier. À la suite de quoi, il put deviner l'inscription du revers : ΟΥΤΩΣ ΑΠΟΛΛΥΕΙΝ ΔΥΝΑΜΕΘΑ – « Ainsi pouvons-nous perdre ».

May envoya alors le dessin de la médaille et sa propre interprétation à son ami Uffenbach à Francfort, en le priant de bien vouloir vérifier si cette médaille était mentionnée dans d'anciens ouvrages et s'il pouvait en trouver une reproduction[18]. Dans sa réponse, Uffenbach exprimait son admiration pour l'habileté avec laquelle son correspondant avait expliqué la médaille. Puis il ajoutait :

> « Si elle s'avérait authentique (ce que son examen pourra seul établir), elle serait d'une extrême rareté, et d'une extrême valeur. Je possède bien moi-même plusieurs médailles où figure le visage de poètes et de philosophes anciens, mais toutes ou presque sont des faux. »

Uffenbach parcourut les rayons de sa bibliothèque, il compulsa les volumes de Spanheim et de Wilde, regarda dans l'histoire de la philosophie de Thomas Stanley : en vain[19].

Il fit donc part de ses réflexions à son ami Heumann, à Eisenach, dont il devinait qu'en tant qu'historien de la philosophie, il serait fort intéressé par une médaille comportant le portrait de Thalès. Heumann s'empressa de publier leur correspondance dans ses *Acta philosophorum*. De cette manière, il offrait au public savant la possibilité de participer à l'expertise de ce cas problématique et de lui faire éventuellement parvenir des informations. Voilà comment fonctionnait la République des Lettres : on discutait d'abord certaines questions dans des échanges épistolaires privés avant de faire part de ces discussions à des rédacteurs de journaux et de recueils savants comme Heumann, Johann Burkhard Mencke, Wilhelm Ernst Tentzel ou Vincent Placcius, qui les portaient alors à la connaissance du public. À propos de médailles alchimiques par exemple, Tenzel avait soulevé des questions problématiques dans sa revue, *Monatliche Unterredungen* [Entretiens mensuels], publiant ensuite les avis qu'on lui avait communiqués sur le sujet[20]. D'une manière similaire, nous avons vu dans le chapitre 4 que Vincent Placcius avait demandé leur aide aux savants des années 1670 pour percer l'identité de certains pseudonymes[21].

Ces soins apportés à l'authentification d'une médaille à l'effigie de Thalès ne sont qu'un exemple en miniature de la masse d'efforts collectifs accumulés dans l'Allemagne du premier XVIIIe siècle. Les *Acta philosophorum* de Heumann, qui paraissaient à Halle et dont le titre était modelé sur les *Acta eruditorum* déjà bien établis, constituaient à cet égard un organe significatif. Leipzig, capitale du commerce du livre, constituait un autre centre de communication important. Professeur dans cette ville, Johann Burkhard Mencke était pour Heumann, depuis 1710, une autre personne de référence essentielle, avec Uffenbach[22]. Mencke était, avant Gottsched, la personnalité centrale de la vie intellectuelle leipzigoise. Savant d'envergure européenne, il écrivait d'une écriture pressée des lettres affairées à ses nombreux amis. Ses deux discours *De charlateneria eruditorum*, qui avaient tant plu à Hebel, tournaient en dérision le pédantisme et la fatuité de nombreux hommes de science. Poursuivant la tradition paternelle, Mencke éditait les *Acta eruditorum*, revue qui publiait des comptes rendus, était lue dans toute l'Europe et dans laquelle, à côté de Leibniz, de Seckendorff et d'autres figures importantes de son temps, Heumann eut l'occasion d'écrire[23].

Dans l'effervescence intellectuelle suscitée par cet intérêt pour l'histoire de la philosophie, les nouvelles connaissances s'accumulaient, mais une synthèse manquait encore. Qui s'attellerait à cette tâche ? Telle était la question qui se posait vers 1730. Le décor avait un peu changé. Dans le sud des pays de langue allemande, quelques grands noms étaient apparus : Johann Georg Schelhorn à Memmingen ou Johann Jakob Zimmermann à Zurich. Éditeur des *Amoenitates literariae*, Schelhorn était en contact avec Heumann depuis 1723[24]. Ce n'est pourtant pas lui qui est le personnage clef de cette affaire, mais un de ses amis : le jeune Jakob Brucker. En 1730, ce pasteur de trente quatre ans, qui dirigeait l'école latine de Kaufbeuren près d'Augsburg[25], se lança en effet dans un essai de synthèse. L'essai semblait d'abord modeste puisqu'il prenait la forme d'un manuel scolaire sobrement intitulé *Kurtze Fragen aus der philosophischen Historie* [Brèves questions d'histoire de la philosophie]. Mais au bout du compte, le petit manuel devint une épaisse somme dont les sept tomes volumineux parurent entre 1731 et 1737, préfigurant ainsi, en langue allemande, la plus grande et la plus importante histoire de la philosophie du XVIIIe siècle, l'*Historia critica philosophiae* du même Jakob Brucker[26]. Or, cette première synthèse n'aurait jamais vu le jour sans la relation de son auteur avec Heumann, dont je vais à présent retracer l'histoire.

Premiers contacts

En 1730, Brucker adressa à Heumann une lettre qui n'a pas été conservée, le priant, semble-t-il, fort poliment et avec beaucoup de déférence, de lui apporter son concours en lui fournissant des renseignements et des indications. Il est probable qu'il y joignit quelques essais qu'il avait déjà rédigés, comme son *Otium Vindelicum*, paru en 1729, ou quelques-unes des études qu'il avait publiées dans les *Amoenitates* de Schelhorn. Quelle fut la réaction de Heumann ? Sans doute a-t-il reconnu d'emblée le talent de son correspondant, car il semble lui avoir répondu d'une façon qui laisse Brucker sans voix. Non seulement il lui offre son amitié et lui propose de correspondre, mais, peut-être sous le coup d'une inspiration spontanée, il met à sa disposition une grande partie des trésors de savoir qu'il avait accumulés[27].

Bruckner est si surpris par cette réaction, il s'en réjouit si fort, qu'il bégaie cette réponse, postée le 16 avril 1730 :

> « Ce que, ô grand homme, j'osais à peine espérer de vous, et moins encore solliciter, vous le mettez généreusement à ma disposition, de sorte que cela ne peut que provoquer la plus grande joie dans toute mon âme. C'est que vous répondez à ma lettre d'une façon si détaillée et si savante ! Vous m'offrez si généreusement votre amitié ! Et vous couvrez à ce point mes centres d'intérêt avec les trésors de votre érudition qu'il ne s'y trouve guère de choses dont quelque utilité ne puisse rejaillir sur moi. À ce titre, vous avez en moi le premier de vos obligés. Une chose me tourmente toutefois, et c'est que je ne sois ni celui que vous croyez et que votre humanité vous fait imaginer, ni celui qu'exigerait le commerce entre lettrés que vous avez la générosité de m'accorder. Et pourtant, quoi qu'il en soit de tout cela, vous y ajoutez encore votre bénévolence. Et envers qui ? envers quelqu'un qui ne désire rien que d'apprendre de vous et de votre érudition accomplie, envers quelqu'un qui trébuche et que vous soutenez, qui chancelle et que vous réconfortez, qui tombe et que vous relevez ! Envers quelqu'un enfin qui, pour prix de tant de services et de tant d'humanité, vous prie de l'accepter comme votre toujours très humble serviteur[28]. »

Malgré sa rhétorique conventionnelle, cette lettre de réponse est tellement exubérante qu'elle oblige à se demander ce que Heumann a bien pu lui écrire pour que Brucker se sente à ce point son « serviteur ». On ne peut qu'essayer de le deviner, mais il semble que, dès ce premier moment de leur correspondance, Heumann ait suggéré qu'il pourrait envoyer au pasteur de Kaufbeuren une partie de ses notes personnelles sur l'histoire de la philosophie, qu'ils avait rassemblées en trois épais volumes intitulés « Collectanea historiae philosophicae ». Conformément aux habitudes intellectuelles de l'époque, Heumann avait réuni pendant toute sa vie des notes et des extraits de lecture qu'il avait ordonnés selon différents thèmes, différents *loci*. Plus de trente ans s'étaient écoulés depuis qu'il avait commencé ses études à Iéna et durant tout ce temps, une quantité énorme de matériaux s'était accumulée, de papiers couverts d'une fine écriture. On a conservé des carnets semblables, par exemple ceux de Johann Christoph Wolf dont nous parlerons au chapitre 14, qui montrent la richesse de ces cahiers de notes – on comprend dès lors la gratitude presque sans bornes d'un Brucker stupéfait.

On avait en principe recours à de tels carnets quand on devait écrire un essai, une leçon ou un livre. Il suffisait parfois de reformuler ce qui existait déjà à un état embryonnaire dans les notes. Mais pourquoi un savant comme Heumann, qui n'avait pas cinquante ans, se serait-il volontairement séparé de ce que tout homme de science regardait comme la prunelle de ses yeux ? La réponse se trouve peut-être dans la préface au premier tome des *Kurtzen Fragen aus der philosophichen Historie*, que Brucker rédigea dans les neuf mois qui suivirent la lettre de Heumann[29]. Après tout, il se peut qu'il ait vraiment été cette personne qui « chancelle », dont parle sa lettre, et qui, grâce à ce soutien inattendu, trouva la force d'écrire et d'achever rapidement le premier de ses sept tomes. Car si les questions de ces *Kurtzen Fragen* sont effectivement brèves, les réponses – et c'est là tout le sel du titre – sont si longues que les tomes sont tous des in-octavo d'environ mille pages.

Quoi qu'il en soit, voici ce que Brucker écrit à propos de Heumann dans la préface au premier tome de son livre, le 18 décembre 1730 :

> « Le début qu'il fit avec ses *Acta philosophorum*, écrits avec autant de jugement que d'érudition, était tel que l'on était fondé à attendre de lui quelque chose de parfait et d'incomparable quelle que fût la façon dont il lui eût plu donner suite à son projet. Seules les plus grandes choses et les plus hautes tâches, pour lesquelles son habileté fut requise, et un destin contraire ont empêché cela, privant de la sorte le monde savant de cet avantage, et la jeunesse à ce jour ne dispose toujours pas d'une introduction complète à l'histoire de la philosophie[30]. »

Cela paraît être un écho de la lettre de Heumann que nous n'avons pas conservée. Le savant s'y était apparemment plaint des nombreuses occupations que lui imposait sa charge d'inspecteur du lycée de Göttingen. Peut-être a-t-il aussi fait allusion à de « plus grandes » et « plus hautes » tâches, concernant les études théologiques auxquelles il se consacrait de plus en plus depuis qu'il était devenu docteur en théologie en 1728. Il semble enfin avoir peint son « destin contraire » : qu'on lui ait refusé une chaire de professeur, si bien qu'il devait se démener depuis plus de vingt ans avec des écoliers et que toute son énergie passait dans cet enseignement. Il avait interrompu la parution de ses *Acta philosophorum* en 1726. Il n'est donc pas impossible qu'il ait accueilli comme une délivrance le fait qu'un jeune homme apparemment très doué s'adresse à lui quatre ans plus tard pour lui faire part de son projet d'écrire une vaste histoire de la philosophie. Tirer des étagères les épaisses liasses de notes pour les envoyer à un jeune homme qui lui était parfaitement inconnu a peut-être été une sorte d'acte impulsif.

La date de 1730 coïncide en tous cas avec l'année mentionnée tardivement par Heumann dans ses mémoires. Il croit alors se souvenir que Brucker lui avait retourné ses liasses un an plus tard, l'envoi n'étant bien sûr qu'un prêt[31]. En réalité, nous allons voir que l'affaire est un peu plus compliquée : Heumann commença par hésiter, puis il envoya un volume de notes, puis un autre, et enfin le troisième, l'ensemble s'étalant sur plus de quatre ans. Essayons à présent de déterminer quand exactement Heumann a envoyé ses extraits, comment il s'y prenait et ce que les liasses envoyées contenaient.

Divisions de l'histoire de la philosophie

Ce dont il fut d'abord question, on le devine à la lecture de la lettre de Brucker, qui aborde d'emblée des questions essentielles concernant la division de l'histoire de la philosophie :

> « Permettez toutefois que je vous pose une question : en ce qui concerne les distinctions et les divisions de l'histoire de la philosophie, j'ai suivi votre esquisse et sa division des destinées de la philosophie entre l'époque qui précède la naissance Jésus-Christ et l'époque qui la suit[32]. »

C'était en effet la division que Heumann avait proposée pour tout projet d'histoire de la philosophie, dans la troisième partie de ses *Acta philosophorum* :

> « Nous choisissons donc la méthode chronologico-géographique et commençons par diviser la philosophie en une philosophie d'avant l'ère chrétienne et une philosophie de l'ère chrétienne. Car il s'agit ici aussi des deux époques fondamentales, tout comme dans l'Histoire ecclésiastique[33]. »

On voit que, pour Heumann comme pour Brucker, l'histoire de la philosophie a pour modèle l'histoire de l'Église – et donc la perspective chrétienne. À leurs yeux, aucune science ne saurait négliger un fait tel que la naissance du Sauveur. Voici comment Wilhelm Schmidt-Biggemann décrit le principe des divisions de Heumann :

> « Il avait commencé par diviser la "Philosophia antechristiana" en une *Philosophia empirica sive simplex* et en une *Philosophia scientifica sive theoretica*. La première, divisée elle-même en une *Philosophia Graeciana* et une *Philosophia extra Graeciam*, comprend aussi bien la *Philosophia barbarica* et la philosophie hébraïque que la *Philosophia simplex* des Grecs. Les sagesses philosophiques des prêtres juifs, chaldéens, indiens, phéniciens, égyptiens et éthiopiens – pour lesquelles Heumann avait peu d'estime – devaient être traitées ici, de même que la sagesse des poètes, des rhéteurs, des historiens et des politiciens grecs. »

Tout cela n'était qu'un prélude :

> « La philosophie au sens propre, *quae in Graecia et orta est et maxime floruit* [qui est née en Grèce et n'a nulle part été si florissante], restait séparée

de cette sagesse générale par un critère catégoriel. […] À son tour, la philosophie de l'ère chrétienne est divisée par Heumann selon des critères tirés de l'histoire des religions : *ante reformatam religionem, post reformatam religionem*. Dans l'histoire de la philosophie avant la Réforme, les écoles païennes sont celles qui l'intéressent le plus. […] La philosophie d'après la Réforme est déterminée par le christianisme, les philosophies sectaires et éclectiques servant à nouveau de schéma de classification. Les sectes postérieures à la Réforme sont : les aristotéliciens scolastiques, les aristotéliciens orthodoxes, les platoniciens, les kabbalistes, les théosophes. Dans le camp éclectique, les ramistes et les cartésiens forment des sectes à part entière, tandis que Telesio, Hobbes et Thomasius sont des éclectiques indépendants[34]. »

Résumant ce principe de divisions dans sa lettre, Brucker poursuit ainsi :

« Dans la première partie, il me semble que vous incluez, à côté de la philosophie barbare, toute la philosophie grecque antérieure au christianisme. Mais pour ce qui est de la philosophie juive (que je prends au sens de ce peuple après sa captivité babylonienne et en particulier après l'expédition d'Alexandre le Grand en Asie), je ne suis pas sûr de la manière dont il faudrait l'organiser. »

Les doutes exprimés par Bruckner révèlent en fait un examen attentif de la question :

« En tout cas, je ne crois pas que certaines sectes grecques aient pris pied parmi les Juifs, puisque ces derniers combattaient fermement leurs institutions ; je suis en revanche on ne peut plus convaincu que les sectes religieuses de ce peuple – les Pharisiens, les Sadducéens, les Essénien, etc. – appartiennent elles aussi à l'histoire de la philosophie, voire que certains préceptes des sectes grecques se sont insinués en elles sans mot dire. Pour cela, je m'appuie non seulement sur l'autorité de Flavius Josèphe, mais sur son exemple. »

Brucker exprime donc ici le souhait d'une histoire de la philosophie qui prenne en compte les prolongements cachés et implicites de la philosophie dans les courants religieux. Et il juge problématique la division de la philosophie antique de part et d'autre d'une césure artificielle que serait la naissance du Christ, en particulier en ce qui concerne les Juifs et les Romains :

« Je crois en effet qu'il est presque impossible de séparer les débuts des philosophies juive et romaine des développements et des progrès remarquables qu'elles connurent à l'époque de la naissance du Christ. »

Voilà un jeune historien soucieux du plan de son œuvre à venir. Mais Brucker a beau avoir eu des doutes, il n'en a pas moins, dans les années qui ont suivi, organisé son histoire de la philosophie selon le modèle de Heumann, n'y apportant que quelques corrections.

Une correspondance au rythme des foires

Il est intéressant de voir d'abord comment se poursuivit cette correspondance, à la fois sur le plan du contenu et sur celui de la poste. On constate en effet que Heumann et Brucker se sont écrits au rythme des foires. Il revenait en effet beaucoup moins cher de remettre ses lettres à des amis marchands qui faisaient la liaison entre Augsbourg et Göttingen que de les envoyer par la poste, surtout quand ces lettres étaient accompagnées de lourds paquets de livres. Les anciennes routes commerciales empruntées par les marchands pour effectuer ce trajet passaient par Nuremberg, puis presque toujours par Leipzig d'où elles obliquaient vers Halle, Magdebourg et les territoires sur lesquels régnait la dynastie des Welf.

Brucker semble avoir envoyé quelque chose à Heumann en avril-mai 1730, puisqu'il lui écrit le 11 juillet :

> « Je ne doute pas que vous n'ayez reçu ce que je vous ai envoyé à la récente foire de Leipzig par l'intermédiaire de M. Lotter. J'y répondais plus abondamment [*copiosius*] à vos si grandes preuves d'amitié[35]. »

Il est probable que ce *copiosius* renvoie autant à l'épaisseur d'un paquet de livres qu'à la longueur d'une lettre. Le messager, Johann Georg Lotter, était originaire d'Augsbourg. Passionné d'histoire de la philosophie, il exerçait depuis 1726 son activité à Leipzig dans les revues du cercle de Gottsched, mais il gardait toujours des contacts avec sa ville d'origine[36]. Selon Brucker, il n'y avait pas de liaison plus sûre ni plus rapide que celle allant de Göttingen à Leipzig chez Lotter, et de là à Augsbourg, par l'intermédiaire de marchands originaires de la ville souabe[37]. Il poursuit :

> « Puisque l'occasion s'en présente et qu'un marchand d'Augsbourg part à l'instant pour Brunswick, j'y ajoute les marques de ce respect avec lequel, ô grand homme, je vous poursuis, ainsi que mes remerciements pour les nouvelles reçues[38]. »

Cela continue de la même façon les années suivantes. En mai 1731, par exemple, Brucker écrit :

> « Si vous avez quelque chose à me faire parvenir, M. Apinus – que les mauvaises langues d'Augsbourg disent marchand – pourra assurément s'en charger une fois la foire de Brunswick finie[39]. »

Pour Sigmund Jakob Apinus, le négoce n'était en effet qu'une activité annexe tout au plus. Enseignant à l'Aegidium Gymnasium de Nuremberg, l'homme était très savant et comptait parmi les amis proches de Brucker. La foire de Brunswick avait lieu deux fois par an. Au XVIIIe siècle, elle était florissante, prenant une importance comparable à celles de Leipzig et Francfort[40]. La foire d'été avait lieu en août, ce qui laissait un peu de temps à Heumann pour aviser s'il n'avait pas encore quelque lecture à fournir à un correspondant avide de savoir et qui s'apprêtait alors à mettre le point final au second tome des *Kurtze Fragen aus der philosophichen Historie*. On peut se demander si, à cette date, Heumann avait déjà annoncé ou même envoyé quelque chose à Brucker. En tout cas, dans sa lettre de mai 1731, celui-ci le presse de lui fournir enfin certains documents :

> « Je me permets en particulier, ayant votre libéralité en mémoire, de vous prier une fois encore d'envoyer les imprimés concernant l'histoire juive à temps, pour que leur petit paquet puisse être remis de façon sûre à M. Lotter, qui attend déjà à Leipzig[41]. »

Pourtant, le premier tome des *Kurtze Fragen* était paru entre-temps, et Brucker y abordait la philosophie juive. Mais il y annonçait aussi qu'il ne la traiterait en détail que plus tard, dans la section consacrée à la période postérieure à la naissance du Christ. Il a donc pu avoir besoin de cette liasse pour son quatrième tome.

Le 19 mars 1732, manifestement, le paquet était enfin arrivé. À cette date, Brucker déclare que Heumann lui a apporté un « soutien généreusement tiré de sa parfaite érudition[42] ». Il emploie pour ce faire le mot *subsidia*, qui peut signifier « assistance », « soutien », mais aussi « secours matériel », et donc renvoyer très concrètement aux carnets de notes. Brucker regrette seulement que le paquet ne soit arrivé qu'après la publication de son histoire de la philosophie pythagoricienne : il lui aurait été d'une grande utilité pour en préparer la rédaction. On peut en déduire que le paquet en question avait trait à la philosophie grecque. Pour le paquet concernant la philosophie juive, en revanche, Brucker dut encore patienter. Ce n'est que le 18 septembre de la même année qu'il peut écrire :

> « Je vous suis plus que reconnaissant de m'avoir communiqué vos extraits de lectures si considérables sur l'histoire philosophique des Hébreux[43]. »

Deux des trois épais volumes de notes avaient ainsi déjà trouvé à cette date un moyen de voyager de Göttingen à Kaufbeuren, et le troisième était en route. On déduit en effet d'une lettre datée du 20 décembre 1732 que Brucker avait à nouveau reçu quelque chose de Heumann :

> « C'est que vous êtes d'une libéralité sans bornes, ô homme célèbre qui venez à nouveau en aide à ma gêne en tirant du puits sans fond de votre science et des trésors de votre zèle les secours si larges que vous me faites parvenir[44]. »

En ce qui concerne ce troisième envoi, il se pourrait qu'il ait été constitué d'extraits touchant à la philosophie arabe, à la philosophie des pères de l'Église et à celle du Moyen Âge, sujets que les deux savants abordent alors dans leur correspondance.

Comme on le constate, les deux hommes continuent de s'écrire deux fois par an environ, parfois un peu plus souvent. Ils saisissent l'occasion des vacances universitaires de Lotter et des foires de Brunswick et de Leipzig. Le 18 septembre 1731, Brucker demande si ce qu'il a envoyé durant l'été (par l'intermédiaire de M. Apinus à la foire de Brunswick) est bien arrivé[45]. On peut s'étonner aujourd'hui de ce que, dans chaque lettre, celui qui écrit demande à son destinataire si son courrier précédent est bien arrivé et de ce qu'il y soit sans cesse question de la liaison la plus sûre et la plus rapide. Cela montre combien les trajets postaux étaient alors lents et peu fiables. Il arrivait souvent qu'une lettre soit bloquée quelque part, ou perdue pour de bon. Nous en aurons bientôt la confirmation, et nous verrons combien fut décisif le rôle de Leipzig comme plaque tournante obligatoire pour passer d'un intermédiaire à l'autre ou d'une poste à l'autre.

Cela se poursuivit ainsi les années suivantes. En mars 1732, Brucker envoie son portrait à Heumann et les deux savants discutent de l'innocence de Giordano Bruno ; en avril, le troisième tome des *Kurtze Fragen* prend le chemin de Göttingen avec Lotter[46], la philosophie arabe devient en décembre le sujet de leur correspondance, puis c'est au tour d'une biographie de John Owen en avril 1733[47]. Pendant tout ce temps, sur le bureau de Brucker, la pile des *Collectanea* de Heumann ne cesse de grandir. En janvier 1734 seulement, peu avant d'achever les *Kurtze Fragen*, Brucker se décida enfin à restituer les trois gros volumes. Et c'est là que commence le roman policier.

Les malheurs de la poste

En principe, Brucker aurait dû s'adresser à Lotter. Mais celui-ci n'était apparemment plus disponible. Il avait été nommé professeur à Saint-Pétersbourg et devait préparer son voyage – ce fut peut-être la raison pour laquelle il ne put jouer son rôle habituel de relais leipzigois. Brucker s'adressa donc à Friedrich Wilhelm Stübner, un ami proche de Lotter, peut-être recommandé par lui[48]. Comme Lotter, Stübner appartenait au cercle des amis de Gottsched. Né à Bayreuth, en Franconie, c'était à l'origine un mathématicien. En janvier 1734, il venait d'avoir vingt-quatre ans. Cinq ans plus tôt, il avait achevé ses études de philosophie à Leipzig et, depuis 1732, il était assistant à la faculté de philosophie. Aux yeux de Brucker, un détail en particulier a dû rendre Stübner digne de confiance : il avait traduit en 1732 un livre de Schelhorn, son ami de Memmingen. Esprit libéral et ouvert, Stübner fut en 1736 l'un de ces jeunes intellectuels de Leipzig qui aidèrent Johann Lorenz Schmidt à fuir de Wertheim vers Altona alors qu'il était poursuivi à cause de sa traduction rationaliste de la Bible[49].

Début janvier 1734, Brucker envoie donc le lourd paquet au jeune homme à Leipzig[50]. Sans doute l'aura-t-il de nouveau confié à un marchand. Si ce marchand a pris la malle-poste, il a mis environ trente heures pour aller à Nuremberg, puis soixante-dix heures pour rejoindre Leipzig[51]. Si les pauses n'étaient pas trop longues, on pouvait y arriver en cinq jours environ. À Leipzig, le paquet est remis à Stübner qui, si l'on en croit ce qu'il affirmera par la suite, va droit au service des expéditions situé dans la maison des Carpzov, sur la place du marché. Là – on est le 16 janvier –, il expédie le paquet vers Brunswick en le confiant à ce qu'on appelait la « poste de cuisine » (*Küchen-Post*)[52], de lourds fourgons postaux qui transportaient les vivres et les colis. Depuis Brunswick, centre de ce réseau postal, le courrier pouvait être délivré en territoire sous domination welfe, comme Göttingen, dans l'électorat de Hanovre. Et pourtant, le paquet n'arrive pas à destination.

Dans un premier temps, nul ne s'en aperçoit: il arrivait que la poste tarde. Brucker attend même le 23 avril pour signaler dans une lettre la nouvelle de l'envoi à Heumann, écrivant que, « par ailleurs », il avait remis l'ensemble des « Collectanea » à Stübner au début de l'année[53], et ajoutant: « […] je n'ai aucun doute sur le fait qu'il s'en sera chargé comme il convient ». Mais en août, Brucker reçoit une lettre envoyée le 6 mai: Heumann s'y étonne de la lenteur de l'ami de Leipzig. La liaison aurait-elle cessé de fonctionner sans accroc? « Ce qui est sûr », répond Brucker à Heumann qui lui demande où le colis se trouve, « c'est que j'ai envoyé vos mélanges philosophiques à M. Stübner dès le début de cette année, et que celui-ci m'a confirmé qu'il l'avait reçu et promis qu'il vous l'enverrait par courrier ordinaire[54] ». Brucker avait également chargé Stübner de faire parvenir à Heumann le cinquième tome des *Kurtze Fragen*, nouvellement paru, et il était persuadé que tout cela était arrivé depuis longtemps à Göttingen.

> « Ah s'il m'était donné de pouvoir recourir également au reste de vos papiers! Mais puisque désormais il ne peut en être autrement, il faut en faire le deuil. Quant à la préparation du dernier volume [les sixième et septième tomes des *Kurtze Fragen*], elle a donné naissance à une telle matière que j'ai du mal à voir comment tout cela pourrait tenir dans un seul tome, même divisé en deux parties, l'histoire la plus récente réclamant [qu'on projette] sa lumière en de nombreux endroits[55]. »

Brucker regrette donc d'avoir dû restituer les « Collectanea » avant d'avoir complètement terminé son œuvre immense. Mais Heumann l'avait apparemment pressé de les lui rendre sans plus tarder. Après une longue pause, il avait peut-être lui-même l'intention d'écrire à nouveau quelque chose en rapport avec l'histoire de la philosophie.

Mais pourquoi le colis n'était-il pas encore arrivé? Quand, en septembre, Heumann avertit Brucker qu'il n'a toujours rien reçu, ce dernier commence à s'inquiéter. Il se plaint auprès de Stübner : « Les dieux nous gardent qu'il ne soit rien arrivé de fâcheux[56] ! » Peu à peu, il devient clair que tout n'a pas dû se passer comme prévu. Ne recevant pas de nouvelles de Leipzig, Brucker est persuadé que Stübner a fait ce qu'il faut[57]. Nous sommes à présent en avril 1735, plus d'un an après que Stübner a prétendument expédié le colis depuis Leipzig. Heumann s'est depuis longtemps adressé directement à Stübner, mais celui-ci lui aurait répondu avec effronterie (*petulanter*) que puisqu'il avait remis remis le paquet au courrier de Brunswick, tout cela ne le concernait plus. Heumann s'adresse donc à la poste de Brunswick, qui affirme en réponse que ce que dit Stübner est faux. Heumann en conçoit le soupçon que Stübner a conservé le paquet pour lui, « se réjouissant », comme il l'écrira plus tard, « qu'on [l]'ait dépouillé d'un bien si précieux[58] ». Le bien était effectivement précieux. « Même pour mille reichsthalers », proteste Heumann, « je n'aurais pas cédé ces recueils rassemblés durant tant d'années[59] ». En attendant, l'affaire devient suffisamment sérieuse pour qu'une action en justice soit envisagée et que Heumann lance une enquête approfondie. Mis au courant, Brucker est terriblement désolé : il regrette cette mésaventure. Il s'adresse au maître de poste à Leipzig, un certain Heinsius, qui lui envoie un justificatif le 14 décembre 1735. On y constate que le colis est parti avec la poste de ce jour-là, qu'il portait le numéro 14, et que tout s'est passé suivant le règlement. Mais selon le maître de poste de Brunswick, dont la réponse arrive peu avant noël, le 21 décembre 1735, il n'y avait pas quatorze colis dans cet envoi : il n'y en avait que douze[60] !

À qui profite le crime ?

Tout se passe donc comme si le maître de poste de Leipzig avait menti. Mais quelle raison aurait-il eue de mentir ? Qui aurait eu intérêt à déposséder Heumann de ses notes ? Si l'on peut répondre à ces questions, ce qui n'était qu'une mésaventure devient une affaire criminelle, et notre histoire de communication une histoire de corruption. Or on le peut. Il y a bien quelqu'un dont on peut supposer qu'il avait un motif pour nuire à Heumann : Johann Christoph Gottsched[61].

Gottsched était étroitement lié à Stübner. Il avait admis le jeune homme dans le cercle fermé de sa *Societas conferentium* et, à l'hiver 1733-1734, il venait de lui procurer une place de journaliste : Stübner était devenu rédacteur temporaire d'un journal savant paraissant à Leipzig, *Neue Zeitungen für Gelehrte Sachen* [Nouveaux journaux de choses savantes], ainsi que d'un journal satirique placé sous l'influence de Gottsched,

Neufränkische Zeitungen für Gelehrte Sachen**, auquel contribuaient aussi Christina Mariana von Ziegler et Wolf Balthasar von Steinwehr, son mari[62]. Généralement, quand des hommes comme Johann Lorenz Mosheim ou Johann Friedrich May envoyaient leur salut à Stübner, ils mentionnaient en même temps Steinwehr et Lotter, ce qui semble indiquer qu'il s'agissait d'un groupe d'amis très lié[63].

Or, entre Gottsched et Heumann, quelques points de dissension s'étaient accumulés depuis 1733. La traduction par Heumann du *Pour Milon* de Cicéron avait reçu une critique anonyme négative dans l'un des principaux organes de presse de Gottsched, les *Beyträge zur critischen Historie der deutschen Sprache, Poesie und Beredsamkeit* [Contributions à l'histoire critique de la langue, de la poésie et de l'éloquence allemandes]. On y lisait ainsi : « Monsieur le docteur Heumann en gâte toute la beauté[64]. » L'article était de Wolf Balthasar von Steinwehr, mais Heumann crut que Gottsched lui-même en était l'auteur. Il ne put s'empêcher de répliquer en lançant une pique en avril 1734, dans les *Hamburgische Berichte von Gelehrten Sachen* [Bulletin hambourgeois de choses savantes]. Il s'y demandait ouvertement pourquoi Gottsched agissait de parti pris contre lui. C'était, se répondait-il, parce qu'en examinant la *Deutsche Rhetorik* de celui-ci dans ses propres leçons de rhétorique, il avait attiré l'attention de ses élèves sur les nombreuses erreurs de traduction de l'auteur[65]. C'était là un méchant coup de griffe. Et l'on ne s'étonnera pas que, dans l'entourage de Gottsched, qui avait répliqué à son tour, deux camps se soient formés : pour et contre Heumann[66].

Mais l'incident décisif s'était peut-être produit avant cela, à l'automne 1733. Gottsched espérait alors obtenir une chaire de langue allemande à l'université de Göttingen, qui allait être fondée. L'inauguration officielle avait déjà eu lieu et l'université devait ouvrir ses portes aux étudiants en 1737[67]. Le compte rendu de sa traduction venait de paraître dans les *Beyträge*, faisant craindre à Gottsched que Heumann, qui prenait part au processus de fondation, ne puisse lui causer quelques difficultés. Il interrogea à ce sujet Johann Lorenz Mosheim, qui le rassura dans une lettre du 26 août 1733 :

> « M. Heumann ne jouit pas d'une importance telle qu'il puisse faire échouer ce genre d'affaires. Au demeurant, il ne brille pas par ses qualités de conseiller et, en ce genre de choses, on se passe donc très bien de ses services. Et puis il n'est pas si méchant ni si envieux que vous l'imaginez. C'est un honnête homme, et qui jamais ne mettra son zèle à vouloir faire du tort à autrui. En paroles, il peut être un peu vif, voire mordant, mais une fois qu'on a tenu compte de cette faiblesse bénigne, on n'a plus grand-chose à craindre

---

* Parodique du précédent, ce titre substitue au mot *neu* (nouveau) une sorte de synonyme plaisant forgé sur le mot *altfränkisch*, « vieux-jeu, obsolète ». (*N.d.T.*)

de lui. Aussi, je ne crois pas qu'il faille prendre en si mauvaise part ce qu'il a voulu dire lorsqu'il vous a déclaré plus habile homme en langue allemande qu'en langue latine[68]. »

Je ne suis pas certain que Mosheim ait bien jaugé son collègue Heumann. Wiebke Hemmerling a attiré l'attention sur un rapport anonyme qui, semble-t-il, a coûté à Gottsched sa nomination comme professeur à Göttingen et dont l'auteur pourrait bien être Heumann. On y lit que Gottsched ne tient pas assez compte des aspects historiques de la langue allemande, et que ses *Beyträge* sont tellement remplis de fautes ridicules qu'on en reste stupéfait. Cela rappelle beaucoup l'indication des fautes de traductions que l'on trouve dans la *Rhetorik* de Gottsched et que Heumann devait évoquer peu de temps après dans sa réponse à Gottsched. Heumann était quelqu'un qui aimait à donner des leçons[69].

Il reste bien sûr plusieurs questions ouvertes. Nous ne pouvons pas être entièrement sûrs que le rapport fatal a bien été écrit par Heumann, et nous ne savons pas si des ragots académiques ont pu colporter jusqu'à Leipzig des informations officieuses à propos du contenu et de l'auteur de ce rapport. Il ne faut pas sous-estimer l'importance de ces ragots, qui pourraient expliquer pourquoi, dans les années qui ont suivi, et surtout en 1734, on était si remonté contre Heumann à Leipzig.

Cette hypothèse pourrait-elle également expliquer que Gottsched ait été mêlé à la disparition du paquet contenant les notes de lecture de Heumann? Imaginons un scénario de ce genre: en janvier 1734, Stübner reçoit le colis destiné à Heumann et il en parle à ses amis, dans le cercle de Steinwehr – le censeur du Cicéron de Heumann –, Lotter, May et Gottsched. L'un d'entre eux empêche-t-il Stübner de porter sur-le-champ le paquet à la poste? Commence-t-on par l'ouvrir pour y jeter un coup d'œil? Veut-on, partagé entre la raillerie et la curiosité, consulter les carnets de notes de l'adversaire qui avait mis des bâtons dans les roues de Gottsched à Göttingen? Et finit-on par empêcher que le paquet soit réexpédié vers cette ville via Brunswick? J'ai du mal à imaginer Gottsched lui-même capable d'un tel forfait. Mais que quelques jeunes gens de son entourage – Steinwehr ou Stübner lui-même – aient cru rendre service à leur maître en prévenant ses désirs de cette façon, cela ne me paraît pas complètement invraisemblable. La réponse lapidaire de Stübner à Heumann ne trahit-elle pas son mépris pour cet « adversaire »? Ces jeunes gens auraient ainsi soudoyé le maître de poste de Leipzig, lui faisant consigner dans ses registres un « paquet n° 14 » inexistant. Il semble que Heumann ait songé à quelque chose de ce genre: il soupçonnait Stübner d'avoir « été de mèche avec le susnommé sieur Heinsius[70] ».

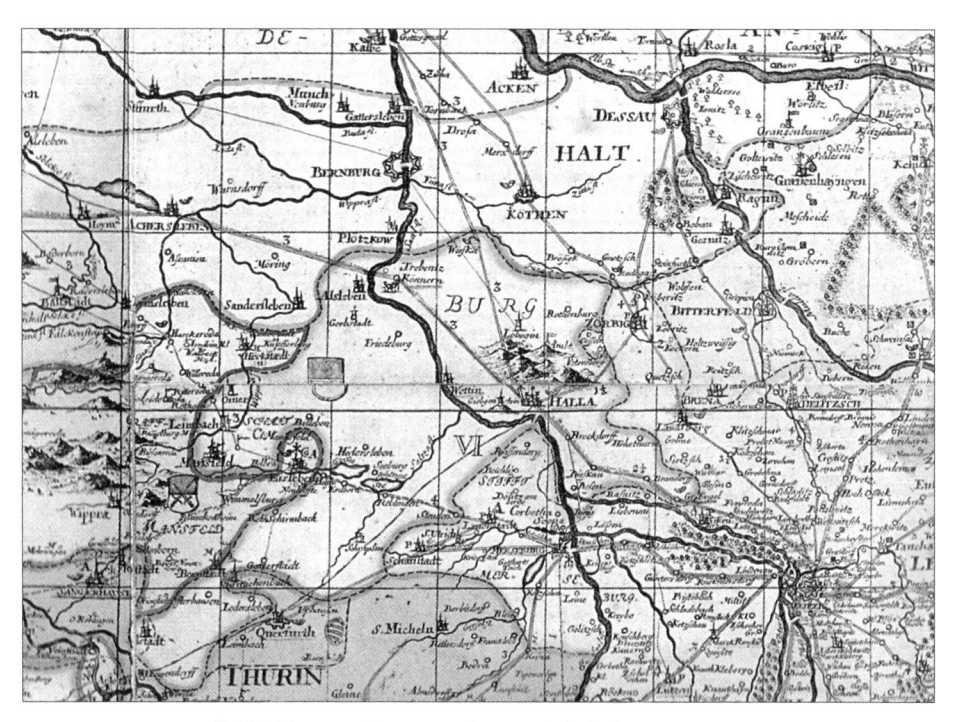

Ill. 40. Voies postales au nord-ouest de Leipzig.

Saisie à la frontière prussienne

Et si Heumann s'était fourvoyé avec ses soupçons ? On a parfois encore aujourd'hui la possibilité de consulter d'anciens reçus postaux et d'anciens registres. En ce qui concerne notre liaison postale problématique, une ligne de malle-poste avait été inaugurée entre Hambourg, Brunswick et Leipzig en 1722 et l'accord d'union postale entre Brunswick et Leipzig avait été renouvelé en 1732. Le point de départ de cet itinéraire était le bureau de l'administration générale des postes de l'électorat de Saxe à Leipzig. Avant d'arriver à Brunswick, on passait par Merseburg, Eisleben, et Stolberg (ill. 40). À la frontière, après Stolberg, il fallait changer les armoiries[71]. Jusqu'en 1737, ce trajet était également emprunté par des messagers à cheval venant de Nuremberg et par une « poste de cuisine » dont le peu de fiabilité suscitait beaucoup de mécontentements, tant à Leipzig qu'à Brunswick. En 1738, une modification du règlement contractuel prolongea le trajet de la liaison par malle jusqu'à Nuremberg. La « poste de cuisine princière de Brunswick » avait été fondée en 1706 et intégrée à la poste territoriale d'État en 1732[72]. C'était donc le cas à l'époque où le paquet de Brucker devait être acheminé. Or, on trouve dans les archives d'État de Wolfenbüttel des « rapports de M. Westphal, administrateur des postes impériales et princières à Blankenburg puis maître de poste à Brunswick, au premier ministre de Münchhausen sur la poste de cuisine princière, la messagerie de Nuremberg, le parcours de Leipzig et de Nuremberg, les droits de douane demandés aux diligences à la frontière prussienne, et les saisies mises en œuvre à la suite du refus de celles-ci, [...] et autres éléments et événements[73] ». N'y a-t-il pas là une piste à suivre ? Des saisies ont-elles vraiment eu lieu ? Ces rapports mentionnent effectivement le fait qu'on aurait non seulement procédé à la fouille des malles-postes, mais aussi confisqué parfois les envois qu'elles transportaient, et ce précisément vers 1734. Et si les fragments de Heumann avaient été, par un pur hasard, victimes d'impitoyables douaniers prussiens ? Passé Stolberg, on traversait pendant un certain temps le territoire prussien.

Consultons donc ce dossier. L'année 1734 comporte quatre lettres adressées par l'administrateur Westphal au baron de Münchhausen, la première étant du mois d'août. Et dans une lettre de septembre, on trouve effectivement quelqu'un qui se plaint à cause d'une « affaire de livres ». « Ce dernier, écrit Westphal, exige de moi que je veuille bien lui écrire mon opinion à propos de cette affaire d'envoi de livres, afin de pouvoir parler à ce sujet avec Monsieur le Comte. » Manifestement, un paquet de livres avait été confisqué, ou bien n'était pas arrivé à destination. Mais la personne qui se plaint n'est pas Heumann, c'est un certain Vilthat, licencié[74].

Nous avons donc bien trouvé la trace d'un problème ayant eu lieu sur le trajet Leipzig-Brunswick, mais ce n'est pas celui qui concerne Heumann. Cela ne signifie pas pour autant qu'une telle éventualité soit à exclure, mais on peut dire du moins qu'il n'existe aucun indice suggérant que les documents du savant aient été saisis. Nous voilà donc renvoyés au soupçon leipzigois.

Répercussions

Brucker ne savait rien de l'animosité de Gottsched à l'égard de Heumann. Au contraire : il finira par faire appel à lui pour tirer les choses au clair[75]. Dans un premier temps, il cherche à obtenir des explications de la part du maître de poste Heinsius. Sans doute s'est-il adressé pour cela, selon son habitude, à un ami d'Augsbourg, marchand ou libraire, se rendant à Leipzig. Toujours est-il qu'à la foire du jubilé, au printemps 1736, il confie à quelqu'un le soin de montrer à Heinsius le reçu original de l'administration des postes de Brunswick (selon lequel il n'y avait eu que douze paquets) et de lui demander des explications « parce que l'inexactitude de ses registres est par là prouvée » (ill. 41). Cette première démarche a un succès limité : « Mais il s'emporta, disant pour toute réponse qu'il n'avait pas à se justifier davantage, que ses registres étaient exacts[76]. » Heinsius a la même réaction agacée face aux questions de Brucker que Stübner face à celles de Heumann. Brucker envisage donc de demander à Heinsius « obligeamment, ou bien, en cas de refus, par voie de justice[77] », d'entreprendre des recherches pour déterminer si le paquet n'est pas resté bloqué à une étape de son trajet entre Leipzig et Brunswick. Tout ce qu'on peut dire, nous venons de le voir, c'est qu'aucun document conservé n'indique que tel a bien été le cas.

Ill. 41. Un reçu de la poste de Brunswick de 1751.

Entre-temps, le jeune Stübner est décédé en 1736 d'une inflammation provoquée par une chute malheureuse. C'est alors que Brucker écrit à Gottsched pour le prier de regarder dans les papiers du mort si, par hasard, comme Heumann le suppose, les trois carnets de notes ne s'y trouveraient pas. Il renouvelle sa requête le 19 décembre, et à nouveau le 20 février 1737. Gottsched ne répond pas. En avril, Brucker demande à son ami Merz, libraire d'Augsbourg qui se rend à la foire de Leipzig, de demander personnellement à Gottsched si l'on ne pourrait enfin faire ouvrir les papiers sous scellés du mort afin de pouvoir y rechercher le paquet[78]. En août, la réponse ne venant toujours pas, Brucker, très embarrassé, se voit obligé de menacer Gottsched d'engager une procédure judiciaire pour contenter Heumann,

> « et ainsi de faire poursuivre non seulement Heinsius, qui refuse de rendre des comptes, mais la succession de Stübner et les curateurs de celle-ci, chose qui, pour la dernière, me serait d'autant plus pénible que j'ai coutume d'honorer le souvenir d'amis qui me furent chers[79] ».

Brucker est dans une situation délicate : à aucun prix il ne voudrait froisser le puissant Gottsched. À plusieurs reprises, il l'assure avec empressement qu'il lui rendra « en retour tous les services possibles ». Mais, le 20 novembre, malgré les menaces, il ne s'est toujours rien passé. Brucker le prend déjà de moins haut : « En ce qui concerne le paquet de M. Heumann, ce dernier ne m'a rien écrit depuis de nombreux mois, et je ne sais ce que je dois en penser[80]. » De fait, Heumann est sur le point d'interrompre toute correspondance avec Brucker et l'incident pèse fortement sur la relation entre les deux hommes. Brucker ajoute :

> « J'espère toutefois avoir l'occasion de faire présenter pour moi les reçus de Heinsius et de la poste de Brunswick à l'administration des postes de Leipzig, afin que l'on s'y enquière de ce à quoi je dois enfin m'attendre. Je souhaite de tout mon cœur être débarrassé une bonne fois de cette désagréable affaire[81]. »

Cela non plus ne va pas l'avancer beaucoup. Ce n'est qu'au printemps 1738 qu'il reçoit de Leipzig la nouvelle l'informant que rien n'a été trouvé dans la succession de Stübner. Un certificat de l'administration l'atteste, signé par un certain Georg Wilhelm Zähinger, sans doute un notaire.

Pourquoi cette information arrive-t-elle si tard ? Pourquoi Gottsched a-t-il laissé pendant deux ans les demandes bien compréhensibles de Brucker sans réponse ? Pourquoi toute cette affaire traîne-t-elle à ce point en longueur, s'étalant sur plus de quatre ans ? La lenteur des administrations est-elle seule en cause ? Ou bien y avait-il vraiment quelque chose à cacher ? Si effectivement le paquet a été intercepté par des familiers de Gottsched trop zélés, qui n'ont peut-être agi que sur un coup de tête ou par plaisanterie, que lui est-il donc arrivé par la suite ? L'a-t-on simplement mis de côté et oublié dans une caisse ? À moins de retrouver un jour le manuscrit, nous ne pouvons pas plus élucider tout cela aujourd'hui que ne le purent Heumann et Brucker, en dépit de recherches obstinées. Cette affaire laisse en tout cas un arrière-goût désagréable. Puisque la poste de Brunswick semble avoir tenu très exactement ses registres, un reste de suspicion demeure concernant le maître de poste Heinsius et ses instigateurs éventuels.

Bilan

Cette affaire de paquet envoyé par la poste paraît n'être qu'un petit épisode marginal de l'histoire du monde savant au XVIIIe siècle, que nous ne pouvons élucider entièrement. Mais ce n'est pas le cas. Cette histoire a eu selon moi des conséquences importantes à trois points de vue au moins.

Premièrement : sans ce paquet venu de Göttingen, Brucker n'aurait jamais pu écrire sa vaste histoire de la philosophie de la manière dont il l'a fait – et le XVIIIe siècle aurait peut-être même été privé de l'ouvrage d'histoire de la philosophie le plus important et le plus influent de son temps. Envoyées par Heumann sans que Brucker s'y attendît, ces liasses tombées du ciel semblent en effet avoir donné des forces à quelqu'un qui « chancelait », qui « trébuchait ». Dans un texte dont Ursula Behler a révélé le caractère autobiographique, Brucker rapporte qu'avec l'idée de rédiger ses *Kurtze Fragen* il n'avait « pas [eu] en tête d'écrire un ouvrage exhaustif, chose pour laquelle il ne se sentait ni les forces physiques et mentales, ni l'érudition nécessaires[82] ». Contrairement à Johann Albert Fabricius ou à Johann Christoph Wolf, Brucker, à Kaufbeuren, ne disposait pas d'une immense bibliothèque privée et ne pouvait pas non plus recourir à une grande bibliothèque publique. Il n'en dépendait que plus fortement des informations savantes que lui fournissaient ses correspondants, et notamment des notes de lecture de Heumann. Brucker, on l'a vu, suit les indications de ce dernier jusque dans les subdivisions de son livre : de la sorte, on pouvait aisément remplir les différentes sections thématiques avec des informations tirées des cahiers d'extraits de lectures[83].

Deuxièmement : ses notes ayant été perdues avec l'égarement du paquet envoyé par Brucker, Heumann n'a jamais pu écrire un nouvel ouvrage de quelque importance sur l'histoire de la philosophie. Sans doute l'envoi de ses notes à Kaufbeuren avait-il été un geste spontané, destiné à aider un jeune homme doué s'apprêtant à réaliser la synthèse que lui-même n'avait pas le temps d'entreprendre. Mais, quelques années plus tard, la situation pouvait avoir changé. Dans les trente ans qu'il lui restait à vivre, Heumann aurait sans doute volontiers publié encore quelque chose ayant trait à l'histoire de la philosophie. Mais la perte de ses notes l'obligea à se réorienter, et il se spécialisa dans les domaines de la philologie et de l'exégèse biblique. À Eisenach, Heumann avait donné des cours sur le Nouveau Testament dont il possédait encore les cahiers. Ils constituèrent le fondement des nombreux volumes de son *Erklärung des Neuen Testaments* [Explication du Nouveau Testament] dans les années 1750[84]. Mais on ne possède aucune *Historia critica philosophiae* écrite par Heumann.

Cet épisode donne enfin un aperçu du fonctionnement pratique de la communication au sein de la République des Lettres, jusque dans ses aspects les plus quotidiens. Les foires, les voies de commerce, les amis voyageant d'une ville à l'autre, les malles-postes : autant de facteurs relevant du savoir social de tout homme de science. Lorsqu'un savant n'était pas en mesure de se déplacer en personne, il fallait au moins que ses écrits le soient. La vie savante d'un homme comme Heumann, on l'a vu, est en partie rythmée, dans sa correspondance, par les foires du livre. Cela n'est pas propre à ses échanges avec Brucker. Ses emprunts de livres les plus importants, faits dans les bibliothèques personnelles d'Uffenbach ou de Mencke, avaient eux aussi lieu en fonction des foires, pour la bonne raison que cela revenait bien moins cher que de passer par la poste. Sa biographie précise par exemple que « depuis des années, on lui envoyait depuis les foires de Leipzig et de Francfort, presque à chaque fois qu'il s'en tenait une, des paquets imposants qu'il renvoyait ensuite vers ces mêmes foires, une fois qu'il en avait fait usage[85] ». Dans la République des Lettres, les échanges étaient structurés en fonction des constellations de personnes, mais aussi en fonction du temps. Mais il faudrait tout un livre pour examiner en détail les périodes de flux et de reflux de ces échanges selon le rythme des foires et les tarifs des messagers postaux.

Ici aussi, il arrive régulièrement que le savoir précaire – ou la précarité du savoir – joue un rôle. Même si nous nous trouvons dans le milieu de la bourgeoisie savante, parmi des pasteurs, des enseignants, des professeurs d'université, une perte de savoir reste toujours possible. Cela explique pourquoi, dans de nombreuses lettres, on demande si la précédente est bien arrivée. Nous l'avons vu, la précarité augmente en cas de conflits, en cas de polémiques savantes. Mais elle augmentait davantage encore lorsque, du fait de leurs idées, des hommes de sciences s'isolaient lentement du reste de la République des Lettres. Alors apparaissaient ce que la sociologie du travail appelle des « zones de vulnérabilité », dans lesquelles fait défaut le lubrifiant social que sont les relations, qui aident à ce qu'un paquet soit remis à son destinataire, un compte rendu soit écrit, quelqu'un soit nommé à un poste. Dans de telles zones, le hasard pouvait frapper plus librement qu'ailleurs. Et il n'était pas rare qu'un paquet n'arrive pas à destination.

IV. Communautés de fascination et histoire de l'information (du savoir érudit)

Dans le chapitre 7, nous avions emprunté à Barbara Rosenwein l'expression *emotional communities*[1], que nous avions prudemment modifiée en « communautés émotionnelles et intellectuelles » pour l'adapter à notre propos. Il s'agissait de désigner des communautés textuelles[2] dont les membres éprouvaient un sentiment de marginalisation comparable et pouvaient être reconnus à des gestes communs. Ce concept répond à l'idée que – comme l'ont montré des études aussi différentes que celles de William Reddy et d'Ute Frevert[3] –, dans toute entreprise de reconstitution historique (y compris en histoire du savoir), il ne faut jamais négliger la composante affective. Pour l'historien qui cherche à déceler les éléments de fragilité et de précarité dans des milieux savants protégés, les nuances affectives d'entreprises intellectuelles sont susceptibles de trahir des ambivalences, une attirance ou une répugnance extrême à l'égard de certains textes ou de certains thèmes.

Aussi les trois prochains chapitres seront-ils placés sous le signe d'une « communauté de fascination », expression servant à regrouper les intellectuels ayant manifesté un lien affectif particulier avec l'Orient ancien, la magie ou la numismatique antique. On sait que collectionner des monnaies peut devenir une passion, ou que chasser les documents anciens conduit souvent à des falsifications ou à une certaine réceptivité envers les falsifications[4]. À cet égard, il me paraît important d'éviter l'écueil qui consiste à considérer que les savants de l'époque moderne écrivaient ou lisaient leurs textes avec un détachement parfait. Cela contredit la passion qu'ils mettaient – parfois jusqu'à la folie[5] – à collectionner pendant toute leur vie des livres et des manuscrits et à passer des nuits entières penchés sur leur pupitre.

La catégorie de la fascination permet de considérer la passion des savants comme quelque chose qui produit de la communauté. Le développement récent du concept de « communautés du rire » a permis de mettre en valeur la composante performative et la fonction de construction sociale que peut avoir le rire[6]. La fascination aussi possède cette faculté, assez faiblement il est vrai, mais suffisamment pour contribuer par exemple à la cohésion des milieux intellectuels où elle est répandue. Ce peut être le cas dans des constellations de personnes en contact physique les uns avec les autres, mais aussi pour des communautés reposant sur des échanges épistolaires.

Le recours à l'histoire des émotions permet également d'éviter un concept qui ne m'a jamais tout à fait convaincu, celui d'« ésotérisme[7] ». À mon sens, la définition du savoir « ésotérique » par son contenu est problématique parce qu'elle oblige à postuler des continuités qui n'ont pas existé : jusqu'au XVIIe siècle, l'astrologie, l'hermétisme et la magie étaient des thèmes admissibles même par les élites scientifiques, mais à partir du XVIIIe siècle au plus tard, après les réfutations de l'astrologie, l'avènement de la physique copernicienne et des sciences naturelles ainsi que la détection des pseudépigraphes au moyen de la philologie, ces courants traditionnels ne purent plus s'épanouir qu'aux marges de la science[8]. Les idées ont pu rester analogues en 1780 à ce qu'elles étaient en 1580, mais leur statut dans l'ensemble du savoir social a radicalement changé. Il me paraît bien plus approprié de décrire les adeptes de l'« ésotérisme », en fonction de l'époque et du milieu, comme une communauté de fascination, de façon comparable à la manière dont je les ai caractérisés au chapitre 7, comme un groupe partageant une gestuelle commune.

La fascination pour les documents très anciens, pour les pièces de monnaies orientales et pour la magie a quelque chose d'orientalisant, qui tient à une attirance pour l'exotisme[9]. Ce tropisme orientalisant ne doit cependant pas nécessairement être entendu dans le sens de l'« orientalisme » d'Edward Said et de sa critique du colonialisme, qui n'est pas pertinente pour l'Allemagne de l'époque moderne[10]. Il vise plutôt ce qui relève de la compensation et de l'évasion dans l'univers intellectuel européen. On prêtait en effet à l'Antiquité et surtout à l'Orient ancien des connaissances secrètes et « profondes » qui renvoyaient à un univers d'expériences radicalement différent de celui que l'on connaissait – et cela, même lorsque l'on pouvait justifier en apparence le recours aux sources de l'Orient antique de façon parfaitement rationnelle. Quoi qu'il en soit, non seulement cette fascination fut celle des adeptes de la kabbale, de l'hermétisme ou de Jakob Böhme, mais elle fut quelquefois celle de leurs adversaires : nous l'avons vu au chapitre 10 dans le cas d'Abraham Hinckelmann, et nous allons le voir dans les chapitres 12 et 14 chez des savants comme Valentin Ernst Löscher et Johann Christoph Wolf.

Dans les trois chapitres qui suivent, la reconstruction de ces communautés de fascination orientalisantes sera associée à une approche en termes d'histoire de l'information, afin de repérer les aspects et les zones où la précarité se fait jour à l'intérieur de milieux savants qui jouissaient pourtant souvent d'une grande sécurité. L'histoire de l'information et de la communication est d'ailleurs en passe de devenir une discipline essentielle des recherches en histoire pour les esprits critiques qui veulent décrire les processus réels et les pratiques concrètes au lieu de pourchasser les chimères du savoir idéal, des surveillances imaginaires et des prétentions à la domination[11]. C'était déjà le sens de mon chapitre 11, où l'histoire de la communication permettait de rompre avec le caractère doxographique des études sur la façon dont les écrivains des Lumières abordaient l'histoire de la philosophie. C'est à cela que se rattachent les études de cas de cette quatrième partie. Il est ainsi question, dans le chapitre 12, de l'implication ambiguë de certains savants occidentaux dans l'intérêt qu'ils manifestent pour la magie. Nous verrons alors que la magie pouvait être critiquée aussi bien par les penseurs des Lumières que par ceux de l'orthodoxie religieuse, et être soutenue aussi bien par des penseurs « radicaux » que par des « ésotériques ». L'intérêt pour la magie trace donc des lignes de continuité qui traversent les zones du précariat et de la bourgeoisie savante et rendent un peu plus floue la frontière qui les sépare.

Jusqu'à présent, l'histoire de la numismatique a surtout fait l'objet d'un traitement très traditionnel. En l'abordant dans le chapitre 13, j'essaie de tirer profit de l'histoire de l'information en lui appliquant les problématiques de la mobilité et de la vigilance. Daniel Roche et Stéphane Van Damme ont récemment associé mobilité savante, identité locale et espace politique[12]. Leur étude montre notamment que le savoir peut aisément devenir précaire du fait de la mobilité, que ce soit à cause des dangers d'un voyage ou d'un déménagement dans un territoire où domine une confession adverse. Quant au problème de la vigilance, Arndt Brendecke en a fait une question centrale dans un livre important – *Imperium und Empirie* [L'Empire empirique] : comment, dans des conditions de communication difficiles (par exemple dans celles qu'impose le contrôle de territoires outre-mer), vérifier la vérité de rapports[13] ? Cette problématique aussi éclaire d'un jour nouveau les démarches entreprises en Orient dans le domaine de la numismatique et des études antiques.

Le chapitre 14 prend le contre-pied des travaux sur la mobilité qui s'inscrivent dans une perspective géographique large : j'y ébauche une micro-histoire du traitement de l'information en suivant l'appropriation fascinée du « savoir oriental » par un savant de Hambourg dans son carnet de notes, et l'insertion de ces notes dans ses cours puis ses livres. Ce trajet de la lecture au livre permet de déceler de nouveaux éléments de fragilité : quel savoir doit être réprimé durant ce processus ? quel savoir devient subversif quand il est combiné avec un autre ? quel savoir se perd en cours de route ?

12. Protection du savoir et savoir de protection : magie défensive, antiquarisme* et objets magiques

> « Le manuel qui nous manque, *De la servitude de l'homme moderne superstitieux*, devrait être précédé par une étude scientifique qui reste elle aussi à écrire et qui porterait sur *La renaissance de l'Antiquité démonique en Allemagne au temps de la Réforme*. »
> Aby Warburg

Le rituel du serpent

Quand, en avril 1923, Aby Warburg fit au sanatorium Bellevue de Kreuzlingen sa conférence sur le rituel du serpent chez les Indiens hopi, on put constater quelles forces psychiques – fascination, timidité, étrangeté, violence – étaient non seulement thématisées, mais conjurées[1]. Après la conférence, écrite avec Fritz Saxl, la santé de Warburg s'améliora. Le fait de se pencher sur l'univers magique de ces hommes « primitifs », qu'il avait pu rencontrer lors d'un voyage en Amérique en 1895-1896, l'aida à bannir ses propres démons intérieurs. Warburg, on le sait, ne connaissait que trop bien ces sortes de démons, qui lui menèrent la vie dure et conduisirent à la crise des années suivant la Première Guerre mondiale. On s'est beaucoup demandé dans quelle mesure l'intérêt que portait Warburg à l'astrologie et à la magie de la Renaissance reflétait sa propre instabilité psychique. En tout cas, c'est grâce à ce centre d'intérêt atypique – et à son

---

* L'« antiquarisme » (avec son adjectif « antiquariste ») désigne l'intérêt porté à l'Antiquité sous toutes ses formes au XVIIe siècle : l'« antiquaire » est un « homme qui a recherché et étudié les monumens qui nous restent de l'antiquité, comme les coutumes des Anciens, les vieux livres, les statues antiques, les médailles... » (Dictionnaire de Furetière, 1690). (*N.d.T.*)

mépris pour toute histoire de l'art esthétisante – qu'il put découvrir une dimension fondamentale de la Renaissance italienne que l'on avait trop souvent ignorée avant lui. Les « Mystères païens de la Renaissance » – qui donnent son titre à un ouvrage d'Edgar Wind, un élève de Warburg et de Panofsky – n'étaient pas qu'un produit de l'intellect savant : de façon souterraine, ils transportaient dans l'Europe moderne des énergies psychiques venues de l'Antiquité[2]. Cela vaut pour certains contenus mythiques, pour les objets magiques, pour les formules d'astrologie et plus généralement pour la magie des images liées à certains supports dans des situations d'urgence où l'action est requise[3].

Les études de Warburg sur ces sujets étaient inhabituelles vers 1900. Ce n'était pourtant pas la première fois que des savants européens se penchaient sur les vestiges de la magie antique ou « primitive » avec un mélange de dégoût et d'attirance. Une longue histoire précède l'attitude ambivalente du conférencier de Kreuzlingen : une histoire de ce qu'il y a de précaire chez l'homme confortablement établi, dans l'excitation du voyageur en robe de chambre. C'est avec les yeux d'un humaniste formé à la connaissance des Anciens que Warburg regarde les Hopi danser. Quand il voit les clowns qui participent aux cérémonies à Oraibi, il lui vient cette pensée : « Quiconque connaît un peu la tragédie antique voit ici la dualité du chœur tragique et du drame satyrique "greffée sur une même branche[4]". » D'autres voyageurs de culture humaniste avaient eu, en Amérique, la même association d'idées transversale – depuis le lieu présent jusqu'aux temps anciens de l'Antiquité. C'est notamment le cas d'un précurseur de l'histoire culturelle comparée, le jésuite Jean-François Lafitau, qui vécut en Amérique de 1711 à 1717[5]. Séjournant parmi les Hurons, Lafitau vit en eux un reflet de ce qu'il avait lu sur les Spartiates, les Lyciens et d'autres peuples liés à la Grèce archaïque.

Ainsi se croisent la mentalité archaïque et la présence moderne de la magie chez Warburg, chez Lafitau, et dans de nombreux cabinets d'érudits des XVIe et XVIIe siècles. Cette présence n'est en rien un phénomène marginal puisqu'on la trouve aussi voire surtout dans les meilleurs cercles de la bourgeoisie savante. La magie défensive, le savoir concernant les façons de se protéger contre les maléfices, devient un objet intellectuel qui attire la curiosité du chercheur, tout en conservant en elle une part de la charge affective qui était la sienne. Le savoir de protection devient protection du savoir quand on en use pour se défendre contre des adversaires, des gens d'avis contraires ou des persécuteurs. Et qui ne devrait pas songer à se défendre ?

Implication et distance

Une histoire culturelle du savoir et de l'attention scientifique doit toujours prendre en considération le type de savoir dont il est question. Ce savoir exige-t-il seulement que l'on décrive et explique une réalité en restant à distance, ou bien est-il censé nous impliquer en nous donnant la faculté de nous approprier et de maîtriser la chose considérée ? Plus simplement : celui qui s'intéresse à une chose y croit-il, ou bien s'en approche-t-il seulement du dehors ? Cette distinction est tout particulièrement valable dans le cas de la magie. La connaissance des pratiques magiques, de la production de talismans ou de la divination est-elle un savoir d'initiés, réservé à des « spécialistes religieux », ou bien est-elle détenue par des individus ne partageant pas même les prémisses de la magie[6] ?

La distinction est plus difficile à faire qu'elle n'en a l'air. Pour s'en convaincre, il suffit de s'intéresser aux transitions. À quel moment la croyance en la magie se transforme-t-elle en un intérêt distancé d'antiquaire ou de savant pour la magie ? La réponse dépend bien sûr des régions et des milieux sociaux envisagés. Hors d'Europe et dans certaines couches inférieures de la population européenne, cette croyance perdure jusqu'au XIXe siècle, voire jusqu'à aujourd'hui. Mais quelle était la situation parmi l'élite intellectuelle européenne ? Quand peut-on déceler chez eux cette transition ? On pourrait vouloir la dater du moment où l'on se mit à collectionner, décrire, comparer et cataloguer certains ustensiles de magie, comme les statuettes, les pierres, les anneaux ou les sceaux[7]. Et où l'on se mit aussi à interroger le concept même de magie, son histoire et ses origines, dans une perspective historique et critique[8]. C'est en tout cas ce qui semble s'être produit durant les décennies autour de 1600. Les premières recherches sur l'origine du mot « talisman », par exemple, datent de cette époque.

En y regardant de plus près, on s'aperçoit toutefois que cette réponse à la question de la transition est bien peu satisfaisante. Premièrement, ce n'est pas parce qu'on s'intéresse en antiquaire aux talismans qu'on les regarde nécessairement comme étant sans effet. Un auteur de 1693 peut ainsi déclarer, en conclusion de sa *Disquisitio antiquaria*:

> « Ce n'est pas ici le lieu de discuter de l'usage des talismans ni si cet usage est permis. Nous voulons seulement faire remarquer que certains, parmi les plus savants de nos contemporains, les croient capables de beaucoup de choses […][9]. »

Deuxièmement, tout dépendait de la sorte d'effet que l'on attribuait aux talismans : un effet surnaturel, un effet naturel (par « sympathie » et « antipathie » ou par un raisonnement d'astrophysique) ou pas d'effet du tout. Les problèmes d'évaluation se posent surtout à propos des savants qui considéraient comme possibles les effets naturels de la magie, c'est-à-dire la « magie naturelle » : vu téléologiquement depuis notre modernité, ne doit-on pas faire commencer ici le chemin qui mène de la croyance en la magie à la science à proprement parler ? Ou bien s'agit-il au contraire d'une impasse fatale ayant inutilement maintenu en vie la croyance en la magie et dans la sorcellerie pendant cent cinquante ans de plus (de la fin du XVIe au début du XVIIIe siècle[10]) ?

Troisièmement, une attitude de rejet strict vis-à-vis de la magie – et donc un rapport distancié à elle – n'est pas nécessairement un gage de « scientificité ». Pour la théologie chrétienne surtout, la magie était une épine dans le pied. Souvent regardée comme un vestige du paganisme, on la rapprochait de l'idolâtrie, comme le montre un livre de 1609 intitulé *De idololatria magica* en référence à Tertullien et à d'autres pères de l'Église[11]. Il faut donc bien se garder de tenir pour distancié au sens d'impartial un savoir conçu de façon distanciée parce qu'hostile.

Quatrièmement, ceux qui s'intéressaient à la magie de manière très clairement « impliquée » et avec de la sympathie pour leur objet pouvaient très bien employer par ailleurs les méthodes du philologue et de l'antiquaire, ou encore l'approche comparatiste du collectionneur. On en connaît un exemple célèbre : Heinrich Cornelius Agrippa von Nettesheim. Dans son livre *De occulta philosophia*, paru en 1530 mais qui date de 1510, Agrippa utilise une collection de manuscrits kabbalistiques, s'appuie sur des pièces de monnaies et prend soin d'expliquer certains termes à la manière d'un humaniste, mais s'il fait tout cela, c'est afin de systématiser la magie dans un cadre néoplatonicien et de la rendre accessible. Est-il encore un magicien au sens du Moyen Âge ? Ou bien fait-il déjà un premier pas vers l'antiquarisme[12] ?

Enfin, cinquièmement, il est arrivé qu'on lise des textes magiques de façon « impliquée » sans éprouver pour autant d'intérêt pour la magie en elle-même. Plus encore que chez Agrippa, c'était le cas chez Giordano Bruno, qui a utilisé la tradition magique pour en faire jaillir des idées philosophiques. J'aurai l'occasion d'y revenir.

Devant un problème si manifestement embrouillé, et pour éviter de me perdre dans le champ infini des phénomènes magiques, je voudrais me concentrer ici sur la magie défensive et sur les ustensiles qu'on employait pour atteindre son but : amulettes, talismans, rites – mais aussi simples gestes[13]. Du point de vue de l'antiquaire, l'amulette ou le talisman constitue un objet sur lequel on se penche. Mais il y avait toujours, derrière ces reliques matérielles, la dimension quotidienne et éphémère des rites, des chants, des mouvements, qui, dans l'ensemble, a été perdue et que l'on ne peut reconstruire qu'à partir de descriptions comme celles que l'on trouve dans le grand papyrus magique de Paris[14]. Dans la période qui nous intéresse, à la fin du XVIe et au début du XVIIe siècle, la magie et les pratiques défensives de conjuration demeuraient évidemment très présentes, surtout en Italie. Je renvoie non seulement au sud de la péninsule, à Naples ou à la Calabre, mais aussi à Venise. Un geste défensif bien connu est celui dit de la *manu cornuta*, qui forme comme une amulette avec la main : on tend celle-ci vers la personne dont on s'attend à recevoir un sort ou bien le mauvais œil, en écartant l'index et le petit doigt. Comme on l'a vu au chapitre 6, Andrea De Jorio, spécialiste des gestes dans les années 1830, a cru retrouver ce geste dans des représentations antiques, dans un Silène d'Herculanum gravé dans le bronze et dans un abraxas reproduit par Montfaucon[15]. Nous avons vu aussi que le peintre vénitien Pietro Della Vecchia s'intéressait à la magie et qu'il a utilisé ce geste de façon complexe dans une allégorie de la vérité peinte en 1654[16].

Le sud de l'Italie, où la peur d'être « lié » par un sort est fort répandue, offre un second exemple. Ernesto De Martino rapporte qu'en Lucanie, on craint ce genre de liens magiques et l'*affascino* qui entravent la circulation du sang ou apportent le malheur par le « mauvais œil[17] ». On trouve déjà des témoignages sur la façon dont cela fonctionne dans certaines formules d'envoûtement antiques. On lit ainsi sur une tablette de plomb du IVe siècle avant Jésus-Christ : « Je lie Théagène, sa langue et son âme et les paroles dont il se sert. » Et plus loin : « [...] je lie aussi les mains et les pieds de Pyrrhias, le cuisinier, sa langue, son âme, ses paroles »[18], etc. Le mot utilisé est *katadeîn* – lier de haut en bas, lier en profondeur. Dans ses études sur la magie restées à l'état manuscrit, par exemple dans le *De vinculis in genere* qui traite des forces d'envoûtement et d'entrave, Giordano Bruno a tiré de cette notion de lien des réflexions sur le caractère agissant des relations[19]. Et dans son ouvrage publié, *De monade, numero et figura*, il essaie par exemple de construire des « anneaux » comme l'« anneau d'Apollon », qui, tout en ayant l'apparence d'anneaux magiques, sont surtout pour lui des moyens de construire les émanations issues de l'unité de la monade ; et s'il prétend, à la manière de Cecco d'Ascoli, attribuer des forces aux points d'intersections des lignes parcourant ces anneaux, il ne les considère plus vraiment comme des forces occultes, mais comme des forces pour ainsi dire ontologiques[20]. Il y a là comme une purification philosophique de la magie. À la même époque mais d'une façon toute différente, Giambattista Della Porta « purifia » la magie et la physiognomonie par la physique[21], et c'est sous l'influence de ce dernier que dans son *De sensu rerum et magia*, Tommaso Campanella donne la magie naturelle pour fondement à la nouvelle physique de Bernardino Telesio[22]. Tout cela montre qu'une « mentalité » magique était présente en soubassement des systèmes philosophiques de la Renaissance. Dans les contrées protestantes ou même calvinistes situées plus au nord, il était un peu plus facile de jeter un regard froidement philologique sur les phénomènes magiques.

Talisman et *teraphim* : la demande philologique

Bruno et Campanella ont conçu leurs versions philosophiques de la magie durant les décennies autour de 1600, au moment précis où l'on commence à s'intéresser de façon massive aux objets antiques et orientaux dans une perspective antiquariste. C'est la génération pionnière des antiquaires et des premiers orientalistes, les premiers à poser des questions d'ordre philologique et critique à ce genre de documents. On y trouve notamment Joseph Juste Scaliger (né en 1540) à Leyde, Isaac Casaubon (né en 1559) à Paris et à Londres, Lorenzo Pignoria (né en 1571) à Padoue, Nicolas-Claude Fabri de Peiresc (né en 1580) en Provence et John Selden (né en 1584) à Oxford et à Londres. À mesure que se répandait la connaissance de l'hébreu, du syriaque et surtout de l'arabe, il devenait possible d'interroger des textes qui, jusque-là, étaient inaccessibles, et de porter son regard au-delà de l'horizon étroit de Rome et de la Grèce. Dans les années 1580, par exemple, Isaac Casaubon prie son maître Joseph Scaliger de l'éclairer sur l'origine du mot « talisman ». Ce dernier lui indique en réponse une origine arabe[23]. S'appuyant sur sa connaissance de sources rabbiniques, l'orientaliste suisse Johann Heinrich Hottinger est d'un avis différent : il plaide pour une origine « chaldéenne », c'est-à-dire assyro-babylonienne. Et les savants précisent que l'on devrait plutôt parler de *Talismae* ou de *Tilsemae*, formes dérivées respectivement du chaldéen *Talismoth* et de l'arabe *Tilsam*, qui signifient tous deux « image ». Dans un chapitre consacré aux anciens Sabéens et à leur religion, Hottinger appelle leurs *Tilsemae* des *dii averrunci*, autrement dit des « dieux apotropaïques », qui protègent du mauvais sort[24]. Et il rappelle que Maïmonide avait expliqué la rationalité des règles cérémonielles des Hébreux comme une volonté de s'opposer aux Sabéens et aux croyances astrologiques de ce peuple[25].

En 1617, John Selden aborde la question dans son *De diis Syris*, reliant les talismans à des objets énigmatiques mentionnés dans la Bible : les *teraphim*[26]. La question était de savoir si ces petits objets – que Rachel dérobe à son père Laban – étaient déjà de l'ordre du talisman[27]. Pour y répondre, la littérature rabbinique offrait à Selden d'amples dissertations sur le sujet. Il fallait donc prendre également la tradition juive en considération.

C'est ainsi que les philologues prirent lentement conscience des grandes lignes historiques par où avait pu passer la magie talismanique. C'est d'abord par le biais des vestiges de la gnose basilidienne qu'on s'est intéressé aux talismans dans une perspective antiquariste. Dans le second volume de ses *Annales ecclesiastici*, Cesare Baronio avait donné en 1597 la reproduction de plusieurs gemmes sur lesquelles étaient représentées la figure de l'abraxas avec sa tête de coq et ses jambes de serpent ainsi qu'une forme humaine portant des noms de dieux inscrits sur le corps[28]. À la suite de cette publication, Peiresc montra à Baronio sa collection de gemmes gnostiques et tous deux se demandèrent comment en tirer des renseignements sur la doctrine des Basilidiens et des Valentiniens, au-delà de ce qu'ils savaient déjà par l'hérésiologie chrétienne. Peiresc discuta également avec un autre collectionneur de gemmes, Natalitio Benedetti, notamment à propos de la figure aux noms de dieux[29] (ill. 42). On comprend peut-être mieux aujourd'hui cette pratique qui consiste à inscrire des noms sur le corps ou sur des statuettes, notamment la façon dont elle s'inscrivait dans un contexte rituel. Mais pour les antiquaires de cette époque, il s'agissait d'abord d'identifier les noms divins et de voir ensuite quel sens on pouvait leur donner, que ce soit par la valeur numérale de leurs lettres, ou bien par des renvois à la mythologie ou à l'astrologie.

Notons-le bien : les pionniers de l'antiquarisme menaient ces explorations à une époque où, dans toute l'Europe, on brûlait les sorcières. Des érudits comme le jésuite belge Martin Delrio soupçonnaient de la magie partout[30]. On avait alors l'accusation de sorcellerie facile, et pour qui était dénoncé comme sorcier, l'affaire se présentait plutôt mal.

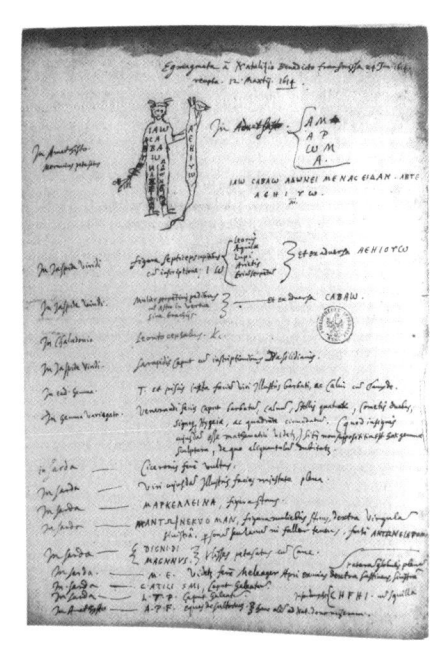

Ill. 42. Natalitio Benedetti, reproduction d'un Mercure gnostique.

Critique de l'histoire mémorielle (*Gedächtnisgeschichte*)

Au début du XVIIe siècle, une première critique s'éleva à l'encontre des ouvrages ennemis de la magie. Cette critique ne venait pas seulement du camp de ceux qui croyaient en la magie, elle était aussi formulée dans une perspective historico-critique. Deux choses avaient préparé ce tournant : étaient apparus, d'une part, un nouvel esprit de critique philologique[31], de l'autre, une façon de penser naturaliste, telle que la philosophie renaissante l'avait élaborée à la suite de Pietro Pomponazzi. D'après son *De incantationibus*, paru en 1525, tous les phénomènes soi-disant surnaturels, miracles et faits de sorcellerie, peuvent être expliqués de manière naturelle et scientifique – c'est-à-dire sans faire l'hypothèse d'une causalité « spirituelle » ou immatérielle[32]. C'est ce que j'avais appelé plus haut une « purification par la physique ». Pomponazzi avait par ailleurs adopté l'idée averroïste selon laquelle certaines connaissances philosophiques ou scientifiques ne sont accessibles qu'à une élite intellectuelle et politique, ce qui implique de continuer à raconter des fables religieuses au peuple, pour le persuader et faire en sorte qu'il se tienne tranquille. Nous avons évoqué cette question au chapitre 2. Partant de la même idée, le jeune Gabriel Naudé imagina – cent ans après Pomponazzi – un projet de recherche visant à réhabiliter des intellectuels et des hommes politiques du passé. Il suffisait d'inverser la réflexion : sous la tradition populaire des sorciers se cache en réalité une histoire du gouvernement des peuples par la science et la politique. Naudé a réalisé ce projet en 1625 dans son *Apologie pour tous les grands personnages qui ont esté faussement soupçonnez de magie*[33]. Il y « sauve » des mathématiciens comme Pythagore, des physiciens comme Aristote et des « politiciens » comme Numa. Il consacre le chapitre VIII à la figure de Zoroastre, qu'une opinion répandue regardait comme le fondateur de la magie – ce que suggère déjà le terme de *mágos* (*magush*), un emprunt des Grecs à la langue perse[34].

Dans la terminologie actuelle, on peut tout à fait qualifier la démarche de Naudé de critique de l'histoire mémorielle de la magie. La mémoire collective s'y révèle marquée par les dénonciations, les accusations politiques, les attitudes superstitieuses, mais aussi par la peur et la défiance suscitées par des théoriciens dont on ne comprenait pas la pensée.

Quatre ans plus tard, reprenant la démarche de Naudé, un de ses amis, Jacques Gaffarel, publie un ouvrage qui fut un best-seller et un livre à scandale, intitulé *Curiositez inouyes sur la sculpture talismanique des Persans, Horoscope des Patriarches, et lecture des Estoilles*[35]. Présentées comme des « curiosités inouïes » pour faire sensation, les théories magiques et astrologiques dont rendait compte Gaffarel offraient en effet bien des choses inhabituelles. Son livre reposait sur ses compétences en matière de manuscrits judaïques, plus particulièrement à propos de la Kabbale. Gaffarel comptait parmi les plus fins connaisseurs des manuscrits de ce genre et il avait parcouru l'Italie afin d'en acquérir pour le compte de la bibliothèque de Richelieu[36]. À l'instar de Naudé, Gaffarel était un admirateur de Pic de la Mirandole, dont la magie naturelle pouvait être lue avec le prisme de Pomponazzi, si bien que l'on pouvait donner des causes physiques à des phénomènes apparemment surnaturels[37]. La conception d'une kabbale chrétienne, formulée par Pic de la Mirandole et par Johann Reuchlin, avait attiré l'attention de nombreux savants sur les textes juifs, qu'ils considéraient désormais comme les témoignages légitimes d'une doctrine proto-chrétienne. Gaffarel était en quelque sorte l'expert officiel français dans ce genre de questions. À ce titre, on ne put faire autrement que de le croire lorsqu'il décrivit le manuscrit d'un certain Rabbi Elcha ben David, qu'il prétendait avoir découvert à Crémone et qu'un incendie dans cette ville aurait malheureusement détruit après qu'il eut pris des notes sur son contenu. Ce texte, selon Gaffarel, avait pour titre *Lecture du ciel* (*De lectura per stellas*), et il présentait une sorte d'alphabet céleste composé de lettres de type hébraïque. Avant lui, Cornelius

Agrippa avait parlé d'une « écriture céleste » dans son *De occulta philosophia* et Guillaume Postel avait également mentionné quelque chose de semblable[38]. La découverte de ce manuscrit semblait donc donner une confirmation concrète à leurs propos.

Une autre « curiosité » résultant des fouilles de Gaffarel dans les archives italiennes était la découverte d'un texte persan d'un auteur nommé Hamahalzel, dans la version hébreu qu'en avait donnée un certain Rabbi Chomer[39]. On émit rapidement des doutes sur l'existence de ce traité souvent cité par Gaffarel[40]. Et l'on n'a en effet trouvé à ce jour aucune trace du rabbin Chomer ni d'un auteur perse appelé Hamahalzel. Si le témoignage rapporté par Gaffarel était malgré tout authentique, il ne pourrait s'agir que d'un texte persan datant de la période islamique, mais qui aurait puisé dans des idées pré-islamiques. Songeons aux traductions en hébreu d'Abu Ma'shar (en réalité : du pseudo-Abu Ma'shar) et à d'autres écrits de ce genre[41]. Gaffarel donne au chapitre consacré à ce texte un titre qui rappelle fortement Naudé : « Qu'à tort on a blasmé les Persans et les curiositez de leur Magie, Sculpture, et Astrologie[42] ».

On a blâmé les Persans à tort selon Gaffarel car ils ne faisaient rien qui ne fût conforme aux pratiques du judaïsme de leur époque – dans l'emploi des *teraphim* par exemple –, voire rien qui n'en vînt. Il me semble important de remarquer que Gaffarel renvoie, dans un passage de son livre, au *Aaron purgatus sive de vitelo aureo* de François de Monceaux. Paru en 1606, cet ouvrage contenait déjà une apologie « inouïe », et il avait suscité une polémique comme allait le faire celui de Gaffarel[43]. Dans son livre, Monceaux veut montrer qu'en fabriquant le veau d'or, Aaron avait agi avec raison et qu'il ne s'était rendu coupable d'aucune idolâtrie[44]. Voici les arguments de Gaffarel :

> « […] si les premiers Persans, comme Zoroastre, ont tasché d'observer quelqu'une de ces figures, à l'imitation des premiers Peres, qui ont habité leur pays, veut-on conclurre par là, qu'ils sont Magiciens ? C'est tout de mesme que si on accusoit de sorcellerie ceux qui par le bransle de la cloche d'Avila, ou de quelque autre prodige, concluent quelque malheur à venir[45] ».

Autrement dit : ces comportements sont orthodoxes, ou sont du moins des épiphénomènes populaires et véniels de la vraie religion. Remarquons par ailleurs qu'à l'instar de Naudé, Gaffarel regarde Zoroastre comme un contemporain d'Abraham qui aurait emprunté ses idées au patriarche chaldéen pour fonder sa propre religion.

Paradoxalement, notre conception actuelle de la situation est inversée : les études les plus récentes de Shaul Shaked et de Peter Schäfer ont montré très clairement qu'il a existé, dans le contexte de la croyance perse et babylonienne en la magie, une culture magique juive, à l'époque sassanide, durant l'exil babylonien des Juifs et la composition du Talmud.

En témoignent notamment les noms magiques – y compris celui de Jésus – qui ornent les coupes magiques araméennes[46].

Quoi qu'il en soit, Gaffarel cite Hamahalzel, son auteur persan :

> « Ie ne nie point, dit-il, que nos Anciens Astrologues, ne dressassent des images soubs certaines constellations, soit en or, en argent, bois, cire, terre, ou pierre, desquelles ils retiroient quelque utilité ; mais que ce fust par enchantemens & sortileges, il n'y a personne qui le puisse asseurer[47]. »

Car, poursuit-il, « la vertu de ces images pouvoit estre naturelle[48] ».

Les talismans dans la culture protestante

Au XVIIe siècle, nous venons de le voir, l'antiquarisme et la philologie humaniste peuvent parfaitement constituer des formes de « savoir impliqué ». Gaffarel est un partisan de la magie naturelle qui traduit ses convictions dans une approche historique et critique – seulement en apparence d'ailleurs, puisqu'en réalité, il s'appuie sur des textes judéo-persans sujets à caution, voire forgés de toutes pièces. La falsification peut donc être présente même chez des partisans des Lumières. Cela ne facilite pas vraiment les choses pour répondre à la question de la frontière entre savoir impliqué et savoir distancié.

Prenons donc le problème dans l'autre sens et examinons l'attitude de ceux qui étaient tenus d'adopter un point de vue distancié voire hostile à l'égard de la magie talismanique, ne serait-ce que par leur profession : les théologiens chrétiens et les auteurs écrivant dans le contexte d'une apologétique chrétienne. Tout intérêt porté à la magie est alors sous le coup de l'interdit frappant les images et l'idolâtrie. Dès les premiers temps de l'Ancien Testament, la production d'images cultuelles avait donné lieu à de véritables parodies de la part des prophètes[49]. Cela n'en préformait que davantage les résistances ultérieures contre les amulettes et les statuettes magiques dans les traditions juive et chrétienne.

Mais il n'était pas toujours possible de s'y tenir. Dans la Perse des Sassanides, nous venons de le voir, le judaïsme du Talmud de Babylone était entouré de magie, qu'il avait assimilée et transformée en une tradition propre. Le christianisme gnostique d'Égypte était lui-même rempli de magie. Quant au judaïsme médiéval présent dans l'espace culturel de l'Islam, il était profondément imprégné par les pratiques magiques du type de celles que l'on enseignait dans le manuel intitulé *Picatrix*[50]. Il y avait toutefois dans la magie astrale du judaïsme médiéval une frontière aussi nette que ténue entre l'adoration d'idoles et l'utilisation de figures afin d'attirer la puissance céleste ici-bas[51]. Ce sont surtout Jehuda Halevi et Abraham Ibn Esra qui ont tracé cette démarcation au XIIe siècle, sous l'influence massive de l'astrologie et de la magie arabes. Leur interprétation du veau d'or en fait une statue de magie astrale créée alors que les astres étaient dans une disposition particulière, le péché du peuple juif ne consistant, selon eux, que dans le fait d'avoir utilisé de lui-même ce moyen, sans attendre que Dieu lui montre la voie pour attirer les forces du ciel sur terre[52]. C'est également par la magie astrale qu'Ibn Esra explique les *teraphim*, qu'il ne décrit sans doute pas directement comme des instruments astronomiques servant à déterminer les heures, mais comme des statuettes humaines destinées à une utilisation astrologique. Il le fait cependant de façon cachée, ou, pour mieux dire, ésotérique. Car, pour le simple lecteur, il a quelques formules ostentatoires de rejet de la magie astrale dans ses commentaires de la Bible[53]. Si Rachel déroba les *teraphim* de Laban, c'est – nous dit Ibn Esra – parce que Laban était astrologue et que Rachel devait craindre que ses calculs célestes ne lui apprennent par où elle s'était enfuie[54].

De même, beaucoup de sceaux magiques dans des manuscrits juifs de cette époque sont à considérer, d'une manière ou d'une autre, comme des signes de magie astrale. C'est dans ce contexte que s'inscrivent la réception par Maïmonide de textes sabéens et la projection massive vers le passé qu'il opéra en faisant remonter l'astrolâtrie magique aux temps les plus anciens d'un paganisme « sabéen » universel[55].

À partir du XVIIe siècle, Maïmonide a été beaucoup lu par des auteurs chrétiens modernes. La thèse du caractère « sabéen » du paganisme et celle du culte des astres comme forme primitive des « fausses » religions se répandirent dans de nombreux esprits, de John Selden à Abraham Hinckelmann en passant par Gerhard Johannes Vossius[56]. Et quand des antiquaires comme Athanasius Kircher abordaient la question de la production d'amulettes, ils pouvaient déjà l'inscrire dans de grands récits-cadres historico-théologiques[57].

D'autres auteurs se rattachaient à un antiquarisme plutôt médical, comme Fortunio Liceti, auteur d'un livre publié en 1645, *De anulis antiquis*, qui traite des anneaux magiques[58]. Dans de tels ouvrages, on observe une oscillation entre un réflexe chrétien de rejet des talismans et une curiosité de scientifique pour leurs effets. Le mathématicien strasbourgeois Julius Reichelt aborde le sujet en 1676[59]. Il décide de ne pas prendre de risques et condamne les amulettes comme un signe de superstition et un ouvrage du diable. En 1692, le livre de Reichelt est réédité par un professeur d'Iéna, Jacob Wolff, sous le titre de *Curiosus amuletorum scrutator*. Une certaine passion s'était en effet développée pour les collections d'amulettes, comme, du reste, pour les collections de pierres et de médailles en général[60]. Reichelt lui-même s'était sans doute servi de la collection du sénateur strasbourgeois Elias Brackenhoffer pour rédiger son livre. Outre ses médailles et ses anneaux antiques, cette collection hétéroclite comptait des milliers de pierres et de minéraux, des crocodiles,

Ill. 43. Löscher/Koblig, *Disquisitio antiquaria de talismanibus*.

des têtes de lions et des moineaux à trois pattes[61]. Des professeurs pouvaient également se constituer des collections plus modestes. Même le futur doyen de l'orthodoxie luthérienne en Allemagne, Valentin Ernst Löscher, alors qu'il n'était encore qu'un jeune assistant à Wittenberg, possédait une petite collection de pièces et de talismans (ill. 43). Ayant montré sa collection à un de ses élèves, Johann Sigismund Koblig, Löscher l'incita à la prendre pour sujet de thèse. En 1697 parut donc une *Disquisitio antiquaria de talismanibus*, dans laquelle Koblig examinait des bractéates d'argent, de fines médailles datant de l'Antiquité tardive et du Moyen Âge, qui portaient le signe de la croix, comme exemples de magie chrétienne[62]. Il les comparait avec des symboles magiques bien connus du premier christianisme, comme ce signe qui aurait été révélé à l'empereur Constantin sous la forme d'une croix accompagnée de l'inscription *In hoc signo vinces* (« Tu vaincras par ce signe[63] »). Agrippa avait publié des reproductions de ces symboles dans son *De occulta philosophia*, où il déclarait que ce sont « des caractères qu'on reçoit par la seule révélation et qui ne peuvent être découverts d'aucune autre façon[64] ». La lettre que le théologien Zacharias Nolte écrivit le 15 mars 1709 au professeur de Helmstadt Hermann von der Hardt, déjà mentionné au chapitre 7, s'inspire aussi d'Agrippa. Des marchands avaient fourni à Nolte quelques médailles d'origine juive sur lesquelles figuraient des signes et des carrés d'apparence magique. Ne sachant qu'en faire, Nolte demandait à l'érudit orientaliste de le renseigner. En guise de réponse, von der Hardt rédigea en quelques semaines une expertise manuscrite de plus de deux cents pages, dans laquelle il appliquait aux médailles ses connaissances sur la magie astrale juive[65]. Quand il fit ensuite relier avec soin son rapport d'expertise sous forme de livre, il demanda au relieur de pratiquer, dans le contreplat en bois recouvert de cuir, des compartiments secrets dans lesquels il plaça des moulages en plomb et en cire des médailles en question, avec les désignations suivantes : *Solis*, *Lunae*, *Martis* et *Veneris* (ill. 44).

Ill. 44. Hermann von der Hardt à propos de pièces magiques, logement pratiqué dans la reliure.

Si von der Hardt fut capable de rédiger sa lettre-expertise aussi rapidement, c'est parce que les amulettes magiques étaient depuis longtemps son violon d'Ingres. Durant tout le semestre d'été de 1705, il avait fait cours sur les « secrets » des amulettes juives, cours qu'il avait publiés peu après dans un livre[66]. Il y étudiait la façon dont les rabbins, par des méthodes herméneutiques complexes consistant par exemple à déplacer certaines lettres, essayaient d'obtenir, à partir de noms magiques incompréhensibles, un sens correct du point de vue religieux afin d'en tirer ensuite des messages monothéistes « corrects ». Mais von der Hardt n'y voyait qu'un pieux mensonge de leur part. En réalité, les noms magiques étaient selon lui des signes de conjuration du mauvais sort, d'une magie défensive qu'on ne comprenait plus, employant des mots où l'on pouvait reconnaître, dans certains cas, des déformations de noms d'empereurs romains tardifs.

Quoi qu'il en soit, les cas de Löscher et de Nolte montrent qu'une forme de savoir impliquée peut, à l'improviste, venir du côté opposé. La magie pouvait manifestement susciter dans certains cas un intérêt chrétien en sa faveur, lorsque la symbolique chrétienne y jouait un rôle. Notre recherche d'une voie menant de l'implication à la prise de distance n'en est que plus ardue. Koblig et Löscher peuvent très bien allier un intérêt prudent pour la magie naturelle et pour la magie sympathique à une approche antiquariste tout aussi prudente des traditions chrétiennes semi-magiques. Quant au symbole de Constantin, *In hoc signo vinces*, il apparaît encore en 1717 au frontispice d'un ouvrage traitant

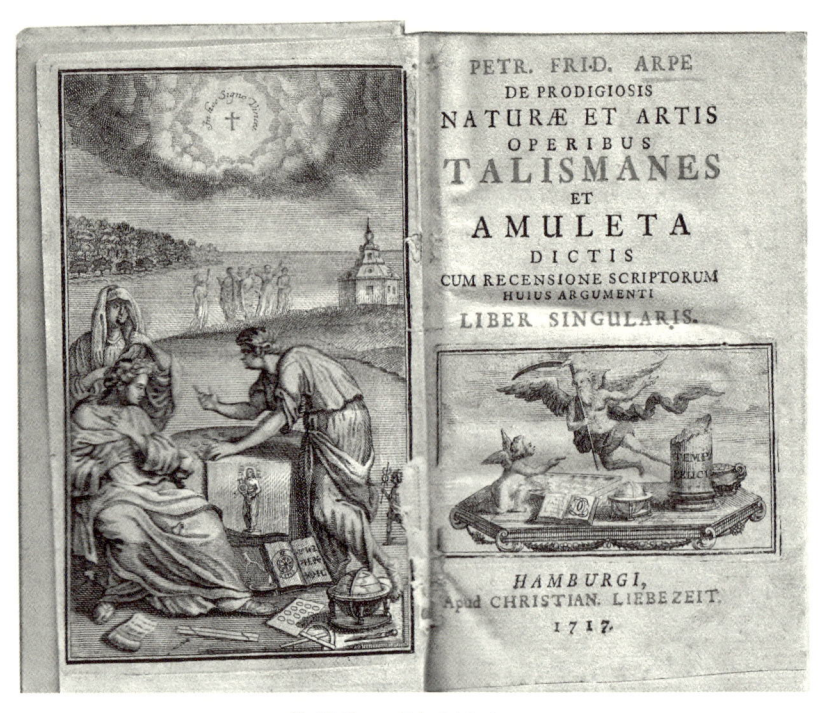

Ill. 45. Peter Friedrich Arpe,
De prodigiosis naturae et artis operibus Talismanes et Amuleta dictis.

des talismans et des amulettes[67] (ill. 45). Le signe magique de la victoire y rayonne au-dessus d'ustensiles païens – des manuels, des statues, des monnaies magiques et des instruments d'astrologie. On peut bien sûr voir dans cette image le dépassement du paganisme par le christianisme, mais on peut aussi, de façon intéressante, l'interpréter aussi comme l'expression d'une continuité, une ligne qui conduirait sans rupture de la magie à la Révélation (comprise comme magie chrétienne).

Quelle charge subversive comportait cette thèse de la continuité ? Une grande, assurément. On s'en rend compte en examinant de plus près l'histoire de ce petit ouvrage de 1717. Son auteur est ce Peter Friedrich Arpe que nous avons vu collectionner les manuscrits clandestins critiquant la religion au chapitre 4. On peut supposer qu'il sympathisait, dans une certaine mesure, avec les idées contenues dans ces écrits[68]. Il tomba plutôt par hasard sur ce qui devait faire la matière de son livre. Vers 1705, après avoir terminé ses études, il travailla quelques années à Copenhague où il eut la possibilité d'utiliser la bibliothèque d'un humaniste tardif décédé peu de temps auparavant, le médecin Georg Franck von Frankenau.

Comme Fortunio Liceti ou Julius Reichelt, Frankenau s'était intéressé aux talismans dans la perspective d'un antiquarisme médical. Il s'était constitué une collection considérable, qui passa dans sa succession. C'est ainsi qu'Arpe tomba dessus et la prit manifestement comme point de départ de sa propre monographie[69]. Arpe semble avoir éprouvé beaucoup de sympathie pour la tradition naturaliste, celle de la magie naturelle et celle de la critique historique de Pomponazzi, Naudé et Gaffarel. L'ensemble formé par ces trois courants se confond chez lui avec une pensée que nous comprenons aujourd'hui sous le nom de *Frühaufklärung* – avec une perspective ouverte sur les Lumières radicales. De ce point de vue, l'idée d'une continuité conduisant de la magie païenne au christianisme peut être interprétée de façon subversive, car le christianisme n'est alors lui-même rien d'autre qu'une forme – fût-elle épurée – de superstition, de magie et d'invention politique de la part d'un législateur. Inversement : on doit considérer certains grands « mages » antiques comme Apollonius de Tyane avec le plus grand sérieux, comme de grands personnages dont l'influence fut scientifique, morale et politique et que l'on peut comparer avec Jésus-Christ[70]. Arpe ne dit pas tout cela de façon directe dans son livre, mais on peut le déduire si l'on prend en considération ses autres écrits, ses collections et ses lettres. Selon le témoignage d'un ami de jeunesse d'Arpe, Johann Lorenz Mosheim, qu'un examen critique philologique avait conduit à considérer les *Apotelesmata Apollonii* comme apocryphes, Arpe pensait pour sa part que rien dans ce qu'on attribuait à Apollonius n'était inventé : « Mais lorsque je lui en demandai la raison, il ne put en alléguer de satisfaisante – ou du moins il ne le fit pas[71]. » Cette controverse n'est toujours pas tranchée aujourd'hui et la question reste ouverte de savoir si les *Apotelesmata*, avec leurs indications sur la production de talismans et beaucoup d'éléments transmis par la tradition arabe concernant Balinas, remontent effectivement à l'Apollonius historique[72]. Mais en ce qui concerne la situation de l'Allemagne au début du XVIIIe siècle, le différend opposant Arpe à Mosheim est significatif. Il y a plus de cent ans qu'est né l'intérêt critique historique et « antiquariste » pour la magie, et nous ne pouvons toujours pas tracer de frontière suffisamment nette pour nous permettre de définir en toute tranquillité le camp de la modernité. D'un côté, Arpe, un sympathisant des Lumières radicales, flirte avec la magie naturelle (quand bien même ce ne serait que pour ses implications critiques envers le christianisme), de l'autre, Mosheim, un représentant des Lumières « modérées » et de la « théologie transitionnelle » luthérienne, qui tentait de concilier la théologie avec la raison, recourt à la critique historique pour lutter contre toutes les formes de superstition, et surtout contre la croyance en l'authenticité de mythes hostiles au christianisme[73].

Conclusion

Jusqu'aux Lumières, il est impossible de dégager un trajet net conduisant « de la magie à l'intérêt scientifique pour la magie », du moins si l'on s'en tient à des positions individuelles. Ce n'est qu'en examinant les mouvements d'ensemble qu'il devient possible de se faire une image plus claire de la situation. Il s'est manifestement formé aux alentours de 1600 un discours philologique antiquariste dans lequel on ne s'interrogeait plus sur la réalité de la magie ni sur ses effets. Rappelons ce que dit Koblig : « Ce n'est pas ici le lieu de discuter de l'usage des talismans ni si cet usage est permis[74]. » En dehors de cette niche discursive, s'intéresser à la magie demeure une activité précaire : les sorcières sont brûlées et les savants dénoncés, tandis qu'en secret, on accomplit des rituels, on conseille des princes et on s'essaie à déchiffrer et à composer des formules magiques. En termes d'affects, ce champ est partagé entre la fascination et le rejet. On s'affronte à propos du christianisme et du paganisme, de la magie naturelle et de l'idolâtrie, de l'astrologie et de l'astronomie. Il est d'autant plus étonnant et significatif qu'au milieu de tous ces différends soit apparu un espace de liberté dans lequel on put pratiquer une *historia*[75] qui abordait la religion d'un point de vue scientifique, en décrivant et en replaçant dans leur contexte des objets isolés, des fragments et des vestiges de pratiques anciennes, des passages de manuscrits et des inscriptions. Un domaine de fascination ambivalente et sublimée. C'est peu, mais c'est déjà beaucoup : c'est le réservoir d'où allait sortir la science des religions.

13. Vigilance et mobilité.
Contribution à l'histoire informationnelle de la numismatique et du voyage en Orient sous le règne de Louis XIV

Mobilité

À l'époque moderne, la mobilité des savants était chose précaire entre toutes. Convient-il au philosophe d'explorer le monde avec son esprit seulement, ou bien aussi avec son corps? Un philologue doit-il arpenter ses seuls textes ou également des terres étrangères? La mobilité des livres et des idées ne rend-elle pas superflue la mobilité physique? D'un autre côté, il est évident qu'un transfert d'idées se produit particulièrement quand les hommes se déplacent, que ce soit pour déménager, émigrer ou voyager. Le Grand Tour faisait partie de la formation des étudiants aisés, de même que peintres et hommes de lettres avaient coutume de faire un voyage de formation pour élargir leur horizon. La sensibilité aux questions de sociologie de l'espace permet de renouveler et d'affiner la manière d'aborder ce paradoxe. Les travaux les plus récents de Daniel Roche et de son élève Stéphane Van Damme posent en effet des questions nouvelles: quel rapport existe-t-il entre les espaces géopolitiques de la mobilité et la production de récits de voyage? En quoi la « circulation des personnes » a-t-elle partie liée avec l'exercice du contrôle et la construction d'identités? Dans quelle mesure un changement des pratiques philosophiques a-t-il pour conséquence une reconfiguration de la culture politique, notamment dans son rapport à la ville? Quels sont les liens entre cosmopolitisme et localisme? Quels changements se produisent dans les pratiques et les approches philosophiques quand l'attitude des philosophes vis-à-vis de la mobilité se modifie[1]? Dans le cadre d'une histoire culturelle et sociale de la mobilité, ces questions, posées à propos de la sphère des pratiques philosophiques voire savantes en général, conduisent à développer des aspects tout à fait particuliers. Sauf erreur, elles n'ont pas encore été soulevées à propos de l'histoire de la numismatique et de l'antiquarisme.

La numismatique a pourtant de très bonnes raisons de réfléchir aux conditions de la mobilité. Jean Foy Vaillant, le numismate officiel de Louis XIV, disait des pièces de monnaie qu'elles sont des monuments portatifs[2]. Ces monuments circulent déjà dans de nombreuses régions lorsqu'ils ont cours, puis ils connaissent une seconde circulation, bien plus tardive, une fois qu'ils sont devenus des objets antiques. Cela signifie qu'ils ont laissé derrière eux une double série de traces complexes, dans l'espace et dans le temps. Une histoire de l'information et de la mobilité dans le domaine de la numismatique et de l'antiquarisme devrait chercher à savoir comment la circulation de ces objets a dépendu des pratiques et des réseaux savants. Pour la problématique générale de ce livre, il est en outre intéressant d'étudier, dans ces circulations, les lieux où se manifestent des éléments de fragilité et de précarité. Cette histoire informationnelle se présente sous deux formes, interne ou externe. Histoire interne, elle s'intéressera par exemple à la façon dont les références aux pièces fonctionnent dans une argumentation, à la manière dont on mentionne les collections, ou dont on intègre à ses propres travaux les descriptions de pièces faites par d'autres savants[3]. Elle se demandera aussi comment les milieux savants européens ont reconstitué le sens que présentent les objets antiques, quelles erreurs d'interprétation ils ont pu commettre à ce propos et comment on a pu vouloir instrumentaliser ce sens. Histoire externe, elle posera de tout autres questions : d'où venaient les objets étudiés ? Comment les a-t-on acquis ? À quel prix ? D'où proviennent les informations complémentaires, servant notamment à établir des comparaisons ? Quels étaient les réseaux des informateurs ? Mais aussi : dans quels milieux sociaux comparait-on les pièces ? quelles y étaient les hiérarchies ? quelles y étaient les restrictions ?

Dans cette grille de questions peuvent également s'inscrire celles concernant l'utilisation des récits de voyage. Dans quelle mesure les savants européens, ces voyageurs en robe de chambre, ont-ils pris part à ce que Daniel Woolf appelle la « circulation sociale du passé[4] » ? Est-il arrivé qu'ils se rendent en personne sur les lieux de la circulation originelle ? Ont-ils lu des récits de voyage où l'on racontait des découvertes de médailles ? Une partie de leur travail a-t-elle consisté à croiser les reproductions de pièces et de médailles avec des récits de voyage ou avec d'autres sources ? C'est aux deux formes d'histoire informationnelle, à l'histoire interne et à l'histoire externe, qu'il faut recourir dès lors qu'on se propose de réfléchir aux façons dont on écartait les fraudes et dont on démasquait les contrefaçons dans les récits de voyage, les copies d'inscriptions ou les reproductions de pièces ou de médailles, dont on parvenait à corroborer l'information par une attention, une vigilance méthodique[5].

Avant de pouvoir répondre à ces questions, il faut commencer par clarifier certaines choses. Tout d'abord, on aurait tort de vouloir envisager la numismatique de l'époque moderne en la séparant de l'antiquarisme,

Ill. 46. Ottavio Falconieri,
De nummo Apamensi Deucalionei diluvii typum exhibente dissertatio.

domaine plus vaste dont elle est une partie intégrante. Parmi les moyens dont on disposait pour comprendre l'Antiquité, les médailles n'étaient qu'un type d'objets parmi beaucoup d'autres : statues, inscriptions, bas-reliefs, gemmes et autres découvertes archéologiques[6]. Par ailleurs, la numismatique n'était pas une activité socialement isolée. Vers la fin du XVIIe siècle, elle se transforme de plus en plus en une discipline scientifique de prestige[7]. Pour les nobles et les princes en particulier, une collection imposante de pièces de monnaies constituait une promesse de capital symbolique. Louis XIV n'est à cet égard que le plus éminent de ces amateurs de médailles possédant leur propre cabinet. Des centaines d'autres personnages fortunés en ont fait autant. Étudier et collectionner des médailles était d'ailleurs une activité requérant d'énormes sommes d'argent. Cette évolution de la numismatique a entraîné dans son sillage un changement du paysage scientifique. Ezechiel Spanheim, diplomate, savant et l'un des fondateurs de la numismatique, l'a exprimé ainsi : « Les Savans commencent à devenir Médaillistes, & les Médaillistes à devenir Savans[8]. » C'est donc à cette figure type qu'il faut s'attacher : celle du numismate érudit et de l'érudit formé à la numismatique.

Il faut enfin se demander comment un savoir venu d'Orient est parvenu à s'intégrer au savoir de l'Occident, à ses façons de voir et à la construction de ses propres traditions. Les récits de voyage, par exemple, pouvaient être lus à travers certains prismes, en fonction de certaines problématiques. C'est parce qu'il cherchait des précurseurs au naturalisme spinoziste hors d'Europe que Pierre Bayle découvrit le récit de Pietro Della Valle. Celui-ci avait voyagé en Orient, jusqu'en Inde, de 1614 à 1626. De la ville perse de Lar, il rapporta qu'il existait une secte appelée *ahl-i-tahqiq*, les « hommes de vérité ». Ces hommes déclaraient notamment qu'il n'existait rien en dehors des quatre éléments et qu'il n'y avait pas de vie après la mort[9]. Cela n'avait aucun rapport avec le spinozisme, mais pouvait en avoir un avec une adaptation perse du matérialisme grec qui se serait transmise jusqu'au XVIIe siècle, pendant toute l'ère islamique[10]. La numismatique n'est-elle pas, de manière analogue, une forme de savoir amenée à plaquer des grilles de lecture inadéquates sur le matériau oriental ? On ne saurait l'exclure : il suffit de songer à des controverses qui sont toujours d'actualité, par exemple au cas d'Ottavio Falconieri. Cherchant à retrouver l'histoire sainte dans les pièces monnaies anciennes, Falconieri crut reconnaître une reproduction de l'arche de Noé sur une médaille apaménne du IIe siècle après Jésus-Christ[11] (ill. 46). Mais on ne pouvait dire avec certitude si des traditions juives ou chrétiennes avaient effectivement laissé leur empreinte sur une pièce ou si un savant chrétien n'avait fait que projeter après coup ses idées sur un objet du paganisme antique.

Numismates, antiquaires et orientalistes parisiens sous le règne de Louis XIV

Choisissons, pour mener notre enquête, un milieu propre à donner quelques réponses aux questions que nous venons de nous poser. Le milieu le plus important et le plus dense se trouve dans la ville qui était alors la capitale culturelle de l'Europe, à un moment où la numismatique était à son zénith en tant que discipline prestigieuse, je veux parler du milieu des antiquaires, des numismates et des savants orientalistes parisiens sous le règne de Louis XIV. À l'aide d'exemples bien choisis, Nicholas Dew a récemment donné une bonne vue d'ensemble de la partie orientaliste de ce milieu[12], tandis qu'on doit à Marie Veillon un rapide aperçu du groupe des numismates *stricto sensu*, auquel Thierry Sarmant a consacré quelques chapitres de sa monographie[13]. La formation de ce milieu remonte aux années 1660, il connaît son apogée dans les années 1680-1690 et s'institutionnalise en 1701, avec la fondation de l'Académie des inscriptions[14]. Citons quelques noms : Pierre Seguin, qui fut le doyen d'une église parisienne, voyageur en Italie, ami du Lyonnais Jacob Spon et actif comme savant et comme médailliste dès les années 1660 ; Charles Patin, qui dut fuir de Paris parce qu'il avait divulgué les amours d'une princesse, se réfugia d'abord à Bâle, puis vécut à Padoue ; Jean Foy Vaillant, médecin et numismate ayant fait le voyage en Orient ; Charles-César Baudelot de Dairval, juriste et antiquaire ; Antoine Galland, orientaliste et traducteur des *Mille et une nuits* ; le Suisse Andreas Morell, originaire de Berne, qui se consacre à l'étude des médailles ; Ezechiel Spanheim, envoyé extraordinaire à Paris du grand électeur de Brandebourg (à partir de 1680), philologue de renom et auteur d'un ouvrage de référence sur la numismatique considérée comme science générale de l'Antiquité, le *De praestantia et usu numismatum antiquorum*, publié en 1664 et faisant l'objet de rééditions augmentées en 1671, 1706 et 1717 ; François Dron, chanoine de Saint-Thomas-du-Louvre ; Pierre Rainssant, directeur du Cabinet des médailles du roi ; Claude Nicaise, antiquaire et chanoine à Dijon ; Barthelemy d'Herbelot, secrétaire-interprète du roi pour les langues orientales et auteur de la *Bibliothèque orientale* ; le jésuite Louis Jobert, professeur de rhétorique ; Pierre de Carcavy, mathématicien nommé secrétaire de la Bibliothèque royale par Colbert ; le jésuite Jean Hardouin, philologue, chronologiste et numismate ; Nicolas Toinard, numismate et antiquaire natif d'Orléans, ami de John Locke.

Il importe de constater que ce milieu participait du processus de transformation de l'humanisme citadin tardif en un appareil d'État bureaucratisé[15]. Colbert en particulier, que Jacob Soll qualifie de « maître de l'information », systématisa le flux d'informations en un « système centralisé d'information au service des relations internationales et de la légitimité politique[16] ». L'afflux de médailles et de manuscrits venus d'Orient n'était pas laissé au hasard des souvenirs rapportés par les marchands de leurs voyages, il était dirigé depuis le centre de l'État. Colbert envoya en Orient des savants – parfois à plusieurs reprises, ou pour de longues années – en leur donnant des instructions pour acquérir des objets antiques et les acheminer vers Paris : Monceaux et Laisné (1667-1675), Vaillant (1670-1684), Galland (1670-1689) et Vansleb (1671-1675). Lorsque l'abbé Bignon renoua avec cette politique, d'autres voyages furent organisés, dont celui de Paul Lucas (1701-1717[17]).

Ces voyages eurent pour conséquence la publication de récits de voyage ainsi que la constitution d'un véritable trésor d'objets matériels : médailles, manuscrits, mais aussi statues ou instruments scientifiques. Quant aux inscriptions, on en faisait une copie ou bien on les emportait, sans hésitation. Les pratiques de mobilité de l'antiquarisme et les publications résultant de cette mobilité sont donc dès le départ intimement mêlées.

La plupart des savants qui accomplirent ces tâches n'étaient pas des antiquaires professionnels. Ils avaient été généralement formés à d'autres métiers. On rencontre ainsi un nombre étonnamment grand de médecins antiquaires qui correspondent au type décrit par Nancy Siraisi pour le XVIe siècle[18]. De leur première activité, ils retiennent deux particularités de façon particulièrement nette : l'attention portée au caractère individuel des choses, caractéristique en médecine de la traditionnelle description de cas dans le style de *l'historia*[19] ; et l'art de décrire son objet, propre aux sciences naturelles et désormais appliqué à l'objet antique[20]. On rencontre ensuite le juriste ou le diplomate devenu antiquaire (comme Baudelot ou Spanheim), dont l'habileté mondaine trouve à s'exprimer dans la sociabilité des échanges de médailles.

Une chose est claire : il s'agit là d'une véritable époque de pionniers. L'humanisme de la Renaissance – chez Antonio Agustin, Enea Vico ou Hubert Goltzius – avait certes fourni de premières indications sur les médailles antiques[21]. Mais la numismatique se pratique désormais à grande échelle et sur un champ d'étude plus large : les monnaies de l'Empire romain ne sont plus les seules à retenir l'attention. Les pièces provenant des provinces romaines, voire d'Orient ou de la Grèce, deviennent tout aussi importantes. Une véritable chasse aux médailles a lieu, un travail collectif de déchiffrement, d'élucidation et de classement s'effectuant dans une atmosphère littéralement fébrile[22].

Cette intrication des types de perception et des formes de mobilité propres aux diplomates, aux orientalistes, aux médecins et aux antiquaires constitue la toile de fond sur laquelle je voudrais à présent examiner les différents modes de mobilité liés à la numismatique. Les antiquaires immobiles, mais qui savent tirer profit des voyages et en publier les récits, jouent dans cette affaire un rôle tout aussi important que les antiquaires mobiles qui se fixent quelque part et s'appuient sur des découvertes de médailles pour apporter leur contribution à la chronologie scientifique, ou encore que les antiquaires immobilisés malgré eux et dont la seule mobilité est celle qui consiste à échanger des lettres avec des collègues et à décrire la circulation initiale des pièces et des médailles.

Il ne faudrait pas oublier enfin qu'à côté de la « grande » mobilité des voyages en de lointains pays, il y a toujours la « petite » mobilité, circonscrite à l'intérieur d'une ville et de ses environs. C'est ainsi que, de 1680 à 1683, des savants comme Spanheim, Vaillant, Morell, Jobert, Rainssant, Dron, Nicaise et Galland se retrouvèrent chaque semaine dans la maison du duc d'Aumont pour parler de médailles. Quels étaient les rapports de ces formes de socialisation, au sein de l'espace social, avec la vigilance bureaucratique de l'État colbertien ? Existait-il une tension entre une science libre et un « orientalisme » à part entière, au sens d'Edward Said, c'est-à-dire une science de l'Orient comprise comme un instrument du pouvoir, même si l'on ne peut pas encore parler d'empire colonial français ?

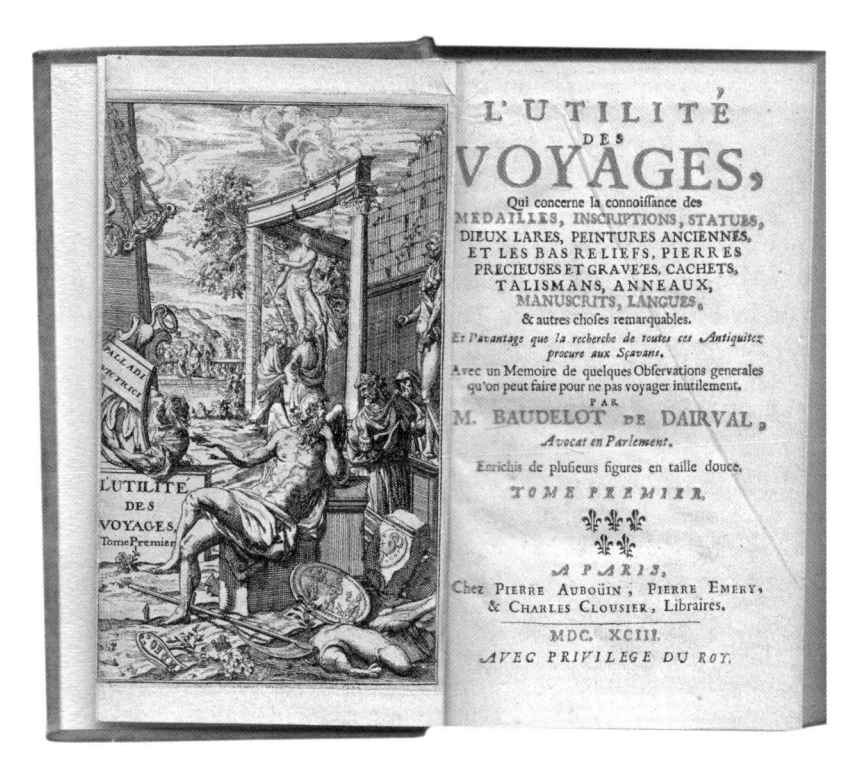

Ill. 47. Charles-César Baudelot de Dairval, *L'utilité des voyages.*

Baudelot et le voyage

Charles-César Baudelot de Dairval avait une relation étrange aux voyages[23]. Auteur d'un ouvrage de référence intitulé *De l'utilité des voyages* (ill. 47), au succès considérable, lui-même n'a jamais entrepris ce qu'on appelle de grands voyages. Mais il en eut le goût et connaissait les avantages que l'on pouvait en tirer. Il chercha d'abord à racheter des collections entières que des voyageurs avait rapportées en France en manière de butin. Longtemps ambassadeur de France à Constantinople, Charles Ollier de Nointel avait, par exemple, eu l'occasion d'acquérir durant sa charge deux imposants blocs de marbre avec des inscriptions vieilles de deux mille ans où il était question de soldats athéniens. À sa mort, le directeur de la Bibliothèque du roi, Melchisédech Thévenot, en devint propriétaire et quand Thévenot mourut à son tour, Baudelot trouva moyen de les acheter. Mais cela signifiait qu'il fallait transporter ces deux énormes masses d'Issy, dans la vallée de la Seine, à son appartement parisien. Baudelot ne ménagea pas sa peine et les tables de marbre arrivèrent à bon port, quoiqu'elles ne correspondissent pas vraiment à ce que Vaillant entendait par monuments portatifs... Il était plus aisé de manier le papier et de publier les récits de voyage d'autrui. C'est ce que fit Baudelot en 1704, lorsqu'il publia les deux volumes du *Voyage de sieur Paul Lucas au Levant*[24]. Lucas était l'un des voyageurs que le roi avait envoyés en Orient pour qu'ils en rapportent médailles et manuscrits. Le voyage au Levant dont parlait son livre était le deuxième des cinq qui le menèrent en Orient. Au moyen de notes bien documentées et d'interventions massives dans la rédaction même du récit, Baudelot transforma le compte rendu manuscrit de Lucas, dont il partait, en un livre susceptible de répondre aux attentes et aux besoins du public lettré européen[25].

Le point de départ de son activité savante remontait néanmoins à 1686, alors qu'âgé de trente-huit ans déjà, il avait rédigé son livre *De l'utilité des voyages*. Il avait attendu longtemps avant d'apporter une contribution substantielle à l'étude de l'Antiquité, et c'était là son billet d'entrée dans la République des Lettres, au sens des stratégies de carrières analysées par Anne Goldgar[26]. Baudelot eut le succès escompté. Le livre s'inscrit dans le genre de l'*ars apodemica*, le genre de l'initiation à l'art du voyage[27]. En l'occurrence, il traite plus précisément de l'utilité des voyages pour l'étude de l'Antiquité. Il s'agit donc en premier lieu de se familiariser avec les collections de médailles, les statues, les gemmes, les talismans et les manuscrits. Baudelot fait l'éloge des effets que peut avoir sur l'esprit un changement de point de vue spatial et culturel, permettant même de parvenir à une « veritable Sagesse[28] » comme à la conscience de la supériorité du savoir et de la science sur toutes les formes, en soi relatives, de cultes et de superstition. Même le progrès indéniable des sciences ne rend pas le voyage superflu :

> « Aujourd'hui, Monsieur, que les sciences sont sur le throne, & regnent, si souverainement dans le monde chrétien, il n'est pas moins important encore de voyager[29]. »

Par la suite, Baudelot montra comment on pouvait rassembler toutes ces études pour éclairer chaque fois une thématique particulière dans des monographies remarquables comme son *Histoire de Ptolemée Auletes*, de 1688[30]. Entre-temps, il avait été nommé garde des médailles de Madame (Lieselotte von der Pfalz), l'épouse de Monsieur, frère du roi. Celle-ci parvint à rassembler à peine moins d'antiquités et de médailles que son beau-frère le roi. Le point de départ de Baudelot pour son étude fut une améthyste du cabinet de Madame. La pierre taillée montrait le portrait d'un homme que Baudelot, en le comparant à une médaille de sa propre collection, croyait pouvoir identifier comme étant Ptolemaeus Auletes, le père de Cléopâtre[31]. *Auletes* signifie « flûtiste », et les portraits portaient en effet – selon la reconstitution de Baudelot – les insignes des « aulètes ». C'est ainsi que, pendant près de cinq cents pages, l'antiquaire fait le portrait à petites touches d'un roi savant et de son entourage, peut-être aussi dans le but d'établir quelques parallèles visibles avec la cour de Versailles et le milieu parisien. On pourrait même aller jusqu'à voir dans la publication de ce livre un pendant érudit, soigneusement lancé, aux concerts de flûte donnés par Lully ou Charpentier. Un petit exemple permettra de donner une idée de la façon dont Baudelot se frayait un chemin de médaille en médaille et de gemme en statue.

Cherchant des cas similaires à celui de son Ptolémée jouant de la flûte, Baudelot en vient, dans le chapitre consacré aux muses, aux nymphes, aux sirènes et aux Amazones, à parler de Lamia, la maîtresse du diadoque Démétrios Ier Poliorcète, qui mourut en 283 avant Jésus-Christ, soit deux cents ans avant l'époque du règne de Ptolémée Aulète[32]. Selon lui, cette Lamia était elle aussi cultivée et jouait de la flûte. Et Baudelot de donner la reproduction d'un bas-relief tiré de son propre cabinet (et provenant donc peut-être de Nointel ou de Thévenot) où l'on peut voir une jeune femme et une flûte[33] (ill. 48). Il constate ensuite que les voiles étaient souvent un attribut des joueuses de flûte, et s'appuie, pour le démontrer, sur une gemme du cabinet de Madame où il pense voir un portrait de Lamia[34]. Pour prouver par ailleurs l'allégation de Plutarque selon laquelle Démétrios était encore jeune lorsqu'il aima Lamia, Baudelot reproduit un tétradrachme de sa propre collection qui représente le diadoque sous les traits d'un beau jeune homme[35] (ill. 49). Démétrios alla jusqu'à construire un temple à la « Vénus Lamia » et puisqu'il avait enlevé Lamia comme esclave à Ptolémée I, Baudelot dit galamment qu'il devint par amour « l'esclave de sa prisonnière[36] ».

De son vivant, Baudelot fut un membre actif du milieu des antiquaires parisiens. Cela signifie en particulier qu'il soutint ses amis et leur fournit des médailles afin d'étayer scientifiquement leurs travaux. Ce fut par exemple le cas en 1685 avec Pierre Petit, qui s'intéressa aux légendaires Amazones peu avant sa mort, alors qu'il avait déjà soixante-sept ans. Petit avait d'abord été médecin, et il resta fidèle à ce fond naturaliste lorsqu'il se tourna par la suite vers des sujets d'histoire savante. Il considérait, par exemple, que les sibylles prophétiques avaient vraiment existé, mais il chercha à les ramener à une figure unique, en déplacement permanent, dont il essayait, dans l'esprit de Cardan ou de Pomponazzi, d'expliquer l'activité prophétique par les sciences naturelles[37].

Ill. 48. Charles-César Baudelot de Dairval, *Histoire de Ptolemée Auletes*, bas-relief de Lamia.

Ill. 49. Tétradrachme d'argent représentant Démétrios Poliorcète.

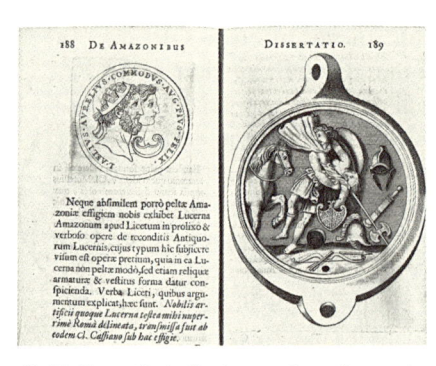

Ill. 50. Pierre Petit, *De Amazonibus dissertatio*, avec une reproduction tirée de Liceti.

Il s'intéressa également aux récits des Anciens mentionnant les Cannibales, les abordant en anthropologue autant qu'en historien et philologue.

Petit argumente de façon semblable dans le cas des Amazones. Il commence par évoquer des récits de voyage dont les auteurs soupçonnent qu'il existe des Amazones en Amérique du Sud, parlent du *Rio de las Amazonas* – et supposent par conséquent qu'il y a eu une migration de ce peuple vers l'autre continent en des temps immémoriaux. Il raconte ensuite l'histoire d'Amazones qui auraient menacé les premiers chrétiens en Syrie[38] et rappelle certaines spéculations aventureuses, dont celles de Jan van Gorp, suivant lesquelles les temps les plus reculés auraient déjà connu de telles femmes sauvages[39]. À la différence des sceptiques complets, Petit ne met pas en doute l'existence des Amazones, il s'efforce au contraire de la démontrer[40]. Mais il commence ensuite à mettre un frein au foisonnement spéculatif et c'est précisément là que vont l'aider les médailles prêtées et expliquées par son ami Baudelot[41]. La thèse de Petit est que les Amazones auraient vécu parmi les peuples scythes, dans le Caucase et la région du Pont. L'influence de cet environnement expliquerait leur bravoure légendaire. Leur existence n'aurait toutefois duré que jusqu'à l'époque d'Alexandre le Grand, et il n'y aurait eu aucun peuple semblable par la suite[42].

Petit se sert surtout des médailles lorsqu'il évoque, dans son argumentation, des villes en relation avec les Amazones, ou qu'elles ont fondées. Il cite ainsi Éphèse et son temple de Diane, ou bien Smyrne pour laquelle il peut exhiber deux médailles : une appartenant à Pierre Seguin, et une autre provenant du cabinet de Baudelot, où figurent des Amazones[43]. La fonction de la numismatique chez Petit n'est donc absolument pas de servir de moyen ni d'antidote au pyrrhonisme historique[44]. Elle lui donne au contraire la possibilité de défendre un scepticisme modéré, dans un juste milieu entre trop et trop peu de doute, tel qu'on le rencontre aussi chez le savant hollandais Jakob Perizonius[45].

Laissons ici Baudelot et Petit. Une histoire informationnelle complète de leurs pratiques devrait chercher à reconstituer au terme de quel voyage une médaille utilisée par Petit est arrivée à Paris, quel réseau d'échanges entre numismates parisiens a été impliqué, par l'intermédiaire de Baudelot, dans cette utilisation (Petit cite notamment Jobert[46], Rainssant[47] et Morell pour un dessin[48]), et quels furent, à côté des médailles prêtées par Baudelot, les objets antiques mentionnés par Petit et les cabinets dont ils provenaient. Il faudrait en outre étudier en détail la manière dont les deux formes d'histoire informationnelle – interne et externe – se recoupent, par exemple lorsque Petit reproduit une lampe antique tirée du *De lucernis antiquorum* de Fortunio Liceti (ill. 50), et que la provenance de cette lampe peut à son tour être mise en relation avec des collections précises ainsi qu'avec les voyages et les fouilles sans lesquels de telles collections n'auraient pas vu le jour[49]. Il en résulte une démarche que je ne peux qu'esquisser ici, mais que l'on pourrait qualifier d'« histoire naturelle du discours », puisqu'elle consiste à retracer avec précision le parcours dans l'espace et le temps des différents segments informationnels qui alimentent le discours. Le même procédé peut d'ailleurs s'appliquer aux manuscrits orientaux : il s'agit alors de reconstituer leur acquisition pendant un voyage ou leur mention dans des récits de voyageurs, leur insertion dans les ouvrages des savants ou la diffusion d'éléments informationnels constitutifs, comme des passages traduits, dans les débats européens des décennies suivantes[50]. Il arrive parfois que l'on soit surpris en voyant quel parcours ont pu suivre certaines pièces ou certaines citations dans l'histoire des discours des XVIIe et XVIIIe siècles.

Les rois orientaux de Vaillant

Contrairement à Baudelot, Jean Foy Vaillant a réellement voyagé[51]. Et non seulement il a voyagé, mais il tenait tellement aux médailles qu'il dénichait dans ses voyages qu'il n'hésita pas à en avaler certaines pour éviter qu'on ne lui prenne. Durant son deuxième voyage en Orient, Vaillant fut en effet capturé par des pirates et emmené à Alger. Il ne fut libéré que quatre mois plus tard, et c'est sur le chemin de son retour en France, alors que de nouveau des pirates étaient en vue, qu'il avala sans sourciller vingt pièces d'or précieuses, d'un poids total d'environ cent cinquante grammes, pour les sauver. L'abordage tourna court, et Vaillant en fut quitte pour de violentes douleurs de ventre. Quant aux pièces, il les récupéra par les voies naturelles.

Que fit Vaillant des objets qu'il avait acquis au cours de ses trois voyages en Orient ? Il organisa ses trésors en de vastes collections de pièces, ce qui lui permit d'écrire des ouvrages sur les surnoms et les successions chronologiques de souverains antiques. Le premier, une *Historia regum Syrie* publiée en 1681, est consacré aux Séleucides. Suit en 1701 une *Historia Ptolemaeorum Aegypti regum* consacrée aux souverains ptolémaïques, que Vaillant écrivit après un voyage en Égypte et en Perse. Ce fut enfin le tour des Parthes et des Achéménides en 1725[52]. Sous les reproductions, il prenait soin d'écrire le nom des collections dont provenaient les médailles reproduites.

Le livre de Vaillant sur les rois séleucides s'ouvre sur une remarque d'ordre personnel qui en dit long sur l'intrication de la numismatique avec les voyages et les réseaux de diplomates et de savants :

> « Un jour que je réfléchissais à l'utilité que les anciennes pièces de monnaies pouvaient avoir et au pouvoir d'éclairer l'histoire qui se trouvait en elles, voilà qu'on m'apporte une bourse remplie de médailles. Elle m'avait été récemment envoyée par un de mes amis, en voyage à l'étranger. Nous nous étions liés à Byzance il y a fort longtemps, alors que je séjournais dans cette ville afin d'enrichir le Trésor du Roi Très-Chrétien.
> Comme je remarquais parmi elles de nombreuses pièces provenant du Royaume de Syrie, il me vint à l'esprit que je pourrais en réunir davantage, pour voir si par hasard je ne pourrais pas constituer une série complète qui jette quelque lumière sur l'histoire de ces princes, laquelle, chez nos auteurs, demeure très embrouillée. Ma décision prise, j'entrepris de lire tous les textes des Anciens, j'en prélevai des fragments, et je les fis pour ainsi dire entrer dans un seul « corpus » de chronologie, en reproduisant strictement les paroles mêmes des auteurs, de sorte qu'on ne puisse me soupçonner d'en avoir détourné le sens[53]. »

La pratique savante de Vaillant apparaît ici clairement, notamment sa façon d'intégrer à un moment crucial le travail sur les textes. Les relations qu'il avait nouées à Constantinople s'étaient plus tard révélées bénéfiques. Son réseau continuait de l'approvisionner, alors même qu'il était revenu à Paris depuis longtemps. Bianca Chen a montré, à propos de Gijsbert Cuper, que les voyageurs qui se rendaient en Orient et les savants européens spécialistes de l'Antiquité étaient dans une relation constante et mutuelle d'échanges[54] : c'était manifestement le cas de Vaillant. Pour le Hollandais Cuper, voici comment les choses se passaient : une de ses connaissances, Coenraad Calckberner, copiait des inscriptions et achetait des pièces de monnaies antiques à Alep et à Palmyre, ville nouvellement découverte. Il les envoyait ensuite à Cuper avec le compte rendu de ses voyages, et Cuper lui répondait en estimant aussitôt la valeur de ses découvertes. Vaillant recevait quant à lui des pièces, et il envoyait en retour les évaluations qu'il en faisait à Constantinople.

De retour à Paris, Vaillant avait en effet tout l'appareil savant à sa disposition. En utilisant les techniques de son temps, il pouvait, par exemple, inscrire les extraits de ses lectures dans des tableaux tracés à cet effet[55]. Passant les rois en revue, Vaillant compara ainsi sa série de pièces (dont l'exhaustivité était déterminante) avec la chronologie telle qu'on l'avait établie. L'ouvrage de référence en la matière restait pour Vaillant l'*Opus de doctrina temporum* de Denis Pétau, qui remontait à 1627. Dans un bref chapitre intitulé « De Pontificium Hebraeorum serie, ac successione », Pétau, se rattachant de manière critique à Joseph Scaliger, avait établi une série de vingt ou vingt et un rois[56]. Mais ses combinaisons de textes et de médailles plaçaient Vaillant dans une meilleure situation. Il appelait cette méthode *fides numismatum*[57], pour signaler que cette façon de faire de l'histoire en s'appuyant sur la numismatique était supérieure à une crédibilité (*fides*) purement textuelle.

Nous ignorons si, pour sa chronologie, Vaillant a également utilisé des manuscrits inédits que l'on avait aussi rapportés de voyages en Orient, comme les chroniques universelles islamiques[58]. Dans son cas, on n'en relève pas encore de traces. En tout cas, Ezechiel Spanheim, qui était un savant plus complet que Vaillant, corrobora les corrections que ce dernier avait apportées à Pétau. Il compte vingt-six souverains après Séleucos, à propos desquels il est capable d'ajouter de nombreux détails tirés de pièces et de médailles[59]. L'histoire numismatique pouvait notamment montrer ses qualités dans le domaine des surnoms que les souverains se donnaient pour des raisons politiques, comme *Soter* ou *Nicator*.

Le numismate dans sa cellule : Morell

Peut-on raconter l'histoire informationnelle de la numismatique seulement du point de vue de la mobilité, ou tout au moins du point de vue des interactions entre activités mobiles et activités stationnaires ? Pas entièrement, car même dans le milieu de la bourgeoisie savante, il y eut des cas d'immobilité complète. Celui d'Andreas Morell va nous permettre de considérer un nouvel aspect de la question, à la croisée de la précarité, du contrôle et de la vigilance. Morell fut peut-être le plus doué et le plus ambitieux de tous les numismates du milieu parisien, mais il croupit à la Bastille un grand nombre d'années[60]. Sa réputation n'était pas seulement due à ses connaissances très étendues en matière de médailles, mais aussi et surtout à son talent pour en donner de très bonnes reproductions[61]. Cela consistait à faire de l'objet original un dessin analytique servant de modèle pour les gravures contenues dans les ouvrages de numismatique. Ce dessin avait d'autant plus d'importance que l'exactitude de la copie conditionnait l'interprétation de la médaille. Morell fut en outre le seul à concevoir le projet monumental, presque insensé, de répertorier toutes les médailles antiques connues, accompagnant chacune d'elles d'une illustration et d'un commentaire numismatique, et de les organiser en système. À Paris, Morell avait découvert les travaux posthumes d'Hubert Goltzius, qui l'incitèrent à ébaucher et présenter son projet en 1683 dans son *Specimen universae rei nummariae antiquae*[62].

Arrivé à Paris en 1680, Morell s'y était rapidement établi et ses talents dans la reproduction de médailles eurent tôt fait de le rendre indispensable[63]. Mais il avait un problème : il était protestant. Or, depuis la mort de Colbert et l'entrée en fonction de Louvois, et surtout depuis la révocation

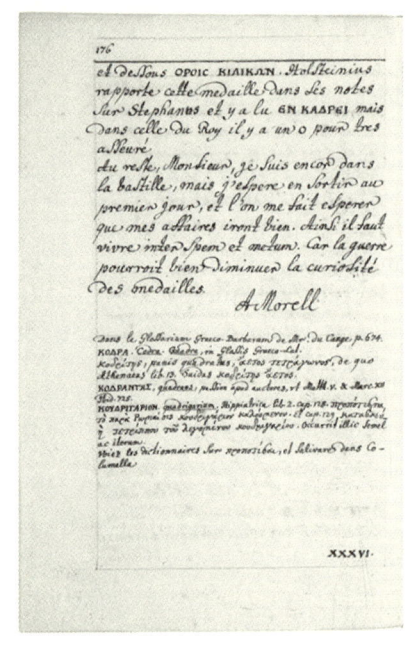

Ill. 51. Lettre d'Andreas Morell.

de l'édit de Nantes, l'atmosphère confessionnelle s'était tendue au point qu'il paraissait impossible d'accepter qu'un protestant soit le protagoniste d'un des projets les plus prestigieux du tout-Paris savant. Louis XIV voulait que Morell soit le directeur de son Cabinet des médailles et qu'il réalise son gigantesque projet d'un répertoire complet des pièces et des médailles antiques, le tout pour la plus grande gloire de la France[64]. Il fallait pour cela que Morell se convertît. On le lui proposa à plusieurs reprises, mais il refusa toujours. Il en paya le prix, comme le montrent amplement ses emprisonnements réitérés, soudains et sans motif, par simple lettre de cachet. C'était là l'autre terme, menaçant, de ce qu'on lui proposait: la conversion ou la Bastille.

Quelques lettres de Morell à son ami François Dron nous sont parvenues, quelques nouvelles, aussi, que Dron envoyait à Nicolas Toinard pour le tenir informé du sort de Morell (ill. 51). Il en ressort une image bien sombre. Morell passa en tout presque cinq années sous les verrous, avec des interruptions, et lorsqu'en 1689, son ami et protecteur Pierre Rainssant mourut dans un accident, il perdit presque tout espoir d'être un jour libéré[65]. Le savoir riche et varié qui entourait les médailles du roi devenait tout à coup précaire.

Il est assez fascinant de voir comment, grâce au réseau de relations de ses amis numismates, Morell a pu continuer d'exercer son activité d'expert depuis sa cellule. Certes, Dron doit souvent informer les intéressés que les commandes ou les demandes de renseignements qu'ils ont faites ne pourront pas être honorées, Morell n'ayant pas accès aux objets ou aux documents afférents. Mais des conseils, des dessins ou des expertises parvenaient malgré tout à se frayer un chemin de la Bastille jusqu'aux amis de Morell, et l'on trouvait toujours moyen de communiquer de nouveaux documents au captif pour qu'il les examine dans sa cellule[66].

De manière intéressante, cette immobilité forcée d'un savant dans sa cellule semble pouvoir être mise en relation avec la mobilité et la circulation accrues de personnes de l'entourage de Morell, des protestants, mais aussi des catholiques, las de l'intolérance du régime de Louis XIV. Nous savons, par une de ses lettres adressées à Leibniz, que Morell était en contact avec l'ambassadeur danois Henning Meyercron[67]. Comme son chapelain d'ambassade Gustav Schrödter, Meyercron collectionnait les livres et les médailles, mais tous deux cachaient aussi des réfugiés huguenots qu'ils aidaient à quitter clandestinement la France. Quand le mauriste

Mathurin Veyssière La Croze s'enfuit de Paris en 1695, c'est à ses contacts avec l'ambassade danoise qu'il dut le succès de son entreprise, grâce notamment à des savants protestants danois comme Gabriel Groddeck ou Frederik Rostgaard, qui fréquentaient l'ambassade à l'occasion d'un voyage d'études à Paris[68]. On ignore si les lettres de cachet dont Morell fut victime avaient aussi à voir avec de telles activités, ou si elles n'étaient vraiment destinées qu'à faire pression sur lui pour qu'il accepte enfin de se convertir. Ce qui est sûr, c'est que la situation était dangereuse : Meyercron mourut assassiné en 1707.

Le précariat se retrouve ainsi au cœur des plus hautes sphères de la diplomatie et des milieux savants. Le capital symbolique dont jouissait la numismatique à Paris étant extrêmement élevé vers 1700, il était presque inévitable qu'il entraîne avec lui un haut degré d'implication et de complications confessionnelles. L'un n'allait pas sans l'autre. Il fallait donc être vigilant et adopter des tactiques qui eurent parfois une influence sur la numismatique. Lorsque Morell refusa de se convertir au catholicisme, certains de ses amis (ou bien était-ce des indicateurs ?) se détournèrent de lui, à l'instar du jésuite Louis Jobert, voire intriguèrent peut-être contre lui. Jésuite, et plagiaire de Morell, le père Hardouin employa ses connaissances en matière de médailles pour dénoncer comme des faux – d'une manière quasi paranoïaque – presque tous les écrits de l'Antiquité, ne regardant comme authentiques que ceux qui convenaient à son ordre[69].

Vigilance

Morell était trop proche du centre du pouvoir. Mais que se passait-il lorsque le numismate opérait loin de tout, qu'il voyageait à la périphérie du monde européen, ou que l'océan le séparait des intenses flux d'informations circulant en Europe ? Il était alors confronté à des problèmes très spécifiques. Analysant ce que les rois d'Espagne entreprirent pour tenter de contrôler leur empire transatlantique, Arndt Brendecke a décrit les techniques de pouvoir qui étaient alors nécessaires pour maintenir le contact avec des subalternes se trouvant dans des pays lointains. Il parle notamment des « triangles de vigilance » qu'il fallait établir entre le centre du pouvoir et au moins deux émissaires :

> « En périphérie, on doit trouver au moins deux personnes, dont l'un intervient en "acteur" et l'autre en "observateur" (étant entendu que les fonctions d'"acteur" et d'"observateur" peuvent être échangées). Tous les deux doivent ensuite avoir la possibilité de communiquer avec le centre du pouvoir de façon indépendante, afin que chacun puisse faire part de la loyauté de l'autre, ou de son manque de loyauté. Acteur et observateur doivent enfin résider le

plus près possible l'un de l'autre, afin qu'ils puissent se voir et se juger. [...] La communication n'a pas besoin d'avoir lieu de façon permanente, mais elle doit être possible sur le long terme. [...] Chaque acteur doit toujours s'attendre à ce qu'un observateur fasse sur lui un rapport pour le centre. L'incitation à procéder ainsi sera d'autant plus grande que le centre parviendra à mieux conserver le monopole des récompenses et des punitions[70]. »

Brendecke montre bien qu'en pratique, la mise en place des triangles de vigilance fonctionnait rarement ou que l'on parvenait à les contourner. Cela vaut également pour les voyages numismatiques dans le Levant, même si ces voyages avaient évidemment un tout autre statut que le contrôle de vastes zones de pouvoir. Prenons le cas bien documenté des voyages de Jean-Michel Vansleb (aussi connu sous le nom de Johann Michael Wansleben)[71]. Depuis la fin des années 1650, Vansleb avait été formé aux frais de la cour de Saxe-Gotha pour entreprendre un voyage d'exploration de l'Éthiopie. Outre les intérêts politiques et religieux du duc de Gotha, une des raisons de ce projet était que l'on venait d'élaborer la première grammaire éthiopienne – fruit de la collaboration d'un savant de cour, Hiob Ludolf, avec un Éthiopien en exil du nom d'Abba Gregorius[72]. On devinait qu'il y avait là une occasion à ne pas négliger de donner une longueur d'avance à la politique extérieure du duché. En 1663, Vansleb part pour l'Égypte et il remonte le Nil en 1664. Mais il doit s'arrêter en Haute-Égypte, des conflits guerriers rendant la poursuite du voyage trop risquée. Vansleb rebrousse donc chemin et débarque à Livourne, sans disposer des moyens nécessaires pour continuer jusqu'à Gotha. Il décide alors de rester en Italie et de se convertir au catholicisme. Pour les luthériens convaincus de Gotha, c'était le pire des scénarios : un savant qu'ils avaient formé en vue d'effectuer un transfert de savoir passait à la confession ennemie. Comme dans le cas de Morell, la ligne de séparation religieuse se révéla bientôt une affaire politique.

On interrogea sur Vansleb depuis Gotha un certain Johann Philippe Fleischbein, patricien de Francfort qui s'occupait de commerce avec l'Italie et dont le fils séjournait à Venise[73]. Les autorités de Saxe-Gotha étendirent ainsi leurs antennes jusqu'en Italie pour tâcher d'en apprendre un peu plus sur les activités d'un émissaire devenu renégat. Vansleb était-il seulement allé en Égypte, ou bien avait-il tout du long joué la comédie et dilapidé son argent en Italie pour y mener une existence immorale ? On constitua un dossier contenant toutes les informations disponibles sur cette affaire[74]. Mais on est loin de pouvoir parler de vigilance effective, car le petit État allemand avait trop peu de relations à l'étranger pour suivre efficacement les traces du savant rebelle.

Les choses changèrent lorsque Vansleb entra au service de la France en 1670. La France était une puissance qui entretenait bel et bien des relations diplomatiques et économiques dans le Levant, et quand, en 1671,

Colbert envoya Vansleb en Égypte et en Éthiopie pour un nouveau voyage, les catholiques pouvaient espérer qu'ils le contrôleraient mieux. La nouvelle expédition n'en déçut pourtant pas moins ses instigateurs. En 1673, Vansleb tente à nouveau de rejoindre la Haute-Égypte et de poursuivre vers le sud, et, à nouveau, il doit faire demi-tour. Il prend alors sur lui de gagner Constantinople, parce qu'il rentre dans ses fonctions d'acquérir des médailles et des manuscrits, et qu'il est plus facile d'effectuer là-bas ce genre d'achats. Les conditions climatiques le forcent à rester à Chio et à Smyrne plus longtemps que prévu. Il reste ensuite vingt mois à Constantinople, traité froidement par de nombreux Français et sans être toujours payé[75]. Une fois encore, on le presse de partir enfin pour l'Éthiopie.

Du point de vue de l'histoire informationnelle, ce voyage est organisé de façon plus claire que celui entrepris pour le compte du duché de Gotha. Vansleb reçoit de Pierre de Carcavy des instructions explicites sur ce qu'il doit faire[76]. Déplorant que l'objectif politique d'atteindre l'Éthiopie ait été négligé au profit des nombreuses missions scientifiques données par Carcavy, Colbert vérifie ces instructions lui-même[77]. On exige de Vansleb qu'il tienne un journal de voyage précis durant le trajet[78] ; un échange permanent de lettres permet de contrôler ce qu'il fait et où il se trouve[79]. Et l'on a même recours, de façon sporadique, à des triangles de vigilance. Il faut dire que l'on dispose d'ambassadeurs – tel le marquis de Nointel – et de nombreux consuls dans les villes portuaires ottomanes. Tous ces hommes sont en contact épistolaire régulier avec Paris, de sorte qu'ils peuvent rendre compte de leurs rencontres avec Vansleb.

Ce dernier achète une grande quantité de manuscrits arabes, perses et turcs ; en Égypte il étudie les coutumes et l'histoire des Coptes (ce qu'il n'était pas tenu de faire), sans oublier d'acheter des médailles, dont les listes nous sont parvenues[80]. À ses bailleurs de fonds parisiens, il expédie

> « deux belles idoles en terre cuite des anciens Égyptiens, une amulette […], une inscription amulettique, un cheval marin [hippocampe] trouvé en mer de Smyrne et de curieux poissons, appelés *veloni* [orphies], qui se trouvent en grande quantité dans la mer de Chio. Monsieur Arnoul a le décompte des dépenses[81] ».

Contre les « reproches » qui lui sont faits d'avoir « témoigné tant de curiosité dans les sciences superstitieuses défendues parmy nous » – donc à propos des textes et des objets magiques et talismaniques[82] –, il se défend ainsi :

> « Je me trouvay dans un païs d'où non seulement elles ont eu leur origine [mais] je demeuray parmi un peuple chez lequel elles avoient été en tout temps en très grande estime, et étoient encore actuellement fort en usage, j'en voyois presque à chaque pas quelque vestige, et j'entendois presque à tous momens parler de leurs effets surprenants[83]. »

Vansleb a du mal à faire comprendre à ces messieurs de Paris ce que cela signifie de vivre dans une culture imprégnée de magie et d'adapter aux circonstances locales les critères de sa curiosité. Nous retrouvons les réactions d'ambivalence et de rejet que la magie provoque et à l'examen desquelles nous avons consacré le chapitre 12 :

> « Si à la fin je n'eusse envoyé à la Bibliothèque de Sa Majesté que des livres de théologie, d'histoire ou d'autres semblables, qui ne sont propres que pour l'école, les curieux n'auroient ils pas eu raison de se plaindre de moy, si je n'avois pas encore songé à eux[84] ? »

On a également reproché à Vansleb de s'être mêlé des affaires des consuls et d'avoir joué à leur égard au contrôleur et au censeur[85]. On saisit ici quelles tensions pouvaient résulter de la mise en place de triangles de vigilance : aussi bien Vansleb que les consuls eux-mêmes devaient sans cesse avoir à l'esprit que leurs faits et gestes pouvaient faire l'objet de rapports envoyés à Paris. En dépit de toutes ces accusations, Vansleb, ne se doutant de rien, était de la plus belle humeur quand il rentra à Paris en 1676, après avoir été rappelé. Il eut droit à un accueil glacial et ne fut pas même reçu : il était déjà tombé en disgrâce.

Conclusion

La numismatique est une science dialogique au plus haut point. Étant donné qu'on ne peut lire une médaille comme on le fait d'un livre ou bien d'un manuscrit, il faut, pour en saisir le sens, faire appel à d'autres objets et procéder à des comparaisons nombreuses. C'est la raison pour laquelle, plus que dans d'autres branches de l'activité savante, les textes relevant de la numismatique sont un miroir des réseaux dont ils sont issus. On le voit dans les dédicaces, les dissertations épistolaires, les mentions de provenance et les formules de remerciement qui les émaillent. Ces traces montrent que la numismatique parisienne entretenait autour de 1700 un rapport complexe avec les voyages et leurs récits : on acquérait souvent des médailles lors de voyages entrepris, entre autres, dans ce but. Ces voyages étaient à la fois sujets à la précarité, peu sûrs, fascinants et marqués par des intérêts divergents. Les récits de voyage mentionnaient les médailles et ils en donnaient même parfois une reproduction, même si c'était moins fréquent que pour les inscriptions, généralement intransportables. Les savants en activité à Paris s'étaient parfois renseignés en voyageant eux-mêmes, parfois ils se contentaient d'exploiter les médailles rapportées, qu'ils utilisaient dans leurs analyses, conjointement aux récits de voyage (qu'il leur arrivait de corriger, comme l'avait fait Petit). Les petits espaces de la circulation parisienne se superposaient ainsi aux grands espaces du voyage en Orient. La mobilité du numismate oscillait entre ces deux pôles, avec toutes sortes de variantes. Un problème central était celui de la vigilance, c'est-à-dire de la surveillance des voyageurs et de la vérification de leurs efforts. On disposait pour cela de réseaux dont on activait certains « nœuds » afin de former des triangles de surveillance. La vigilance était parfois poussée à tel point que l'on emprisonna certains numismates (par exemple Morell) pour pouvoir exercer une pression sur eux et contrôler leur flux d'informations. On les faisait ainsi basculer dans le précariat savant.

14. Microgrammes orientaux. Navigation dans le savoir savant, du carnet de notes au livre publié

Microgrammes

Microgrammes est le titre donné à des notes prises par le poète Robert Walser « dans le territoire du crayon » entre 1924 et 1933. Ce sont des textes narratifs qui ne peuvent être déchiffrés qu'à la loupe car ils sont écrits au crayon en caractères de deux millimètres de haut. Walser avait développé cette façon d'écrire comme une ruse envers lui-même – comme il l'écrit à Max Rychner :

> « Apprenez que j'ai commencé, il y a environ dix ans, à esquisser d'abord au crayon, de façon timide et recueillie, tout ce que je produis […].Il arriva un moment en effet où celui qui écrit ces lignes haït terriblement, atrocement, la plume, où il en fut las […], et pour se délivrer de ce dégoût que lui procurait l'écriture à la plume, il se mit à crayonner[1] […]. »

Je voudrais reprendre ce terme de « microgrammes » pour qualifier les notes dont Johann Christoph Wolf a rempli ses carnets de lecture. Né en 1683, Wolf a fréquenté le Gymnasium académique de Hambourg, puis fait des études de théologie à Wittenberg. De 1712 à sa mort, en 1739, il vécut à Hambourg, où il fut à la fois pasteur de l'église Sainte-Catherine et professeur de grec et d'hébreu au Gymnasium académique. Nous l'avions brièvement rencontré dans les chapitres 4 et 5. Il est connu pour une bibliographie en quatre volumes, la *Bibliotheca hebraea*, cinq volumes consacrés au Nouveau Testament, *Curae philologicae et criticae*, une édition des lettres de Libanios et de nombreuses autres éditions de textes grecs, byzantins et hébreux, ainsi que pour ses travaux en histoire de la religion, portant notamment sur la tradition gnostique manichéenne. Wolf était aussi un grand collectionneur de livres, et les quelque vingt mille volumes de sa bibliothèque, dont un grand nombre de manuscrits,

Ill. 52. Exemplaire de l'*Onomasticum sacrum* de Johannes Leusden
ayant appartenu à Johann Christoph Wolf.

constituent aujourd'hui encore le noyau dur de la Bibliothèque universitaire et d'État de Hambourg[2].

Wolf a donc écrit des notes microgrammatiques, pas au crayon, mais avec une plume effilée. Les cas d'écriture aux caractères mesurant deux à trois millimètres ne sont d'ailleurs pas tout à fait exceptionnels dans les carnets de lecture de cette époque, mais je voudrais souligner qu'à mes yeux, ces sortes de « crayonnages » sont des phénomènes qui comportent toujours un caractère esthétique et psychologique. Adopter une écriture minuscule n'est pas seulement une question pratique ou une façon d'économiser le papier. C'est aussi une forme d'appropriation du savoir, une façon de transformer les livres en quelque chose de personnel. Prenons l'exemplaire de l'*Onomasticum sacrum* de Johannes Leusden ayant appartenu à Wolf (ill. 52). De minuscules annotations recouvrent non seulement le contreplat intérieur, mais la page de titre elle-même, partout où un centimètre carré de libre s'offrait à la plume[3]. Cela ne relève pas seulement d'une optimisation de la surface d'écriture – tant d'économies n'étaient pas nécessaires –, mais de quelque chose de plus important : d'une forme d'appropriation.

C'est dans ce cadre – en considérant l'annotation comme une forme d'appropriation – que je vais m'interroger sur la manière dont, dans les milieux des philologues hambourgeois autour de 1700, on s'est approprié par la lecture l'univers de l'Orient ancien[4]. D'un certain point de vue, l'Orient était précaire. Il ne l'était pas au sens où il eût été interdit de s'intéresser aux Égyptiens, aux Chaldéens ou aux Phéniciens. Wolf était un bon chrétien sans aucune mauvaise intention. Mais l'Orient fascinait autant qu'il échappait à toute estimation. On avait commencé à en apprendre les langues, du moins celles que l'on parvenait à déchiffrer puisqu'on ne savait toujours pas lire les hiéroglyphes, par exemple, même si Athanasius Kircher était convaincu d'en avoir compris la signification fondamentale ; on rassemblait des manuscrits, et on essayait de deviner ce qui pouvait bien se cacher derrière chaque référence mythique, chaque nom, chaque doctrine.

Il y a quelque temps, j'ai identifié comme des carnets de lecture ayant appartenu à Wolf une série de carnets conservés à la bibliothèque de Hambourg où ils étaient catalogués sous la rubrique « collectanées ». Il s'agit de carnets comparables à ceux que Christoph August Heumann avait envoyés à Johann Jakob Brucker, comme nous l'avons vu au chapitre 11. Ces carnets peuvent nous renseigner sur les lectures de Wolf et sur ses façons de se constituer des extraits de lecture et de traiter les informations. Peut-on interpréter l'accumulation de savoir qui se dépose par couches successives dans ces carnets de lecture comme une sorte de navigation livresque dans l'univers des religions antiques ? Comment s'est déroulée cette navigation microgrammatique ? L'exemple des carnets de Wolf nous offre une occasion rare de suivre pas à pas un savant dans ses lectures en histoire des religions.

Culture du fait

Je n'entends pourtant pas réduire cette reconstruction à une nouvelle version de la question que posaient Anthony Grafton et Lisa Jardine à propos des comportements de lecture et d'appropriation de certains hommes de science (« Comment Gabriel Harvey a-t-il lu Tite Live[5] ? »). Je voudrais bien plutôt l'inscrire dans le cadre d'une problématique née de discussions récentes sur le rôle des « faits scientifiques ». Quand on s'intéresse à la philologie comme à une forme de savoir, il ne suffit pas toujours de s'appuyer sur la conception large et encyclopédique de la philologie des débuts de l'époque moderne, celle de Guillaume Budé, de Johann von Wowern et de Gerhard Johannes Vossius[6]. Il peut aussi s'avérer intéressant de distinguer des formes locales et spécifiques de pratiques culturelles savantes en matière de philologie, telles qu'on pouvait en trouver vers 1700 à

Hambourg, autour de quelques grands noms : Vincent Placcius, Abraham Hinckelmann et les Edzardi, Johann Albert Fabricius et Wolf, plus tard Hermann Samuel Reimarus et Johann Melchior Goeze[7]. Ce milieu culturel, qui gravitait autour du Gymnasium académique et du premier pastorat de la ville, avait-il des caractéristiques propres ?

Barbara Shapiro a naguère voulu distinguer une *culture of fact* spécifique à l'Angleterre, dans laquelle, depuis Francis Bacon, l'esprit de la *common law* se trouve associé aux orientations nouvelles des sciences de la nature. Dans la *common law*, l'enquête portant sur les questions de fait peut en effet être confiée à des jurés qui ne sont pas des juristes de profession ; ce procédé présente une ressemblance frappante avec la façon dont on se référait aux faits scientifiques au XVIIe siècle. Dans son analyse, Shapiro s'appuie notamment sur les travaux de Lorraine Daston à propos des *strange facts* chez Bacon : celui-ci s'est servi de récits ayant trait aux miracles, aux monstres et à d'autres phénomènes naturels extraordinaires afin de renverser un système aristotélicien du savoir incapable d'expliquer les faits singuliers étranges ou incohérents, qui exigeaient d'être classés à nouveaux frais, de manière hypothétique. Bacon a prôné ce genre de classements ouverts, à partir desquels il entendait instaurer une science procédant par induction[8].

Une fois cela posé, peut-on parler de « culture du fait » pour décrire les pratiques culturelles des philologues, autrement dit une « culture philologique » ? Il me semble qu'on le peut et je voudrais d'ailleurs rappeler que c'est Bacon qui avait rêvé d'une *Historia literaria* en la rangeant parmi les *Desiderata*[9]. Dans une culture savante, les « faits » sont les éléments d'informations que l'on peut tirer des livres, que l'on organise et dont on vérifie la validité. Parlant de *small facts* pour les sciences naturelles, Lorraine Daston a souligné le caractère isolable et combinable de ces unités minimales d'information[10].

À cela répond, selon moi, la tendance à établir des bibliographies, qui est surtout caractéristique de la culture du fait pratiquée à Hambourg. Placcius a composé un grand dictionnaire des anonymes et des pseudonymes, Fabricius a publié plusieurs *Bibliothecae*, dont une *Bibliotheca graeca*, Wolf une *Bibliotheca hebraea*. J'ai montré, dans un précédent livre, comment cette chasse bibliographique aux « faits » s'accompagne, dans le cas de Placcius, d'échanges de lettres avec tout un réseau de savants et d'emplois particuliers de fiches[11]. On peut même y voir des rapports avec certaines façons de penser proprement juridiques, ou avec les expériences de Joachim Jungius autour de la possibilité de combiner les éléments chimiques et les énoncés logiques – tout cela a contribué à façonner le profil de la « culture du fait » hambourgeoise[12].

Je voudrais néanmoins attirer l'attention sur un autre parallèle entre les pratiques culturelles de ce milieu savant et la culture du fait décrite par Shapiro et Daston pour les sciences naturelles. Les faits de Bacon étaient avant tout des *strange facts*. Mais, dans le monde des érudits et des savants universels, les *strange facts* renvoient à autre chose qu'à des monstres marins : ce dont on parle ici avec prédilection, c'est de livres rares et « paradoxaux », ou bien de textes interdits et brûlés, ou encore d'hérétiques et des scandales qu'ils causent. Jakob Friedrich Reimmann a très consciemment appliqué cette idée à l'histoire littéraire : les livres rares, étranges, extrêmes ont une importance fondamentale pour l'*historia literaria* parce qu'ils permettent de saisir l'espace du savoir dans toute son étendue. Selon lui, un livre comme le *Traité des trois imposteurs* – Moïse, Jésus et Mahomet –, dont tout le monde parlait, avait beau être scandaleux, il n'en était pas moins essentiel pour l'historien de la littérature[13].

De même que les monstres de Bacon ont incité à constituer des cabinets de curiosités, les monstruosités au sens de Reimmann ont conduit certains érudits à réunir des collections de livres très rares et clandestins, de *rarissima* et de *clandestina*. Placcius, Fabricius, Wolf et leurs collègues composaient également leur bibliothèque personnelle de préférence avec des livres rares ou scandaleux. Non que ces savants aient secrètement adopté des points de vue hérétiques, mais parce qu'ils comprenaient l'utilité de ces *strange facts* pour le savant universel désireux d'évaluer tout le champ du savoir[14].

Les faits étranges appartiennent donc autant à l'histoire littéraire qu'à l'histoire de la fascination à l'époque moderne. Car on était bien fasciné par un livre comme le *De tribus impostoribus*, par certains manuscrits arabes yéménites, ou par le manuscrit de l'*Apotelesmatica* de Manéthon, que l'on prenait alors pour un prêtre de l'Égypte archaïque[15]. Le cas d'Abraham Hinckelmann constitue un premier élément de cette histoire de la fascination pour le milieu orientaliste de Hambourg. Ce savant orientaliste, dont nous connaissons la situation familiale précaire depuis le chapitre 10, fut un prédécesseur de Wolf comme pasteur de l'église Sainte-Catherine. Se fondant sur des manuscrits néoplatoniciens, soufis et kabbalistiques respectivement rédigés en grec, en arabe et en hébreu, Hinckelmann ébauche en 1693, en quelques dizaines de pages seulement, une histoire de la doctrine dualiste, originaire de l'ancienne Perse, depuis l'Antiquité jusqu'à Jakob Böhme, en passant par les courants mystiques et gnostiques des différentes religions médiévales[16]. On peut avec quelque raison décrire Wolf comme l'héritier de Hinckelmann et de Placcius. En tant que bibliographe et connaisseur de livres, il hérite de Placcius, et il hérite de Hinckelmann en tant qu'orientaliste et historien des religions. De l'esquisse d'Abraham Hinckelmann il fait en 1707 un livre de cinq cents pages qui nous occupera bientôt : le *Manichaeismus ante Manichaeos*. Comme Hinckelmann, et comme Lactance avant lui, il voit dans le manichéisme l'histoire d'une erreur[17].

Les carnets de notes

Mais jetons d'abord un regard sur les carnets de notes de Johann Christoph Wolf. De ces six volumes cartonnés, les cinq derniers sont conservés sous la rubrique « Theologica » de la Bibliothèque universitaire et d'État de Hambourg. Quant au premier, je l'ai d'abord cru perdu mais quelques recherches m'ont finalement permis de le retrouver sous la rubrique « Philologica[18] ». Les volumes ont un format d'environ 15 x 20 cm. Ils ne comptent pas moins de quatre cents pages, et même cinq cents pour le premier. Environ deux mille cinq cents pages de notes serrées nous sont donc parvenues. À partir du tome III, Wolf les a paginées de façon continue. Manifestement, ces six volumes faisaient partie de ce petit choix d'ouvrages que l'on garde toujours près de soi et que les Allemands appellent *Handapparat*: Wolf devait toujours les avoir à portée de main pour y inscrire quelque nouvelle information savante. À côté de ces carnets de notes, son *Handapparat* comprenait quelques livres imprimés dans lesquels Wolf avait également inscrit des notes. Il s'agissait de bibliographies, en particulier d'un exemplaire interfolié des deux épais in-folio de la *Bibliotheca vetus et nova* de Georg Matthias König[19]. Parue en 1668, cette « bibliothèque » composée de courts articles biographiques sur les auteurs traités et sur leurs principales œuvres est un véritable répertoire. Wolf s'était fait interfolier son exemplaire avec des pages vierges qu'il utilisait pour compléter à la main les articles de l'ouvrage dès qu'il rencontrait de nouvelles informations. À une époque où le *Dictionnaire des savants* de Jöcher n'existait pas encore, il était nécessaire de se créer soi-même ce genre d'ouvrages de référence, et beaucoup de savants le faisaient à la main, de façon privée : répertoires biographiques, répertoire des œuvres anonymes et pseudonymes, répertoire des bibliothèques et de leurs trésors[20].

L'exemplaire de Wolf de la *Bibliotheca* de König est un exemple extrême de cette pratique. La quantité d'informations ajoutées à la main était parfois telle qu'elle dépassait la capacité des pages interfoliées, pourtant couvertes d'une écriture microscopique. Pour accueillir les autres notes, Wolf dut insérer des fiches intercalaires. C'est ce qui arriva par exemple pour l'article « Clericus », soit Jean Le Clerc, dont la productivité était si grande que vingt ou trente lignes de notes supplémentaires étaient loin de suffire[21] (ill. 53).

Mais les carnets de notes demeuraient le cœur du *Handapparat* de Wolf. À quel moment et pour quelle raison Wolf a-t-il commencé à remplir ces carnets de lecture? On peut le dire avec précision. Il était élève au Johanneum de Hambourg quand, en 1697 – à l'âge de quatorze ans –, il lut l'*Aurifodina artium et scientiarum* de Jeremias Drexel. Ce petit livre avait été conçu pour inciter les écoliers et les étudiants à « faire des extraits »,

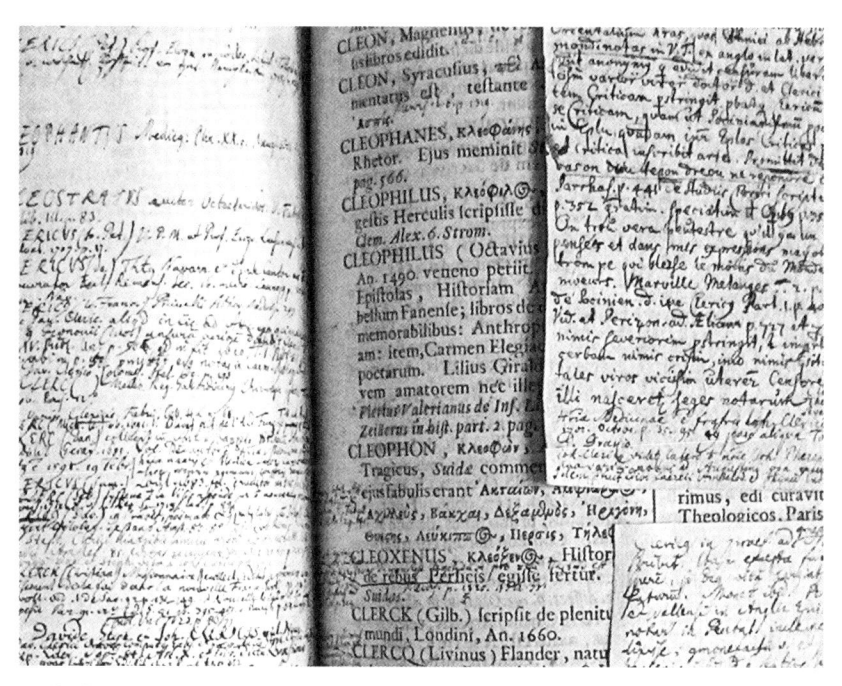

Ill. 53. Georg Matthias König, *Bibliotheca vetus et nova*, fiches insérées à l'entrée Le Clerc.

c'est-à-dire à constituer des carnets de notes de lecture, et il indiquait précisément la manière de procéder[22]. Wolf a minutieusement adopté l'incitation du jésuite munichois. Il suit ses prescriptions dans le détail, jusqu'à choisir des carnets in-quarto, comme le recommande Drexel. De même, Wolf intitule sa première note « Memoria » et il y inscrit ce que Drexel écrit sur la nécessité de la mémoire et le problème de l'oubli : « La mémoire est un grand bien, mais c'est un bien fragile et exposé à toutes les injures de l'oubli[23]. » C'est pourquoi, toujours selon Drexel, il est nécessaire de lui adjoindre le support artificiel que sont les extraits de lecture.

Ces six volumes permettent de suivre avec précision les lectures de Wolf dans les années suivantes, mais aussi l'accroissement de son savoir et de ses centres d'intérêts, en fonction desquels il choisit ses rubriques. Il n'est pas rare en effet que la première note inscrite sous une rubrique trahisse quelle est sa source. Et tant le choix des rubriques que l'ordre de leur apparition dans les carnets donnent des indications sur la façon dont la lecture d'une œuvre progressait et dont Wolf passait d'une lecture à la suivante. Généralement, le lecteur relevait en lisant les sujets qui l'intéressaient : pour chacun d'eux, il établissait une première note en laissant le plus de place possible au-dessous pour pouvoir la compléter plus tard par de nouvelles informations[24]. Si l'on voulait pouvoir retrouver une rubrique, il fallait constituer un index alphabétique en fin de volume, avec les numéros des pages correspondants. Ainsi, ce n'était pas un problème si, par inadvertance, on recréait une note sur le même sujet lors d'une lecture ultérieure. Nous verrons par exemple que sur le sujet des « Oracula Sybillina », Wolf a consigné des notes en pas moins de quatre endroits. Les index thématiques des deux premiers volumes ont été inscrits dans les volumes eux-mêmes. Les rubriques des autres volumes disposaient d'un index à part qui a été perdu.

À peine Wolf a-t-il commencé à prendre l'habitude de faire des extraits de lectures, que son écriture rétrécit, les caractères passant de 8 à 3 millimètres environ. Le carnet prend alors son aspect caractéristique de microgramme. Le sage écolier de 1697 inscrit encore des rubriques comme « Amicus », « Pudicitia », « Robur », « Homo quid ? » et « Mulieres Loquaces », et c'est encore la lecture de Drexler qui fournit les notes correspondantes, des maximes moralisantes tirées de philosophes antiques[25]. Vient ensuite, semble-t-il, une lecture de Salluste, qui apporte des notes comme « Voluptas », « Imperium » et « Respublica[26] », mais elle est déjà secondée par la lecture bien plus inhabituelle du poème de Marcello Palingenio Stellatos, *Zodiacus Vitae*[27]. De même, Wolf commence à s'intéresser à ce qu'est un « Atheus » dès la page 29, donc dès 1697. Par la suite, ce genre de rubriques consacrées à la figure de l'athée reviendra régulièrement sous sa plume[28]. Pour la société et la théologie de ces années-là, le spectre de l'athéisme suscitait une inquiétude profonde. En parallèle se poursuivent des lectures scolaires, comme celles de Juste Lipse et d'autres auteurs d'œuvres morales ou historiques. À une date ultérieure, probablement après le début de ses études de théologie à Wittenberg en 1703, mais peut-être déjà au Gymnasium de Hambourg, à l'occasion de cours ayant trait à cette discipline, des notes à contenu théologique apparaissent, qui ne cesseront d'augmenter[29].

Appropriation de l'Orient

Il est intéressant de se demander à présent quand et comment le jeune Wolf a découvert l'Orient. Cela ne peut qu'être avant 1707, puisque cette année-là, Wolf, âgé de vingt-quatre ans, assistant à la faculté de philosophie de Wittenberg, publie son *Manichaeismus ante Manichaeos*, dans lequel il déploie déjà toutes les richesses d'érudition dont disposait l'époque en matière d'histoire des religions du monde antique[30]. Les premières notes relevant d'un des sujets abordés par le livre apparaissent dans le volume 3 – à la page 57, pour être précis. Jusque-là, Wolf n'avait lu que des ouvrages purement théologiques, et il avait consacré des notes à des sujets comme « Concordiae », « Ceremoniae », « Fides » ou « Libri apocryphi ». Et soudain, il fait une note sur les « athées atomistes ». Puis il continue avec l'« idée de Dieu », le polythéisme, les « Persiani Philosophi », Apollonius de Tyane, les oracles de la Sibylle, l'Égypte, la théologie orphique, etc. Quel livre peut bien lire Wolf pour trouver matière à ces rubriques ? Selon toute apparence, l'ouvrage est apologétique et puise abondamment dans les religions du Proche-Orient ancien pour atteindre son but. Un livre semble répondre au mieux au profil recherché : celui que Ralph Cudworth publia en 1678 sous le titre *The True Intellectual System of the Universe*[31]. Au quatrième chapitre, Cudworth examine l'histoire des religions païennes, en s'appuyant le plus souvent sur les documents publiés par Gerhard Johannes Vossius dans son *De theologia gentili*[32]. Dans son monumental ouvrage, Cudworth veut montrer que l'idée de Dieu était déjà présente dans les spéculations des Anciens, et qu'on y trouve même des traces de la Trinité. Visiblement, Wolf n'a eu aucune difficulté à lire le texte anglais – ce qui, vers 1700, était loin d'aller de soi pour un jeune homme de dix-sept ou dix-huit ans. Quand on regarde de plus près le contenu de ses notes, on se rend compte que le jeune Wolf s'est surtout plongé dans ce chapitre quatre. Jusqu'à la page 87, les rubriques suivent à peu de choses près les sujets abordés par Cudworth, puis, après quelques brèves interruptions, la lecture de Cudworth reprend à partir de la page 93. Alors seulement, Wolf lit les premiers chapitres, dans lesquels Cudworth analyse les différentes formes d'atomisme, en distinguant l'« hylozoïsme » des autres types d'athéisme[33]. Il s'agit donc des chapitres que Wolf avait consultés au moment de consigner sa première note sur les athées atomistes, et qu'il n'avait alors que parcourus. Après une nouvelle interruption, d'autres sujets abordés par Cudworth se suivent sporadiquement jusqu'à la page 123 : « Theologia gentium », « Causae Polytheismi ethnici », « Mundus », « Metempsychosis », « Ideae Platonicae » et « Sabii[34] ».

La datation de ces notes pose un problème. Le second volume des carnets de lecture contient de nombreux extraits de manuscrits et de livres qui viennent d'Angleterre : on pourrait ainsi le dater de l'époque de la *peregrinatio academica*, du voyage d'études de 1708-1709[35]. Mais, si les notes qui figurent à partir du troisième volume sont postérieures à ce voyage en Angleterre, alors la lecture de Cudworth qui est à l'origine des notes précédentes doit être une relecture. Wolf l'aurait lu avant 1707, puisque Cudworth est une des principales références de son *Manichaeismus ante Manichaeos*, mais cette première lecture n'aurait laissé aucune trace dans les carnets. À dire vrai, cette hypothèse me paraît improbable. Je pense plutôt que Wolf, en numérotant ses carnets, a préféré placer le volume 2, qui contient les notes plus tardives du voyage en Angleterre et qui a une pagination indépendante, avant les autres volumes afin de ne pas en interrompre la pagination continue. C'est une première solution au problème. J'en proposerai une seconde un peu plus loin.

Comment Wolf en est-il venu à lire Cudworth ? Pour pouvoir le dire avec précision, il faudrait sans doute examiner la correspondance de l'année 1707[36]. Mais on peut d'ores et déjà suspecter un de ses professeurs, Johann Albert Fabricius, d'avoir été de ceux qui lui ont recommandé cette lecture. Wolf étudiait au Gymnasium académique depuis 1699, et Fabricius l'avait chargé, alors que lui-même préparait le second volume de sa *Bibliotheca graeca*, donc avant 1706, d'examiner un manuscrit en provenance d'Oxford contenant les commentaires homériques d'Eustathe de Thessalonique[37]. Dans ce contexte, Wolf aura sans doute pris connaissance des autres sujets abordés par Fabricius dans le volume de 1705, en particulier de son examen critique des prétendues sagesses anciennes d'Hermès, d'Orphée ou des oracles de la Sibylle[38]. Si Wolf avait attendu 1705 pour noter tous ces sujets dans ses carnets, alors la première note aurait sans doute précisé à chaque fois : *vid. Fabricius Bibl. graec. vol. I.* Mais Wolf s'est appuyé sur Cudworth. Cela me conduit à supposer que Fabricius avait déjà attiré l'attention de son élève sur cet auteur dès les premiers temps de son séjour à Hambourg, donc que la lecture que Wolf en a faite remonte aux années 1700-1701.

Sibylles

Un exemple bien choisi nous permettra de saisir comment Wolf faisait ses extraits et plus généralement comment il procéda, par la lecture, à une véritable conquête de l'Orient et des anciennes religions. La rubrique « Sibyllina Oracula » figure à la page 71 du troisième volume des carnets (planche VII). En voici la première note, inscrite en haut d'une page encore vierge : *De iis vide* [...] *Cudw. in system. c.4. p. 281-284*[39]. C'est bien aux pages 281-284 que Cudworth parle des Oracles sibyllins, en commençant par constater combien les opinions sur ces antiques prophéties divergent :

> « Quant aux Oracles sibyllins, deux extrêmes [...] sont possibles dans la façon de les envisager : l'un est d'accepter comme sincère et authentique tout ce qui est connu aujourd'hui sous ce titre. [...] L'autre extrême consiste peut-être à conclure que toute cette affaire d'Oracles sibyllins (en tant qu'ils se rapporteraient d'une façon ou d'une autre au christianisme) n'a été que pure invention et tromperie ; et qu'il n'y a jamais rien eu dans ces Livres sibyllins [...] qui ait le moins du monde prédit le Christ notre Sauveur ni l'avènement du christianisme[40]. »

Cudworth essaie pour sa part d'adopter une position intermédiaire, et de faire des distinctions. Selon lui, seul un petit nombre de premiers chrétiens semble avoir admis ces oracles et les avoir détournés à ses propres fins. S'il n'exclut pas la possibilité qu'il y ait eu des oracles authentiques, Cudworth considère la plupart de ceux qui nous sont parvenus comme faux ou corrompus.

Dans un premier temps, l'élève Wolf se sert moins de l'ouvrage de Cudworth pour les idées originales qu'il contient que parce qu'il constitue à la fois une mine d'informations et un premier accès à ce genre de sujets. Les Oracles sibyllins étaient un sujet fort controversé : on n'était d'accord ni sur leur datation, ni sur leur origine, ni sur le statut – prophéties authentiques ou fausses prophéties –, ni enfin sur leur valeur pour la vérité du christianisme, puisque la naissance du Rédempteur y était annoncée. Ce qui rendait les prédictions païennes des vérités chrétiennes à ce point sujettes à polémique dans le monde savant de cette époque, ce n'était pas seulement l'association d'un contexte « faux » et d'un contenu « juste », mais aussi la tension entre la raison (indispensable à l'évaluation critique du phénomène des prophéties) et l'ambition « supra-rationelle » des prédictions. Quoi qu'il en soit, Wolf prend soin de noter la référence à Cudworth sous le titre de sa note, sans plus se préoccuper ensuite des idées de ce dernier. La référence constitue seulement le point de départ pour d'autres notes qui s'accumuleront au cours du temps jusqu'à remplir toute la page. Quelles sont donc les lectures qui, par couches successives, se sont entreposées sous cette première note pendant plus de trente ans ? Sont-elles une bonne illustration du débat complexe reconstitué par Ralph Häfner autour des Oracles sibyllins au XVIIe et au début du XVIIIe siècle[41] ?

Dans la première note qu'il ajoute, Wolf renvoie à un passage du *Pasteur d'Hermas*. Il a trouvé cette référence dans la réédition que Le Clerc avait publiée en 1698 de l'édition par Cotelier des pères apostoliques. Dans le commentaire qu'il fait de ce passage, Cotelier – ou Le Clerc – argumente contre David Blondel et ses théories, échafaudées en 1649, selon lesquelles Hermas pourrait être l'auteur des Oracles sibyllins[42]. Suit une référence à la traduction allemande des oracles par Johann Christian Nehring, qui avait été publiée en 1702[43]. Le type d'encre change constamment, de sorte qu'on peut être sûr que ces notes n'ont pas été écrites d'un seul jet. Composées sur le même mode, les notes suivantes portent sur un discours prononcé par Georg Wilhelm Kirchmaier et sur Thomas Hyde. Étant donné que Kirchmaier fut le professeur de grec de Wolf au début de ses études à l'université de Wittenberg en 1703, ces notes doivent dater de 1703[44]. Le carnet nous a donc déjà fait quitter Hambourg pour Wittenberg. Kirchmaier avait eu avec les mathématiciens de Wittenberg une discussion dont on trouve un écho dans le carnet de notes du premier semestre. Quant à Thomas Hyde, il avait publié en 1700 un livre sur la religion de l'ancienne Perse dans lequel il abordait aussi le problème des Oracles sibyllins. L'ouvrage, qui avait fait date, avait été beaucoup lu à

Wittenberg⁴⁵, sans qu'on puisse dire avec certitude si Wolf avait déjà pu le consulter lui-même à cette date.

Hyde considérait sans ambiguïté les prédictions comme de simples fables. Mais il avait remarqué que, chez les Perses et les Arabes, le symbole de la constellation de la Vierge (et la Sibylle était une vierge) était un bâton qu'elle tenait à la main et qu'on appelait « Súmbul » ou « Súmbula ». Selon lui, on aurait donné par synecdoque à la Sibylle le nom de son bâton. D'ailleurs, les Phéniciens et les Chaldéens appelaient la Vierge céleste « Sibbula ». Or, on attribuait à cette vierge une puissance prophétique. Ayant fait de l'observation des étoiles une science des prédictions, on transféra cette qualité à la vierge⁴⁶. C'est de cette manière que le mythe des « Sibylles » parvint aux Grecs et aux Romains. La thèse de Hyde était une preuve de la remarquable efficacité du nouvel orientalisme des écoles anglaise et hollandaise dès lors qu'il s'agissait de spéculer sur les formes les plus anciennes du culte des étoiles – que l'on attribuait aux légendaires « Sabis » ou « Sabéens » – pour en faire la source des développements idolâtres européens. Cette thèse montrait aussi ce qu'avait de prometteur la méthode élaborée par Christian Rave et Samuel Bochart consistant à utiliser la connaissance de l'arabe pour extrapoler des racines sémitiques plus anciennes et à peu près incompréhensibles⁴⁷.

Revenant aux notes de Wolf, nous lisons ensuite une phrase rappelant que certains oracles avaient sans doute été rédigés sous le règne d'Hadrien⁴⁸. D'après Wolf, Henricus Valesius (Henri de Valois) avait fait cette remarque dans son commentaire sur l'*Histoire ecclésiastique* d'Eusèbe de Césarée⁴⁹. On doit être maintenant en 1704, et cela fait longtemps que les notes de Wolf comme celle-ci en recoupent d'autres sur des sujets analogues. Il étudiait à présent la théologie et il est donc possible qu'il ait lu l'*Histoire ecclésiastique* d'Eusèbe, ce qui pouvait l'amener à créer des rubriques comme « Haeretici », et d'autres de la même veine.

Mais venons-en à la note suivante, rédigée en style microgrammatique. Plus longue, cette note consigne l'idée importante, développée par Isaac Vossius en 1685, selon laquelle une partie des Oracles sibyllins serait d'origine juive⁵⁰. Wolf ajoute à cette thèse quelques indications sur le débat contradictoire qu'elle avait suscité. Vossius avait soulevé de toutes parts une violente indignation parce que l'idée que des Juifs aient pu prendre part à l'écriture de ces prophéties prenait le contre-pied d'une opinion à laquelle on était attaché, selon laquelle il pouvait y avoir quelque chose comme des révélations divines en dehors de la tradition chrétienne, constituant des références indépendantes à l'histoire du Salut.

Nous savons à présent qu'une partie des Oracles sibyllins – en particulier ceux du premier groupe (livres I à VIII) – provient effectivement de matériaux juifs et qu'un Juif alexandrin avait commencé, vers 160 avant Jésus-Christ, à remanier certains oracles et à y introduire des éléments du judaïsme.

Changeant à nouveau d'encre, Wolf renvoie dans la ligne suivante à Jakob Perizonius et soulève dans la note qui suit la question de la position des pères de l'Église vis-à-vis des Oracles sibyllins[51]. À l'époque, Wolf est peut-être encore étudiant en théologie à Wittenberg, plongé dans la lecture des écrits patristiques. Le reste des notes tourne autour du caractère frauduleux ou non des Oracles sibyllins. Wolf relève par exemple que, dans les *Annales ecclesiastici*, Baronius affirme que la Sibylle de Cumes doit être la fille du prêtre chaldéen Bérose, mais c'est pour ajouter aussitôt que Casaubon, dans les *Exercitationes*, avait fait une critique sans appel de cette idée, disant que « ces mots ont été insérés par un glossateur inepte » (*a glossatore inepto ea verba inserta esse*[52]). Avec cette note, Wolf aborde la façon dont les auteurs de l'Antiquité tardive se sont servis de documents supposés très anciens, car certains passages de Bérose ont été transmis jusqu'à Eusèbe et Flavius Josèphe par l'intermédiaire d'Alexandre Polyhistor. Mais, indépendamment de leur statut problématique comme sources, ces documents ont également fait l'objet de rajouts et de falsifications tardives, jusqu'à la grande contrefaçon d'Annius de Viterbe[53]. Wolf ne complète toutefois sa note qu'ultérieurement, en consignant l'existence de plusieurs faux oracles forgés de toutes pièces dans l'œuvre de Jean Malalas, et il nomme la source d'où il tire cette information : Bentley, *Epistola ad Millium*, page 7[54]. Bentley avait effectivement adressé sa lettre célèbre à John Stuart Mill à l'occasion de l'édition que ce dernier avait donnée de la chronique universelle de Malalas.

Un nouveau changement d'encre accompagne la note suivante, renvoyant à la traduction française que Jean Robertet avait faite des Oracles sibyllins à la fin du XVᵉ siècle[55]. La *Bibliotheca* de König comprenait déjà une notice sur Robertet, complétée à la main par Wolf sur son exemplaire interfolié. Aussi, au moment de mentionner le traducteur dans la note de son carnet, Wolf prend soin d'ajouter un renvoi : *vid. q[uod] scripsi ad König sub Robertet*[56]. Les différents éléments de son *Handapparat* étaient donc en relation les uns avec les autres.

Les lectures successives de Wolf se déposent autour du noyau originaire qu'a été sa lecture de Cudworth à la manière des anneaux de croissance d'un arbre, permettant de mesurer la maturation de son expérience intellectuelle. Le carnet de notes nous a fait quitter Wittenberg depuis longtemps : nous avons brièvement séjourné avec lui à Flensburg en 1707, après quoi Wolf est parti en voyage d'études en Hollande et en Angleterre, mettant son carnet de côté pendant deux ans. Durant tout ce temps, d'autres carnets prirent la place du carnet habituel : un petit carnet in-octavo que l'on pouvait facilement glisser dans une poche de manteau et dont Wolf se servit pour tenir un journal[57], un grand nombre de dossiers contenant des extraits d'ouvrages, conservés à la Bibliothèque bodléienne et dans d'autres bibliothèques[58], ainsi que, si notre supposition est juste, ce carnet qui fut ensuite appelé carnet II et dont beaucoup de notes ont trait à des auteurs anglais. Une alternative à cette interprétation serait de dater le carnet II en suivant l'ordre dans lequel la série des carnets a ensuite été classée. Dans une telle hypothèse, le carnet II aurait été écrit entre la période couverte par le carnet I (1697-1698) et celle couverte par le carnet III (1700-1701), donc il aurait été utilisé dans les années 1699-1700. Les nombreuses citations anglaises s'expliqueraient alors par le fait qu'à cette époque, Wolf, qui était âgé de seize ans, apprenait l'anglais de manière intensive et lisait donc des textes anglais. Il n'y avait pas de cours d'anglais au Gymnasium académique, mais il était facile, dans une ville portuaire comme Hambourg, de prendre des cours particuliers avec un Anglais pour apprendre sa langue. Cela permettrait en particulier d'expliquer pourquoi Wolf fut ensuite capable d'étudier Cudworth dans le texte. Il n'existait pas de traduction de son livre, sauf le résumé français qu'en avait donné Jean Le Clerc dans sa *Bibliothèque choisie* – mais en 1703 seulement, c'est-à-dire à un moment où nous sommes sûrs que Wolf a déjà commencé à rédiger des notes sur Cudworth.

Mais en quelle année sommes-nous à présent dans les notes sur la Sibylle ? Apparemment en 1715, c'est-à-dire à une époque où Wolf est professeur depuis trois ans au Gymnasium académique de Hambourg et où il se prépare à devenir également pasteur de l'église Sainte-Catherine, confirmant ainsi définitivement son appartenance à l'establishment de la ville. C'est aussi dans ces années-là qu'il fait faire son portrait[59]. Quoi qu'il en soit, la note occupant le bas de la page consacrée aux Sibylles se réfère à William Whiston, qui avait publié en 1715 une *Vindication of the Sibylline Oracles, to which are added the genuine oracles themselves*[60]. Successeur de Newton, ce chercheur amateur s'intéressait plus particulièrement au christianisme primitif, sur lequel il avait un point de vue tout à fait original. Il considérait Athanase comme un grand falsificateur et les Actes apocryphes des apôtres comme le véritable évangile. Wolf ajoute que Whiston avait écrit son livre en réaction à la traduction anglaise des Oracles par John Floyer, parue en 1713. Chrétien zélé, Floyer défendait de façon véhémente l'authenticité des Oracles sibyllins contre les thèses d'Isaac Vossius. À ses yeux, ces oracles étaient même un témoignage de l'« ancienne religion antédiluvienne ». À travers les Sibylles, Dieu avait voulu faire connaître de nouveau cette religion qu'avaient corrompue les cultes consacrés aux étoiles et aux héros par les Chaldéens, les Égyptiens et les Grecs[61]. Les Sibylles offraient donc un parfait pendant au renouvellement de la religion par les prophètes juifs, et Floyer tenait apparemment à préserver cette voie alternative de l'histoire du Salut. Or, la thèse vossienne de l'origine juive des oracles aurait concentré l'ensemble des événements d'ordre providentiel sur le seul peuple juif.

À la différence de Floyer, Whiston ne voulait pas exclure d'emblée les thèses de Vossius. Mais lui aussi tenait à l'idée que l'inspiration divine s'était répandue partout sur la Terre et non dans un seul peuple. Une telle

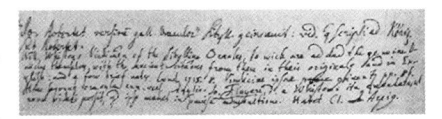

Ill. 54. *Oracula Sibyllina*, détail : « Habet Cl. Arpius ».

universalité préparait en effet celle du christianisme. Mais les notes étant là pour donner des indications succinctes sans citer de longs passages *in extenso*, toutes ces grandes idées se réduisent chez Wolf à une courte phrase de renvoi.

Se référant à l'ouvrage de Whiston, Wolf ajoute, laconique : *Habet Cl. Arpius*, « Ceci est en possession de M. Arpe » (ill. 54). Ce genre de précisions anodines est souvent le plus à même de nous renseigner sur les liens d'échanges que recouvrait cette pratique des notes de lecture. Wolf ne pouvait bien sûr pas posséder lui-même tous les livres dont il tirait des extraits. Il en empruntait certains à Fabricius et parfois aussi, surtout lorsqu'il s'agissait de livres hétérodoxes, à son ami Peter Friedrich Arpe. En matière de *strange facts*, Arpe, avec quelques autres, était homme à courir tous les dangers : il s'intéressait non seulement à la magie et à l'hermétisme, mais à toutes sortes de textes frappés d'interdiction. Nous avons d'ailleurs vu qu'il sympathisait jusqu'à un certain point avec leurs auteurs[62]. Quand Wolf recopiait un ouvrage clandestin ou – après son acquisition des manuscrits d'Uffenbach – s'il en possédait une version, il le comparait parfois avec un exemplaire appartenant à Arpe[63]. Et quand il le rangeait dans sa bibliothèque, il choisissait l'étagère sur laquelle il avait inscrit un grand « R » vert[64]. C'était son armoire à poisons. Il y resserrait la plupart des ouvrages hétérodoxes en sa possession, et l'on peut supposer qu'Arpe faisait de même dans la partie de sa bibliothèque réservée à cet effet.

Mais revenons à nos Oracles. La page était à présent pleine. Seuls étaient encore vides les 3,5 centimètres de marge : c'est là que Wolf inscrivit les dernières notes. On y trouve un renvoi au *Polyhistor* de Morhof, suivi, un peu plus bas, d'un exposé plus détaillé de la position d'Isaac Vossius sur le problème des Sibylles[65]. Parfois, quand une note marginale renvoyait à une référence bibliographique déjà mentionnée dans la partie centrale de la page, Wolf traversait celle-ci d'un trait de plume jusqu'à la référence voulue. C'est le cas de la dernière annotation marginale, en bas de la page. Nous avons vu que Wolf, en prenant des notes sur Whiston, avait renvoyé à la traduction de Floyer. Or, cette nouvelle note cite un passage d'un texte français où il est précisément question de la traduction anglaise des Oracles. Wolf la relie donc à la première, qui appartient au bloc central[66].

Mais que faire quand de nouvelles lectures apportaient de nouvelles informations au sujet des Sibylles ? Il fallait créer une nouvelle note. On trouve ainsi à la page 132 de ce même carnet III une nouvelle note intitulée « Sibyllina Oracula ». Et d'autres notes connexes figurent ici et là dans les carnets suivants.

Dans ces notes plus tardives, dans les carnets ou ailleurs, il arrive que Wolf ne se réfère plus à l'édition originale de Cudworth, mais à la traduction latine réalisée par Johann Lorenz Mosheim en 1733[67]. Contrairement à l'édition originale, l'édition latine possède un index, et Wolf, désormais dans les dix dernières années de sa vie, peut se contenter d'un renvoi du type *vid. Cudw. ed. Mosheim in indice*. Ce genre de renvoi montre que Wolf utilisa pendant toute sa vie un système de notes qu'il avait mis au point à l'âge de quatorze ans.

Wolf a consigné une note se rapportant au sujet « De libris Sibyllinis » jusque sur les premières pages vierges de l'exemplaire interfolié de la *Bibliotheca* de König. Rédigée d'une écriture véritablement microscopique, elle paraît traiter, autant qu'on puisse la déchiffrer, des Romains et des arcanes de leur République en relation avec les Livres sibyllins.

De la note au livre

Il faut se demander à présent quels sont les rapports entre les notes de Wolf et ses œuvres imprimées, et en particulier son livre sur le manichéisme. Car extraits et notes sont là pour contribuer un jour à la confection d'un nouvel ouvrage : de la réception à la production. Pour être en mesure de répondre à cette question, il faut d'abord jeter un coup d'œil sur plusieurs notes. Les deux-cent-cinquante premières pages du livre sur le manichéisme sont consacrées à passer en revue les religions antiques afin d'établir la généalogie et l'universalité de l'« erreur » des deux principes fondamentaux, comme Abraham Hinckelmann avait suggéré de le faire[68]. Wolf aborde ainsi les Chaldéens, Zoroastre, les mages, le culte de Mithra, l'Égypte, les Sabéens, Orphée, les pythagoriciens, Platon, les premiers gnostiques chrétiens et Manus. Ce n'est pas un hasard si tous ces sujets rappellent à la fois Cudworth et les notes des carnets de Wolf. Cudworth est d'ailleurs l'auteur le plus souvent cité dans cette partie du livre, complété bien sûr par tous les autres noms que l'on rencontre dans les carnets : de Huet, Dickinson, Kircher ou Joseph Juste Scaliger à Spencer, Hyde, Isaac Vossius ou Le Clerc. Un peu moins courant, le nom de Thomas Gataker n'en est pas moins cité souvent. En 1652, cet homme d'église presbytérien originaire de Rotherhithe avait publié une édition réputée des *Pensées* de Marc Aurèle[69]. Dans les abondantes annotations dont cet ouvrage est pourvu se trouve, comme dans le livre de Hinckelmann sur

Böhme, un véritable trésor de réflexions d'ordre philologique ou d'histoire des religions.

La thèse centrale de Wolf dans son livre est que les discussions contemporaines sur les deux principes à l'origine du monde – le bien et le mal, Dieu et la matière – ont une longue histoire derrière elles, qui remonte plus loin encore que le phénomène du « manichéisme ». Le débat partait de Böhme et (d'une façon bien différente) de Bayle, et se concentrait généralement sur les traditions gnostiques et sur les mysticismes chrétiens. Or, pour en comprendre les enjeux profonds, il fallait, selon Wolf, étudier le zoroastrisme des Perses (ou plus exactement ce que l'on tenait pour tel à l'époque) ainsi que les civilisations limitrophes de l'Asie occidentale. À l'instar de Hinckelmann et de ses autres sources, Wolf rattachait donc les débats de son temps au passé des anciens Perses et des Sabéens, contribuant ainsi à l'insertion de la tradition judéo-chrétienne dans un contexte oriental ancien, autrement dit, à l'« orientalisation du christianisme[70] ». Là réside l'importance d'un livre dont l'intérêt est peut-être moins dans ses apports propres que dans sa valeur de symptôme. Et c'est aussi la raison pour laquelle ce cas d'appropriation de l'Orient par la lecture nous intéresse ici. L'exemple de Wolf nous montre comment, au XVIIe et au début du XVIIIe siècle, les recherches sur l'histoire des religions ont, dans un lent processus d'appropriation, pénétré toujours plus avant dans le domaine de l'Orient ancien, avec ses aspects fascinants que sont la magie, le polythéisme ou la croyance dans les astres.

Cette phase ne correspond pas encore à l'« orientalisme » dont parle Edward Said pour le XIXe siècle, mais elle ne correspond déjà plus à l'époque des récits merveilleux sur l'Orient, que Stephen Greenblatt nous a rendue familière[71]. Il s'agit d'une phase intermédiaire, l'histoire d'une appropriation en même temps que d'une fascination, une histoire où l'on discerne aussi bien une étude objective que des réflexes d'apologétique chrétienne. On ne regarde pas encore l'Orient comme un objet de colonisation possible, mais on n'a pas non plus cessé de le regarder comme la région de l'« idolâtrie », c'est-à-dire de la fausse religion[72]. Et dans tous les cas perce, sous le lexique de l'idolâtrie, le charme qu'exerce sur les savants européens un monde qui leur est étranger. En ce sens, les microgrammes de Wolf et leur écriture minuscule sont aussi une façon de conjurer un monde étrange et révolu en le fixant sur le papier.

Revenons à la question de savoir comment les notes de Wolf migraient vers le texte de son livre. On peut à présent l'élargir de la façon suivante : comment l'appropriation d'un objet fascinant se traduit-elle dans la forme textuelle donnée aux théories ? Le chemin s'avère étonnamment court. Un tout petit pas suffit parfois pour passer du carnet de notes au livre imprimé et d'un phénomène d'appropriation à son expression. Comparons par exemple les notes intitulées « Zabii » des carnets avec les quatre pages à peine qui, dans le livre, sont consacrées aux légendaires Sabis ou Sabéens, dont Maïmonide considérait l'idolâtrie comme paradigmatique des idolâtries primitives[73] : le texte imprimé se révèle n'être qu'un remaniement à peine étoffé du contenu des notes[74]. Les auteurs et les passages mentionnés sont à peu de choses près les mêmes ici et là : la soixante-deuxième lettre de Scaliger, la *Bibliotheca orientalis* d'Herbelot, John Spencer, Hottinger, Huet, Le Clerc, Simon, Stanley, Casaubon, Pocock, Stillingfleet et bien sûr Hinckelmann, qui voyait des Sabéens jusqu'en Europe, dans la figure des druides et des bardes[75]. Comme Wolf avait déjà tracé à grands traits dans ses notes les problématiques de la recherche sur le sujet, en particulier l'opinion de Spencer selon laquelle l'ère des Sabéens aurait duré au-delà de l'époque de Mahomet, il n'avait plus à présent qu'à relier ses notes entre elles pour former un texte continu. La référence des notes à l'article controversé de Spencer dans le journal *Observatione selectae* ne se retrouve pas dans le livre, mais Wolf lui consacre une thèse à part[76]. La fascination que je soupçonne derrière l'intensité acharnée des notes tend à se changer, dans le texte publié, en une polémique contre les « hypothèses » les plus récentes.

La rubrique « Aegyptii » offre le même tableau. Ham – un des fils de Noé – était alors considéré comme le fondateur de l'Égypte. Dans la mesure où il était également censé y avoir propagé l'idolâtrie avant de la répandre de par le monde, les Égyptiens jouaient, dans l'histoire universelle de l'idolâtrie, un rôle important – et infâmant[77]. En même temps, bien sûr, la culture égyptienne offrait l'exemple d'un dieu unique caché, dans lequel Cudworth voyait un exemple parfait pour son objectif apologétique[78]. Ses développements sur les Égyptiens se trouvent aux pages 311 et suivantes de son livre. Wolf y a consacré quatre pleines pages de notes dans ses carnets, les pages 73 à 75b. Dans son livre sur le manichéisme, il traite la question à deux reprises, aux pages 36 à 39, puis aux pages 71 à 85. Ces deux passages sont encadrés par des développements sur le polythéisme. Là encore, il est facile de suivre ce sujet à la trace, du livre de Cudworth aux carnets de notes de Wolf puis à son livre de 1707. Sous la rubrique « Polytheismus », Wolf a par ailleurs consigné tout ce qui avait trait aux différents noms donnés aux deux principes du bien et du mal, notamment par les Égyptiens. Tirées en partie de l'*Oedipus Aegyptiacus* de Kircher (et par là indirectement de Plutarque), ces informations refont surface dans le livre de Wolf sur le manichéisme, sous forme d'une section à part, dans le contexte de la discussion sur l'Égypte[79]. De légers déplacements pouvaient donc avoir lieu, mais il n'y a pas de doute sur le fait que les notes aient été généralement exploitées.

Voilà pour l'aspect pratique des choses. Mais ce sujet suscite une profonde ambivalence psychologique. La culture égyptienne rebute (ou devrait rebuter) parce qu'elle est polythéiste, idolâtre et du côté du mal. Et elle attire parce qu'elle recèle un dieu caché et constitue donc une autre voie pour accéder à la vraie foi. Elle attire peut-être même parce qu'elle incarne l'univers de l'idolâtrie – mais cela reste de l'ordre de la spéculation. Il en va de même pour les Oracles sibyllins : synonymes de culture païenne, de tromperie et de fausse prophétie, ils promettent aussi le miracle d'une annonce païenne de la venue du Christ. L'« orientalisme » de l'époque moderne repose à mon avis sur cette ambivalence, qui explique aussi sa proximité avec le précariat.

L'énergie concentrée dans une telle ambivalence pouvait se traduire ensuite, dans le produit fini qu'est le texte imprimé, en polémiques ou en folles conjectures. Pour tout ce qui regarde l'Orient ancien, la période qui va du XVIIe au début du XVIIIe siècle est l'époque des spéculations sauvages – échafaudées sur une base qui nous semble aujourd'hui bien fragile, étant donné qu'on n'avait pas encore pu déchiffrer les hiéroglyphes ni l'écriture cunéiforme et qu'on ne connaissait pas l'Avesta[80]. Et c'est aussi l'époque des polémiques violentes contre tout ce qui n'aboutissait pas au christianisme. Les orientalistes combattent les sociniens, les déistes, les néomanichéens, les piétistes, les séparatistes et les athées. Mais ils portent sur leur objet un regard presque envoûté.

Le cycle de la navigation

En passant du carnet de notes au texte imprimé, il arrive que la réflexion savante se condense et prenne la forme d'un argument, mais il n'est pas rare qu'elle en reste au stade des indications bibliographiques ou de l'état des lieux de la recherche. Des livres comme le *Manichaeismus ante Manicheos* de Wolf transforment leur lecteur en passager d'un bateau naviguant sur la mer des théories et de l'érudition. Avant de prendre un cap en développant un argument, ils consacrent des dizaines de pages à rendre compte de ce qui a déjà été dit sur le sujet. Toutes les deux lignes, ou presque, on tombe sur un nom d'auteur, un titre ou une citation. Des mots comme « navigation » ou « orientation » caractérisent mieux ce genre de texte que des concepts comme « historiographie », « théorie » ou « stockage des connaissances ». Ils donnent une description assez juste de ce qu'on appelait alors *historia literaria*. Rappelons-nous la relation étroite entre l'histoire littéraire et l'éclectisme. Francis Bacon, un des pères fondateurs de cette discipline, utilisait déjà volontiers la métaphore de la navigation en eaux inconnues[81]. Le carnet de notes est la préparation, par l'appropriation, de cette navigation, le livre en est la réalisation. Entre les deux, les cours destinés aux étudiants. Mais doit-on les intégrer au cycle de la navigation bibliographique ?

Pour répondre à cette question, choisissons le cours de quelqu'un que nous avons déjà croisé souvent dans ce livre, l'élève modèle de Wolf et de Johann Albert Fabricius : le précaire Hermann Samuel Reimarus. Enseignant dans les années 1740 au Gymnasium académique de Hambourg, Reimarus donne à plusieurs reprises des cours sur les antiquités bibliques[82]. Le texte sur lequel il s'appuie est un manuel paru en 1732 et maintes fois réédité, les *Antiquitates hebraicae* de Conrad Iken[83]. Dès le début, à propos du paragraphe quatre de ses « Prolégomènes », dans lequel Iken avait mentionné John Spencer, Reimarus attire l'attention de ses élèves sur l'état de la recherche sur Spencer. Dans son *De legibus Hebraerum ritualibus*, paru en 1685, l'orientaliste anglais avait passé en revue les raisons qui avaient pu pousser les Juifs à établir des règles rituelles se signalant par leur nombre et souvent par leur bizarrerie. Et il avait émis l'hypothèse selon laquelle ces règles s'appuyaient – tantôt pour les imiter, tantôt pour les renverser – sur d'anciens rituels égyptiens par rapport auxquels les Juifs devaient définir leur propre culture[84]. Le livre de Spencer restait incontournable, même si nous avons vu, par exemple quand Wolf aborde les Sabéens, qu'il suscitait de nettes réserves chez les savants de Hambourg, notamment parce qu'en considérant que la civilisation égyptienne était la plus ancienne, Spencer menaçait la primauté de l'ordre sacré judéo-chrétien.

Ce qui nous intéresse ici est moins de savoir ce que Reimarus dit de Spencer que de savoir *comment* il le dit. À quoi ressemblaient ses cours ? De quelle manière étaient-ils liés à ces pratiques culturelles de l'extrait et du carnet de notes qui nous sont à présent familières ? Écoutons le professeur au travail[85] : « La conjecture de Spencer sur l'origine des rites des Hébreux n'a pas seulement été du goût de John Marscham dans son in-quarto *Canon chronicus* de 1698 », apprend Reimarus à ses élèves dans un latin correct et avec des références bibliographiques d'une précision minutieuse, « il a aussi été du goût de John Toland dans ses *Origines Judaicae*, La Haye, 1709, in-octavo ». À ce moment du cours, il se peut qu'un murmure se soit élevé dans l'assistance : Toland était un libre penseur notoire. Mais Reimarus poursuit – peut-être avec une pointe d'ironie dans sa voix :

> « Et avant cela, il avait déjà été du goût de Maïmonide dans la troisième partie de son *More Nebuchim*, aux chapitres 32 et 45[86]. Abravanel l'a défendu contre Nahmanide au chapitre IV de son introduction au Lévitique, et il va jusqu'à convoquer des passages du Talmud et des rabboth qui vont dans le même sens. »

Reimarus faisait ainsi comprendre à ses élèves que la théorie de Spencer n'était en rien originale, mais qu'elle avait déjà fait l'objet de discussions parmi les Juifs du Moyen Âge, avec des références qui renvoyaient aux débuts mêmes du judaïsme rabbinique.

> « Il a d'ailleurs été aussi du goût des pères de l'Église : voir à leur sujet Budde, *Historia ecclesiastica Veteris Testamenti*, part. I, p. 668 *sq.*, et Outram, *De sacrificiis*, chap. 22., § 1 et 2[87]. »

Les élèves ne perdaient pas un mot. Leur professeur était visiblement en train de rabaisser la valeur historique de Spencer en lui faisant subir l'équivalent d'un *Spinozismus ante Spinozam*, d'un *Manichaeismus ante Manichaeos* ou de son propre *Machiavellismus ante Machiavellum*[88]. Ces novateurs n'avaient finalement rien de neuf, et les discussions enflammées qu'ils suscitaient sentaient le réchauffé. C'était en outre une façon de montrer aux élèves qui était un historien compétent et qui ne l'était pas. Car la tâche d'un véritable savant de l'époque était d'approfondir des sujets habituels, en révélant leur dimension historique profonde. Pour ce faire, on était mieux armé quand, par ses lectures, on s'était plongé dans l'Orient et dans la tradition, et quand on tenait des carnets de notes depuis des dizaines d'années afin de pouvoir repérer les origines arabes, talmudiques, byzantines, syriaques, grecques, perses et égyptiennes du discours.

Mais Reimarus est loin d'en avoir terminé avec ses indications bibliographiques :

> « Sur John Spencer, sa thèse et ses contradicteurs, on se reportera à feu Johann Albert Fabricius dans sa *Bibliotheca antiquaria*, chapitre 15, § 3, et à Johann Fabricius dans son *Historia bibliothecae suae*, part. 1, p. 354 *sq.*[*], et surtout à Christoph Matthäus Pfaff, au début de la nouvelle édition du livre de Spencer *De legibus Hebraeorum ritualibus*. »

Ce dernier, théologien de Tübingen, avait en effet publié et introduit une nouvelle édition augmentée de l'ouvrage de Spencer en 1732[89]. « Contre cette thèse, » poursuit Reimarus à l'intention de ses élèves, « on doit d'abord insister sur l'antiquité et l'origine divine des rites les plus importants : sabbat, sacrifices, et circoncision, parmi de nombreux autres ».

Dans un cours au Gymnasium de Hambourg, on le voit, il entrait toujours une part d'apologétique. Même si, à cette époque, Reimarus n'était plus un défenseur entièrement convaincu de la foi chrétienne, il lui fallait fournir des arguments à ses élèves pour les armer contre la menace que représentaient les développements anglais récents en sciences des religions. Il pouvait d'ailleurs s'appuyer sur ses propres travaux, puisque son essai intitulé *De legibus Mosaicis ante Mosen*, paru en 1741, peut très bien être lu comme une sorte de *De spencerianismo ante Spencerum*[90] :

> « J'ai moi-même essayé de démontrer dans une thèse consacrée aux rites mosaïques avant Moïse que les patriarches pré-mosaïques connaissaient ceux-ci. »

Lorsque l'on compare des passages comme celui-ci avec les carnets de Wolf, on constate que le cours magistral ne différait pas tellement des

---

[*] À l'évidence, les élèves de Hambourg pouvaient sans mal distinguer ce savant de Helmstedt de leur ancien professeur qui venait tout juste de mourir. (*N.d.A.*)

notes de lecture. Ici aussi, il s'agit de naviguer dans la littérature, de prendre les élèves par la main et de les initier au monde de la Bible et de l'Orient biblique. De leur côté, les élèves prennent des notes pendant les cours, puis ils rentrent chez eux, recopient ces notes de cours avec soin et les comparent ensuite avec leurs propres cahiers de notes de lecture. Ainsi armés, ils peuvent ensuite approfondir leurs connaissances en arpentant les rayonnages de la bibliothèque du Johanneum, leur école, à la recherche des passages cités. Le savant universel de Helmstedt mentionné par Reimarus, Johann Fabricius, est même allé jusqu'à concevoir sa volumineuse histoire de l'érudition comme une description de sa propre bibliothèque, comme une navigation en quête d'informations parmi ses propres étagères de livres[91].

Circulations

Nous sommes ici devant un monde de circulation des faits. En tant qu'elle est une polymathie, c'est-à-dire un savoir encyclopédique, savoir de tout ce qui a été su[92], la philologie, avant même sa fonction de critique et d'interprétation, repose sur l'*inventio* de la recherche d'extraits et sur le classement des unités élémentaires de savoir. On lit des livres, on en fait des extraits et on tient des carnets de notes que l'on organise en rubriques pour y consigner ce qu'on a récolté : de *small facts* qui souvent sont aussi de *strange facts*, parce qu'ils parlent d'un Orient très ancien et fascinant, de prophétesses, de divinités et de pharaons, mais aussi des conjectures téméraires d'un Isaac Vossius, d'un John Spencer ou d'un Athanasius Kircher. Ces « faits » bibliographiquement comprimés et sublimés se déposent dans les carnets de notes les uns après les autres, comme des anneaux de croissance – mais ils peuvent à tout moment être tirés de leur caractère virtuel, et leur potentiel ambivalent peut se convertir en « énergie sociale » (pour le dire avec Greenblatt[93]). Quelle que soit la force avec laquelle elle était réprimée, cette énergie trouve à s'exprimer dès que les notes se changent en cours ou qu'elles donnent lieu à des publications. On peut parler d'un processus de transformation « faible » ou « neutre » quand les notes ne subissent presque aucun changement, et d'un processus de transformation « fort » ou « intense » lorsqu'elles se condensent sous forme d'argument, voire de thèse audacieuse sur l'Orient. Et le livre, une fois publié, devient un nouveau point de départ pour de nouveaux extraits faits par d'autres lecteurs, relançant le processus de circulation.

Le Hambourg de cette époque entre le baroque et les Lumières est peut-être l'exemple extrême d'une culture des faits savante et à circulation interne. Certes, le maniement des unités de savoir est caractéristique des pratiques culturelles de l'*historia* à l'époque moderne en général, mais c'est encore parmi les grands bibliographes encyclopédistes de Hambourg que cet usage est le plus développé. Quant à savoir si cette culture, faite d'appropriations et de reproductions, a jamais été capable de produire un savoir vraiment neuf – au sens d'un changement de paradigme, pour le dire avec Kuhn –, j'en doute, mais ce n'est pas ici le lieu d'examiner cette question difficile. Je peux seulement signaler que chez Reimarus, qui a bien changé de paradigme en passant de l'apologétique à la critique de la Révélation, il a fallu pour cela bien plus qu'une évolution interne de son savoir d'orientaliste. Ce furent la froide rationalité du wolffianisme et un usage du calcul tiré des sciences naturelles et techniques qui lui permirent de prendre la distance nécessaire pour pouvoir porter un regard extérieur sur la circulation du savoir à Hambourg[94].

Pour ce qui est du livre de Wolf sur le manichéisme, il reste en tout cas plongé dans ces circulations. L'ouvrage a certes une thèse centrale que l'argumentation ne perd pas de vue, mais il déborde littéralement de savoir bibliographique. On peut y voir un bien ou un mal: son livre est le miroir de ses carnets de notes, une mise en série de courts exposés d'une à cinq pages décrivant l'état du savoir contemporain sur les différents lieux communs de l'histoire des religions antiques. À la limite, le livre peut être lu comme une série de rubriques: sur l'idolâtrie (p. 33 *sq.*), sur l'Égypte (p. 36 *sq.*), sur les Juifs (p. 40 *sq.*), les Chaldéens (p. 45 *sq.*), les zoroastriens (p. 48 *sq.*), sur l'adoration du feu (p. 50 *sq.*), sur les mages (p. 55 *sq.*), sur les deux principes (p. 58 *sq.*), sur Mithra (p. 62 *sq.*), sur le dieu des Égyptiens (p. 71 *sq.*), sur les Sabéens (p. 85 *sq.*) et ainsi de suite. De ce point de vue, ce livre est typiquement une œuvre de jeunesse, qui expose l'immense savoir d'un jeune homme de vingt-quatre ans et montre sa capacité à assimiler d'énormes masses d'information. Ce trait caractéristique étouffe toute forme plus mûre de confrontation avec son sujet, ce qui devient vite évident quand on le compare avec l'*Histoire de Manichée et du manichéisme* d'Isaac de Beausobre, ouvrage plus tardif et intellectuellement plus dense[95]. Le livre de Wolf est beaucoup plus proche en revanche d'un autre livre dont on peut dire qu'il partage avec lui jusqu'à son point de départ: la monumentale et singulière traduction de Cudworth par Mosheim. Singulière, la traduction de Mosheim l'est dans la mesure où elle recouvre le texte traduit de ses annotations, qui représentent les neuf dixièmes du livre et vont souvent contre l'argumentation de Cudworth[96]. Le travail de Mosheim augmente surtout le texte de Cudworth par des couches d'informations supplémentaires: exactement comme les carnets de Wolf avaient peu à peu enrichi d'informations complémentaires les idées tirées du même Cudworth. Quand on consulte la traduction de Mosheim à propos d'« Apollonius Tyanaeus », aux pages 304 et suivantes, on retrouve sans surprise une partie des noms qui figurent dans les notes correspondantes des carnets de Wolf[97]. Cependant, Mosheim a quarante ans quand il traduit Cudworth, et ses propos sont forts d'une expérience philologique bien plus riche et bien plus variée que ceux du jeune Wolf[98].

Quoi qu'il en soit, par leur accumulation de type bibliographique, les couches d'informations que Wolf ajoute à Cudworth en arrivent à former des entités autonomes, modules complexes ou histoires implicites. Pour montrer à quel point ces notes fonctionnent comme des entités savantes ou des histoires latentes, il suffit d'ouvrir les carnets à la rubrique « Metempsychosis[99] ». La page fourmille d'informations notées. Et cette concentration sur une seule page est précisément ce qui confère à tout ce savoir son potentiel de déploiement : en un regard, on a devant soi l'histoire d'une recherche, un savoir qui ne demande qu'à être explicité et raconté.

La matérialité de la prise de notes est ici décisive. J'ai commencé par là : les carnets de notes, les exemplaires interfoliés constituent des instruments d'appropriation. Et j'avais ajouté qu'il fallait replacer cette appropriation dans le contexte d'une histoire de fascination, ayant pour toile de fond la profonde ambivalence avec laquelle l'Orient attirait et rebutait à la fois les intellectuels du Nord de l'Europe. Je peux à présent compléter mon propos : carnets de notes et exemplaires interfoliés font partie d'une culture de la consommation savante, d'une consommation matérielle de savoir sous forme de milliers d'acquisitions d'objets antiques, de livres et de manuscrits. La consommation culturelle forme le « goût » et forge des identités, elle peut se transformer en conversations et en marqueurs de statut social[100]. Cela vaut également pour la consommation très particulière d'un Fabricius ou d'un Wolf. Assis au milieu de leurs énormes bibliothèques, ils en font passer le contenu dans leurs notes. Leurs univers livresques croisaient de temps en temps celui de leurs collègues, Arpe, Winckler, Uffenbach ou Morhof. Et lorsqu'à l'instar du jeune Wolf, ils produisaient un livre, il ne s'agissait pas de « consommation ostentatoire » (pour parler comme Veblen), mais de « production ostentatoire[101] ». L'histoire de la fascination exercée par l'Orient ancien sur les savants de l'époque moderne est une branche de cette culture de la consommation et de la communication, culture complexe et esthétiquement chargée qui a assimilé des univers étrangers en quatre étapes : acheter, lire, faire des extraits, et les retransformer en nouveaux textes érudits[102]. De façon générale, l'histoire de cette fascination est immanente à ce processus que les Anglo-saxons qualifient de *bookish*, de « livresque » : les récits de voyage, sans même parler des expériences de voyage, n'y jouent encore qu'un rôle négligeable. Le chapitre 13 a montré comment les premiers phénomènes de mobilité ont donné des impulsions nouvelles dès le XVIIe siècle. Mais, en Allemagne, cela restait exceptionnel et il faut attendre le XVIIIe siècle pour que le tableau d'ensemble commence à changer. Avant cela, la seule influence « extérieure » notable avait été l'impulsion donnée par l'orthodoxie luthérienne pour agir contre les dangereux *Schwärmer* et autres

« fanatiques », en disséquant historiquement leurs « erreurs[103] ». Cela suffisait à faire fonctionner une machinerie savante qui produisait des livres à partir d'autres livres, aboutissant à des réalisations qui nous étonnent encore aujourd'hui. L'énergie sociale est profondément enfouie dans les cycles de cette circulation et ne se manifeste que rarement : dans des invectives polémiques, des indécences ou les thèses délirantes d'un Huet ou d'un Hardouin[104]. Mais la plupart du temps, elle reste cachée dans les notes marginales griffonnées à la main, maintenant la circulation en vie, à la bonne température de fonctionnement. Une chose est sûre : les livres recouverts d'annotations minuscules et les carnets de notes remplis de microgrammes sont la clef de voûte de ce processus général. Le voyage en Orient se déroulait dans ce « territoire du crayon », qui procura tant d'insouciance à Robert Walser qu'il put en tirer ses romans.

Conclusion

Un livre portant sur le savoir précaire pourrait aisément s'achever sur une note mélancolique. Il est des natures mortes qui représentent livres et manuscrits – ces supports du savoir humain – comme des choses périssables. On les voit, béants et jaunis, placés à côté de bulles de savons, de crânes, de fleurs à demi fanées ou de bougies consumées, symboles de l'éphémère – vanités. Ce genre de nature morte aux livres fut surtout apprécié en Hollande, au début du XVIIe siècle, et d'abord à Leyde, dans cette ville universitaire où l'on mettait un si grand zèle à produire du savoir, mais aussi à Haarlem et dans d'autres villes. La culture calviniste s'empara de ce type d'images réunissant les deux aspects de son ambivalence, succès social et rigueur morale, désir d'exposer sa richesse matérielle et mauvaise conscience de la posséder[1]. Certains peintres s'étaient spécialisés dans les natures mortes avec des livres, notamment Pieter Claesz. Dans un tableau de 1630, aujourd'hui conservé à la Mauritshuis de La Haye, on voit un crâne reposer tout crûment sur un livre (planche VIII) ; la montre s'est arrêtée, la lampe s'est éteinte, le verre est tombé et la main a posé la plume[2]. L'auteur du livre est apparemment mort : que reste-t-il de ses ouvrages[3] ?

D'une façon moins crue mais non moins claire, une nature morte de Jan Davidszoon De Heem renvoie également au caractère périssable des livres[4] (planche IX). Le tableau date de 1628. De Heem y représente un tas désordonné de livres posés sur une table, sans ornements ni accessoires. Les livres sont ouverts et semblent avoir pris l'humidité, comme s'ils avaient été abandonnés là par un vieil antiquaire insoucieux. Quelques titres se laissent déchiffrer, où l'on devine qu'il est question de l'amitié entre jeunes gens ayant trouvé la mort. Actif à Leyde, De Heem peignait ce genre de tableaux depuis le milieu des années 1620. Le synode de Dordrecht venait d'avoir lieu, et il avait vu la victoire du courant calviniste rigoriste. Les natures mortes aux livres étaient un moyen de prévenir l'éventuel orgueil des professeurs et des poètes de Leyde, notamment lorsqu'ils s'abandonnaient aux fantaisies érotiques (un des livres qui figurent à l'arrière-plan du tableau est la traduction néerlandaise du *Livre des Baisers* de Jan Everaerts, dit Jean Second, livre précaire car controversé[5]). Jeunesse, désir, savoir – tout est vanité.

Ce livre n'a cependant pas été écrit pour engendrer la mélancolie. Il n'est pas consacré au caractère éphémère du savoir humain de façon générale et diffuse, mais aux conditions très spécifiques dans lesquelles des idées, des pensées, des théories peuvent être mises en danger à cause de leur dépendance à l'égard d'un support matériel. Et il observe la réaction des personnes concernées : l'habitus qu'elles ont développé, les tactiques qu'elles ont adoptées pour essayer tantôt de réhabiliter un savoir interdit, tantôt de recouvrir un savoir perdu. En résulte-t-il une autre histoire des idées à l'époque moderne ?

« Autre », cette histoire des idées l'est à trois points de vue. Elle opère en premier lieu un changement de perspective : l'attention se déplace des doctrines connues et bien établies vers ce qui est subversif, peu sûr ou en danger. On pourrait penser qu'il en résulte une histoire populaire, une *Geschichte von unten*, dans le style de l'historiographie marxiste ou post-marxiste. Ce n'est que partiellement le cas. Nous avons vu que le précariat atteignait même certaines couches établies de la population savante ou lettrée, fût-ce sous la forme de la fragilité. De là vient la nouveauté d'un changement de perspective effectué sous le signe du codage sécurité – insécurité. En second lieu, ce ne sont pas les grands esprits du temps qui sont ici sur le devant de la scène, mais des figures de deuxième, voire de troisième rang. Cela signifie notamment qu'il ne s'agit pas ici d'écrire une histoire des idées comme une histoire des innovations, en présentant une succession chronologique de pensées et de théories nouvelles. Il s'agit au contraire d'observer les phénomènes d'appropriation, de continuation et de réhabilitation. Loin d'inventer la pratique de l'extrait de lecture, Wolf est plongé dans le cycle préexistant formé par les activités qui consistent à copier, transformer, reformuler. Arpe n'est pas non plus un libre penseur révolutionnaire, il s'efforce seulement de rendre acceptables les thèses radicales des athées pour le public allemand autour de 1700. Enfin, troisième nouveauté, cette histoire des idées s'écarte des représentations coutumières, plutôt doxographiques, en ce qu'elle traite des idées, des théories et des débats comme étant toujours inscrits dans des affects, des états d'esprit, des valeurs et des représentations collectives, et en particulier dans des peurs, des attitudes de défense et des ambivalences ; mais aussi dans des pratiques, des tactiques et des stratégies ; enfin dans des institutions, dans des modes de communication avec leurs conditions propres – aléas postaux y compris.

Au commencement de ce livre, j'ai annoncé ne pouvoir ici que mettre en évidence quelques facettes de cette « autre » histoire des idées, en mettant à l'épreuve différents types de questions non conventionnelles et en présentant des documents pratiquement inconnus. Mais la question reste pour finir de savoir s'il est possible d'énoncer quelques idées générales sur l'évolution diachronique du savoir précaire durant cette longue période qui va du XVe au XVIIIe siècle et que l'on appelle généralement « l'époque moderne ». Surtout employée par les historiens, cette expression laisse transparaître une certaine prudence : plutôt que de parler de la Renaissance ou des Lumières, on choisit des termes très neutres, sauf en ceci qu'ils affirment une appartenance à l'ère « moderne ». L'alternative serait de parler d'époque « pré-moderne », expression qui, inversement, maintient un lien avec le Moyen Âge en se démarquant seulement de la modernité proprement dite, celle qui commence à partir de 1800.

Existe-t-il donc une histoire du savoir précaire au début de l'époque moderne ? Nous avons assurément indiqué l'existence de nombreuses *petites* histoires qui restent à écrire : une histoire des modes d'expression « problématiques » ; une histoire des déguisements ; une histoire des formes d'appropriation du savoir à l'aide de fiches (que l'on peut égarer) ; une histoire des correspondances entre savants s'écrivant au rythme des foires et des possibilités de se faire parvenir leurs lettres ; une histoire des façons de donner une représentation de soi par des images et de dissimuler des indications dans des emblèmes ; une histoire de l'encouragement, de la déception et de l'ambivalence épistémiques ; une histoire culturelle de la vérité entre confiance et méfiance ; une histoire de la mobilité et de l'immobilité des hommes de science ; une histoire du transfert intergénérationnel de savoirs embarrassants. Je suis convaincu qu'une *autre* histoire des idées à l'époque moderne devra intégrer toutes ces petites histoires et qu'elle devra parvenir à en exposer les intrications. Cela explique aussi pourquoi le présent livre s'est présenté comme un film à sketches. Les protagonistes d'un chapitre reparaissent dans un autre comme personnages secondaires, des thèmes qui occupent le devant de la scène dans certains chapitres ressurgissent ailleurs à l'improviste. Le cinéaste Robert Altman a appelé ces intrications *multi character form*[6].

Dans ce « film à sketches », on rencontre bien sûr des tendances contraires, certaines signalant quelque chose comme la modernisation, la sécularisation et l'apparition d'un espace public, quand d'autres indiquent un retrait ou une nostalgie de l'Antiquité. Si, malgré le scepticisme envers les téléologies, les rêveries sur le progrès et les métarécits, malgré la réticence envers les généralisations hâtives des résultats de la micro-histoire, on éprouve encore le besoin de tracer des grandes lignes, alors il faudrait sans doute inscrire l'histoire des idées portant sur le savoir précaire dans deux grandes histoires : une histoire de la liberté et une histoire de la sécurité.

Pour le détenteur d'un savoir subversif, un surcroît de liberté signifie la possibilité de ne plus avoir à se cacher. On peut devenir sincère, signer de son nom, publier ouvertement et permettre ainsi à ses pensées de durer.

Si l'époque moderne s'est bien accompagnée d'un progrès des libertés, alors le problème du savoir précaire a dû diminuer d'autant. Dans quelle mesure cela a vraiment été le cas, je n'ai pas à en débattre ici. La littérature de samizdat au XXe siècle nous indique au moins qu'il arrive encore et toujours que le savoir soit réprimé. Et le déluge d'informations actuel montre que le savoir peut également disparaître en se noyant dans une masse impossible à maîtriser.

On ne peut pas davantage donner de réponse claire à la question de savoir s'il y a eu une augmentation constante de la sécurité pendant l'époque moderne. Certes, on a assisté depuis environ 1700 au développement croissant d'une *sichere Normal-Gesellschaft*, d'une « société de la normalité » dans laquelle la sécurité devenait la règle[7]. Certaines formes de précarité devenaient plus rares, on pouvait s'assurer contre beaucoup d'impondérables et les colis étaient acheminés de façon de plus en plus fiable. Pourtant, même dans ces conditions, il arrivait qu'un savoir rare continue d'échapper à toute forme de garantie. Peut-on assurer le savoir ? Les protagonistes de ce livre, qui vivaient tous à l'époque moderne, ont eu à affronter des difficultés extérieures qui ont en grande partie disparu. Néanmoins, comme je l'ai dit en introduction, les nouveaux moyens de stockage ont fait apparaître de nouvelles formes d'incertitude, et les incertitudes sociales, même pour les personnes de milieux cultivés, n'ont pas disparu de nos sociétés postindustrielles. On peut donc être sûr que l'histoire du savoir précaire est loin d'avoir touché à sa fin.

Notes

Introduction :
Savoirs précaires, transferts risqués et matérialité de la connaissance

1. Voir Jerome Friedman, *Michael Servetus: A Case Study in Total Heresy*, Genève, Droz, 1978 ; Jean Jacquot, « L'affaire de Servet dans les controverses sur la tolérance au temps de la révocation de l'édit de Nantes », dans Bruno Becker (dir.), *Autour de Michel Servet et de Sébastien Castellion*, Haarlem, Willink et Zoon, 1953, p. 116-129 ; une présentation populaire est donnée par Lawrence et Nancy Goldstone, *Out of the Flames. The Remarkable Story of a Fearless Scholar, a Fatal Heresy, and One of the Rarest Books in the World*, New York, Broadway Books, 2002.
2. On ne connaît que quelques rares fragments de son traité *De non existentia Dei*, par les dossiers du procès. Voir Andrzej Nowicki, « Pięć fragmentów z dzieła *De non existentia dei* Kazimierza Łyszczyńskiego » [par le document n° 443 de la bibliothèque de Kórnik], *Euhemer*, 1, 1957, p. 72-81 ; *id.*, « Studia nad Łyszczyńskim », *Euhemer, Zeszyty Filozoficzne*, 4, 1963, p. 22-83.
3. Voir, en guise d'introduction, Matthias Steup et Ernest Sosa (dir.), *Contemporary Debates in Epistemology*, Oxford, Blackwell, 2005 ; Timothy Williamson, *Knowledge and its Limits*, Oxford, Oxford University Press, 2000 ; Gerhard Ernst, *Das Problem des Wissens*, Paderborn, Mentis, 2002. – Le problème de la perte de savoir a été aussi traité par Peter Burke, *A Social History of Knowledge*, vol. 2 : *From the "Encyclopédie" to Wikipedia*, Cambridge, Polity, 2012, chap. v : « Losing Knowledges », p. 139-159. Robert N. Proctor et Londa Schiebinger ont imaginé une discipline consacrée exclusivement au non-savoir : *id.* (dir.), *Agnotology. The Making and Unmaking of Ignorance*, Stanford, Stanford University Press, 2008. Il y est moins question de perte de savoir que de la façon d'aborder les champs de phénomènes inconnus et de l'oppression du savoir d'experts.
4. À propos du concept d'information, voir Arndt Brendecke, Markus Friedrich et Susanne Friedrich (dir.), *Information in der Frühen Neuzeit. Status, Bestände, Strategien*, Berlin, Lit, 2008.
5. Voir Peter Burke, *Papier und Marktgeschrei. Die Geburt der Wissensgesellschaft*, Berlin, Wagenbach, 2001, p. 20 (titre original : *A Social History of Knowledge. From Gutenberg to Diderot*, Cambridge, Polity, 2000).
6. Voir Hubert Knoblauch, « Was ist Wissen ? », dans *id.*, *Wissenssoziologie*, 2ᵉ édition, Constance, UTB, 2010, p. 359-366 (Postface).
7. Charles Bovelles, *De sapiente*, Paris, 1510, fol. XIX : « *Mundus maxima substantia, scientia nullus. Homo scientia amplissimus, substantia pusillus. Uterque stat in utroque ; uterque utriusque capax.* » Voir Martin Mulsow, article « Wissen III », *Historisches Wörterbuch der Philosophie*, vol. 12, Bâle, Schwabe, 2004, col. 876-880.

8. Voir Ernest Gellner, *Language and Solitude. Wittgenstein, Malinowski and the Habsburg Dilemma*, Cambridge, Cambridge University Press, 1998 ; Alvin I. Goldman, *Knowledge in a Social World*, Oxford, Oxford University Press, 1999.
9. Voir Carl Sagan (dir.), *Communication with Extraterrestrial Intelligence*, Cambridge, MIT Press, 1975 ; Douglas A. Vakoch (dir.), *Communication with Extraterrestrial Intelligence*, Albany, State University of New York Press, 2011. À propos des colonnes de Seth, voir Jan Assmann, « Das gerettete Wissen : Flutkatastrophen und geheime Archive », dans Martin Mulsow et Jan Assmann (dir.), *Sintflut und Gedächtnis. Erinnern und Vergessen des Ursprungs*, Munich, Fink, 2006, p. 291-301.
10. Voir Jack Goody (dir.), *Literacy in Traditional Societies*, Cambridge, Cambridge University Press, 1968 ; id., *La logique de l'écriture. Aux origines des sociétés humaines*, Paris, Armand Colin, 1986.
11. Voir Wolfgang Eichwede (dir.), *Samizdat. Alternative Kultur in Zentral- und Osteuropa. Die 60er bis 80er Jahre*, Brême, Edition Temmen, 2000 ; Friederike Kind-Kovács, *"Out of the Drawer and into the West": Tamizdat from the Other Europe and its Reception in the West during Cultural Cold War (1956-1989)*, thèse de doctorat, université de Potsdam, 2008 ; id. et Jan C. Behrends, « Vom Untergrund in den Westen. Samizdat, Tamizdat und die Neuerfindung Mitteleuropas in den achtziger Jahren », *West-Ost-Verständigung im Spannungsfeld von Gesellschaft und Staat seit den 1960er-Jahren*, Archiv für Sozialgeschichte, 45, 2005, p. 427-448.
12. Voir Gianni Paganini, *Introduzione alle filosofie clandestine*, Rome, Laterza, 2008 ; Miguel Benítez, *La face cachée des lumières. Recherches sur les manuscrits philosophiques clandestins de l'âge classique*, Oxford, Voltaire Foundation, 1996. On trouve une vue d'ensemble des principaux textes dans Winfried Schröder, *Ursprünge des Atheismus. Untersuchungen zur Metaphysik- und Religionskritik im 17. Und 18. Jahrhundert*, Stuttgart-Bad Cannstatt, Frommann-Holzboog, 1998.
13. Voir l'édition moderne : *Theophrastus redivivus. Edizione prima e critica*, éd. par Guido Canziani et Gianni Paganini, 2 volumes, Florence, La Nuova Italia, 1981 et 1982.
14. Voir, d'un point de vue général, Isolde Schmid-Reiter et Dominique Meyer (dir.), *L'Europe baroque. Oper im 17. und 18. Jahrhundert / L'opéra aux XVIIe et XVIIIe siècles*, Ratisbonne, ConBrio, 2010.
15. William Eamon, *Science and the Secrets of Nature. Books of Secrets in Medieval and Early Modern Culture*, Princeton, Princeton University Press, 1994 ; Daniel Jütte, *Das Zeitalter des Geheimnisses. Juden, Christen und die Ökonomie des Geheimen (1400-1800)*, Göttingen, Vandenhoeck und Ruprecht, 2011.
16. Voir Perez Zagorin, *Ways of Lying. Dissimulation, Persecution and Conformity in Early Modern Europe*, Cambridge, Harvard University Press, 1990.
17. Ira O. Wade, *The Clandestine Organization and Diffusion of Philosophic Ideas in France from 1700 to 1750*, Princeton, Princeton University Press, 1938.
18. Martin Mulsow, *Die unanständige Gelehrtenrepublik. Wissen, Libertinage und Kommunikation in der Frühen Neuzeit*, Stuttgart, Metzler, 2007, p. 200 sq. ; Päivi Mehtonen, *Obscure Language, Unclear Literature. Theory and Practice from Quintilian to the Enlightenment*, Helsinki, Finnish Academy of Science and Letters, 2003.
19. Immanuel Kant, *Critik der reinen Vernunft*, Riga, 1781 (A), p. 74 : « *Problematische Urteile sind solche, wo man das Bejahen oder Verneinen als bloß möglich (beliebig) annimmt.* » (Traduction française : Kant, *Critique de la raison pure*, trad. André Tremesaygues et Bernard Pacaud, Paris, Presses universitaires de France, 1984, p. 91).
20. D'après la définition du *Trésor de la langue française*. Voir Karl Ernst Georges, *Ausführliches lateinisch-deutsches Handwörterbuch*, 8e édition, Hanovre, 1918 (réimpression Darmstadt 1998), vol. 2, col. 1908-1909.
21. Franz Heinrich Reusch, *Der Index der verbotenen Bücher. Ein Beitrag zur Kirchen und Literaturgeschichte*, 2 volumes, Bonn, M. Cohen und Sohn, 1883-1885 ; Hubert Wolf, *Index. Der Vatikan und die verbotenen Bücher*, 2e édition, Munich, Beck, 2006.
22. Voir Martin Mulsow, « Libertinismus in Deutschland ? Stile der Subversion

im 17. Jahrhundert zwischen Politik, Religion und Literatur », *Zeitschrift für historische Forschung*, 31, 2004, p. 37-71.
23. André Arnauld, « Apologia Epicuri », dans *id., Joci*, Avignon, Bramereau, 1605.
24. Bruce Wrightsman, « Andreas Osiander's Contribution to the Copernican Achievement », dans Robert S. Westman (dir.), *The Copernican Achievement*, Berkeley, University of California Press, 1975, p. 214-243 ; Lutz Danneberg, « Schleiermacher und das Ende des Akkommodationsgedankens in der *hermeneutica sacra* des 17. und 18. Jahrhunderts », dans Ulrich Barth et Claus-Dieter Osthövener (dir.), *200 Jahre „Reden über die Religion"*, Berlin, De Gruyter, 2001, p. 194-246, ici p. 209 *sq.*
25. Voir Robert Castel, *Les métamorphoses de la question sociale. Une chronique du salariat*, Paris, Fayard, 1995 ; Évelyne Perrin, *Chômeurs et précaires, au cœur de la question sociale*, Paris, La Dispute, 2004 ; Robert Castel et Klaus Dörre (dir.), *Prekarität, Abstieg, Ausgrenzung: Die soziale Frage am Beginn des 21. Jahrhunderts*, Francfort-sur-le-Main, Campus, 2009 ; Heinz Bude et Andreas Willisch (dir.), *Exklusion. Die Debatte über die „Überflüssigen"*, Francfort-sur-le-Main, Suhrkamp, 2007 ; *id.* (dir.), *Das Problem der Exklusion. Ausgegrenzte, Entbehrliche, Überflüssige*, Hambourg, Hamburger Edition, 2006 ; Heinz Bude, *Die Ausgeschlossenen. Das Ende vom Traum einer gerechten Gesellschaft*, Munich, Deutscher Taschenbuch Verlag, 2008 ; Claudio Altenhain *et al.* (dir.), *Von „neuer Unterschicht" und Prekariat. Gesellschaftliche Verhältnisse und Kategorien im Umbruch*, Bielefeld, transcript Verlag, 2008 ; Alessandro Pelizzari, *Dynamiken der Prekarisierung. Atypische Erwerbsverhältnisse und milieuspezifische Unsicherheitsbewältigung*, Constance, UVK, 2009.
26. Voir par exemple Margaret C. Jacob, *The Radical Enlightenment. Pantheists, Freemasons and Republicans*, Londres, Allen and Unwin, 1981 ; Jonathan I. Israel, *Les Lumières radicales. La philosophie, Spinoza et la naissance de la modernité (1650-1750)*, Paris, Éditions Amsterdam, 2005 ; *id., Enlightenment Contested. Philosophy, Modernity, and the Emancipation of Man, 1670-1752*, Oxford, Oxford University Press, 2006 ; *id., Democratic Enlightenment. Philosophy, Revolution, and Human Rights, 1750-1790*, Oxford, Oxford University Press, 2011 ; pour le débat sur cette question : Catherine Secrétan, Tristan Dagron et Laurent Bove (dir.), *Qu'est-ce que les Lumières radicales ? Libertinage, athéisme et spinozisme dans le tournant philosophique de l'âge classique*, Paris, Éditions Amsterdam, 2007.
27. Ursula Goldenbaum, *Appell an das Publikum. Die öffentliche Debatte in der deutschen Aufklärung 1687-1796*, 2 volumes, Berlin, Akademie Verlag, 2004.
28. Voir Betty Jo Teeter Dobbs, *The Foundations of Newton's Alchemy*, Cambridge, Cambridge University Press, 1975, réédition en poche 1983 ; James E. Force et Richard H. Popkin (dir.), *Newton and Religion. Context, Nature and Influence*, Dordrecht, Kluwer, 1999 ; Richard S. Westfall, *Never at Rest. A Biography of Isaac Newton*, Cambridge, Cambridge University Press, 1980, réédition en poche 1983.
29. Hermann Samuel Reimarus, *Apologie oder Schutzschrift für die vernünftigen Verehrer Gottes*, éd. par Gerhard Alexander, 2 volumes, Francfort-sur-le-Main, Insel, 1972. Voir Dietrich Klein, *Hermann Samuel Reimarus (1694-1768). Das theologische Werk*, Tübingen, Mohr Siebeck, 2009 ; Martin Mulsow (dir.), *Between Philology and Radical Enlightenment. Hermann Samuel Reimarus (1694-1768)*, Leyde, Brill, 2011.
30. Je renvoie par exemple à Bruno Latour, *La clef de Berlin et autres leçons d'un amateur de sciences*, Paris, La Découverte, 1993 ; *id., Changer de société. Refaire de la sociologie*, Paris, La Découverte, 2005. Mais il faudrait aussi penser aux concepts de discours et de dispositif de Michel Foucault : Michel Foucault, *L'archéologie du savoir*, Paris, Gallimard, 1969 ; *id., L'ordre du discours*, Paris, Gallimard, 1971.
31. J'emprunte ces expressions à Robert Castel et Klaus Dörre (dir.), *Prekarität, Abstieg, Ausgrenzung…, op. cit.*, p. 15.
32. Gregory Bateson, *Vers une écologie de l'esprit*, Paris, Le Seuil, 1977 et 1980. La reprise du concept de Bateson en histoire des idées avait déjà été proposée par Markus Völkel, « Historiker oder Narr: Das „Lächerliche" in Theorie und Praxis frühneuzeitlicher Geschichtsschreibung (16. und 17. Jahrhundert) », *Zeitschrift für historische Forschung*, 21 (4), 1994, p. 483-511.

33. Niklas Luhmann, *Ideenevolution. Beiträge zur Wissenssoziologie*, Francfort-sur-le-Main, Suhrkamp, 2008.
34. Martin Mulsow, *Die unanständige Gelehrtenrepublik, op. cit.*
35. Koenraad O. Meinsma, *Spinoza et son cercle*, Paris, Vrin, 1984 (édition originale en hollandais, 1895). Voir Leen Spruit et Pina Totaro, *The Vatican Manuscript of Spinoza's "Ethica"*, Leyde, Brill, 2011. D'un point de vue général, voir Manfred Walther et Michael Czelinski (dir.), *Die Lebensgeschichte Spinozas. Zweite, stark erweiterte und vollständig neu kommentierte Auflage der Ausgabe von Jakob Freudenthal 1899. Mit einer Bibliographie*, Stuttgart-Bad Cannstatt, Frommann-Holzboog, 2006.
36. Voir Quentin Skinner, « Meaning and Understanding in the History of Ideas », *History and Theory*, 8, 1969, p. 3-53.
37. Voir plus loin, le chapitre 2, où l'on trouvera aussi des références bibliographiques.
38. Voir Laurent Jaffro *et al.* (dir.), *Leo Strauss. Art d'écrire, politique, philosophie*, Paris, Vrin, 2001 ; Jean-Pierre Cavaillé, *Dis/simulations. Jules-César Vanini, François La Mothe Le Vayer, Gabriel Naudé, Louis Machon et Torquato Accetto. Religion, morale et politique au XVIIe siècle*, Paris, Champion, 2002 ; Moshe Halbertal, *Concealment and Revelation. Esotericism in Jewish Thought and its Philosophical Implications*, Princeton, Princeton University Press, 2007. Voir aussi la critique sans ambiguïté de l'approche de Strauss par le spécialiste de l'Islam Dimitri Gutas, « The Study of Arabic Philosophy in the Twentieth Century. An Essay on the Historiography of Arabic Philosophy », *British Journal of Middle Eastern Studies*, 29, 2002, p. 5-25.
39. Mario Nizolio, *De veris principiis et vera ratione philosophandi*, Parme, 1553, III, 1, 1 : « [...] notitiam et cognitionem [...] rei vel rerum scitu dignarum, cognitu difficilium, et vulgo ignoratum » (traduction allemande : *Vier Bücher über die wahren Prinzipien und die wahre philosophische Methode, gegen die Pseudophilosophen*, Munich, Fink, 1980).
40. Averroès, *Kommentar zum 3. Buch der aristotelischen Physik*, voir plus loin, chapitre 2.
41. Andreas Gestrich, *Absolutismus und Öffentlichkeit. Politische Kommunikation in Deutschland zu Beginn des 18. Jahrhunderts*, Göttingen, Vandenhoeck und Ruprecht, 1994.
42. Françoise Waquet, *Le latin ou l'empire d'un signe, XVIe-XXe siècle*, Paris, Albin Michel, 1998.
43. Bernard Williams, *Vérité et véracité. Essai de généalogie*, trad. Jean Lelaidier, Paris, Gallimard, 2006.
44. À propos des notes de bas de page, voir Anthony Grafton, *Les origines tragiques de l'érudition. Une histoire de la note en bas de page*, trad. Pierre-Antoine Fabre, Paris, Le Seuil, 1998.
45. Jacob Soll, *Publishing the Prince. History, Reading, and the Birth of Political Criticism*, Ann Arbor, University of Michigan Press, 2005.
46. Justin Champion, *Republican Learning. John Toland and the Crisis of Christian Culture, 1696-1722*, Manchester, Manchester University Press, 2003.
47. Michael McKeon, *The Secret History of Domesticity. Public, Private, and the Division of Knowledge*, Baltimore, Johns Hopkins University Press, 2005.
48. Elizabeth Eisenstein, *The Printing Press as an Agent of Change. Communications and Cultural Transformations in Early Modern Europe*, Cambridge, Cambridge University Press, 1979 (version française abrégée : *La révolution de l'imprimé à l'aube de l'Europe moderne*, trad. Maud Sissung et Marc Duchamp, Paris, La Découverte, 1991).
49. Adrian Johns, *The Nature of the Book. Print and Knowledge in the Making*, Chicago, Chicago University Press, 1998.
50. Martin Mulsow, « Die Transmission verbotenen Wissens », dans Ulrich Johannes Schneider (dir.), *Kulturen des Wissens im 18. Jahrhundert*, Berlin, De Gruyter, 2008, p. 61-80.
51. Martin Mulsow, *Moderne aus dem Untergrund. Radikale Frühaufklärung in Deutschland 1680-1720*, Hambourg, Meiner, 2002.
52. Wolfgang Schmale (dir.), *Kulturtransfer. Kulturelle Praxis im 16. Jahrhundert*, Vienne, Studien-Verlag, 2003. Michel Espagne et Michael Werner (dir.), *Transferts : les relations*

interculturelles dans l'espace franco-allemand (XVIIIe-XIXe siècle), Paris, Éditions Recherche sur les civilisations, 1988.
53. Pour une discussion critique de cette approche, voir Georg Kneer, Markus Schroer et Erhard Schüttpelz (dir.), *Bruno Latours Kollektive*, Francfort-sur-le-Main, Suhrkamp, 2008.
54. Ikujirō Nonaka et Hirotaka Takeuchi, *Die Organisation des Wissens*, Francfort-sur-le-Main, Campus, 1997.
55. Peter Burke, « Die Kulturgeschichte intellektueller Praktiken », dans Andreas Mahler et Martin Mulsow (éd.), *Texte zur Theorie der Ideengeschichte*, Stuttgart, Reclam, 2014, p. 359-374.
56. W. J. T. Mitchell, *Das Leben der Bilder. Eine Theorie der visuellen Kultur*, Munich, Beck, 2008 ; Gottfried Boehm (dir.), *Was ist ein Bild?* Munich, Fink, 1994 ; Horst Bredekamp, « Bildwissenschaft », dans Ulrich Pfisterer (dir.), *Metzler Lexikon Kunstwissenschaft. Ideen, Methoden, Begriffe*, Stuttgart, Metzler, 2003 ; Hans Belting, *Bild-Anthropologie. Entwürfe für eine Bildwissenschaft*, Munich, Fink, 2001 ; Jörg Probst et Jost Philipp Klenner (dir.), *Ideengeschichte der Bildwissenschaft*, Francfort-sur-le-Main, Suhrkamp, 2009.
57. Roger Chartier, « Kulturgeschichte zwischen Repräsentationen und Praktiken », dans *id.*, *Die unvollendete Vergangenheit*, Berlin, Wagenbach, 1989, p. 7-19.
58. Voir Wilhelm Braun, *Die Verwandlungen des Mythos vom Reich des Priesterkönigs Johannes*, Klagenfurt, Kitab, 1999.
59. Michael C. Frank *et al.* (dir.), *Fremde Dinge, Zeitschrift für Kulturwissenschaften*, 1, 2007.
60. Robert B. Brandom, *Rendre explicite : raisonnement, représentation et engagement discursif*, trad. Anne-Gaëlle Argy *et al.*, 2 volumes, Paris, Éditions du Cerf, 2010 et 2011 ; *id.*, *L'articulation des raisons. Introduction à l'inférentialisme*, trad. Claudine Tiercelin et Jean-Pierre Cometti, Paris, Éditions du Cerf, 2009 ; *id.*, *Reason in Philosophy: Animating Ideas*, Cambridge, Belknap Press of Harvard University Press, 2009.
61. Robert B. Brandom, *Articulating Reasons: an Introduction to Inferentialism*, Cambridge, Harvard University Press, 2000, p. 11 : « *Saying or thinking* that *things are thus-and-so is undertaking a distinctive kind of* inferentially *articulated commitment: putting it forward as a fit premise for further inferences, that is,* authorizing *its use as such a premise, and undertaking* responsibility *to entitle oneself to that commitment, to vindicate one's authority, under suitable circumstances, paradigmatically by exhibiting it as the conclusion of an inference from other such commitments to which one is or can become entitled.* » (Nous traduisons).
62. Voir les réflexions de Mark Bevir, s'inspirant de l'holisme sémantique de Donald Davidson, dans Mark Bevir, *The Logic of the History of Ideas*, Cambridge, Cambridge University Press, 2002.
63. Nassim Nicholas Taleb, *Le cygne noir. La puissance de l'imprévisible*, trad. Christine Remoldy, Paris, Les Belles Lettres, 2008.
64. Allan M. Collins et Ross Quillian, « Retrival Time from Semantic Memory », *Journal of Verbal Learning and Verbal Behavior*, 8, 1969, p. 240-247 ; d'un point de vue général, voir Robert Solso, *Kognitive Psychologie*, Heidelberg, Springer-Medizin-Verlag, 2005.
65. Isaac La Peyrère, *Praeadamitae*, s. l., [Amsterdam, Elzevier], 1655. Voir Richard H. Popkin, *Isaac La Peyrère (1596-1676). His Life, Work and Influence*, Leyde, Brill, 1987.
66. Lorraine Daston et Katherine Park, *Wunder und die Ordnung der Natur*, Berlin, Eichborn, 1998, p. 253-300.
67. C'est le danger qui guette beaucoup de travaux plus anciens inspirés par le marxisme ou le néo-marxisme, comme Gottfried Stiehler (dir.), *Beiträge zur Geschichte des vormarxistischen Materialismus*, Berlin, Dietz, 1961.
68. Robert Castel, *Les métamorphoses de la question sociale. Une chronique du salariat*, Paris, Fayard, 1995, « Conclusion », p. 461 *sq.*
69. Paul Hazard, *La crise de la conscience européenne (1680-1715)*, Paris, Boivin, 1935.
70. Hans Blumenberg, *Theorie der Unbegrifflichkeit*, Francfort-sur-le-Main, Suhrkamp, 2007, p. 77.

1. La *PERSONA* DU PENSEUR RADICAL

1. Voir *The Cambridge History of Science*, vol. 3 : *Early Modern Science*, éd. par Katherine Park et Lorraine Daston, Cambridge, Cambridge University Press, 2006, 2e partie, ainsi que le volume I/2 de *Science in Context*, 16, 2003, éd. par Lorraine Daston et H. Otto Sibum.
2. Marcel Mauss, « Une catégorie de l'esprit humain : la notion de personne, celle de "moi" », *The Journal of the Royal Anthropological Institute of Great Britain and Ireland*, 68, 1938, p. 263-281.
3. Ian Hunter, « The History of Philosophy and the Persona of the Philosopher », *Modern Intellectual History*, 4 (3), 2007, p. 571-600 ; voir aussi Conal Condren, Stephen Gaukroger et Ian Hunter (dir.), *The Philosopher in Early Modern Europe. The Nature of a Contested Identity*, Cambridge, Cambridge University Press, 2006.
4. Ian Hunter, « The History of Philosophy and the Persona of the Philosopher », *op. cit.*, p. 581-582.
5. Voir Lorenzo Bianchi, « Sapiente e popolo nel *Theophrastus redivivus* », *Studi storici*, 24 (1-2), 1983, p. 137-164 ; Jean Daniel Charron, *The Wisdom of Pierre Charron. An Original and Orthodox Code of Morality*, Chapel Hill, University of North Carolina Press, 1960 ; René Pintard, *Le libertinage érudit dans la première moitié du XVIIe siècle*, Paris, Boivin, 1943, réimpression Genève, Slatkine, 1989.
6. Voir Michel de Certeau, *L'invention du quotidien*, vol. 1 : *Arts de faire*, Paris, Gallimard, 1990, p. 57 *sq.*
7. Voir Leo Strauss, *La persécution et l'art d'écrire*, trad. Olivier Berrichon-Sedeyn, Paris, Presses Pocket, 1989.
8. Voir les contributions critiques publiées dans Laurent Jaffro *et al.* (dir.), *Leo Strauss. Art d'écrire, politique, philosophie*, Paris, Vrin, 2001, ainsi que Jean-Pierre Cavaillé, « Leo Strauss et l'histoire des textes en régime de persécution », *Revue philosophique de la France et de l'étranger*, 130 (1), 2005, p. 39-60.

1. Le précariat clandestin

1. Robert Castel et Klaus Dörre, « Einleitung », dans *id.* (dir.), *Prekarität, Abstieg, Ausgrenzung: Die soziale Frage am Beginn des 21. Jahrhunderts*, Francfort-sur-le-Main, Campus, 2009, p. 11-19, ici p. 17.
2. Le récit de sa tentative de suicide se trouve dans un prospectus anonyme : *Nachricht von Frankfurth am Mayn vom 30. Maji 1719. Wegen des Autoris der Meditationum De Deo Mundo & Homine* (non paginé, 4 pages). On y lit, p. 4 : « Comme il fut ensuite bientôt condamné aux arrêts : dans sa prison, le diable s'empara de lui de telle manière qu'il désespéra et s'ouvrit violemment les veines des deux bras avec une pince et on l'a trouvé peu après à moitié mort, gisant dans son sang : lorsque l'aide du médecin l'eut remis en tel point qu'il put de nouveau parler, il a avoué au père Starcken, qui était venu le voir dans un esprit chrétien, qu'il souffrait du fond de l'âme de ce qu'il s'était rendu grandement coupable envers la religion chrétienne par ses *Meditationes* et qu'il était tombé dans de grandes erreurs : après quoi il a demandé à communier, ce qui ne lui a cependant pas été accordé sur-le-champ. » (« *Da er dann so bald mit Arrest beleget worden: In welcher Gefangenschafft der Teuffel sich seiner dergestalt bemächtiget / daß er verzweifelt / sich mit einer Zange die Adern an beyden Armen mit Gewalt aufgerissen / und hat man ihn kurz hernach halb todt in seinem Blut liegend gefunden: Als er nun durch Hülffe des Artztes wieder in so weit zu recht gebracht worden / daß er zur Sprache gekommen / hat er dem Pfarrherrn Starcken / welcher in christlicher Meynung sich zu ihm begeben / bekennet / wie es ihm von Grund der Seelen leyd seye / daß er durch seine Meditationes der christlichen Religion zuwider / sich in vielen vergangen / und also in grosse Irrthümer gerathen: Darauf hat er*

das heilige Abendmahl verlanget / so ihm aber noch nicht so augenblicklich hat zugestanden werden wollen. ») Ce passage est aussi inséré dans un manuscrit conservé à la bibliothèque Herzog-August de Wolfenbüttel (Ms. Extrav. 15.1, fol. 172r°-173v°). À propos de Lau, voir Kurt Zielenziger, *Die alten deutschen Kameralisten. Ein Beitrag zur Geschichte der Nationalökonomie und zum Problem des Merkantilismus*, Iéna, Fischer, 1913 ; Paul Konschel, « Theodor Ludwig Lau, ein Literat der Aufklärungszeit », *Altpreußische Monatsschrift*, 55, 1918, p. 172-192 ; Hanspeter Marti, « Grenzen der Denkfreiheit in Dissertationen des frühen 18. Jahrhunderts. Theodor Ludwig Laus Scheitern an der juristischen Fakultät Königsberg », dans Helmut Zedelmaier et Martin Mulsow (dir.), *Die Praktiken der Gelehrsamkeit in der Frühen Neuzeit*, Tübingen, Niemeyer, 2001, p. 295-306 ; Martin Mulsow, « Libertinismus in Deutschland? Stile der Subversion im 17. Jahrhundert zwischen Politik, Religion und Literatur », *Zeitschrift für historische Forschung*, 31 (1), 2004, p. 37-71 ; *id.*, « Theodor Ludwig Lau (1670-1740) », *Aufklärung*, 17, 2005, p. 253-255 ; Erich Donnert, *Theodor Ludwig Lau. Religionsphilosoph und Freidenker der Frühen Neuzeit*, Francfort-sur-le-Main, Lang, 2011.

3. Theodor Ludwig Lau, *Meditationes philosophicae de Deo, Mundo, Homine*, s. l., 1717. Réimprimé dans Theodor Ludwig Lau, *Meditationes philosophicae... Dokumente. Mit einer Einleitung*, éd. par Martin Pott, Stuttgart-Bad Cannstatt, Frommann-Holzboog, 1992.

4. Michael Rothmann, *Die Frankfurter Messen im Mittelalter*, Stuttgart-Bad Cannstatt, Frommann-Holzboog, 1998 ; Alexander Dietz, *Frankfurter Handelsgeschichte*, Francfort, Minjon, 1910-1925.

5. J'emprunte les concepts de « précaire » et de « précariat » à des travaux sociologiques récents. Voir les références bibliographiques données dans l'introduction (note 25). L'étude pionnière sur la pensée radicale en Allemagne au début des Lumières est celle de Winfried Schröder, *Spinoza in der deutschen Frühaufklärung*, Wurtzbourg, Königshausen und Neumann, 1987. À propos de l'époque « politique » et « galante », voir Volker Sinemus, *Poetik und Rhetorik im frühmodernen deutschen Staat*, Göttingen, Vandenhoeck und Ruprecht, 1978 ; Gotthardt Frühsorge, *Der politische Körper. Zum Begriff des Politischen im 17. Jahrhundert und in den Romanen Christian Weises*, Stuttgart, Metzler, 1974 ; Dirk Niefanger, Sylvia Heudecker et Jörg Wesche (dir.), *Kulturelle Orientierung um 1700. Traditionen, Programme, konzeptionelle Vielfalt*, Tübingen, Niemeyer, 2004.

6. Voir, d'un point de vue général, Ira O. Wade, *The Clandestine Organization and Diffusion of Philosophic Ideas in France from 1700 to 1750*, Princeton, Princeton University Press, 1938.

7. Voir Martin Mulsow, « Unanständigkeit. Mißachtung und Verteidigung der guten Sitten in der Gelehrtenrepublik der Frühen Neuzeit », dans *id.*, *Die unanständige Gelehrtenrepublik. Wissen, Libertinage und Kommunikation in der Frühen Neuzeit*, Stuttgart, Metzler, 2007, p. 1-26.

8. Voir Hanspeter Marti, « Grenzen der Denkfreiheit in Dissertationen des frühen 18. Jahrhunderts, *op. cit.* À propos des abrégés de l'*Historia atheismi*, voir Hans-Martin Barth, *Atheismus und Orthodoxie. Analysen und Modelle christlicher Apologetik im 17. Jahrhundert*, Göttingen, Vandenhoeck und Ruprecht, 1971.

9. Voir chapitre 3.

10. Voir Martin Mulsow, « Mehr Licht. Wie kann die Geschichtsschreibung über die Aufklärung aufklären, ohne an einen unaufhaltsamen Fortschritt zu glauben? » *Neue Zürcher Zeitung*, 27 octobre 2007.

11. À propos du terme *precarius* dans le droit romain, voir Jens-Uwe Krause, *Spätantike Patronatsformen im Westen des Römischen Reiches*, Munich, Beck, 1987, p. 254-263, qui donne d'autres indications bibliographiques.

12. Roger Chartier, « Espace social et imaginaire social : les intellectuels frustrés au XVIIe siècle », *Annales. Économies, sociétés, civilisations*, 37 (2), 1982, p. 389-400, ici p. 393. Chartier emprunte l'expression à Pierre Bourdieu, *La distinction. Critique sociale du jugement*, Paris, Éditions de Minuit, 1979, p. 157-159.

13. À propos du nombre d'étudiants, voir Willem Frijhoff, « Surplus ou déficit ? Hypothèses sur le nombre réel des étudiants en Allemagne à l'époque moderne (1576-1815) », *Francia*, 7, 1979, p. 173-218. Voir aussi Franz Quarthal, « Öffentliche Armut, Akademikerschwemme und Massenarbeitslosigkeit im Zeitalter des Barock », dans Volker Press *et al.* (dir.), *Barock am Oberrhein*, Karlsruhe, Braun, 1985, p. 153-188 ; Grete Klingenstein, « Akademikerüberschuss als soziales Problem im aufgeklärten Absolutismus. Bemerkungen über eine Rede Joseph von Sonnenfels aus dem Jahre 1771 », dans *id. et al.* (dir.), *Bildung, Politik und Gesellschaft*, Munich, Böhlau, 1978, p. 165-204. – À propos de la *Frühaufklärung* allemande en général, voir Werner Schneiders, *Naturrecht und Liebesethik. Zur Geschichte der praktischen Philosophie im Hinblick auf Christian Thomasius*, Hildesheim, Olms, 1971 ; Martin Pott, *Aufklärung und Aberglaube. Die deutsche Frühaufklärung im Spiegel ihrer Aberglaubenskritik*, Tübingen, Niemeyer, 1992 ; Martin Mulsow, *Moderne aus dem Untergrund. Radikale Frühaufklärung in Deutschland 1680-1720*, Hambourg, Meiner, 2002 ; Hans Erich Bödeker (dir.), *Strukturen der deutschen Frühaufklärung 1680-1720*, Göttingen, Vandenhoeck und Ruprecht, 2008.
14. Mark H. Curtis, « The Alienated Intellectuals of Early Stuart England », *Past and Present*, 23, 1962, p. 25-43.
15. Voir Wolfgang E. Weber, *Prudentia gubernatoria. Studien zur Herrschaftslehre in der deutschen Politischen Wissenschaft des 17. Jahrhunderts*, Tübingen, Niemeyer, 1992 ; Hans Martin Sieg, *Staatsdienst, Staatsdenken und Dienstgesinnung in Brandenburg-Preußen im 18. Jahrhundert (1713-1806)*, Berlin, De Gruyter, 2003.
16. Voir note 12. Pour une analyse des stratégies de groupes précaires, également inspirée par la sociologie de Pierre Bourdieu, voir Norbert Schindler, « Jenseits des Zwangs? Zur Ökonomie des Kulturellen inner- und außerhalb der bürgerlichen Gesellschaft », dans *id., Widerspenstige Leute. Studien zur Volkskultur der Frühen Neuzeit*, Francfort-sur-le-Main, Fischer Taschenbuch, 1992, p. 20-46.
17. Sur les stratégies de reconversion dans la France prérévolutionnaire, voir Robert Darnton, *Bohème littéraire et révolution. Le monde des livres au XVIIIe siècle*, trad. Éric de Grolier, Paris, Gallimard, 1983.
18. Voir en général Wilhelm Kühlmann, *Gelehrtenrepublik und Fürstenstaat. Entwicklung und Kritik des deutschen Späthumanismus in der Literatur des Barockzeitalters*, Tübingen, Niemeyer, 1982 ; Volker Sinemus, *Poetik und Rhetorik im frühmodernen deutschen Staat*, *op. cit.*
19. Realis de Vienna [Gabriel Wagner], *Discursus et dubia in Christ. Thomasii Introductionem ad philosophiam aulicam in quibus de natura et constitutione philosophiae disseritur, et ratione studiorum judicatur, et in quo consistat vera sapientia, ostenditur*, Ratisbonne, 1691 ; texte cité d'après la traduction allemande publiée dans Gottfried Stiehler (éd.), *Materialisten der Leibniz-Zeit*, Berlin-Est, Deutscher Verlag der Wissenschaften, 1966, p. 118.
20. Voir Klaus Garber, « Sozietät und Geistes-Adel. Von Dante zum Jakobiner-Club. Der frühneuzeitliche Diskurs *de vera nobilitate* und seine institutionelle Ausformung in der gelehrten Akademie », dans *id.* et Heinz Wismann (dir.), *Europäische Sozietätsbewegung und demokratische Tradition*, vol. 1, Tübingen, Niemeyer, 1996, p. 1-39.
21. À propos des emplois de précepteur, voir Ludwig Fertig, *Die Hofmeister. Ein Beitrag zur Geschichte des Lehrerstandes und der bürgerlichen Intelligenz*, Stuttgart, Metzler, 1979.
22. Voir Arjun Appadurai, *Fear of Small Numbers. An Essay on the Geography of Anger*, Durham, Duke University Press, 2006.
23. Peter Friedrich Arpe, *Feriae aestivales sive scriptorum suorum historia liber singularis*, Hambourg, Kisnerus, 1726. À propos d'Arpe, voir Martin Mulsow, « Freethinking in Early Eighteenth-Century Protestant Germany: Peter Friedrich Arpe and the *Traité des trois imposteurs* », dans Silvia Berti, Françoise Charles-Daubert et Richard H. Popkin (dir.), *Heterodoxy, Spinozism and Free Thought in Early-Eighteenth-Century Europe. Studies on the "Traité des trois imposteurs"*, Dordrecht, Londres et Boston,

Kluwer, 1996, p. 193-239 ; Martin Mulsow, « Peter Friedrich Arpe collectionneur », *La lettre clandestine*, 3, 1994, p. 35-36 ; *id.*, *Moderne aus dem Untergrund. Radikale Frühaufklärung in Deutschland 1680-1720*, Hambourg, Meiner, 2002, *passim*. Voir aussi plus loin, chapitre 4.

24. Voir ses collections manuscrites conservées dans la Bibliothèque universitaire de Rostock. Voir Martin Mulsow, « Eine handschriftliche Sammlung zur Geschichte Schleswig-Holsteins aus dem frühen 18. Jahrhundert », *Zeitschrift der Gesellschaft für Schleswig-Holsteinische Geschichte*, 120, 1995, p. 201-206.

25. Voir Winfried Schröder, *Spinoza in der deutschen Frühaufklärung, op. cit.* ; Martin Mulsow, « A German Spinozistic Reader of Cudworth, Bull, and Spencer: Johann Georg Wachter and his *Theologia Martyrum* (1712) », dans Christopher Ligota et Jean-Louis Quantin (dir.), *History of Scholarship*, Oxford, Oxford University Press, 2006, p. 357-383 ; Detlef Döring, « Johann Georg Wachter in Leipzig und die Entstehung seines *Glossarium Etymologicum* », dans Rudolf Bentzinger et Ulrich-Dieter Oppitz (dir.), *Fata Libellorum. Festschrift für Franz-Josef Pensel zum 70. Geburstag*, Göppingen, Kümmerle, 1999, p. 29-63. Voir aussi le chapitre 7.

26. Voir à présent Gabriel Wagner, *Ausgewählte Schriften und Dokumente*, éd. par Siegfried Wollgast, Stuttgart-Bad Cannstatt, Frommann-Holzboog, 1997.

27. À propos de Reimarus, voir Dietrich Klein, *Hermann Samuel Reimarus (1694-1768): Das theologische Werk*, Tübingen, Mohr Siebeck, 2009 ; Ulrich Groetsch, *From Polyhistory to Subversion: The Philological Foundations of Hermann Samuel Reimarus's (1694-1768) Radical Enlightenment*, thèse de doctorat, Rutgers University, 2008 ; Martin Mulsow (dir.), *Between Philology and Radical Enlightenment. Hermann Samuel Reimarus (1694-1768)*, Leyde, Brill, 2011. Voir aussi plus loin, chapitre 10.

28. À propos de Wekhrlin, voir Jean Mondot, *Wilhelm Ludwig Wekhrlin. Un publiciste des Lumières*, Bordeaux, Presses universitaires de Bordeaux, 1986.

29. À propos de Fréret, voir le numéro 29 de la revue *Corpus, revue de philosophie*, Paris, 1995.

30. Almut et Paul Spalding, « Der rätselhafte Tutor bei Hermann Samuel Reimarus: Begegnung zweier radikaler Aufklärer in Hamburg », *Zeitschrift des Vereins für Hamburgische Geschichte*, 87, 2001, p. 49-64.

31. Voir les développements plus détaillés dans les chapitres 2 et 3.

32. Hermann Samuel Reimarus, *Abhandlungen von den vornehmsten Wahrheiten der natürlichen Religion*, Hambourg, Bohn, 1754.

33. Voir à ce sujet le chapitre 2 ainsi que Martin Mulsow, *Moderne aus dem Untergrund...*, *op. cit.*, p. 432-436.

34. Martin Mulsow, « *Asophia philosophorum*. Skeptizismus und Frühaufklärung in Deutschland », dans *Transactions of the Ninth International Congress on the Enlightenment*, vol. 1, Oxford, Voltaire Foundation, 1996, p. 203-207 ; *id.*, « Eclecticism or Skepticism? A Problem of the Early Enlightenment », *Journal of the History of Ideas*, 58 (3), 1997, p. 465-477.

35. Voir plus loin, chapitre 2.

36. Leo Strauss, *La persécution et l'art d'écrire*, trad. Olivier Berrichon-Sedeyn, Paris, Presses Pocket, 1989.

37. Voir Martin Mulsow, « Libertinismus in Deutschland?... », *op. cit.* ; Jean-Pierre Cavaillé, *Dis/simulations. Jules César Vanini, François La Mothe Le Vayer, Gabriel Naudé, Louis Machon et Torquato Accetto. Religion, morale et politique au XVIIe siècle*, Paris, Champion, 2002 ; Päivi Mehtonen, *Obscure Language, Unclear Literature. Theory and Practice from Quintilian to the Enlightenment*, Helsinki, Finnish Academy of Science and Letters, 2003.

38. Voir aussi, à propos de tactiques analogues dans le cadre de l'Union soviétique : Jurij Malzew, *Freie russische Literatur 1955-1980. Der Samisdat in der Sowjetunion*, Berlin, Ullstein, 1981 ; Matthias Buchholz et al. (dir.), *Samisdat in Mitteleuropa. Prozeß – Archiv – Erinnerung*, Dresde, Thelem, 2007, ainsi que la note 11 de l'introduction du présent livre.

39. Theodor Ludwig Lau, *Meditationes, Theses, Dubia*, Freystadii [Francfort-sur-le-Main ?], 1719, fol. 5r°. Voir Martin Mulsow, « Libertinismus in Deutschland?... », *op. cit.*, p. 40.
40. Il faudrait parler ici de politique de la mémoire, nécessaire dans le cas du fonds de savoir précaire.
41. Konrad Ehlich, « Text und sprachliches Handeln. Die Entstehung von Texten aus dem Bedürfnis nach Überlieferung », dans Aleida Assmann, Jan Assmann et Christof Hardmeier (dir.), *Schrift und Gedächtnis*, Munich, Fink, 1983, p. 24-43. Pour Ehlich, le texte distend lui-même une situation de communication ; ce qui m'intéresse est qu'un texte permette de communiquer avec un décalage temporel de plusieurs années voire de plusieurs décennies. Voir aussi la reprise de ce concept par Jan Assmann, *Das kulturelle Gedächtnis. Schrift, Erinnerung und politische Identität in frühen Hochkulturen*, Munich, Beck, 1992, p. 22 (pour une traduction française : *La mémoire culturelle. Écriture, souvenir et imaginaire politique dans les civilisations antiques*, trad. Diane Meur, Paris, Aubier, 2010).
42. Voir Siegfried Wollgast, « Einleitung » dans Gabriel Wagner, *Ausgewählte Schriften und Dokumente, op. cit.*, p. 7-73.
43. Jakob Friedrich Reimmann, *Versuch einer Einleitung in die Historiam Literariam so wohl insgemein als auch derer Teutschen insonderheit*, 6 volumes, Halle, Rengerische Buchhandlung, 1708-1713.
44. Gabriel Wagner, *Nachricht von Realis de Vienna Prüfung des Europischen Verstandes durch die Weltweise Geschicht*, éd. par Martin Disselkamp, Heidelberg, Winter, 2005.
45. À propos de Campanella, voir Luigi Amabile, *Fra Tommaso Campanella, la sua congiura, i suoi processi e la sua pazzia*, Naples, Antonio Morono, 1882.
46. Theodor Ludwig Lau, « Die Original-Rede... », dans *id., Meditationes philosophicae... Dokumente, op. cit.*, p. 179-188.
47. À propos de la philosophie tardive de Wachter, voir Martin Mulsow, « A German Spinozistic Reader of Cudworth, Bull, and Spencer: Johann Georg Wachter and his *Theologia Martyrum* (1712) », dans Christopher Ligota et Jean-Louis Quantin (dir.), *History of Scholarship*, Oxford, Oxford University Press, 2006, p. 357-383. Sur l'amertume du Wachter tardif, voir Detlef Döring, « Johann Georg Wachter in Leipzig und die Entstehung seines *Glossarium Etymologicum* », *op. cit.*
48. Voir les volumes ramenés des territoires de l'ancienne Union soviétique à la Staats- und Universitätsbibliothek de Hambourg, Cod. theol. 1876, Cod. theol. 1842. À propos d'autres manuscrits de Wachter, voir l'introduction de Winfried Schröder à Johann Georg Wachter, *De primordiis Christianae religionis... Dokumente. Mit einer Einleitung*, éd. par Winfried Schröder, Stuttgart-Bad Cannstatt, Frommann-Holzboog, 1995, p. 8-11.
49. À propos du fait que la *Frühaufklärung* allemande « modérée » aspirait à des réformes et à des compromis, voir Anthony La Vopa, *Grace, Talent and Merit. Poor Students, Clerical Careers, and Professional Ideology in Eighteenth-Century Germany*, Cambridge, Cambridge University Press, 1988.
50. Sur le rôle de la contingence, voir Rudolf Schlögl, « Kommunikation und Vergesellschaftung unter Anwesenden. Formen des Sozialen und ihre Transformation in der Frühen Neuzeit », *Geschichte und Gesellschaft*, 34 (2), 2008, p. 155-224.

2. Les deux corps du libertin

1. Bonaventura [August Klingemann], *Les Veilles de nuit*, dans *Les Romantiques allemands*, éd. par Jean-Claude Schneider, vol. 2, Paris, Gallimard, 1973, p. 62 (traduction modifiée). – Une version plus courte de ce chapitre a été publiée en langue anglaise : Martin Mulsow, « The Libertine's Two Bodies: Moral Persona and Free Thought in Early Modern Europe », *Intellectual History Review*, 18 (3), 2008, p. 337-347.
2. Ernst Kantorowicz, *Les deux corps du roi. Essai sur la théologie politique au Moyen Âge*, Paris, Gallimard, 1989, repris dans *id., Œuvres*, Paris, Gallimard, 2000, p. 689.

3. Cité dans Ernst Kantorowicz, *Les deux corps du roi…, op. cit.*, p. 690 : « *Itaque in unoquoque gemina intelligitur fuisse persona, una ex natura, altera ex gratia, una in hominis proprietate, altera in spiritu et virtute.* »
4. À propos de Kantorowicz, voir Kay Schiller, *Gelehrte Gegenwelten. Über humanistische Leitbilder im 20. Jahrhundert*, Francfort-sur-le-Main, Fischer Taschenbuch, 2000 ; Alain Boureau, *Histoires d'un historien : Kantorowicz*, Paris, Gallimard, 1990.
5. Voir Carlo Ginzburg, *Il nicodemismo. Simulazione e dissimulazione religiosa nell'Europa del Cinquecento*, Turin, Einaudi, 1970 ; Perez Zagorin, *Ways of Lying: Dissimulation, Persecution and Conformity in Early Modern Europe*, Cambridge, Harvard University Press, 1990.
6. [François de La Mothe Le Vayer], *Quatre dialogues faits à l'imitation des anciens par Orasius Tubero*, à Francfort, par Jean Sarius, 1506 [Paris, vers 1630]. Je me réfère à l'édition des *Dialogues faits à l'imitation des anciens*, éd. par André Pessel, Paris, Fayard, 1988. À propos de La Mothe Le Vayer, voir René Pintard, *Le libertinage érudit dans la première moitié du XVIIe siècle*, Paris, Boivin, 1943, réimpression Genève, Slatkine, 1989.
7. François de La Mothe Le Vayer, *Dialogues faits à l'imitation des anciens*, éd. par André Pessel, Paris, Fayard, 1988, p. 14. Carlo Ginzburg m'a renvoyé à ce passage dans son essai « Mythe. Distance et mensonge », dans *id., À distance. Neuf essais sur le point de vue en histoire*, trad. Pierre Antoine Fabre, Paris, Gallimard, 2001, p. 37-72, ici p. 57.
8. Giovanni Pico della Mirandola, *Commento sopra una canzone d'amore*, Parlerme, Novecento, 1994 ; voir l'introduction de Thorsten Bürklins à son édition en allemand du *Commento: Kommentar zu einem Lied der Liebe*, Hambourg, Meiner, 2002.
9. À commencer par Robert Bellarmin, « Sententiae D. M. Baii refutatae », publié dans Xavier-Marie Le Bachelet (éd.), *Auctarium Bellarminianum. Supplément aux œuvres du Cardinal Bellarmin*, Paris, Beauchesne, 1913, p. 314-338.
10. Voir à ce sujet Henri de Lubac, *Surnaturel. Études historiques*, Paris, Aubier, 1946 (nouvelle édition Paris, Desclée de Brouwer, 1991).
11. Pietro Pomponazzi, cité par Franco Graiff, « I prodigi e l'astrologia nei commenti di Pietro Pomponazzi al *De caelo*, alla *Meteora*, e al *De generatione* », *Medioevo*, 2, 1976, p. 331-361.
12. À propos de la théorie de la double vérité, voir Anneliese Maier, « Das Prinzip der doppelten Wahrheit », dans *id., Studien zur Naturphilosophie der Spätscholastik*, vol. 4 : *Metaphysische Hintergründe der spätscholastischen Naturphilosophie*, Rome, Edizioni di Storia e Letteratura, 1955, p. 1-44 ; Alain de Libera, *Raison et foi. Archéologie d'une crise d'Albert le Grand à Jean-Paul II*, Paris, Le Seuil, 2003 ; Markus Friedrich, *Die Grenzen der Vernunft. Theologie, Philosophie und gelehrte Konflikte am Beispiel des Helmstedter Hofmannstreits und seiner Wirkungen auf das Luthertum um 1600*, Göttingen, Vandenhoeck und Ruprecht, 2004, p. 281 *sq.*
13. Pietro Pomponazzi, *Tractatus de immortalitate animae*, Bologne, 1516. Nous citons d'après l'édition allemande bilingue latin-allemand, *Abhandlung über die Unsterblichkeit der Seele*, éd. par Burkhard Mojsisch, Hambourg, Meiner, 1990, p. 198-199 : « *Neque accusandus est politicus. Sicut namque medicus multa fingit, ut aegro sanitatem restituat, sic politicus apologos format, ut cives rectificet. Verum in his apologis, ut dicit Averroes in prologo tertii Physicorum, proprie neque est veritas neque falsitas.* »
14. L'avant-propos d'Averroès au livre III de la *Physique* d'Aristote est publié dans : *Aristotelis opera cum Averrois commentariis*, éd. par Marcantonio Zimara, vol. 4, Venise, Junctas, 1560, fol. 69r°-v° : « *Et ideo videmus modernos loquentes dicere quod qui in principio addiscit philosophiam, non potest addiscere leges, et qui primo addiscit leges, non ei abscondentur post aliae scientie : et bene dixerunt : in quo enim congregatur consuetudo et comprehensibilitas veritatis, ille non habet impedimentum semper a falsitate, vel saltem ab eo, in quo non est veritas, neque falsitas : ut in legibus.* »
15. *Ibid.*, fol. 69v° : « *Sed qui habet consuetudinem recipiendi falsum, aptus est ut impediatur a veritate.* » L'argumentation continue de la façon suivante : « [...] *quemadmodum in quo congregatur cum nutrimento panis, qui est cibus temperatus, consuetudo nutrimenti,*

rectum est ut non impediatur in aliqua hora abhoc, quia nutriatur ab eo, et quin non accidat ei nutrimentum : sed qui assuetus est ad aliquid aliud, quam panem, bene potest impediri a nutrimento illius. Et ex hoc modo, scilicet per consuetudinem estimator quod apologi propositi civitatum corrumpunt multa principia naturae, et hoc est per assuetudinem. Et ideo fides vulgi est fortior quam fides philosophorum. Quoniam vulgus non assuevit audire aliud, philosophi autem audiunt multa, et ideo, quando disputatio et consideratio consequens est omnibus, corrumpitur fides vulgi, et ideo quaedam leges prohibent disputare. Et potest bene videre quantum operatur audire res extraneas in opinione, quae est per consuetudinem in hoc tempore. Homines enim multi, cum instraverunt res speculativas, et audierunt res extraneas eis, cum fuerint assueti, statim corrumpitur opinio, quam habuerunt ex assuetudine : et non fuerint tantum assueti ad istas res extraneas, ut possint recipere, et fuit destructa apud eos maior pars legum, et multiplicati sunt homines apud eos, qui dicebantur zenodic [du terme arabe *zanādiqa*, pluriel de *zindiq*]. *Et Algazel fuit maior causa huius cum suis compositionibus mixtis* ». À propos de la polémique entre Averroès et al-Ghazali, voir aussi le commentaire de Frank Griffel dans Ibn Rushd, *Maßgebliche Abhandlung / Faṣl al-maqāl*, Berlin, Verlag der Weltreligionen, 2010.

16. Voir la citation de la note précédente : « *philosophi autem audiunt multa* ».
17. Pietro Pomponazzi, Ms. Arezzo, Biblioteca della Fraternità de' Laici, Ms. 390 (aujourd'hui 389), fol. 191r°, cité d'après Bruno Nardi, *Studi su Pietro Pomponazzi*, Florence, Le Monnier, 1965, p. 132 : « *Unum est, quia communiter spernuntur a civitate et habentur villi precio ; apud rectores nihil sunt ; viri statuarii sunt in precio ; habent cognitionem iuris, quia sunt latrones ; et gubernatores latroni* [sic] *sunt, ideo latro latronem amat ; et omnes ignorantes sunt, et ignorans ignorantem amat. Non enim phylosophi existimantur esse digni secretarii.* [...] *Ecce ostendimus phylosophiam : ipsa non vult amicitiam principum.* »
18. *Ibid.*, p. 134 : « *Nullus phylosophus potest studere legibus : sunt pedochiarie tot nuge ; verus phylosophus iustus non potest ista audire.* »
19. Tiberio Russiliano Sesto, *Apologeticus adversus cucullatos* [1519] ; édité dans Paola Zambelli, *Una reincarnazione di Pico ai tempi di Pomponazzi*, Milan, Il Polifilo, 1994.
20. Paola Zambelli, « "Aristotelismo eclettico" o polemiche clandestine ? Immortalità dell'anima e vicissitudini della storia universale in Pomponazzi, Nifo e Tiberio Russilliano », dans Olaf Pluta (dir.), *Die Philosophie im 14. und 15. Jahrhundert*, Amsterdam, Grüner, 1988, p. 535-572.
21. Pietro Pomponazzi, Ms. Arezzo, Biblioteca della Fraternità de' Laici, Ms. 390 (aujourd'hui 389), fol. 193r°, cité d'après Bruno Nardi, *Studi su Pietro Pomponazzi*, Florence, Le Monnier, 1965, p. 134 *sq.* : « *Non sunt nec veri nec falsi apologi ; dicimus quod sunt sermones fabulosi, quia illo tegumento intendant bonum, sub illo intendant verum.* [...] *Erant viri boni qui fecerunt illas leges propter bonum nostrum, quia non possemus ire per vias. Intendunt bonum, etsi sciant se <non> dicere veritatem. Decet medicum dicere falsitatem, ut dicunt infirmo quod parum commode valet ; sicut in ipsis apologis intendant bonitatem.* »
22. À propos de la philosophie morale de Pétrarque, voir Sabrina Ebbersmeyer, *Homo agens : Studien zur Genese und Struktur frühhumanistischer Moralphilosophie*, Berlin, De Gruyter, 2010. Sur les interdictions de 1277, voir Kurt Flasch, *Aufklärung im Mittelalter ? Die Verurteilung von 1277*, Mayence, Dieterich, 1989. En 1277, l'évêque de Paris, Étienne Tempier, avait condamné 219 thèses, un grand nombre d'entre elles étant censé faire partie de l'enseignement des « averroïstes latins ».
23. Bernard Williams, *Vérité et véracité. Essai de généalogie*, trad. Jean Lelaidier, Paris, Gallimard, 2006.
24. Voir aussi la discussion au chapitre 7.
25. Sergio Landucci, *La doppia verità. Conflitti di ragione e fede tra Medioevo e prima modernità*, Milan, Feltrinelli, 2006.
26. Luca Bianchi, *Pour une histoire de la « double vérité »*, Paris, Vrin, 2008.
27. Ce tableau est souvent intitulé de manière trompeuse *Le Mensonge*. Voir Eckhard Leuschner, *Persona, Larva, Maske. Ikonologische Studien zum 16. bis frühen 18. Jahrhundert*, Francfort-sur-le-Main, Lang, 1997, ainsi que Caterina Volpi, « The Great Theatre of the

World. Salvator Rosa and the Academies », dans Helen Langdon, Xavier F. Salomon et *id.* (dir.), *Salvator Rosa*, Londres, Paul Holberton Publishing, 2010, p. 51-73 (en particulier p. 68).
28. Sur le stoïcisme de Rosa, voir Jonathan Scott, *Salvator Rosa. His Life and Times*, New Haven, Yale University Press, 1995 ; Helen Langdon, Xavier F. Salomon et Caterina Volpi (dir.), *Salvator Rosa*, Londres, Paul Holberton Publishing, 2010.
29. Richard Weihe, *Die Paradoxie der Maske. Geschichte einer Form*, Munich, Fink, 2004.
30. À propos de Lau, voir les références bibliographiques données dans le chapitre 1.
31. Theodor Ludwig Lau, *Meditationes philosophicae... Dokumente. Mit einer Einleitung*, éd. par Martin Pott, Stuttgart-Bad Cannstatt, Frommann-Holzboog, 1992.
32. Voir Samuel Pufendorf, *De jure naturae et gentium libri octo*, Lund, 1672, I, 1 ; voir Theo Kobusch, *Die Entdeckung der Person. Metaphysik der Freiheit und modernes Menschenbild*, 2ᵉ édition, Darmstadt, Wissenschaftliche Buchgesellschaft, 1997, p. 67-82.
33. Theodor Ludwig Lau, *Meditationes, Theses, Dubia*, S. l., 1719, § II : « *Verborum et Cogitationum unicus, optimus et infallibilis Interpres: non Auditor vel Lector, sed Orator et Scriptor. Summa ergo Impietas: innoxiis ex Principiis, Praemissis et Intentionibus; falsas, erroneas et fictitias, pro libitu elicere Conclusiones. Compositionis et Divisionis committere Fallacias. Diversos Respectus et Personas Morales: Consequenter earundem: Philosophicas, cum Theologicis confundere Notionibus ; et Ethnicum, cum Christiano: Philosophum, cum Theologo: Philosophum Eclecticum, cum Philosopho Sectario: Theologum Naturalem cum Theologo Revelato: pro uno eodemque habere Subjecto.* » Réimprimé dans Theodor Ludwig Lau, *Meditationes philosophicae...* , *op. cit.*, p. 119 *sq.*
34. Lettre de Theodor Ludwig Lau à Christian Thomasius, publiée par Christian Thomasius, « Elender Zustand eines in die Atheisterey verfallenen Gelehrten », dans *id.*, *Ernsthaffte, aber doch Muntere und Vernünfftige Thomasische Gedancken und Erinnerungen über allerhand auserlesene Juristische Händel*, 1ʳᵉ partie, Halle, 1720, p. 272 (réimprimé dans Theodor Ludwig Lau, *Meditationes philosophicae..., op. cit.*) : « *Die zwo Personae morales eines Gottesgelehrten und Weltweisen müssen wegen ihrer gegen einander lauffenden Eigenschaften durchaus nicht zusammen geschmolzen und zu einer Person geformet werden.* »
35. *Ibid.* : « *[...] weil durch dergleichen fallacias compositionum et divisionum: combinationes contrarium, uti personarum, ita proprietatum: die gröbste Irrthümer, irraisonabelste Ketzereyen und solche Articuli Fidei Philosophicae et Christianae, die meine Vernunfft und Sinnen mißbilligen: mir ohne Schwürigkeit, angezettelt werden könten* ».
36. *Ibid.* : « *Ich verneine aber mit vollen Lippen: daß aus dem zugestandenen medio Termino: ich habe das Büchlein verfasset; diese Conclusiones: Ergo stehen darinnen meine eigenen Grund-Lehren entdecket, die ich für orthodoxische Warheit, mit meinem Herzen und Munde bejahe. Ergo bin ich Spinosista, & Atheista incarnatus. Ergo sollte man mit mir eine Vaninische Tragödie spielen [...] gelocket werden können.* »
37. À propos des averroïstes, voir ci-dessus les références données aux notes 12 et 25, en particulier Alain de Libera, *Raison et foi..., op. cit.*, chap. IV : « La philosophie des professeurs ».
38. Voir Kasper Risbjerg Eskildsen, « Christian Thomasius, Invisible Philosophers, and Education for Enlightenment », *Intellectual History Review*, 18 (3), 2008, p. 319-336. À propos de la controverse entre Thomasius et Masius, voir Frank Grunert, « Zur aufgeklärten Kritik am theokratischen Absolutismus. Der Streit zwischen Hector Gottfried Masius und Christian Thomasius über Ursprung und Begründung der summa potestas », dans Friedrich Vollhardt (dir.), *Christian Thomasius (1655-1728). Neue Forschungen im Kontext der Frühaufklärung*, Tübingen, Niemeyer, 1997, p. 51-78.
39. Thomas Hobbes, *Leviathan*, éd. par Crawford B. Macpherson, Harmondsworth, Penguin Books, 1968, chap. XXXXII, p. 527.
40. Thomas Hobbes, *Leviathan*, éd. par Crawford B. Macpherson, Harmondsworth, Penguin Books, 1968, chap. XXXIX, p. 498 : « *It followeth also, that there is on Earth, no such universall Church as all Christians are bound to obey.* »
41. Mentionnons également le concept que l'on trouve chez Johann Salomo Semler de la « religion privée » (*Privatreligion*), qui pose une différence entre la conception

religieuse de l'individu et celles de l'institution ecclésiale et de sa théologie. Dans sa *Lebensbeschreibung* (IIe partie, Halle, 1782), Semler écrit que, pour lui, « la distinction entre la théologie, avec sa détermination dans la société religieuse extérieure, pour les professeurs, et la religion privée pour tant d'individus différents est devenue tout à fait claire, très importante et certaine » (« *der Unterschied der Theologie, und ihre Bestimmung in der äusserlichen Religionsgesellschaft, für Lehrer; von der christlichen Privatreligion, für so viele verschiedene einzelne Menschen, ganz kentlich, so groß und gewis geworden* »). Cité par Markus Meumann, « Hermetik als Privatreligion? Johann Salomo Semler und die esoterische Tradition », dans Claudia Schnurmann et Hartmut Lehmann (dir.), *Atlantic Understandings*, Hambourg, Lit, 2006, p. 185-200, ici p. 194. Jointe à la distinction opérée par Semler entre la « parole de Dieu » d'une part et l'écriture de l'autre, œuvre humaine, cette distinction est considérée comme le point essentiel de la conception néologistique. Voir Martin Laube, « Die Unterscheidung von öffentlicher und privater Religion bei Johann Salomo Semler. Zur neuzeittheoretischen Relevanz einer christentumstheoretischen Reflexionsfigur », *Zeitschrift für Theologiegeschichte*, 11 (1), 2004, p. 1-23.

42. Immanuel Kant, « Beantwortung der Frage: Was ist Aufklärung », dans *id.*, *Schriften zur Anthropologie, Geschichtsphilosophie, Politik und Pädagogik* 1 (Werkausgabe, vol. 11), éd. par Wilhelm Weischedel, Francfort-sur-le-Main, Suhrkamp, 1993, p. 55 (A 485): « *Der öffentliche Gebrauch seiner Vernunft muß jederzeit frei sein, und der allein kann Aufklärung unter Menschen zu Stande bringen; der Privatgebrauch derselben aber darf öfters sehr enge eingeschränkt sein, ohne doch darum den Fortschritt der Aufklärung sonderlich zu hindern.* » (Traduction française : « Réponse à la question : qu'est-ce que les Lumières ? », trad. Heinz Wismann, dans Emmanuel Kant, *Œuvres philosophiques*, vol. II : *Des* Prolégomènes *aux écrits de 1791*, Paris, Gallimard, 1985, p. 211). À propos de Kant, voir Jürgen Habermas, *L'espace public: archéologie de la publicité comme dimension constitutive de la société bourgeoise*, trad. Marc Buhot de Launay, Paris, Payot, 1978 ; sur la question de l'espace public, la bibliographie est devenue immense. Mentionnons seulement Hans-Wolf Jäger (dir.), „*Öffentlichkeit" im 18. Jahrhundert*, Göttingen, Wallstein, 1997 ; Andreas Gestrich, *Absolutismus und Öffentlichkeit. Politische Kommunikation in Deutschland zu Beginn des 18. Jahrhunderts*, Göttingen, Vandenhoeck und Ruprecht, 1994 ; Dena Goodman, *The Republic of Letters. A Cultural History of the French Enlightenment*, Ithaca, Cornell University Press, 1994 ; Michael Warner, *The Letters of the Republic. Publication and the Public Sphere in Eighteenth-Century America*, Cambridge, Harvard University Press, 1992 ; Timothy C. W. Blanning, *The Culture of Power and the Power of Culture: Old Regime Europe 1660-1789*, Oxford, Oxford University Press, 2002.

43. À propos de l'éclectisme, voir Michael Albrecht, *Eklektik. Eine Begriffsgeschichte mit Hinweisen auf die Philosophie- und Wissenschaftsgeschichte*, Stuttgart-Bad Cannstatt, Frommann-Holzboog, 1994 ; Ulrich Johannes Schneider, « Eclecticism and the History of Philosophy », dans Donald R. Kelley (dir.), *History and the Disciplines. The Reclassification of Knowledge in Early Modern Europe*, Rochester, University of Rochester Press, 1997, p. 83-102.

44. Günter Gawlick, « Die ersten deutschen Reaktionen auf A. Collins' „Discourse of Free-Thinking" von 1713 », dans *Eklektik, Selbstdenken, Mündigkeit*, dir. Norbert Hinske, *Aufklärung*, 1 (1), 1986, p. 9-26.

45. Lettre de Theodor Ludwig Lau à Christian Thomasius, publiée par Christian Thomasius, « Elender Zustand eines in die Atheisterey verfallenen Gelehrten », *op. cit.*: « [...] parce que j'ai vêtu le masque d'un sage païen et que j'ai raisonné, discouru et écrit sur le théâtre de papier des *Meditationes* » (« *da mir die Masque eines Heydnischen Weltweisen angezogen / und auf dem Papiernen Theatro der Meditationum* [...] *raisonniret / geredet und geschrieben* »). À propos de l'emploi de la métaphore du théâtre au début de l'époque moderne, voir Ann Blair, *The Theater of Nature. Jean Bodin and Renaissance Science*, Princeton, Princeton University Press, 1997 ; Markus Friedrich, « Das Buch als Theater. Überlegungen zu Signifikanz und Dimensionen der *Theatrum*-Metapher als frühneuzeitlichem Buchtitel », dans Theo Stammen et Wolfgang Weber (dir.), *Wissenssicherung,*

Wissensordnung und Wissensverarbeitung. Das europäische Modell der Enzyklopädien, Berlin, Akademie Verlag, 2004, p. 205-232 ; Flemming Schock *et al.* (dir.), *Dimensionen der Theatrum-Metapher in der Frühen Neuzeit*, Hanovre, Wehrhahn, 2008.

46. Theodor Ludwig Lau, *Meditationes, Theses, Dubia*, page de titre. Réimpression dans *id.*, *Meditationes philosophicae...*, *op. cit.*, p. 107.
47. Lettre de Theodor Ludwig Lau à Christian Thomasius, publiée par Christian Thomasius, « Elender Zustand eines in die Atheisterey verfallenen Gelehrten », *op. cit.* : « [...] qu'à cause de cette mascarade philosophique, j'ai mérité et me suis attiré en récompense un bannissement de l'État princier et chrétien, c'est-à-dire de la société civile et ecclésiastique, voire une annihilation par le feu » (« *daß dieser Philosophischen Masquerade wegen, ich ein bannissement aus dem Fürsten- und Christen-Staat d.i. ex Societate Civili & Ecclesiastica: ja gar eine Annihilationem per Ignem, sollte verdienet und mir zum Lohne zugezogen haben* »).
48. *Ibid.*
49. *Ibid.* : « Mais ces représentants et comédiens moraux ne doivent pas être appelés des gens sans vertu, des méchants criminels et des impies, bien qu'ils aient adopté une conduite directement contraire à Dieu, à la vertu et à l'honneur et l'équité, parce qu'ils y étaient obligés par principe à bien représenter les rôles qui leur ont été impartis et à se comporter conformément à leur personnage, et à gagner ainsi les applaudissements généraux des spectateurs en signe d'une approbation sonore ; tout aussi peu doit-on interpréter chez moi [...] de telles choses comme une transgression généralement punissable. » (« *So wenig diese Repraesentanten und moralische Comödianten aber vor untugendhaffte Leute, criminelle Bösewichter und Gotteslästerer zu benennen: ob wohl eine wieder Gott, die Tugend, Ehrbarkeit und Gerechtigkeit schnur geradelauffende Conduite sie angenommen; weil zu solcher, aus dem Vorsatz, sie verbunden gewesen: die ihnen zugefallenen Roolen* [sic]*, wohl zu agiren und Characteren-mäßig sich aufzuführen: das allgemeine Händeklopfen der Zuschauer, zum Wahrzeichen einer lauten Approbation dadurch zu gewinnen; eben so wenig kann mir: da die Masque eines Heydnischen Weltweisen angezogen* [...] *solches zu einer so ungemein strafbahren Ubertretung ausgedeutet werden* [...]. ») À propos des drames de Lohenstein, voir Reinhart Meyer-Kalkus, *Wollust und Grausamkeit. Affektenlehre und Affektdarstellung in Lohensteins Dramatik am Beispiel von „Agrippina"*, Göttingen, Vandenhoeck und Ruprecht, 1986.
50. À propos de Collier, voir l'article d'Eric Salmon dans l'*Oxford Dictionary of National Biography*, Oxford, Oxford University Press, 2005.
51. William Congreve, *Amendments of Mr. Collier's False and Imperfect Citations*, Londres, Tonson, 1698, p. 9 : « *Nothing should be imputed to the Persuasions or private Sentiments of the Author, if at any time one of these vicious Caracters in any of his Plays shall behave himself foolishly, or immorally in Word or Deed.* »
52. Michael McKeon, *The Secret History of Domesticity. Public, Private, and the Division of Knowledge*, Baltimore, Johns Hopkins University Press, 2005, p. 101 : « [...] *are aided by the understanding that the sentiments of the character exist in something like a public sphere, whereas those of the author have a private existence* »
53. Sur les protestations des piétistes contre l'opéra de Hambourg dans les années 1681-1688, voir Hermann Rückleben, *Die Niederwerfung der hamburgischen Ratsgewalt Kirchliche Bewegungen und bürgerliche Unruhen im ausgehenden 17. Jahrhundert*, Hambourg, Christians, 1970, p. 50 *sq.*
54. Voir Carlo Ginzburg, « L'estrangement. Préhistoire d'un procédé littéraire », dans *id.*, *À distance. Neuf essais sur le point de vue en histoire*, trad. Pierre Antoine Fabre, Paris, Gallimard, 2001, p. 15-36.
55. Shaftesbury, *Characteristics of Men, Manners, Opinions, Times*, éd. par Lawrence Klein, Cambridge, Cambridge University Press, 1999, p. 72 : « [...] *multiply himself into two Persons, and be his own Subject* ».
56. *Ibid.*, p. 77 : « *We must discover a certain Duplicity of the Soul, and divide ourselves into two Partys.* » Voir Michael McKeon, *The Secret History of Domesticity, op. cit.*, p. 102-105.

57. John Locke, *An Essay Concerning Human Understanding*, Londres, Thomas Bassett, 1690, livre II, chap. I, section IV.
58. *The Works of George Berkeley*, vol. 1, Londres, Tagg, 1843 ; réimpression 2000, p. 427 (*Alcyphron*, dialogue 5). À propos de Smith, voir Vivienne Brown, « The Dialogic Experience of Conscience: Adam Smith and the Voices of Stoicism », *Eighteenth-Century Studies*, 26 (2), 1992-1993, p. 233-260.
59. Michael McKeon, *The Secret History of Domesticity. Public*, *op. cit.*, p. 104 : « *As the author learns the mental reflexivity of private and public microdomains, so the private author, his character separated from the public world in the process of publication, is equipped to overcome that separation through the very same mental reflexivity.* »
60. À propos de l'emploi d'un style d'écriture « burlesque » à des fins libertines, voir Martin Mulsow, « Libertinismus in Deutschland? Stile der Subversion im 17. Jahrhundert zwischen Politik, Religion und Literatur », *Zeitschrift für historische Forschung*, 31 (1), 2004, p. 37-71 ; *id.*, *Die unanständige Gelehrtenrepublik. Wissen, Libertinage und Kommunikation in der Frühen Neuzeit*, Stuttgart, Metzler, 2007, chap. II et IV.
61. Voir Norbert Hinske, « Die tragenden Grundideen der deutschen Aufklärung. Versuch einer Typologie », dans Raffaele Ciafardone (éd.), *Die Philosophie der deutschen Aufklärung. Texte und Darstellung*, Stuttgart, Reclam, 1990, p. 407-458, en particulier p. 417-424. Voir plus loin le chapitre 8.
62. Theodor Ludwig Lau, *Meditationes, Theses, Dubia*, fol. 5r° ; réimpression dans *Meditationes philosophicae...*, *op. cit.*, p. 115. Pour une interprétation, voir Martin Mulsow, « Libertinismus in Deutschland?... », *op. cit.*, p. 40.
63. Pour cette conception de l'éclectisme également, Lau a recours à la distinction de Pufendorf entre différentes *personae morales*. Voir la lettre de Theodor Ludwig Lau à Christian Thomasius, publiée par Christian Thomasius, « Elender Zustand eines in die Atheisterey verfallenen Gelehrten », *op. cit.* : « [...] en ce sens plaident aussi bien la distinction entre rapporter des idées spinozistes et athées et être spinoziste ou athée que la séparation précise du [...] philosophe éclectique et du philosophe sectaire : les mêmes mesures valent pour moi et mes œuvres » (« *so militeret [spricht] so wohl die Distinction inter Spinosistica & Atheistica referre & Spinosam vel Atheum esse: als auch die genaue Absonderung des [...] Philosophi Eclectici a Philosopho Sectario: ebenen maaßen vor mich und meine Schrifften [...]* »). Il importe de savoir si l'on se réfère seulement à des idées spinosistes ou athées, si on les présente, ou si l'on est soi-même spinosiste ou athée. Ce n'est que dans ce dernier cas que l'on peut être arrêté.
64. Voir Herbert Jaumann, « Öffentlichkeit und Verlegenheit. Frühe Spuren eines Konzepts öffentlicher Kritik in der Theorie des „plagium extrajudiciale" von Jakob Thomasius (1673) », *Scientia Poetica. Jahrbuch für Geschichte der Literatur und der Wissenschaften*, 4, 2000, p. 62-82 ; Martin Mulsow, « Practices of Unmasking: Polyhistors, Correspondence, and the Birth of Dictionaries of Pseudonymity in Seventeenth-Century Germany », *Journal of the History of Ideas*, 67 (2), 2006, p. 219-250.
65. Ursula Goldenbaum, *Appell an das Publikum. Die öffentliche Debatte in der deutschen Aufklärung 1687-1796*, Berlin, Akademie Verlag, 2004, vol. 1, p. 175-508.
66. Blount a « édité » Herbert of Cherbury et d'autres (souvent sans mentionner leur nom) pour diffuser leurs idées. Voir Justin Champion, *The Pillars of Priestcraft Shaken. The Church of England and Its Enemies, 1660-1730*, Cambridge, Cambridge University Press, 1992, p. 142-148.
67. Voir Martin Mulsow, « Pluralisierung », dans Anette Völker-Rasor (dir.), *Oldenbourg Geschichte-Lehrbuch. Frühe Neuzeit*, Munich, Oldenburg, 2000, p. 303-307 et, en général, les travaux du groupe de recherches « Pluralisierung und Autorität in der Frühen Neuzeit » de Munich (Sonderforschungsbereich 573).
68. Voir à ce sujet Martin Mulsow, *Die unanständige Gelehrtenrepublik...*, *op. cit.*, p. 191 et *passim*.
69. Voir Burkhard Gladigow, « Polytheismus und Monotheismus. Zur historischen Dynamik einer europäischen Alternative », dans Manfred Krebernik et Jürgen van Oorschot (dir.),

Polytheismus und Monotheismus in den Religionen des vorderen Orients, Münster, Ugarit, 2002, p. 3-20 ; voir aussi Peter L. Berger, *The Heretical Imperative: Contemporary Possibilities of Religious Affirmation*, Garden City, Anchor Press, 1979.

70. Lettre de Johann Wolfgang Goethe à Friedrich Heinrich Jacobi, 6 janvier 1813, dans Johann Wolfgang von Goethe, *Sämtliche Werke, Briefe, Tagebücher und Gespräche*, section II, vol. 7, éd. par Rose Unterberger, Francfort-sur-le-Main, Deutscher Klassiker-Verlag, 1994, p. 147 : « *Als Dichter und Künstler bin ich Polytheist, Pantheist hingegen als Naturforscher, und eins so entschieden als das andere.* »

3. Portrait du libre-penseur en jeune homme

1. John Denham, « Directions to a Painter » (1667) : « *Poems and paints can speak sometimes bold truths, / Poets and Painters are licentious youths.* »
2. Ary de Vois (attribué à), *Portrait d'Adrian Beverland*, Rijksmuseum Amsterdam. Un autre portrait de Godfrey Kneller est exposé à l'Ashmolian Museum d'Oxford. Un portrait gravé d'Isaak Beckett, datant de 1686, est une parodie d'un frontispice d'Abraham Blotelingh, de 1670, montrant l'antiquaire italien Lorenzo Pignoria. Tout comme Pignoria, Beverland, dans la gravure de Beckett, est assis au milieu de vestiges de l'Antiquité, mais il est en train de copier une statue de femme nue. Voir Edward Chaney, « Roma Britannica and the Cultural Memory of Egypt: Lord Arundel and the Obelisk of Domitian », dans David R. Marshall, Susan Russell et Karin Wolfe (dir.), *Roma Britannica. Art, Patronage and Cultural Exchange in Eighteenth-Century Rome*, Rome, The British School at Rome, 2011, p. 147-170. À propos de Beverland, voir Rudolf De Smet, *Hadrianus Beverlandus (1650-1716). Non unus e multis peccator. Studie over het leven en werk van Hadriaan Beverland*, Bruxelles, Paleis der Academiën, 1988 ; Martin Mulsow, *Die unanständige Gelehrtenrepublik. Wissen, Libertinage und Kommunikation in der Frühen Neuzeit*, Stuttgart, Metzler, 2007, p. 6-9 et p. 40-43. À propos des portraits de savants, voir Ingeborg Schnack, *Beiträge zur Geschichte des Gelehrtenporträts*, Hambourg, Diepenbroick-Grüter und Schulz, 1935 ; Margrit Vogt (dir.), *Gelehrte Selbstinszenierung: Gelehrtenporträts in Europa und Asien zur Zeit der Aufklärung* (à paraître). À propos des représentations d'athées et d'hérétiques, voir Luisa Simonutti, « Pittura detestabile. L'iconografia dell'eretico e dell'ateo tra Rinascimento e Barocco », *Rivista storica italiana*, 118 (2), 2006, p. 557-606. – Certaines parties de ce chapitre viennent d'un article publié en anglais : Martin Mulsow, « Radical Enlightenment, Cameralism and Traditions of Revolt: the Case of Theodor Ludwig Lau (1670-1740) », dans Camilla Hermanin et Luisa Simonutti (dir.), *La centralità del dubbio. Un progetto di Antonio Rotondò*, vol. 2, Florence, Olschki, 2011, p. 747-763.
3. Jacob Huysmans (attribué à), *Portrait du comte de Rochester*, château de Warwick ; une copie (reproduite ici planche III) se trouve à la National Portrait Gallery de Londres. À propos de Rochester, voir Kirk Combe, *A Martyr for Sin: Rochester's Critique of Polity, Sexuality, and Society*, Newark, University of Deleware Press, 1998, ainsi que Graham Greene, *Lord Rochester's Monkey, being the Life of John Wilmot, Second Earl of Rochester*, New York, Bodley Head, 1974. Sur ce portrait, voir Hans-Joachim Zimmermann, « *Simia Laureatus*: Lord Rochester Crowning a Monkey », dans Ulrich Broich, Theo Stemmler et Gerd Stratmann (dir.), *Functions of Literature. Essays presented to Erwin Wolff on his Sixtieth Birthday*, Tubingen, Niemeyer, 1984, p. 147-172 ; Don-John Dugas, « The Significance of "Lord Rochester's Monkey" », *Studia Neophilologica*, 69, 1997, p. 11-20 ; Keith Walker, « Lord Rochester's Monkey (again) », dans Nicholas Fisher (dir.), *That Second Bottle. Essays on John Wilmot, Earl or Rochester*, Manchester, Manchester University Press, 2000, p. 81-88.
4. Kupferstichkabinett Dresden, numéro d'inventaire A 20 121. Je suis très reconnaissant à Hanspeter Marti qui m'a indiqué ce portrait il y a longtemps et m'en a procuré une reproduction.
5. À propos de Lau, voir les indications bibliographiques données dans le chapitre 1.

6. Pamela H. Smith, *The Business of Alchemy. Science and Culture in the Holy Roman Empire*, Princeton, Princeton University Press, 1994.
7. Christian Friedrich Fritzsch, fils du graveur Christian Fritzsch, est né en 1719. Il avait donc dix-huit ans lorsqu'il réalisa ce portrait.
8. Lau le signale dans *Palingenesia honoratissimorum et post funera adhuc perdilectissimorum parentum suorum, bene natorum… bene denatorum… essentiae statum et existentiae, tandem accepit Die XV Junii, anni MDCCXXXVI. ab intus nominato*, Altonaviae (Altona, 1736). Le texte est paru avec sa traduction allemande : *Die Wiederbelebung seiner Höchstgeehrtesten… Eltern, im selben Büchlein* [La résurrection de ses très-honorés… parents, dans le même petit livre], p. 12-24. La description du portrait se trouve aux pages 1 et suivantes dans la version latine, et aux pages 12 et suivantes dans le texte allemand.
9. Helmut Reinalter, *Die Freimaurer*, Munich, Beck, 2000 ; Rolf Appel, *Schröders Erbe. 200 Jahre Vereinigte fünf Hamburgische Logen, seit 1811 Große Loge von Hamburg*, Hambourg, Vereinigte 5 Hamburgische Logen, 2000.
10. John Toland, *Pantheisticon*, Londres, 1720. À propos de Toland, voir Justin Champion, *Republican Learning. John Toland and the Crisis of Christian Culture, 1696-1722*, Manchester, Manchester University Press, 2003.
11. Dès 1725, Lau, alors sans emploi, avait proposé à d'éventuelles personnes intéressées de créer pour elles des emblèmes et choses de ce genre : « Des comédiens de cour et gens de théâtre, des médailleurs, peintres, graveurs et architectes, même des *virtuosi* qui aiment les satires savantes et galantes peuvent s'adresser librement à moi s'ils souhaitent avoir, selon leurs desseins, pour des occasions joyeuses ou tristes, et ainsi de suite, des *inventiones*, des créations et ornements *de bon gusto* [sic], en vers rimés ou non, en *stylo lapidari*, ou des inscriptions, *symbolis, emblematibus*, etc. » Je cite ce passage d'après David Fassmann, *Der gelehrte Narr*, „Freyburg", 1729, p. 47.
12. *Die Original-Rede welche der hochwohlgebohrne Herr Tribunals- und Hof-Gerichts-Rath Wilhelm Ludwig von der Groeben, als des Königlichen Preußischen Ehrwürdigen Sambländischen Consistorii Praesident und Officials ; Bey einem gewissen Actu solemni retractationis im Jahr 1729. den 6. Octobr. An den Hoch-Fürstlich-Churländischen Staats-Rath und Cabinets-Directorem Theodor Ludwig Lau, J. V. D. gehalten…*, Altona, 1736. Ce texte, que l'on trouve dans la réédition en fac-similé : Theodor Ludwig Lau, *Meditationes philosophicae… Dokumente. Mit einer Einleitung*, éd. par Martin Pott, Stuttgart-Bad Cannstatt, Frommann-Holzboog, 1992, p. 157-188, comprend la rétractation officielle de Lau de son prétendu athéisme. Je cite la note de bas de page conclusive de Lau, page 32.
13. Søren Kierkegaard, *Ou bien… Ou bien…*, trad. par Ferdinand et Odette Prior et Marie-Henriette Guignot, Paris, Gallimard, 1984 [1943], p. 460.
14. À propos de la doctrine de la palingénésie de Lau, voir Theodor Ludwig Lau, *Meditationes philosophicae…, op. cit.*, chap. III, § XL : « *Nullam propterea exhorresco Mortem : quae aliis, rerum omnium terribilissima. Interitus est nullus. Annihilatio nulla. Conceptus sunt, Ideae, Non-Entia, Somnia, Chimerae. Vita rerum aeterna. Natura Creaturarum immortalis. Migratio Animarum perpetua. Corporum Metamorphosis continua.* » Dans *Palingenesia* (voir note 8), il emploie le concept dans un sens métaphorique. À propos de la métempsychose, voir Helmut Zander, *Geschichte der Seelenwanderung in Europa. Alternative religiöse Traditionen von der Antike bis heute*, Darmstadt, Wissenschaftliche Buchgesellschaft, 1999.
15. Richard van Dülmen, *Reformation als Revolution. Soziale Bewegung und religiöser Radikalismus in der deutschen Reformation*, Francfort-sur-le-Main, Fischer Taschenbuch, 1987, p. 21. À propos des traditions religieuses sociales de ce type, voir aussi George H. Williams, *The Radical Reformation*, Philadelphia, Westminster Press, 1962 ; Antonio Rotondò, *Studi e ricerche di storia ereticale italiana del Cinquecento*, Turin, Giappichelli, 1974.
16. Sur le concept du rebelle social, voir Eric Hobsbawm, *Primitive Rebels: Studies in Archaic*

Forms of Social Movement in the 19th and 20th Centuries, Manchester, Manchester University Press, 1959.

17. Voir, entre autres, Gotthardt Frühsorge, *Der politische Körper. Zum Begriff des Politischen im 17. Jahrhundert und in den Romanen Christian Weises*, Stuttgart, Metzler, 1974 ; Andreas Gestrich, *Absolutismus und Öffentlichkeit. Politische Kommunikation in Deutschland zu Beginn des 18. Jahrhunderts*, Göttingen, Vandenhoeck und Ruprecht, 1994 ; Horst Dreitzel, *Monarchiebegriffe in der Fürstengesellschaft. Semantik und Theorie der Einherrschaft in Deutschland von der Reformation bis zum Vormärz*, Cologne, Böhlau, 1991 ; Wilhelm Kühlmann, *Gelehrtenrepublik und Fürstenstaat. Entwicklung und Kritik des deutschen Späthumanismus in der Literatur des Barockzeitalters*, Tübingen, Niemeyer, 1982 ; Ian Hunter, *Rival Enlightenments. Civil and Metaphysical Philosophy in Early Modern Germany*, Cambridge, Cambridge University Press, 2001.
18. Une tentative comme celle de Siegfried Wollgast, *Der deutsche Pantheismus im 16. Jahrhundert*, Berlin, Deutscher Verlag der Wissenschaften, 1972, reste insatisfaisante.
19. À propos du style burlesque comme « niche » du libertinage, voir Martin Mulsow, « Libertinismus in Deutschland? Stile der Subversion im 17. Jahrhundert zwischen Politik, Religion und Literatur », *Zeitschrift für historische Forschung*, 31 (1), 2004, p. 37-71.
20. Voir en général Kurt Zielenziger, *Die alten deutschen Kameralisten. Ein Beitrag zur Geschichte der Nationalökonomie und zum Problem des Merkantilismus*, Iéna, Fischer, 1913 ; Erhard Dittrich, *Die deutschen und österreichischen Kameralisten*, Darmstadt, Wissenschaftliche Buchgesellschaft, 1974 ; Jutta Brückner, *Staatswissenschaften, Kameralismus und Naturrecht. Ein Beitrag zur Geschichte der politischen Wissenschaft im Deutschland des späten 17. und frühen 18. Jahrhunderts*, Munich, Beck, 1977 ; Keith Tribe, *Governing Economy. The Reformation of German Economic Discourse 1750-1840*, Cambridge, Cambridge University Press, 1988 ; Volker Bauer, *Hofökonomie. Der Diskurs über den Fürstenhof in Zeremonialwissenschaft, Hausväterliteratur und Kameralismus*, Cologne, Böhlau, 1997 ; Rainer Gömmel, *Die Entwicklung der Wirtschaft im Zeitalter des Merkantilismus 1620-1800*, Munich, Oldenburg, 1998 ; Marcus Sandl, *Ökonomie des Raumes. Der kameralwissenschaftliche Entwurf der Staatswirtschaft im 18. Jahrhundert*, Cologne, Böhlau, 1999 ; Thomas Simon, *„Gute Policey". Ordnungsleitbilder und Zielvorstellungen politischen Handelns in der Frühen Neuzeit*, Francfort-sur-le-Main, Klostermann, 2004.
21. Veit Ludwig von Seckendorff, *Teutscher Fürsten-Staat*, Iéna, 1737 ; Wilhelm von Schröder (Schröter), *Fürstliche Schatz- und Rentkammer*, Leipzig, 1686 ; Josiah Child, *Brief Observations concerning Trade and the Interest of Money*, Londres, 1668 ; *id.*, *A New Discourse of Trade*, Londres, 1668/1690. Theodor Ludwig Lau cite Child dans son livre : *Politische Gedancken, welcher Gestalt Monarchen und Könige, Republiquen und Fürsten, nebst ihren Reichen, Ländern und Unterthanen, durch eine leichte Methode mächtig und reich seyn oder werden können*, Francfort-sur-le-Main, 1717, § 3, p. 7 *sq*.
22. John Locke, *Some Considerations of the Consequences of the Lowering of Interest and the Raising the Value of Money*, Londres, 1691 : « *The true value of money is, when it passes from one to another in buying and selling.* » Voir Theodor Ludwig Lau, *Politische Gedancken…*, *op. cit.*, p. 51 *sq*. Sur la théorie de l'argent de Locke, voir Patrick Hyde Kelly (éd.), *Locke on Money*, 2 volumes, Oxford, Clarendon Press, 1991.
23. Dans la liste de ses œuvres inédites, à la fin de son *Original-Rede…*, *op. cit.*, Lau mentionne ce titre : *Das vernünftige Christenthum des Hochfürstl. Churländischen Staat-Raths und Cabinet-Directors Theodor Ludwig Lau*.
24. En 1711, à la mort de Frédéric-Guillaume, duc de Courlande, Lau avait été renvoyé de son poste de directeur de cabinet sur l'intervention de la cour du tsar de Russie.
25. Voir Theodor Ludwig Lau, *Entwurff einer Wohl-eingerichteten Policey*, Francfort-sur-le-Main, 1717, chap. I, § XIX : « [Les citoyens] peuvent être attirés par 1. la liberté d'entrer dans le pays, de le traverser et d'en sortir ainsi que de séjourner en sécurité dans les pays

et les villes d'un État ; 2. la liberté de conscience ; 3. des exemptions, libertés et privilèges ; 4. le bon marché des vivres, des biens et des marchandises ; 5. une riche distribution et répartition des bénéfices naturels et politiques ; 6. une garantie d'égalité en considération des dignités et autres avantages civiques ; 7. l'exercice sans contrainte de leurs activités, arts et professions ; 8. des assurances et des lettres d'invitations officielles suffisantes. » (« *Sie* [*die Bürger*] *werden angelocket: durch* 1. *Unbehindertes Zu- Durch- und Abreisen/auch sichere Verbleibung in den ländern und Städten eines Staats:* 2. *Die Freyheit des Gewissens:* 3. *Exemtiones, Freyheiten und Privilegien:* 4. *Die Wohlfeiligkeit der Vivres, Materialien und Waaren:* 5. *Einen reichen Verschleiss und Gelosung natürlicher und politischer Früchten:* 6. *Eine Coaequation: in regard der Würden und übrigen bürgerlichen Vorzügen:* 7. *Eine ungedruckte Ausübung ihrer Gewerben/ Künsten und Professionen:* 8. *Zulängliche Assecurationes und Einladungs-Patenten.* ») Lau pouvait profiter des expériences que le prince-électeur de Brandebourg avait faites en menant une politique favorable aux Huguenots après la révocation de l'édit de Nantes. Voir Gottfried Bregulla (dir.), *Hugenotten in Berlin*, Berlin, Nicolai, 1988.

26. Theodor Ludwig Lau, *Meditationes philosophicae de Deo, Mundo, Homine*, s. l., 1717. Réimprimé dans *id.*, *Meditations philosophicae...*, op. cit., chap. IV, § XXVI et XXVII : « *Durus ergo Civium & Subditorum, in toto Orbe est Status : Hodiernos attamen secundum Mores apprime necessarius. Approbo eundem, Civis ipse & subditus : cui sola Obedientiae Gloria relicta ; Insimul autem deploro. Bruta siquidem, imo Brutis sumus deteriores. Regum Servi. Mancipia Magistratuum. Machinae sine Sensu, Ratione, Voluntate. Sentientes, Intelligentes & Appetentes non aliud, nec aliter : quam prout Imperantes nostri volunt & nos jubent. Status longe felicior, licet non amplius dabilis nec utilis : Homnis est : ceu Creaturae. Liberum tunc ens : Libere agens & libere cogitans. Sine Rege : Lege : Grege : Praemia non sperat : Poenas non timet. Vitia ignorat : Peccata nescit ; Omnibus in Actionibus Dictamina praelucentis Rationis & ducentis Voluntatis, pro Vitae Cynosurus habens. Beata Vita talis : imo Divina ! Assimilatur hoc modo Creatura Deo : Deus enim Libertate Intellectus & Appetitus gaudet. Tantum !* » Theodor Ludwig Lau, *Meditationes. Theses. Dubia. Philosophico-Theologica...*, 1719 (réimprimé dans *id.*, *Meditationes philosophicae...*, op. cit., § III : « *Primus et verus Hominis Status : est Libertinismus. Exerit is se in Vita : Ratione : Sermone : Scriptione. Ens quia Liberum : libere vivit, cogitat, loquitur, scribit. Quale Ens : tales Entis Affectiones. Sunt vero illae : ab Homine inseparabiles ; Has ipsi demere velle : foret destruere Essentiam Homnis.* » À propos du style particulier de Lau, voir Martin Mulsow, « Libertinismus in Deutschland?, *op. cit.*

27. *Symbolum Sapientiae*, Sectio IV : De origine boni et mali ex doctrina Hobbesii, ubi de origine societatum, § 10 : « *Sane* (4) *si homines hunc naturae statum conservassent, et sua sorte solisque frugibus contenti in naturali illa societate mansissent, nec ad rerum possessiones dominiaque aspirassent, non opus habuissent legibus, sed eadem tranquillitate, qua heri hodieque bruta, societatem domesticam colere potuissent.* » *Cymbalum Mundi sive Symbolum Sapientiae*, éd. par Guido Canziani, Winfried Schröder et Francisco Socas, Milan, Angeli, 2000, p. 272. Voir Martin Mulsow, *Moderne aus dem Untergrund. Radikale Frühaufklärung in Deutschland 1680-1720*, Hambourg, Meiner, 2002, p. 239-241. Voir aussi le *Theophrastus redivivus* sur l'État de nature de l'humanité : *Theophrastus redivivus. Edizione prima e critica*, éd. par Guido Canziani et Gianni Paganini, Florence, La Nuova Italia, 1982, vol. 2, p. 805 *sq.* et p. 840 *sq.*, ainsi que les modèles de l'Antiquité : Lucrèce, *De la nature*, V, v. 932 *sq.* et Ovide, *Métamorphoses*, I, v. 89 *sq.*

28. Voir Theodor Ludwig Lau, *Meditationes, Theses, Dubia*, dans *id.*, *Meditationes philosophicae...*, op. cit., § VI : « *Tolerantia cujusve generis Librorum, utilis & necessaria.* » § XXVII : « *Religio videtur mihi optima [...] quae [...] Liberae est Rationis & Voluntatis ; Electionis non Coactionis. Propriae Convictionis : non alienae Persuasionis. [...] Reliquas Dissidentium Opiniones : examinat, non accusat. Ponderat, non damnat.* »

29. Voir Theodor Ludwig Lau, *Meditationes philosophicae de Deo, Mundo, Homine*, op. cit., chap. IV, § XII : « *Nescit hinc talis, appetitui suo relictus Homo, in hoc Libertatis, quem a Nativitate accepit statu : Leges vetanes & permittentes. [...]* » § XIII : « *Cum vero pro Temperamentorum Varietate : Appetitus varius, variaeque sic actiones ; Primos mox inter*

Homines, Jurgia, Lites, Oppositiones, Contradictiones, Resistentiae, Tumultus, Caedes, Bella exorta. » À propos de la doctrine des tempéraments pendant la *Frühaufklärung* en Allemagne, voir Martin Pott, *Aufklärung und Aberglaube. Die deutsche Frühaufklärung im Spiegel ihrer Aberglaubenskritik*, Tübingen, Niemeyer, 1992.

30. Theodor Ludwig Lau, *Entwurff einer Wohl-eingerichteten Policey, op. cit.*, p. 3 sq. : la « police » (*Policey*) garantit « la constitution intérieure et extérieure d'un État » (*die innerliche und äußerliche Verfassung eines Staats*). La constitution intérieure consiste en : « 1. [...] une société joyeuse qui 2. mène une joyeuse vie. La société devient forte par la croissance des habitants et une population heureuse » (« 1. [...] *einer vergnügten Gesellschaft: die 2. Ein vergnügtes Leben führen. Die Gesellschaft wird starck durch den Anwachs der Einwohner und eine glückliche Bevölkerung* »). Voir Kurt Zielenziger, *Die alten deutschen Kameralisten...*, *op. cit.*, p. 401.

31. Je n'indique ici que quelques références bibliographiques à ce sujet : Gerhard Oestreich, *Geist und Gestalt des frühmodernen Staates. Ausgewählte Aufsätze*, Berlin, Duncker und Humblot, 1969 ; Winfried Schulze, « Gerhard Oestreichs Begriff „Sozialdisziplinierung in der frühen Neuzeit" », *Zeitschrift für Historische Forschung*, 14, 1987, p. 265-302 ; Paolo Prodi (dir.), *Glaube und Eid. Treueformeln, Glaubensbekenntnisse und Sozialdisziplinierung zwischen Mittelalter und Neuzeit*, Munich, Oldenburg, 1993 ; Heinz Schilling, « Disziplinierung oder „Selbstregulierung der Untertanen"? Ein Plädoyer für die Doppelperspektive von Makro- und Mikrohistorie bei der Erforschung der früh-modernen Kirchenzucht », *Historische Zeitschrift*, 264, 1997, p. 675-691 ; Wolfgang Reinhard, « Sozialdisziplinierung – Konfessionalisierung – Modernisierung. Ein historiographischer Diskurs », dans Nada Boškovska Leimgruber (dir.), *Die Frühe Neuzeit in der Geschichtswissenschaft. Forschungstendenzen und Forschungsergebnisse*, Paderborn, Schöningh, 1997, p. 39-55.

32. Theodor Ludwig Lau, *Meditationes philosophicae de Deo, Mundo, Homine, op. cit.*, chap. IV, § XXVII : « *Status longe felicior, licet non amplius dabilis nec utilis : Homnis est : ceu Creaturae. Liberum tunc ens : Libere agens & libere cogitans. Sine Rege : Lege : Grege : Praemia non sperat : Poenas non timet. Vitia ignorat : Peccata nescit.* »

33. On pourrait essayer de décrire cette tension à l'aide du concept complexe de *Self-Fashioning*, qui désigne une formation d'identité déterminée aussi bien par des attitudes intérieures que par des forces extérieures. Voir Stephen Greenblatt, *Renaissance Self-Fashioning. From More to Shakespeare*, Chicago, University of Chicago Press, 1980. À propos de la pénétration et du comportement prudent, voir Claudia Benthien, *Barockes Schweigen. Rhetorik und Performativität des Sprachlosen im 17. Jahrhundert*, Munich, Fink, 2006.

34. Theodor Ludwig Lau, *Meditationes philosophicae de Deo, Mundo, Homine, op. cit.*, chap. IV, § XIX : « *Per Leges vero, quo Hominum Cerebrum & Cor, Ratio & Voluntas, Intellectus & Appetitus domarentur, ne quid, novos contra Imperantes, primae Libertatis Usurpatores, tentare auderent : nescio quot ipsis ab Imperantibus, earundem adinventae Divisiones. Ex eorum ergo Mente, Jus Naturae & Gentium : Prohibens & Permittens : Negativum & Affirmativum : suas habuere Origines.* »

35. *Ibid.*, chap. IV, § XXIV : « *Iisdem interdicunt quidem subditis, Principes. Principes vero, ipsi, omnibus in actionibus : Desideriis satisfacere, & Interesse seu Utilitatem quaerere, unico & primo pro Scopo habent.* »

36. De ce point de vue, il faudrait replacer Lau dans la tradition des théories de la résistance. Voir à ce sujet Winfried Schulze, *Bäuerlicher Widerstand und feudale Herrschaft in der frühen Neuzeit*, Stuttgart-Bad Cannstatt, Frommann-Holzboog, 1980. Sur le problème de la remise en cause du droit naturel par le spinozisme, voir Winfried Schröder, *Spinoza in der deutschen Frühaufklärung*, Wurtzbourg, Königshausen und Neumann, 1987, p. 162-166.

37. Theodor Ludwig Lau, *Entwurff einer Wohl-Eingerichteten Policey, op. cit.*, chap. I, 6 : « Pour faciliter une population abondante dans un État, il faudrait sans doute proposer d'instaurer la polygamie, très à la mode en Orient ; mais parce que j'encouragerais

par là, comme avec une cloche de tempêtes, les chaires, faciles à effrayer, à se déchaîner dangereusement contre moi, je crois qu'il est plus sûr d'en faire abstraction. Mais lorsque j'envisage, avec de sérieuses réflexions, la quantité des bordels autorisés, des maisons de musique et de jeu, la mode florissante des cocuages publics et secrets, les étreintes furtives, les mariages de conscience, les unions morganatiques, les attentes mutuelles de la mort d'un des époux, l'entretien de maîtresses, dans son propre palais, dans sa famille ou bien dans des chambres garnies, et plusieurs autres galanteries charnelles illicites qu'exercent professeurs et auditeurs, parmi nous autres, chrétiens, il me faut formuler ce jugement franc : je trouve meilleur et plus excusable d'autoriser d'avoir plusieurs femmes que de tolérer les manières de vivre pécheresses mentionnées voire de les justifier par les lois publiques. Car, puisque les Juifs peuvent épouser en même temps plusieurs femmes et se divertir avec elles à leur bon plaisir, que cette pratique est également observée par les nations qui ont les meilleures mœurs en Orient et ailleurs, pourquoi une licence inoffensive de ce genre devrait-elle devenir pour les chrétiens un fruit défendu ? Puisqu'on ne peut de toute façon étayer d'aucune preuve irrécusable que le fait de coucher avec beaucoup de femmes soit directement contraire au droit divin et naturel. » (« *Die Populosität eines Staates zu facilitiren: wollte zwar die, in dem Orient fürnemlich, im Schwang gehende Polygamie in Vorschlag bringen; weil aber durch selbigen, wie einer Sturm-Glock, die schreckbare Cantzeln ich wider mich zum gefährlichen Aufflauff ermuntern würde: halte vor sicherer, davon zu abstrahiren. Jedoch wann die Menge der priviligirten Bordels, Musick- und Spielhäuser: die florirende Mode der öffentlichen und heimlichen cocüages: die Winckel-Embrassaden: Mariages de Conscience: die Matrimonia ad Morganaticam: die mutuelle Expectantien auff die Todten-Fälle der Eheleute: die Unterhaltung der Maitressen entweder in eigenen Palästen, Familien oder garnirten Chambres: und mehrere unzulässige fleischliche Galanterien, die unter uns Christen, Lehrer und Zuhörer verüben, mit seriesen Reflexionen erwege; muß dieses freymüthige Urtheil fällen: Dass vor besser und excusabler ich halte, die Viel-Weiberey zu vergönnen, als die erzehlte sündliche Lebens-Manieren zu conniviren und durch publique Gesetze gar zu rechtfertigen. Denn da die Juden etliche Frauen zugleich haben heyrathen und mit ihnen nach ihrem gusto sich divertiren können: Dieser Praxis auch von den moratesten Nationen im Orient und anderswo beobachtet wird; Warumb sollte dergleichen unschädliche Licenz den Christen eben zu einer verbottenen Frucht gedeyhen? Da gleichwohl mit keinen unwidertreiblichen Beweissthümern erhärtet werden kann, daß vielen Ehefrauen beyzuwohnen, den Göttlichen und natürlichen Rechten schnurgerade entgegen lauffe.* »)

38. Isabell V. Hull, *Sexuality, State, and Civil Society in Germany, 1700-1815*, Ithaca, Cornell University Press, 1996, p. 176-179. À propos du débat sur la polygamie dans le droit naturel, voir Stephan Buchholz, « *Erunt tres aut quattuor in carne una.* Aspekte der neuzeitlichen Polygamiediskussion », dans Heinz Mohnhaupt (dir.), *Zur Geschichte des Familien- und Erbrechts*, Francfort-sur-le-Main, Klostermann, 1987, p. 71-91 ; Martin Mulsow, « Unanständigkeit. Mißachtung und Verteidigung der guten Sitten in der Gelehrtenrepublik der Frühen Neuzeit », dans *id., Die unanständige Gelehrtenrepublik..., op. cit.*, p. 1-26 ; Manuel Braun, « Tiefe oder Oberfläche? Zur Lektüre der Schriften des Christian Thomasius über Polygamie und Konkubinat », *Internationales Archiv für Sozialgeschichte der deutschen Literatur*, 30 (1), 2005, p. 27-53.
39. Michel Foucault, *Naissance de la biopolitique. Cours au Collège de France (1978-1979)*, Paris, Le Seuil-Gallimard, 2004 ; *id., Histoire de la sexualité*, I : *La volonté de savoir*, Paris, Gallimard, 1976. Voir Petra Gehring, *Was ist Biomacht? Vom zweifelhaften Mehrwert des Lebens*, Francfort-sur-le-Main, Campus, 2006.
40. Theodor Ludwig Lau, *Entwurff einer Wohl-eingerichteten Policey, op. cit.*, chap. I, 7 : « Car cependant, à cause de l'opposition du clergé jaloux de l'honneur de Dieu, il n'est pas à espérer que la féconde polygamie, qui est le moyen souverain pour peupler un pays, soit autorisée par une *Sanctionem Publicam* ; le peuplement d'un État doit être réalisé par d'autres expédients. » (« *Weil indessen, wegen der Contradiction der, vor die Ehre Gottes eiffernden Clerisey, nicht zu verhoffen: es werde die fruchtbare Polygamie, die das*

souverainste Mittel ist, ein Land zu peupliren, durch eine Sanctionem Publicam autorisiret werden; muss die Bevölkerung des Staats durch andere Expedientia bewerckstelligt werden. »)

41. Theodor Ludwig Lau, *Meditationes philosophicae de Deo, Mundo, Homine*, op. cit., chap. IV, § XIV sq. : « *Bellorum horum & discordiarum Autores: Temperamento Colerico praedominantes, principaliter fuerunt. XV. Fuerunt vero uti Bellorum, ita & Imperiorum Autores : quorum Fundamenta prima, posuerunt per Arma & Opressiones. Colerici enim sensim atque sensim, vi Complexionis, aliis imperitare volentes : Melancolicis, qui eorundem Ambitioni, maxime contrarii videbantur, vi, clam, precario devictis ; Phlegmaticos, & Sanguineos : plurimi quorum, se sua sponte, Metu suadente, tradentes ; Servitutis Compedes laeto exosculabantur Ore : Dominationi suae, facili subjecerunt Opera. XVI. Monarchia ergo, prima Mundi fuerunt Imperia. Colerici enim, primi Monarchae extiterunt. Uti vero Coelum duos non patitur Soles, Taedae Socium nesciunt : sic Colericus, nullum in Regno & Throno, Consortem admittit & Co-Imperantem. XVII. Imperio Monarchico sic fundato, ad illud conservandum : Religio. Leges. Praemia. Poenae: introducta. Subsidia Ambitionis. Dominatus Arcana. Omnia Colericorum Inventa. XVIII. Religionis Vinculo, Homines ex Liberis, Servi facto.* [...] » On trouve des idées analogues, mais qui ne reposent pas sur la doctrine des tempéraments, dans *Theophrastus redivivus. Edizione prima e critica*, éd. par Guido Canziani et Gianni Paganini, Florence, La Nuova Italia, 1982, vol. 2, p. 343 sq. : « *Primi igitur quos incessit regnandi libido, ad artes et commenta animum traduxere et leges ad societatis vinculum condidere. Deosque excogitaverunt* [...] *et religionem, quae est de rebus ad deos pertinentibus tractatio, instituerunt : ad quam ut pervenirent, postquam deos esse docuerunt, illos res humanas regere et gubernare finxerunt, quod providentiam dixere* » ; p. 345 : « *Religio vero, ad dei cultum et populi utilitatem primum instituta, eo tandem devenit ut omnis utilitas illius ad solos sacerdotes religionis ministros redundaverit, quorum authoritas temporis progressu tantum apud credulos et devotos invaluit crevitque, ut sacerdotes tamquam deos reputent, nec non illis honores solis diis decretos reddant* [...]. » Lau put trouver des théories de ce genre sur l'origine politique de la religion, qui viennent en dernier recours de sophistes comme Critias, non seulement dans les écrits libertins, mais aussi dans des réfutations orthodoxes, par exemple chez Daniel Clasen, *De religione politica*, Magdebourg, 1655.

42. Voir Lyndal Roper, *Oedipus and the Devil. Witchcraft, Religion and Sexuality in Early Modern Europe*, Londres, Routledge, 1994, chap. II.

43. Walter Benjamin, *Der Ursprung des deutschen Trauerspiels*, 6ᵉ édition, Francfort-sur-le-Main, Suhrkamp, 1993 ; Albrecht Schöne, *Emblematik und Drama im Zeitalter des Barock*, 3ᵉ édition, Munich, Beck, 1993.

44. [Johann Valentin Andreae], *Chymische Hochzeit*, Strasbourg, 1616, Quatrième jour : « *Bibat ex me qui potest, lavet qui vult, turbet qui audit : Bibite fratres, et vivite.* » Pamela H. Smith n'a pas trouvé la source de cette référence, *The Business of Alchemy. Science and Culture in the Holy Roman Empire*, Princeton, Princeton University Press, 1994, p. 274.

45. Les emblèmes ont visiblement été réalisés pour la version gravée du portrait, exécutée par Christian Friedrich Fritzsch en 1737. On les trouve décrits dans Theodor Ludwig Lau, *Die Wiederbelebung seiner Höchstgeehrtesten...*, op. cit., p. 12-14. p. 13 : « J'ai été également portraituré en l'an 1734 par Sidau, peintre expérimenté, et la différence entre celui-ci et le premier portrait réside en cela que, des deux côtés du portrait de Courlande, on voit des symboles qui entretiennent une connexion manifeste et secrète avec ma croyance, ma vie, mon humeur et mon génie, mes écrits publiés, mes persécutions, mes aventures, etc., et qui sont comme le Sphinx et Œdipe, c'est-à-dire des énigmes et celui qui les résout en même temps. » (« *In Mitau bin an. 1734 von dem erfahrnen Maler Sidau, gleichfalls abgeschildert, und bestehet der Unterscheid zwischen diesem und dem ersten Portrait: daß an beyden Seiten, des Churlandischen Sinnbilder zu sehen, die mit meinem Glauben, Leben, Humeur und Genie, herausgegebenen Schrifften, Verfolgungen, Avantüren u.s.w. eine offenbahr-geheime Connexion unterhalten, und wie Spinges und Oedipi, d.i. Rätzel und ihre Auflöser zugleich seyn.* »)

46. Theodor Ludwig Lau, *Die Wiederbelebung seiner Höchstgeehrtesten...*, *op. cit.*, p. 14 : « Ce sont les objets de ma raison et de ma religion révélée. » (« *Diese seyn die Vorwürffe von meiner Vernunft und geoffenbahrten Religion.* »)
47. Anna Roemers Visscher, *Zinne-Poppen, alle verciert met Rijmen...*, 3ᵉ édition, s. d. [vers 1620], nᵒ 58.
48. Theodor Ludwig Lau, *Die Wiederbelebung seiner Höchstgeehrtesten...*, *op. cit.*, p. 14 : « *Das Wohl der Reiche und Ihrer Könige ist mir ans Herz gewachsen.* »
49. *Ibid.*, p. 14 : « *Ich lehre euch Welt-Monarchen eure Stände, Einwohner und Unterthanen, in eben solche Spinnen, Bienen und Ameisen zu verwandeln.* »
50. Theodor Ludwig Lau, *Politische Gedancken, welcher Gestalt Monarchen und Könige, Respubliquen und Fürsten, nebst ihren Reichen, Ländern und Unterthanen, durch eine leichte Methode Mächtig und Reich seyn oder werden können*, Francfort-sur-le-Main, 1717, § 8, p. 15 : les princes et leurs ministres doivent être « *gleich fleissigen Ameisen und Bienen, anzuschaffen und zusammen zu tragen, bemühet seyn* ».
51. Voir Horst Bredekamp, *Stratégies visuelles de Thomas Hobbes. Le Léviathan, archétype de l'État moderne. Illustration des œuvres et portraits*, trad. Denise Modigliani, Paris, Éditions de la Maison des sciences de l'homme, 2003.
52. Julius Wilhelm Zincgref, *Emblematum ethico-politicorum centuria*, Heidelberg, 1664, emblème 37 : « In centro / Le milieu gouverne le tout. // Un Monarque prudent doit imiter l'araigne, / Se tenir sur sa terre en gardent le milieu ; / Pour pouvoir d'autant mieux secourir chasque lieu / Le vil hoste des Rois ce bel art leur enseigne. // Comme il se doit // Un roi doit se tenir au milieu de son royaume / Comme les araignées dans leur propre toile / dont elles protègent aisément les frontières. / La nature des araignées peut être utile à plus d'un. » (« In centro / Le milieu gouverne le tout. // Un Monarque prudent doit imiter l'araigne, / Se tenir sur sa terre en gardent le milieu ; / Pour pouvoir d'autant mieux secourir chasque lieu / Le vil hoste des Rois ce bel art leur enseigne. // *Wie es sich gebührt.* // *Ein König sol mitten im Reiche sich setzen / Wie Spinnen in ihren selbsteigenen Netzen / Auff welchen sie leichtlich die Grentzen beschutzen / Der Spinnen ihr wesen kann manchem was nutzen.* ») Voir en général Arthur Henkel et Albrecht Schöne (éd.), *Emblemata. Handbuch zur Sinnbildkunst des 16. und 17. Jahrhunderts*, Stuttgart, Metzler, 1967.
53. Theodor Ludwig Lau, *Meditationes philosophicae de Deo, Mundo, Homine, op. cit.*, chap. II, § 3 : « *Mundus hic : in Deo, ex Deo, & per Deum est. Deus Aranea : Textura Mundus.* »
54. Thomas Browne, *Religio Medici*, I, 15, dans *id.*, *The Major Works*, éd. par C. A. Patrides, Harmondsworth, Penguin Books, 1977, p. 77 *sq.* : « [...] indeed what reason may not goe to Schoole to the wisedome of Bees, Aunts, and Spiders? What wise hand teacheth them to doe what reason cannot teach us? » Dans la traduction latine de Levinus Moltke, que Lau a sans doute utilisée, ce passage est traduit ainsi : « [...] *quotus et quisque est, quem non Apes, Formicae & araneae sapientiam docere possunt ? Quae tandem docta manus haec illos docet, quae nos ratio ipsa docere nescit* » (*Religio medici, cum annotationibus*, Strasbourg, 1665, p. 80). Lau mentionne Browne parmi les auteurs qui l'ont influencé : Christian Thomasius, « Elender Zustand eines in die Atheistery gefallenen Gelehrten », dans *id.*, *Ernsthaffte, aber doch Muntere und Vernünfftige Thomasische Gedancken und Erinnerungen über allerhand auserlesene Juristische Händel*, 1ʳᵉ partie, Halle, 1720, p. 233-358, réimprimé dans Theodor Ludwig Lau, *Meditationes philosophicae...*, *op. cit.*, p. 273 : Lau a, « lors de ses heures de loisir, feuilleté et comparé, comme un philosophe éclectique, outre l'Ancien et le Nouveau Testament : la *Theologia Christiana & Gentili*, Aristote, Platon, Pythagore, Épicure, Descartes, Lord Herbert of Cherbury, Hobbes, Machiavel, Spinoza, Beverland, Pereira, Boccalini, Ovide, Lucain, Lucrèce, Le Clerc, Montaigne, Le Vayer, Broion [sans doute une faute d'impression pour « Brown »], Blount, Bayle, Huygens, Toland, Bruno, etc. etc., avec leurs critiques et leurs défenseurs [...] » (Lau a, « *bey seinen RecreationsStunden, zusammt dem Alten und Neuen Testament: der Theologia Christiana & Gentili: den Aristotelem, Platonem, Pythagoram, Epicurum, Cartesium, Herbertum, Hobbesium, Machiavellum, Spinosam, Beverland, Pereira, Boccalini, Ovidium, Lucanum, Lucretium, Clericum, Montagne, Vayer,*

Broion, Blount, Baelium, Huygenium, Tolland, Brunum &c. &c. mit ihren op- & propugnatoribus, wie ein Philosophus Eclecticus durchgeblättert und conferiret [...] ».
55. Voir des idées analogues chez Giordano Bruno, *De monade numero et figura*, Francfort-sur-le-Main, 1591 ; Hieronymus Rorarius, *Quod animalia bruta ratione utantur melius homine Libri duo*, Amsterdam, 1654.
56. Theodor Ludwig Lau, *Meditationes philosophicae de Deo, Mundo, Homine, op. cit.*, chap. I, § V *sq* : « *Existentia Dei : nulla indiget probatione ; Sensus enim omnium incurrit. Oculus eum videt. Auris audit. Nasus olfactat. Lingua gustat. Manus tangit. En Testes infallibiles, & omni exceptione majores !* VI. *Mihi ea patet, ex mirabili, tot Mundorum, Globorum Terr-aqueorum & igneorum, ac ex Triplicis Regni, Animalis, Vegetabilis & Mineralis Creatione, Gubernatione & Conservatione : in qualibus palpabili & visibili modo, Deus sese manifestavit ac revelavit.* VII. *Est haec Dei, in Operibus & per Opera sua, facta Revelatio, certissimum, mathematicum & infallibile : lucidissimum quoque & sufficiens, Deum ejusque existentiae Realitatem, cognoscendi & convincendi Principium.* » Mais voir aussi les déclarations de Lau sur l'immanence de Dieu : « IV. *Mihi : Deus Natura Naturans : ego Natura naturata.* » À propos de la théologie naturelle, voir Wolfgang Philipp, *Das Werden der Aufklärung in theologiegeschichtlicher Sicht*, Göttingen, Vandenhoeck und Ruprecht, 1957.
57. Theodor Ludwig Lau, *Die Wiederbelebung seiner Höchstgeehrtesten..., op. cit.*, p. 14 : « *Ich habe euch ferner gelehret die Schafe putzen nicht schinden.* »
58. Theodor Ludwig Lau, *Aufrichtiger Vorschlag von glücklicher, vorteilhafter, beständiger Einrichtung der Intraden und Einkünften der Souverainen und ihrer Untertanen: in welchen von Policen- und Kammer-Negocien und Steuer-Sachen gehandelt wird*, Francfort-sur-le-Main, 1719.
59. Suétone, *Vita Tiberii*, 32.1 : « *Boni pastoris est tondere pecus, non deglubere.* »
60. Nicolas Reusner, *Emblemata partim ethica, et physica, partim vero historica et hieroglyphica*, Francfort-sur-le-Main, 1581, vol. 2, n° 26. Voir Arthur Henkel et Albrecht Schöne (éd.), *Emblemata. Handbuch zur Sinnbildkunst des 16. und 17. Jahrhunderts*, Stuttgart, Metzler, 1967, col. 1100. Wilhelm von Schröder (Schröter), *Fürstliche Schatz- und Rentkammer*, Leipzig, 1686, publié aussi à Königsberg et Leipzig en 1752.
61. Voir en général Michael Stolleis, « Pecunia nervus rerum. Zur Diskussion um Steuerlast und Staatsverschuldung im 17. Jahrhundert », dans *id.*, *Pecunia nervus rerum. Zur Staatsfinanzierung in der frühen Neuzeit*, Francfort-sur-le-Main, Klostermann, 1983, p. 63-128 ; Ingomar Bog, *Der Reichsmerkantilismus. Studien zur Wirtschaftspolitik des Heiligen Römischen Reiches im 17. und 18. Jahrhundert*, Stuttgart, Fischer, 1959 ; Johannes Kunisch, « Staatsräson und Konfessionalisierung als Faktoren absolutistischer Gesetzgebung. Das Beispiel Böhmen (1627) », dans Barbara Dölemeyer et Diethelm Klippel (dir.), *Gesetz und Gesetzgebung im Europa der Frühen Neuzeit* (*Zeitschrift für Historische Forschung*, supplément 22), Berlin, Duncker und Humblot, 1998, p. 131-156 ; à propos du rapport de l'autorité et des sujets, voir Winfried Schulze, « Die veränderte Bedeutung sozialer Konflikte im 16. und 17. Jahrhundert », dans *id.* (dir.), *Europäische Bauernrevolten der frühen Neuzeit*, Francfort-sur-le-Main, Suhrkamp, 1982, p. 276-308.
62. Voir note 35.
63. Theodor Ludwig Lau, *Die Wiederbelebung seiner Höchstgeehrtesten..., op. cit.*, p. 15 : « *Ihr auf mich ergrimmte Misgünstige! werdet mich nicht treffen: Ich werde eure Verfolgungen äffen.* »
64. Michael Stolleis, « Löwe und Fuchs. Eine politische Maxime im Frühabsolutismus », dans *id.*, *Staat und Staatsräson in der frühen Neuzeit*, Francfort-sur-le-Main, Suhrkamp, 1990, p. 21-36.
65. Theodor Ludwig Lau, *Die Wiederbelebung seiner Höchstgeehrtesten..., op. cit.*, p. 15 : « *Je nach den Umständen habe ich beides benutzt [...] Bald habe ich über die Bande meiner heimtückischen, nachzügischen und neidischen Messieurs von Herzen vernünfftig Christlich lachen, bald wegen ihrer respective übersichtigen auch gar blinden Augen ein recht lebendiges Beyleyd müssen verspühren lassen.* »

66. Voir Walter F. Otto, *Die Musen und der göttliche Ursprung des Singens und Sagens*, Düsseldorf, Diederichs, 1955.
67. Voir Reinhard Brandt, *Philosophie in Bildern. Von Giorgione bis Magritte*, Cologne, Dumont, 2000, p. 91-113 ; Oreste Ferrari, « L'iconografia dei filosofi antichi nella pittura del secolo XVII in Italia », *Storia dell'Arte*, 57, 1986, p. 103-181.
68. Eckhard Leuschner, *Persona, Larva, Maske. Ikonologische Studien zum 16. bis frühen 18. Jahrhundert*, Francfort-sur-le-Main, Lang, 1997.
69. Johann Michael Moscherosch, *Wunderliche und Wahrhafftige Gesichte Philanders von Sittewald*, Francfort-sur-le-Main, 1642.
70. Theodor Ludwig Lau, *Vale suum respective ultimum ! Famigeratissimae Academiae Lugdunensi Batavorum Gratitudinis ex Obligatione triplici, obtulit*, 1736, p. 10 ; voir Adrian Beverland, *Peccatum originale*, « Eleutheropoli », 1678. À propos de Beverland, voir la note 2.
71. Theodor Ludwig Lau, *Vale suum respective ultimum…, op. cit.*, p. 10.
72. Voir chapitre 2.
73. Theodor Ludwig Lau, *Palingenesia honoratissimorum…, op. cit.*,
74. Theodor Ludwig Lau, *Die Wiederbelebung seiner Höchstgeehrtesten…, op. cit.*, p. 18-22 : « Das alles ist er nicht gewesen! […] Er ist das alles in der Würcklichkeit gewesen, indem Er es nicht hat seyn wollen […] Daß […] er aufhöre, ein thörichter Sünder zu seyn: anfange ein neuer Mensch und ein Wiedergebohrner zu werden: um wahrhafftig-vernünfftig, und wahrhafftig-christlich, in dem neuen ThierKreiß seines Lebens zu leben und zu sterben. »
75. « […] bey jedem Glokkenschlag unaufhörlich mit der stärcksten Baßstimme das: Gedenke zu sterben! Intoniert […] ». Voir la brève autobiographie de Lau dans le journal *Privilegierte Hamburgische Anzeigen*, 24, 26 mars 1737, p. 186-190, ici p. 189.
76. Ces détails biographiques étaient inconnus jusqu'à présent. On ne disposait que de la notice de Nemeitz disant qu'on avait vu Lau vers 1730 « non loin de Francfort […] regardant par hasard depuis une maison de fermier » (« *nicht weit von Franckfurt […] von ohngefehr aus einem Bauer-Hause […] heraus guckend* », Johann C. Nemeitz, « Von einem Plagio, und zu gleich einige Particularia von dem Herrn Lau », dans *id.*, *Vernünftige Gedanken über allerhand historische, critische und moralische Materien*, IIIe partie, Francfort-sur-le-Main, 1740, p. 72-80, ici p. 76). Cela est cohérent avec l'indication que donne la bibliographie de Lau (*Die Original-Rede…, op. cit.*, p. 30) : « 33. Commentaire allemand sur les deux premiers livres du Télémaque, car je fais abstraction de la suite ; pourquoi ? Il n'est pas nécessaire de le rappeler ! L'ingratitude, les persécutions, etc., véritables récompenses de mes travaux patriotiques, m'ont obtenu un édit d'interdiction, sous peine très rigoureuse en cas de contravention. Tout comme elles furent causes des incendies de Rödelheim-Solms et de La Haye, qui ont transformé en la nature de cendres plusieurs de mes travaux projetés et déjà quelque peu esquissés : par exemple Amsterdamsches Welt-Magazin, Der Kauf-Handel zu Amsterdam, Entwurf eines wohl-regulirten Krieges-Etats, etc., à côté de nombreux recueils de matériaux s'y référant etc. » (« 33. *Deutscher Commentarius über die zwo ersten Bücher des Telemachs: denn von weiterer Fortsetzung abstrahire; Warum? Ist nicht nöthig zu erinnern! Undanck, Verfolgungen u.s.w. würckliche Recompencen meiner Patriotischen Arbeiten, haben mir ein Edictum prohibitorium, sub Poena rigorosissima in Contraventionis Casum, insinuiren lassen: Wie sie gleichfalls Uhrstifter der Feuerwercken zu Rödelheim-Solms und im Grafenhaag [Den Haag] gewesen, die verschiedene meiner vorgehabter und in etwas auch schon entworffen gewesener Arbeiten: Z.E. Amsterdamsches Welt-Magazin, der KaufHandel zu Amsterdam, Entwurf eines wohl-regulirten Krieges-Etats u.s.w. nebst allen dazu gehörigen vielen Collectaneis u.s.w. in die Wesenheit der Asche verwandelt haben.* ») À propos du délire de persécution, voir la notice de Nemeitz, p. 78 : « il avait des délires dans son cerveau » (« *es spückte ihm im Gehirn* »). Sur les intentions de Lau à La Haye, voir son discours : *Curiosis Rei Litterariae Amatoribus. Peraeque uti Bibliopolis, Hagae-Comitum habitantibus : Latino suo Stylo Philosophico-Politico-Juridico reali, iis inserviendi inclinationem, praesenti in Scheda offert et manifestat* Theodor Ludwig Lau. J.U.D. [1735].

77. Theodor Ludwig Lau, *Die Wiederbelebung seiner Höchstgeehrtesten...*, *op. cit.*, p. 24 : « N'oublie jamais ce que je t'ai dit : / J'ai sauvé mon âme par cet avertissement ! / Va maintenant où tu veux, avec pleine permission, / à droite ou à gauche, / vers les blanches brebis croyantes ou les boucs noirs incroyants, / en suivant les caprices de ta fantaisie ; / je ne te contraindrai pas à choisir. / Prie cependant de tout cœur pour le fidèle Mentor qui te guide / que le texte du psaume cent-quarante / comme un chant de triomphe / soit accompli / dans sa personne innocente et haïe ! » (« *Vergiß nimmer, was ich dir gesagt: / Ich habe durch die Warnung, meine Seel gerettet! / Mit völliger Erlaubniß gehe nun hin/wo du willst / Rechts, oder Lincks; / zu den gläubigen weisen Schafen, oder ungläubigen schwartzen Böcken: / nach dem freyen Willen deiner eigenhirnichten Phantasie; / Ich werde dich, zu der Auswahl nicht zwingen. / Behte indessen vor den treuen Rathgebenden Mentor von Hertzen: / daß der Innhalt des hundert und viertzigsten Psalms / wie ein ein Triumph-Lied / in seiner unschuldig-verhaßten Person / möge erfüllet werden!* »)
78. Theodor Ludwig Lau, *Meditationes philosophicae de Deo, Mundo, Homine*, dans *id.*, *Meditationes philosophicae...*, *op. cit.*, chap. III, § XL : « *Nullam propterea exhorresco Mortem: quae aliis, rerum omnium terribilissima. Interitus est nullus. Annihilatio nulla. [...] Migratio Animarum perpetua.* »
79. Theodor Ludwig Lau, *Die Wiederbelebung seiner Höchstgeehrtesten...*, *op. cit.*, p. 24 : « *Biß durch die Chymisch-Alchimische Verwandlungs-Kunst, aus der jetzigen Welt verbrannten Ueberbleibseln und calcinirten Chaos, eine neue Erde und ein neuer Himmel geschaffen und ausgeformet werde!* » À propos de Dippel, voir Karl-Ludwig Voss, *Christianus Democritus – Das Menschenbild bei Johann Conrad Dippel. Ein Beispiel christlicher Anthropologie zwischen Pietismus und Aufklärung*, Leyde, Brill, 1970 ; Stephan Goldschmidt, *Johann Konrad Dippel (1673-1734). Seine radikalpietistische Theologie und ihre Entstehung*, Göttingen, Vandenhoeck und Ruprecht, 2001.
80. Voir Martin Mulsow, « Das Planetensystem als Civitas Dei. Jenseitige Strafinstanzen im Wolffianismus », dans Lucian Hölscher (dir.), *Das Jenseits. Facetten eines religiösen Begriffs in der Neuzeit*, Göttingen, Wallstein, 2007, p. 40-62. Voir aussi Helmut Zander, *Geschichte der Seelenwanderung in Europa*, *op. cit.* Sur l'« ésotérisme » comme religion alternative, voir Monika Neugebauer-Wölk, « Aufklärung – Esoterik – Wissen. Transformationen des Religiösen im Säkularisierungsprozeß. Eine Einführung », dans *id.* (dir.), *Aufklärung und Esoterik. Rezeption – Integration – Konfrontation*, Tübingen, Niemeyer, 2008, p. 5-28.
81. Outre Thomas Simon, „*Gute Policey*"..., *op. cit.*, je me contenterai de mentionner Hans Maier, *Die ältere deutsche Staats- und Verwaltungslehre*, 2ᵉ édition, Munich, Beck, 1980, et Michael Stolleis, *Geschichte des öffentlichen Rechts in Deutschland*, vol. 1 : *Reichspublizistik und Policeywissenschaft, 1600-1800*, Munich, Beck, 1988.
82. Edmund Spieß, *Erhard Weigel*, Leipzig, Klinkhardt, 1881. Voir les remarques de Lau sur son style dans *Die Original-Rede...*, *op. cit.*, p. 26, dans sa liste d'œuvres inédites : « *13. Scheda, qua curiosis Rei Litterariae Amatoribus peraeque uti Bibliopolis, Hagae Comitum inhabitantibus, Latino meo Stylo Philosophico Politico-Juridico reali, iis inserviendi Inclinationem offero & manifesto, 4to 1735. [...] 15. Palingenesia perdilectissimorum meorum Parentum ! Seu Epitaphium Latino-Germanicum in eorum Honorem, Stylo Lapidario exaratum in 4to Altonaviae 1736.* »
83. Voir par exemple les œuvres de Wolfgang Ratke ou de Johann Balthasar Schupp. D'un point de vue général, à propos de l'Angleterre, voir Charles Webster, *The Great Instauration. Science, medicine and reform, 1626-1660*, Londres, Duckworth, 1975.
84. Winfried Schröder, *Spinoza in der deutschen Frühaufklärung*, *op. cit.* ; Martin Pott, « Einleitung » dans son édition en fac-similé des œuvres de Theodor Ludwig Lau, *op. cit.*

4. L'art du nivellement, ou : comment sauver un athée ?

1. John Rawls, *La justice comme équité. Une reformulation de « Théorie de la justice »*, trad. Bertrand Guillarme, Paris, La Découverte, 2003, cité par Richard Rorty, qui l'approuve, dans « The Priority of Democracy to Philosophy », dans *id.*, *Objectivity, Relativism and Truth. Philosophical Papers*, vol. 1, Cambridge, Cambridge University Press, 1991, p. 175-196, ici p. 180-181. – Une version de ce chapitre a été présentée au printemps 2005 à l'École des hautes études en sciences sociales. Je remercie Jean-Pierre Cavaillé, Alain Mothu, Sylvain Matton et les autres participants à la discussion pour leurs critiques.
2. Ian Hunter, « The History of Philosophy and the Persona of the Philosopher », *Modern Intellectual History*, 4 (3), 2007, p. 571-600.
3. À propos du libertinage érudit, voir l'ouvrage classique de René Pintard, *Le libertinage érudit dans la première moitié du XVIIe siècle*, Paris, Boivin, 1943, réimpression Genève, Slatkine, 1989, ainsi que le recueil de textes en deux volumes édité par Jacques Prévot, *Libertins du XVIIe siècle*, Paris, Gallimard, vol. 1, 1998, vol. 2, 2004. Sur les problèmes d'interprétation concernant Vanini, voir Cesare Vasoli, « Riflessioni sul "problema" Vanini », dans Sergio Bertelli (dir.), *Il libertinismo in Europa*, Milan et Naples, Ricciardi, 1980, p. 125-168.
4. Sur l'histoire de la réception de Vanini, voir Giovanni Papuli, « La fortuna del Vanini », dans *id.* (dir.), *Le interpretazioni di G. C. Vanini*, Galatina, Congedo, 1975, p. 5-52 ; Andrzej Nowicki, « Vanini nel Seicento e gli strumenti concettuali per studiare la sua presenza nella cultura », *Atti dell'Academia di scienze morali e politiche della Società nazionale di scienze, lettere e arti in Napoli*, 82, 1971, p. 377-440 ; Francesco De Paola, *Vanini e il primo Seicento anglo-veneto*, Taurisano, Centro Studi « G. C. Vanini », 1979 ; Guido Porzio, « Saggio di bibliografia vaniniana », dans *id.* (éd.), *Le opere di Giulio Cesare Vanini tradotte per la prima volta in italiano*, 2 volumes, Lecce, Bortone, 1912, vol. 1, p. CXXXV-CLXIII et vol. 2, p. III-CII ; Lorenzo Bianchi, *Tradizione libertina e critica storica. Da Naudé a Bayle*, Milan, Franco Angeli, 1988, p. 177-212 ; Andrzej Nowicky, « Studia nad Vaninim », *Euhemer przegrad religioznawczy*, 50, 1966, p. 23-32.
5. Antonio Corsano, « Per la storia del pensiero del tardo Rinascimento. II : Giulio Cesare Vanini », *Giornale Critico della Filosofia Italiana*, 37, 1958, p. 201-244.
6. Voir Cesare Vasoli, « Riflessioni sul "problema" Vanini », *op. cit.*, p. 141 *sq.*
7. Voir *ibid.*, p. 145.
8. À propos d'Arnold, voir Antje Mißfeldt (dir.), *Gottfried Arnold. Radikaler Pietist und Gelehrter*, Cologne, Böhlau, 2011 ; Dietrich Blaufuß et Friedrich Niewöhner (dir.), *Gottfried Arnold (1666-1714). Mit einer Bibliographie der Arnold-Literatur ab 1714*, Wiesbaden, Harrassowitz, 1995.
9. Sur cette pratique des sauvetages, voir Michael Multhammer, *Lessings „Rettungen". Geschichte und Genese eines Denkstils*, Berlin, De Gruyter, 2013.
10. Martin Mulsow, « Libertinismus in Deutschland? Stile der Subversion in Politik, Religion und Literatur des 17. Jahrhunderts », *Zeitschrift für historische Forschung*, 31 (1), 2004, p. 37-71.
11. Le livre « scandaleux » de Pierre Charron, *De la sagesse*, fut par exemple traduit pour la première fois en allemand en 1669, de manière anonyme, par une femme du cercle de Johann Valentin Andreae. Voir Sabine Koloch et Martin Mulsow, « Die erste deutsche Übersetzung von Pierre Charrons *De la sagesse*: Ein unbekanntes Werk der intellektuellen Außenseiterin Margareta Maria Bouwinghausen von Wallmerode (1629-nach 1679) », *Wolfenbütteler Barock-Nachrichten*, 33, 2006, p. 119-150. Gabriel Naudé a été lu assez tôt et de manière assez intensive comme penseur politique, aussi bien pour sa *Bibliographia politica* que pour ses *Considérations politiques sur les coups d'Estat*, dont une traduction allemande parut en 1678. À propos de Naudé, voir Lorenzo Bianchi, *Rinascimento e libertinismo. Studi su Gabriel Naudé*, Naples, Bibliopolis, 1996. Sur sa réception en Allemagne, voir Martin Mulsow, « Appunti sulla fortuna di Gabriel Naudé nella Germania del primo

illuminismo », *Studi filosofici*, 14-15, 1991-1992, p. 145-156. Voir aussi Annette Syndikus, « Philologie und Universalismus. Gabriel Naudés enzyklopädische Schriften und ihre Rezeption im deutschsprachigen Raum », dans Denis Thouard, Friedrich Vollhardt et Fosca Mariani Zini (dir.), *Philologie als Wissensmodell*, Berlin, De Gruyter, 2010, p. 309-343. L'*Apologie pour tous les grands personnages qui ont esté faussement soupçonnez de magie* joua un assez grand rôle dans les milieux autour de Christian Thomasius. Une traduction allemande en parut en 1704 (Gabriel Naudé, *Apologie pour tous les grands personnages qui ont esté soupçonnez de magie*, Paris, 1625 ; traduction allemande : Christian Thomasius, *Kurtze Lehr-Sätze von dem Laster der Zauberey... und aus des berühmten Theologi D. Meyfarti, Naudaei, und anderer gelehrter Männer Schrifften erleutert...*, Halle, 1704). Nous reviendrons sur l'*Apologie* de Naudé dans le chapitre 12. François La Mothe Le Vayer ne fut presque pas traduit. Seul son essai, *Du peu de certitude qu'il y a dans l'histoire*, parut en 1704 dans une traduction anonyme, éditée par Jakob Friedrich Reimmann, sous le titre *Discours über die Ungewißheit in der Geschichte*, avec un faible tirage. Le poète satyrique Christian Ludwig Liscow apporta sa contribution en traduisant un essai dans les années 1730, de manière anonyme. À propos de la traduction de Reimmann, voir Martin Mulsow, « Die Paradoxien der Vernunft. Rekonstruktion einer verleugneten Phase in Reimmanns Denken », dans *id.* et Helmut Zedelmaier (dir.), *Skepsis, Providenz und Polyhistorie. Jakob Friedrich Reimmann (1668-1743)*, Tübingen, Niemeyer, 1998, p. 15-59, ici p. 31. À propos de la traduction de Liscow, voir Friedrich von Hagedorn, *Briefe*, éd. par Horst Gronemeyer, vol. 1, Berlin, De Gruyter, 1997, p. 117. Comme on le voit, les auteurs contre lesquels mettait en garde l'orthodoxie luthérienne avaient du mal à être diffusés.

12. Voir la nouvelle édition de ses œuvres dirigée par Francesco Paolo Raimondi et Mario Carparelli, Giulio Cesare Vanini, *Tutte le opere*, Milan, Bompiani, 2010.
13. À propos de ces écrits, voir Francesco Paolo Raimondi, « L'Apologia arpiana tra il prime letture illuministiche del Vanini », dans Giovanni Papuli (dir.), *Giulio Cesare Vanini dal testo all'interpretazione*, Taurisano, Edizioni di Presenza, 1996, p. 59-94.
14. [Peter Friedrich Arpe], *Apologia pro Vanino*, Cosmopoli [Rotterdam], 1712.
15. À propos d'Arpe (1682-1740), voir Martin Mulsow, « Freethinking in Early Eighteenth-Century Protestant Germany: Peter Friedrich Arpe and the *Traité des trois imposteurs* », dans Silvia Berti, Françoise Charles-Daubert et Richard H. Popkin (dir.), *Heterodoxy, Spinozism and Free Thought in Early-Eighteenth-Century Europe. Studies on the "Traité des trois imposteurs"*, Dordrecht, Kluwer, 1996, p. 193-239 ; *id.*, « Peter Friedrich Arpe collectionneur », *La lettre clandestine*, 3, 1994, p. 35-36 ; *id.*, *Moderne aus dem Untergrund. Radikale Frühaufklärung in Deutschland 1680-1720*, Hambourg, Meiner, 2002, p. 247 *sq.*
16. Voir le compte rendu écrit par Friedrich Niewöhner à propos de mon livre, *Moderne aus dem Untergrund*, dans le *Frankfurter Allgemeine Zeitung*, 8 juillet 2002, p. 39.
17. Martin Mulsow, « Johann Christoph Wolf (1683-1739) und die verbotenen Bücher in Hamburg », dans Johann Anselm Steiger (dir.), *500 Jahre Theologie in Hamburg. Hamburg als Zentrum christlicher Theologie und Kultur zwischen Tradition und Zukunft*, Berlin, De Gruyter, 2005, p. 81-112 ; *id.*, « Die Transmission verbotenen Wissens », dans Ulrich Johannes Schneider (dir.), *Kulturen des Wissens im 18. Jahrhundert*, Berlin, De Gruyter, 2008, p. 61-80 ; *id.*, « Entwicklung einer Tatsachenkultur. Die Hamburger Gelehrten und ihre Praktiken 1650-1750 », dans Johann Anselm Steiger et Sandra Richter (dir.), *Hamburg. Eine Metropolregion zwischen Früher Neuzeit und Aufklärung*, Berlin, Akademie Verlag, 2012, p. 45-63. La section qui suit est une version abrégée du dernier chapitre de mon livre *Die unanständige Gelehrtenrepublik. Wissen, Libertinage und Kommunikation in der Frühen Neuzeit*, Stuttgart, Metzler, 2007, p. 217-245.
18. Vincentius Placcius, *De scriptis et scriptoribus anonymis atque pseudonymis syntagma*, Hambourg, 1674. Placcius révèle l'identité de 617 auteurs anonymes et 909 pseudonymes : « *De scriptoribus occultis detectis tractatus duo, quorum prior anonymos detectos in capita, pro argumentorum varietate distinctos, posterior pseudonymos detectos catalogo alphabetico exhibet.* »

19. *Invitatio amica ad Antonium Magliabecchi aliosque Illustres et Clarissimos Reip. Litterariae atque librariae Proceres, Fautores, Peritos, super Symbolis promissis partim et destinatis ad Anonymos et Pseudonymos Detectos et Detegendos Vincentii Placcii Hamburgensis. Accedit Delineatio praesentis status et consilium atque votum, absolvendi D. V. ac edendi Operis Totius, ultra 4000 Autores detectos exhibituri. Cum indicibus adjunctis necessariis*, Hambourg, 1689.
20. À propos de ce qui suit, voir Martin Mulsow, *op. cit.*, p. 217-245.
21. Nous ne mentionnerons ici que quelques-uns de ces auteurs : Caspar Heinrich Starck, Johann Friedrich Mayer, Johann Diecmann, Georg Serpel, Christoph August Heumann, Polycarp Lyser, Theodor Crusius, Johann Christoph Nemeitz, Gottfried Ludwig, Johann Christoph Wolf.
22. Elles trouvèrent une sorte de conclusion dans le recueil de Johann Christoph Mylius, qui parut en 1740 : Johann Christoph Mylius, *Bibliotheca anonymorum et pseudonymorum detectorum, ultra 4 000 scriptores, quorum nomina vera latebant antea, omnium facultatum scientiarum et linguarum complectens, ad supplendum et continuandum Vincentii Placii Theatrum anonymorum et pseudonymorum et Christoph August Heumanni Schediasma de anonymis et pseudonymis*, Hambourg, 1740.
23. Sur le prestige social dans la République des Lettres, voir Anne Goldgar, *Impolite Learning. Conduct and Community in the Republic of Letters, 1680-1750*, New Haven, Yale University Press, 1995.
24. Voir les remarques que faisait déjà Ira O. Wade, *The Clandestine Organization and Diffusion of Philosophic Ideas in France from 1700 to 1750*, Princeton, Princeton University Press, 1938 ; Martin Mulsow, *Moderne aus dem Untergrund...*, *op. cit.*, 2002. Voir, par exemple, la jubilation provocatrice de Johann Christian Edelmann dans *Moses mit aufgedecktem Angesicht*, s. l., 1740, p. 33 *sq.*, sur les livres comportant « la prétendue graine de la mauvaise herbe infernale » que Dieu, « par sa sagesse insondable, a fait acheter de temps en temps par les propres ennemis de cette même sagesse pour beaucoup d'argent [...] et conserver par eux de manière très soigneuse » (« *vermeyntem Saamen des höllischen Unkrauts* », « *durch seine unerforschliche Weißheit von ihren eigenen Feinden von Zeit zu Zeit vor theuer Geld aufkauffen und [...] aufs sorfältigste von ihnen hat bewahren lassen* »).
25. Voir Martin Mulsow, *Moderne aus dem Untergrund...*, *op. cit.*, 2002.
26. Valentin Ernst Löscher (éd.), *Unschuldige Nachrichten* ; Siegmund Jakob Baumgarten (éd.), *Nachrichten von einer Hallischen Bibliothek*, Halle, 1748-1751 ; Jakob Friedrich Reimmann, *Historia universalis atheismi*, Hildesheim, 1725 ; Johann Anton Trinius, *Freydencker-Lexikon*, Leipzig, 1765.
27. Voir la dédicace d'Arpe à Frankenau dans l'*Apologia pro Vanino*, Cosmopoli [Rotterdam], 1712. Voir aussi la lettre autobiographique d'Arpe à Johann Albert Fabricius, 19 juillet 1723, Det Kongelige Bibliotek Kopenhagen (KBK), Ms. Thott 1218, 4° fol. 3 : « *Imprimis FRANCKI DE FRANCKENAU qui jam Viennae publica Regia Majestatis Daniae negotia curat, jucunda subit recordatio / Cui felle nullo, melle multo mens madens / Avum per omne nil amarum miscuit / tam seriorum quam jocorum particeps. / Hic mihi Dux et autor extitit apologiae VANINI, cum lectissimum Parentis optimi apparatum literarium perlustrarem, quique sub literis initialibus primae editionis hujus apologiae, cum ipse apparere nollem, securis delituit.* » À propos de cette bibliothèque, voir aussi la lettre de Franck von Franckenau à Johann Albert Fabricius, Copenhague, 15 mars 1711, KBK Ms. Fabr. 104-123.
28. Voir Michael Czelinski-Uesbeck, *Der tugendhafte Atheist : Studien zur Vorgeschichte der Spinoza-Renaissance in Deutschland*, Wurtzbourg, Königshausen und Neumann, 2007.
29. Gottfried Arnold, *Unpartheyische Kirchen- und Ketzer-Historie*, Francfort-sur-le-Main, 1699-1700.
30. Le livre de Werner Schneiders reste fondamental : *Naturrecht und Liebesethik. Zur Geschichte der praktischen Philosophie im Hinblick auf Christian Thomasius*, Hildesheim, Olms, 1971.

31. Martin Mulsow, *Moderne aus dem Untergrund...*, op. cit., p. 201-203. Voir aussi, plus loin, le chapitre 12.
32. Voir Ralph Häfner, *Götter im Exil. Frühneuzeitliches Dichtungsverständnis im Spannungsfeld christlicher Apologetik und philologischer Kritik (ca. 1590-1736)*, Tübingen, Niemeyer, 2003 ; Erik Petersen, *Intellectum Liberare. Johann Albert Fabricius – en humanist i Europa*, Copenhague, Museum Tusculanums Forlag, 1998.
33. Wolfgang Philipp, *Das Werden der Aufklärung in theologiegeschichtlicher Sicht*, Göttingen, Vandenhoeck und Ruprecht, 1957.
34. À propos de la critique du pédantisme, voir Wilhelm Kühlmann, *Gelehrtenrepublik und Fürstenstaat. Entwicklung und Kritik des deutschen Späthumanismus in der Literatur des Barockzeitalters*, Tübingen, Niemeyer, 1982, p. 285-454 ; Gunter E. Grimm, *Literatur und Gelehrtentum in Deutschland. Untersuchungen zum Wandel ihres Verhältnisses vom Humanismus bis zur Frühaufklärung*, Tübingen, Niemeyer, 1983.
35. [Peter Friedrich Arpe] *P. F. RP. Epistolarum Decas, Sive Brevis Delineatio Musaei Scriptorum De Divinatione*, s. l., 1711 ; *id.*, *Theatrum fati sive Notitiae scriptorum de providentia*, Rotterdam, 1712.
36. À propos de cette question et des réponses qu'on lui a apportées, voir Francesco Paolo Raimondi, « L'Apologia arpiana tra le prime letture illuministiche del Vanini », *op. cit.*, p. 59-94.
37. David Durand, *La vie et les sentiments de Lucilio Vanini*, Rotterdam, Fritsch, 1717.
38. Voir Francesco Paolo Raimondi, « L'Apologia arpiana tra le prime letture illuministiche del Vanini », *op. cit.*, p. 59-94.
39. Sur les techniques de dissimulation dans l'écriture, voir Jean-Pierre Cavaillé, *Dis/Simulations. Jules-César Vanini, François La Mothe Le Vayer, Gabriel Naudé, Louis Machon et Torquato Accetto. Religion, morale et politique au XVIIe siècle*, Paris, Champion, 2002 ; Jon R. Snyder, *Dissimulation and the Culture of Secrecy in Early Modern Europe*, Berkeley, University of California Press, 2009. Voir, de manière générale, le livre discuté de Leo Strauss, *La persécution et l'art d'écrire*, trad. Olivier Berrichon-Sedeyn, Paris, Presses Pocket, 1989.
40. Voir Giovanni Papuli, « La fortuna del Vanini », *op. cit.*, p. 5-52.
41. D'une manière analogue à celle dont Markus Völkel a récemment abordé la « logique textuelle » d'un article du *Dictionnaire* de Bayle : Markus Völkel, « Zur "Text-Logik" im *Dictionnaire* von Pierre Bayle. Eine historisch-kritische Untersuchung des Artikels Lipsius (Lipse, Juste) », *Lias*, 20, 1993, p. 193-226.
42. Staats- und Universitätsbibliothek Hamburg, Cod. theol. 1222. Je remercie Susanna Reger pour l'aide qu'elle m'a apportée dans les transcriptions et traductions.
43. [Peter Friedrich Arpe], *Apologia pro Vanino*, Cosmopoli [Rotterdam], 1712, Staats- und Universitätsbibliothek Hamburg, Cod. theol. 1222, p. 44 : « *Non nego ; profani speciem habet, qui profana referat.* »
44. [Peter Friedrich Arpe], *Apologia pro Vanino, op. cit.*, p. 44 sq. : « *Provida mater* Natura, *scyllas scopulorumque anfractus alba solet designare spuma ; attamen saepe improvidus nauta naufragium patitur, an quis arguet eam ? Profecto nemo. Si quis noctu flammis e pharo, ligneisque structuris de Syrtibus interdiu navigantem monuit, cùm tamen nauclerus iniquum littus amans perit, non caedis arguitur. Ita nec VANINUM, si scyllae, scopuli, Syrtesque in ejus libris sunt, qui diligenter notavit eas, monuitque Lectorem, arguere debet.* »
45. [Peter Friedrich Arpe], *Apologia pro Vanino, op. cit.*, p. 45, note manuscrite : « Atheorum dicta *retulit, quia iis pugnam parabat, illa autem fuisset* Andabatarum in more *instituta et,* clausis oculis, *nisi improba ipsorum effata agerentur.* »
46. [Peter Friedrich Arpe], *Apologia pro Vanino, op. cit.*, p. 45, note manuscrite : « *Adversariorum argumenta ignorare velle, animi praevaricantis et mala sibi conscii* [...] *est. Aut taedium tibi parium dicta, aut metum. Taedium ferre oportebat* Hercules*, cum* Augiae stabulum purgaret. *Contra* metum *galea muniendum caput est et propernatur* Edictum*, ne eorum mentio fiat.* »
47. [Peter Friedrich Arpe], *Apologia pro Vanino, op. cit.*, p. 45, note manuscrite : « *Nesciunt quid velint, modo fiat* Atheus. *Dicta eorum retulit ;* quid tum ? *Hieronymus* opp. tom. III.

in epist. Ad Min. et Alex. : *si quis* contrariae factionis *immurmurcit, quare eorum* explanationes *legam, quorum* dogmatibus *non acquiesco. Sciat me illud Apostoli libenter audire.* Omnia probat quod bonum est, retinete. *Haec, si valerent, nec ipse* Salomon *Rex sapientissimus culpa cureret ob* ecclesiastes *verba* c. III. v.19. seqq. »

48. Michael Albrecht, *Eklektik. Eine Begriffsgeschichte mit Hinweisen auf die Philosophie- und Wissenschaftsgeschichte*, Stuttgart-Bad Cannstatt, Frommann-Holzboog, 1994.

49. [Peter Friedrich Arpe], *Apologia pro Vanino, op. cit.*, p. 45, note manuscrite : « […] *nec ipse* Salomon *Rex sapientissimus culpa cureret ob* ecclesiastes *verba* c. III. v.19. seqq. ».

50. Martin Mulsow, « Eclecticism or Skepticism? A Problem of the Early Enlightenment », *Journal of the History of Ideas*, 58 (3), 1997, p. 465-477 ; Ralph Häfner, « Das Erkenntnisproblem in der Philologie um 1700. Zum Verhältnis von Polymathie und Aporetik bei Jacob Friedrich Reimmann, Christian Thomasius und Johann Albert Fabricius », dans *id.* (dir.), *Philologie und Erkenntnis. Beiträge zu Begriff und Problem frühneuzeitlicher Philologie*, Tübingen, Niemeyer, 2001, p. 95-128.

51. [Peter Friedrich Arpe], *Apologia pro Vanino, op. cit.*, p. 45 : « Carneades, *ille omnium argutissimus, quo dissertante*, quid veri esset, haud facilè discerni poterat, *memorante* Plinio, *cùm olim* pro vitio *summa cum hominum admiratione verba faceret. Quemadmodum, inquit,* nisi nox esset, dies non esset ; ita per Jovem, nisi vitium innatum esset rerum naturae, virtus frustra quaereretur. Sic vento roborantur arbores; allio apposito gratius spirant rosae ; palma sub onore crescit ; ex vitio noscitur virtus, & vitiosis Atheorum dictis, confirmata Christi floret doctrina.* »

52. *Ibid.*, p. 46 : « Nam *Lutetiae* cum essem*, et Apologiam pro Concilio Tridentino* conscribendam, suscepissem ab illustrissimo reverendissimoque Domino *Roberto Ubaldino*, Episcopo Politiano, ad Christianissimum Regem Apostolicae Sedis Nuncio amplissimo, quosvis libros pervolutandi facultatem impetravi. »

53. *Ibid.* : « *Elige quae placent ; rejice absona & si quod in quibuslibet libris necessum est feceris, ut bonum a malo segreges ; in sterquilinio hoc, ut tibi videtur, margaritam forsan invenies. Plinius sane, Romanae gentis decus, dicere solebat,* Nullum librum esse tam malum, ut non aliqua ex parte prodesset. »

54. *Ibid.* : « Non omnis fert omnia tellus. » Voir Virgile, *Bucoliques*, IV, v. 39 (« *Omnis feret omnia tellus* »).

55. *Ibid.* : « *Decerpamus spinis relictis rosas, seligamus abjectis testis margaritas ; ut dispulsis mentis nubibus lux clara appareat.* »

56. Werner Schneiders, *Aufklärung und Vorurteilskritik. Studien zur Geschichte der Vorurteilstheorie*, Stuttgart-Bad Cannstatt, Frommann-Holzboog, 1983.

57. [Peter Friedrich Arpe], *Apologia pro Vanino, op. cit.*, p. 46 : « Multos absolvemus, si coeperimus ante judicare quam irasci », citant Sénèque, *De ira*, III, 29.

58. *Ibid.*, note manuscrite : « *Diis* proximus ille est / Quem *ratio*, non ira movet. »

59. *Ibid.*, note manuscrite : « *Qui non in cortina aut putaminibus haererent, ferre poterunt, quaecunque nucleum, non tangunt[ur]. Nec, ad quodvis verbum excandescere oportet.* » À propos des esprits forts, voir René Pintard, *Le libertinage érudit…, op. cit.*

60. *Ibid.*, note manuscrite : « *Memini ad me venisse juvenem aliquando, qui thesauri instar integros titulos librorum vulgo damnatorum offerret sed rariorum.* M *Serveti* restitutionis Christianismi. *Bruni* Spaccio della Bestia trionfante, *Bodini* de rerum sublimium arcanis *Godofredi Vallae* artis nihil credendi. Cymbali mundi. *Caroli Blount* oraculum rationis. *Curiositatem corripuit, quae erat nimia atrociter damnare eam non poteram, ad frugem et sanae rationis usum conducit aetas.* »

61. *Ibid.*, p. 58, note manuscrite : « *Inter varias* de Dei existentia *opiniones, in* Philosophorum dissensu, *illa mihi videtur maxime pia, quae* Creatorem a creatura, causam *ab* effectu *recte distinguit, nec unam sibi inde substantiam finare audet quod* Spinosa *et* discipulorum *commentum est. Sublimis haec post* Vanini *fata, acerrimi agitata est quaestio, nec desunt dissertationes infidiosae rebus creatis* aeternitatem *tribuentes et* materiae particulis motum *cum Epicuro & Tolando ;* vitam, *cum Democrito et Campanella ;* omnis generis qualitates, *cum Anaximandro,* vim plasticam *cum pseudo Stoicis ;* harmoniam praestabilitam *cum*

Leibnitio et Wolfio : denique rationem *et* sensum *cum Spinosa. »*
62. *Ibid.*, note manuscrite : « *In his mens humana acquiescere nequit, causa efficiente remota* […]. »
63. *Ibid.*, note manuscrite : « *et recte egisse videtur Vaninus, qui aeternum Numen cum primi mobilis motorem confundere noluit* ».
64. Ernst Fischer, « „Er spielt mit seinen Göttern". Kirchen- und religionskritische Aspekte der anakreontischen Dichtung in Deutschland im 18. Jahrhundert », dans Jean Mondot (dir.), *Les Lumières et leur combat / Der Kampf der Aufklärung*, Berlin, Berliner Wissenschafts-Verlag, 2004, p. 71-86.
65. Tel est le titre de ses notes, conservées à la bibliothèque de l'université de Rostock (Mss. hist. part. K(iel) 2º « Historie der Academie Kiel 1720-1725 »). Voir Martin Mulsow, « Eine handschriftliche Sammlung zur Geschichte Schleswig-Holsteins aus dem frühen 18. Jahrhundert », *Zeitschrift der Gesellschaft für Schleswig-Holsteinische Geschichte*, 120, 1995, p. 201-206.
66. À propos de l'« harpocratisme », voir le chapitre 7.
67. [Peter Friedrich Arpe], *Apologia pro Vanino, op. cit.*, p. 46 : « *Pejora saepius in* Gentilium *& blasphemis* Rabbinorum, Arabum, Turcarumque *libris sicco pede praeteris, praeteri ergo & hunc, nec miserum conculca, quem jam in cineres jam dudum hostes redegerunt.* »
68. *Ibid.*, note manuscrite : « *Nostram sententiam Wagenseilii* Tela ignea Satanae *et* Eisenmengeri *scripta probant.* » Voir Johann Christoph Wagenseil, *Tela ignea Satanae, hoc est : arcani, et horribiles Judaeorum adversus Christum Deum, et Christianam religionem libri*, Altdorf, 1681. Voir Richard H. Popkin, *Disputing Christianity: The 400-Year-Old Debate Over Rabbi Isaac Ben Abraham of Troki's Classic Arguments*, Amherst, Humanity Books, 2007.
69. Hermann Samuel Reimarus, *Apologie oder Schutzschrift für die vernünftigen Verehrer Gottes*, éd. par Gerhard Alexander, Francfort-sur-le-Main, Insel, 1972, vol. 2, p. 268.
70. [Peter Friedrich Arpe], *Apologia pro Vanino, op. cit.*, p. 46, note manuscrite : « *Quid aliud* Alcoranus*, quam imposturarum* […] *colluvies. Habemus tamen et in alias linguas translatum et non solum legimus, sed nuper quidam certo modo* explicare ausus est. 1713. »
71. *Ibid.*, note manuscrite : « *Neque dissitendum illos et facilius et blandius fallere, qui speciem veritatis supra se ferunt, quam qui levis notae maculam non effugerunt aut plane atro carbone notantur. Occurrit subito. CAVE CANEM.* »
72. *Ibid.* : « *Si improvidum maleeante verbum excidit spretum viliferet qua nunc in ore omnium fertur, adversariorum intempestiva diligentia.* »
73. À propos de ces polémiques, voir Richard H. Popkin, « Some Unresolved Questions in the History of Scepticism. The Role of Jewish Anti-Christian Arguments in the Rise of Scepticism with Regard to Religion », dans *id.*, *The Third Force in Seventeenth-Century Thought*, Leyde, Brill, 1992, p. 222-235 ; Silvia Berti, « At the Roots of Unbelief », *Journal of the History of Ideas*, 56 (4), 1995, p. 555-575.
74. Alan Charles Kors, *Atheism in France 1650-1729*, vol. 1 : *The Orthodox Sources of Disbelief*, Princeton, Princeton University Press, 1990.
75. [Peter Friedrich Arpe], *Apologia pro Vanino, op. cit.*, p. 46 : « *Quodsi* inter ventros *illum praecipue* aversamur*, ut* triste *dicebat,* qui vestes nostras tollit*, sic et illi displicent homines, qui minutissima et plerumque falsa conscribunt, ut videantur aliquid quam alii retulisse argutius.* »
76. [Peter Friedrich Arpe], *Apologia pro Vanino*, Cosmopoli [Rotterdam], 1712, Staats- und Universitätsbibliothek Hamburg, Cod. theol. 1222, p. 46, note manuscrite : « *Qui hujusmodi conjecturis nituntur, hi nec se norunt, quam inepti sint, nec rem quam tractant, novunt, cum historia assueta sit discurrere per negotiorum celsitudines, non humilium minutias indagare causarum.* Lucian de Scribend. historia. *Observo non quod fiat, sed quod fieri debeat.* »
77. Lettre de Johann Lorenz Mosheim à Mathurin Veyssière La Croze, 10 mars 1718, dans *Thesaurus epistolicus Lacrozianus*, éd. par Ludwig Uhl, Leipzig, 1742-1746, vol. 1, p. 276. Voir Martin Mulsow, « Freethinking in Early Eighteenth-Century Protestant Germany: Peter Friedrich Arpe and the *Traité des trois imposteurs* », dans Silvia Berti, Françoise

Charles-Daubert et Richard H. Popkin (dir.), *Heterodoxy, Spinozism and Free Thought in Early-Eighteenth-Century Europe. Studies on the "Traité des trois imposteurs"*, Dordrecht, Kluwer, 1996, p. 200 *sq.*

78. [Peter Friedrich Arpe], *Apologia pro Vanino, op. cit.*, p. 66, note manuscrite : « *Latini promiscue utuntur his vocibus* Dominus *et* Deus, *ut se vocari voluit Domitianus* Sueton. in vit. c.12 *De hinc et titulum* Domini *abnuit* Augustus *vitandae invidiae causa, non quod christianis* Christus Dominus natus esset *ut putat* Orosius, *neque quod* Judaei *appellationem* Domini *et* Dei *aversarentur, ut* Philo *censuit.* Clerici histor. eccles. p. 223. *appellationem* divinitati honorum P.1. c.4. 5.8.10.70. *De* Apotheosi nos de jure Pontificali Romae Veteris et Novae. *De divino in disciplinis* Morhofius Polyhist. libr.1.c.12 *contranitente F.G.H.I.K.* Joanne Friderico Kaisero. Gissa Hasso Halae 1715. 8. *De eo quod* theion *est in disciplinis, De reliquis* Morhofi *commentariis*, Möllerus, in vita Polyhistori *praemissa. De divinis honoribus* Imperatori *et* Magistratibus Romanorum *et* Tulliola *a* Cicerone *patre praesttis.* Abb. Mongault. » À propos de la théologie politique dans ce contexte, voir Martin Mulsow, *Moderne aus dem Untergrund, op. cit.*, p. 247 *sq.*

79. Sur Lau, voir, dans le chapitre 1, les notes 2 et suivantes, ainsi que les chapitres 2 et 3.

80. Theodor Ludwig Lau, *Meditationes philosophicae de Deo, Mundo, Homine*, s. l., 1717 ; réimpression en fac-similé dans *id.*, *Meditationes philosophicae... Dokumente. Mit einer Einleitung*, éd. par Martin Pott, Stuttgart-Bad Cannstatt, Frommann-Holzboog, 1992, chap. I, § I et II : « *Deus est : Deus existit. Utrumque me & omnes, Sensus docent & Ratio. Atheismus hinc nullus. Atheae Nationes nullae. Athei Homines nulli.* » Voir aussi *Meditationes, Theses, Dubia*, s. l., 1719, § VIII : « *Atheismus nullus datur.* »

81. Jakob Thomasius, *Schediasma historicum*, Leipzig, Fuhrmannus, 1665.

82. Lettre de Theodor Ludwig Lau à Thomasius, publiée par Christian Thomasius, « Elender Zustand eines in die Atheisterey verfallenen Gelehrten », dans *id.*, *Ernsthaffte, aber doch Muntere und Vernünfftige Thomasische Gedancken und Erinnerungen über allerhand auserlesene Juristische Händel*, 1re partie, Halle, 1720, p. 279 *sq.*

83. Theodor Ludwig Lau, *Meditationes philosophicae de Deo, Mundo, Homine, op. cit.*, chap. I, § V : « *Existentia Dei : nulla indiget probatione ; Sensus enim omnium incurrit.* »

84. [Peter Friedrich Arpe], *Apologia pro Vanino, op. cit.*, p. 31, note manuscrite : « *Firmissimum* existentiae divinae argumentum ex natura *petitur quod illis placet, qui prae reliquis sapiunt. Hinc provenit tanta commentariorum copia, quantam vix modica bibliotheca capet, inter quos merito primi nominis* Rudolphus Cudworth, God. Whiston, J. Ray, John Derham, Wollaston, Nieuentijdt, Fenelon de Salignac *et gravissimus nostrorum Poetarum*, Barthold Henr. Brockes. *de quibus* [...] Fabritius libro scripsit *laudato* de relig. christ. scriptorib. c. 20. Sic ipsius [...], *mundi qui omnia complexu suo coercet et continet, non artificiose solum, sed plane arriper consultoque et providus utilitatum opportunitatumque omnium agnoscitur.* [...] *praecipue autor* libro II. de natura Deorum *magna argumentum tractat elegantia.* »

85. Theodor Ludwig Lau, *Meditationes philosophicae de Deo, Mundo, Homine, op. cit.*, chap. I, § V : « *Oculus enim videt. Auris audit. Nasus olfacit. Lingua gustat. Manus tangit. En Testes infallibiles, & omni exceptione majores.* »

86. [Peter Friedrich Arpe], *Apologia pro Vanino, op. cit.*, p. 31 : « *Qui tela sacra Verbi Divini satis acuminata cernens*, naturae *rationem junxit, & Atheos hostesque Dei, proprio, ut ajunt, gladio jugulare aggressus est.* »

87. *Ibid.*, p. 42 : « *Neque omnino mihi* Hermetici *displicent, qui* Deum Sphaeram *vocarunt,* cujus centrum ubique, circumferentia nullibi. » Voir Martin Mulsow, « Ignorabat Deum. Scetticismo, libertinismo ed ermetismo nell'interpretazione arpiana del concetto vaniniano di Dio », dans Francesco Paolo Raimondi (dir.), *Giulio Cesare Vanini e il libertinismo. Atti del convegno di studi Taurisano 28-30 ottobre 1999*, Galatina (Lecce), Congedo, 2000, p. 171-182. Voir aussi Kurt Flasch, *Was ist Gott? Das Buch der vierundzwanzig Philosophen*, Munich, Beck, 2011, p. 29.

88. [Peter Friedrich Arpe], *Apologia pro Vanino, op. cit.*, p. 10, 51, 66, 74, 79. Voir surtout Samuel Werenfels, *Dissertatio de logomachiis eruditorum*, Amsterdam, Wetstenius, 1702.

89. Theodor Ludwig Lau, *Mediationes, Theses, Dubia*, s. l., 1719, réimprimé dans dans *id.*, *Meditationes philosophicae...*, *op. cit*, § I : « *Confiscatio et Combustio Librorum : ex Ratione Status pernecessaria saepe est et utilis. Ast ubi solo ex Odio Theologico, Politico, Philosophico, profecta; Tyrannidem sapit Litterariam. Ignorantiam promovet et Errores. Solidam impedit Eruditionem. Rationi adversatur et Veritati. Autoribus interim : tales qui patiuntur quasi-Poenas : nullam Ignomiae vel Infamiae inurunt Notam. Libri : gloriosum sustinent Martyrium. Autores : illustres pro Veritate et Ratione, Martyres sunt.* » § VI : « *Optandum hinc : ut ille, de Tribus Mundi Impostoribus, Liber : veram cujus Existentiam, Eruditus tuetur Orbis; in Lucem denuo prodeat.* »
90. Richard Rorty, « The Priority of Democracy to Philosophy », *op. cit.*
91. *Ibid.*, en particulier p. 182 *sq.*
92. À propos de Brockes, voir Hans-Dieter Loose (dir.), *Barthold Heinrich Brockes. Dichter und Ratsherr in Hamburg. Neue Forschungen zu Persönlichkeit und Wirkung*, Hambourg, Christians, 1980 ; Ernst Fischer, « Patrioten und Ketzermacher. Zum Verhältnis von Aufklärung und lutherischer Orthodoxie in Hamburg am Beginn des 18. Jahrhunderts », dans *id.* et Klaus Heydemann (dir.), *Zwischen Aufklärung und Restauration. Festschrift für Wolfgang Martens*, Tübingen, Niemeyer, 1989, p. 17-47.
93. Voir Martin Mulsow, « Entwicklung einer Tatsachenkultur... », *op. cit.*
94. [Peter Friedrich Arpe], *Apologia pro Vanino*, *op. cit.*, p. 98, note manuscrite : « *Meo animo fundamentum Sanctae Christi doctrinae est* cognitio tot et CHARITAS. *Et reliquis literarum palaestribus magna voce acclamo. Quantum est in rebus inane. Dua nobis vitia praecipue vitanda sunt :* unum *ne incognita pro cognitis habeamus, hisque temere assentiamus.* Alterum *quidque nimis magnum studium, multamque operam in res obscuras atque difficiles conferunt, easdemque non necessarias. Quibus vitiis declinatis, quid in rebus honestis et cognitione dignis, operae curaeque ponetur, ut jure laudabitur.* » Voir Spinoza, *Traité théologico-politique*, trad. Charles Appuhn, Paris, Garnier-Flammarion, 1965, en particulier aux chapitres 4, 5, 12, 13 et 14.
95. [Peter Friedrich Arpe], *Apologia pro Vanino*, *op. cit.*, p. 32, note manuscrite. On lit tout d'abord : « Nullam *extra Christum* salutem *esse divinum* Apostoli *effatum est. Quod tamen Gentium Doctores in religione duntaxat sua pueris stolidiora,* [...] *docuerint fabulisque anilibus totum negotium peregerint, vana est persuasio.* » Ensuite vient la phrase citée : « *In illa rerum caligine et mentis nebulis parum abfuit, quin attingerent verum.* »
96. Winfried Schröder, *Spinoza in der deutschen Frühaufklärung*, Wurtzbourg, Königshausen und Neumann, 1987, p. 129-131 ; Martin Pott, « Einleitung », dans Theodor Ludwig Lau, *Meditationes philosophicae...*, *op. cit*, p. 36 *sq.*
97. Günter Gawlick, « Die ersten deutschen Reaktionen auf A. Collins' *Discourse of Free-Thinking* von 1713 », *Aufklärung*, 1 (1), 1986, p. 9-25. Voir également Kay Zenker, *Libertas philosophandi. Zur Theorie und Praxis der Denkfreiheit in der deutschen Aufklärung*, thèse, Münster, 2009. [Peter Friedrich Arpe], *Apologia pro Vanino*, *op. cit.*, p. 29, note de bas de page : « *Velitis jubeatis me* libero *ore et animo causam hanc agere, quam defendendam suscepi.* Libertate *enim* sentiendi *et* loquendi *anima consiliorum habenda est et veritatis pedisequa. Non me fugit quidem, quam gravi Reip. malo, hac libertate multi fabulantur, quo nomine male audiunt. Benedictus* Spinoza *in tractatu Theologico-Politico. Nec non Antonius Collins celebris de libertate sentiendi, et de religionis christianae fundamentis hoc saeculo* in Anglia *promulgatis. Nec ipse prudentissimus autor* liberarum cogitationum de religionis ecclesiae et Reip. negotiis Hag. Com. 1722. 8. *omnibus placet. Ipse tantum, ut sine noxa mihi libertas concedatur potestate ac causa non tam periculosa quam invidiosa disserendi. Quod si lectores eodem erunt in me animo, quam ipse in illis sum, optime spero nobis conveniet tam sua aetate* Athanasius *dissertationem in illos edidit* qui dijudicant veritatem ex multitudine Magistrorum. »
98. Voir ci-dessus, chapitre 2.
99. Voir la note 60.
100. À propos de l'*Ars nihil credendi*, voir Alain Mothu, « *La Béatitude des chrestiens* et son double clandestin », dans Anthony McKenna et Alain Mothu (dir.), *La philosophie*

clandestine à l'Âge classique, Paris, Universitas, 1997, p. 79-117. Pour le *Symbolum*, voir l'édition de Guido Canziani, Winfried Schröder et Francisco Socas, *Cymbalum Mundi sive Symbolum Sapientiae*, Milan, Angeli, 2000.

101. Voir la correspondance entre Arpe et Uffenbach dans Conrad Zacharias von Uffenbach, *Commercii epistolaris Uffenbachiani selecta*, éd. par Johann Georg Schelhorn, Ulm et Memmingen, Gaum, 1753.
102. Jens Häseler, *Ein Wanderer zwischen den Welten, Charles Etienne Jordan (1700-1745)*, Sigmaringen, Thorbecke, 1993.
103. Anne Goldgar, *Impolite Learning, op. cit.*
104. Jens Häseler, *Ein Wanderer zwischen den Welten, Charles Etienne Jordan (1700-1745), op. cit.*, p. 40-47. Martin Mulsow, *Die drei Ringe. Toleranz und clandestine Gelehrsamkeit bei Mathurin Veyssière La Croze 1660-1739*, Tübingen, Niemeyer, 2001, p. 88 *sq.*
105. Peter Friedrich Arpe, *Feriae aestivales. Sive Scriptorum Suorum Historia : Liber Singularis*, Hambourg, 1726.
106. Lettre de Johann Christoph Wolf à Mathurin Veyssière La Croze, 1er mai 1716, dans : *Thesaurus epistolicus Lacrozianus, op. cit.*, vol. 2, p. 107 : « *Equidem Arpii illius, hominis docti et elegantis, vices aliquoties miseratus sum, qui et opera et ingenio suo abuti mihi videatur. Relatum enim mihi est, eundem in societate quadam erudita, quae Kilonii certis per hebdomadem diebus cogi solet ad recensendos libros recens editos, plerumque ea in medium afferre, quae animum eiusmodi rerum percupidum et studiosum ostentent, quarum notitiam alius ne titivillitio quidem emerit. Ita famosum illud Jo. Bodini colloquium Heptaplomeres sibi lectum praesenti mihi ipse ante decennium circiter referebat, in quo aliquot post annis nihil eorum inveniebam, quae nescio quam doctrinae ingeniique praestantiam spirare ipsi videbantur.* »
107. Voir aussi Martin Mulsow, « Die Transmission verbotenen Wissens », dans Ulrich Johannes Schneider (dir.), *Kulturen des Wissens im 18. Jahrhundert*, Berlin, De Gruyter, 2008, p. 61-80.
108. À propos de Reimmann, voir Martin Mulsow et Helmut Zedelmaier (dir.), *Skepsis, Providenz und Polyhistorie. Jakob Friedrich Reimmann (1668-1743)*, Tübingen, Niemeyer, 1998.
109. Johann Christian Edelmann, *Sechs Briefe an Georg Christoph Kreyssig*, éd. par Philipp Strauch, Halle, Niemeyer, 1918. Voir l'introduction de Strauch aux lettres, p. 5 *sq.* sur les contacts entre Edelmann et Ponickau ainsi que sur le fait que les lettres à Kreyssig sont arrivées dans la bibliothèque de Ponickau.
110. Je remercie Hermann Stockinger pour les informations sur Pinell.
111. Voir le catalogue de vente anonyme : *Catalogus einer auserlesenen Bibliothek aus allen Teilen der Wissenschaften insbesondere der medicinischen Gelehrsamkeit, worunter sich zugleich die mehresten der sogenannten raren Bücher aus der Theologie theils gedruckt, theils im Manuskript, wie auch eine vortreffliche Sammlung von medicinischen Disputationen, und Landcharten befinden, welche 1761 den 1. März und folgende Tage im Hartmannschen Hause bey der Börse durch den Auktionarium, Johann Diederich Klefeker, öffentlich sollen verhauft werden*, Hambourg, 1760 (conservé à la Staats- und Universitätsbibliothek de Hambourg).
112. Voir à ce sujet Martin Mulsow, *Monadenlehre, Hermetik und Deismus. Georg Schades geheime Aufklärungsgesellschaft 1747-1760*, Hambourg, Meiner, 1998, p. 238 *sq.* À propos de Goeze, voir Ernst-Peter Wieckenberg, *Johan Melchior Goeze*, Hambourg, Ellert und Richter, 2007.
113. Les *Bourboniana* contenaient des réflexions notées dans le style des recueils d'ana tant prisés. Leur nom venait de Nicolas Bourbon, vieux professeur de grec au Collège royal de Paris, chanoine de Langres, ami paternel de Guy Patin. Dans les années 1630, il recevait régulièrement dans sa chambre de l'Oratoire, rue Saint-Honoré, la visite de savants, réunissant parfois autour de lui une véritable « académie » d'intellectuels parisiens très restreinte. On avait pris des notes de ses conversations avec Patin – plus précisément des remarques faites par Patin en sa présence –, et le gros recueil de ces notes, qui ne comptait

pas moins de 725 pages, était parvenu, par des voies compliquées, entre les mains d'Arni Magnusson. Le manuscrit avait déjà une longue histoire derrière lui avant d'en arriver là. Matthias Worm, un savant danois, avait habité chez Patin au cours de son séjour à Paris, et le recueil était tombé en sa possession. De retour au Danemark, il l'offrit à Peder Schumacher, comte de Griffenfeld. Ce dernier fut emprisonné en 1676 pour haute trahison, et le texte parvint ainsi à Oluf Rosenkrantz, *Geheimrat* et trésorier. On voit dans quels milieux politiques haut placés circulaient des manuscrits comme celui-ci. Après la mort de Rosenkrantz, Arni Magnusson devint propriétaire des *Bourboniana*; mais il ne savait trop qu'en faire, et en échangea le manuscrit – qui se trouve aujourd'hui dans la Hessische Landesbibliothek de Wiesbaden, sous la cote Ms. 77 – contre d'autres à Christian Reitzer, un des professeurs de Copenhague amis d'Arpe, très ouvert aux courants les plus nouveaux ainsi qu'au cartésianisme et au droit naturel. Reitzer permit enfin à Arpe de noter des extraits de cette source unique sur la vie intellectuelle française de la deuxième moitié du XVIIe siècle.

114. Voir aussi Martin Mulsow, « Peter Friedrich Arpe collectionneur », *La lettre clandestine*, *op. cit.*
115. Voir, dans les *Hamburger Berichten* de 1740 (n° 100), p. 874-876, l'information signalant que la collection d'écrits rares et paradoxaux d'Arpe avait déjà été dispersée de son vivant et se trouvait en d'autres mains.
116. À propos de Schmid, voir Martin Mulsow, « You only live twice. Charlatanism, Alchemy, and Critique of Religion, Hamburg, 1747-1761 », *Cultural and Social History*, 3 (3), 2006, p. 273-286. Voir aussi *id.*, « Die Transmission verbotenen Wissens », *op. cit.*
117. Alan Charles Kors, *Atheism in France 1650-1729*, vol. 1: *The Orthodox Sources of Disbelief*, *op. cit.*

5. Une bibliothèque de livres brûlés

1. Le poêle rococo se trouve dans la salle de la Réforme du musée Carolino Augusteum. Voir Hans Tietze, *Die Kunstsammlungen der Stadt Salzburg*, Vienne, Schroll, 1919, ill. 350.
2. Thomas Werner, *Den Irrtum liquidieren. Bücherverbrennungen im Mittelalter*, Göttingen, Vandenhoeck und Ruprecht, 2007.
3. Voir par exemple Hermann Rafetseder, *Bücherverbrennungen: Die öffentliche Hinrichtung von Schriften im historischen Wandel*, Vienne, Böhlau, 1988; Volker Weidermann, *Das Buch der verbrannten Bücher*, Cologne, Kiepenhauer und Witsch, 2008; Mona Körte et Cornelia Ortlieb (dir.), *Verbergen – Überschreiben – Zerreißen. Formen der Bücherzerstörung in Literatur, Kunst und Religion*, Berlin, Schmidt, 2007.
4. Benjamin Nelson, *Der Ursprung der Moderne. Vergleichende Studien zum Zivilisationsprozeß*, Francfort-sur-le-Main, Suhrkamp, 1977.
5. Voir Martin Mulsow, « Die Thematisierung paganer Religionen in der Frühen Neuzeit », dans Christoph Bultmann, Jörg Rüpke et Sabine Schmolinsky (dir.), *Religionen in Nachbarschaft. Pluralismus als Markenzeichen der europäischen Religionsgeschichte*, Münster, Aschendorff, 2012, p. 109-123.
6. Martin Gierl, *Pietismus und Aufklärung. Theologische Polemik und die Kommunikationsreform der Wissenschaft um Ende des 17. Jahrhunderts*, Göttingen, Vandenhoeck und Ruprecht, 1997.
7. Voir Horst Dreitzel, « Zur Entwicklung und Eigenart der „eklektischen Philosophie" », *Zeitschrift für Historische Forschung*, 18, 1991, p. 281-343; Frank Grunert et Friedrich Vollhardt (dir.), *Historia literaria. Neuordnungen des Wissens im 17. und 18. Jahrhundert*, Berlin, Akademie Verlag, 2007.
8. Voir plus haut, chapitres 2 et 3.
9. Voir Joseph Lecler, *Histoire de la tolérance au siècle de la Réforme*, 2 volumes, Paris, Aubier, 1955; Perez Zagorin, *How the Idea of Religious Toleration Came to the West*, Princeton,

Princeton University Press, 2005. Sur la liberté de penser, voir Kay Zenker, *Denkfreiheit: Libertas philosophandi in der deutschen Aufklärung*, Hambourg, Meiner, 2012.

10. Sur le topos du « témoin de la vérité », voir Antje Mißfeldt (dir.), *Gottfried Arnold. Radikaler Pietist und Gelehrter*, Cologne, Böhlau, 2011 ; Brigitte Klosterberg et Guido Naschert (dir.), *Friedrich Breckling (1629-1711): Prediger, „Wahrheitszeuge" und Vermittler des Pietismus im niederländischen Exil*, Halle, Franckesche Stiftungen, 2011.

11. Gabriel Peignot, *Dictionnaire critique, littéraire et bibliographique des principaux livres condamnés au feu, supprimés ou censurés*, Paris, Renouard, 1806.

12. Johann Albert Fabricius, *Bibliotheca Graeca*, Hambourg, 1705-1728 ; *id*., *Bibliotheca Latina*, Hambourg, 1697 ; *id*., *Bibliotheca Latina mediae et infimae Aetatis*, Hambourg, 1734-1736 ; Johann Christoph Wolf, *Bibliotheca Hebraea*, Hambourg, 1715-1733. Sur le contexte, voir Martin Mulsow, « Entwicklung einer Tatsachenkultur. Die Hamburger Gelehrten und ihre Praktiken 1650-1750 », dans Johann Anselm Steiger et Sandra Richter (dir.), *Hamburg. Eine Metropolregion zwischen Früher Neuzeit und Aufklärung*, Berlin, Akademie Verlag, 2012, p. 45-63.

13. Sur Heubel, on trouvera des références bibliographiques dans Hans Schröder, *Lexikon der Hamburgischen Schriftsteller*, vol. 3, Hambourg, Perthes-Besser und Mauke, 1857, p. 241, et Henning Ratjen, « Johann Heinrich Heubel », dans *Schriften der Universität zu Kiel aus dem Jahre 1858*, Kiel, 1859, p. 62-67. Sa date de mort m'a été signalée par Detlef Heubel. Ces réflexions prennent la suite d'un travail que j'ai publié il y a longtemps : « Bibliotheca Vulcani. Das Projekt einer Geschichte der verbrannten Bücher bei Johann Lorenz Mosheim und Johann Heinrich Heubel », *Das achtzehnte Jahrhundert*, 18 (1), 1994, p. 56-71.

14. Sur les « faiseurs de projets », voir Markus Krajewski (dir.), *Projektemacher. Zur Produktion von Wissen in der Vorform des Scheiterns*, Berlin, Kadmos, 2006.

15. À propos de Bassewitz, voir Hubertus Neuschäffer, *Henning Friedrich Graf von Bassewitz 1680-1749*, Schwerin, Helms, 1999. Voir les informations que l'on trouve dans [Peter Friedrich Arpe], *Das verwirrte Cimbrien in der merkwürdigen Lebensbeschreibung Herrn Henning Friedrich Grafen von Bassewitz, vornehmen Staatsbedienten, zu Erläuterung der Geschichte unserer Zeiten*, Universitätsbibliothek Kiel, Ms. S. H. 74.

16. Voir la notice biographique de Heubel sur Johann Georg Wachter, Bibliothèque nationale, Paris, que Ralph Häfner a aimablement mise à ma disposition (voir Martin Mulsow, *Die drei Ringe. Toleranz und clandestine Gelehrsamkeit bei Mathurin Veyssière La Croze 1660-1739*, Tübingen, Niemeyer, 2001, p. 92) : « *Dissertationem De Lingua Codicis Argentei Upsalensis concinnandi ansam praebuit ingeniosa Arnae Magnui Islandi de eodem argumento Epistola ad Bassewitium Electoris Brunsvicensis in Sueca Ablegatum inedita, Wachtero ex septentrione a me allata, in qua post Hickelium aliosque viros doctos Gothicam originem pretiosi istius voluminis impugnare, et illud lingua veteri Germanica potius quam Gothica certe non ab Ulfila Episcopo conscriptum esse ostendere, ac illud Germaniae postlimini jure vindicare voluit.* »

17. Voir les lettres d'Erik Benzel à Johann Christoph Wolf, dans *Erik Benzelius' Letters to his Learned Friends*, éd. par Alvar Erikson et Eva Nielsson Nylander, Göteborg, Kungl. Vetenskaps- och Vitterhets-Samhället, 1983. À propos de Rudbeck, voir David King, *Finding Atlantis. A true story of genius, madness, and an extraordinary quest for a lost word*, New York, Three River Press, 2005. En ce qui concerne Benzo, Johann Burkhard Mencke a publié son texte dans ses *Scriptores rerum germanicarum praecipue Saxonicarum*, 3 volumes, Leipzig, 1728-1730. Voir la lettre de Mencke à Benzel du 15 mai 1722 : « *Cl. Heubelius nuper ad nos venit e Russia redux, et secum attulit Benzonis vitam Henrici III, quam Cl. Eccardo ad Scriptorum medii aevi hactenus ineditorum Syntagma, quod mox typis hic subjicietur complendum communicabit.* […] *Accepit et Eccardus a Fontanino collationes ab Adami factas, quas cum aliis, longe etiam majoris momenti, edere parat. De Heubelii Bibl. hist. Germaniae nihil certi habeo, nisi quod vix ante annum prelum subituram existimem: et jam ipse, quid statuat, in ancipiti est, postquam et Cl. Struvium similem Bibliothecam promittere comperit* » (*Letters to Erik Benzelius the Younger From*

Learned Foreigners, éd. par Alvar Erikson, 2 volumes, Göteborg, Kungl. Vetenskaps- och Vitterhets-Samhället, 1979). En 1722, de retour à Hambourg, Heubel écrit aussitôt à Eccard [Eckhard] et Toustain : Heubel à Eccard, Nieders. Staats- und Univ.-Bibliothek Göttingen, 8 Cod. Ms. philos. 135 ; Heubel à Dom Toustain, 29 octobre 1722, Kongl. Bibl. Kopenhagen, Ms. Böll. Brevs. D. 4° 378.

18. Voir Hubertus Neuschäffer, *Henning Friedrich Graf von Bassewitz…, op. cit.*, p. 124.
19. Daniel Roche, *Humeurs vagabondes. De la circulation des hommes et de l'utilité des voyages*, Paris, Fayard, 2003. Voir aussi plus loin le chapitre 13 sur la mobilité.
20. Voir note 16.
21. Voir la lettre de Siegfried Theophil Bayer à Mathurin Veyssière La Croze dans *Thesaurus epistolicus Lacrozianus*, éd. par Ludwig Uhl, Leipzig, 1742-1746, vol. 1, p. 47 *sq.* : « *Transiit hac Heuselius* [sic], *Holsato duci a consiliis aulicis, tui studiosissimus. Cum eo apud Strimesium* [sans doute Johann Samuel Strimesius, professeur d'éloquence à Königsberg] *nomen tuum Lusitanico vino inter multa vota bibebam.* » Et la lettre de La Croze à Bayer, *ibid.*, vol. 3, p. 55 : « *Hoebelius* [sic], *quem Heufelium perperam appellas, hic iam degit et quotidie fere apud me est. Iam narraverat, se a te et Strimesio acceptum fuisse perbenigne. Vir est sane cultissimus et elegantis litteraturae valde studiosus.* » Les deux lettres datent de décembre 1721 ; mais Ludwig Uhl, leur éditeur, s'est manifestement trompé dans leur datation.
22. Voir Robert K. Massie, *Peter der Grosse. Sein Leben und seine Zeit*, Königstein, Athenäum, 1982.
23. Ernest A. Zitser, *The Transfigured Kingdom. Sacred Parody and Charismatic Authority at the Court of Peter the Great*, Ithaca, Cornell University Press, 2004, p. 174-176. Je tiens à remercier Victoria Frede qui m'a signalé ce livre.
24. L'*Oratio* est imprimée dans *Stats- und Gelehrte Zeitung des hollsteinischen unpartheyischen Correspondenten*, 128, 11 août 1723. L'aria est imprimée dans Christian F. Weichmann (éd.), *Poesie der Nieder-Sachsen, 1721-1738*, vol. 2 (réimprimé en fac-similé, Munich, Kraus Reprint, 1980), p. 326-331 : « *Als Herr Johann Heinrich Heubel /* […] */ Seine Professionem Juris Ordin. zum Kiel, durch eine Antritts-Rede von der Juristische Pedanterey, übernam.* » En voici un exemple, tiré de la p. 328 *sq.* : « À combien de fats le savoir / A tant mis la tête à l'envers / Que leurs tours de passe-passe, / Leur orgueil stupide et leur folle imagination, / Nous font subir beaucoup de turbulences, de divisions, d'hérésie / Et de dure contrainte ? / Ce sont ces savants insensés / Vraiment dans l'erreur, / Auxquels convient le vieux proverbe, / Et puisque, avec les plus fortes raisons, / Les preuves s'accumulent, / J'en reste à ma conclusion : / Les fous savants sont les plus fous des fous. / [*Aria*] / Vous les faux savants, / Vous, profondément dans l'erreur, / Allez, disparaissez ! / Au siège des Muses du Holstein / Nul pédant ne sera de quelque utilité ; / Ici règnent la raison et la science en même temps. / Vous autres, fauxsavants, / Vous, profondément dans l'erreur, / Allez, disparaissez ! » (« *Wie vielen Gecken hat das Wissen / Dermaßen ihr Gehirn verrückt / Daß man von ihrer Gaukeley / Von ihrem tummen Stolz, und närr'schen Phantasey / Viel Unruh, Zwiespalt, Ketzerey / Und harten Zwang, erleben müssen? / Die thörigten Gelehrten / Sind recht diejenigen Verkehrten / Auf welche sich das alte Sprichwort schickt / Und weil sich, bey den stärksten Grunden / Zugleich so viele Probe finden: / So will ich auch bey meinem Schluß beharren: / Gelehrte Narren sind die allergrößten Narren.* / [*Aria*] / *Ihr Falsch-Gelehrte, / Ihr Grund-Verkehrte, / Fort, packet euch! / Auf Holsteins Musen-Sitze / Wird kein Pedant was nütze; / Hier herrscht Vernunft und Wissenschaft zugleich. / Ihr Falsch-Gelehrte, / Ihr Grund-Verkehrte, / Fort, packet euch!* ») À propos de Weichmann, voir Elger Blühm, « Christian F. Weichmann. Redakteur des Schiffbeker Correspondenten », *Zeitschrift des Vereins für Hamburgische Geschichte*, 53, 1967, p. 69-78. Il reste encore à identifier la musique de Telemann pour cette aria. Sur le contexte du discours, voir Erich Döhring, *Geschichte der juristischen Fakultät 1665-1965*, Neumünster, Wachholtz, 1965, p. 37-43.
25. Johann Burkhard Mencke, *De charlataneria eruditorum declamationes duae*, Leipzig, 1715. Le discours de 1713 a été imprimé avec un autre discours sur le même thème.

À son retour de Russie, en mai 1722, Heubel était passé par Leipzig, où il avait sûrement rencontré Mencke.

26. Le conflit prit la forme d'une querelle universitaire de l'humanisme tardif, avec des libelles, des mises en scènes et des parodies. À propos de ce type de débats, voir Ingrid De Smet, *Menippean Satire and the Republic of Letters 1581-1655*, Genève, Droz, 1996; Marian Füssel, *Gelehrtenkultur als symbolische Praxis. Rang, Ritual und Konflikt an der Universität der Frühen Neuzeit*, Darmstadt, Wissenschaftliche Buchgesellschaft, 2006; Kai Bremer et Carlos Spoerhase (dir.), *Gelehrte Polemik. Intellektuelle Konfliktverschärfungen um 1700*, Francfort-sur-le-Main, Klostermann, 2011.

27. Lettre de Johann Christoph Wolf à Mathurin Veyssière La Croze du 3 mai 1724, dans dans *Thesaurus epistolicus Lacrozianus*, éd. par Ludwig Uhl, Leipzig, 1742-1746, vol. 2, p. 197 *sq.*: « Fuit vero hic nuper quidam ministrorum principis Holsatiae, qui omni gratia domini sui illum excidisse mihi confirmabat. Vereor itaque, ut recuperet, quod tam imprudenter amisit. »

28. Johann Lorenz Mosheim (*praes.*), Heinrich von Allwoerden (*resp.*), *Historia Michaelis Serveti*, Helmstedt, 1727. Voir Martin Mulsow, « Eine „Rettung" des Servet und der Ophiten? Der junge Mosheim und die häretische Tradition », dans *id. et al.* (dir.), *Johann Lorenz Mosheim (1693-1755). Theologie im Spannungsfeld von Philosophie, Philologie und Geschichte*, Wiesbaden, Harrassowitz, 1997, p. 45-92.

29. Lettre de Johann Lorenz von Mosheim à Lorenz Hertel, Kiel, 2 décembre 1722: « Il en naît chaque jour des désordres que j'ai honte de signaler et qui ne peuvent conduire à rien d'autre qu'à la ruine de la bonne université. » (« *Daher entstehen täglich Unordnungen, die ich mich zu melden schäme, und die zu nichts als zum Verderben der guten Academie ausschlagen können.* ») Cité d'après Karl Heussi, *Johann Lorenz Mosheim. Ein Beitrag zur Kirchengeschichte des achtzehnten Jahrhunderts*, Tübingen, Mohr, 1906, p. 66.

30. Reinhart Koselleck, « Erfahrungswandel und Methodenwechsel », dans *Theorie der Geschichte. Beiträge zur Historik*, vol. 5: Christian Meier et Jörn Rüsen (dir.), *Historische Methode*, Munich, Deutscher Taschenbuch Verlag, 1988, p. 13-61. Lettre de Johann Burkhard Mencke à Erik Benzel le jeune, 2 avril 1727, dans *Letters to Erik Benzelius the Younger From Learned Foreigners*, op. cit., p. 306: « *qui jam pridem peregre abest extra Germaniam* ».

31. Voir Hubertus Neuschäffer, *Henning Friedrich Graf von Bassewitz 1680-1749*, op. cit., p. 142 *sq.*

32. Nous possédons les rapports qu'Arpe écrivait tous les quatre jours depuis Hambourg à la cour de Wolfenbüttel, où il était alors employé. On y trouve à l'occasion également des informations que Heubel envoie de Soissons. D'après ces rapports, Heubel semble avoir suivi de très près les activités de Bassewitz. Nieders. Staatsarchiv Wolfenbüttel, 2 Alt 2103, par exemple fol. 2r°: « De France, un bon ami signale que le seigneur v. Bassewitz y est souffrant de la goutte. » (« *Aus Frankreich meldet ein guter Freund wie der Herr v. Bassewitz daselbst am Podagra danieder liege.* »)

33. Aujourd'hui à la Bibliothèque nationale de France, Paris, fonds latin, ms. 11529 et 11530; autrefois S. Germain latin 12.

34. C'est ce que l'on lit dans un ajout manuscrit de Peter Friedrich Arpe à son *Apologia pro Vanino*, Staats- und Universitätsbibliothek Hamburg, Cod. theol. 1222, avant ce texte, 78v°: « *Ex benevola communicatione cariss. Antonii Lancelotti opera et studio Jo. Henrici Heubelii principis Holsatiae et episcopi Lubecensis cancellari.* » Arpe a sans doute mis Heubel, par l'intermédiaire de Lancelot, en contact avec le procureur général de Toulouse, M. de la Forcade, dont le nom est mentionné dans la *Bibliothèque raisonnée*, t. I, p. 461. À propos de Lancelot, voir Pierre Gasnault, « Antoine Lancelot et la bibliothèque Mazarine », *Bibliothèque de l'École des Chartes*, 146 (2), 1988, p. 383-384.

35. Bernard de La Monnoye, « Lettre au président Bouhier sur le prétendu livre des Trois imposteurs », *Menagiana*, Paris, 1715, vol. 4, p. 283-312, ou Amsterdam, 1716, vol. 4, p. 374-418; voir Miguel Benítez, « La coterie hollandaise et la réponse à M. de la Monnoye sur le traité *De Tribus Impostoribus* », *Lias*, 21, 1994, p. 71-94.

36. *Bibliothèque raisonnée*, 1, 1728, p. 463 : « *Bibliothecae Vulcani Auctori Prognosticon. / Quam vereor famosa virum dum scripta recenses, / Quae rapido absumsit publicus igne rogus ; / Ne tua Vulcano libros complexa dicatos / Exitio pereat bibliotheca pari.* »
37. Lettre de Johann Christoph Wolf à Benzel, 5 août 1729, *Letters to Erik Benzelius the Younger From Learned Foreigners, op. cit.*, p. 320 : « *Cl. Heubelius nuper admodum Parisiis, ubi per biennium fere moram duxit, redux ad nos factus est feliciter* […]. »
38. Voir Staats- und Universitätsbibliothek Hamburg, Cod. hist. lit. 4° 76, fol. 107-116 : « *Scriptores ad rogum damnati* », « *Alia scripta, igni addicta* ». Voir Martin Mulsow, « Johann Christoph Wolf (1683-1739) und die verbotenen Bücher in Hamburg », dans Johann Anselm Steiger (dir.), *500 Jahre Theologie in Hamburg. Hamburg als Zentrum christlicher Theologie und Kultur zwischen Tradition und Zukunft*, Berlin, De Gruyter, 2005, p. 81-112, ici : p. 104 *sq*. J'ai publié la liste envoyée à Arpe, qui se trouve aujourd'hui à la bibliothèque de l'université de Rostock (Mss. hist. part. S[chlesw.-Holst.] 2° : *Cimbria illustrata*, vol. 2 : *Propylaei Continuatio*, après le fol. 464, non paginé), dans Martin Mulsow, « Bibliotheca Vulcani. Das Projekt einer Geschichte der verbrannten Bücher bei Johann Lorenz Mosheim und Johann Heinrich Heubel », *Das achtzehnte Jahrhundert*, 18 (1), 1994, p. 56-71.
39. Staats- und Universitätsbibliothek Hamburg, Ms. Hist. Litt. 4° 67. Voir Elke Matthes, *Die Codices historiae litterariae der Staats- und Universitätsbibliothek Hamburg*, Stuttgart, Hauswedell, 2009, p. 87-89.
40. Staats- und Universitätsbibliothek Hamburg, Cod. hist. lit. 4° 67, fol. 165r° : « *Der Frohn kam mit seinen zwei Knechten, die einen eisernen Schopen mit glüenden Kohlen trugen, und solch auf den ehrlosen Block setzten, an.* […] *Die Soldaten schlossen einen halben Kreis und die beiden Gerichtsherrn gingen vom Rathause ins Niedergerichte. Darauf die Schandglocke zum ersten Male geläutet wurde, und der Frohn nachstehende notification ablas.* » À propos d'Edzardi, voir Ernst-Peter Fischer, « Patrioten und Ketzermacher. Zum Verhältnis von Aufklärung und lutherischer Orthodoxie in Hamburg am Beginn des 18. Jahrhunderts », dans *id*. et Klaus Heydemann (dir.), *Zwischen Aufklärung und Restauration. Festschrift für Wolfgang Martens*, Tübingen, Niemeyer, 1989, p. 17-47.
41. Staats- und Universitätsbibliothek Hamburg, Cod. hist. lit. 4° 67, fol. 73r° *sq*. Le dossier ajoute un extrait sur Jakob Friedrich Reimmann. Sur ce cas, voir Johann Andreas Gottfried Schetelig, *Historische Abhandlung von einigen höchstseltenen und wegen des unglücklichen Schicksals ihres Verfassers merkwürdigen Schriften Johann Bissendorfs, eines Zeugen der evangelischen Wahrheit im siebzehnten Jahrhunderte*, Hambourg, 1770.
42. Voir Cod. hist. lit. 4° 67, fol. 79r° *sq*. (Engelberger), et fol. 145r° *sq*. (Siegfried Bentzen, pasteur de Schönfeld). Sur Ferdinand Franz Engelberger, voir Maria Diemling, « Grenzgängertum : Übertritte vom Judentum zum Christentum in Wien, 1500-2000 », *Wiener Zeitschrift zur Geschichte der Neuzeit*, 7 (2), 2007, p. 40-64, ici p. 45 *sq*.
43. Staats- und Universitätsbibliothek Hamburg, Cod. theol. 1222, p. 105, note : « *Damnatus est ; concedo, ut multi innocentissimi viri, neque enim quisquam asserere ausit, neminem sine noxa cecidisse. Pro judice militat favor, recte et secundum leges pronuntiasse sed a male informato, ad melius informandum datur provocatio quae pluribus exemplis illustrabit Bibliothecae Vulcani eruditissimus autor Brenno Vulcanius Helseishe, si in fatis est eam prodire. Joannes Henricus Heubelius, sive per Anagramma J.H.H.* »
44. *La vie de Spinosa, par un de ses disciples. Nouvelle édition non tronquée, augmentée de quelques Notes et du Catalogue de ses écrits, par un autre de ses Disciples. &c.*, À Hambourg, chez Henry Kunrath, 1735.
45. Voir Jakob Freudenthal, *Die Lebensgeschichte Spinozas. Quellenschriften, Urkunden und nichtamtliche Nachrichten*, Leipzig, Veit, 1899, p. 1-25 (édition du texte) et p. 239-245 (notes) ; Stanislaus von Dunin-Borkowski, « Zur Textgeschichte und Textkritik der Ältesten Lebensbeschreibung Benedikt Despinozas », *Archiv für Geschichte der Philosophie*, 18 (1), 1905, p. 1-34 ; Abraham Wolf, *The Oldest Biography of Spinoza*, Londres, Allen and Unwin, 1927 ; *Die Lebensgeschichte Spinozas. Mit einer Bibliographie*, éd. par Manfred Walther avec la collaboration de Michael Czelinski, 2ᵉ édition de

l'édition de Jakob Freudenthal (1899), fortement augmentée et avec des commentaires entièrement nouveaux, Stuttgart-Bad Cannstatt, Frommann-Holzboog, 2006.
46. Telle est la reconstruction du déroulement des faits sur laquelle on est aujourd'hui d'accord. Voir Margaret C. Jacob, *The Radical Enlightenment. Pantheists, Freemasons and Republicans*, Londres, Allen and Unwin, 1981, p. 235 *sq.*; Miguel Benítez, « La coterie hollandaise… », *op. cit*, p. 71-94.
47. À propos de sa diffusion, voir la liste des lieux dans Miguel Benítez, *La face cachée des Lumières. Recherches sur les manuscrits philosophiques clandestins de l'âge classique*, Oxford, Voltaire Foundation, 1996.
48. À propos de Marchand, voir Christane Berkvens-Stevelinck, *Prosper Marchand. La vie et l'œuvre (1678-1756)*, Leyde, Brill, 1987.
49. Prosper Marchand, *Dictionnaire historique ou Mémoires critiques et littéraires concernant la vie et les ouvrages de divers personnages distingués, particulièrement dans la République des Lettres*, La Haye, 1758-1759.
50. Voir Miguel Benítez, « La diffusion du *Traité des trois imposteurs* au XVIIIe siècle », *Revue d'histoire moderne et contemporaine*, 40 (1), 1993, p. 137-151. La lettre de Fritsch, dans laquelle il signale à son ami en Hollande que Levier a copié le texte de *L'esprit de Spinosa* dans la bibliothèque de Furly, dit ceci : « Levier le copia fort précipitamment. » Marchand lui avait alors offert un exemplaire imprimé de *La vie et l'esprit de Spinosa* de 1719, que Fritsch avait comparé à la copie de Levier en sa possession. Le 7 novembre 1737, Fritsch informe Marchand de ce que Rousset a sans doute rédigé la *Réponse* (Universitätsbibliothek Leiden, Ms. March. 2). Cette déclaration déchargeait Arpe, qui passait pour être l'auteur possible de ce pamphlet.
51. On peut en outre supposer que lors de cette rencontre de 1735, et d'autres dans les années suivantes, Arpe a obtenu de Marchand les informations qu'il ajouta sur sa copie de *L'esprit de Spinosa*, en bas de page (Staatsbibliothek Berlin, Ms. Diez C. Quart 37, fol. 42v°) : « P. M [Prosper Marchand] m'a informé que M. Rousset à La Haye s'est permis de défendre la fable *de tribus Impostoribus* contre M. de La Monnoye. *Ea occasione*, M. Vroese, conseiller de la cour de Braband, aurait rédigé en ce même lieu l'écrit suivant, poursuivi sous le titre mentionné à présent, puisque quelques chapitres tirés de *De la sagesse* de Charron et des *Considérations politiques sur les coups d'État* de Naudé y auraient même été insérés. » (« *P. M. gab die Nachricht Mr. Rousset im Haag hatte die Fabel de tribus Impostoribus, gegen Mr. de la Monnoye zu behaupten sich gefallen laßen. Ea occasione hätte der H. Vroese conseiller de la cour de Braband daselbst folgende Schrift aufgesetzt, welche unter jetzt erwähntem Titel weiter ausgeführt, da ihr sogar einige Capittel aus Charron de la sagesse und Naudee coup d'Etat inseriret, worden.* ») Arpe aura communiqué en échange à Marchand certaines choses qu'il savait sur le traité des imposteurs, notamment l'assurance qu'il n'était pas l'auteur de la *Réponse* – comme le rapporte Marchand dans son article de dictionnaire (Prosper Marchand, *Dictionnaire historique…, op. cit.*, t. I, 1758, p. 323, note 71) : « on attribue cette pièce à M. Arpe ; et on lui fait tort ».
52. [Baruch de Spinoza], *Tractatus theologico-politicus*, « Hambourg », 1670.
53. Voir Siegfried von Lempicki, *Geschichte der deutschen Literaturwissenschaft bis zum Ende des 18. Jahrhunderts* [1920], Göttingen, Vandenhoeck und Ruprecht, 1968 ; Wolfgang Stammler, *Deutsche Philologie im Aufriß*, Berlin, E. Schmidt, 2e édition, 1966, vol. 1, p. 108 *sq.* ; à propos d'Eckhard, voir Hermann Leskien, *Johann Georg von Eckhart. Das Werk eines Vorläufers der Germanistik*, thèse, Wurtzbourg, 1965.
54. Johann Georg Wachter, *Glossarium Germanicum: Continens Origines Et Antiquitates Linguae Germanicae Hodiernae*, Leipzig, 1727. Sur Wachter, voir Detlef Döring, « Johann Georg Wachter in Leipzig und die Entstehung seines *Glossarium Etymologicum* », dans Rudolf Bentzinger et Ulrich-Dieter Oppitz (dir.), *Fata libellorum. Festschrift für Franzjosef Penzel zum 70. Geburtstag*, Göppingen, Kümmerle, 1999, p. 29-63 ; Winfried Schröder, *Spinoza in der deutschen Frühaufklärung*, Wurtzbourg, Königshausen und Neumann, 1987, p. 59-123 ; Martin Mulsow, « A German Spinozistic Reader of Cudworth, Bull,

and Spencer: Johann Georg Wachter and his *Theologia Martyrum* (1712) », dans Christopher Ligota et Jean-Louis Quantin (dir.), *History of Scholarship*, Oxford, Oxford University Press, 2006, p. 357-383. À propos des débuts des études germaniques, voir aussi Konrad Burdach, « Die nationale Aneignung der Bibel und die Anfänge der germanischen Philologie », dans *Festschrift Eugen Mogk*, Halle, Niemeyer, 1924, p. 1-14 et p. 231-334, en particulier p. 313-334.

55. Voir Frank Ludwig Schäfer, *Juristische Germanistik. Eine Geschichte der Wissenschaft vom einheimischen Privatrecht*, Francfort-sur-le-Main, Klostermann, 2008.
56. *Ibid.*, p. 63.
57. À propos de la « liberté allemande » (*teutsche Libertät*), voir Heinz Duchhardt et Matthias Schnettger (dir.), *Reichsständische Libertät und habsburgisches Kaisertum*, Mayence, Von Zabern, 1999. Sur le lien entre anticléricalisme et « liberté », voir aussi Silvia Berti, *Anticristianesimo e libertà. Studi sul primo illuminismo europeo*, Bologne, Il mulino, 2012.
58. Peter Friedrich Arpe, *De iure pontificiali Romae veteris, et novae*, Kiel, 1717 ; *id.*, *Laicus veritatis vindex sive de iure laicorum praecipue Germanorum in promovendo religionis negotio commentarius*, Kiel, 1717.
59. Voir Justus Henning Böhmer, *Dissertationes iuris ecclesiastici antiqui ad Plinium Secundum et Tertullianum genuinas origines praecipuarum materiarum iuris ecclesiastici demonstrantes*, Leipzig, 1711, p. 316 sq. (Dissertatio VI). À propos de Böhmer, voir Renate Schulze, *Justus Henning Böhmer und die Dissertationen seiner Schüler. Bausteine des Ius Ecclesiasticum Protestantium*, Tübingen, Mohr Siebeck, 2009.
60. Peter Friedrich Arpe, *Laicus veritatis vindex*, *op. cit*, p. 110 : « *Geehrter Freund / Nachdem ich offt bedacht / Was doch die Leut im Kopf so irre macht? / Hab ich zu letzt vor wahr befunden / Die Ursach sey, das man sich hält verbunden / Zu dencken, wie man denckt: zu sprechen, wie man spricht: / Zu leben, wie man lebt: und daß man ohne Sorgen / Wenn uns an Wissenschaft und Weißheit was gebricht / Will aus des Nachbahrn Hauß das Oel zur Lampe borgen.* »
61. *Ibid.*, p. 111 : « *Es war ein Gott, ein Glaub, ein unzertheilter Geist / Biß Aberglauben, Neid, Geitz, Hochmuth, eignes Lieben / Und wie man sonsten noch die saubern Bürschen heist / Die Wahrheit ohne Scheu aus ihren Tempel trieben.* »
62. « *Natural Religion was easy first and plain / Tales made it Mystery, Offrings maid it Gain / Sacrifices and Showes were at length prepar'd / The Priests ate Roast-meat and the People Star'd.* » Ces vers se trouvent cités par exemple dans Matthew Tindal, *Christianity as old as the Creation*, Londres, 1730, vol. 1, p. 92.
63. Matthew Tindal, *Christianity as old as the Creation, op. cit.*
64. Hermann Conring, *De origine juris germanici*, Helmstedt, 1643 (traduction allemande : *Der Ursprung des deutschen Rechts*, Francfort-sur-le-Main, Insel, 1994). À propos de Hermann Conring, voir Alberto Jori, *Hermann Conring (1606-1681): Der Begründer der deutschen Rechtsgeschichte*, Tübingen, Medien-Verlag Köhler, 2006 ; Constantin Fasolt, *The Limits of History*, Chicago, University of Chicago Press, 2004.
65. Voir la lettre de Johann Heinrich Heubel dans le journal édité par Johann Gottlieb Krause, *Nova literaria*, avril 1719, p. 85-90 : « *Hamburgi. Excerpta ex litteris I. H. H. ad I. G. K.* », p. 88 : « *Cum itaque doctissimum & nunquam laudandum satis Mabillonii de Re diplomatica volumen in nostris terris non adeo frequenter appareat, certe non toties quam ejus praestantia & dignitas postulabat, auctor fui bibliopolis nostris atque suasor, velint nitidissimum & pretiosissimum opus una cum supplemento in lucem veluti retrahere, &, nisi turgescat nimis volumen, supra enarrationem opusculorum delectum quendam adjungere; nec dubito quin omnem sint daturi operam, ut libro jam ante gratissimo ex elegantia typorum & accuratissima figurarum in aes incisarum imitatione aliqua super accedat commendatio.* » À propos de Mabillon, voir Blandine Barret-Kriegel, *Jean Mabillon*, Paris, Presses universitaires de France, 1988.
66. Johann Heinrich Heubel, *Oratio de pedantismo juridico*, dans *Stats- und Gelehrte Zeitung des hollsteinischen unpartheyischen Correspondenten*, 128, 11 août 1723 : « II : [...] *Sed firmiter quoque persuasum habeo, absque Historiae atque Antiquitatum Eccles. ope, & absque*

collatione Constitutionum, quae ad ordinationem tum Ecclesiae tum Processus forensis spectant, neminem, quid in ipsis hodie obtineat rerum argumentis, recte definire posse. »

67. *Ibid.* : « I. *Credo in illis locis, ubi jus Romanum usu receptum viget, aut quatenus aequitate atque ratione naturali nititur, ejus studium omnibus necessarium esse, nec quenquam eodem carere posse. Sed firmiter persuasum simul habeo, illotis manibus accedentem, id est, historiae veteris ac antiquitatum item jurisprudentiae universalis ignarum, aliisque huc spectantibus subsidiis destitutum perversaque methodo nobilissimam hanc scientiam pertractantem parum in eadem promoturum esse.* »

68. Voir en ce sens la méthodologie historique d'un pendant français de Heubel, historien libre penseur, Nicolas Lenglet Du Fresnoy, *Méthode pour étudier l'histoire. Où aprés avoir établi les principes & l'ordre qu'on doit tenir pour la lire utilement, on fait les remarques nécessaires pour ne se pas laisser tromper dans sa lecture : avec un catalogue des principaux Historiens, & des remarques critiques sur la bonté de leurs Ouvrages, & sur le choix des meilleures Editions*, Bruxelles, 1714 (nombreuses rééditions augmentées).

69. Voir le chapitre 4.

70. Voir note 12.

71. Voir note 24.

72. Jonathan I. Israel, *Les Lumières radicales. La philosophie, Spinoza et la naissance de la modernité (1650-1750)*, Paris, Éditions Amsterdam, 2005 ; *id.*, *Enlightenment Contested. Philosophy, Modernity, and the Emancipation of Man, 1670-1752*, Oxford, Oxford University Press, 2006 ; *id.*, *Democratic Enlightenment. Philosophy, Revolution, and Human Rights, 1750-1790*, Oxford, Oxford University Press, 2011.

73. Il faut bien sûr souligner que, tout comme dans la sociologie moderne du travail, à laquelle sont empruntés ces concepts, il ne s'agit pas ici de groupes fixés, mais de formations qui traversent les groupes sociaux et forment des zones.

74. Voir Martin Mulsow, « Mehrfachkonversion, politische Religion und Opportunismus im 17. Jahrhundert. Ein Plädoyer für eine Indifferentismusforschung », dans Kaspar von Greyerz *et al.* (dir.), *Interkonfessionalität – Transkonfessionalität – binnenkonfessionelle Pluralität. Neue Forschungen zur Konfessionalisierungsthese*, Gütersloh, Gütersloher Verlagshaus, 2003, p. 132-150.

II. Confiance, méfiance, courage :
perceptions épistémiques, vertus et gestes

1. Steven Shapin et Simon Schaffer, *Leviathan and the Air-Pump. Hobbes, Boyle, and the Experimental Life*, Princeton, Princeton University Press, 1985.

2. Steven Shapin, *Une histoire sociale de la vérité. Science et mondanité dans l'Angleterre du XVIIe siècle*, trad. Samuel Coavoux et Alcime Steiger, Paris, La Découverte, 2014.

3. Bernard Williams, *Vérité et véracité. Essai de généalogie*, trad. Jean Lelaidier, Paris, Gallimard, 2006. Lorraine Daston et Peter Galison parlent aussi de vertus épistémiques dans *Objektivität*, Francfort-sur-le-Main, Suhrkamp, 2007, p. 41 *sq.*

4. Linda T. Zagzebski, *Virtues of the Mind. An Inquiry into the Nature of Virtue and the Ethical Foundations of Knowledge*, Cambridge, Cambridge University Press, 1996.

5. Je renvoie surtout aux conférences au Collège de France des années 1982 à 1984 : Michel Foucault, *Le gouvernement de soi et des autres. Cours au Collège de France (1982-1983)*, Paris, Le Seuil-Gallimard, 2008, et *id.*, *Le courage de la vérité. Cours au Collège de France (1984)*, Paris, Le Seuil-Gallimard, 2009.

6. Un savoir menacé.
Prolégomènes à une histoire culturelle de la vérité

1. Voir Fritz Saxl, « Veritas filia temporis », dans Raymond Klibansky (dir.), *Philosophy and History. Essays presented to Ernst Cassirer*, New York, Harper and Row, 1963, p. 197-222 ; à propos de l'Arétin, voir aussi Klaus Thiele-Dohrmann, *Kurtisanenfreund und Fürstenplage. Pietro Aretino und die Kunst der Enthüllung*, Düsseldorf et Zurich, Artemis und Winkler, 1998. – Comme je m'aventure ici sur le terrain de l'histoire artistique sans être moi-même historien de l'art, je suis particulièrement reconnaissant de l'aide que j'ai reçue de spécialistes de la discipline. Je remercie notamment David Stone, Irving Lavin, Gabriele Wimböck, Frank Büttner et Frank Betzner pour les indications qu'ils m'ont données. Cette étude a été réalisée grâce à un projet financé par la Deutsche Forschungsgemeinschaft, que j'ai dirigé à Munich dans le cadre du SFB 573, « Pluralisierung und Autorität in der Frühen Neuzeit ». Une version précédente, plus brève, est parue en avril 2006 dans le bulletin d'informations du SFB 573. – L'épigraphe de Hans Blumenberg est tirée de « Paradigmen zu einer Metaphorologie », *Archiv für Begriffsgeschichte*, 6, 1960, p. 11.
2. Sur cet ensemble de questions, voir Martin Mulsow, *Die unanständige Gelehrtenrepublik. Wissen, Libertinage und Kommunikation in der Frühen Neuzeit*, Stuttgart, Metzler, 2007.
3. À propos de Pietro Della Vecchia, voir le livre que lui a consacré Bernard Aikema, *Pietro Della Vecchia and the Heritage of the Renaissance in Venice*, Florence, Istituto Universitario Olandese di Storia dell'Arte, 1990.
4. Sur ce topos, voir notamment Erwin Panofsky, « Le Vieillard Temps », dans *id.*, *Essais d'iconologie : thèmes humanistes dans l'art de la Renaissance*, trad. Claude Herbette et Bernard Teyssèdre, Paris, Gallimard, 1967, p. 105-150.
5. Voir Giovanni Bonifacio, *L'arte dei cenni*, Vicence, 1616, p. 335 : « Fare il fico. » Voir aussi la peinture de Tintoret, *Le Couronnement d'épines du Christ*, voir Bernard Aikema, *Pietro Della Vecchia…, op. cit.*, p. 107.
6. Voir *ibid.*, p. 57-92. À propos de l'*Accademia degli Incogniti*, voir Giorgio Spini, *Ricerca dei libertini. La teoria dell' impostura delle religioni nel seicento italiano*, 2ᵉ édition, Florence, La Nuova Italia, 1983, ainsi que les recherches bibliographiques plus récentes de Tiziana Menegatti, *Ex ignoto notus. Bibliografia delle opere a stampa del principe degli incogniti: Giovan Francesco Loredano*, Padoue, Poligrafo, 2000, et de Monica Miato, *L'Accademia degli Incogniti di Giovan Francesco Loredan a Venezia (1630-1661)*, Florence, Olschki, 1998. Paolo Marangon, « Aristotelismo e cartesianesimo: filosofia accademica e libertini », dans Girolamo Arnaldi et Manilio Pastore Stocchi (dir.), *Storia della cultura veneta*, vol. 4 : *Il Seicento*, IIᵉ partie, Vicence, Pozza, 1984, p. 95-114.
7. À propos de Cremonini, voir Heinrich Kuhn, *Venetischer Aristotelismus im Ende der aristotelischen Welt. Aspekte der Welt und des Denkens des Cesare Cremonini (1550-1631)*, Francfort-sur-le-Main, Lang, 1996. Sur le problème complexe de la double vérité, voir par exemple Martin Pine, « Pomponazzi and the Problem of "Double Truth" », *Journal of the History of Ideas*, 29 (2), 1968, p. 163-176 ; Markus Friedrich, *Die Grenzen der Vernunft. Theologie, Philosophie und gelehrte Konflikte am Beispiel des Helmstedter Hofmannstreits und seiner Wirkungen auf das Luthertum um 1600*, Göttingen, Vandenhoeck und Ruprecht, 2004, en particulier p. 281 *sq.*
8. Lionello Puppi, « Ignoto Deo », *Arte Veneta*, 23, 1969, p. 169-180 ; voir Bernard Aikema, *Pietro Della Vecchia…, op. cit.* Della Vecchia était marié avec Clorinda, l'une des filles du peintre Niccolò Renieri. Une autre fille de Renieri avait épousé Daniel Van den Dyck, si bien que ce dernier, qui travaillait aussi pour l'*Accademia degli Incogniti*, était le beau-frère de Della Vecchia. Marco Boschini, critique d'art et connaisseur des œuvres de Della Vecchia, faisait sans doute aussi partie de ce cercle familial. Voir Pier Luigi Fantelli, « Nicolò Renieri "pittor fiamengo" », *Saggi e memorie di storia dell'arte*, 9, 1974, p. 77-115 ; *id.*, « Le figlie di Nicolò Renieri: un saggio attributivo », *Arte Veneta*, 28, 1974,

p. 267-272 ; Jutta Frings (dir.), *Venezia! Kunst aus venezianischen Palästen*, Ostfildern-Ruit, Hatje Cantz, 2002, p. 201.
9. Bernard Aikema, *Pietro Della Vecchia...*, *op. cit.*, p. 111.
10. La devise vient de Caecilius Statius. À propos des contextes, voir aussi le chapitre 9.
11. *Allégorie*, Vicence, Museo Civico ; reproduite dans Bernard Aikema, *Pietro Della Vecchia*, *op. cit.*, cat. 151, ill. 112. Dans une collection privée italienne se trouve une variante de ce tableau, dans laquelle le vieillard a des ailes, ce qui permet de voir en lui Chronos. Mais son attitude est tout autant celle du désir. Voir l'illustration 22 dans Bernard Aikema, « Marvellous Imitations and Outrageous Parodies : Pietro Della Vecchia Revisited », dans Mary Jane Harris (dir.), *Continuity, Innovation and Connoisseurship. Old Master Paintings at the Palmer Museum of Art*, University Park, Palmer Museum of Art, 2003, p. 111-133, ici p. 122.
12. À propos du « mauvais œil », voir Thomas Hauschild, *Magie und Macht in Italien : über Frauenzauber, Kirche und Politik*, Gifkendorf, Merlin, 2002.
13. Andrea De Jorio, *La mimica degli antichi investigata nel gestire napoletano*, Naples, Fibreno, 1832 ; je me réfère à la nouvelle édition anglaise, *Gesture in Naples and Gesture in Classical Antiquity*, éd. et trad. par Adam Kendon, Bloomington, Indiana University Press, 2000, p. 171. Bernard de Montfaucon, *L'Antiquité expliquée et representée en figures*, supplément, vol. 2, Paris, 1724, planche LV.
14. Pietro Della Vecchia, *Allégorie*, Accademia Carrara, Bergame, numéro d'inventaire 143.
15. Andrea De Jorio, *Gesture in Naples and Gesture in Classical Antiquity*, *op. cit.*, p. 215. Pour l'interprétation de l'*Allégorie* de Bergame, voir Bernard Aikema, *Pietro Della Vecchia...*, *op. cit.*, p. 57-60. On retrouve ce geste dans une peinture de Della Vecchia au musée Lakeview, à Peoria (Illinois) : une vieille femme, sans doute une allégorie de l'envie ou de la jalousie, est accroupie face à une jeune et belle femme ailée qui tient des plumes dans ses mains. La vieille fait le geste du *fico*.
16. L'allégorie du Museo Civico de Vicence est reproduite dans Bernard Aikema, *Pietro Della Vecchia...*, *op. cit.*, ill. 112.
17. Voir Gerda Busch, « Fortunae resistere in der Moral des Philosophen Seneca », *Antike und Abendland*, 1961, p. 131-154.
18. Florentius Schoonhoven, *Emblemata partim moralia, partim etiam civilia*, Gouda, Burier, 1618, p. 4. À propos de Schoonhoven, voir Arnoud Visser, « Escaping the Reformation in the Republic of Letters : Confessional Silence in Latin Emblem Books », *Church History and Religious Culture*, 88 (2), 2008, p. 139-167.
19. La métaphore du « lien » fait partie des plus anciennes caractéristiques de la magie grecque, voir Fritz Graf, *Gottesnähe und Schadenzauber. Die Magie in der griechisch-römischen Antike*, Munich, Beck, 1996.
20. Voir par exemple Leone Ebreo, *Dialoghi d'Amore*, éd. par Santino Caramella, Bari, Laterza, 1929, p. 98-102. D'après Leone Ebreo, les sages ont toujours recouvert la vérité.
21. Gerhard Dorn, *In Theophrasti Paracelsi Auroram Philosophorum Thesaurum et mineralem oeconomiam commentaria*, Francfort-sur-le-Main, 1583, avant-propos : « *Pallium aureum non accipiam Palladis pro Pallade ipsa, imò potiùs sub lanea veste Palladem, et non vestem eius, intueri cupio. Quanquam eam videre nudam aequum non est, nisi fortassis talem se contemplandam praebuerit gratia sua dignatis ingenijs.* » Le texte est également reproduit dans Wilhelm Kühlmann et Joachim Telle, *Corpus Paracelsisticum*, vol. 2, Tübingen, Niemeyer, 2004, p. 907, avec un renvoi au commentaire p. 913.
22. Ralf Konsersmann, « Wahrheit, nackte », dans *Historisches Wörterbuch der Philosophie*, vol. 12, Bâle, Schwabe, 2004, col. 148-151, ici col. 149. Michel de Montaigne, *Essais*, III, 11. Voir Hans Blumenberg, « Paradigmen zu einer Metaphorologie », *Archiv für Begriffsgeschichte*, 6, 1960, p. 7-142.
23. Francis Bacon, « Essays or Councels, Civil and Moral » (1625), dans *id.*, *The Works*, vol. 6 : *Literary and Professional Works*, 1, éd. par James Spedding, Robert Leslie Ellis et Douglas Dench Heath, Londres, Longman, Simpkin, Hamilton, 1858, p. 378. À propos de la relation entre l'amour terrestre et l'amour « céleste » en rapport avec la *nuda veritas*,

voir aussi Erwin Panofsky, « Le mouvement néo-platonicien à Florence et en Italie du Nord (Bandinelli et Titien) », dans *id.*, *Essais d'iconologiee, op. cit.*, p. 203-254, en particulier p. 220 *sq.*

24. Bernard Aikema, *Pietro Della Vecchia…*, *op. cit.*, p. 69, n'y voit que le genre comique et grotesque. À propos de la tradition de l'illustration des cinq sens, voir Carl Nordenfalk, « The Five Senses in Late Medieval and Renaissance Art », *Journal of the Warburg and Courtauld Institutes*, 48, 1985, p. 1-22 ; *id.*, *Sèvres et les cinq sens*, Stockholm, Nationalmusei, 1984. À propos du grotesque, voir Nicola Ivanoff, « Il grottesco nella pittura del Seicento: Pietro il Vecchia », *Emporium*, 99, 1944, p. 85-94.
25. Giambattista Doglioni, « Della bellezza », dans *Discorsi academici de' Signori Incogniti, havuti in Venezia nell'Accademia dell'Illustrissimo Signor Gio. Francesco Loredano*, Venise, 1635. Voir Iain Fenlon et Peter N. Miller, *The Song of the Soul. Understanding Poppea*, Londres, Royal Musical Association, 1992, p. 35 *sq.*
26. À propos de Marino, voir James V. Mirollo, *The Poet of the Marvelous. Giambattista Marino*, New York, Columbia University Press, 1963.
27. Voir Fritz Saxl, « Veritas filia temporis », *op. cit.*, p. 216 (fig. 10).
28. Ce que faisait déjà remarquer Bernard Aikema, *Pietro Della Vecchia…*, *op. cit.*, p. 59.
29. Daniel Grec, XIII, 32 (traduction œcuménique de la Bible). Voir Emil Kautzsch (éd.), *Die Apokryphen und Pseudepigraphen des Alten Testaments*, vol. 1, Tübingen, Mohr, 1900, p. 184-189.
30. Dans son *Historia ludicra*, Baldassare Bonifacio, qui était proche de l'*Accademia degli Incogniti*, a parlé de la vénération des statues de Vénus. Je cite son livre d'après la troisième édition, Bruxelles, 1656, p. 417 *sq.* : « *Venerem, commune hominum, Deorumque gaudium et delicium. Buti Siculo, Priamidi Alexandro, Anchisae Dardanio, Cynarejo Adonidi, Vulcano, Marti, Mercurio, Neptuno, aliisque adamatam, nihil profecto mirum : his enim omnibus vivam sese, atque adeo nudam ostendit : imo vero Diis etiam cunctis id de se spectaculum praebuit, juxta Poetam, tametsi repugnans et coacta ; cum videlicet egregiis ille faber cassibus adamantinis implicitam cum adultero deprehendit,* – Valvas patefecit eburnas, / Admisitque Deos : Ambo jacuere ligati / Turpiter : Atque aliquis de Diis non tristibus optât / Sic fieri turpis. » Bonifacio s'intéresse alors aux cas dans lesquels une statue de Vénus était représentée de manière si réaliste que des hommes sont tombés amoureux d'elle. Il semble aussi s'être intéressé au motif de la *consecratio* de femmes. Voir le *Tractatus de consecratione virginum* qu'il mentionne en annexe de son livre, p. 590.
31. Voir aussi Bernard Aikema, *Pietro Della Vecchia…*, *op. cit.*, p. 58 *sq.* Par contraste, voir par exemple *La Femme au miroir* de Titien où *La Toilette de Vénus* de Rubens.
32. Si l'on veut souligner encore cet aspect de profanation violente de la vérité, que l'on se souvienne du cauchemar que Macrobe, néoplatonicien de l'Antiquité tardive, nous a rapporté de son prédécesseur Numenius. Celui-ci, soucieux d'avoir profané les mystères d'Éleusis par ses interprétations philosophiques, rêve qu'il voit les déesses d'Éleusis se tenir comme des prostituées devant l'entrée d'un bordel. Numenius crut que l'être divin lui avait ainsi montré à quel point il avait été blessé par sa profanation, c'est-à-dire par son désir trop grand et trop direct de connaissance. Le néoplatonicien en tire la leçon qu'il faut traiter les matières religieuses sous la forme voilée de la fable, dans le sens de la « *theologia poetikè* ». Au XVIIIe siècle, cette scène du dévoilement sacrilège d'une déesse des mystères a de nouveau attiré l'attention à propos d'Isis, « dont nul mortel n'a jamais soulevé le voile ».
33. Antonio Rocco, *L'Alcibiade fanciullo a scola*, D.P.A., « Oranges », 1652 (traduction allemande : *Der Schüler Alkibiades. Ein philosophisch-erotischer Dialog*, éd. par Wolfram Setz, Hambourg, MännerschwarmSkript, 2002). À propos de Rocco, voir Giorgio Spini, *Ricerca dei libertini*, *op. cit.*, p. 164 *sq.* Voir aussi à ce sujet James Turner, *Schooling Sex. Libertine Literature and Erotic Education in Italy, France, and England, 1534-1685*, Oxford, Oxford University Press, 2003.
34. Achille Bocchi, *Symbolicae questiones*, Bologne, 1574, Lib. I, p. VIII, avec la devise : « *Pictura gravium ostenduntur pondera rerum. Quaeque latent magis, haec per mage aperta*

patent. » Dans les vers qui l'accompagnent, dédiés à Alexandre Farnèse, Bocchi développe une sorte de poétique de la peinture de sagesse. À propos de Bocchi, ami de Lelio Giraldi et de Pietro Valeriano, voir Elisabeth S. Watson, *Achille Bocchi and the Emblem Book als Symbolic Form*, Cambridge, Cambridge University Press, 1993. – La figure de l'ange penché au-dessus d'un homme qui écrit est évidemment aussi présente dans les tableaux représentant des évangélistes, pour exprimer l'inspiration divine de l'évangéliste.

35. Sur ce schéma de pensée, développé surtout dans la deuxième sophistique, platonisante, voir Edgar Wind, *Heidnische Mysterien in der Renaissance*, Francfort-sur-le-Main, Suhrkamp, 1981, p. 21 *sq.*, p. 270-273.
36. Sur Bruno et Bacon, voir Giovanni Gentile, « Veritas filia temporis », dans *id.*, *Giordano Bruno e il pensiero del Rinascimento*, Florence, Vallecchi, 1925, p. 225-248.
37. Fritz Saxl, « Veritas filia temporis », dans Raymond Klibansky (dir.), *Philosophy and History. Essays presented to Ernst Cassirer*, New York, Harper and Row, 1963, p. 218 : « *Abstract theories are the last to be illustrated.* »
38. Steven Shapin, *Une histoire sociale de la vérité. Science et mondanité dans l'Angleterre du XVIIe siècle*, trad. Samuel Coavoux et Alcime Steiger, Paris, La Découverte, 2014 ; Niklas Luhmann, *Vertrauen: ein Mechanismus der Reduktion sozialer Komplexität*, Stuttgart, Enke, 1973 ; Anthony Giddens, *The Consequences of Modernity*, Stanford, Stanford University Press, 1990.
39. Voir l'évolution ultérieure dans la perspective de l'histoire du corps et de la *material culture* chez Pamela H. Smith, *The Body of the Artisan. Art and Experience in the Scientific Revolution*, Chicago, University of Chicago Press, 2004.
40. Voir par exemple Arnaldo Momo, *La carriera delle maschere nel teatro di Goldoni, Chiari, Gozzi*, Venise, Marsilio, 1992 ; Gaetano Cozzi, « Della riscoperta della pace all'inestinguibile sogno di dominio », dans Gino Benzoni et Gaetano Cozzi (dir.), *Storia di Venezia dalle origini alla caduta della Serenissim*, VII : *La Venezia barocca*, Rome, Istituto della Enciclopedia Italiana, 1997. À propos de l'atmosphère culturelle de Venise, voir surtout les volumes essentiels de la *Storia della cultura veneta*, vol. 4 : *Il Seicento*, Ire et IIe parties, *op. cit.* ; et, de manière plus générale, Paolo Procaccioli et Angelo Romano (dir.), *Cinquecento capriccioso e irregolare. Eresie letterarie nell'Italia del classicismo*, Rome, Vecchiarelli, 1999 ; Patricia Eichel-Lojkine, *Excentricité et humanisme. Parodie et détournement des codes à la Renaissance*, Genève, Droz, 2002.
41. Brendan Dooley, *The Social History of Skepticism. Experience and Doubt in Early Modern Culture*, Baltimore, John Hopkins University Press, 1999.
42. Voir Richard H. Popkin, *The History of Scepticism from Erasmus to Spinoza*, Berkeley, University of California Press, 1979.
43. Voir également mes réflexions dans « Zum Methodenprofil der Konstellationsforschung », dans Martin Mulsow et Marcelo Stamm (dir.), *Konstellationsforschung*, Francfort-sur-le-Main, Suhrkamp, 2005, p. 74-97. Un ouvrage exemplaire pour l'analyse de pratiques symboliques : Peter Burke, *The Historical Anthropology of Early Modern Italy. Essays on Perception and Communication*, Cambridge, Cambridge University Press, 1987. Pour le concept de la « description dense », je renvoie à l'essai bien connu de Clifford Geertz, « Thick Description. Toward an Interpretive Theory of Culture », dans *id.*, *The Interpretation of Cultures. Selected Essays*, New York, Basic Books, 1973, p. 3-32.
44. Jean-Pierre Cavaillé, *Dis/Simulations. Jules-César Vanini, François La Mothe Le Vayer, Gabriel Naudé, Louis Machon et Torquato Accetto. Religion, morale et politique au XVIIe siècle*, Paris, Champion, 2002 ; *id.* (dir.), *Stratégies de l'équivoque, Cahiers du centre de recherches historiques*, 33, 2004.
45. Pour une analyse du libertinage à partir du style, voir aussi Martin Mulsow, « Libertinismus in Deutschland? Stile der Subversion im 17. Jahrhundert zwischen Politik, Religion und Literatur », *Zeitschrift für historische Forschung*, 31 (1), 2004, p. 37-71. Sur le style paradoxal, je donne seulement quelques références : Patrick Dandrey, *L'éloge paradoxal de Gorgias à Molière*, Paris, Presses universitaires de France, 1997 ; Adolf Hauffen, « Zur Litteratur der ironischen Enkomien », *Vierteljahrsschrift für Litteraturgeschichte*,

6, 1893, p. 161-185 ; Jon R. Snyder, *Writing the Scene of Speaking. Theories of Dialogue in the Late Italian Renaissance*, Stanford, Stanford University Press, 1989 ; Letizia Panizza, « The Semantic Field of "Paradox" in 16th and 17th Century Italy: From Truth in Appearance False to Falsehood in Appearance True. A Preliminary Investigation », dans Marta Fattori (dir.), *Il vocabolario della République des Lettres*, Florence, Olschki, 1997, p. 197-220.

46. Antonio Rocco, « Della bruttezza », dans *Discorsi academici de' Signori Incogniti, op. cit.*, p. 161.
47. Dans les *Discorsi academici de' Signori Incogniti, havuti in Venezia nell'Accademia dell'Illustrissimo Signor Gio. Francesco Loredano*, Venise, 1635, p. 104, se trouve par exemple développée l'opposition de la profondeur et de l'apparence ; l'académie y est qualifiée d'école de la pudeur, on y argumente contre *Fortuna* et la nature, on y recommande non pas la large voie dorée, mais la voie étroite et épineuse. Voir aussi Iain Fenlon et Peter N. Miller, *The Song of the Soul, op. cit.*, p. 35 sq. Le rapprochement qui y est proposé entre ces idées platonisantes et le néostoïcisme n'est cependant pas convaincant.
48. Giovanfrancesco Loredano, *Il cimiterio*, Tivoli, 1646. Voir à ce sujet Italo Michele Battafarano, « Epitaphia ioco-seria. Loredano und Hallmann », dans Alberto Martino (dir.), *Beiträge zur Aufnahme der italienischen und spanischen Literatur im Deutschland im 16. und 17. Jahrhundert*, Amsterdam, Rodopi, 1990, p. 133-150.
49. Markus Völkel, *Die Wahrheit zeigt viele Gesichter. Der Historiker, Sammler und Satiriker Paolo Giovio (1486-1552) und sein Porträt Roms in der Hochrenaissance*, Bâle, Schwabe, 1999. À propos des pratiques de l'ornementation de Vasari, voir Paul Barolsky, *Why Mona Lisa Smiles and Other Tales by Vasari*, University Park, Pennsylvania State University Press, 1991.
50. Voir Paul Grendler, *Critics of the Italian World (1530-1560). Anton Francesco Doni, Nicolò Franco and Ortensio Lando*, Madison, University of Wisconsin Press, 1969 ; sur la réception de Lucien, voir Letizia Panizza, « La ricezione di Luciano da Samosata nel Rinascimento italiano: coripheus atheorum o filosofo morale? », dans Didier Foucault et Jean-Pierre Cavaillé (dir.), *Sources antiques de l'irréligion moderne : le relais italien (XVe-XVIIe siècles)*, Toulouse, université Toulouse-Le Mirail, 2001, p. 119-137.
51. Voir Lionello Puppi, « Ignoto Deo », *op. cit.*, p. 172 sq.
52. Giovanni Andrea Gilio, *Dialogo nel quale si ragiona degli errori e degli abusi de' pittori circa l'istorie*, Camerino, 1564 ; à ce sujet, voir Roland Kanz, *Die Kunst des Capriccio. Kreativer Eigensinn in Renaissance und Barock*, Munich, Deutscher Kunstverlag, 2002, p. 152-161 ; sur Véronèse, voir Philipp Fehl, « Veronese and the Inquisition. A study of the subject matter of the so-called "Feast in the house of Levi" », *Gazette des Beaux-Arts*, 58, 1961, p. 325-354.
53. Donatella Riposio, *Il laberinto della verità. Aspetti del romanzo libertino del seicento*, Alessandria, Edizione dell'Orso, 1995.
54. Jan Philipp Reemtsma, *Vertrauen und Gewalt. Versuch über eine besondere Konstellation der Moderne*, Hambourg, Hamburger Edition, 2008, p. 63.
55. On pourrait rattacher cette idée à ce que dit Reinhart Koselleck à propos du développement de l'État moderne par « l'espace intérieur social » des sociétés (*Le règne de la critique*, trad. de Hans Hildenbrand, Paris, Éditions de Minuit, 1979) ou aux thèses de Klaus Garber sur le rôle des sociétés pour la démocratisation dans son article : « Sozietät und Geistes-Adel. Von Dante zum Jakobiner-Club. Der frühneuzeitliche Diskurs *de vera nobilitate* und seine institutionelle Ausformung in der gelehrten Akademie », dans *id.* et Heinz Wismann (dir.), *Europäische Sozietätsbewegung und demokratische Tradition*, vol. 1, Tübingen, Niemeyer, 1996, p. 1-39.
56. Voir en ce sens par exemple l'*Utopia* d'inspiration épicurienne de Thomas More. Plus généralement, voir Edgar Wind, *Heidnische Mysterien in der Renaissance, op. cit.*, p. 86 sq.
57. Baldassare Bonifacio, *Historia ludicra*, Bruxelles, 1656, p. 589 : « *Quanto enim animus corpori sublimior atque praestantior; tanto nobiliores ingenii, quam inguinis conceptiones; tantoque diviniores mentis atque intelligentiae, quam Venereae lubedinis* [sic], *obscoenaeque voluptatis procreationes.* »

58. Voir à propos de ce topos en général, Aleida Assmann et Jan Assmann (dir.), *Schleier und Schwelle*, vol. 2 : *Geheimnis und Offenbarung*, Munich, Fink, 1998 ; Hans G. Kippenberg et Guy G. Sroumsa (dir.), *Secrecy and Concealment. Studies in the History of Mediterranean and Near Eastern Religions*, Leyde, Brill, 1995.

59. À propos du danger comparable que l'on courait en s'intéressant aux écrits magiques, voir l'étude des dossiers de la police par Federico Barbierato, « Il libro impossibile: la Clavicula Salomonis a Venezia (secoli XVII-XVIII) », *Annali della Fondazione Luigi Einaudi*, 32, 1998, p. 235-284 ; *id.*, *The Inquisitor in the Hat Shop: Inquisition, Forbidden Books and Unbelief in Early Modern Venice*, Farnham, Ashgate, 2012.

60. Voir par exemple Rosario Villari, *Elogio della dissimulazione. La lotta politica nel Seicento*, Rome et Bari, Laterza, 1987 ; Gino Benzoni, *Gli affanni della cultura. Intelletuali e potere nell'Italia della Controriforma e barocca*, Milan, Feltrinelli, 1978 ; Artemio Enzo Baldini (dir.), *Botero e la "ragion di Stato"*, Florence, Olschki, 1992 ; Cristina Stango (dir.), *Censura ecclesiastica e cultura politica in Italia tra Cinquecento e Seicento*, Florence, Olschki, 2001. Pour une conception complexe de l'histoire culturelle, voir Peter Burke, *What is Cultural History?* Cambridge, Polity Press, 2004.

61. Voir Giorgio Spini, *Ricerca dei libertini, op. cit., passim*.

62. *Ibid.*, p. 167 sq.

63. *Ius in armis* : Musée du Palatinat de la ville de Heidelberg, n° G 702. Bernard Aikema, *Pietro Della Vecchia…, op. cit.*, p. 68, a interprété ce tableau dans un sens comique en s'appuyant sur un passage de Cicéron que je ne connais pas comme étant celui auquel se réfère le tableau. Dans le livre d'Aikema, il est reproduit en ill. 115 et catalogué comme n° 156 (p. 139). Voir Sénèque, *Hercule furieux*, vers 253 : « *ius est in armis, opprimit leges timor* ».

64. Voir Edward Muir, « Why Venice? Venetian Society and the Success of Early Opera », *Journal of Interdisciplinary History*, 36 (3), 2006, p. 331-353. Muir insiste sur le contexte paradoxal des espaces de confiance et des espaces de méfiance : « Malgré sa prétention à être un théâtre "sérieux", par opposition au comique, l'opéra fut dès le début entièrement impliqué dans les comportements de débauche du carnaval vénitien. L'ironie est que la nature publique des théâtres d'opéra permettait de s'y comporter de manière véritablement privée, surtout par contraste avec les cours princières dans lesquelles le prince était la personne suprême, reconnue par tout le monde. Dans les théâtres publics, les mécènes pouvaient déguiser leur véritable identité, ou du moins éviter d'endosser la pleine responsabilité de ce qui paraissait sur scène » (p. 332 sq.). Sur la création d'espaces de jeu par des manœuvres risquées dans l'entourage du protecteur chez l'Arétin ou Giovio, voir Markus Völkel, *Die Wahrheit zeigt viele Gesichter. Der Historiker, Sammler und Satiriker Paolo Giovio (1486-1552) und sein Porträt Roms in der Hochrenaissance*, Bâle, Schwabe, 1999.

65. À propos du concept de pluralisation, voir Winfried Schulze, « Kanon und Pluralisierung in der Frühen Neuzeit », dans Aleida Assmann et Jan Assmann (dir.), *Kanon und Zensur*, Munich, Fink, 1987, p. 317-325. Sur l'aspect commercial, voir Peter Burke, *Venise et Amsterdam. Études des élites urbaines au XVIIe siècle*, trad. Marie-Odile Bernez, Saint-Pierre-de-Salerne, G. Monfort, 1992 ; Brian Pullan (dir.), *Crisis and Change in the Venetian Economy in the Sixteenth and Seventeenth Centuries*, Londres, Methuen, 1968.

66. À propos de la crise de l'interdit, voir en particulier William Bouwsma, *Venice and the Defense of Republican Liberty. Renaissance Values in the Age of the Counter Reformation*, Berkeley, University of California Press, 1968.

67. Voir, par exemple, Pier Cesare Ioly Zorattini, « Gli ebrei nel Veneto », dans Girolamo Arnaldi et Manilio Pastore Stocchi (dir.), *Storia della cultura veneta*, vol. 4 : *Il Seicento*, IIe partie, Vicence, Pozza, 1984, p. 281-312, ainsi que Paolo Preto, « I Turchi e la cultura veneziana del seicento », *ibid.*, p. 313-341.

68. Edward Muir, « Why Venice?, *op. cit.*, p. 331 sq. Muir parle de la « conjonction des festivités du carnaval de Venise et de la politique intellectuelle du républicanisme vénitien pendant les deux générations qui suivirent l'Interdit papal contre Venise en 1606. Cette extraordinaire période où régna une relative liberté de parole, par comparaison avec ce qui était permis partout ailleurs au même moment, pourrait être appelée le "moment

sarpien", en hommage au frère Servite Paolo Sarpi, fameux martyre vénitien de la cause anti-papale. Pendant ces deux générations, Venise fut le lieu d'Italie par excellence ouvert aux critiques dirigées contre la politique papale de la Contre-Réforme. Cette période vit affluer à Venise depuis toute l'Italie des libertins et des sceptiques en matière de religion ».

69. Voir Sandra Plastina, « Concordia discors: Aristotelismus und Platonismus in der Philosophie des Francesco Piccolomini », dans Martin Mulsow (dir.), *Das Ende des Hermetismus. Historische Kritik und neue Naturphilosophie in der Spätrenaissance. Dokumentation und Analyse der Debatte um die Datierung der hermetischen Schriften von Genebrard bis Casaubon (1567-1614)*, Tübingen, Mohr Siebeck, 2002, p. 213-234.

70. Bernard Lahire, *L'homme pluriel. Les ressorts de l'action*, Paris, Nathan, 1998.

7. L'harpocratisme. Gestes de retrait

1. Voir Roberto Schwarz, *Misplaced Ideas. Essays on Brazilian Culture*, Londres et New York, Verso, 1992 ; Elías José Palti, « "The Problem of Misplaced Ideas" Revisited: Beyond the "History of Ideas" in Latin America », *Journal of the History of Ideas*, 67 (1), 2006, p. 149-179. – Une première version de ce chapitre est parue en anglais sous le titre : « Harpocratism. Gestures of Retreat in early Modern Germany », *Common Knowledge*, 16 (1), 2010, p. 110-127.

2. Michel Foucault, *Le courage de la vérité. Cours au Collège de France (1984)*, Paris, Le Seuil-Gallimard, 2009, p. 18-19.

3. Plaute, *Le Perse*, IV, 7.

4. Voir Cornelia Buschmann, « Philosophische Preisfragen der Berliner Akademie 1747-1768. Ein Beitrag zur Leibniz-Rezeption im 18. Jahrhundert », *Deutsche Zeitschrift für Philosophie*, 35 (9), 1987, p. 779-789, en particulier à propos de la question sur la monadologie mise au concours en 1747. À propos du wolffianisme en général, voir Ian Hunter, *Rival Enlightenments. Civil and Metaphysical Philosophy in Early Modern Germany*, Cambridge, Cambridge University Press, 2001.

5. À propos de von der Hardt, voir Hans Möller, *Hermann von der Hardt als Alttestamentler*, thèse d'habilitation dactylographiée, Leipzig, 1962 ; Martin Mulsow, *Die unanständige Gelehrtenrepublik. Wissen, Libertinage und Kommunikation in der Frühen Neuzeit*, Stuttgart, Metzler, 2007, chap. 1.

6. Voir Martin Mulsow, « Pythagoreer und Wolffianer: Zu den Formationsbedingungen vernünftiger Hermetik und gelehrter „Esoterik" im Deutschland des 18. Jahrhunderts », dans Anne-Charlott Trepp et Hartmut Lehmann (dir.), *Antike Weisheit und kulturelle Praxis. Hermetismus in der Frühen Neuzeit*, Göttingen, Vandenhoeck und Ruprecht, 2001, p. 337-396.

7. Voir Martin Mulsow, *Monadenlehre, Hermetik und Deismus. Georg Schades geheime Aufklärungsgesellschaft 1747-1760*, Hambourg, Meiner, 1998, p. 13-20. À propos de Clavius, voir aussi Hanns-Peter Neumann, *Monaden im Diskurs. Monas, Monaden, Monadologien (1600 bis 1770)*, Stuttgart, Steiner, 2013.

8. Martin Mulsow, « Aufklärung versus Esoterik? Vermessung des intellektuellen Feldes anhand einer Kabale zwischen Weißmüller, Ludovici und den Gottscheds », dans Monika Neugebauer-Wölk (dir.), *Aufklärung und Esoterik. Rezeption – Integration – Konfrontation*, Tübingen, Niemeyer, 2008, p. 331-376.

9. Lettre de Johann Christoph Colerus à Christoph August Heumann, 13 juin 1721, Hanovre, Gottfried-Wilhelm-Leibniz-Bibliothek, Ms. XLII, 1915, 24.

10. Michael Lilienthal, *De machiavellismo literario sive de perversis quorundam in Republica Literaria inclarescendi artibus dissertatio historico-moralis*, Königsberg, 1713.

11. Lettre de Johann Christoph Colerus à Christoph August Heumann, 13 juin 1721, Hanovre, Gottfried-Wilhelm-Leibniz-Bibliothek, Ms. XLII, 1915, 24 : « *Vix dubitavi, abjecta omni muneris publici cura vitam eligere privatam honestissime transigendam.* »

12. Christoph August Heumann, *Disputatio logica atque theologica de ignorantia docta*, Göttingen, 1721. Voir aussi Johann Christoph Colerus, *De pyrrhonismo in historia ecclesiastica*, Wittenberg, 1719.
13. Andreas Boehm (*praes.*), Heinrich Theodor Wagner (*resp. et auctor*), *De quietismo philosophico*, Gießen, 1746. Wagner publie à nouveau cet écrit en 1750 sous forme de monographie. Voir § 7 : « *Ea itaque animi affectio, quae oritur ex principiis rationis tantum, et ad quietem animi perducit, quietismus philosophicus a nobis appellatur.* »
14. Voir surtout Jean-Claude Schmitt, *La raison des gestes dans l'Occident médiéval*, Paris, Gallimard, 1990.
15. Voir Ian Hunter, « The History of Philosophy and the Persona of the Philosopher », *Modern Intellectual History*, 4 (3), 2007, p. 571-600 ; Conal Condren, Stephen Gaukroger et Ian Hunter (dir.), *The Philosopher in Early Modern Europe. The Nature of a Contested Identity*, Cambridge, Cambridge University Press, 2006 ; Lorraine Daston et Peter Galison, *Objektivität*, Francfort-sur-le-Main, Suhrkamp, 2007, p. 201-266. À ce sujet, voir plus haut l'introduction à la première partie de ce livre.
16. Barbara H. Rosenwein, *Emotional Communities in the Early Middle Ages*, Ithaca, Cornell University Press, 2006.
17. Charles Taylor, *Les sources du moi. La formation de l'identité moderne*, trad. Charlotte Melançon, Paris, Le Seuil, 1998.
18. Sur la notion de champ intellectuel appliquée à l'époque moderne, voir Martin Mulsow, « Literarisches Feld und Philosophisches Feld im Thomasius-Kreis: Einsätze, Verschleierungen, Umbesetzungen », dans Manfred Beetz et Herbert Jaumann (dir.), *Thomasius im literarischen Feld*, Tübingen, Niemeyer, 2003, p. 103-116 ; Marian Füssel, *Gelehrtenkultur als symbolische Praxis. Rang, Ritual und Konflikt an der Universität der Frühen Neuzeit*, Darmstadt, Wissenschaftliche Buchgesellschaft, 2006.
19. Plutarque, *Isis et Osiris* ; voir aussi Jamblique, *De mysteriis Aegyptiorum*, VII. 2. Sur Harpocrate, voir Hans Bonnet, *Lexikon der ägyptischen Religionsgeschichte*, 3ᵉ édition, Hambourg, Nikol, 2000, p. 273-275 ; Benjamin Hederich, *Gründliches mythologisches Lexikon*, Leipzig, Gleditsch, 1770, réimpression Darmstadt, Wissenschaftliche Buchgesellschaft, 1996, col. 1191-1195.
20. Voir par exemple la gravure de titre du livre de Hermann von der Hardt, *Aenigmata prisci orbis. Jonas in luce in historia Manassis et Josiae...*, Helmstedt, 1723 ; von der Hardt place Harpocrate dans le jardin d'Alcinoos avec ses pommes. En 1603, Hippolytus a Collibus (Ippolito de' Colli), homme politique calviniste, a rédigé un *Harpocrates sive de recta silendi ratione*, Remacle de Vaulx un *Harpocrates divinus seu altissimum de fine mundi silentium* en 1617, Michael Schirmer un *Christlicher Harpocrates* en 1665, et, en 1676, Gisbert Cuperus, spécialiste hollandais de l'Antiquité, un traité savant intitulé *Harpocrates, sive explicatio imagunculae argenteae antiquissimae, sub Harpocratis figura ex Aegyptiorum instituto Solem repraesentantis.*
21. Claudia Benthien, *Barockes Schweigen. Rhetorik und Performativität des Sprachlosen im 17. Jahrhundert*, Munich, Fink, 2006.
22. Goropius Becanus (Jan van Gorp), « Hieroglyphica, lib. VIII », dans *Opera*, Anvers, 1580 ; Lorenzo Pignoria, *Mensa Isaica, qua sacrorum apud Aegyptios ratio et simulacra subiectis tabulis aeneis simul exhibentur et explicantur*, Amsterdam, 1670 (première édition 1605).
23. Athanasius Kircher, *Oedipus aegyptiacus*, vol. 1, Rome, 1652, p. 212-214. À propos de l'interprétation actuelle de ces canopes, voir Sandra Sandri, *Har-Pa-Chered (Harpokrates): Die Genese eines ägyptischen Götterkindes*, Louvain, Peeters, 2006.
24. Athanasius Kircher, *Oedipus aegyptiacus*, vol. 3, Rome, 1654.
25. Jacques Spon, *Miscellanea eruditae antiquitatis*, Leyde, 1685, p. 16-20, ici p. 17 : « *a me inter Peireskii schedas repertis* ». À propos de Peiresc et de ses recherches sur l'Antiquité, voir Peter N. Miller, « The Antiquary's Art of Comparison: Peiresc and *Abraxas* », dans Ralph Häfner (dir.), *Philologie und Erkenntnis. Beiträge zu Begriff und Problem frühneuzeitlicher Philologie*, Tübingen, Niemeyer, 2001, p. 57-94.

26. Jacques Spon, *Miscellanea eruditae antiquitatis*, *op. cit.*, Praefatio.
27. *Ibid.*, p. 16 : « *Hic divinitatis radios diversimode creatis rebus impressos, aut potius Divinitatis participatione divina effecta rerum simulacra, Deorum quoque nominibus insigniri voluerunt. Nec absque ratione et energia Sacrae eorum Theologiae Antistites Diis per ipsos vocatis, quaedam propria dedicata et consecrata fuere, uti Vulcano Pyramides, Mercurio Hermae, Apollini sacri Obelisci, ut de reliquis taceam, ea marmoreis, metallicisque formis aut aliis sculptilibus vel etiam portalibus annulis gemmisve, affabre non minus quam mystice imprimentes.* » Sur l'hénothéisme, voir Friedrich Max Müller, *Lectures on the Origin and Growth of Religion: As Illustrated by the Religions of India*, Londres, Longmans, Green and Co., 1878.
28. Gijsbert Cuper, *Harpocrates, sive explicatio imagunculae argenteae antiquissimae, sub Harpocratis figura ex Aegyptiorum instituto Solem repraesentantis*, Amsterdam, 1676. Spon, dont les travaux ont pu avoir été réalisés auparavant, n'a apparemment pas eu connaissance de cet ouvrage.
29. À propos de la dissimulation et du comportement « politique » dans l'État de l'époque moderne, voir Peter Burke, « Tacitism, Scepticism and Reason of State », dans James H. Burns (dir.), *The Cambridge History of Political Thought 1450-1700*, Cambridge, Cambridge University Press, 1991, p. 479-498 ; Gotthardt Frühsorge, *Der politische Körper. Zum Begriff des Politischen im 17. Jahrhundert und in den Romanen Christian Weises*, Stuttgart, Metzler, 1974.
30. Sur Ippolito de' Colli, voir Klaus Conermann, « Hippolytus a Collibus. Zur Ars politica et aulica im Heidelberger Gelehrtenkreis », dans August Buck *et al.* (dir.), *Europäische Hofkultur im 16. und 17. Jahrhundert*, vol. 3, Hambourg, Hauswedell, 1981, p. 693-700 ; Cornel A. Zwierlein, « Heidelberg und „Der Westen" um 1600 », dans Christoph Strohm, Joseph S. Freedman et Herman J. Selderhuis (dir.), *Späthumanismus und reformierte Konfession*, Tübingen, Mohr Siebeck, 2006, p. 27-92, en particulier p. 76-86.
31. Ippolito de' Colli, *Harpocrates sive de recta silendi ratione*, Leyde, 1603. Voir l'illustration dans le livre de Claudia Benthien, *Barockes Schweigen…*, *op. cit.*, p. 67.
32. Voir Wilhelm Kühlmann, *Gelehrtenrepublik und Fürstenstaat. Entwicklung und Kritik des deutschen Späthumanismus in der Literatur des Barockzeitalters*, Tübingen, Niemeyer, 1982, p. 243-255.
33. Athanasius Kircher, *Principis Christiani Archetypon politicum sive Sapientia Reginatrix…*, Amsterdam, 1672, p. 79 : « *Digito labra premit, quia sapientia non inter strepitus et tumultus, sed silentio, solitudine, secessu, et omnium rerum terrenarum comtemptu comparatur ; quae per noctuam nocturnum et solitarium animal pulchre indicantur […].* »
34. Achille Bocchi, *Symbolicae quaestiones*, Bologne, 1555. À propos de Bocchi, voir Elizabeth S. Watson, *Achille Bocchi and the Emblem Book as Symbolic Form*, Cambridge, Cambridge University Press, 1993.
35. Achille Bocchi, *Symbolicae quaestiones*, Bologne, 1555, p. CXXXIII : « *Mens decus est hominis, divinae mentis imago, / Non ullis unquam sentibus exposita. / Noscere qui cupit hanc ipsum se noscat oportet / In primis, Pharium, & consultat Harpocratem. / Revocanda mens a sensibus, divina cui mens obtigit.* »
36. Carlo Ginzburg, « Le haut et le bas. Le thème de la connaissance interdite aux XVIe et XVIIe siècles », trad. Monique Aymard, dans *id.*, *Mythe, emblèmes, traces. Morphologie et histoire*, Paris, Flammarion, 1989, p. 97-112.
37. Albrecht Schöne, *Emblematik und Drama im Zeitalter des Barock*, 3e édition, Munich, Beck, 1993.
38. Jürgen Habermas, *L'espace public. Archéologie de la publicité comme dimension constitutive de la société bourgeoise*, trad. Marc Buhot de Launay, Paris, Payot, 1978.
39. À propos du comportement noble, voir, par exemple, Otto Brunner, *Adeliges Landleben und europäischer Geist*, Salzbourg, Müller, 1949 ; Ronald Asch, *Der europäische Adel im Ancien Regime*, Cologne, Böhlau, 2001.
40. Sur les procédés de souscription, voir par exemple Robert Darnton, *L'aventure de l'Encyclopédie, 1775-1800. Un best-seller au siècle des Lumières*, trad. Marie-Alyx Revellat, Paris, Le Seuil, 1992.

41. Voir Martin Mulsow, *Monadenlehre, Hermetik und Deismus...*, op. cit., p. 13-20. À propos de Clavius, voir aussi Hanns-Peter Neumann, *Monaden im Diskurs...*, op. cit.
42. Je remercie Shirley Brückner, qui travaille sur ces oracles, de m'avoir donné cette indication. Voir Shirley Brückner, « Losen, Däumeln, Nadeln, Würfeln. Praktiken der Kontingenz als Offenbarung im Pietismus », dans Ulrich Schädler et Ernst Strouhal (dir.), *Spiel und Bürgerlichkeit*, Vienne, Springer, 2010, p. 247-272.
43. Conrad Zacharias von Uffenbach, *Merkwürdige Reisen durch Niedersachsen, Holland und England*, Ulm, 1753, t. I, p. 192 *sq.* : « [...] *und damit führte er uns an einen Tisch, darauf stund ein etwan Ellen-grosses, viereckigtes, über und über gemaltes Kästgen, welches er uns mit grossen Umständen, nachdem er eine lederne Decke davon genommen, von aussen zeigte; da sollten wir nun erstlich auswendig auf dem Deckel das Fundament von aller Sapientia und Politica, ja von allem in der Welt sehen. Und dieses bestunde in zweyen Sinnbildern* [...]. *Das andere in der zweyten Abtheilung nichts, als die Nacht, da die Sterne am Himmel zu sehen, und der Mond in das Wasser schiene, mit diesem Lemmate: Silentium* ».
44. « *Hic jacet homo ex terra et terra ex homine pro justitia et silentio ex fide et caritate ut resurgat homo ex terra ad vitam aeternam pro Dei potentia et gratia ex verbo et promissione.* » Voir Hans Möller, *Hermann von der Hardt als Alttestamentler*, op. cit., p. 99.
45. *Ibid.*, p. 99 : « *still schweigen und dissimulieren müsse* ».
46. Hermann von der Hardt, *Aenigmata prisci orbis*, Helmstedt, 1723, p. 761 : « [...] *die die historien grosser herrn in sinnbildern für zu tragen, und sinligen nachkommen zum andenken zierligst zu hinterlassen hergebracht* ».
47. Nieders. Staatsarchiv Wolfenbüttel 37 Alt 378, fol. 225r°.
48. La corne d'abondance et le chapeau montrent que la représentation de Hardt s'inspire des figures « panthéistes » d'Harpocrate telles qu'elles étaient reproduites dans le livre de Jacques Spon, *Miscellanea eruditae antiquitatis*, op. cit., p. 18.
49. « Virgilius : *Pomaque & Alcinoi sylvae* [*Géorgiques*, II 87]. Ovidius : *Praebeat Alcinoi poma benignus ager* [*Amours*, I, X 56]. Plinius : *Antiquitas nihil prius mirata est, quam hesperidum hortos & regum Adonidis & Alcinoi* [*Histoire naturelle*, XXVII 19] ; Papinius : *Quid bifera Alcinoi referam pomaria ? vosque, / Qui nunquam vacui prodistis in aethera rami ?* [*Silves*, I, III, 81 *sq.*] ; Juvenalis : *Illa jubebit / Poma dari, quorum solo pascaris odore, / Qualia perpetuus Phaeacum autumnus habebat* [*Satires*, V. Les Parasites]. »
50. Voir en général Robert Lamberton, *Homer the Theologian. Neoplatonist Allegorical Reading and the Growth of the Epic Tradition*, Berkeley, University of California Press, 1986.
51. Hermann von der Hardt, *Aenigmata prisci orbis*, Helmstedt, 1723, p. 792 : « *At illi non intellexerunt* [Actes des Apôtres, VII, 25] / *Quis te nobis constituit iudicem?* [Exode, II, 14 ; Actes des Apôtres, VII, 27] »
52. Voir Elida Maria Szarota, *Lohensteins Arminius als Zeitroman. Sichtweisen des Spätbarock*, Berne, Francke, 1970.
53. Voir à ce sujet Martin Mulsow, *Monadenlehre, Hermetik und Deismus...*, op. cit., p. 148-162 ; Monika Neugebauer-Wölk (dir.), *Aufklärung und Esoterik*, Hambourg, Meiner, 1999 ; id. (dir.), *Aufklärung und Esoterik. Rezeption – Integration – Konfrontation*, Tübingen, Niemeyer, 2008.
54. Siegmund Ferdinand Weißmüller, *Analyse des êtres simples et réels*, Nuremberg, 1736, p. 27. Dans une perspective alchimique, la formule a été interprétée, par exemple, par Nicolas Barnaud, *Commentariolum in aenigmaticum quoddam epigraphum Bononiae studiorum, ante multa secula marmoreo lapidi insculptum. Huic additi sunt processus chemici non pauci*, Leyde, 1597 ; voir aussi Athanasius Kircher, *Oedipus Agyptiacus*, Rome, 1652-1654, Pars altera, p. 418-420 : Primum aenigma chimicum eiusque explicatio. Voir en général Nicola Muschitiello (éd.), *Aelia laelia crispis. La pietra di Bologna*, Bologne, Nuova Alfa Edizione, 1989. La spéculation que rapporte Weißmüller, selon laquelle on pourrait synthétiser une âme humaine à partir de six âmes de chiens, pourrait également relever d'un contexte alchimique.
55. Siegmund Ferdinand Weißmüller, *Speculum Dei fabricantis in septenario*, s. l., 1742,

quatrième page : « *Post Isidis peplum revelatum, et septem paene annorum meditationes, geometrica jam luce radiat Systema Platonicum.* »
56. Siegmund Ferdinand Weißmüller, *Specimen definitionum philosophiae pythagoricae*, Francfort-sur-le-Main, 1736, fol. B2v° : « *Sapientibus satis, aliis forte nimium !* »
57. Lettre de Siegmund Ferdinand Weißmüller à Johann Heinrich Wolff, 6 mars 1740, éditée dans Martin Mulsow, « Aufklärung versus Esoterik?... », *op. cit.*, p. 374-376 : « Entre-temps, je suspends volontiers le *Système platonicien*, en grande partie achevé, jusqu'à ce que son temps soit venu et je m'amuse à présent avec une épopée allemande intitulée *Salomoneis* [...] » (« *Inzwischen supprimire ich das meist fertige Systema Platonicum gerne bis zu seiner Zeit und amüsire mich jetzt mit einem teutschen Helden-Gedichte, Salomonäes genannt* [...]. ») En 1742, Weißmüller semble s'être retiré sur la position consistant à ne communiquer son système qu'à la demande de personnes potentiellement intéressées, c'est-à-dire à éviter de le publier et à envisager une semi-publicité auprès de sympathisants. Voir Siegmund Ferdinand Weißmüller, *Speculum Dei fabricantis in septenario, op. cit.*, quatrième page : « Notre fameux Wolff a lui-même suggéré implicitement que les plus grands hommes d'Angleterre ont été en particulier des juges très pénétrants des choses qui concernent la philosophie antique. Ces méditations auraient été tout à fait de leur goût, comme il l'a attesté en notre présence, en toute franchise. Une fois que le voile d'Isis a été soulevé, et après presque sept années de méditations, le Système platonicien géométrique resplendit maintenant dans la lumière et quiconque le veut, sans regretter son désir, peut me le demander. Comme l'ombre de la vraie sagesse ignore les moqueries et l'envie, vivez bien, soutenez, corrigez, complétez, et envoyez des critiques, si vous le souhaitez, à Ansbach ! » (« *Summos Britanniae viros rerum, quae antiquam Philosophiam spectant, judices acutissimos praecipue tacite suggessit ipsemet illustris noster WOLFIUS, quorum ad palatum ejusmodi maxime meditationes fore, coram nobis et ingenue testatus est. Post Isidis peplum revelatum, et septem paene annorum medita- tiones, geometrica jam luce radiat Systema Platonicum, quod a me, qui volet, nutu non poenitendo, petat. Cavillationes atque invidiam cum ignoret verae vel umbra sapientiae ; valete, favete, corrigite, pergite, et monenda, si placet, Onoldum mittite !* ») On observe un comportement analogue chez Clavius et Schade ; voir Martin Mulsow, *Monadenlehre, Hermetik und Deismus, op. cit.*, p. 13-20.
58. « *Hiermit überreicht er allen Geometren, Aerzten und grossen Geistern in Europa den Schlüssel zu einem Cabinet, das mit unermeßlichen Sonderbarkeiten angefüllet ist. Er aber ziehet sich voller bescheidenen Vergnügens, daß er die Musik, Metaphysik und Theologie unendlich verbessert und erweitert hat, und schon im Geiste neue Wissenschaften erblicket, die er dadurch an das Licht gebracht, endlich auf einmal zurücke.* » L'auteur de ce compte rendu publié dans les *Leipziger Zeitungen*, 1756, n° 75, 665-672, réagit déjà au geste de retrait.
59. *Horatii als eines wohlerfahrenen Schiffers treu-meynender Zuruf an alle Wolfianer, über die Worte der XIV. Ode des 1. Buchs Horatii betrachtet. Wobey zugleich die neuere Wolfische Philosophie gründlich widerleget wird, von X.Y.Z. dem Jüngeren*, 1739. Voir à ce sujet Martin Mulsow, « Aufklärung versus Esoterik?, *op. cit.*, p. 331-376.
60. Lettre de Siegmund Ferdinand Weißmüller à Johann Heinrich Wolff, 6 mars 1740, éditée dans Martin Mulsow, « Aufklärung versus Esoterik?... », *op. cit.*, p. 374-376 : « *Doch geistliche Dinge müßen geistlich gerichtet werden, deßwegen schweigt Harpocrates, bis es göttl. Weißheit gefällt, ein helleres Licht zur verschwundenen Erkenntniß aufzustecken.* »
61. Siegmund Ferdinand Weißmüller, *Speculum Dei fabricantis in septenario, op. cit.*, « [...] *Systema Platonicum, quod a me, qui volet, nutu non poenitendo, petat. Cavillationes atque invidiam cum ignoret verae vel umbra sapientiae ; valete, favete, corrigite, pergite, et monenda, si placet, Onoldum mittite !* »
62. À propos de cette question mise au concours, voir Cornelia Buschmann, « Philosophische Preisfragen der Berliner Akademie 1747-1768, *op. cit.*, p. 779-789.
63. Andreas Clavius, *Philosophiae antiquissimae et recentissimae prodromus*, Celle, 1740, § 210, p. 213 sq. : « *Veritas se premi, verum non opprimi sinit, & premendo virescit, alias esset nihil, mendacium.* »

64. On trouve, par exemple, un emblème avec cette devise chez Gabriel Rollenhagen, *Selectorum emblematum centuria secunda*, Utrecht, 1608, n° 38.
65. Sur l'antipéristase, voir Martin Mulsow, *Frühneuzeitliche Selbsterhaltung. Telesio und die Naturphilosophie der Renaissance*, Tübingen, Niemeyer, 1998, p. 47-103.
66. Il y a un emblème avec cette devise, par exemple, chez Mathias Holtzwart, *Emblematum tyrocinia: sive picta poesis latinogermanica*, Strasbourg, 1581, n° 40.
67. Voir à ce sujet le chapitre 6.
68. Andreas Clavius, *Philosophiae antiquissimae et recentissimae prodromus, op. cit.*, p. 214 : « *Veritas sese nemini obtrudit, uti mendacium, sed potius cedit, & inimicis fuga est celerior.* [...] *Veritas sibi suimet est conscia, se esse hominibus beneficio. Hinc veritas ad inimicorum objectiones respondet silentio, ne inimicos beneficiis indignos obruat.* »
69. Voir les emblèmes qui montrent Harpocrate avec une devise associant le silence et le retrait, comme : *Fuge, tace, quiesce*, dans Hadrianus Junius (Adriaan de Jonge), *Emblemata, ad D. Arnoldum Coebelium. Eiusdem Aenigmatum libellus, ad D. Arnoldum Rosenbergum*, Anvers, 1565, n° 61 ; et *Audi, tace, fuge*, *ibid.*, n° 63.
70. Andreas Clavius, *Philosophiae antiquissimae et recentissimae prodromus, op. cit.*, p. 214 : « *Posterius propugnaculum veritas circumspecte, prudenter, & sapienter extruit. Est enim veritas circumspectio, prudentia, & sapientia ipsa.* » Pour une nouvelle approche des vertus de vérité, voir Bernard Williams, *Vérité et véracité. Essai de généalogie*, trad. Jean Lelaidier, Paris, Gallimard, 2006.
71. La situation se présente de manière tout aussi complexe pour la tentative de donner une définition des « Lumières radicales », que nous avons entreprise dans les chapitres 3, 4 et 5.
72. Reinhart Koselleck, *Le règne de la critique*, trad. Hans Hildenbrandt, Paris, Éditions de Minuit, 1979.
73. Voir Martin Mulsow, « Pythagoreer und Wolffianer... », *op. cit.*, p. 345-355.
74. Voir Wolfgang Schivelbusch, *Die Kultur der Niederlage. Der amerikanische Süden 1865. Frankreich 1871. Deutschland 1918*, 2ᵉ édition, Berlin, Fest, 2001.

8. *Sapere aude*. La vertu épistémique dans une perspective historique

1. En guise d'introduction à ces discussions, voir Gerhard Ernst, *Das Problem des Wissens*, Paderborn, Mentis, 2002 ; *id.*, « Der Wissensbegriff in der Diskussion », *Information Philosophie*, 3, 2007, p. 38-48. – Ce chapitre repose en partie sur un article que j'ai publié sous le titre « Erkühne dich, vernünftig zu sein. Auf den Spuren der Leipziger Alethophilen: Zur Herkunft des Wahlspruchs der Aufklärung » dans le *Frankfurter Allgemeine Zeitung* du 11 avril 2001, p. N6.
2. Ernest Sosa, *Knowing Full Well*, Princeton, Princeton University Press, 2011.
3. Voir par exemple John Greco, *Putting Skeptics in Their Place. The Nature of Skeptical Arguments and their Role in Philosophical Inquiry*, Cambridge, Cambridge University Press, 2000.
4. Alasdair MacIntyre, *Après la vertu. Étude de théorie morale*, trad. Laurent Bury, Paris, Presses universitaires de France, 1997.
5. Linda T. Zagzebski, *Virtues of the Mind. An Inquiry into the Nature of Virtue and the Ethical Foundations of Knowledge*, Cambridge, Cambridge University Press, 1996.
6. James Montmarquet, *Epistemic Virtue and Doxastic Responsibility*, Lanham, Rowman and Littlefield, 1993.
7. Linda T. Zagzebski, *Virtues of the Mind...*, *op. cit.*, p. 242.
8. Gerhard Ernst, « Der Wissensbegriff in der Diskussion », *op. cit.*, p. 38-48.
9. Immanuel Kant, « Beantwortung der Frage: Was ist Aufklärung? », dans *id.*, *Schriften zur Anthropologie, Geschichtsphilosophie, Politik und Pädagogik 1* (*Werkausgabe*, vol. 11), éd. par Wilhelm Weischedel, Francfort-sur-le-Main, Suhrkamp, 1993, p. 53-61 : « *Habe*

Mut, dich deines eigenen Verstandes zu bedienen! ist also der Wahlspruch der Aufklärung. » (Traduction française : « Réponse à la question : qu'est-ce que les Lumières ? », trad. Heinz Wismann, dans Emmanuel Kant, *Œuvres philosophiques*, vol. II, *Des Prolégomènes aux écrits de 1791*, Paris, Gallimard, 1985, p. 209). Sur le contexte, voir le recueil de textes édité par Norbert Hinske, *Was ist Aufklärung? Beiträge aus der Berlinischen Monatsschrift*, Darmstadt, Wissenschaftliche Buchgesellschaft, 1981, et en particulier la postface de Norbert Hinske, p. 519-558.

10. *Épîtres*, I, 2, v. 40 *sq.* : « *Dimidium facti, qui coepit, habet ; sapere aude, / incipe. Vivendi qui recte prorogat horam, / rusticus expectat dum defluat amnis ; at ille / labitur et labetur in omne volubilis aevum.* »
11. Franco Venturi, « Contributi ad un dizionario storico. 1 : Was ist Aufklärung? Sapere aude! », *Rivista storica italiana*, 71, 1959, p. 119-128 (traduction française : « Sapere aude » dans *id.*, *Europe des Lumières. Recherches sur le XVIIIe siècle*, trad. Françoise Braudel, Paris, Mouton, 1971, p. 35-47).
12. Philipp Melanchthon, « De corrigendis adolescentium studiis », *Corpus Reformatorum* XI, p. 15-25 : « *sapere audete, veteres Latinos colite, Graeca amplexamini, sine quibus Latina tractari recte nequeunt* ». Voir Asaph Ben-Tov, *Lutheran Humanists and Greek Antiquity. Melanchthonian Scholarship Between Universal History and Pedagogy*, Leyde, Brill, 2009, p. 139.
13. À propos de Manteuffel et des aléthophiles, voir Johannes Bronisch, *Der Mäzen der Aufklärung. Ernst Christoph von Manteuffel und das Netzwerk des Wolffianismus*, Berlin, De Gruyter, 2010.
14. Franco Venturi, « Contributi ad un dizionario storico, *op. cit.*, p. 123 *sq.* (traduction française : « Sapere aude » dans *id.*, *Europe des Lumières. Recherches sur le XVIIIe siècle*, trad. Françoise Braudel, Paris, Mouton, 1971, p. 43 *sq.*)
15. Luigi Firpo, « Ancora a proposito di "sapere aude!" », *Rivista storica italiana*, 72, 1960, p. 114-117.
16. À propos de Sorbière, voir Albert G. A. Balz, « Samuel Sorbière (1615-1670) », *The Philosophical Review*, 39 (6), 1930, p. 573-586 ; Lisa T. Sarasohn, « Who Was Then the Gentleman? Samuel Sorbière, Thomas Hobbes, and the Royal Society », *History of Science*, 42 (2), 2004, p. 211-232. À propos de Gassendi, voir Olivier Bloch, *La philosophie de Gassendi. Nominalisme, matérialisme et métaphysique*, La Haye, Nijhoff, 1971 ; Tullio Gregory, *Scetticismo ed empirismo. Studio su Gassendi*, Bari, Laterza, 1961.
17. Detlef Döring, « Beiträge zur Geschichte der Gesellschaft der Alethophilen in Leipzig », dans *id.* et Kurt Nowak (dir.), *Gelehrte Gesellschaften im mitteldeutschen Raum, 1650-1820*, 1re partie, Stuttgart et Leipzig, Hirzel, 2000, p. 95-150.
18. Johann Georg Wachter, *Der Spinozismus im Jüdenthumb* [1699], éd. par Winfried Schröder, Stuttgart-Bad Cannstatt, Frommann-Holzboog, 1994 ; *id.*, *De primordiis Christianae religionis… Dokumente. Mit einer Einleitung*, éd. par Winfried Schröder, Stuttgart-Bad Cannstatt, Frommann-Holzboog, 1995. Voir aussi à son sujet Martin Mulsow, « Den „Heydnischen Saurteig" mit dem „Israelitischen Süßteig" vermengt: Kabbala, Hellenisierungsthese und Pietismusstreit bei Abraham Hinckelmann und Johann Peter Späth », *Scientia Poetica*, 11, 2007, p. 1-50.
19. Detlef Döring, « Beiträge zur Geschichte der Gesellschaft der Alethophilen in Leipzig », *op. cit.*, p. 127 *sq.*
20. Robert Fludd, *Utriusque cosmi maioris scilicet et minoris Metaphysica, physica atque technica historia*, 2 volumes, Oppenheim, 1617.
21. Horst Bredekamp, *Stratégies visuelles de Thomas Hobbes. Le Léviathan, archétype de l'État moderne. Illustration des œuvres et portraits*, trad. Denise Modigliani, Paris, Éditions de la Maison des sciences de l'homme, 2003.
22. « Asclepius », dans *Das Corpus Hermeticum. Übersetzung, Darstellung und Kommentierung*, éd. par Jens Holzhausen et Carsten Colpe, vol. 1, Stuttgart-Bad Cannstatt, Frommann-Holzboog, 1997. La chaîne est représentée sur la page de titre de la première traduction du *Corpus* en allemand, Hambourg, 1706.

23. « *Haltet nichts vor wahr, haltet nichts vor falsch, so lange ihr durch keinen zureichenden Grund davon überzeuget seyd.* » À propos de l'Hexalogus, les six « lois » des Aléthophiles, voir Detlef Döring, « Beiträge zur Geschichte der Gesellschaft der Alethophilen in Leipzig », *op. cit.*, p. 95-150.
24. Voir Bruno Bianco, « Freiheit gegen Fatalismus. Zu Joachim Langes Kritik an Wolff », dans Norbert Hinske (dir.), *Zentren der Aufklärung I. Halle. Aufklärung und Pietismus*, Heidelberg, Schneider, 1989, p. 111-155.
25. Johannes Bronisch, *Der Mäzen der Aufklärung…*, *op. cit.*, p. 158-166.
26. Voir Universitätsbibliothek Leipzig, de Ms. 0342 V, 334r°-335v° (lettre de Manteuffel à Luise Gottsched, 30 novembre 1739) jusqu'à Ms. 0342 VIa, 301r°-v° (lettre de Manteuffel à Luise Gottsched, 31 août 1740). Voir aussi les propositions de médaille, Universitäts- und Landesbibliothek Halle, Ms. Geneal. 2° 8, 268r°-270r° ; d'après Johannes Bronisch, *Der Mäzen der Aufklärung…*, *op. cit.*, , p. 163.
27. Johannes Bronisch, *Der Mäzen der Aufklärung…*, *op. cit.*, p. 164 ; voir Universitätsbibliothek Leipzig, Ms. 0345, 216r°-217v°, lettre de Manteuffel à Christian Wolff, 23 juillet 1740.
28. Johannes Bronisch, *Der Mäzen der Aufklärung. Ernst Christoph von Manteuffel und das Netzwerk des Wolffianismus*, Berlin, De Gruyter, 2010, p. 160 ; *Zedlers Universal-Lexikon*, à l'article « Wahrheitsliebende Gesellschaft », vol. 52, col. 952.
29. Shaftesbury, *Die Sitten-Lehrer oder Erzehlung philosophischer Gespräche, welche die Natur und die Tugend betreffen*, Berlin, 1745 (traduction de *id.*, *The Moralists. A Philosophical Rhapsody*, Londres, 1709). Voir Reinhard Brandt, *Die Bestimmung des Menschen bei Kant*, Hambourg, Meiner, 2007, p. 61 *sq.*
30. C'est aussi ce que suppose Mark-Georg Dehrmann, *Das „Orakel der Deisten". Shaftesbury und die deutsche Aufklärung*, Göttingen, Wallstein, 2008, p. 219 *sq.*
31. *Der Freygeist*, huit numéros, Berlin, 1742. À propos de Mylius, voir Martin Mulsow, *Freigeister im Gottsched-Kreis. Wolffianismus, studentische Aktivitäten und Religionskritik in Leipzig, 1740-1745*, Göttingen, Wallstein, 2007.
32. Johann Philipp Murray, *Horatianus ille sapere aude succincta commentatione illustratus*, Göttingen, 1754.
33. Reinhard Brandt, *Die Bestimmung des Menschen bei Kant*, Hambourg, Meiner, 2007.
34. À propos des Lumières modérées (*moderate enlightenment*), voir Jonathan I. Israel, *Les Lumières radicales. La philosophie, Spinoza et la naissance de la modernité (1650-1750)*, Paris, Éditions Amsterdam, 2005.
35. Carlo Ginzburg, « High and Low. The Theme of Forbidden Knowledge in the Sixteenth and Seventeenth Centuries », *Past and Present*, 73, 1976, p. 28-41 (traduction française : « Le haut et le bas. Le thème de la connaissance interdite aux XVIe et XVIIe siècles », trad. Monique Aymard, dans *id.*, *Mythe, emblèmes, traces. Morphologie et histoire*, Paris, Flammarion, 1989, p. 97-112).
36. Voir le chapitre 6.
37. Florentius Schoonhovius, *Emblemata partim moralia, partim etiam civilia*, Gouda, Burier, 1618.
38. Sur le néostoïcisme, voir Gerhard Oestreich, *Geist und Gestalt des frühmodernen Staates. Ausgewählte Aufsätze*, Berlin, Duncker und Humblot, 1969 ; Mark Morford, *Stoics and Neostoics. Rubens and the Circle of Lipsius*, Princeton, Princeton University Press, 1991.
39. *Der Wöchentlichen Historischen Münz-Belustigung*, n°s 47, 49, et 52, 1740 ; voir Detlef Döring, « Beiträge zur Geschichte der Gesellschaft der Alethophilen in Leipzig », *op. cit.*, p. 144 *sq.*
40. *Der Wöchentlichen Historischen Münz-Belustigung*, n° 49, 1740, p. 386.
41. Voir Detlef Döring, « Beiträge zur Geschichte der Gesellschaft der Alethophilen in Leipzig », *op. cit.*, p. 144-150.

III. Transferts problématiques

1. Voir par exemple Michel Espagne et Michael Werner (dir.), *Transferts : les relations interculturelles dans l'espace franco-allemand (XVIIIe-XIXe siècle)*, Paris, Éditions Recherche sur les civilisations, 1988 ; Wolfgang Schmale, *Historische Komparatistik und Kulturtransfer. Europageschichtliche Perspektiven für die Landesgeschichte. Eine Einführung unter besonderer Berücksichtigung der sächsischen Landesgeschichte*, Bochum, Winkler, 1998 ; Hans-Jürgen Lüsebrink et Rolf Reichardt (dir.), *Kulturtransfer im Epochenumbruch Frankreich -Deutschland 1770 bis 1815*, Leipzig, Leipziger Universitätsverlag, 1997.
2. Michael Werner et Benedicte Zimmermann (dir.), *De la comparaison à l'histoire croisée*, Paris, Le Seuil, 2004.
3. À propos des adaptations nécessaires, voir Wolfgang Schmale (dir.), *Kulturtransfer. Kulturelle Praxis im 16. Jahrhundert*, Innsbruck et Vienne, Studien Verlag, 2003.
4. Martin Mulsow, « Socinianism, Islam and the Radical Uses of Arabic Scholarship », *Al-Qantara. Revista de estudios árabes*, 31 (2), 2010, p. 549-586.
5. Martin Mulsow, « Die Transmission verbotenen Wissens », dans Ulrich Johannes Schneider (dir.), *Kulturen des Wissens im 18. Jahrhundert*, Berlin, De Gruyter, 2008, p. 61-80.
6. Voir par exemple l'exemplaire conservé à la fondation Streit de Berlin (Streitsche Stiftung, GKI A3841/2) du livre de Christian Tobias Damm *Vom historischen Glauben*, Berlin, 1772-1773, dans lequel un esprit analogue a consigné des notes complémentaires. Voir aussi Dietrich Klein, *Hermann Samuel Reimarus (1694-1768). Das theologische Werk*, Tübingen, Mohr Siebeck, 2009, p. 192-196 ; ou bien l'adaptation du manuscrit clandestin « Symbolum sapientiae » par le libre penseur Johann Georg Wachter. Voir Winfried Schröder, « Il contesto storico, la datazione, gli autori e l'influenza sul pensiero dell'epoca », dans *Cymbalum mundi sive Symbolum sapientiae*, éd. par Guido Canziani, Winfried Schröder et Francisco Socas, Milan, Angeli, 2000, p. 9-35, ici p. 33 *sq.* ; Martin Mulsow, *Moderne aus dem Untergrund. Radikale Frühaufklärung in Deutschland 1680-1720*, Hambourg, Meiner, 2002, p. 241-247.

9. La feuille dans le tableau. Études visuelles historiques et microhistoire philosophique

1. Sur le sujet, voir Reinhard Brandt, *Philosophie in Bildern. Von Giorgione bis Magritte*, Cologne, Dumont, 2000.
2. Voir par exemple Claus Zittel, *Theatrum philosophicum. Descartes und die Rolle ästhetischer Formen in der Wissenschaft*, Berlin, Akademie Verlag, 2009 ; Horst Bredekamp, *Die Fenster der Monade. Gottfried Wilhelm Leibniz' Theater der Natur und Kunst*, Berlin, Akademie Verlag, 2004 ; *id.*, *Stratégies visuelles de Thomas Hobbes. Le Léviathan, archétype de l'État moderne. Illustration des œuvres et portraits*, trad. Denise Modigliani, Paris, Éditions de la Maison des sciences de l'homme, 2003.
3. Voir par exemple Sachiko Kusukawa et Ian Maclean (dir.), *Transmitting Knowledge. Words, Images, and Instruments in Early Modern Europe*, Oxford, Oxford University Press, 2006 ; Marina Frasca-Spada et Nick Jardine (dir.), *Books and Sciences in History*, Cambridge, Cambridge University Press, 2000.
4. Nous ne mentionnons ici que quelques titres (voir aussi l'introduction de ce volume) : sur le sujet, les nombreux travaux de Horst Bredekamp font autorité, notamment : « Bildwissenschaft », dans Ulrich Pfisterer (dir.), *Metzler Lexikon Kunstwissenschaft. Ideen, Methoden, Begriffe*, Stuttgart, Metzler, 2003. Pour un aperçu de la question, voir aussi Martin Schulz, *Ordnungen der Bilder. Eine Einführung in die Bildwissenschaft*, 2e édition, Munich, Fink, 2009.

5. Voir par exemple Howard Hotson, *Johann Heinrich Alsted, 1588-1638. Between Renaissance, Reformation, and Universal Reform*, Oxford, Clarendon Press, 2000. D'un point de vue général, voir Siegfried Wollgast, *Philosophie in Deutschland zwischen Reformation und Aufklärung 1550-1650*, Berlin, Akademie Verlag, 1988.
6. À propos de la biographie de Leibniz, voir Kurt Müller et Gisela Krönert (dir.), *Leben und Werk von Gottfried Wilhelm Leibniz. Eine Chronik*, Francfort-sur-le-Main, Klostermann, 1969 ; Eike Christian Hirsch, *Der berühmte Herr Leibniz. Eine Biographie*, Munich, Beck, 2000 ; Maria Rosa Antognazza, *Leibniz. An Intellectual Biography*, Cambridge, Cambridge University Press, 2009.
7. Sur le rapport de Leibniz à Weigel, voir Konrad Moll, *Der junge Leibniz*, vol. 1 : *Die Wissenschaftstheoretische Problemstellung seines ersten Systementwurfs: der Anschluss an Erhard Weigels Scientia generalis*, Stuttgart-Bad Canstatt, Frommann-Holzboog, 1978.
8. Erhard Weigel, *Dissertatio metaphysica prior de existentia*, Leipzig, 1652 ; *Dissertatio metaphysica posterior de modo existentiae*, Leipzig, 1652.
9. Voir par exemple Erhard Weigel, *Geoscopiae selenitarum*, deux parties, Iéna, 1654 ; *id.*, *Exercitationum philosophicarum prima, de natura logicae*, Iéna, 1655 ; *id.*, *Astronomiae pars sphaerica methodo Euclidea conscripta*, trois parties, Iéna, 1657 ; *id.*, *Speculum Uranium Aquilae Romanae Sacrum, das ist: Himmels Spiegel*, Iéna, 1661 ; *id.*, *Cometologia*, Iéna, 1665.
10. À propos de l'encyclopédisme hermétique, lulliste, kabbalistique et ramiste, voir Wilhelm Schmidt-Biggemann, *Topica universalis. Eine Modellgeschichte humanistischer und barocker Wissenschaft*, Hambourg, Meiner, 1983 ; *id.*, *Philosophia perennis. Historische Umrisse abendländischer Spiritualität in Antike, Mittelalter und Früher Neuzeit*, Francfort-sur-le-Main, Suhrkamp, 1998 ; Andreas Kilcher et Philipp Theisohn (dir.), *Die Enzyklopädik der Esoterik*, Munich, Fink, 2010.
11. Erhard Weigel, *Analysis aristotelica ex Euclide restituta*, Iéna, 1658.
12. En particulier : Erhard Weigel, *Universi corporis pansophici caput summum, a rebus naturalibus, moralibus & notionalibus, denominativo simul & aestimativo gradu cognoscendis, abstractum, exhibens artis magnae sciendi specimen tri-uno-combinatorium...*, Iéna, 1673, réimpression éditée et introduite par Thomas Behme, Stuttgart-Bad Cannstatt, Frommann-Holzboog, 2003. Dès le titre, il est fait allusion (outre la référence générale à l'*ars magna* lullienne) à Athanasius Kircher, *Ars magna sciendi*, Amsterdam, 1669. Le *Caput summum* de Weigel contient une *Pantognosia* et une *Pantologia* ; la *Pantometria* et la *Logica pansophica*, prévues, n'ont jamais vu le jour ; mais voir aussi : Erhard Weigel, *Physica pansophica*, Iéna, 1673 ; *id.*, *Arithmetische Beschreibung der Moralweisheit von Personen und Sachen*, Iéna, 1674.
13. Voir Johann Caspar Zeumer, *Vitae Professorum... qui in Illustri Academia Ienensi ab ipsius fundatione ad nostra usque tempora vixerunt et adhuc vivunt*, Iéna, 1711, p. 106 *sq.* Au sujet de Weigel, voir aussi Edmund Spieß, *Erhard Weigel, weiland Professor der Mathematik und Astronomie zu Iéna, der Lehrer von Leibnitz und Pufendorf*, Leipzig, Klinkhardt, 1881 ; Wilhelm Hestermeyer, *Paedagogia Mathematica. Idee einer universellen Mathematik als Grundlage der Menschenbildung in der Didaktik Erhard Weigels, zugleich ein Beitrag zur Geschichte des pädagogischen Realismus im 17. Jahrhundert*, Paderborn, Schöningh, 1969 ; Ulrich G. Leinsle, *Reformversuche protestantischer Metaphysik im Zeitalter des Rationalismus*, Augsbourg, Maro, 1988, p. 63-87.
14. Detlef Döring, « Erhard Weigels Zeit an der Universität Leipzig (1647 bis 1653) », dans Reinhard E. Schielicke, Klaus-Dieter Herbst et Stefan Kratochwil (dir.), *Erhard Weigel, 1625 bis 1699. Barocker Erzvater der deutschen Frühaufklärung. Beiträge des Kolloquiums anlässlich seines 300. Todestages am 20. März 1999 in Jena*, Thun et Francfort-sur-le-Main, Deutsch, 1999, p. 69-90.
15. Huile sur toile, 90 × 70 cm, Chrysler Museum of Art, Norfolk, Virginie. Provenance : Coll. H. Bendixon. Pas d'informations sur la provenance antérieure. Une demande faite auprès du programme de recherches sur la provenance des œuvres d'art du Getty Center de Los Angeles n'a pas non plus livré de piste.

16. À propos de cette reproduction, voir Pietro Zampetti (dir.), *La pittura del Seicento a Venezia. Catalogo della mostra, Venezia, Ca' Pesaro, 27 giugno-25 ottobre 1959*, Venise, Alfieri, 1959, p. 64, n° 100.
17. *Amtlicher Katalog der Jahrhundert-Ausstellung deutscher Kunst 1650-1800. Veranstaltet von S. K. Hoheit Großherzog Ernst Ludwig von Hessen und bei Rhein, Darmstadt Mai-Oktober 1914 im Residenzschloß*, Leipzig, Schwabach, 1914. Les premiers à émettre des doutes sur l'identification de Weigel comme modèle du portrait ont été Burton Frederiksen et Federico Zeri, *Census of Pre-Nineteenth-Century Italian Paintings in North American Public Collections*, Cambridge, Harvard University Press, 1972.
18. Bernard Aikema, *Pietro Della Vecchia and the Heritage of the Renaissance in Venice*, Florence, Istituto Universitario Olandese di Storia dell'Arte, 1990, p. 63-65. Voir aussi *id.*, « Pietro Della Vecchia: A Profile », *Saggi e Memorie di Storia dell' Arte*, 14, 1984, p. 77-100 ; et enfin *id.*, « Marvellous Imitations and Outrageous Parodies: Pietro Della Vecchia Revisited », dans Mary Jane Harris (dir.), *Continuity, Innovation, and Connoisseurship. Old Master Paintings at the Palmer Museum of Art*, University Park, Palmer Museum of Art, 2003, p. 111-133.
19. Aikema mentionne le portrait de Weigel par Elias Nessenthaler de 1668, mais une comparaison avec celui que Christian Richter exécuta en 1655, plus proche chronologiquement, n'aboutit pas à davantage de ressemblance : voir la reproduction donnée par Reinhard E. Schielicke, Klaus-Dieter Herbst et Stefan Kratochwil (dir.), *Erhard Weigel, 1625 bis 1699…, op. cit.*
20. Voir notre transcription du texte dans l'encadré p. ZZ. Aikema donne une transcription à la page 117 de son livre (*Pietro Della Vecchia and the Heritage of the Renaissance in Venice, op. cit.*, mais elle présente de nombreuses lacunes et de nombreuses erreurs.
21. Sans aller jusqu'à affirmer qu'il pourrait s'agir d'un autoportrait, Aikema soupçonne lui aussi une implication inhabituelle du peintre. Voir Bernard Aikema, *Pietro Della Vecchia and the Heritage of the Renaissance in Venice, op. cit.*, p. 65 : « Tout se passe comme si Della Vecchia s'était senti personnellement impliqué vis-à-vis du jeune étudiant et de l'atmosphère intellectuelle dans laquelle ce dernier travaillait. C'est en tout cas le seul portrait qu'il signa "Petrus Vechia Pic". Je n'ai pas réussi à établir le sens exact de cette signature inhabituelle, mais le contraste délibéré entre l'artiste, le "pictor", et le sujet du portrait, le "philosophus" est très frappant et pourrait bien signifier qu'il ne s'agit pas là d'une banale œuvre de commande. »
22. Barbara Bauer, « Die Philosophie auf einen Blick. Zu den graphischen Darstellungen der aristotelischen und neuplatonisch-hermetischen Philosophie vor und nach 1600 », dans Jörg Jochen Berns et Wolfgang Neuber (dir.), *Seelenmaschinen. Gattungstraditionen, Funktionen und Leistungsgrenzen der Mnemotechniken vom späten Mittelalter bis zum Beginn der Moderne*, Vienne, Böhlau, 2000, p. 481-519, en particulier p. 504 *sq.*
23. Johann Baptist Großschedel, *Calendarium naturale magicum perpetuum profundissimam rerum secretissimarum contemplationem totiusque philosophiae cognitionem complectens* (*ca* 1582-1583, édité par Johann Theodor de Bry à Oppenheim) ; voir Barbara Bauer, « Die Philosophie auf einen Blick… », *op. cit.*, p. 481-519, en particulier p. 504 *sq.* ; Carlos Gilly, « Il ritrovamento dell'originale del *Calendarium naturale magicum perpetuum* di Großschedel », dans *id.* et Cis van Heertum (dir.), *Magia, alchimia, scienza dal 400 al 700. L'influsso di Ermete Trismegisto / Magic, Alchemy and Science 15th-18th Centuries. The Influence of Hermes Trismegistus*, vol. 1, Florence, Centro Di, 2002, p. 295-309 (anglais : p. 310-315).
24. Voir Charles B. Schmitt, « "Prisca theologiae" e "philosophia perennis": due temi del Rinascimento italiano », dans Giovannangiola Tarugi (dir.), *Il Pensiero italiano del Rinascimento e il tempo nostro. Atti del V convegno internazionale del Centro di studi umanistici, Montepulciano, Palazzo Tarugi, 8-13 agosto 1968*, Florence, Olschki, 1970, p. 211-235 ; Daniel P. Walker, *The Ancient Theology. Studies in Christian Platonism from the Fifteenth to the Eighteenth Century*, Londres, Duckworth, 1972 ; à propos de la critique émise par les contemporains à l'encontre de ce mode de pensée, voir Martin

Mulsow (dir.), *Das Ende des Hermetismus. Historische Kritik und neue Naturphilosophie in der Spätrenaissance. Dokumentation und Analyse der Debatte um die Datierung der hermetischen Schriften von Genebrard bis Casaubon (1567-1614)*, Tübingen, Mohr Siebeck, 2002 ; *id.*, « Ambiguities of the *Prisca Sapientia* in Late Renaissance Humanism », *Journal of the History of Ideas*, 65 (1), 2004, p. 1-13.

25. À propos du langage gestuel de l'époque, voir Giovanni Bonifacio, *L'Arte dei cenni con la quale formandosi favelle visibile si tratta della muta eloquenza, che non è altro che un facondo silentio*, Vicence, 1616. Il s'agit du manuel qu'utilisait Della Vecchia.

26. « *ANTIQUISSIMA RERUM PRINCIPIA QUOT ET QUAENAM SINT EORUMQUE ORDO HAC CABALISTICA SEU ANALOGICA MECHANICA DEMONSTRATUR.* » Voir le texte complet du tableau dans l'encadré p. 184-185.

27. Pour la genèse d'une telle pensée, voir Giovanni Crapulli, *Mathesis Universalis. Genesi di un'idea nel XVI secolo*, Rome, Ateneo, 1969 ; pour son développement ultérieur, voir Paolo Rossi, *Clavis universalis. Arts de la mémoire, logique combinatoire et langue universelle de Lulle à Leibniz*, trad. Patrick Vighetti, Grenoble, Millon, 1993.

28. Erhard Weigel, *Analysis aristotelica ex Euclide restituta*, Iéna, 1658, p. 2 : « *Verum enim vero, cum in profundo quasi puteo lateat rerum plerarumque Veritas* […]. »

29. Erhard Weigel, *Analysis aristotelica ex Euclide restituta, op. cit.*, p. 288 : « *Hic, uti minor, (scilicet) quei Veteres ad tantam aspirare potuerint Sapientiam, cujus nos umbram hodie vix maximo labore consequimur, qui tamen nec Grammaticam Scientiam didicerunt* […] *nec Logicam artificialem (puerorum crucem) disciplinis realibus praemiserunt, omnibus insuper destituta mediis & expedimentis noviter inventis* […] *cum e contrario multi nostrum omnibus his instructi summaque diligentia progressi per totam vitam maneant* Puri Grammatici, Puri Logici, *h.e. quos nostis, puri socii ; ita dico :* Nisi revertamur, ut eadem, qua Veteres (o utinam divinus nunc revivisceret Plato) usi sunt, in docendo progrediamur methodo, Summum Philosophorum Bonum nos assecutos esse non experiamur unquam. »

30. Erhard Weigel, *Analysis aristotelica ex Euclide restituta, op. cit.*, p. 288.

31. À propos du rapport entre l'hermétisme et l'orthodoxie luthérienne, voir Robin B. Barnes, *Prophecy and Gnosis. Apocalypticism in the Wake of the Lutheran Reformation*, Stanford, Stanford University Press, 1988 ; Anne-Charlott Trepp, « Hermetismus oder zur Pluralisierung von Religiositäts- und Wissensformen in der Frühen Neuzeit: Einleitende Bemerkungen », dans *id.* et Hartmut Lehmann (dir.), *Antike Weisheit und kulturelle Praxis. Hermetismus in der Frühen Neuzeit*, Göttingen, Vandenhoeck und Ruprecht, 2001, p. 8-16 ; à propos du net rejet de l'hermétisme aux alentours de 1700, voir Sicco Lehmann-Brauns, *Weisheit in der Weltgeschichte. Philosophiegeschichte zwischen Barock und Aufklärung*, Tübingen, Niemeyer, 2004.

32. Uwe Kordes, *Wolfgang Ratke (Ratichius, 1571-1635). Gesellschaft, Religiosität und Gelehrsamkeit im frühen 17. Jahrhundert*, Heidelberg, Winter, 1999 ; Klaus Schaller, *Die Pädagogik des Johann Amos Comenius und die Anfänge des pädagogischen Realismus im 17. Jahrhundert*, Heidelberg, Quelle und Meyer, 1962.

33. Voir Georg Wagner, *Erhard Weigel, ein Erzieher aus dem 17. Jahrhunderte*, thèse de doctorat, Leipzig, 1903, p. 132-135. Johann Valentin Andreae, *Collectaneorum mathematicorum decades XI*, Tübingen, 1614 ; les hypothèses de Wagner, toutefois, ne sont pas toujours fiables. Par ailleurs, voir Jan Amos Comenius, *Pansophiae diatyposis*, Dantzig, 1643. À propos de Comenius, voir également Wilhelm Schmidt-Biggemann, *Topica universalis…, op. cit.*, p. 139-154.

34. Voir Erhard Weigel, *Tetraktys, Summum tum Arithmeticae tum Philosophiae discursivae Compendium*, Iéna, 1673.

35. Reinhard Brandt, *D'Artagnan und die Urteilstafel. Über ein Ordnungsprinzip der europäischen Kulturgeschichte (1, 2, 3 / 4)*, Stuttgart, Steiner, 1991.

36. À propos de la Kether, voir Gershom Scholem, *La kabbale et sa symbolique*, trad. Jean Boesse, Paris, Payot, 1966.

37. C'est aussi un symbole alchimique rare du sel. Normalement, le symbole du sel est un cercle traversé d'un trait. Plus bas dans le tableau, il est intéressant de remarquer qu'à

l'endroit où, dans le schéma des réalités chimiques, on devrait lire « Sal », il y a un vide. À propos de la signification alchimique du sel, voir Claus Priesner et Karin Figala (dir.), *Alchemie. Lexikon einer hermetischen Wissenschaft*, Munich, Beck, 1998, p. 319-321.

38. Johannes Reuchlin, *De verbo mirifico*, s. l., 1494 ; *id.*, *De arte cabalistica*, s. l., 1517. À propos de Reuchlin, voir Charles Zika, *Reuchlin und die okkulte Tradition der Renaissance*, Sigmaringen, Thorbecke, 1998 ; Daniela Hacke et Bernd Roeck (dir.), *Die Welt im Augenspiegel. Johannes Reuchlin und seine Zeit*, Sigmaringen, Thorbecke, 2002. Et plus récemment : Wilhelm Schmidt-Biggemann, *Geschichte der christlichen Kabbala*, vol. 1 : *15. und 16. Jahrhundert*, Stuttgart-Bad Cannstatt, Frommann-Holzboog, 2012.

39. Agrippa von Nettesheim, *De occulta philosophia libri tres*, éd. par Vittoria Perrone Compagni, Leyde, Brill, 1992 ; Giordano Bruno, *De monade numero et figura*, Francfort-sur-le-Main, 1591 ; voir Martin Mulsow, « Sachkommentar », dans Giordano Bruno, *Über die Monas, die Zahl und die Figur als Elemente einer sehr geheimen Physik, Mathematik und Metaphysik*, éd. et trad. par Elisabeth von Samsonow, Hambourg, Meiner, 1991, p. 181-269, ici p. 187.

40. Voir d'un point de vue général Moshe Idel, *Kabbalah. New Perspectives*, New Haven, Yale University Press, 1988.

41. *Sagesse*, XI, 20 ; Augustin a exploité philosophiquement l'expression en la reliant à la doctrine trinitaire, par exemple dans *De trinitate*, XI.

42. À propos des principes alchimiques du soufre et du mercure, voir Claus Priesner et Karin Figala (dir.), *Alchemie…*, *op. cit.*, *s. v.* ; sur la théorie paracelsienne des trois principes, voir Walter Pagel, *Paracelsus. An Introduction to Philosophical Medicine in the Era of the Renaissance*, 2ᵉ édition, Bâle, Karger, 1982.

43. Voir Ann Blair, « Mosaic Physics and the Search for a Pious Natural Philosophy in the late Renaissance », *Isis*, 91 (1), 2000, p. 32-58 ; Wilhelm Schmidt-Biggemann, *Philosophia perennis…*, *op. cit.*, 1998.

44. Sur ces relations, voir Martin Mulsow (dir.), *Spätrenaissance-Philosophie in Deutschland 1570-1650. Entwürfe zwischen Humanismus und Konfessionalisierung, okkulten Traditionen und Schulmetaphysik*, Tübingen, Niemeyer, 2009 ; Howard Hotson, *Johann Heinrich Alsted, 1588-1638…*, *op. cit.*

45. Voir Martin Mulsow, « Bisterfelds „Cabala". Die Bedeutung des Antisozinianismus für die Spätrenaissancephilosophie », dans *id.* (dir.), *Spätrenaissance-Philosophie in Deutschland 1570-1650. Entwürfe zwischen Humanismus und Konfessionalisierung, okkulten Traditionen und Schulmetaphysik*, Tübingen, Niemeyer, 2009, p. 13-42. En plus de Weigel et Bitterfeld, toute une série d'auteurs présentent ce lien entre science kabbalistique et numérologie pythagoricienne d'une part, et début de science moderne d'autre part. Voir par exemple Johann Faulhaber, *Mysterium Arithmeticum sive cabalistica et philosophica inventio, nova, admiranda et ardua, qua numeri ratione et methodo computentur…*, s. l., 1615 (à propos de cet auteur, voir Ivo Schneider, *Johann Faulhaber, 1580-1635. Rechenmeister in einer Welt des Umbruchs*, Bâle, Birkhäuser, 1993) ; Johann Ludwig Remmelin, *Arithmos-O-Sophos*, Cologne, 1628. Je remercie Jean-Pierre Brach pour cette indication.

46. Voir Térence, *Phormion*, v. 454 : « *Quot homines, tot sententiae* » ; la variante proverbiale : « *Quot capita, tot sensus* » ; et Horace, *Satires*, 2, 1, v. 27-28 ; « *quot capitum vivunt, totidem studiorum / Milia* ».

47. Voir par exemple Stephen A. Farmer, *Syncretism in the West: Pico's 900 Theses (1486). The Evolution of Traditional, Religious and Philosophical Systems*, Tempe, Medieval and Renaissance Texts and Studies, 1998.

48. À propos de la méthode résolutive, voir Aristote, *Seconds Analytiques* ; et aussi : Jonathan Barnes, « Aristotle's Theory of Demonstration », *Phronesis*, 14 (2), 1969, p. 123-152 ; Ludger Oeing-Hanhoff, « Analyse/Synthese », dans Joachim Ritter (dir.), *Historisches Wörterbuch der Philosophie*, vol. 1, Bâle, Schwabe, 1971, en particulier p. 232-248. Pour la réception, voir Neal W. Gilbert, *Renaissance Concepts of Method*, New York, Columbia University Press, 1963.

49. Le terme « Analogismus » n'était guère répandu à l'époque moderne ; on le rencontre surtout en médecine, par exemple dans Johann Crato von Kraftheim, *Cui post indicem consiliorum, analogismus, sive artificiosus transitus a generalis methodo,… praefigitur*, Hanau, 1671. Il y semble étroitement lié à des réflexions d'ordre méthodologique. De la même façon, le médecin et méthodologiste Cornelius Gemma a, dans son livre *De arte cyclognomica* (Anvers, 1569), forgé des néologismes comme « Aetiologismus ».
50. Marin Mersenne, *Traité de l'Harmonie Universelle où est contenu la Musique Théorique et Pratique des Anciens et des Modernes, avec les causes de ses effets. Enrichie de Raisons prises de la Philosophie, et des Mathématiques*, Paris, 1627 ; Athanasius Kircher, *Musurgia universalis sive Ars magna Consoni et Dissoni in X libros digesta*, Rome, 1650. Ce dernier livre paraît seulement un an après notre tableau catégoriel.
51. Le terme « Epilogismus » était surtout répandu en astronomie et en chronologie. Voir par exemple Gottschalk Eberbach, *Eclipseos lunaris anno MDLXXIII mense decembri futurae Epilogismus et typus*, Erfurt, 1573 ; mais voir également nos remarques de la note 49.
52. Voir Julius Ruska, *Tabula Smaragdina. Ein Beitrag zur Geschichte der hermetischen Literatur*, Heidelberg, Winter, 1926.
53. « *Quod est inferius, est sicut* [*id*] *quod est superius, et quod est superius, est sicut* [*id*] *quod est inferius, ad perpetranda miracula rei unius.* »
54. Voir comme un exemple parmi beaucoup d'autres : Andreas Albrecht, *Eigentlicher Abriß und Beschreibung eines sehr nützlich und nothwendigen Instruments zur Mechanica / so auf eine Schreib-Taffel gerichtet und zum Feldmessen / Vestung-außstecken / Hoch und Tieff messen / Land und Wasser abwegen. Ingleichen auch zur Perspectiv und andern gar füglich zu gebrauchen*, Nuremberg, 1673.
55. À propos du secret dans l'hermétisme, voir Florian Ebeling, « „Geheimnis" und „Geheimhaltung" in den Hermetica der Frühen Neuzeit », dans Anne-Charlott Trepp et Hartmut Lehmann (dir.), *Antike Weisheit und kulturelle Praxis. Hermetismus in der Frühen Neuzeit*, Göttingen, Vandenhoeck und Ruprecht, 2001, p. 63-80 ; de façon générale, voir William Eamon, *Science and the Secrets of Nature. Books of Secrets in Medieval and Early Modern Culture*, Princeton, Princeton University Press, 1994 ; sur l'absence de brevets, voir Pamela O. Long, *Openness, Secrecy, Authorship. Technical Arts and the Culture of Knowledge from Antiquity to the Renaissance*, Baltimore, Johns Hopkins University Press, 2001. À propos de l'économie du secret, voir Daniel Jütte, *Das Zeitalter des Geheimnisses. Juden, Christen und die Ökonomie des Geheimen (1400-1800)*, Göttingen, Vandenhoeck und Ruprecht, 2011.
56. Voir Martin Mulsow, « Sachkommentar », *op. cit.*, p. 181-269, en particulier p. 198 *sq.* ; Filippo Camerota, *Il compasso di Fabrizio Mordente. Per la storia del compasso di proporzione*, Florence, Olschki, 2000.
57. Voir par exemple Erhard Weigel, *Universi corporis pansophici caput summum…, op. cit.*, p. 141 *sq.* ; avec le commentaire de Thomas Behme, *ibid.*, p. 294 *sq.* ; voir également Weigel, *Arithmetische Beschreibung der Moral-Weißheit worauf das gemeine Wesen bestehet: nach der Pythagorischen CreutzZahl in lauter tetractysche Glieder eingetheilet*, Iéna, 1674. À propos de la pensée tétractique de Weigel, voir sa propre *Tetraktys, Summum tum Arithmeticae tum Philosophiae discursivae Compendium*, Iéna, 1673 ; mais également les œuvres de ses élèves Georg Arnold Burger, *Tetractys trigonometrica*, s. l., s. d., et Johann Schultze, *Tetractys Pythagorica*, Iéna, 1672.
58. Voir Heinrich Schepers, « Scientia generalis. Ein Problem der Leibniz-Edition », dans *Leibniz – Tradition und Aktualität. V. Internationaler Leibniz-Kongreß, 14.-19. November 1988. Vorträge*, vol. 2, Hanovre, Schlüter, 1988, p. 350-359.
59. Sur les constructions géométriques en perspective au XVIIe siècle, voir Martin Kemp, *The Science of Art. Optical Themes in Western Art from Brunelleschi to Seurat*, New Haven, Yale University Press, 1990 ; John David North, *The Ambassadors' Secret. Holbein and the World of the Renaissance*, Londres, Hambledon and London, 2002.
60. À propos de ces machines à calculer, voir par exemple Wilfried de Beauclair, *Rechnen mit Maschinen. Eine Bildgeschichte der Rechentechnik*, Brunswick, Vieweg, 1968 ; Bruno

von Freytag Löringhoff, « Über die erste Rechenmaschine », *Physikalische Blätter*, 14 (8), 1958, p. 361-365 ; Ernst Martin, *Die Rechenmaschine und ihre Entwicklungsgeschichte*, vol. 1 : *Rechenmaschinen mit automatischer Zehnerübertragung*, Pappenheim, Meyer, 1925.

61. Erhard Weigel, *Universi corporis pansophici caput summum…, op. cit.*, p. 146 *sq.* : « §11. *Sunt adeo communi-propriarum harum formalitatum abstractae conceptibilitates (Species & Genera dictae) quasi Praedicamentales Ideae, juxta quas ipsae Quidditates (tanquam Unumquodque formaliter spectatum) ab intellectu commode concipi tractarique possunt : non secus ac digito-articularum ejusmodi formalitatum abstractae conceptibilitates, substantivo nomine Digiti & Articuli dictae, quaedam velut Ideae Numericae sunt, juxta quas Numeri (tanquam Unumquodque materialiter spectatum) distincte concipi tractarique solent, ut Supra diximus. ADEO RERUM ESSENTIAS SICUT NUMEROS ESSE, QUOD SCIENTISSIMI VETERUM OLIM MONUERUNT, HINC CLARE PERSPICERE LICET.* » Sur le sujet, voir l'introduction de Thomas Behme, *ibid.*, p. IX-XXXI, en particulier p. XVIII *sq.*

62. Erhard Weigel, *Universi corporis pansophici caput summum…, op. cit.*, p. 189 : « *Quapropter ut intellectus unum cum uno sumit, & binarum illico constituit, cumque cum uno sumens ternarium conflat, quem iterum cum uno sumens quaternarium absolvit, in quo commodissimum articulum nectit, unitatem quasi multitudinariam sibique clariorem & divisioni, (ad quamin aestimando propendet, quam tamen in unitate vera non invenit) aptam constituens ; ita Substantiam cum seipsa conferens illico duplicem ejus rationem saltem sibi cognoscibilem advertit, & sic inter Substantiam & Modos distinguit, quos pro duplici tum cognitionis gradu, tum propriae constitutionis ratione, duplicando, illic ternarium adhuc imperfectum ; sed hic, quaternarium, ceu perfectum Summorum generum numerum, constituit, & sic Tetractyn realem, Tetracty numericae correspondentem, exprimit.* »

63. Voir Detlef Döring, « Erhard Weigels Zeit an der Universität Leipzig (1647 bis 1653) », *op. cit.*, p. 88 *sq.*

64. À propos de Schimpfer voir l'ouvrage de référence qu'est la DBA (Deutsche Biographische Archiv) ; Johann Dorschner, « Johann Weigel in seiner Zeit », dans Reinhard E. Schielicke, Klaus-Dieter Herbst et Stefan Kratochwil (dir.), *Erhard Weigel, 1625 bis 1699…, op. cit.*, p. 11-38, ici p. 12 et 14.

65. Cornelius Gemma, *De arte cyclognomica*, Anvers, 1569. À ce propos, voir Martin Mulsow, « Seelenwagen und Ähnlichkeitsmaschine. Zur Reichweite der praktischen Geometrie in der *Ars cyclognomica* von Cornelius Gemma », dans Jörg Jochen Berns et Wolfgang Neuber (dir.), *Seelenmaschinen…, op. cit.*, p. 249-278 ; *id.*, « Arcana naturae. Verborgene Ursachen und universelle Methode von Fernel bis zu Gemma und Bodin », dans Thomas Leinkauf (dir.), *Der Naturbegriff in der Frühen Neuzeit. Semantische Perspektiven zwischen 1500 und 1700*, Tübingen, Niemeyer, 2005, p. 31-68.

66. Giordano Bruno, « Mordentius », dans *id., Due dialoghi sconosciuti e due dialoghi noti*, éd. par Giovanni Aquilecchia, Rome, Edizioni di storia e letteratura, 1957.

67. Voir Martin Mulsow, « Figuration und philosophische Findungkunst. Giordano Brunos *Lampas triginta statuarum* », dans Thomas Leinkauf (dlr.), *Giordano Bruno in Wittenberg 1586-1588. Aristoteles, Raimundus Lullus, Astronomie*, Pise, Istituti Editoriali e Poligrafici Internazionali, 2004, p. 83-94. À cette occasion, Bruno emploie probablement le type de *demonstratio per aequiparantium* qu'il a emprunté à la logique lullienne et repris dans ses propres écrits lullistes. Ce type de preuve, qui est spécialement conçu pour les corrélatifs, signifie que quelque chose est prouvé lorsqu'il est donné et posé avec quelque chose qui est lui-même posé.

68. Vicence, Museo Civico. Voir Bernard Aikema, *Pietro Della Vecchia and the Heritage of the Renaissance in Venice, op. cit.*, p. 59, cat. 151, ill. 112.

69. Voir plus haut, chapitre 6, et Bernard Aikema, *Pietro Della Vecchia…, op. cit.*

70. Pietro Della Vecchia, *La Leçon de mathématiques*, Modène, Galleria Estense.

71. Pietro Della Vecchia, *La Leçon de mathématiques*, Thiene (Vicence), collection privée.

72. À propos de l'Accademia Veneziana, voir Lina Bolzoni, « L'Accademia Veneziana.

Splendore e decadenza in una utopia enciclopedica », dans Laetitia Boehm et Ezio Raimondi (dir.), *Università, accademie e società scientifiche in Italia e in Germania dal cinquecento al settecento. Atti della settimana di studio, 15-20 settembre 1980*, Bologne, Il Mulino, 1981, p. 117-167. À propos de Camillo, voir Frances Yates, *Giordano Bruno et la tradition hermétique*, trad. Marc Rolland, Paris, Dervy-livres, 1988 ; à propos de Patrizi, voir Cesare Vasoli, *Francesco Patrizi da Cherso*, Rome, Bulzoni, 1989. Au sujet de la distinction entre ésotérisme et exotérisme à Venise et à Padoue, voir Sandra Plastina, « Concordia discors: Aristotelismus und Platonismus in der Philosophie des Francesco Piccolomini », dans Martin Mulsow (dir.), *Das Ende des Hermetismus...*, *op. cit.*, p. 213-234. – Sur le milieu vénitien, voir l'ouvrage récent de Daniel Jütte, *Das Zeitalter des Geheimnisses...*, *op. cit.*

73. Voir Cesare Vasoli, « L'abbate Gimma e la *Nova Enyclopaedia* (Cabbalismo, lullismo, magia e "nuova scienza" in un testo della fine del Seicento) », in *id.*, *Profezia e ragione. Studi sulla cultura del Cinquecento e del Seicento*, Naples, Morano, 1974, p. 821-912.

74. Voir la biographie par Heinz-Herbert Take, *Otto Tachenius (1610-1680). Ein Wegbereiter der Chemie zwischen Herford und Venedig*, Bielefeld, Verlag für Regionalgeschichte, 2002.

75. On ne connaît jusqu'à présent, après l'installation de Tachenius en Italie, que des séjours en Allemagne pour les années 1659, 1660, 1667 et 1678 (voir *ibid.*, p. 102 *sq.*), mais il est tout à fait possible que Tachenius ait été à Leipzig dans les années qui précèdent 1649.

76. Otto Tachenius, *Hippocrates Chimicus, qui novissimi viperini salis antiquissima fundamenta ostendit*, Venise, 1666. Sur les deux principes, voir Heinz-Herbert Take, *Otto Tachenius (1610-1680)...*, *op. cit.*, p. 91 *sq.*

77. Tachenius se réfère surtout au traité hippocratique *Du régime* (en latin *De diaeta*, plus rarement *De victu*), I, 3 (dans *Œuvres complètes*, trad. Émile Littré, vol. 6, p. 473-474 ; pour une traduction française plus récente, voir Hippocrate, *Du régime*, trad. Robert Joly avec Simon Byl, 2ᵉ édition, Berlin, Akademie Verlag, 2003). Voir aussi Ingo W. Müller, « Untersuchungen zum Hippokratesverständnis von Otto Tachenius und Michael Ettmüller », *Medizinhistorisches Journal*, 22 (4), 1987, p. 327-341.

78. On ne dispose d'aucun portrait pour pouvoir comparer. Toutefois le caractère imposant de celui-ci semble exclure la possibilité que le modèle n'ait été qu'un élève de Tachenius.

79. À propos de l'adresse voir Heinz-Herbert Take, *Otto Tachenius (1610-1680)...*, *op. cit.*, p. 39-40.

80. Otto Tachenius, « Ad lectorem candidum », dans *Antiquissimae Hippocraticae Medicinae Clavis, manuali experientia in naturae fontibus elaborata, qua per ignem et aquam inaudita methodo, occulta naturae, et artis, compendiosa operandi ratione manifesta fiunt et dilucide aperiuntur*, Francfort-sur-le-Main, 1669, p. 21-22 : « *Ab hac nostra privata, explanata, atque tutissima via plurimi viri literati (quos decanorum sociorumque ridiculae censurae exponere ratio dissuadet) antiquissimae hujus philosophiae studiis dediti non parum fructus, et emolumenti exinde esse assecutos, confessi sunt : deprehenderunt enim hac nostra tradita via Pythagoricum illud : naturam in omni re similem : non simulatam, et fucatam, sed sinceram, et infallibilem veritatem prae se ferre.* »

81. Voir deux exemples de critique dans Helvig Dieterich, *Vindiciae adversus Otto Tachenium*, Hambourg, 1655 ; Johann Zwelfer, *Animadversiones in Pharmacopoeiam Augustanam*, Vienne, 1652.

82. Otto Tachenius, « Ad lectorem candidum », dans *Antiquissimae Hippocraticae Medicinae Clavis...*, *op. cit.*, p. 22 : « [...] *deprehenderunt enim hac nostra tradita via Pythagoricum illud : naturam in omni re similem : non simulatam, et fucatam, sed sinceram, et infallibilem veritatem prae se ferre* ». Pour l'opposition *simulatus/fucatus* versus *sincerus/verus*, voir Cicéron, *De amicitia* (95).

83. Otto Tachenius, *Antiquissimae Hippocraticae Medicinae Clavis...*, *op. cit.*, p. 283 *sq.* : « *Ponderet itaque incontaminatus lector aequa lance, & moderato animo antiquissimam hanc veritatis doctrinam, & veterum nostrorum firmissima fundamenta, quae in Hipp. Chim. & in hoc commentariolo, juxta eorum sententiam jacta & stabilita sunt, & justam*

quin ferat sententiam, non dubito : ex iisdem enim fontibus omnia experimenta deprompta intelliget, ex quibus veneranda antiquitas, & recentiores abditorum naturae interpretes ea duxerunt, minimeque fallacia esse deprehendet : imo reperiet causarum inter se necessarias connexiones, alias ex aliis, ultima a primis, infima a supremis, majora a minoribus, minora a majoribus, debilia a potentibus doctissimo naturae ordine invicem dependentia, & mutua commutatione, digestione, & fermentatione augeri, conservari, interire, & rursus coram oculis nostris in entia nova resurgere, ut Hipp. de diaeta. Et sicut in macrocosmo talia infallibiliter esse mechanice ostendi : sic quoque in microcosmo ejusmodi esse debere omnibus experimentorum indiciis justa ratione ex veterum sententia conclusi. Ideoque hac methodo fieri morbos, & eadem methodo depelli, cum ars imitetur naturam, & haec rursus artem Hippoc. nos docuit : cujus antiquissimam doctrinam IGNE & AQUA firmissimis principiis suffultam contra omnem iniquam invasionem, dum spiro solus defendere confido, eo quod pro hac re obtinenda non indigeo sicut Nobilissimae Medicinae destructores meretricum more multis blandientibus procis. »

84. Le fondement hippocratique de cette méthode est le procédé de déduction analogique, défendu par l'auteur du *De diaeta*, de toute évidence à la suite d'Anaxagore (« Le visible est l'œil de l'invisible »).
85. Sur les *abdita naturae*, voir Martin Mulsow, « *Arcana naturae…* », *op. cit.*
86. Hippocrate, *Du régime*, I, 5, trad. Robert Joly avec Simon Byl, 2ᵉ édition, Berlin, Akademie Verlag, 2003, p. 129 (ou dans *Œuvres complètes*, trad. Émile Littré, vol. 6, p. 477-478). Voir Hippocrate, *Schriften*, éd. par Hans Diller, Hambourg, Rowohlt, 1962, p. 233. Sur ce traité, voir Jacques Jouanna, *Hippocrate*, Paris, Fayard, 1992, p. 507-509 et Les Belles Lettres, 2017. De façon générale, voir Geoffrey Ernest Richard Lloyd, *Polarity and Analogy. Two Types of Argumentation in Early Greek Thought*, Cambridge, Cambridge University Press, 1966.
87. Otto Tachenius, *Antiquissimae Hippocraticae Medicinae Clavis…*, *op. cit.*, p. 21 : « *In demonstrandis autem rebus observavi Geometricorum ordinem, qui a minimo puncto, et a facilimis fundamentis ad maxima difficilimaque gradatim assurgit, quibus mens ingeniosa super aethera scandit : quoque antiquissima Hippocratica medicina et nostra scientia ordine convenienti primum ostendit minus rara imo praeclariora educit ; sic Hermes ab ovo : Hippocrates ab artibus : Morienus a veste : Basilius a cerevisa : Cosmopolita a coloribus etc. et tandem admirabili modo, tam in macro, quam microcosmo (eadem enim ratio) naturae arcana, et abdita reserarunt, ut eorum principia, rationes, et causae, quasi in speculo agnoscerentur.* » Les autorités alchimiques citées sont les suivantes : Morienus, *De re metallica, metallorum transmutatione, et occulta summaque antiquorum medicina libellus*, Paris, 1564 ; Basilius Valentinus, *Fratris Basilii Valentini Benedictiner Ordens / Geheime Bücher oder letztes Testament. Vom grossen Stein der Uralten Weisen und andern verborgenen Geheimnussen der Natur*, Strasbourg, 1645 ; Cosmopolita [Michael Sendivogius], *Novum lumen chymicum*, Cologne, 1610 ; plus généralement, voir *Theatrum Chymicum*, 6 volumes, Strasbourg, 1659-1661.
88. Voir Otto Tachenius, *Hippocrates Chimicus, qui novissimi viperini salis antiquissima fundamenta ostendit*, Venise, 1666 ; Heinz-Herbert Take, *Otto Tachenius (1610-1680)…*, *op. cit.*, p. 86 sq.
89. Voir Daniel Jütte, *Das Zeitalter des Geheimnisses…*, *op. cit.*
90. Voir Heinz Herbert Take, *Otto Tachenius (1610-1680)…*, *op. cit.*, p. 40 sq. À propos de Severino, voir Nicola Badaloni, *Introduzione a G. B. Vico*, Milan, Feltrinelli, 1961, p. 25-37 ; Luigi De Franco, « La medicina come "ultimo complemento della scienza" : un discepolo di Campanella : Marco Aurelio Severino », in *id.*, *Filosofia e scienza in Calabria nei secoli XVI e XVII*, Cosenza, Periferia, 1988, p. 237-257 et p. 364-367 ; Mario Agrimi, « Telesio nel Seicento napoletano », dans Raffaele Sirri et Maurizio Torrini (dir.), *Bernardino Telesio e la cultura napoletana*, Naples, Guida, 1992, p. 331-372, en particulier p. 353-360. Sur la présence à Naples de l'alchimie et de la philosophie naturelle, voir aussi Massimo Marra, *Il Pulcinella filosofo chimico di Severino Scipione (1681). Uomini ed idee dell'alchimia a Napoli nel periodo del Viceregno con una scelta di testi originali*, Milan, Mimesis, 2000.

91. Voir Bernardino Telesio, *De rerum natura juxta propria principia*, Rome, 1586. Voir Martin Mulsow, *Frühneuzeitliche Selbsterhaltung. Telesio und die Naturphilosophie der Renaissance*, Tübingen, Niemeyer, 1998.
92. Voir Heinz-Herbert Take, *Otto Tachenius (1610-1680)...*, *op. cit.*, p. 43 sq.
93. Tachenius parle de cela dans son *Epistola de famoso liquore Alcahest*, reproduite dans Helvig Dieterich, *Vindiciae adversus Otto Tachenium*, Hambourg, 1655, Lit. B, p. 5 sq.
94. Johann Baptist Van Helmont, *Ortus Medicinae id est, initia physicae inaudita, progressus medicinae novus, in morborum ultionem ad vitam longam, nostra autem haec editio, emendatius multo & auctio... prodit*, Venise, 1651. Franciscus Mercurius Van Helmont a même inclus dans une édition plus tardive une lettre de Tachenius adressée à un ami de Nuremberg en 1652 : *Aufgang der Artzney-Kunst* (traduction de Knorr von Rosenroth), Sulzbach, 1683, p. 56-57.
95. Voir la préface de Franciscus Mercurius Van Helmont à Johann Baptist Van Helmont, *Oriatrike*, Londres, 1662, p. 3.
96. Franciscus Mercurius Van Helmont, *Alphabeti vere naturalis Hebraici brevissima delineatio*, Soulzbach, 1667.
97. Voir Allison P. Coudert, *The Impact of the Kabbalah in the Seventeenth Century. The Life and Thought of Francis Mercury Van Helmont (1614-1698)*, Leyde, Brill, 1999, p. 43-57. Coudert n'évoque cependant pas le séjour vénitien de Van Helmont chez Tachenius.
98. Voir le rapport « Informatio de Helmontio », de 1662 : « *Franciscus Mercurius van Helmont, medicus et alchimista, ex variis religionibus (cum sit censor omnium et irrisor) videtur secundum lumen suum internum quintam aliquam essentiam novae fidei aliqua re, homo vagabundus, vanorum principum in aulas sectator, inter illos simulat legationes et fingit, catholicum se dixit, confiteri etiam visus et communicare, quia si aliam religionem palam profiteretur, multorum principum aulas subire non posset, et simul catholicam ecclesiam errorum accusat, et ita gratus est et acceptus acatholicis, et chamaeleon varios religionis colores, quando vult, induit.* » (Reproduit par Allison P. Coudert, *The Impact of the Kabbalah in the Seventeenth Century...*, *op. cit.*, p. 363 sq.)
99. Voir Giulio Cesare Provenzal, « Angelo Sala (1576-1637) », *Profili Biobibliografici di chimici italiani*, Rome, Serono, s. d. [1938], p. 11-16. Sala avait grandi en Allemagne.
100. Voir Loris Premuda, « La medicina e l'organizzazione sanitaria », dans Girolamo Arnaldi et Manilio Pastore Stocchi (éd.), *Storia della cultura veneta*, vol. 4 : *Il Seicento*, IIe partie, Vicence, Pozza, 1984, p. 115-150, en particulier p. 142.
101. Voir Giorgio Spini, *Ricerca dei libertini. La teoria dell'impostura delle religioni nel seicento italiano*, 2e édition, Florence, La Nuova Italia, 1983, p. 151 sq. et *passim* ; voir également Pietro Rossi, « Francesco Pona nella vita e nelle opere », *Memorie dell'Accademia di Verona (Agricoltura, Scienza, Lettere, arti e commercio)*, 3e série, 72 (1), 1897, p. 67 sq. ; Francesco Pona était l'auteur du roman *La Lucerna*, qui fut mis à l'index par l'Église catholique. Voir Francesco Pona, *La Lucerna*, éd. par Giorgio Fulco, Rome, Salerno, 1973.
102. Voir les travaux de Federico Barbierato, et en particulier ici : *"La rovina di Venetia in materia de' libri prohibiti". Il libraio Salvatore de' Negri e l'Inquisizione veneziana (1628-1661)*, Venise, Marsilio, 2007.
103. Voir, pour comparaison, le cas tout à fait analogue d'Alsted dans Howard Hotson, *Johann Heinrich Alsted, 1588-1638...*, *op. cit.*, p. 95-181.

10. Secrets de famille. Transferts précaires parmi les proches

1. Voir Martin Mulsow, « Entwicklung einer Tatsachenkultur. Die Hamburger Gelehrten und ihre Praktiken 1650-1750 », dans Johann Anselm Steiger et Sandra Richter (dir.), *Hamburg. Eine Metropolregion zwischen Früher Neuzeit und Aufklärung*, Berlin, Akademie Verlag, 2012, p. 45-63. – Ce chapitre reprend en les développant deux articles parus dans la presse : « Die Aufklärung und ihre Enkel. Familiendynamik und Ideengeschichte – Drei Fallbeispiele », *Neue Zürcher Zeitung*, 170, 23 juillet 2011,

p. 26, et « Von der Ironisierung zur Kritik der Bibel. Deutsche Aufklärung als Familiengeschichte: Die Korrespondenz von Reimarus », *Frankfurter Allgemeine Zeitung*, 1ᵉʳ décembre 2010, p. N3.

2. Ulrich Raulff, *Kreis ohne Meister. Stefan Georges Nachleben*, Munich, Beck, 2009.

3. À propos de l'Allemagne durant cette période, voir par exemple Volker Press, *Kriege und Krisen. Deutschland 1600-1715*, Munich, Beck, 1991 ; Paul Münch, *Das Jahrhundert des Zwiespalts. Deutschland 1600-1700*, Stuttgart, Kohlhammer, 1999 ; Heinz Dieter Kittsteiner, *Die Stabilisierungsmoderne. Deutschland und Europa 1618-1715*, Munich, Hanser, 2010.

4. Pour une approche théorique de la question des générations, voir Karl Mannheim, « Das Problem der Generationen », dans *id.*, *Wissenssoziologie. Auswahl aus dem Werk*, éd. par Kurt H. Wolff, Neuwied et Berlin, Luchterhand, 1964, p. 509-565 ; Sigrid Weigel *et al.* (dir.), *Generation. Zur Genealogie des Konzepts – Konzepte von Genealogie*, Munich, Fink, 2005 ; Christian Kuhn, *Generation als Grundbegriff einer historischen Geschichtskultur. Die Nürnberger Tucher im langen 16. Jahrhundert*, Göttingen, Vandenhoeck und Ruprecht, 2010.

5. Voir par exemple Martin Brecht, « Die deutschen Spiritualisten des 17. Jahrhunderts », dans *id.* (dir.), *Geschichte des Pietismus*, vol. 1 : *Das 17. und frühe 18. Jahrhundert*, Göttingen, Vandenhoeck und Ruprecht, 1993, p. 205-240 ; Hans Schneider, « Der radikale Pietismus im 17. Jahrhundert », *ibid.*, p. 391-437.

6. Voir Zbignew Ogonowski, « Der Sozinianismus », dans Helmut Holzhey et Wilhelm Schmidt-Biggemann (dir.), *Grundriss der Geschichte der Philosophie. Die Philosophie des 17. Jahrhunderts*, vol. 4 : *Das Heilige Römische Reich Deutscher Nation, Nord- und Ostmitteleuropa*, 2 volumes, Bâle, Schwabe, 2001, p. 871-881, qui indique d'autres références bibliographiques ; Siegfried Wollgast, *Philosophie in Deutschland zwischen Reformation und Aufklärung 1550-1650*, Berlin, Akademie Verlag, 1993.

7. Sur la galanterie, voir Jörn Steigerwald, *Galanterie. Die Fabrikation einer natürlichen Ethik der höfischen Gesellschaft 1650-1710*, Heidelberg, Winter, 2011 ; Florian Gelzer, *Konversation, Galanterie und Abenteuer. Romaneskes Erzählen zwischen Thomasius und Wieland*, Tübingen, Niemeyer, 2007. Sur l'éclectisme, voir Michael Albrecht, *Eklektik. Eine Begriffsgeschichte mit Hinweisen auf die Philosophie- und Wissenschaftsgeschichte*, Stuttgart-Bad Cannstatt, Frommann-Holzboog, 1994.

8. Voir par exemple Günter Reich, Almut Massing et Manfred Cierpka, « Die Mehrgenerationenperspektive und das Genogramm », dans Manfred Cierpka (dir.), *Handbuch der Familiendiagnostik*, 2ᵉ édition, Heidelberg, Springer, 2003, p. 289-326 ; John Bradshaw, *Familiengeheimnisse. Warum es sich lohnt, ihnen auf die Spur zu kommen*, Munich, Goldmann, 1999 ; Evan Imber-Black (dir.), *Geheimnisse und Tabus in Familie und Familientherapie*, Fribourg-en-Brisgau, Lambertus, 1995 ; Monica McGoldrick et Randy Gerson, *Genogramme in der Familienberatung*, 2ᵉ édition, Berne, Hans Huber, 2000.

9. Ivan Boszormenyi-Nagy et Geraldine M. Spark, *Invisible Loyalties. Reciprocity in Intergenerational Family Therapy*, New York, Brunner-Mazel, 1984, p. 47. Je remercie Daniela Braungart de m'avoir signalé l'existence de ce livre.

10. Joseph Müller, « Die Bilder des Comenius », *Monatshefte der Comenius-Gesellschaft*, 1, 1892, p. 205-209, cité d'après Werner Korthaase, « Johann Amos Comenius und Daniel Ernst Jablonski: Einflüsse, Kontinuitäten, Fortentwicklungen », dans Joachim Bahlcke et *id.* (dir.), *Daniel Ernst Jablonski. Religion, Wissenschaft und Politik um 1700*, Wiesbaden, Harrassowitz, 2008, p. 385-408, ici p. 398. Voir aussi Joachim Bahlcke, Bogusław Dybaś et Hartmut Rudolph (dir.), *Brückenschläge. Daniel Ernst Jablonski im Europa der Frühaufklärung*, Dößel, Stekovics, 2010, et en particulier Joachim Bahlcke, « Comenius – Figulus – Jablonski. Eine mitteleuropäische Familie zwischen Heimat und Exil », p. 35-51.

11. À propos de Comenius, on peut encore consulter la biographie de Milada Blekastad, *Comenius: Versuch eines Umrisses von Leben, Werk, und Schicksal des Jan Amos Komenský*, Oslo, Universitetsforlaget et Prague, Academia, 1969.

12. Il faut cependant remarquer que Comenius n'était pas, vers 1700, quelqu'un qu'il était nécessaire de renier : même si bon nombre de ses vues prophétiques et millénaristes pouvaient passer pour démodées, il était encore reconnu comme pédagogue pour ses travaux réformateurs. Jablonski n'a d'ailleurs en rien pris ses distances avec son grand-père, au contraire, il s'est efforcé de sauver de l'oubli ses textes inédits. Mais il s'est toujours abstenu de faire directement référence à lui.
13. À propos de Gundling, voir Martin Mulsow, « Nikolaus Hieronymus Gundling », dans Helmut Holzhey et Vilem Mudroch (dir.), *Grundriss der Geschichte der Philosophie. Die Philosophie des 18. Jahrhunderts*, vol. 5 : *Heiliges Römisches Reich Deutscher Nation, Schweiz, Nord- und Osteuropa*, Bâle, Schwabe, 2014, p. 67-71 ; Notker Hammerstein, *Jus und Historie. Ein Beitrag zur Geschichte des historischen Denkens an deutschen Universitäten im späten 17. und im 18. Jahrhundert*, Göttingen, Vandenhoeck und Ruprecht, 1972.
14. Martin Sabrow, *Herr und Hanswurst. Das tragische Schicksal des Hofgelehrten Jacob Paul von Gundling*, Stuttgart, Deutsche Verlags-Anstalt, 2001.
15. Sur cette affaire, voir Gustav Georg Zeltner, *Historia Crypto-Socinismi Altorfinae Quondam Academiae Infesti Arcana*, Leipzig, 1744 ; Siegfried Wollgast, *Philosophie in Deutschland zwischen Reformation und Aufklärung 1550-1650*, op. cit., p. 378 sq. ; Wolfgang Mährle, « Eine Hochburg des „Kryptocalvinismus" und des „Kryptosozinianismus"? Heterodoxie an der Nürnberger Hochschule in Altdorf um 1600 », *Mitteilungen des Vereins für Geschichte der Stadt Nürnberg*, 97, 2010, p. 195-234 ; Martin Schmeisser et Klaus Birnstiel, « Gelehrtenkultur und antitrinitarische Häresie an der Nürnberger Akademie zu Altdorf », *Daphnis*, 39, 2010, p. 221-285.
16. « Einige besondere Nachrichten von Jacobo Martino, Joanne Vogelio, Martino Ruaro, Martino Seidelio, Sebastiano Hainlino, und andern », dans *Gundlingiana, Darinnen allerhand zur Jurisprudenz, Philosophie, Historie, Critic, Litteratur, und übrigen Gelehrsamkeit gehörige Sachen abgehandelt worden*, vol. 1, Halle, 1715, p. 27-51, ici p. 31 : « *Dieser Vir doctissimus ist mein seeliger Groß-Vater Johannes Vogel gewesen.* »
17. *Ibid.*, p. 49.
18. À propos de Hinckelmann voir Martin Mulsow, « Den „Heydnischen Saurteig" mit dem „Israelitischen Süßteig" vermengt: Kabbala, Hellenisierungsthese und Pietismusstreit bei Abraham Hinckelmann und Johann Peter Späth », *Scientia Poetica*, 11, 2007, p. 1-50 ; *id.*, « Abraham Hinckelmann und die Genealogie von Böhmes „Grund=Irrtum" », dans Friedrich Vollhardt et Wilhelm Kühlmann (dir.), *Offenbarung und Episteme. Zur europäischen Wirkung Jakob Böhmes im 17. und 18. Jahrhundert*, Berlin, De Gruyter, 2012, p. 295-312.
19. Hermann Rückleben, *Die Niederwerfung der Hamburgischen Ratsgewalt. Kirchliche Bewegungen und bürgerliche Unruhen im ausgehenden 17. Jahrhundert*, Hambourg, Christians, 1970 ; Martin Gierl, *Pietismus und Aufklärung. Theologische Polemik und die Kommunikationsreform der Wissenschaft am Ende des 17. Jahrhunderts*, Göttingen, Vandenhoeck und Ruprecht, 1997 ; Daniel Bellingradt, *Flugpublizistik und Öffentlichkeit um 1700. Dynamiken, Akteure und Strukturen im urbanen Raum des Alten Reiches*, Stuttgart, Steiner, 2011.
20. À propos de Böhme et de sa réception, voir Alexandre Koyré, *La philosophie de Jacob Boehme*, Paris, Vrin, 1929 ; Siegfried Wollgast, *Philosophie in Deutschland zwischen Reformation und Aufklärung 1550-1650*, op. cit., p. 677-740 ; Friedrich Vollhardt et Wilhelm Kühlmann (dir.), *Offenbarung und Episteme. Zur europäischen Wirkung Jakob Böhmes im 17. und 18. Jahrhundert*, Berlin, De Gruyter, 2012.
21. Voir le récit de ce changement de nom dans Vincentius Placcius, *Theatrum anonymorum et pseudonymorum*, Hambourg, 1708, 2ᵉ partie : *De scriptis pseudonymis*, p. 582. Je remercie Carlos Gilly d'avoir attiré mon attention sur les relations de famille entre Walther et Hinckelmann. Voir aussi Carlos Gilly, « Zur Geschichte und Überlieferung der Handschriften Jacob Böhmes », dans Theodor Harmsen (dir.), *Jacob Böhmes Weg in die Welt. Zur Geschichte der Handschriftensammlung, Übersetzungen und Editionen von Abraham Willemsz van Beyerland*, Amsterdam, In de Pelikaan et Stuttgart,

Frommann-Holzboog, 2007, p. 39-54 ; *id.*, « Zur Geschichte der Böhme-Biographien des Abraham von Franckenberg », *ibid.*, p. 329-364 (voir aussi les notes, pages 440-445, en particulier la note 42 de la page 444).

22. À propos de Walther, voir Leigh Penman, « A Second Christian Rosencreuz? Jakob Böhme's Disciple Balthasar Walther (1558-c.1630) and the Kabbalah. With a Bibliography of Walther's Printed Works », dans Tore Ahlbäck (dir.), *Western Esotericism. Based on papers read at the Symposium on Western Esotericism, held at Åbo, Finland, on 15-17 August 2007*, Turku, The Donner Institute for Research in Religious and Cultural History, 2008, p. 154-172 ; *id.*, « "Ein Liebhaber des Mysterii, und ein großer Verwandter deßselben." Toward the Life of Balthasar Walther: Kabbalist, Alchemist and Wandering Paracelsian Physician », *Sudhoffs Archiv*, 94 (1), 2010, p. 73-99.

23. Abraham Hinckelmann, *J. N. J. C. Detectio fundamenti Böhmiani, Untersuchung und Widerlegung Der/Grund-Lehre/Die/In Jacob Böhmens Schrifften verhanden. Worinnen unter andern der Rechtgläubige Sinn der alten Jüdischen Cabalae, wie auch der Ursprung alles Fanaticismi und Abgötterey der Welt entdecket wird*, Hambourg, 1693.

24. On peut consulter la liste de vente dans les *Monatliche Unterredungen* de Wilhelm Ernst Tentzel (*Monatliche Unterredungen einiger guten Freunde von allerhand Büchern und andern annehmlichen Geschichten*, s. l., 1692, p. 258-274) ; voir Carlos Gilly, « Zur Geschichte und Überlieferung der Handschriften Jacob Böhmes », *op. cit.*, p. 48 et 53.

25. Au sujet des génogrammes, voir note 8. Concernant la recherche sur la transmission des manuscrits au sens d'une « histoire naturelle du discours », voir Martin Mulsow, « Die Transmission verbotenen Wissens », dans Ulrich Johannes Schneider (dir.), *Kulturen des Wissens im 18. Jahrhundert*, Berlin, De Gruyter, 2008, p. 61-80, et le chapitre 4.

26. Karl Marx et Friedrich Engels, *Die heilige Familie, oder Kritik der kritischen Kritik. Gegen Bruno Bauer und Consorten*, Francfort-sur-le-Main, 1845, p. 222. Voir Reinhard Buchbinder, *Bibelzitate, Bibelanspielungen, Bibelparodien, theologische Vergleiche und Analogien bei Marx und Engels*, Berlin, E. Schmidt, 1976.

27. Voir Ivo Cerman, « Maria Theresia in the Mirror of Contemporary Mock Jewish Chronicles », *Judaica Bohemiae*, 38, 2002, p. 5-47. Sur la langue biblique de parodie en Angleterre, voir Michael Suarez, *The Mock Biblical. A Study of English Satire from the Popish Plot to the Pretender Crisis, 1648-1747*, thèse de doctorat, université d'Oxford, 1999 ; *id.*, « Mock-biblical Satire from Medieval to Modern », dans Ruben Quintero (dir.), *A Companion to Satire: Ancient and Modern*, Londres, Blackwell, 2007, p. 525-545.

28. Jeckof Ben Saddi [Christoph Gottlieb Richter], *Die Bücher der Chronicka von den Kriegen welche die Frantzosen mit Theresia, der Königin zu Ungarn geführt haben in Oesterreich, und im Reich, Böhmen und in Bayerland und an einem Fluß, der genannt wird der Rhein, beschrieben in Jüdischer Schreibart*, Prague, 1744, p. 1 : « Und es begab sich zu selbiger Zeit, daß der König in Deutschland, welcher genennt wurde Kayser Carl der Sechste, starb und versammlet wurde zu seinen Vätern. Dieweil er aber keinen Sohn hatte, der nach ihm sitzen könnte auf dem Stuhl in Deutschland, so schrieb er einen Brieff und besiegelte ihn mit seinem größten Siegel, das er hatte, ehe dann er starb. »

29. À propos de Dodsley, voir Harry M. Solomon, *The Rise of Robert Dodsley. Creating the New Age of Print*, Carbondale, Southern Illinois University Press, 1996 ; James E. Tierney (éd.), *The Correspondence of Robert Dodsley 1733-1764*, Cambridge, Cambridge University Press, 2004.

30. À propos de Reimarus, voir la note 27 du chapitre 1, et *Hermann Samuel Reimarus (1694-1768): ein „bekannter Unbekannter" der Aufklärung in Hamburg. Vorträge gehalten auf der Tagung der Joachim Jungius-Gesellschaft der Wissenschaften Hamburg am 12. und 13. Oktober 1972*, Göttingen, Vandenhoeck und Ruprecht, 1973 ; Peter Stemmer, *Weissagung und Kritik. Eine Studie zur Hermeneutik bei Hermann Samuel Reimarus*, Göttingen, Vandenhoeck und Ruprecht, 1983 ; Wilhelm Schmidt-Biggemann, « Einleitung », dans *id.* (éd.), *Reimarus: Kleine gelehrte Schriften*, Göttingen, Vandenhoeck und Ruprecht, 1994.

31. Voir William Boehart, *Politik und Religion. Studien zum Fragmentenstreit (Reimarus, Goeze, Lessing)*, Schwarzenbek, Martienss, 1988 ; Gerhard Freund, *Theologie im Widerspruch. Die Lessing-Goeze-Kontroverse*, Stuttgart, Kohlhammer, 1989 ; Klaus Bohnen, « Leidens-Bewältigungen. Der Lessing-Goeze-Disput im Horizont der Hermeneutik von „Geist" und „Buchstabe" », dans Heimo Reinitzer et Walter Sparn (dir.), *Verspätete Orthodoxie: über D. Johann Melchior Goeze (1717-1786). Vorträge gehalten anlässlich eines Arbeitsgespräches vom 8. bis 10. Oktober 1986 in der Herzog August Bibliothek*, Wiesbaden, Harrassowitz, 1989, p. 179-196.
32. Albert Hinrich Reimarus n'a pas encore fait l'objet d'une monographie. On peut toutefois consulter Franklin Kopitzsch, *Grundzüge einer Sozialgeschichte der Aufklärung in Hamburg und Altona*, 2ᵉ édition, Hambourg, Verein für Hamburgische Geschichte, 1990, p. 528 *sq.* et *passim*. À propos d'Elise Reimarus, voir Almut Spalding, *Elise Reimarus (1735-1805), the Muse of Hamburg. A Woman of the German Enlightenment*, Wurtzbourg, Königshausen und Neumann, 2005. Sur la famille Reimarus, voir aussi Almut et Paul Spalding, « Living in the Enlightenment: The Reimarus Household Accounts of 1728-1780 », dans Martin Mulsow (dir.), *Between Philology and Radical Enlightenment. Hermann Samuel Reimarus (1694-1768)*, Leyde, Brill, 2011, p. 201-230.
33. Lettre de Johann Albert Hinrich Reimarus à Elise Reimarus, Édimbourg, 8 avril 1755, Staatsarchiv Hamburg, non encore cataloguée. Transcription d'Almut Spalding, que je remercie chaleureusement de m'avoir autorisé à exploiter ce texte.
34. Lettre de Johann Albert Hinrich Reimarus à Elise Reimarus, Édimbourg, 8 avril 1755, Staatsarchiv Hamburg, non encore cataloguée : « *Für [= vor] Anatomie erschrickst Du nicht? Du soltest mich aber wohl itzt als einen Menschen (gleich Maupertius) beschreiben, der immer seine Messer trägt, um Leute zu zerschneiden.* » Le texte se poursuit ainsi : « De fait, mon professeur m'a récemment demandé ni plus ni moins d'étudier comme ce dernier la constitution de l'âme, en l'occurrence dans la cervelle d'un homme qui était devenu fou. » (« *Ja, letzt hatte mich mein Doctor gar bestellt gleich jenem die Beschaffenheit der Seele zu untersuchen in dem Gehirne nämlich eines Menschen der rasend geworden war.* »)
35. Lettre de Johann Albert Hinrich Reimarus à Elise Reimarus, Édimbourg, 8 avril 1755, Staatsarchiv Hamburg, non encore cataloguée : « *Aber siehe, seine Freunde waren gekommen ehe wirs uns versehen und hatten ihn zu Grabe getragen und es fält schwer hier einen Todten zu öfnen, davon künftig ein mehres. Doch sorget der Himmel sonst noch immer für die Seinen und stehet nicht die Geschichte geschrieben im Buche der Könige von Engelland?* » [Outre son caractère archaïque, le terme *Engelland* est peut-être plaisant en ce qu'il peut à la fois signifier la « Terre des Angles » et celle « des Anges » (*N.d.T.*)].
36. *Die Bücher der Chronick derer Könige von Engelland. Beschrieben in jüdischer Schreibart durch Nathan ben Saddi. Nach dem Original verdollmetscht und fortgeführt bis auf den heutigen Tag* [*von Christoph Gottlieb Richter*], 2ᵉ édition, Francfort-sur-le-Main et Leipzig, 1744. L'original : [Robert Dodsley], *The Chronicle of the Kings of England*, Londres, 1740. Lord Chesterfield est parfois considéré aussi comme l'auteur de ces chroniques. Il en existe une traduction française par Fougeret de Montbron : *Chronique des rois d'Angleterre, écrite selon le stile des anciens historiens Juifs. Par Nathan-Ben-Saadi, prêtre de la même nation*, Londres, 1750.
37. Lettre de Johann Albert Hinrich Reimarus à Elise Reimarus, Édimbourg, 8 avril 1755, Staatsarchiv Hamburg, non encore cataloguée : « *[…] ein Werck das Du nicht sagen must daß es in unserm Hause sey, weil es des äusserlichen Ansehens wegen verhaßt ist* ».
38. Lettre de Johann Albert Hinrich Reimarus à Elise Reimarus, Édimbourg, 8 avril 1755, Staatsarchiv Hamburg, non encore cataloguée : « *Ließ sachte: Hernach kanst Du es an Papa zeigen.* »
39. Sur les cours de Reimarus, voir le chapitre 14.
40. Voici le passage complet : « Vers ce même temps, quatre hommes vaillants surgirent avec l'homme qui avait besoin d'eux. Et il leur dit : mes bien chers frères, vous savez que nous avons besoin des morts pour l'amour des vivants et devons tirer leçon de ceux qui ont péri. Et maintenant ces temps sont mauvais car, tandis que nous examinions autour

de nous si quelqu'un avait été réuni à ses pères, Pierre, Paul ou un de ceux qui gisent au cachot, ou si quelqu'un s'était pendu sous le soleil, voici, il n'y a personne ni sur la droite ni sur la gauche. C'est pourquoi, venez à moi, vous tous qui servez Esculape, montons aux Enfers [= dans la fosse] et tirons-en un de ceux qui y sont réunis. Et les hommes dirent : qu'il en soit ainsi, qu'ils se lèvent ! Et ils se dirent l'un à l'autre : Voici, un homme se présente et jette ses yeux sur nous, aussi tenons-lui ces paroles : nous savons que tu es sage et raisonnable, et que tu vois que nous recherchons le bien et qu'il n'y a pas de mal en nos mains, et que celui qui est mort n'a pas de sentiment ni la conscience de ce qui se passe. Car ses yeux ne reverront plus ce qui est bon sous le soleil, et comme une nuée se dissipe et s'en va, ainsi fait celui-ci, qui ne remonte pas, et de quoi lui sert sa poussière ? Et maintenant, voici, prends ce beau denier, va en paix et laissez-le aller. Mais comme il ne veut point écouter notre voix, mais qu'il fait une querelle et qu'il appelle les Philistins sur nous en criant "Pickers !" ["Aux voleurs !"] frappe-le, et que son sang soit sur sa tête, parce qu'il voulait agir follement parmi le peuple et susciter du tumulte, et persécuter les innocents, et qu'il cherchait à déchirer notre âme et à loger tout notre honneur et notre gloire dans la poussière ; mais il devait enfanter lui-même l'erreur qui le perdrait. Et les hommes se tenaient toujours chacun auprès de son frère, comme un seul homme. Or, le serviteur les suivait de loin et quand il arriva il s'enfuit : car il disait en son cœur : et si l'un d'entre eux me voyait, et que mon âme doive s'enfuir dans les montagnes comme un oiseau ? Mais les trois vaillants hommes s'en furent sans se douter de rien, et ils mirent leur âme dans leur main, et leurs yeux furent éclaircis et leurs mains furent fortifiées. Et étant arrivés au lieu où un mort gisait, ils le déterrèrent et forcèrent le cercueil, et il y eut un grand claquement. Et il y eut des gens dans les maisons autour qui veillaient, ici une lumière, et là une lumière. Mais tout le peuple fut frappé d'aveuglement, et nul ne vit les hommes quand ils sortirent ni quand ils entrèrent. Or il y avait parmi eux un homme qui avait emprunté à un ami une courte épée, que l'on tirait en un instant, l'instant d'après on en frappait, et un ours étranglé par des chiens, et un lion mis en fuite y étaient sculptés, avec art, et il la ceignit sur ses reins dans son fourreau en disant je dois faire de ceci la rançon de ma vie. Et il n'avait pas coutume de porter l'épée, ni ses frères, à la ville. Que mon âme n'ait aucune part à leurs conseils, et que ma gloire ni mon honneur ne soient en rien liés avec leur assemblée. Sélah. Écrit à la hâte, et sur ce je finis. » (« Zu derselbigen Zeit aber giengen aus vier streitbare Männer, u.[nd] der Mann, der ihrer bedurfte, denn er sprach zu ihnen. Ihr wisset liebe Brüder daß wir bedürffen der Todten um der Lebendigen willen u.[nd] müssen Unterricht suchen von denen die verstorben sind. Und nun es ist eine böse Zeit, u.[nd] so wir uns umsehen ob einer versamlet sey zu seinen Vätern, etwa der Crethi u.[nd] Plethi oder derer die im Kercker liegen, oder ob einer aufgehänckt sey an der Sonnen, siehe so ist da keiner weder zur rechten noch zur Lincken. Darum her zu mir wer dem Äsculap dienet, u.[nd] last uns hinauf gehen zur Höllen [= Höhle.] u.[nd] heraus bringen einen der dahin versamlet ist. Und die Männer sprachen, es gilt wohl: Und sie sprachen einer zum andern: Siehe, so uns einer aufstösset u.[nd] wirft seine Augen auf uns, so laßt uns sprechen: wir wissen daß du weise bist u.[nd] Verstand hast, u.[nd] merckest daß wir gutes suchen, u.[nd] ist kein böses in unsern Händen, u.[nd] daß dieser der gestorben ist nicht fühlet u.[nd] nicht weiß von dem das geschiehet. Denn seine Augen kommen nicht wieder zu sehen das gute, u.[nd] wie eine Wolcke vergehet u.[nd] fähret dahin also ist auch er, u.[nd] komt nicht wieder herauf, u.[nd] was ist sein Staub nütze? u.[nd] nun siehe, da hast du einen guten Groschen[,] gehe hin mit Frieden, u.[nd] laßt ihn gehen. So er aber nicht will gehorchen unserer Stimme, sondern zancket, u.[nd] ruft die Philister über uns, u.[nd] schreiet Pikers! [sic] siehe, so schlage ihn, u.[nd] sein Blut komme über seinen Kopf, darum daß er eine Thorheit begehen wolte im Volcke u.[nd] einen Aufruhr erwecken, u.[nd] verfolgen die Unschuldigen u.[nd] suchte unsere Sele zu erhaschen u.[nd] unsere Ehre in den Staub zu legen ; u.[nd] er müsse einen Fehl gebären. Und die Männer stunden ein jeglicher bey seinem Bruder wie ein Mann. Der Knecht aber folgete ihnen von ferne u.[nd] als er hin kam flohe er: denn er sprach in seinem Hertzen es möchte mich einer sehen, daß meine Seele fliehen müste wie ein Vogel auf die Berge. Die Helden aber giengen hin und achteten es nicht, u.[nd] setzten ihre Seele in ihre Hand, u.[nd] ihre Augen waren wacker u.[nd] ihre Hände waren getrost. Und sie kamen an den Ort da ein Todter gelegt war, u.[nd] gruben ihn auf u.[nd] brachen den Sarg auf, u.[nd] es gab einen grossen Knall. Und es waren Leute umher in den Haüsern die da wachten, hie ein Licht u.[nd] da ein Licht. Alles Volck aber wurd mit Blindheit geschlagen, daß sie nicht sahen die Männer da sie ausgiengen noch da sie eingiengen. Es war aber ein Mann unter ihnen der hatte ein kurtzes Schwerdt geliehen von seinem Freunde das ging gerne aus u.[nd] ein u.[nd] daran war geschnitzt ein Bär der von Hunden erwürgt wird, u.[nd] ein Löwe der fleucht [= flieht], künstlich [= kunstvoll], u.[nd] er gürtete es an seiner Hüften in der Scheiden denn er sprach damit ich habe mein Leben zu erretten. U.[nd] er trug sonst kein Schwerdt, noch seine Brüder in der Stadt. Meine Seele komme nicht in ihren Rath, u.[nd] meine Ehre sey nicht in ihrer Kirche. Selah. Geschrieben in Eile u.[nd] so muß ich schliessen. »)

41. [Giovanni Paolo Marana], *L'Espion dans les cours des princes chrétiens, ou Lettres et mémoires d'un envoyé secret de la Porte dans les cours de l'Europe*, Cologne, 1684 ; voir Salvatore Rotta, « Gian Paolo Marana », dans Fulvio Bianchi *et al.*, *La letteratura ligure. La Repubblica aristocratica (1528-1797)*, vol. 2, Gênes, Edizioni Costa e Nolan, 1992, p. 153-187 ; Montesquieu, *Lettres persanes*, dans *Œuvres complètes de Montesquieu*, éd. dirigée par Jean Ehrard et Catherine Volpilhac-Auger, vol. 1, Oxford, Voltaire Foundation, 2004. Voir Randolph Paul Runyon, *The Art of the Persian Letters: Unlocking Montesquieu's "Secret Chain"*, Newark, University of Delaware Press, 2005.

42. Hermann Samuel Reimarus, *Apologie oder Schutzschrift für die vernünftigen Verehrer Gottes*, éd. par Gerhard Alexander, 2 volumes, Francfort-sur-le-Main, Insel, 1972, ici vol. 2, p. 188 *sq*.

43. À propos d'Erasmus Darwin, voir Desmond King-Hele, *Erasmus Darwin. A Life of Unequalled Achievement*, Londres, Giles de la Mare Publishers Ltd, 1999 ; Jennifer Uglow, *The Lunar Men. The Friends who Made the Future, 1730-1810*, Londres, Faber and Faber, 2003.

44. Johann Albert Hinrich Reimarus, *Die Ursache des Einschlagens vom Blitze, nebst dessen natürlichen Abwendung von unseren Gebäuden*, Langensalza, 1769. Voir Cornel Zwierlein, *Der gezähmte Prometheus. Feuer und Sicherheit zwischen Früher Neuzeit und Moderne*, Göttingen, Vandenhoeck und Ruprecht, 2011, p. 131 et 191.

45. Heinz Dieter Kittsteiner, *La naissance de la conscience morale*, trad. Jean-Luc Evard et Joseph Morsel, Paris, Éditions du Cerf, 1997 ; Jean Delumeau, *Le péché et la peur. La culpabilisation en Occident, XIIIe-XVIIIe siècles*, Paris, Fayard, 1983.

11. Le colis perdu. Histoire communicationnelle de l'histoire de la philosophie en Allemagne

1. Steven Shapin, *Une histoire sociale de la vérité. Science et mondanité dans l'Angleterre du XVIIe siècle*, trad. Samuel Coavoux et Alcime Steiger, Paris, La Découverte, 2014. – Je remercie Detlef Döring, qui m'a fait parvenir les transcriptions des lettres de Johann Jakob Brucker à Johann Christoph Gottsched avant la parution du quatrième volume de son édition. Je suis reconnaissant à Wiebke Hemmerling d'avoir mis à ma disposition son article « Heumann contra Türck, Gundling und Gottsched – Ausschnitte früher öffentlicher Streitkultur in Rezensionszeitschriften » avant qu'il ne paraisse dans Martin Mulsow, Kasper Risbjerg Eskildsen et Helmut Zedelmaier (dir.), *Christoph August Heumann (1681–1764). Gelehrte Praxis zwischen christlichem Humanismus und Aufklärung*, Stuttgart, Steiner, 2017, p. 41-55. Les connaissances de Wolfgang Behringer en matière de trajets postaux m'ont été d'une aide précieuse. Je tiens aussi à remercier Silke Wagener-Fimpel des Archives d'État de Wolfenbüttel (Basse-Saxe) pour ses renseignements à propos des dossiers concernant la « poste de cuisine ». Dans ces mêmes archives, Asaph Ben-Tov a consulté pour moi le dossier 2 Al n° 10329.

2. Lucien Braun, *Histoire de l'histoire de la philosophie*, Paris, Éditions Ophrys, 1973 ; Mario

Longo, « The General Histories of Philosophy in Germany », dans Gregorio Piaia et Giovanni Santinello (dir.), *Models of the History of Philosophy*, vol. 2 : *From the Cartesian Age to Brucker*, Dordrecht, Springer, 2011, p. 301-578 (les pages 301-386 sont co-signées par Mario Longo et Francesco Bottin) ; Ralph Häfner, « Jacob Thomasius und die Geschichte der Häresien », dans Friedrich Vollhardt (dir.), *Christian Thomasius (1655-1728). Neue Forschungen im Kontext der Frühaufklärung*, Tübingen, Niemeyer, 1997, p. 142-164 ; Helmut Zedelmaier, *Der Anfang der Geschichte. Zur Ursprungsdebatte im 18. Jahrhundert*, Hambourg, Meiner, 2003 ; Ulrich Johannes Schneider, *Die Vergangenheit des Geistes. Eine Archäologie der Philosophiegeschichte*, Francfort-sur-le-Main, Suhrkamp, 1990 ; Sicco Lehmann-Brauns, *Weisheit in der Weltgeschichte. Philosophiegeschichte zwischen Barock und Aufklärung*, Tübingen, Niemeyer, 2004.

3. Sur l'approche méthodologique des constellations, voir Martin Mulsow et Marcelo Stamm (dir.), *Konstellationsforschung*, Francfort-sur-le-Main, Suhrkamp, 2005.

4. Voir aussi Élisabeth Decultot, *Johann Joachim Winckelmann : enquête sur la genèse de l'histoire de l'art*, Paris, Presses universitaires de France, 2000.

5. Pour une réflexion sur la dynamique d'apparition des œuvres, voir Dieter Henrich, *Werke im Werden. Über die Genesis philosophischer Einsichten*, Munich, Beck, 2011.

6. Sur Heumann, voir Mario Longo, « The General Histories of Philosophy in Germany », op. cit., p. 301-578 et Sicco Lehmann-Brauns, *Weisheit in der Weltgeschichte…*, op. cit. ; voir également le récent Martin Mulsow, Kasper Risbjerg Eskildsen et Helmut Zedelmaier (dir.), *Christoph August Heumann (1681–1764)*, op. cit.

7. Pour un point de vue général sur le sujet, voir Paul Raabe (dir.), *Öffentliche und private Bibliotheken im 17. und 18. Jahrhundert: Raritätenkammern, Forschungsinstrumente oder Bildungsstätten? Vorträge gehalten anlässlich des 1. Wolfenbütteler Symposions vom 24.-26. September 1975 in der Herzog-August-Bibliothek*, Brême, Jacobi, 1977. À propos de Reimmann, voir Martin Mulsow et Helmut Zedelmaier (dir.), *Skepsis, Providenz, Polyhistorie. Jakob Friedrich Reimmann (1668-1743)*, Tübingen, Niemeyer, 1998 ; à propos de Fabricius, voir Erik Petersen, *Intellectum Liberare. Johann Albert Fabricius – en humanist i Europa*, 2 volumes, Copenhague, Museum Tusculanums Forlag, 1998 ; à propos de Wolf, voir le chapitre 14.

8. *Acta philosophorum* I, Halle, 1715, p. 504. Sur Uffenbach, voir Konrad Franke, « Zacharias Conrad von Uffenbach als Handschriftensammler », *Börsenblatt für den deutschen Buchhandel*, édition de Francfort, 21, 1965, p. 1235-1338 (et *Archiv für Geschichte des Buchwesens*, 7, 1965-1967, p. 1-108) ; *Zacharias Conrad von Uffenbach (1683-1734): ein Blick auf ausgewählte Stücke aus seinen Sammlungen. Eine Ausstellung der Universitätsbibliothek der Helmut-Schmidt-Universität, Universität der Bundeswehr Hamburg, vom 14. Juni 2007 bis zum 3. August 2007, in Kooperation mit der Staats- und Universitätsbibliothek Carl von Ossietzky*, Hambourg, Hamburg University Press, 2007. Il manque sur le sujet une monographie complète.

9. Sur Pinelli, voir Angela Nuovo, « The Creation and Dispersal of the Library of Gian Vincenzo Pinelli », dans Robin Myers, Michael Harris et Giles Mandelbrote (dir.), *Books on the Move. Tracking copies through Collections and the Book Trade*, New Castle, Oak Knoll Press et Londres, British Library, 2007, p. 39-68 ; Anna Maria Raugei (éd.), *Gianvincenzo Pinelli et Claude Dupuy. Une correspondance entre deux humanistes*, 2 volumes, Florence, Olschki, 2001. Sur Peiresc, voir Peter N. Miller, *Peiresc's Europe. Learning and Virtue in the Seventeenth Century*, New Haven, Yale University Press, 2000.

10. Voir la liste de ces lettres dans Monika Estermann, *Verzeichnis der gedruckten Briefe deutscher Autoren des 17. Jahrhunderts*, vol. 1 : *Drucke zwischen 1600 und 1750*, Wiesbaden Harrassowitz, 1993.

11. Gottfried Wilhelm Leibniz Bibliothek, Ms. XLII , 1915. Voir aussi les volumes de lettres tirés de la collection d'Uffenbach et édités par Heumann lui-même dans ses recueils de lettres : *Poecile sive epistolae miscellanae ad literatissimos aevi nostri viros*, t. I, Halle, 1722 et t. III, Halle, 1732.

12. Voir Horst Dreitzel, « Zur Entwicklung und Eigenart der „eklektischen Philosophie" »,

13. *Zeitschrift für Historische Forschung*, 18, 1991, p. 281-343 ; Michael Albrecht, *Eklektik. Eine Begriffsgeschichte mit Hinweisen auf die Philosophie- und Wissenschaftsgeschichte*, Stuttgart-Bad Cannstatt, Frommann-Holzboog, 1994.
13. Jean Jehasse, *La Renaissance de la critique : l'essor de l'humanisme érudit de 1560 à 1614*, Saint-Étienne, Presses universitaires de Saint-Étienne, 1976 ; Herbert Jaumann, *Critica. Untersuchungen zur Geschichte der Literaturkritik zwischen Quintilian und Thomasius*, Leyde, Brill, 1995.
14. Sur ces différences, voir Martin Mulsow, « Gundling vs. Buddeus: Competing Models for the History of Philosophy », dans Donald R. Kelley (dir.), *History and the Disciplines. The Reclassification of Knowledge in Early Modern Europe*, Rochester, University of Rochester Press, 1997, p. 103-125.
15. Christoph August Heumann, « Nachricht von einer dem Thaleti zu Ehren geschlagenen Müntze », *Acta philosophorum* I, 3ᵉ partie, 1715, p. 520-522. La pièce en question est probablement un médaillon contorniate datant du ɪᴠᵉ ou du ᴠᵉ siècle après Jésus-Christ, ou bien une contrefaçon.
16. On ne sait pas exactement qui est cette personne. Il pourrait s'agir du recteur du collège d'Ansbach, par exemple, Georg Nikolaus Köhler, ou bien du vice-recteur Johann Georg Christoph Feuerlein, du jeune Georg Ludwig Oeder, de Johann Andreas Uhl, ou d'une autre personne curieuse de numismatique.
17. Voir Erwin Schmidt, « Johann Heinrich May der Jüngere und die Gießener Münzsammlung », *Mitteilungen des oberhessischen Geschichtsvereins*, 48, 1964, p. 93-119.
18. Rapporté par Heumann ; les originaux des lettres de Johann Heinrich May le jeune à Conrad Zacharias von Uffenbach se trouvent à la Bibliothèque universitaire de Francfort, Ms. Ff. Uffenbach, vol. 1.
19. Lettre de Conrad Zacharias von Uffenbach à Christoph August Heumann, dans Christoph August Heumann, « Nachricht von einer dem Thaleti zu Ehren geschlagenen Müntze », *op. cit.*, p. 522 : « *Sed ad dulcissimas Tuas redeo, tuamque in Thaletis numo explicanda dexteritatem miror. Quod si genuinus foret, (quod inspectio docere potest,) rarissimus praestantissimusque esset. Varios sane ipsius possideo numos, veterum philosophorum ac poetarum vultus referentes, sed omnes fere spurii sunt. Sed cum neque ipsum, de quo quaestio est, numum neque ectypum viderim, nil definire audio. Excusi vero omnem meam antiquariorum sat locupletem, praefiscine dico, suppelectilem, sed frustra illum quaesivi. Illustrem Spanhemium vel Wildium illum certo producturos, quippe qui non Impp. Familiarumque nummos solum, sed et alios recensent, vel etiam Stanleium in Historia philosophiae eius mentionem facturum, sperabam ; sed fefellit opinio. Stanleius equidem ex Cicerone, Herodoto, atque Diogene Laertio eius in rebus civilibus gerendaque rep. prudentiam singulari capite (decimo scilicet) laudat exemplisque comprobat, et Cap. XIII. statuam ei positam cum inscriptione Laertio refert. Quae eruditam Tuam opinionem non modo confirmant, sed probabile etiam faciunt, numum hunc in eius honorem cusum fuisse, quippe cui statua etiam erecta fuerit.* »
20. [Wilhelm Ernst Tentzel], *Monatliche Unterredungen einiger guten Freunde von allerhand Büchern und andern annehmlichen Geschichten*, Leipzig, 1692, p. 423 sq.
21. Vincent Placcius, *Invitatio amica ad Antonium Magliabecchi aliosque Illustres et Clarissimos Reip. Litterariae atque librariae Proceres, Fautores, Peritos, super Symbolis promissis partim et destinatis ad Anonymos et Pseudonymos Detectos et Detegendos Vincentii Placcii Hamburgensis. Accedit Delineatio praesentis status et consilium atque votum, absolvendi D. V. ac edendi Operis Totius, ultra 4000 Autores detectos exhibituri. Cum indicibus adjunctis necessariis*, Hambourg, 1689.
22. Sur Mencke, voir la thèse d'Agnes-Hermine Hermes, *Johann Burkhard Mencke in seiner Zeit*, thèse de doctorat, Francfort-sur-le-Main, 1934 ; Werner Fläschendräger, « Johann Burkhard Mencke (1674-1732) », dans Max Steinmetz (dir.), *Bedeutende Gelehrte in Leipzig*, vol. 1, Leipzig, Karl-Marx-Universität, 1965, p. 15-24. Une monographie complète et plus récente fait défaut.
23. Johann Burkhard Mencke, *De charlataneria eruditorum declamationes duae*, Leipzig,

1715 ; à propos des *Acta*, voir Augustinus Hubertus Laeven, *The "Acta eruditorum" under the Editorship of Otto Mencke (1644-1707). The History of an International Learned Journal between 1682 and 1707*, éd. et trad. par Lynne Richards, Amsterdam et Maarssen, APA-Holland University Press, 1990.

24. Johann Georg Schelhorn, *Amoenitates literariae, quibus variae observationes, scripta item quaedam anecdota et rariora opuscula exhibentur*, 14 volumes, Ulm, 1724-1731.
25. À propos de Brucker, voir Mario Longo, « The General Histories of Philosophy in Germany », *op. cit.* ; voir également Wilhelm Schmidt-Biggemann et Theo Stammen (dir.), *Jacob Brucker (1696-1770). Philosoph und Historiker der europäischen Aufklärung*, Berlin, Akademie Verlag, 1998 ; Christine Lüdke, *„Ich bitte mir Euer Hochedelgebohren Gedancken aus!" Beiträge zur Erschließung und Analyse von Jakob Bruckers Korrespondenz*, thèse de doctorat, Augsbourg, 2006.
26. Johann Jakob Brucker, *Historia critica philosophiae a mundi incunabulis ad nostram usque aetatem deducta*, 5 volumes, Leipzig, 1742-1744, nouvelle édition en 1766, avec un appendice de 1767.
27. Je me réfère dans ce qui suit aux lettres de Johann Jakob Brucker à Christoph August Heumann de la Gottfried Wilhelm Leibniz Bibliothek de Hanovre, Ms. XLII, 1915.
28. Lettre de Johann Jakob Brucker à Christoph August Heumann du 16 avril 1730 : « *Quod a Te, Vir Summe, expectare, imo petere quoque ausus vix eram, tam liberaliter praestas, ut non possit non summa inde ad mihi exoriri animi laetitia: scilicet et ad literas meas copiose et eruditissime respondes, et amorem Tuum liberalissime offers, et ad qualiacunque mea ita eruditionis Tuae thesauros recondis, ut non multum non inde in me possit redundare commodum : quo nomine uti me Tibi habes longe obstrictissimum, ita hoc unum me mordet, illum me non esse, quem vel credis et depingit Tua humanitas vel postulat literarum, quod mihi tam liberaliter concedis, commercium : quicquid tamen illud est, addes hoc benevolentiae Tuae, et qui non nisi a Te consummata eruditione discere cupio, feres cespitantem, confirmabis nutantem, eriges labentem, et pro tot humanitatis officiis observantissimum semper Tui accipies animum.* »
29. Johann Jakob Brucker, *Kurtze Fragen aus der philosophischen Historie*, t. I, Leipzig, 1731.
30. *Ibid.*, préface, non-paginé : « *Der in seinen mit so großem Judicio als Belesenheit geschriebenen* Actis philosophorum *gemachte Anfang ist so beschaffen, daß man sich etwas vollkommenes und unvergleichliches von ihm hätte versprechen können, wo er sich hätte gefallen lassen, sein Vorhaben fortzusetzen; allein die wichtigere und grössere Dinge und Verrichtungen, zu welchen seine Geschicklichkeit gebraucht worden, und das widrige Schicksal, so diesen Vortheil der Gelehrten Welt nicht gegönnet, haben auch dieses gehindert, und der Jugend mangelt dermahl noch an einer vollständigen Anleitung zur Philosophischen Historie.* » [Brucker imagine ici quel avantage le monde savant aurait eu à ce que son *pium desiderium* (*ibid.*) de synthèse ait été exaucé par Heumann plutôt que par lui-même. (*N.d.T.*)]
31. En écrivant ses mémoires vers la fin de sa vie, Heumann a mélangé les dates et son témoignage ne peut être tenu pour fiable. Voir ce texte autobiographique, dans Georg A. Cassius, *Ausführliche Lebensbeschreibung... D. Chr. Aug. Heumanns*, Kassel, 1768, p. 386-387 : « *A. 1730. roganti Bruckero misi omnia mea collectanea historiae philosophicae, postquam sancte is promisisset, se ea intra annum esse ad me remissurum. Exacto anno scribebat, se ea Lipsiam remissit ad M. Stübnerum, nec dubitasse, esse ea iam mihi reddita. Scribebam ad Stübnerum. At is petulanter mihi rescribebat, significans, se ea veredario dedisse Brunsvicensi, nec amplius hanc curam ad se pertinere. Scripsi ad postam Brunsvicensem, sed accepi responsum, a Stübnero id falso iactari. Postea multum et opere et sumtuum frustra impendi. Bruckerus ita se mihi excusavit, ut credam, ipsius culpam hic esse nullam, sed Stübnerum ea retinuisse, gavisumque esse, me privatum esse magno aliquo bono. Certe ne mille quidem imperialibus venales fuissent mihi illae collectiones annorum plurium.* »
32. Lettre de Johann Jakob Brucker à Christoph August Heumann du 16 avril 1730 : « *Unum tamen te rogare permittes : Secutus sum in distinguenda et distribuenda Histor. Philos. quam molior tuum delineationem quae ante et post C.N. fata philosophiae distribuit :*

ad primam partem praeter barbaricam, Greacianam philosophiam omnem ante te referri puto : Verum de Judaica philosophia (quo sensu gentis post capitiv. Babylonica et Alexandri M. imprimis expeditionem Asiaticam sumo) quid strahendum [?] sit, ambigo ? Certas quidem Graecianicorum sectas inter Judaeos ingruisse [?], non credo, quod eorum institutis admodum repugnant ; gentis tamen ex religionis suae sectas Pharisaeos, Sadducaeos, Essaeos etc. et philosophiae historiam pertinere, imo Graecanicarum sectarum placita inter eos tacite irrepsisse sum persuasissimus, ex ipsius Josephi non tantum auctoritate sed exemplo confirmor ; vero de eo obitu : Id unum quod an ad tempora N.C. ubi de philosophia Judaica agendum monuisti, etiam superior Paulo tempora referri queant ; quod ego quidem puto : et in philosophia Romanorum explicanda itidem usu venit, apud quos Caesari et Augusti potissimum tempore Philosophia quidam involuit post susceptam tamen Carneadi, Critolai et Antiochi legationem fundamenta jam jacisse censenda est : Qua re ut tenebras meas dispellas, enixe rogo : Vix enim separare posse puto initia ista Judaica et Romanae philosophiae ab augmentis [?] et incrementis sub ipsius nati Christi tempora conspicuis. Pro transmissis egregiis Heumannianae eruditionis speciminibus habes me longe devinctissimum quibus omnes par quicquam reperire possum : accipe tamen [...] praesentem libellum. »

33. Christoph August Heumann, *Acta philosophorum* I, 3ᵉ partie, *op. cit.*, p. 463 : « *Wir erwehlen also methodum chronologico-geographicam, und theilen zuallererst die Philosophie ein in Ante-Christianam und Post-Christianam. Denn dieses sind die Haupt Periodi auch hier/eben wie in der Historia ecclesiastica.* »

34. À propos de ce plan adopté par Heumann, voir Wilhelm Schmidt-Biggemann, « Jacob Bruckers philosophiegeschichtliches Konzept », dans *id.* und Theo Stammen (dir.), *Jacob Brucker (1696-1770)..., op. cit.*, p. 128-129.

35. Lettre de Johann Jakob Brucker à Christoph August Heumann du 11 juillet 1730 : « *Nullus dubito redditas Tibi fuisse meas, quas nuperis in nundinis Lipsiensibus mediante Cl. Lottero ad te misi, et in quibus copiosius ad amantissimas Tuas respondi – Quibus has incitante occasione, dum Brunswigam [...] Mercator quidam Augustana addo, observantiam, qua Te, Vir summe prosequor, summam testaturas [?], addendis simul novitatis gratia.* »

36. Sur Johann Georg Lotter (1699-1737), voir *Allgemeine deutsche Biographie*, t. XIX, Leipzig, 1884, p. 272.

37. Voir la lettre du 24 mai 1731, note 39.

38. Voir la note 35.

39. Lettre de Johann Jakob Brucker à Christoph August Heumann du 24 mai 1731 : « *[...] poteritque fas circulus tuto tradi Cl. Lottero Lipsiae jam degenti, qui singulis fere septimanis ad me eum mittendi [...] poterit occasionem, certe Epistolae non citius vel tutius, quam ad eum mittantur, per quem intercedentibus Mercatoribus Augustanis, quibus Lipsiae semper commercium est ; ad me satis mature curabuntur plura ne tibi melioribus et majoribus occupato gravis sim, non addo, sed Te omnis voti damnatum [...] P.S. Si quae ad me mittenda habes, finitis nundinis Brunswicensibus per Cl. Apinum mechante dicto mercatus augustano certe curare poterunt* ».

40. Sur la foire de Brunswick, voir Richard Moderhack, *Braunschweiger Stadtgeschichte: mit Zeittafel und Bibliographie*, Brunswick, Waisenhaus-Druckerei, 1997.

41. Lettre de Johann Jakob Brucker à Christoph August Heumann du 24 mai 1731 : « *Imprimis vero iterum iterumque oro, ut quae Judaeorum historiam concernunt, Tuae liberalitatis memor [?], mature submittas poteritque fasciculus tuto tradi [?] Cl. Lottero Lipsiae jam degenti.* »

42. Lettre de Johann Jakob Brucker à Christoph August Heumann du 19 mars 1732 : « *[...] ex consummatae eruditionis Tuae pessu [?] largiter subsidia subministrans [...]* ».

43. Lettre de Johann Jakob Brucker à Christoph August Heumann du 18 septembre 1732 : « *Tibi devinctissimum pro communicatis meum excerptis literariis Tuis amplissimis ad Hist. Phil. Ebraeorum.* »

44. Lettre de Johann Jakob Brucker à Christoph August Heumann du 20 décembre 1732 : « *[...] et ultra modum liberalis es, Vir celeberrime, qui ex abundantissimis eruditionis et diligentiae thesauris Tuis iterum amplissimas pauperitati meae submittis suppetias* ».

45. Lettre de Johann Jakob Brucker à Christoph August Heumann du 18 septembre 1731 : « *Nullus dubito, quin meae, quas hac praeterita aestate ad Te dedi, Vir Celeberrime, et in quibus literaria, quae mihi promisisti, subsidia ex petii precibus, recte Tibi sint, proxeneta Cl. Lottero Lipsiae degente tradita : submisissem citius per Mercatorem Brunswicenses nundinas adeuntem H[istoriam] Ph[ilosophiae] Tomum* i *nisi tum temporis, cum literae parandae essent, me in vehementissimum luctum conjicisset divina providentiaque mihi praematuro fato uxorem longe desideratissimam Viri Doctissimi Cl. Großii Reiteris in Augustano Lyceo filiam abstulit : quo dolore ut Musae meae vehementer turbatae sunt, ita vehementer confusae rationes meae literariae, ut vix cum iis ingratiam redire valeam.* »
46. « *Nullus dubitans, quin nuperae meae curante Cl. Lottero Lipsia recte ad manus Tuas pervenerit, bis subjungo Tomum tertium Philosophiae historiae* […]. » Sur la réception de Giordano Bruno dans l'Allemagne du début du XVIIIe siècle, voir Saverio Ricci, *La fortuna del pensiero di Giordano Bruno 1600-1750*, Florence, Le Lettere, 1990.
47. Lettre de Johann Jakob Brucker à Christoph August Heumann du 12 avril 1733 : « *P.S. In eo eram, ut has sigillo clauderem, cum ecce ad Te nuperi Decembris medio a me datas Lipsia redirent, quod editionem ovenianae biographiae hactenus impeditari post nundinas demum* […] *significabat Cl. Lotterus. Nolui te ibi eam supprimere, sed cum his potius mittere.* »
48. Sur Friedrich Wilhelm Stübner, voir *Allgemeine Deutsche Biographie*, t. XXXVI, Leipzig, 1893, p. 712-713.
49. Voir Paul Spalding, « Im Untergrund der Aufklärung: Johann Lorenz Schmidt auf der Flucht », dans Erich Donnert (dir.), *Europa in der Frühen Neuzeit*, vol. 4 : *Deutsche Aufklärung*, Weimar et Cologne, Böhlau, 1997, p. 135-154 ; Detlef Döring, « Beiträge zur Geschichte der Gesellschaft der Alethophilen in Leipzig », dans *id.* et Kurt Nowak (dir.), *Gelehrte Gesellschaften im mitteldeutschen Raum, 1650-1820*, 1re partie, Stuttgart et Leipzig, Hirzel, 2000, p. 95-150.
50. Voir la note 53. Une lettre de Johann Jakob Brucker à Johann Georg Schelhorn doit pareillement dater de début janvier. Brucker y écrit que monsieur Heumann lui a envoyé récemment toutes ses notes sur l'histoire de la philosophie, et qu'il vient de les lui renvoyer ces jours-ci : « *Misit nuper ad me Cel. Heumannus totam collectaneorum suorum ad Hr. Phl. pertinentium farraginem, cum data facultate, quicquid e re mea visum fuerit, describendi, qua potestate usus excerpsi ea quae ad recentiorem historiam pertinent, et ipsa adversaria his diebus remisi.* » Lettre non datée de Brucker à Schelhorn, citée d'après Christine Lüdke, *„Ich bitte mir Euer Hochedelgebohren Gedancken aus!"…*, *op. cit.*, p. 134. Brucker parle ici de *farrago* (littéralement : fourrage mêlé, donc miscellanées) et d'*adversaria*.
51. Voir Jochen Seidel, « Abenteuer Reisen – Postkutschenfahrten in Franken » repris sur le site de Bernd Heile, www.heinlenews.de/geschl07.htm, consulté le 8 février 2018.
52. Voir la lettre de Johann Jakob Brucker à Johann Christoph Gottsched du 20 février 1737, imprimée dans Johann Christoph Gottsched, *Briefwechsel*, éd. par Detlef Döring, Rüdiger Otto et Michael Schlott, vol. 4 : *1736-1737*, Berlin, De Gruyter, 2010, p. 275-280.
53. Lettre de Johann Jakob Brucker à Christoph August Heumann du 23 avril 1734 : « *Tu vero, Maxime Reverende atque Celeberrime Tuam mihi amicitiam atque benevolentiam porro conserva integram. Ceterum Msc. Tua collectanea Cl. Stuebnerum, ad quem Lipsiam ineunte anno tuto transmisi. Recte curavisse nullus dubito, pro quibus iterative mille Tibi gratias solvo : avessit sine dubio Historia vitae Occonum, Tibi destinata, de qua ut ex hoc Tomo cum his literis recte acceptis, ut, s. vacat, me edocas, Te honesto rogo.* »
54. Lettre de Johann Jakob Brucker à Christoph August Heumann du 11 août 1734 : « *Certe Collectanea Tua H. Ph. iam cum initio hujus anni ad Cl. Stubnerum misi, qui se recte accipisse, et per ordinarium tabellarium missurus ad Te pollicitus est.* »
55. Lettre de Johann Jakob Brucker à Christoph August Heumann du 11 août 1734 : « *Utinam vero liceret et reliquis chartis Tuis uti, sed ferenda jactura, cum aliter jam id evenire nequeat. Tantum quoque materiam in Tomo ultimo apparatum obtulit occasio ut vix*

vidam, quomodo, in uno Tomo, etsi in duas partes diviso, possit satis digesti, cum recentior historia suam [...] *lucem multis in locis poscat.* »

56. Lettre de Johann Jakob Brucker à Christoph August Heumann du 15 septembre 1734 : « *Superi prohibeant, ne detrimenti* [...] *sunt.* »

57. Lettre de Johann Jakob Brucker à Christoph August Heumann du 12 avril 1735 : « *Nescio quo fato fiat, ut nec ad eas, quas circa exeuntem nuperum annum, ad Te dedi, nec ad eas, quas in festo Purificationis scripsi, responsum tulerim, incertus hodiernum, quid de fasciculo a me Stubnero recte curato et Brunswigam sine dubio delato factum sit, nisi quod silentium hoc mihi persuadeat eum recte tandem ad Dominum suum pervenisse, quod ferventissimus desideriis precor et scire aveo.* »

58. Christoph August Heumann, dans Georg A. Cassius, *Ausführliche Lebensbeschreibung...*, *op. cit.*, p. 386 : « *Stübnerum* [...] *gavisumque esse, me privatum esse magno aliquo bono.* »

59. Christoph August Heumann, *op. cit.*, p. 387 : « *Certe ne mille quidem imperialibus venales fuissent mihi illae collectiones annorum plurium.* »

60. Lettre de Johann Jakob Brucker à Johann Christoph Gottsched, 20 février 1737, dans Johann Christoph Gottsched, *Briefwechsel*, éd. par Detlef Döring, Rüdiger Otto et Michael Schlott, vol. 4 : *1736-1737*, *op. cit.*, p. 275-280 : « Que vous me témoigniez tant d'amitié, Monsieur, et que vous vous offriez à faire rechercher le paquet de Heumann parmi les documents de Stübner, je le regarde comme un exemple particulièrement marqué de la bonté que vous avez pour moi, à laquelle vous me trouverez toujours prêt à répondre par tous les services possibles. Je dois toutefois ajouter une chose pour votre information : il y a déjà un an que j'ai écrit au secrétaire de poste du bureau des postes princières M. Heinsius chez Mme Henneberg, d'où part la poste de cuisine du Brunswick et où Monsieur Stübner m'a assuré avoir remis le paquet. J'ai ainsi obtenu de sa main un reçu daté du 14 octobre 1735, qui disait qu'un paquet C.A.H. adressé à M. Heumann à Göttingen était parti le 16 janvier 1734 et qu'il portait sur le registre le numéro 14. L'original de ce reçu envoyé à M. Heumann, celui-ci l'envoya à son tour à l'administration princière de la poste de cuisine, dont je reçus bientôt moi-même un reçu, signé Henneberg et daté du 21 décembre 1735, d'après lequel ce paquet, selon le registre, n'était pas arrivé, et que ce jour-là le nombre [de colis] n'était pas de quatorze mais de douze seulement. Durant la messe du jubilé, j'ai fait en sorte que l'original de ce reçu soit présenté à ce M. Heinsius, l'inexactitude de ses registres étant par là prouvée, mais il s'emporta, me disant pour toute réponse qu'il n'avait à se justifier davantage, que ses registres étaient exacts. Au bref exposé de ces faits, vous pouvez constater, Monsieur, que pour sauver l'honneur de feu M. Stübner (dont je ne crois pas, comme M. Heumann avait commencé par le croire, qu'il se soit entendu avec M. Heinsius pour retenir le ms.), autant que pour me dégager du dédommagement demandé, il n'est plus d'autre moyen que d'amener ce M. Heinsius, que ce soit à l'amiable ou, en cas de refus de sa part, par voie de justice, à ce qu'il fasse fouiller les postes entre Leipzig et Brunswick pour déterminer où se trouve cet assez gros paquet. Je ne dispose certes pas ici de son reçu original, il est chez M. Heumann, mais j'en ai une copie collationnée. Quant à l'autre, il est également facile de se le procurer. Dans ces circonstances, Monsieur, je vous prie bien instamment, lorsqu'on aura pris soin de vérifier qu'il n'y a rien dans les papiers du regretté Stübner et qu'il ne s'agit pas d'une erreur ou d'une méprise de ce dernier, de faire dès à présent qu'on interroge à nouveau M. Heinsius à l'amiable et qu'on le prie de s'assurer que le paquet soit recherché dans les bureaux de postes situés sur le trajet (ce que, de son côté, le maître de poste de Brunswick a promis à M. Heumann de faire), étant entendu que dans le cas contraire, une autre instance ne manquerait pas d'exiger à Leipzig la satisfaction due au directeur de la poste de cuisine du Brunswick et à ses administrateurs. Que si l'on ne pouvait le résoudre à l'amiable à remplir ce qui est pourtant son devoir, j'ai l'intention de remettre les reçus, sollicitant d'ores et déjà instamment votre aide et votre conseil, Monsieur, sur la manière dont, par une plainte auprès de la justice, on pourra me tirer d'une affaire qui m'importune fort, et sur la manière dont, de mon côté, je dois m'y prendre pour entreprendre la dernière chose qui soit ici en mon pouvoir. Il est vrai,

Monsieur, que je ne vous importune pas moins avec cela, mais je ne l'ose que parce que vous avez eu vous-même la bonté de m'assurer de vos services en l'occasion, et que je suis pressé par la plus grande nécessité, n'ayant personne à Leipzig vers qui me tourner, que vous, Monsieur, qui, je l'espère, ne prendrez pas mon audace en mauvaise part, dans l'assurance que vous me trouverez toujours plein de reconnaissance et du désir de pouvoir un jour vous payer en retour, par quelque service que ce soit. » (« *Daß Ew. HochWohlgeb. mir soviel Liebe zuerweisen und unter den Stübnerischen Papieren nach dem Heumannischen Paquet nachsehen zulaßen sich erbieten, nehme als eine besondere probe Dero Gütigkeit gegen mich an, die ich mit allen möglichen Diensten zuerwiedern nicht mangeln werde. Ich diene aber dabey noch zur Nachricht, daß schon vor einem Jahr den Post-Secretarium im fürstl. Posthauße bey Mad. Henneberg H. Bernhard Heinsium, wo die Braunschweigische Küchenpost abgehet, und das Paquet H. Stübner aufgegeben zuhaben, mir versichert, angegangen, unter deßen Hand auch vom 14. 8br. 1735 einen Schein bekommen, dieses Inhalts: daß ein Päckel C.A.H. an H. D. Heumann in Göttingen d. 16. Jan. 1734. laut postbuch sub N. 14 nach Braunschweig abgegangen: welchen Original-Schein an H. D. Heumann, und dieser an das Hochfurstl. Küchenpost Ammt in Braunschweig gesandt, worauf ich einen Schein von selbiger, unterschrieben Henneberg, vom 21. Xbr. 1735. bekommen, daß laut Postbuch dieses Packet nicht angekommen, selbigen Tag auch die Numer nicht 14. sondern nur 12. gewesen. Diesen OriginalSchein habe in der Jubilate Meße gedachten H. Heinsio vorlegen laßen, weil dadurch seine bücher der unrichtigkeit überführt werden, er hat aber mit Ungestüm keine andere Antwort gegeben, als er seye nicht schuldig weiter darüber sich einzulaßen, seine Bücher seyen richtig. Ew. HochEdelgeb. Ersehen aus dieser kleinen specie facti, daß zur Rettung der Ehre des seel. H. Stübners (von dem ich nicht glaube, daß er zu hinterhaltung des msc. wie H. D. Heumann anfangs geglaubet, mit gedachtem H. Heinsio unter der Decke gelegen), ingleichen mich von der begehrten Schadloshaltung loszumachen, kein ander Mittel übrig, als diesen H. Heinsium entweder gütlich, oder wo er nicht will, gerichtlich dahin zubringen, daß er auf den Posten zwischen Leipzig und Braunschweig untersuchen laße, wo das zimlich starke Päckel stecke. Ich habe zwar seinen Originalschein nicht beyhanden, sondern H. D. Heumann, habe aber eine copiam vidimatam davon, es kan auch jener leicht hergeschafft werden. Bey diesen Umständen ersuche nun Ew. HochEdelgeb. recht inständig, wann nach geschehener Nachforschung, ob nicht unter den Stübnerischen papieren nichts vorhanden, und nicht etwa ein Irrthum oder Verwechslung von dem seel. Stübner vorgegangen, der malen noch einmal gütlich H. Heinsium befragen zulaßen, und ihn zuersuchen, Sorge zutragen, daß das Paket auff den Zwischenposten aufgetrieben werde (worzu der brschw. Postmeister das seinige beyzutragen H. D. Heumann versprochen) maßen sonst durch weitere instanz unfehlbar die Satisfaction in Leipzig an den Principal der Brschw. Küchenpost und deßen Verwaltern würde gefordert werden. Sollte er aber gütlich nicht zu dieser ihm obligenden Pflicht bewogen werden können, so will die Scheine überschicken, und bitte alsdann Ew. Hoch WEdelgeb. gar inständigen Rath und Hülfe, wie durch gerichtliche Beschwerung, dieser mir viel Unruhe erregenden Sache abgeholfen werde, und ich meines Orts die letzte Hand an dem, was ich in dieser Sache thun kan, anlegen könne. Ich erkühne mich zwar vieles Denenselbigen, soviele Unruhe zumachen, da aber Ew. Hoch WEdelgeb. selbst so gütig sind, mich Dero Dienste hierinnen zuversichern, mich auch die höchste Noth zwingt, da ich in Leipzig sonst niemand habe, den ich deswegen angehen kan, so hoffe Ew. Hoch WEdelgeb. werden meine Dreistigkeit nicht ungütig nehmen, in versicherung, daß ich zu allen nur möglichen Gegendiensten mich schuldigst u. willigst finden laßen werde [...].* »)

61. Sur Gottsched, voir entre autres Eugen Wolff, *Gottscheds Stellung im deutschen Bildungsleben*, 2 volumes, Kiel, Lipsius und Tischer 1895-1897 ; Manfred Rudersdorf (dir.), *Johann Christoph Gottsched in seiner Zeit. Neue Beiträge zu Leben, Werk und Wirkung*, Berlin, De Gruyter, 2007.

62. À propos du Gottsched directeur de journaux, voir Gabriele Ball, *Moralische Küsse. Gottsched als Zeitschriftenherausgeber und literarischer Vermittler*, Göttingen, Wallstein, 2000.

63. Sur ce groupe, voir Detlef Döring, « Beiträge zur Geschichte der Gesellschaft der Alethophilen in Leipzig », *op. cit.* ; Günter Gawlick, « Johann Christoph Gottsched als Vermittler der französischen Aufklärung », dans Wolfgang Martens (dir.), *Zentren der Aufklärung III: Leipzig. Aufklärung und Bürgerlichkeit*, Heidelberg, Schneider, 1990, p. 179-204 ; Paul Spalding, « Im Untergrund der Aufklärung: Johann Lorenz Schmidt auf der Flucht », *op. cit.* ; Martin Mulsow, *Freigeister im Gottsched-Kreis. Wolffianismus, studentische Aktivitäten und Religionskritik in Leipzig, 1740-1745*, Göttingen, Wallstein, 2007.
64. *Beyträge zur Critischen Historie der deutschen Sprache, Poesie und Beredsamkeit*, Leipzig, 1733, vol. 7, p. 534-535 : « Herr Doctor Heumann verderbt die ganze Schönheit. » La réplique de Heumann parut dans les *Hamburgische Berichte*, 29, 4 avril 1734, p. 241-244. Gottsched répliqua à son tour dans les *Nieder-Sächsische Nachrichten von Gelehrten Neuen Sachen*, 40, 24 mai 1734, p. 338-340.
65. Wiebke Hemmerling, « Heumann contra Türck, Gundling und Gottsched… », *op. cit.*
66. Une lettre de Joachim Friedrich Liscow, responsable de rédaction de la partie savante du *Hamburger unpartheyische Correspondent*, fait apparaître clairement l'existence de deux camps dans l'entourage de Gottsched, l'un favorable à Heumann, l'autre défavorable : « Le professeur Kohl est par trop dévoué à M. Heumann pour que j'eusse pu espérer voir l'article en question porté grâce à lui à la connaissance du public. » (Lettre de Liscow à Gottsched, 26 mai 1734, dans Johann Christoph Gottsched, *Briefwechsel*, éd. par Detlef Döring, Rüdiger Otto et Michael Schlott, vol. 3 : *1734-1735*, Berlin, De Gruyter, 2009, p. 101 : « *Der Herr Prof. Kohl ist gar zu sehr dem H. Heumann zugethan, als dass ich von ihm hoffen können, den Aufsatz durch ihn bekand gemacht zu sehen.* ») Et dans la même lettre : « Je n'aurais pas manqué d'insérer l'article contre Heumann dans mes feuilles, s'il n'avait été trop long pour l'espace consacré aux choses savantes. » (« *Den Aufsatz gegen Heumann würde ich nicht ermangelt haben meinen Blättern einrücken zu lassen; wenn er nicht für den Raum, der zu gelehrten Sachen gewidmet ist, zu lang gewesen wäre.* ») L'article fut finalement imprimé dans les *Niedersächsische Nachrichten*, par l'entremise de Liscow.
67. Sur l'histoire de la fondation de l'université de Göttingen, voir Emil Franz Rössler, *Die Gründung der Universität Göttingen*, Göttingen, Vandenhoeck und Ruprecht, 1855.
68. Johann Lorenz Mosheim à Johann Christoph Gottsched, 26 septembre 1733 dans Johann Christoph Gottsched, *Briefwechsel*, éd. par Detlef Döring, Rüdiger Otto et Michael Schlott, vol. 2 : *1731-1733*, Berlin, De Gruyter, 2008, p. 499 : « *Herr Heumann gilt so viel nicht, daß er dergleichen Dinge hintertreiben könnte. Er schickt sich zu keinem Rathgeber: Und man braucht ihn auch deßwegen dazu nicht. Sonst ist er auch so böse und neidisch nicht, wie E. HochEdelGeb. Ihn sich vorstellen. Er ist ein ehrlicher Mann, der niemanden mit Fleiß und willen schaden wird. Er mag in Worten gerne ein wenig lustig und beissend seyn: wer ihm diese kleine Schwachheit zu gute halten kann, der kann immer mit ihm fertig werden. Ich glaube nicht, daß er es so gar übel gemeinet, da er E. HochEdelGeb. für geschickter in der deutschen, als lateinischen Sprache, ausgegeben.* »
69. Wiebke Hemmerling, « Heumann contra Türck, Gundling und Gottsched, *op. cit.* Voir les anecdotes suivantes, rapportées par Georg A. Cassius dans *Ausführliche Lebensbeschreibung…*, *op. cit.*, p. 22-23 : à Zeitz, un garçon catholique qu'il ne se laissait pas de vouloir détourner de sa religion voulut le poignarder, et à Iéna durant ses études, il accabla à ce point un parent de sermons sur sa mauvaise vie que là encore il s'en fallut de peu que ce dernier ne le poignardât.
70. Johann Jakob Brucker à Johann Christoph Gottsched, 20 février 1737, dans Johann Christoph Gottsched, *Briefwechsel*, éd. par Detlef Döring, Rüdiger Otto et Michael Schlott, vol. 4 : *1736-1737*, *op. cit.*, p. 279 : « […] *mit gedachtem H. Heinsio unter der Decke gelegen* ».
71. Voir Heinrich Gaus, « Geschichte der Braunschweigischen Staatspost bis 1806 », *Jahrbuch des Geschichtsvereins für das Herzogtum Braunschweig*, 13, 1914, p. 84-129.
72. Voir Günter Weinhold, « Die „Fürstlich Braunschweigische Küchenpost" », *Postgeschichtliche Blätter Hannover*, 3, 1979. En 1734, le propriétaire était August Jacob Ulrich Henneberg (1711-1763) ; voir Henri Bade, *333 Jahre Braunschweigische Post*,

Brunswick, Pfankuch, 1960, p. 16-19.
73. Staatsarchiv Wolfenbüttel (Basse-Saxe), cote 2 Alt n° 10329 : « Berichte des kaiserlichen und fürstl. Postverwalters in Blankenburg und späteren Postmeisters in Braunschweig Westphal an den Premierminister von Münchhausen über die fürstl. Küchenpost, den Nürnberger Boten, den Leipziger und Nürnberger Kurs, den an der preußischen Grenze von den Posten geforderten Zoll und die wegen dessen Verweigerung vorgenommenen Pfändungen [...] und sonstige Verhältnisse und Ereignisse ». Le dossier couvre la période 1729-1752.
74. Westphal à Gerlach Adolph von Münchhausen, 24 septembre 1734, Staatsarchiv Wolfenbüttel, cote : 2 Alt n° 10329, fol. 20r° : « *Derselbe verlangt von mir daß ich ihm wegen der Bücher-Post Sache meine Meinung schreiben möchte, umb desfals mit dem Herrn Graffen sprechen zu können.* »
75. « N'ayant personne à Leipzig vers qui me tourner, que vous » écrit Johann Jakob Brucker à Johann Christoph Gottsched le 20 février 1737 (dans Johann Christoph Gottsched, *Briefwechsel*, éd. par Detlef Döring, Rüdiger Otto et Michael Schlott, vol. 4 : *1736-1737*, *op. cit.*, p. 280 : « *Da ich in Leipzig sonst niemand habe, den ich deswegen angehen kann* »).
76. Johann Jakob Brucker à Johann Christoph Gottsched, 20 février 1737, dans Johann Christoph Gottsched, *Briefwechsel*, éd. par Detlef Döring, Rüdiger Otto et Michael Schlott, vol. 4 : *1736-1737*, *op. cit.*, p. 279 : « *Er aber hat mit Ungestüm keine andere Antwort gegeben, als er seye nicht schuldig weiter darüber sich einzulaßen, seine Bücher seyen richtig.* »
77. Ibid. : « [...] *entweder gütlich, oder wo er nicht will, gerichtlich* ».
78. Johann Jakob Brucker à Johann Christoph Gottsched, 19 décembre 1736, *op. cit.*, p. 232-233 : « À part cela, je réitère la demande pressante que je vous ai précédemment adressée de faire en sorte que l'on cherche dans les papiers de la succession Stübner s'il ne s'y trouverait point trois volumes intitulés Collectanea Hr. Phl. Je les avais confiés à feu M. Stübner il y a trois ans, le chargeant de les faire parvenir à M. Heumann, qui ne les ayant jamais reçus, fait un effroyable tapage. Dans cette situation fort incommode où je me trouve, je vous prie, Monsieur, de me venir en aide de façon d'autant plus pressante que l'âpre réaction de M. Heumann me fait craindre qu'on ne vienne troubler sous terre le repos de notre ami commun. Vous me lierez ce faisant par la meilleure action du monde, m'obligeant en retour à vous rendre service de toutes les façons qui me seront possibles. Je crains autrement, si l'on ne trouvait d'issue à cette situation en faisant réapparaître le paquet perdu que M. Heumann croit encore à Leipzig, qu'il ne s'ensuive une plainte en justice et une enquête, ce dont je voudrais épargner la mémoire de M. Stübner. Au contraire, s'il se retrouvait, on aurait de chaque côté moyen de se tirer de cette affaire avec honneur, et c'est pourquoi, Monsieur, la chose demande qu'on vous la recommande à nouveau avec la plus grande force. » (« *Übrigens widerhole ich meine in letzten schon abgelaßene inständige Bitte, unter den Stübnerischen Nachgelaßenen Papieren nachsehen zulaßen, ob nicht drey bänd'gen Collectanea Hr. Phl. wie sie betitult sind, darunter zufinden; welche ich vor 3. Jahren an den seel. H. Stübnern übermacht, um sie an H. D. Heumann zubesorgen, der sie aber nicht bekommen hat, und nun erschröcklich darüber lermt. Ich bitte umsomehr auf das allerinständigste Ew. HochEdelgeb. darum, mir in diesem sehr verdrießlichen Falle an die Hand zu gehen, da ich förchte, bey so scharfen treiben H. D. Heumanns dürffte unser gemeinschafftl. Freund unter dem Boden noch beunruhiget werden. Sie werden mich dadurch mit der größten Gutthat von der Welt verbinden, und damit antreiben auf alle mir mögliche Weise Denenselbigen zudienen. Ich förchte, wo sich nicht sonst ein Ausgang zeigt und dieser verlohrne Pact hervorkomt, von dem H. D. Heumann glaubt, er seye noch in Leipzig, daß es zu einer Gerichtlichen Klage und Untersuchung kommen werde, wo ich das Andencken H. Stübners gerne schonen möchte: So, wann sich es noch fände, wären Mittel und Wege auf allen Seiten mit Ehren aus dem Gedränge zukommen, weswegen die Sache nochmalen Ew. HochEdelgeb. auf das nachdrücklichste empfohlen haben will.* ») Voir aussi Johann Jakob Brucker à Christoph August Heumann, 24 avril 1737: « *De fasciculo deperdito a Cl. Gottschedio nondum responsum, quod expectabam, tuli, rogavi Dn. Bibliopolam Augustanam Merzium.* »

79. Johann Jakob Brucker à Johann Christoph Gottsched, 14 septembre 1737, *op. cit.*, p. 396 : « [...] *und demnach nicht nur den keine Rechenschafft geben wollenden Heinsius sondern auch die Stübnerische Verlaßenschafft und deren Verwesern gerichtlich anspreche zulaßen: welches letztere um so härter mich ankömmt, um somehr ich das seelige Andencken guter Freunde schone* ».
80. Johann Jakob Brucker à Johann Christoph Gottsched, 20 novembre 1737, *op. cit.*, p. 518 : « *Wegen des Heumännischen Pakets habe ich in viel Monaten kein Schreiben von dem Herrn D. Heumann bekommen und kann mich nicht in ihn finden.* »
81. *Ibid.* : « [...] *ich hoffe aber Gelegenheit zuhaben, bey dem Leipziger Postammte mit Vorweisen des Heinsischen u. Brauschw. Postscheins anfragen zulaßen, weßen ich mich am Ende zuversehen habe. Ich wünsche von Herzen einmal von dieser verdrießlichen Sache befreyet zu werden* ».
82. Johann Jakob Brucker, *Autobiographie*, éditée dans Ursula Behler, « Eine unbeachtete Biographie Jacob Bruckers », dans Wilhelm Schmidt-Biggemann et Theo Stammen (dir.), *Jacob Brucker (1696-1770)...*, *op. cit.*, p. 19-73, ici p. 43 : « *Nicht in der Absicht ein ausführliches Werck zu schreiben, wozu er weder Gemüths- und Leibes-Kräfte, noch gelehrten Vorrath genug zu haben glaubte.* »
83. Voir Wilhelm Schmidt-Biggemann, « Jacob Bruckers philosophiegeschichtliches Konzept », *op. cit.*, p. 113-134.
84. Georg A. Cassius, *Ausführliche Lebensbeschreibung...*, *op. cit.*, p. 142.
85. *Ibid.*, p. 218 : « *Und wurden ihm seit vielen Jahren fast zu jedesmaliger Frankfurter und Leipziger Meßzeit starke Paqueter daraus geschicket, die er dann, nach davon gemachtem Gebrauche, dahin zurücksendete.* »

IV. Communautés de fascination et histoire de l'information (du savoir érudit)

1. Barbara H. Rosenwein, *Emotional Communities in the Early Middle Ages*, Ithaca, Cornell University Press, 2006.
2. Brian Stock, *The Implications of Literacy. Written Language and Models of Interpretation in the Eleventh and Twelfth Centuries*, Princeton, Princeton University Press, 1983. Brian Stock a décrit les communautés monastiques aux pratiques sociales centrées sur le texte comme des *textual communities*. On pourrait de même décrire les savants de l'époque moderne comme des communautés textuelles – sauf à considérer qu'une communauté de fait implique une communication directe entre personnes présentes.
3. William M. Reddy, *The Navigation of Feeling: A Framework for the History of Emotions*, Cambridge, Cambridge University Press, 2001 ; Ute Frevert, « Was haben Gefühle in der Geschichte zu suchen? », *Geschichte und Gesellschaft*, 35, 2009, p. 183-208 ; *id. et al.* (dir.), *Gefühlswissen. Eine lexikalische Spurensuche in der Moderne*, Francfort-sur-le-Main, Campus, 2011. Voir aussi Barbara H. Rosenwein, « Worrying about Emotions in History », *The American Historical Review*, 107 (3), 2002, p. 821-845 ; et Jan Plamper, « The History of Emotions: An Interview with William Reddy, Barbara Rosenwein, and Peter Stearns », *History and Theory*, 49, 2010, p. 237-265. Pour une théorie cognitiviste des émotions, voir Martha C. Nussbaum, *Upheavals of Thought. The Intelligence of the Emotions*, Cambridge, Cambridge University Press, 2001.
4. Voir entre autres Anthony Grafton, *Fälscher und Kritiker. Der Betrug in der Wissenschaft*, Berlin, Wagenbach, 1991 ; Ingrid D. Rowland, *The Scarith of Scornello. A Tale of Renaissance Forgery*, Chicago, The University of Chicago Press, 2004 ; Rüdiger Schaper, *Die Odyssee des Fälschers*, Munich, Siedler, 2011.
5. Pour les exemples, voir Johann Burkhard Mencke, *De charlataneria eruditorum*, Leipzig, 1715 ; David Fassmann, *Der gelehrte Narr*, „Freyburg" [toponyme fictif, ici, et signifiant littéralement « ville libre »], 1729 ; mais aussi Alexander Košenina, *Der gelehrte Narr.*

Gelehrtensatire seit der Aufklärung, Göttingen, Wallstein, 2003.
6. Werner Röcke et Hans Rudolf Velten (dir.), *Lachgemeinschaften. Kulturelle Inszenierungen und soziale Wirkungen von Gelächter im Mittelalter und in der Frühen Neuzeit*, Berlin, De Gruyter, 2005.
7. En Allemagne, Monika Neugebauer-Wölk a plaidé vigoureusement pour l'usage du concept dans « Esoterik im 18. Jahrhundert. Aufklärung und Esoterik. Eine Einleitung », dans *id.* (dir.), *Aufklärung und Esoterik*, Hambourg, Meiner, 1999, p. 1-37.
8. Voir la « tête de pont » de la recherche universitaire récente sur l'ésotérisme : Wouter J. Hanegraaff (dir.), *Dictionary of Gnosis and Western Esotericism*, 2 volumes, Leyde, Brill, 2005 ; voir aussi *id.*, *Esotericism and the Academy. Rejected Knowledge in Western Culture*, Cambridge, Cambridge University Press, 2012 – ouvrage qui correspond déjà davantage à une reformulation du concept dans le sens d'une précarisation du savoir. À propos de l'histoire de cette « destruction » des pseudépigraphes par la philologie, voir Wilhelm Schmidt-Biggemann, « Die philologische Zersetzung des christlichen Platonismus am Beispiel der Trinitätstheologie », dans Ralf Häfner (dir.), *Philologie und Erkenntnis. Beiträge zu Begriff und Problem frühneuzeitlicher Philologie*, Tübingen, Niemeyer, 2001, p. 265-301. À propos du détachement vis-à-vis de l'hermétisme et de l'astrologie dans la science, voir Katherine Park et Lorraine Daston (dir.), *The Cambridge History of Science*, vol. 3 : *Early Modern Science*, Cambridge, Cambridge University Press, 2006, p. 497-561.
9. Voir par exemple Gereon Sievernich et Hendrik Budde (dir.), *Europa und der Orient 800-1900. Eine Ausstellung der Berliner Festspiele aus Anlass von Horizonte '89 im Martin-Gropius-Bau, Berlin*, Gütersloh et Munich, Bertelsmann Lexikon Verlag, 1989.
10. Edward Said, *L'orientalisme. L'Orient créé par l'Occident*, trad. Catherine Malamoud, Paris, Le Seuil, 1980. Voir les remarques nuancées de Suzanne Marchand, *German Orientalism in the Age of Empire. Religion, Race and Scholarship*, Cambridge, Cambridge University Press, 2009.
11. Pour un aperçu novateur sur la question, voir l'ouvrage collectif dirigé par Arndt Brendecke, Markus Friedrich et Susanne Friedrich : *Information in der Frühen Neuzeit. Status, Bestände, Strategien*, Berlin, Lit, 2008 ; voir également les travaux importants suivants : Arndt Brendecke, *Imperium und Empirie. Funktionen des Wissens in der spanischen Kolonialherrschaft*, Cologne et Vienne, Böhlau, 2009 ; Cornel Zwierlein, *Discorso und Lex Dei. Die Entstehung neuer Denkrahmen im 16. Jahrhundert und die Wahrnehmung der französischen Religionskriege in Italien und Deutschland*, Göttingen, Vandenhoeck und Ruprecht, 2006 ; Markus Friedrich, *Der lange Arm Roms? Globale Verwaltung und Kommunikation im Jesuitenorden 1540-1773*, Francfort-sur-le-Main, Campus, 2011 ; Jacob Soll, *The Information Master. Jean-Baptiste Colbert's Secret State Intelligence System*, Ann Arbor, University of Michigan Press, 2009.
12. Daniel Roche, *Humeurs vagabondes. De la circulation des hommes et de l'utilité des voyages*, Paris, Fayard, 2003 ; Stéphane Van Damme, « "The World is too Large": Philosophical Mobility and Urban Space in Seventeenth- and Eighteenth-Century Paris », *French Historical Studies*, 29 (3), 2006, p. 379-406.
13. Arndt Brendecke, *Imperium und Empirie. Funktionen des Wissens in der spanischen Kolonialherrschaft*, *op. cit.*, p. 177-216.

12. Protection du savoir et savoir de protection : magie défensive, antiquarisme et objets magiques

1. Aby Warburg, *„Das Schlangenritual". Ein Reisebericht*, postface d'Ulrich Raulff, Berlin, Wagenbach, 1988. Sur le sujet, voir Erhard Schüttpelz, *Die Moderne im Spiegel des Primitiven*, Munich, Fink, 2005, p. 137-170 ; Cora Bender, Thomas Hensel et *id.* (dir.), *Schlangenritual. Der Transfer der Wissensformen vom Tsu'ti'kive der Hopi bis zu Aby Warburgs Kreuzlinger Vortrag*, Berlin, Akademie Verlag, 2007. – Une première version de ce chapitre a été publiée sous forme d'article : « Talismane und Astralmagie. Zum

Übergang von involviertem zu distanziertem Wissen in der Frühen Neuzeit », dans Jan Assmann et Harald Strohm (dir.), *Magie und Religion*, Munich, Fink, 2010, p. 135-157. – Pour l'épigraphe : Aby Warburg, *Heidnisch-antike Weissagung in Wort und Bild zu Luthers Zeiten*, Heidelberg, Winter, 1920, p. 4.

2. Edgar Wind, *Mystères païens de la Renaissance*, trad. Pierre-Emmanuel Dauzat, Paris, Gallimard, 1992.

3. Voir surtout les travaux de Horst Bredekamp, *Repräsentation und Bildmagie der Renaissance als Formproblem*, Munich, Carl Friedrich von Siemens Stiftung, 1995 ; *id.*, *Théorie de l'acte d'image. Conférences Adorno, Francfort 2007*, trad. Frédéric Joly et Yves Sintomer, Paris, La Découverte, 2015.

4. Aby Warburg, *„Das Schlangenritual"…*, *op. cit.*, p. 40. Voir Erhard Schüttpelz, *Die Moderne im Spiegel des Primitiven*, *op. cit.*, p. 142-143.

5. Sur Lafitau, voir Martin Mulsow « Jean-François Lafitau und die Entdeckung der Religions- und Kulturvergleiche », dans Maria Effinger, Cornelia Logemann et Ulrich Pfisterer (dir.), *Götterbilder und Götzendiener in der Frühen Neuzeit. Europas Blick auf fremde Religionen*, Heidelberg, Winter, 2012, p. 36-47 ; Lucas Marco Gisi, *Einbildungskraft und Mythologie. Die Verschränkung von Anthropologie und Geschichte im 18. Jahrhundert*, Berlin, De Gruyter, 2007.

6. Sur l'histoire de l'attention scientifique, voir Lorraine Daston et Katherine Park, *Wonders and the Order of Nature, 1150-1750*, New York, Zone Books, 1998, p. 303-328 ; Lorraine Daston, *Eine kurze Geschichte der wissenschaftlichen Aufmerksamkeit*, Munich, Carl Friedrich von Siemens Stiftung, 2000. Sur la différence entre plusieurs sortes de savoir, voir Michael Polanyi, *The Tacit Dimension*, Chicago et Londres, The University of Chicago Press, 2009 [1966], qui est toujours d'actualité, et Alvin I. Goldman, *Knowledge in a Social World*, Oxford, Oxford University Press, 1999 ; sur l'existence de « spécialistes religieux », voir Jörg Rüpke, *Historische Religionswissenschaft. Eine Einführung*, Stuttgart, Kohlhammer, 2007, p. 128-137 ; pour un point de vue général sur cette problématique, voir aussi Georges Devereux, *De l'angoisse à la méthode dans les sciences du comportement*, trad. Hourya Sinaceur, Paris, Flammarion, 1980, qui rappelle que les données manipulées par les sciences du comportement (ou pour ce qui nous concerne : le savoir académique portant sur des faits d'ordre magique) produisent de l'angoisse et que l'on réagit souvent à cette angoisse par une réaction d'ordre méthodologique, au sens d'une réaction inconsciente de contre-transfert où la méthode est un moyen de maîtriser sa propre angoisse. Devereux préconise précisément de faire de ce contre-transfert un objet de la discussion afin de parvenir à une connaissance équilibrée.

7. Sur le sujet général des collections, voir Krzysztof Pomian, *Collectionneurs, amateurs et curieux : Paris, Venise, XVIe-XVIIIe siècle*, Paris, Gallimard, 1987 ; Dominik Collet, *Die Welt in der Stube. Begegnungen mit Außereuropa in Kunstkammern der Frühen Neuzeit*, Göttingen, Vanderhoeck und Ruprecht, 2007 ; les pages 11-22 donnent un état des lieux de la recherche sur le sujet. Voir également Mamoun Fansa (dir.), *Zierde, Zauber, Zeremonien. Amulette zum Schutz von Körper, Hab und Seele. Begleitschrift zur Sonderausstellung vom 10.6.-26.8.2007*, Sigmaringen, Thorbecke, 2007. Voir enfin le numéro intitulé *Fremde Dinge* du *Zeitschrift für Kulturwissenschaften*, 1, 2007 .

8. Sur l'idée de magie, voir Hans G. Kippenberg et Brigitte Luchesi (dir.), *Magie. Die sozialwissenschaftliche Kontroverse über das Verstehen fremden Denkens*, Francfort-sur-le-Main, Suhrkamp, 1987 ; Wouter J. Hanegraaff, « Magic I: Introduction », dans *id.* (dir.), *Dictionary of Gnosis and Western Esotericism*, Leyde, Brill, 2005, vol. 2, p. 716-719. De son côté, Bernd-Christian Otto conseille de ne plus utiliser du tout le terme « magie », y compris pour les analyses historiques. Voir Bernd-Christian Otto, *Magie. Rezeptions- und diskursgeschichtliche Analysen von der Antike bis zur Neuzeit*, Berlin, De Gruyter, 2011.

9. Valentin Ernst Löscher (*praes.*) et Johann Sigismund Koblig (*resp. et auctor*), *Disquisitio antiquaria de talismanibus*, Wittenberg, 1693, fol. B4v° : « *De usu Talismanum disputare, & an licitus sit, disquirire, hujus fori non est : istud solum notamus, quosdam nostrae aetatis pereruditos homines multum illis tribuere :* […]. »

10. À propos de la magie naturelle voir Daniel P. Walker, *Spiritual and Demonic Magic from Ficino to Campanella*, Londres, Warburg Institute, University of London, 1958 ; Albert Heinekamp (dir.), *Magia naturalis und die Entstehung der modernen Naturwissenschaften. Symposion der Leibniz-Gesellschaft, Hannover, 14. und 15. November 1975*, Wiesbaden, Steiner, 1978 ; plus généralement, voir Lynn Thorndike, *A History of Magic and Experimental Science*, 8 volumes, New York, Columbia University Press, 1923-1958.
11. Jean Filesac, *De idololatria magica*, Paris, 1609.
12. Agrippa von Nettesheim, *De occulta philosophia. Libri tres*, Anvers, 1530 ; Cologne, 1533 (édition critique de Vittoria Perrone Compagni, Leyde, Brill, 1992). Charles G. Nauert Jr., *Agrippa and the Crisis of Renaissance Thought*, Urbana, University of Illinois Press, 1965. Pour un point de vue général sur le sujet, voir Paola Zambelli, *L'ambigua natura della magia. Filosofi, streghe, riti nel Rinascimento*, Milan, Mondadori, 1991 ; *id.*, *Magia bianca, magia nera nel Rinascimento*, Ravenne, Longo, 2004.
13. Sur l'histoire des amulettes et des talismans, voir Roy Kotansky, art. « Amulets », dans Wouter J. Hanegraaff (dir.), *Dictionary of Gnosis and Western Esotericism, op. cit.*, vol. 1, p. 60-71 ; vieilli, mais toujours riche d'informations : Ernest A. Wallis Budge, *Amulets and Superstitions. The original texts with translations and descriptions of a long series of Egyptian, Sumerian, Assyrian, Hebrew, Christian, Gnostic and Muslim amulets and talismans and magical figures, with chapters on the evil eye, the origin of the amulet, the pentagon, the swastika, the cross (pagan and Christian), the properties of stones, rings, divination, numbers, the Kabbâlâh, ancient astrology, etc.*, Londres, Oxford University Press, 1930.
14. Voir Fritz Graf, *Gottesnähe und Schadenzauber. Die Magie in der griechisch-römischen Antike*, Munich, Beck, 1996, p. 124 *sq*. De façon générale, voir les documents eux-mêmes dans *Papyri Graecae Magicae*, éd. par Karl Preisendanz, Leipzig et Berlin, Teubner, 1928-1931.
15. Andrea De Jorio, *La mimica degli antichi investigata nel gestire napoletano*, Naples, Fibreno, 1832 ; j'utilise la réédition anglaise récente : *Gesture in Naples and Gesture in Classical Antiquity*, éd. et trad. par Adam Kendon, Bloomington, Indiana University Press, 2000, p. 171 ; Bernard de Montfaucon, *L'Antiquité expliquée et représentée en figures*, supplément, vol. 2, Paris, 1724, planche LV.
16. Pietro Della Vecchia, *Allégorie*, Accademia Carrara, Bergame.
17. Ernesto De Martino, *Italie du Sud et magie*, trad. Claude Poncet, Paris, Gallimard, 1963, p. 17 *sq* ; voir également Thomas Hauschild, *Magie und Macht in Italien. Über Frauenzauber, Kirche und Politik*, Gifkendorf, Merlin, 2002.
18. Fritz Graf, *La magie dans l'Antiquité gréco-romaine. Idéologie et pratique*, Paris, Les Belles Lettres, 1994, p. 142-143.
19. Giordano Bruno, *Opere magiche*, éd. par Michele Ciliberto, Simonetta Bassi, Elisabetta Scapparone et Nicoletta Tirinnanzi, Milan, Adelphi, 2000.
20. Giordano Bruno, *De monade, numero et figura*, Francfort, 1591, cité d'après l'édition allemande *Über die Monas, die Zahl und die Figur als Elemente einer sehr geheimen Physik, Mathematik und Metaphysik*, éd. et trad. par Elisabeth von Samsonow, commentaires de Martin Mulsow, Hambourg, Meiner, 1991, p. 41 ; sur Cecco : p. 152 et *passim*. Sur Cecco, voir Richard Kieckhefer, *Magic in the Middle Ages*, Cambridge, Cambridge University Press, 1989, p. 168-170.
21. Nicola Badaloni, « I fratelli Della Porta e la cultura magica e astrologica a Napoli nel '500 », *Studi storici*, 1 (4), 1960, p. 677-713.
22. Tommaso Campanella, *De sensu rerum et magia*, Francfort, 1620 ; sur le sujet : Germana Ernst, *Tommaso Campanella. Il libro e il corpo della natura*, Bari, Laterza, 2002.
23. Joseph Juste Scaliger, *Epistolae*, Leyde, 1600, lettres CXIX et CLXXX. Sur Scaliger, voir Anthony Grafton, *Joseph Scaliger. A Study in the History of Classical Scholarship*, 2 volumes, Oxford, Clarendon Press, 1983 et 1993. Sur Casaubon, voir Mark Pattison, *Isaac Casaubon*, Londres, Longmans et Green, 1875.
24. Johann Heinrich Hottinger, *Historia orientalis*, Zurich, 1660, p. 297. Sur Hottinger, voir Jan Loop, « Johann Heinrich Hottinger (1620-1667) and the "Historia Orientalis" », *Church History and religious culture*, 88 (2), 2008, p. 169-203.

25. Johann Heinrich Hottinger, *Historia orientalis, op. cit.*, p. 199 *sq.*
26. John Selden, *De diis Syris*, Leipzig, 1668, p. 116 *sq.* Voir Gerald J. Toomer, *John Selden. A Life in Scholarship*, 2 volumes, Oxford, Oxford University Press, 2009, vol. 1, p. 211-256 ; Martin Mulsow, « John Seldens *De Diis Syris*: Idolatriekritik und vergleichende Religionsgeschichte im 17. Jahrhundert », *Archiv für Religionsgeschichte*, 3 (1), 2001, p. 1-24.
27. Voir tout le matériel d'antiquarisme biblique rassemblé sur les *teraphim* par Biagio Ugolino dans *Thesaurus antiquitatum sacrarum*, 1744-1769, vol. 23. À propos de cette œuvre, voir Angelo Vivian, « Biagio Ugolini et son *Thesaurus antiquitatum sacrarum*. Bilan des études juives au milieu du XVIIIe siècle », dans Chantal Grell et François Laplanche (dir.), *La République des Lettres et l'histoire du judaïsme antique, XVIe-XVIIIe siècles. Colloque tenu en Sorbonne en mai 1990*, Paris, Presses de l'université de Paris-Sorbonne, 1992, p. 115-147.
28. Cesare Baronio, *Annales ecclesiastici*, vol. 2, Rome, 1597, Annus Christi 120. J'utilise l'édition de Lucques, 1738, p. 92-93.
29. Sur le sujet : Peter N. Miller, « The Antiquary's Art of Comparison: Peiresc and *Abraxas* », dans Ralph Häfner (dir.), *Philologie und Erkenntnis. Beiträge zu Begriff und Problem frühneuzeitlicher Philologie*, Tübingen, Niemeyer, 2001, p. 57-94 ; pour un point de vue général sur Peiresc, voir Peter N. Miller, *Peiresc's Europe. Learning and Virtue in the Seventeenth Century*, New Haven, Yale University Press, 2000.
30. Martin Delrio, *Disquisitiones magicae*, Louvain, 1599. Pour un point de vue général sur la magie et la sorcellerie, voir Christoph Daxelmüller, *Aberglaube, Hexenzauber, Höllenängste. Eine Geschichte der Magie*, Munich, Deutscher Taschenbuch Verlag, 1996 ; Lyndal Roper, *Witch Craze. Terror and Fantasy in Baroque Germany*, New Haven, Yale University Press, 2004 ; Wolfgang Behringer, *Hexen. Glaube, Verfolgung, Vermarktung*, 5e édition, Munich, Beck, 2009.
31. Jean Jehasse, *La Renaissance de la critique. L'essor de l'humanisme érudit de 1560 à 1614*, Saint-Étienne, Presses universitaires de Saint-Étienne, 1976 ; voir aussi Martin Mulsow, « Cartesianismus, Libertinismus und historische Kritik. Neuere Forschungen zur Formation der Moderne um 1700 », *Philosophische Rundschau*, 42 (4), 1995, p. 297-314.
32. Pietro Pomponazzi, *De naturalium effectuum causis sive de incantationibus* [1525], Bâle, 1567. Sur la réception de l'ouvrage, voir Giancarlo Zanier, *Ricerche sulla diffusione e fortuna del "De incantationibus" di Pomponazzi*, Florence, La Nuova Italia, 1975. Voir Eckhard Kessler, « Pietro Pomponazzi. Zur Einheit seines philosophischen Lebenswerkes », dans Tamara Albertini (dir.), *Verum et factum. Beiträge zur Geistesgeschichte und Philosophie der Renaissance zum 60. Geburtstag von Stephan Otto*, Francfort-sur-le-Main, Lang, 1993, p. 397-419.
33. Gabriel Naudé, *Apologie pour tous les grands personnages qui ont esté faussement soupçonnez de magie*, Paris, 1625. Pour un point de vue général sur le sujet, voir Lorenzo Bianchi, *Tradizione libertina e critica storica. Da Naudé a Bayle*, Milan, Franco Angeli, 1988.
34. Gabriel Naudé, *Apologie pour tous les grands personnages qui ont esté faussement soupçonnez de magie*, cité ici d'après l'édition récente dans *Libertins du XVIIe siècle*, éd. par Jacques Prévot, vol. 1, Paris, Gallimard, 1998, p. 139-380. Sur le terme *magus* voir Walter Burkert, *Die Griechen und der Orient. Von Homer bis zu den Magiern*, Munich, Beck, 2003, p. 107-133. Au sujet de Naudé, voir Michael Stausberg, *Faszination Zarathushtra. Zoroaster und die europäische Religionsgeschichte der frühen Neuzeit*, 2 volumes, Berlin, De Gruyter, 1998, p. 535-540.
35. Jacques Gaffarel, *Curiositez inouyes sur la sculpture talismanique des Persans, Horoscope des Patriarches, et lecture des Estoilles*, Paris, 1629 ; cité ici d'après l'édition de Paris, 1637. Sur le sujet et ses répercussions, voir Ralph Häfner, *Götter im Exil. Frühneuzeitliches Dichtungsverständnis im Spannungsfeld christlicher Apologetik und philologischer Kritik (ca. 1590-1736)*, Tübingen, Niemeyer, 2003, p. 214-217 et p. 434-453.
36. Saverio Campanini, « Eine späte Apologie der Kabbala. Die *Abdita divinae Cabalae Mysteria* des Jacques Gaffarel », dans Thomas Frank, Ursula Kocher et Ulrike

37. Tarnow (dir.), *Topik und Tradition. Prozesse der Neuordnung von Wissensüberlieferungen des 13. bis 17. Jahrhunderts*, Göttingen, Vandenhoeck und Ruprecht, 2007, p. 325-351.
37. Voir aussi Paola Zambelli, *Una reincarnazione di Pico ai tempi di Pomponazzi. Con l'edizione critica di Tiberio Russiliano Sesto Calabrese: "Apologeticus adversus cucullatos" (1519)*, Milan, Il Polifilo, 1994.
38. Agrippa von Nettesheim, *De occulta philosophia…, op. cit.* J'utilise ici la traduction allemande, *De occulta philosophia. Drei Bücher über die Magie*, trad. Friedrich Barth, Nördlingen, Greno, 1987. Pour une traduction française, voir *Les trois livres de la philosophie occulte ou magie d'Henri Corneille Agrippa*, trad. Jean Servier, 3 volumes, Paris, Berg international, 1982.
39. Jacques Gaffarel, *Curiositez inouyes…, op. cit.,* ; cité ici d'après l'édition de Paris, 1637, p. 48 *sq.*: « Ie la tire de la Preface d'une Astrologie Persanne, traduicte en Hebreu par Rabbi Chomer, Autheur moderne, & ie ioint ses raisons avec celles que nous pouvons tirer des Latins, & des Grecs, pour les rendre plus fortes. »
40. Voir cependant A. J. H. Vincent, « Note relative à l'alphabet céleste et à R. Chomer », dans *Revue archéologique*, 2, 1845, p. 619-621, qui au XIXe siècle se prononce en faveur de l'hypothèse de l'authenticité. D'ailleurs, même si le *De lectura per stellas* et/ou le texte de Hamahalzel ne sont pas authentiques, cela ne signifie pas pour autant que Gaffarel était un escroc. Il peut avoir été lui-même trompé par des faux fournis par ceux de ses contacts vénitiens qui lui procuraient des documents écrits (suggestion amicale de Saverio Campanini). Et ces faux eux-mêmes peuvent avoir été en partie compilés à partir de documents authentiques.
41. Reimund Leicht, *Astrologumena Judaica. Untersuchungen zur Geschichte der astrologischen Literatur der Juden*, Tübingen, Mohr Siebeck, 2006. Voir par exemple p. 162-163 à propos du Sefer ha-Mazzalot du pseudo Abu Ma'shar. Mais ce livre-ci fut imprimé et diffusé.
42. Jacques Gaffarel, *Curiositez inouyes…, op. cit.* ; cité ici d'après l'édition de Paris, 1637, p. 46. Voir aussi l'allusion à Naudé page 50.
43. François de Monceaux, *Aaron purgatus sive de vitelo aureo*, Arras, 1606. Voir Jonathan Sheehan, « The Altars of the Idols: Religion, Sacrifice, and the Early Modern Polity », *Journal of the History of Ideas*, 67 (4), 2006, p. 649-674. Sur le fait que Monceaux a lui-même décrit les talismans et leurs effets, voir Claude-François Ménestrier, *La philosophie des images enigmatiques…*, Lyon, 1694, p. 258-259 ; Lynn Thorndike, *A History of Magic and Experimental Science*, vol. 8, New York, Columbia University Press, 1958, p. 491-492. Voir François de Monceaux, *Disquisitio de magia divinatrice et operatrice*, Francfort et Leipzig, 1683. Mais le véritable auteur de ce dernier livre est Johannes Praetorius.
44. François de Monceaux, *Aaron purgatus sive de vitelo aureo*, *op. cit.*, p. 56.
45. Jacques Gaffarel, *Curiositez inouyes…, op. cit.* ; cité ici d'après l'édition de Paris, 1637, p. 61.
46. Peter Schäfer, *Jesus in the Talmud*, Princeton, Princeton University Press, 2007, p. 38-39 ; Shaul Shaked, « Jesus in the Magic Bowls », *Jewish Studies Quarterly*, 6 (4), 1999, p. 309-319 ; voir aussi, de façon générale, Jacob Neusner, *A History of the Jews in Babylonia*, 5 volumes, Leyde, Brill, 1966-1970 ; Michael G. Morony, *Iraq After the Muslim Conquest*, Princeton, Princeton University Press, 1984, p. 384-430.
47. Jacques Gaffarel, *Curiositez inouyes…, op. cit.* ; cité ici d'après l'édition de Paris, 1637, p. 61-62.
48. Jacques Gaffarel, *Curiositez inouyes…, op. cit.* ; cité ici d'après l'édition de Paris, 1637, p. 62.
49. Michael B. Dick, « Prophetic Parodies of Making the Cult Image », dans *id.* (dir.), *Born in Heaven, Made on Earth. The Making of the Cult Image in the Ancient Near East*, Winona Lake, Eisenbrauns, 1999, p. 1-54.
50. *Picatrix. Das Ziel des Weisen von Pseudo-Magriti*, trad. Hellmut Ritter et Martin Plessner, Londres, The Warburg Institute, University of London, 1962.
51. Sur le sujet, voir Dov Schwartz, *Studies on Astral Magic in Medieval Jewish Thought*, Leyde, Brill, 2005.

52. Monceaux a pu puiser dans cette tradition au moment où il prit la défense d'Aaron.
53. Sur l'écriture ésotérique, voir Moshe Halbertal, *Concealment and Revelation. Esotericism in Jewish Thought and its Philosophical Implications*, Princeton, Princeton University Press, 2007.
54. Dov Schwartz, *Studies on Astral Magic in Medieval Jewish Thought, op. cit.*, p. 20.
55. Moïse Maïmonide, *Führer der Unschlüssigen*, éd. et trad. Adolf Weiss, Hambourg, Meiner, 1972 [1924], livre III, chap. XXIX (traduction française : *Le guide des égarés*, trad. Salomon Munk, Lagrasse, Verdier, 1979). Sur Maïmonide, voir Sarah Stroumsa, *Maimonides in His World. Portrait of a Mediterranean Thinker*, Princeton, Princeton University Press, 2009.
56. Voir Aaron Katchen, *Christian Hebraists and Dutch Rabbis. Seventeenth Century Apologetics and the Study of Maimonides' Mishneh Torah*, Cambridge, Harvard University Press, 1984 ; Jan Assmann, *Moses der Ägypter. Entzifferung einer Gedächtnisspur*, Munich, Hanser, 1998, p. 88-132 ; Martin Mulsow, « Den „Heydnischen Saurteig" mit dem „Israelitischen Süßteig" vermengt: Kabbala, Hellenisierungsthese und Pietismusstreit bei Abraham Hinckelmann und Johann Peter Späth », *Scientia Poetica*, 11, 2007, p. 1-50 ; Guy G. Stroumsa, *A New Science. The Discovery of Religion in an Age of Reason*, Cambridge, Harvard University Press, 2010.
57. Athanasius Kircher, *Arithmologia, sive de abditis numerorum mysterijs. Qua origo, antiquitas et fabrica numerorum exponitur...*, Rome, 1665 ; *id.*, *Oedipus Aegyptiacus*, Rome, 1652-1654, t. II, 1, p. 389-391 : « Fabrica et usus telesmatum », p. 397-400 : « De telesmatis magnis » ; t. II, 2, p. 55 *sq.* sur les sceaux planétaires, p. 461 *sq.* sur les gemmes gnostiques, p. 474 *sq.* sur les talismans.
58. Fortunio Liceti, *De anulis antiquis*, Udine, 1645 ; à propos de l'antiquarisme médical, voir Nancy G. Siraisi, *History, Medicine and the Traditions of Renaissance Learning*, Ann Arbor, University of Michigan Press, 2007.
59. Julius Reichelt, *De amuletis*, Strasbourg, 1676. Sur ce sujet, voir Lynn Thorndike, *A History of Magic and Experimental Science*, vol. 8, *op. cit.*, p. 569-570. Voir aussi Johann Christoph Vulpius, *De amuletis*, Königsberg, 1688.
60. Jacob Wolff, *Curiosus amuletorum scrutator*, Iéna, 1692. Voir aussi August Nathanael Hübler (*praes.*) et Martin Friedrich Blümler (*resp.*), *Amuletorum historiam, earumque censuram... submittit*, Halle, 1710.
61. *Musaeum Brackenhofferianum / Das ist / Ordentliche Beschreibung Aller / so wohl natürlicher als Kunstreicher Sachen / Welche sich in Weyland Hrn. Eliae Brackenhoffers / gewesenen Dreyzehners bey hiesiger Statt Straßburg / Hinterlassenem Cabinet befinden*, Strasbourg, 1683, p. 79 : crocodiles ; p. 80 : tête de lion ; p. 82 : moineau à trois pattes, p. 112 : anneaux antiques.
62. Valentin Ernst Löscher (*praes.*) et Johann Sigismund Koblig (*resp. et auctor*), *Disquisitio antiquaria de talismanibus*, Wittenberg, 1693.
63. *Ibid.*, § XI-XII.
64. Agrippa von Nettesheim, *De occulta philosophia*, livre III, chap. 31 : « *Est aliud characterum genus, sola revelatione acceptum, quod nulla alia ratione potest indagari [...] eius generis sunt signaculum Constantino ostensum, quod crucem plerique appellabant, latinis literis inscriptum, IN HOC VINCE.* »
65. Badische Landesbibliothek Karlsruhe, Ms. 394, fol. 36 *sq.* : *Epistolae Zachariae Noltenii de magicis inter Judaeos et Christianos Planetarum nummis. Scriptae A. 1709 mense Martio et Aprili*. Le dernier folio du volume est le folio 247. À propos des amulettes planétaires et des textes détaillant leur fabrication, comme le *Sefer ha-Kasdim*, voir Reimund Leicht, *Astrologumena Judaica...*, *op. cit.*, p. 325-331 ; l'apparition de carrés magiques et planétaires dans des textes juifs ne date apparemment que du XVe siècle. À propos des modèles arabes, voir W. Ahrens, « Studien über die magischen Quadrate der Araber », *Der Islam*, 7 (3), 1917, p. 186-250 ; *id.*, « Magische Quadrate und Planetamulette », *Naturwissenschaftliche Wochenschrift*, 35, 1920, p. 465-475. – En 1710, Nolte devint pasteur à Wackersleben.

66. Ces cours furent publiés sous le titre : *Aenigmata Judaeorum religiosissima maxime recondita*, Helmstedt, 1705. Je dois la connaissance de ce texte à Asaph Ben-Tov. Je lui dois également une idée des rapports de Hardt avec les traditions rabbiniques.
67. Peter Friedrich Arpe, *De prodigiosis naturae et artis operibus Talismanes et Amuleta dictis*, Hambourg, 1717.
68. Sur Arpe (1682-1740), voir Martin Mulsow, « Freethinking in Early Eighteenth-Century Protestant Germany: Peter Friedrich Arpe and the *Traité des trois imposteurs* », dans Silvia Berti, Françoise Charles-Daubert et Richard H. Popkin (dir.), *Heterodoxy, Spinozism and Free Thought in Early-Eighteenth-Century Europe. Studies on the "Traité des trois imposteurs"*, Dordrecht / Londres / Boston, Kluwer, 1996, p. 193-239 ; *id.*, *Moderne aus dem Untergrund. Radikale Frühaufklärung in Deutschland 1680-1720*, Hambourg, Meiner, 2002, *passim*.
69. Peter Friedrich Arpe, *De prodigiosis naturae et artis operibus Talismanes et Amuleta dictis*, Hambourg, 1717, p. 135 : « *Quod si nec ineditorum numerum inire displicet, GEORGII FRANCI de FRANCKENAU dulcis recurrit memoria, qui Medicinae Doctor, & diversis temporibus ejus Professor* Argentinae Heidelbergae & Wittebergae, *nec non multorum Regum Principumque Archiater fuit. Is aliquando* Caroli Ludovici *Principis Palatini jussu, qui talia summo studio inquirebat, integrum opus* de amuletis *tentabat, sed ob miserrima illius regionis tempora & negotium, quibus urgebatur, molem, nondum ad umbilicum perduxerat, cum* Hafniae *1704. rebus humanis diceret valere & plaudere, suis vero familiaribus dolere & plaugere.* »
70. Pour comparaison, voir Maria Dzielska, *Apollonius of Tyana in Legend and History*, Rome, L'Erma di Bretschneider, 1986.
71. Lettre de Johann Lorenz von Mosheim à Mathurin Veyssière La Croze, 10 mars 1718, dans *Thesaurus epistolicus Lacrozianus*, éd. par Ludwig Uhl, 3 volumes, Leipzig, 1742-1744, vol. 1, p. 275: « *Rationem cum vero ex eo quaererem, dare non potuit sufficientem ; saltim non dedit.* » ; Martin Mulsow, « Eine „Rettung" des Servet und der Ophiten? Der junge Mosheim und die häretische Tradition », dans *id. et al.* (dir.), *Johann Lorenz Mosheim (1693-1755). Theologie im Spannungsfeld von Philosophie, Philologie und Geschichte*, Wiesbaden, Harrassowitz, 1997, p. 45-92, ici p. 71-72.
72. Voir François Nau, « Apotelesmata Apollonii Tyanensis », dans *Patrologia Syriaca*, vol. 2, éd. par René Graffin, Paris, 1907, p. 1363-1385 ; sur la figure d'Apollonius de Tyane dans la tradition arabe, voir Ursula Weisser, *Das „Buch über das Geheimnis der Schöpfung" von Pseudo-Apollonios von Tyana*, Berlin, De Gruyter, 1980.
73. Voir Martin Mulsow, « Eine „Rettung" des Servet und der Ophiten?..., *op. cit.*, p. 69-70.
74. Valentin Ernst Löscher (*praes.*) et Johann Sigismund Koblig (*resp. et auctor*), *Disquisitio antiquaria de talismanibus, op. cit.*, fol. B4v° : « *De usu Talismanum disputare, & an licitus sit, disquirire, hujus fori non est.* »
75. Voir Martin Mulsow, « Antiquarianism and Idolatry. The *Historia* of Religions in the Seventeenth Century », dans Gianna Pomata et Nancy G. Siraisi (dir.), *Historia. Empiricism and Erudition in Early Modern Europe*, Cambridge, MIT Press, 2005, p. 181-210 ; *id.*, « Die Thematisierung paganer Religionen in der Frühen Neuzeit », dans Christoph Bultmann, Jörg Rüpke et Sabine Schmolinsky (dir.), *Religionen in Nachbarschaft. Pluralismus als Markenzeichen der europäischen Religionsgeschichte*, Münster, Aschendorff, 2012, p. 109-123.

13. Vigilance et mobilité. Contribution à l'histoire informationnelle de la numismatique et du voyage en orient sous le règne de Louis XIV

1. Daniel Roche, *Humeurs vagabondes. De la circulation des hommes et de l'utilité des voyages*, Paris, Fayard, 2003 ; Stéphane Van Damme, « "The World is too Large": Philosophical Mobility and Urban Space in Seventeenth- and Eighteenth-Century Paris », *French Historical Studies*, 29 (3), 2006, p. 379-406.
2. Dans son « Discours sur une Medaille de l'Empereur Trajan, lû à la premiere Assemblée de l'Academie Royale des Inscriptions & des Medailles », dans *Mémoires pour l'histoire des sciences et des beaux arts recueuillis par l'ordre de S.A.S. Mr. le duc du Maine. Seconde edition augmentée de diverses remarques & de plusieurs articles nouveaux*, t. III, Amsterdam, avril 1702, p. 294-303, ici p. 294. Sur Vaillant, voir plus bas, note 51.
3. Dans la perspective d'Ann Blair, « Note-Taking as an Art of Transmission », *Critical Inquiry*, 31 (1), 2004, p. 85-107. Voir aussi *id.*, *Too Much to Know. Managing Scholarly Information before the Modern Age*, New Haven, Yale University Press, 2010.
4. Daniel Woolf, *The Social Circulation of the Past. English Historical Culture, 1500-1730*, Oxford, Oxford University Press, 2003.
5. Voir les réflexions théoriques d'Arndt Brendecke, *Imperium und Empirie. Funktionen des Wissens in der spanischen Kolonialherrschaft*, Cologne et Vienne, Böhlau, 2009. Ces réflexions prennent appui sur des rapports envoyés d'Amérique latine en Espagne. Voir également Christopher Bayly, *Empire and Information. Intelligence Gathering and Social Communication in India, 1780-1870*, Cambridge, Cambridge University Press, 1997.
6. On peut toujours consulter Arnaldo Momigliano, « Ancient History and the Antiquarian », *Journal of the Warburg and Courtauld Institutes*, 13 (3-4), 1950, p. 285-315 ; voir aussi Alain Schnapp, *La conquête du passé. Aux origines de l'archéologie*, 3e édition, Paris, Le Livre de Poche, 1998. Pour des questions actuelles sur le même sujet, voir Peter N. Miller (dir.), *Momigliano and Antiquarianism. Foundations of the Modern Cultural Sciences*, Toronto, University of Toronto Press, 2007.
7. Voir Francis Haskell, *Die Geschichte und ihre Bilder. Die Kunst und ihre Deutung der Vergangenheit*, Munich, Beck, 1995 ; Antoine Schnapper, *Curieux du Grand Siècle. Collections et collectionneurs dans la France du XVIIe siècle*, Paris, Flammarion, 1994 ; Krzysztof Pomian, *Collectionneurs, amateurs et curieux : Paris, Venise, XVIe-XVIIIe siècle*, Paris, Gallimard, 1987.
8. Ezechiel Spanheim, *Les Césars de l'empereur Julien*, Amsterdam, 1728, p. XLI.
9. Pierre Bayle, *Écrits sur Spinoza*, éd. par Françoise Charles-Daubert et Pierre-François Moreau, Paris, Berg International, 1983, p. 114 ; Joy Charnley, *Pierre Bayle. Reader of Travel Literature*, Berne, Lang, 1998, p. 76-77 ; Jonathan Israel, *Enlightenment Contested. Philosophy, Modernity, and the Emancipation of Man, 1670-1752*, Oxford, Oxford University Press, 2006, p. 635. Voir Pietro Della Valle, *Viaggi in Turchia, Persia et India descritti da lui medesimo in 54 lettere famigliari*, 2 volumes, Rome, 1650-1658.
10. Patricia Crone, « Post-Colonialism in Tenth-Century Islam », *Der Islam*, 83 (1), 2006, p. 2-38.
11. Ottavio Falconieri, *De nummo Apamensi Deucalionei diluvii typum exhibente dissertatio*, Rome, 1667. Voir J. B. Selbst, « Zu den Ω-Münzen aus Apamea », *Zeitschrift für die Alttestamentliche Wissenschaft*, 27, 1907, p. 73-74 ; pour un état présent des recherches sur le sujet, voir Paul Trebilco, *Jewish Communities in Asia Minor*, Cambridge, Cambridge University Press, 1991, p. 86-95 ; Martin Hengel et Anna Maria Schwemer, *Paulus zwischen Damaskus und Antiochien. Die unbekannten Jahre des Apostels*, Tübingen, Mohr Siebeck, 2000, p. 254.
12. Nicholas Dew, *Orientalism in Louis XIV's France*, Oxford, Oxford University Press, 2009.

13. Marie Veillon, « La science des médailles antiques sous le règne de Louis XIV », *Revue numismatique*, 152, 1997, p. 359-377. Thierry Sarmant, *La république des médailles. Numismates et collections numismatiques à Paris du Grand Siècle au siècle des Lumières*, Paris, Champion, 2003.
14. Voir Blandine Barret-Kriegel, *Les académies de l'histoire*, Paris, Presses universitaires de France, 1988, p. 169-321 : « L'Académie royale des Inscriptions et Belles-Lettres ».
15. Jacob Soll, *The Information Master. Jean-Baptiste Colbert's Secret State Intelligence System*, Ann Arbor, University of Michigan Press, 2009.
16. *Ibid.*, p. 107: « [...] *centralized system of information for international relations and political legitimacy* ». À propos de la machine de propagande autour de Louis XIV, voir aussi Peter Burke, *Louis XIV : les stratégies de la gloire*, trad. Paul Chemla, Paris, Le Seuil, 1995.
17. Voir Henri Omont, *Missions archéologiques en Orient aux XVIIe et XVIIIe siècles*, 2 volumes, Paris, Imprimerie nationale, 1902. Sur les relations avec le Levant, voir également Alastair Hamilton, Maurits Van den Boogert et Bart Westerweel (dir.), *The Republic of Letters and the Levant*, Leyde, Brill, 2005.
18. Nancy G. Siraisi, *History, Medicine, and the Traditions of Renaissance Learning*, Ann Arbor, University of Michigan Press, 2007. Voir aussi Leopold Joseph Renauldin, *Études historiques et critiques sur les médecins numismatistes, contenant leur biographie et l'analyse de leurs écrits*, Paris, J.-B. Baillière et fils, 1851.
19. Gianna Pomata et Nancy G. Siraisi (dir.), *Historia. Empiricism and Erudition in Early Modern Europe*, Cambridge, MIT Press, 2005.
20. Brian Ogilvie, *The Science of Describing. Natural History in Renaissance Europe*, Chicago, University of Chicago Press, 2006.
21. John Cunnally, *Images of the Illustrious. The Numismatic Presence in the Renaissance*, Princeton, Princeton University Press, 1999 ; Ulrich Pfisterer, *Lysippus und seine Freunde. Liebesgaben und Gedächtnis im Rom der Renaissance, oder: Das erste Jahrhundert der Medaille*, Berlin, Akademie Verlag, 2008.
22. Il se jouait, quoiqu'à une échelle moindre, quelque chose de semblable avec les manuscrits, ainsi qu'avec les écrits pseudonymes ou anonymes dont on tâchait collectivement et fébrilement d'identifier les auteurs. Voir à ce propos Martin Mulsow, *Die unanständige Gelehrtenrepublik. Wissen, Libertinage und Kommunikation in der Frühen Neuzeit*, Stuttgart, Metzler, 2007, p. 217-245.
23. Sur Baudelot (1648-1722) voir le *Dictionnaire de biographie française*, vol. 5, Paris, Letouzey et Ané, 1951, col. 840 ; et Daniel Roche, *Humeurs vagabondes. De la circulation des hommes et de l'utilité des voyages*, Paris, Fayard, 2003, p. 62 *sq*.
24. *Voyage de Sieur Paul Lucas, fait par ordre du Roi dans la Grèce, l'Asie Mineure, la Macédoine et l'Afrique*, éd. par Charles-César Baudelot de Dairval, Paris, 1704.
25. Lucette Valensi, art. « Lucas, Paul » dans François Pouillon (dir.), *Dictionnaire des orientalistes de langue française*, Paris, IISMM-Karthala, 2008, p. 614.
26. Anne Goldgar, *Impolite Learning. Conduct and Community in the Republic of Letters, 1680-1750*, New Haven, Yale University Press, 1995.
27. Voir Justin Stagl, *Apodemiken. Eine räsonnierte Bibliographie der reisetheoretischen Literatur des 16., 17. und 18. Jahrhunderts*, avec la collaboration de Klaus Orda et Christel Kämpter, Paderborn, Schöningh, 1983 ; id., *Eine Geschichte der Neugier. Die Kunst des Reisens 1550-1800*, Vienne, Böhlau, 2002.
28. Charles-César Baudelot de Dairval, *De l'utilité des voyages et de l'avantage que la recherche des antiquitez procure aux sçavans*, Paris, 1686, t. I, p. 63.
29. *Ibid.*, p. 65-66.
30. Charles-César Baudelot de Dairval, *Histoire de Ptolémée Auletes. Dissertation sur une pierre gravée antique du cabinet de Madame*, Paris, 1698.
31. Sur Ptolémée XII « Aulète » (*ca* 115-51 av. J.-C.), voir Werner Huß, *Ägypten in hellenistischer Zeit 332-30 v. Chr.*, Munich, Beck, 2001, p. 671-702.
32. Voir Kostas Buraselis, *Das hellenistische Makedonien und die Ägäis. Forschungen zur Politik des Kassandros und der drei ersten Antigoniden (Antigonos Monophthalmos, Demetrios*

Poliorketes und Antigonos Gonatas) im Ägäischen Meer und in Westkleinasien, Munich, Beck, 1982.

33. Charles-César Baudelot de Dairval, *Histoire de Ptolemée Auletes...*, *op. cit.*, p. 311.
34. *Ibid.*, p. 319. Sur ce cabinet, voir Sigrun Paas (dir.), *Lieselotte von der Pfalz: Madame am Hofe des Sonnenkönigs. Ausstellung der Stadt Heidelberg zur 800-Jahr-Feier, 21. September 1996 bis 26. Januar 1997 im Heidelberger Schloss*, Heidelberg, Winter, 1996.
35. Charles-César Baudelot de Dairval, *Histoire de Ptolemée Auletes...*, *op. cit.*, p. 323. Tétradrachme, Amphipolis, *ca* 290-289 av. J.-C. Droit : tête cornue et diadémée, à droite. Revers : Poséidon avec son trident, à gauche, le pied droit posé sur un rocher. Deux monogrammes à gauche et à droite dans le champ. Newell 116, AMNG (*Die antiken Münzen Nord-Griechenlands*, éd par Friedrich Imhoof-Blumer, 1898-1913) III 182.9.
36. Charles-César Baudelot de Dairval, *Histoire de Ptolemée Auletes...*, *op. cit.*, p. 320.
37. Pierre Petit, *De sibylla*, Leipzig, 1686. Sur Petit voir Martin Mulsow, « Christian Humanism in the Age of Critical Philology: Ralph Häfner's *Gods in Exile* », *Journal of the History of Ideas*, 70 (4), 2009, p. 659-679.
38. Pierre Petit, *De Amazonibus dissertatio qua an vere extiterint, necne, variis ultro citroque argumentis et conjecturis disputatur*, Paris, 1685 ; j'utilise l'édition d'Amsterdam de 1687. Petit invoque ainsi l'autorité de Geronimo Mercuriale qui rapporte qu'un certain Eradius dit dans sa *Vita Poemonis Abbatis* que des Amazones vivraient en Syrie et qu'elles auraient – bien des années après la naissance du Christ – tué bon nombre de saints pères (p. 42). Il cite ensuite Cardan, qui raconte que d'après le témoignage d'une lettre Pierre Martyr au cardinal Bembo, il existe des Amazones en Martinique (p. 44). Puis il expose des récits tirés de la *Description de l'Ethiopie Orientale* de Joannes dos Santos selon lesquels des Amazones vivraient en Éthiopie (p. 45). (Édition française : *Traité historique sur les Amazones, où l'on trouve tout ce que les Auteurs tant anciens que modernes ont écrit pour ou contre ces Héroïnes & où l'on apporte quantité de Médailles & d'autres Monumens anciens, pour prouver qu'elles ont existé. En deux tomes*, Leyde, 1718, p. 66-79).
39. Pierre Petit, *De Amazonibus dissertatio qua an vere extiterint, necne, variis ultro citroque argumentis et conjecturis disputatur*, 2ᵉ édition, Amsterdam, 1687, p. 373 sq. Petit s'y oppose aux théories de Goropius et d'autres, les taxant de « fables » et d'« arguments [...] qui approchent plus des declamations d'Orateurs que des disputes de Philosophes » (d'après l'édition française : *Traité historique sur les Amazones...*, Leyde, 1718, respectivement p. 549 et 610).
40. *Ibid.*, p. *2vº : « *Mendacii esse suspecta et fabulosa censeri.* »
41. *Ibid.*, p. *3rº. Dans sa dédicace à Baudelot, Petit affirme la dette qu'il a envers celui-ci « *non solum quia mihi scribendi auctor fuisti, sed maxime eorum monumentorum causa, quae partim mihi et tuo instructissimo penu literario suppediasti, partim ex aliorum Museis, atque ipsa Regis Gaza per amicos tuos utenda impetrasti* »
42. *Ibid.*, p. 379 : « *Equidem memoria repeto, me initio Dissertationis, cum de Amazonum statu agerem, quid de Thalestridis historia quisque sentire vellet, in medio reliquisse, cum utra opinio vera esset affirmantium aut negantium, parum eius disputationis interesse existimarem: nunc cum de gentis illius duratione agitur, accurantius quid mihi de hoc facto probabilius videretur, explicandum fuit, quo maxime constare posset, regnum Amazonum conservatum usque ad tempora Alexandri Magni.* » (*Traité historique sur les Amazones...*, Leyde, 1718, p. 619-620 : « Aussi me souvient-il, que traitant au commencement de cette même Dissertation de l'état des Amazones, j'ai laissé à un chacun la liberté de croire ce qu'il voudroit de l'histoire de Thalestris, puisque selon mon avis il importoit peu à mon sujet de sçavoir alors quelle étoit la véritable opinion, ou de ceux qui soutenoient la vérité de cette histoire, ou de ceux qui la nioient ; mais présentement qu'il s'agit de la durée de cette Nation, il a fallu que j'aye expliqué avec plus de précision ce qui me paroissoit le plus probable sur ce fait historique, afin qu'on pût sçavoir certainement, que le Royaume des Amazones se maintint jusqu'au temps d'Alexandre le Grand. ») Sur les Amazones, voir Hedwig Appelt, *Die Amazonen. Töchter von Liebe und Krieg*, Stuttgart, Theiss, 2009 ;

Gerhard Pöllauer, *Die verlorene Geschichte der Amazonen. Neueste Forschungserkenntnisse über das sagenumwobene Frauenvolk*, Klagenfurt, Ebooks.at, 2002.

43. Pierre Petit, *De Amazonibus dissertatio…, op. cit.*, p. 236-237, à propos de Smyrne : « *De Smyrna igitur, quod inter urbes ab Amazonibus conditas & nominatas, merito referatur, plures sunt nummi qui fidem faciant. Ac primum is, quem supra ex Petri Seguini viri eruditissimi Museo proferebamus, cum de Amazonia securi ageremus, a Smyrnaeis percussus, quem hic reponere nihil necesse est, cum cuivis promptum sit revisere eum locum, ubi eius similitudinem apposuimus, vel etiam apud ipsum Seguinum contemplari. Sed idem alio e Gaza literaria Amici nostri confirmare libet.* » (*Traité historique sur les Amazones…*, Leyde, 1718, p. 400-401 : « Que Smyrne donc merite d'être mise au nombre des villes que les Amazones ont bâties, & à qui elles ont donné le nom, c'est ce qui se prouve par plusieurs Medailles. La prémiere de ces Medailles est celle, que nous avons apportée ci-dessus en parlant de la hache des Amazones, que nous avons tirée du Cabinet du sçavant Monsieur Seguin, & qui a été frappée par les Smyrnéens ; il n'est pas nécessaire de la remettre ici, puisqu'on peut facilement revoir l'endroit, où nous avons placé sa figure, ou bien l'aller voir chès M^r. Seguin lui-même. Cela même se prouve par cette autre Medaille tirée du Cabinet de nôtre Ami. »)
44. Sur les rapports entre le pyrrhonisme historique et la numismatique, voir Arnaldo Momigliano, « Ancient History and the Antiquarian », *op. cit.*
45. Sur Perizonius et son pyrrhonisme historique modéré, voir Carlo Borghero, *La certezza e la storia. Cartesianesimo, pirronismo e conoscenza storica*, Milan, Angeli, 1983.
46. Pierre Petit, *De Amazonibus dissertatio…, op. cit.*, p. 238 (édition française : *Traité historique sur les Amazones…*, Leyde, 1718, p. 403).
47. *Ibid.*, « Praefatio », p. *3r°.
48. *Ibid.*, p. 187-188. Il s'agit d'une « estampe » communiquée par Morell et « tirée par lui-même » d'une médaille de l'empereur Commode (*Traité historique sur les Amazones…*, Leyde, 1718, p. 320, et p. 322 pour la reproduction).
49. *Ibid.*, p. 189 (édition française : *Traité historique sur les Amazones…*, Leyde, 1718, p. 322-323).
50. Je reconstruis en partie une telle histoire à propos d'un passage tiré d'al-Qarafi dans Martin Mulsow, « Socinianism, Islam, and the Radical Uses of Arabic Scholarship », *Al-Qantara. Revista de estudios árabes*, 31 (2), 2010, p. 549-586.
51. Sur Vaillant, voir Marie Veillon, « La science des médailles antiques sous le règne de Louis XIV », *op. cit.*, mais aussi Christian Dekesel, « Jean Foy-Vaillant (1632-1706) : l'antiquaire du roy », dans *id.* et Thomas Stäcker (dir.), *Europäische numismatische Literatur im 17. Jahrhundert*, Wiesbaden, Harrassowitz, 2005, p. 69-88 et Thierry Sarmant, *La république des médailles…, op. cit.*, p. 117-128.
52. Jean Foy Vaillant, *Historia regum Syrie*, Paris, 1681 ; *id.*, *Historia Ptolemaeorum Aegypti regum, ad fidem numismatum accomodata*, Amsterdam, 1701 ; *id.*, *Arsacidarum imperium sive regum parthorum historia, ad fidem numismatum accomodata*, Paris, 1725 ; *id.*, *Achaemenidarum imperium sive regum Ponti, Boshori, et Bithyniae historia, ad fidem numismatum accomodata*, Paris, 1725 (qui est le 2e tome du précédent). Dans la préface à son *Histoire de Ptolémée Auletes*, Baudelot engage explicitement Vaillant à publier « ce qu'il a sur les Rois Ptolemées » (*Histoire de Ptolémée Auletes…, op. cit.*, p. XXVIII).
53. Jean Foy Vaillant, *Historia regum Syrie, op. cit.*, « praefatio », non paginée, fol. **1r° : « *Cogitanti mihi aliquando quae sit Numismatum veterum utilitas, quantumque ad illustrandam Historiam praesidii in his positum sit, plenus ecce talium Nummorum sacculus affertur. Hunc ad me quidam amicorum notus olim Byzantii familiariter, cum illic ad Thesaurum Christianismi Regis locupletandum versarer, a perigrinatione mittebat. In his cum multos Regum Syriae nummos reperissem, venit in mentem quam possem plurimos colligere, si forte integram ex his seriem possem efficere, quae Principum illorum Historiae alioqui apud scriptores intricatissimae, aliquid lucis afferent. Hoc consilio veterum scripta perlegere aggressus, fragmenta ex his deprompsi, et in unum veluti Chronologiae corpus redigi, verbis ipsis auctorum ferme repraesentatis, ne quis sensum a me detortum suspicari posset.* »

54. Bianca Chen, « Digging for Antiquities with Diplomats: Gisbert Cuper (1644-1716) and his Social Capital », *Republics of Letters: A Journal for the Study of Knowledge, Politics, and the Arts*, 1 (1), 2009, https://arcade.stanford.edu/rofl/digging-antiquities-diplomats-gisbert-cuper-1644-1716-and-his-social-capital.
55. Voir Arndt Brendecke, « Tabellenwerke in der Praxis der frühneuzeitlichen Geschichtsvermittlung », dans Theo Stammen et Wolfgang Weber (dir.), *Wissenssicherung, Wissensordnung und Wissensverarbeitung. Das europäische Modell der Enzyklopädien*, Berlin, Akademie Verlag, 2004, p. 157-189 ; Benjamin Steiner, *Die Ordnung der Geschichte. Historische Tabellenwerke in der Frühen Neuzeit*, Cologne, Böhlau, 2008.
56. Denis Petau, *Opus de doctrina temporum*, Paris 1627, livre. X, chap. 47. Pour la recherche actuelle dans ce domaine, voir Kai Brodersen (éd.), *Zwischen West und Ost. Studien zur Geschichte des Seleukidenreichs*, Hambourg, Kovač, 2000.
57. Voir les sous-titres des ouvrages historiques de Vaillant, note 52.
58. À propos de ce genre de textes, voir Gerald J. Toomer, *Eastern Wisedome and Learning. The Study of Arabic in Seventeenth-Century England*, Oxford, Clarendon Press, 1996.
59. Ezechiel Spanheim, *De praestantia et usu numismatum antiquorum*, t. I, Londres, 1706, p. 403-447.
60. Pour un point de vue général, voir Jacob Amiet, *Der Münzforscher Andreas Morellius von Bern. Ein Lebensbild aus der Zeit der Bastille*, Berne, Haller, 1883. Voir aussi Thierry Sarmant, *La république des médailles…, op. cit.*, p. 76-79.
61. On trouve des témoignages de ce talent de dessinateur dans un fonds des archives du Land de Thuringe à Rudolstadt (Staatsarchiv Rudolstadt, Bestand Münzkabinett Arnstadt, n° 4-7). En ce qui concerne les gravures faites à partir de ses dessins, on en trouve des reproductions dans les volumes posthumes *Thesaurus Morellianus*, vol. 1 et 2 : *sive Familiarum romanarum numismata omnia*, éd. par Sigbert Haverkamp, Amsterdam, 1734 ; vol. 3 à 5 : *continens XII priorum Imperatorum Romanorum numismata*, éd. par Petrus Wesseling, Amsterdam, 1752.
62. Andreas Morell, *Specimen universae rei nummariae antiquae*, Paris, 1683, p. 3 et surtout Paris, 1695, p 3-4 : « *Solus superiori saeculo huiusmodi institutum aggressus fuit, summae industriae vir, Hubertus Goltzius, cuius tamen egregium laborem invidia & praestantibus ausis inimica mors abrupit: etenim is de omnium Imperatorum nummis aeri incidendis cogitationem susceperat ; quod patet ex eius MSS. quae Vesontii apud nobilissimum Chiffletium, curiae Parlamenti consiliarium, conspexi, quaeque postea in Ludovici Magni Galliarum Regis bibliothecam nummariam pervenere ; ubi totius operis istius delineandi occasio mihi data est.* » Cette seconde édition augmentée est notamment enrichie d'expertises détaillées de Spanheim, sous forme de lettres à Morell. Sur Goltzius, voir John Cunnally, *Images of the Illustrious…, op. cit.*
63. Voir les traces matérielles des efforts de Morell pour dessiner et expliquer toutes les médailles du cabinet du roi dans *Comptes des Batiments du Roi sous le regne de Louis XIV*, éd. par Jean-Jacques Guiffrey, 5 volumes, Paris, 1881-1901 : 1684, col. 538 ; 1688, col. 123 ; 1689, col. 267, 304 ; 1690, col. 123, 385.
64. Sur la mise en scène de la personne du roi par lui-même, voir Peter Burke, *Louis XIV : les stratégies de la gloire, op. cit.*
65. Lettre de François Dron à Nicolas Toinard du 17 juin 1689 conservée à la Forschungsbibliothek Gotha, Ch. B. 1749, 2 volumes, *Lettres numismatiques ecrites par Messieurs Dron, Vaillant et Morel à Mr. Toinard (1687-1690)*, vol. 2, p. 37: « Il n'y a plus de liberté pour Mr. Morell depuis la mort funeste de Mr. Rainsant qui a eté trouvé noyé dans un bassin de l'orangerie. Le lendemain de ce facheux accident Mr. de Villacerf alla le trouver a la bastille pour lui offrir la charge de la part du Roy s'il vouloit se convertir. Ce qu'aiant refusé de faire, nous sçavons qu'on ne le voit plus, et rien d'avantage. Il l'avois vû deux jours auparavant, et l'avois disposé a vous donner les desseins des medailles que vous pouriez lui demander. Vous verrez par son raisonnement qu'il n'est pas encore bien tué. » [Voir Article « tuer » de la troisième édition du

Dictionnaire de l'Académie (1740) : « On dit qu'Un homme n'est pas encore bien tué, pour dire qu'Il n'est pas encore bien convaincu, bien persuadé » (*N.d.T.*).]
66. Voir aussi la partie de la correspondance d'Andreas Morell conservée dans le recueil Ch. B. 1730 de la Forschungsbibliothek Gotha : « Briefe an Morell von Absendern mit den Buchstaben M bis T » [Lettres à Morell de destinataires à initiale de M à T]. Parmi les amis parisiens, ce sont surtout Claude Nicaise (fol. 35-69) et Nicolas Toinard (fol. 318) qui sont représentés. Le recueil contient par ailleurs de nombreuses lettres d'Ezechiel Spanheim (fol. 128-213). Cette vaste et significative correspondance reste à exploiter.
67. Andreas Morell à Gottfried Wilhelm Leibniz, 3 octobre 1701 ; dans cette lettre, Morell prie Leibniz de bien vouloir distribuer quelques exemplaires d'un de ses textes à des amis parisiens, dont Meyercron. Voir Gottfried Wilhelm Leibniz, *Sämtliche Schriften und Briefe* (AA), éd. par la Berlin-Brandenburgischen Akademie der Wissenschaften, 1re série, t. 20, « II. Allgemeiner und gelehrter Briefwechsel Juni 1701-März 1702 », Berlin, Akademie Verlag, 2006, n° 292, p. 498.
68. Martin Mulsow, *Die drei Ringe. Toleranz und clandestine Gelehrsamkeit bei Mathurin Veyssière La Croze*, Tübingen, Niemeyer, 2001, p. 19-28 ; id., *Die unanständige Gelehrtenrepublik…, op. cit.,* p. 235-236.
69. Anthony Grafton, « Jean Hardouins The Antiquary as Pariah », *Journal of the Warburg and Courtauld Institutes*, 62, 1999, p. 241-267 ; Mulsow, *Die drei Ringe…, op. cit.,* p. 36-44.
70. Arndt Brendecke, *Imperium und Empirie…, op. cit.,* p. 181-182.
71. Sur Vansleb, voir Alexandre Pougeois, *Vansleb savant orientaliste et voyageur. Sa vie, sa disgrâce, ses œuvres*, Paris, Didier, 1869 ; Hans Stein, « Die Biographie des Orientreisenden Johann Michael Wansleben (1635-1679). Eine „chronique scandaleuse"? », dans Roswitha Jacobsen et Hans-Jörg Ruge (dir.), *Ernst der Fromme (1601-1675). Staatsmann und Reformer. Wissenschaftliche Beiträge und Katalog zur Ausstellung, Gotha, Schloss Friedenstein, Ausstellungshalle, 16. Dezember 2001 bis 7. April 2002*, Bucha, Quartus Verlag, 2002, p. 177-194 ; Alastair Hamilton, *The Copts and the West 1439-1822. The European Discovery of the Egyptian Church*, Oxford, Oxford University Press, 2006, p. 143-151 ; Dominik Collet, *Die Welt in der Stube. Begegnungen mit Außereuropa in Kunstkammern der Frühen Neuzeit*, Göttingen, Vandenhoeck und Ruprecht, 2007, p. 132-165.
72. Voir Johannes Paul Flemming, « Hiob Ludolf. Ein Beitrag zur Geschichte der orientalischen Philologie », *Beiträge zur Assyriologie und vergleichenden semitischen Sprachwissenschaft*, fascicule 2, 1890, p. 537-558, et 1891, p. 63-110.
73. Forschungsbibliothek Gotha, Ch. A 101, fol. 73a-76b. Voir Hans Stein, « Die Biographie des Orientreisenden Johann Michael Wansleben (1635-1679)…, *op. cit.*, p. 182.
74. Ce dossier est conservé dans la Forschungsbibliothek Gotha sous la cote Ch. A 101.
75. À propos des divers contacts qui existaient entre commerçants, savants et diplomates à Constantinople, voir John-Paul Ghobrial, *A World of Stories. Information in Constantinople and Beyond in the Seventeenth Century*, thèse de doctorat, Princeton University, 2010.
76. Reproduit dans Henri Omont, *Missions archéologiques en Orient aux XVIIe et XVIIIe siècles, op. cit.,* vol. 1, p. 56-63.
77. *Ibid.*, p. 63.
78. Publié par la suite : Johann Michael Wansleben, *Nouvelle Relation en forme de Journal, d'un voyage fait en Égypte… en 1672 et 1673*, Paris, 1677.
79. Une partie des lettres échangées entre Pierre de Carcavy, Jean-Baptiste Colbert et Vansleb est reproduite dans Henri Omont, *Missions archéologiques en Orient aux XVIIe et XVIIIe siècles, op. cit.,* vol. 1, p. 54-174.
80. *Ibid.*, vol. 2, p. 916 : « Lista delle medaglie che hò comprate in Scio, e mandatele con la medesima commodità à M. Arnoul, tutte di ramo mediocre. » Il s'agit en grosse partie de monnaies provinciales romaines présentant des inscriptions grecques. De ses recherches sur les Coptes, Vansleb tira un livre : Johann Michael Wansleben, *Histoire de l'église d'Alexandrie, fondée par S. Marc, que nous appelons des Jacobites-Coptes d'Égypte…*, Paris, 1677.

81. Henri Omont, *Missions archéologiques en Orient aux XVIIe et XVIIIe siècles, op. cit.*, vol. 2, p. 916 : « *Di più hò mandato due belli idoli delli antichi Egitti, di terra cotta. Un amuletto. Due perri di pietra della scola di Homero in Scio. Una scrittura amuletica. Un cavallo marino, che si è trovato nel mare di Smirna e certi pesci curiosi, detti veloni, che si trovano in gran quantità nel mare die Scio. Mons. Arnoul hà il conto delle spese.* »
82. *Ibid.*, p. 943. Sur le sujet, voir ici-même, chapitre 12.
83. Henri Omont, *Missions archéologiques en Orient aux XVIIe et XVIIIe siècles, op. cit.*, vol. 2, p. 943 : « Il me semble que c'est icy l'endroit, où il faut que je fasse quelque petite apologie pour moy, pour me garantir des reproches, qu'on me pourroit faire de ce que j'ay témoigné tant de curiosité dans les sciences superstitieuses de défendues parmy nous. [...] Je me trouvay dans un païs d'où non seulement elles ont eu leur origine et je demeuray parmi un peuple chez lequel elles avoient été en tout temps en très grande estime, et étoient encore actuellement fort en usage, j'en voyois presque à chaque pas quelque vestige, et j'entendois presque à tous momens parler de leurs effets surprennants. » Vansleb poursuit : « de plus, la curiosité m'avoit porté à parcourir tous les endroits de l'Égypte, à bien apprendre la langue du pays et à rechercher avec exactitude la croyance de son peuple, et après tout cela, n'aurois-je pas osé témoigner encore quelque peu de curiosité touchant leurs sciences extraordinaires, ne m'auroit-il pas été avantageux de profiter de la commodité qui se présentoit, ou est-ce qu'un petit scrupule devroit ainsi borner ma curiosité ? »
84. *Ibid.*, p. 943.
85. Voir Hans Stein, « Die Biographie des Orientreisenden Johann Michael Wansleben (1635-1679)..., *op. cit.*, p. 188.

14. Microgrammes orientaux. Navigation dans le savoir savant, du carnet de notes au livre publié

1. Robert Walser, *Aus dem Bleistiftgebiet. Mikrogramme aus den Jahren 1923-1933*, éd. par Bernhard Echte et Werner Morlang, 6 volumes, Francfort-sur-le-Main, Suhrkamp, 2003. Lettre de Robert Walser à Max Rychner, 20 juin 1927, dans Robert Walser, *Briefe*, éd. par Jörg Schäfer avec la collaboration de Robert Mächler, Francfort-sur-le-Main, Suhrkamp, 1979, p. 300-301. – Mes remerciements à Elke Matthes de la Bibliothèque universitaire et d'État de Hambourg, qui m'a offert son aide sans ménager sa peine dans la recherche des textes dont il est va être question ici. Une première version de ce chapitre a paru dans Denis Thouard, Friedrich Vollhardt et Fosca Mariani Zini (dir.), *Philologie als Wissensmodell*, Berlin, De Gruyter, 2010, p. 345-395.
2. Sur Wolf (1683-1739), voir Johann Wilhelm Götten, *Das jetzt noch lebende Europa*, vol. 1, Braunschweig, 1735, p. 142-158 ; Johannes Moller, *Cimbria litterata*, t. 2, Copenhague, 1744, p. 1010-1015 ; Friedrich Lorenz Hoffmann, « Hamburgische Bibliophilen, Bibliographen und Litterarhistoriker XIV: Die Brüder Wolf », *Serapeum*, 21, 1863, p. 321-333 mais aussi 22, 1863, p. 337-348 et 23, 1863, p. 353-360 ; Simone Hinträger, *Die Entstehungs- und Rezeptionsgeschichte der Bibliotheca Hebraea Johann Christoph Wolfs – unter besonderer Berücksichtigung der hebräischen Handschriftensammlung der Hamburger Staats- und Universitätsbibliothek*, tapuscrit non publié, Brême, 2002 ; Martin Mulsow, « Johann Christoph Wolf (1683-1739) und die verbotenen Bücher in Hamburg », dans Johann Anselm Steiger (dir.), *500 Jahre Theologie in Hamburg. Hamburg als Zentrum christlicher Theologie und Kultur zwischen Tradition und Zukunft*, Berlin, De Gruyter, 2005, p. 81-112. – Voir Johann Christoph Wolf, *Bibliotheca Hebraea, sive notitia tum autorum haebraeorum, cujusque aetatis, tum scriptorum, quae vel hebraice primum exarata vel ab aliis conversa sunt, ab nostram aetatem deducta*, t. 1 : *Index codicum Cabbalist. MSS, quibus Jo. Picus, Mirandulanus Comes, usus est*, Hambourg, 1715 ; t. 2 : *Historiam scripturae sacrae... Talmudis item utriusque, tum vero bibliothecam Iudaicam et Antiiudaicam..., scripta iudeorum anonyma*, Hambourg, 1721 ; t. 3 : *complectens accessiones et emendationes ad volumen primum totum, et partem secundi, quoad de scriptis anonymis exponit,*

pertinentes, Hambourg et Leipzig, 1727 ; t. 4 : *complectens accessiones et emendationes inprimis ad volumen secundum tum vero ad totum opus pertinentes una cum indicibus auctorum et rerum*, Hambourg, 1733 ; *id., Curae philologicae et criticae*, t. 1 : *Sp. Evangelia Matthaei, Marci, et Lucae*, Hambourg, 1725 ; t. 2 : *In Evangelium p. Iohannis, et Actus apostolicos*, Hambourg, 1725 ; t. 3 : *In IV. priores p. Pauli epistolas*, Hambourg, 1731 ; t. 4 : *In X. posteriores p. Pauli epistolas*, Hambourg, 1734 ; t. 5 : *In Sp. Apostolorum Jacobi, Petri, Judae et Joannis epistolas huiusque apocal.*, Hambourg, 1735.

3. Staats- und Universitätsbibliothek Hamburg, Cod. hist. lit. 8° 46. Johannes Leusden, *Onomasticum sacrum, in quo omnia nomina propria Hebraica, Chaldaica, Graeca, & origine Latina, tam in V. & N. T., quam in libris apocryphis occurrentia, dilucide explicantur, & singula propriis suis typis describuntur*, Leyde, 1684.

4. La littérature sur les études orientales et les débuts de l'histoire des religions en Allemagne est encore très sommaire. Je ne renvoie ici qu'à quelques titres : Georg Behrmann, *Hamburgs Orientalisten*, Hambourg, Persiehl, 1902 ; Dominique Bourel, « Die deutsche Orientalistik im 18. Jahrhundert. Von der Mission zur Wissenschaft », dans Henning Graf Reventlow et al. (dir.), *Historische Kritik und biblischer Kanon. Vorträge, gehalten anlässlich des 18. Wolfenbütteler Symposions vom 10.-14. Dezember 1985 in der Herzog August Bibliothek*, Wiesbaden, Harrassowitz, 1988, p. 113-126 ; Jan Loop, « Kontroverse Bemühungen um den Orient. Johann Jakob Reiske und die deutsche Orientalistik seiner Zeit », dans Hans-Georg Ebert et Thoralf Hanstein (dir.), *Johann Jacob Reiske – Leben und Wirkung. Ein Leipziger Byzantinist und Begründer der Orientalistik im 18. Jahrhundert. Kolloquium am 5. und 6. Dezember 2003 in Leipzig*, Leipzig, Evangelische Verlagsanstalt, 2005, p. 45-86 ; Martin Mulsow, « Den „Heydnischen Saurteig" mit dem „Israelitischen Süßteig" vermengt: Kabbala, Hellenisierungsthese und Pietismusstreit bei Abraham Hinckelmann und Johann Peter Späth », *Scientia Poetica*, 11, 2007, p. 1-50.

5. Anthony Grafton et Lisa Jardine, « Studied for Action: How Gabriel Harvey Read his Livy », *Past and Present*, 129, 1990, p. 30-78.

6. Voir l'ouvrage collectif important dirigé par Ralph Häfner (dir.), *Philologie und Erkenntnis. Beiträge zu Begriff und Problem frühneuzeitlicher Philologie*, Tübingen, Niemeyer, 2001 ; Luc Deitz, « Ioannes Wower of Hamburg, Philologist and Polymath. A Preliminary Sketch of His Life and Works », *Journal of the Warburg and Courtauld Institutes*, 58, 1995, p. 132-151 ; Helmut Zedelmaier, *Bibliotheca Universalis und Bibliotheca Selecta. Das Problem der Ordnung des gelehrten Wissens in der Frühen Neuzeit*, Cologne, Böhlau, 1992.

7. Sur cette « culture » hambourgeoise, voir Johann Otto Thiess, *Versuch einer Gelehrtengeschichte von Hamburg*, Hambourg, 1783 ; Franklin Kopitzsch, *Grundzüge einer Sozialgeschichte der Aufklärung in Hamburg und Altona*, 2ᵉ édition, Hambourg, Verein für Hamburgische Geschichte, 1990 ; Erik Petersen, *Intellectum Liberare. Johann Albert Fabricius – en Humanist i Europa*, 2 volumes, Copenhague, Museum Tusculanums Forlag, 1998 ; Ralph Häfner, « Philologische Festkultur in Hamburg im ersten Drittel des 18. Jahrhunderts: Fabricius, Brockes, Telemann », dans *id.* (dir.), *Philologie und Erkenntnis…, op. cit.*, p. 349-378 ; Martin Mulsow (dir.), *Between Philology and Radical Enlightenment. Hermann Samuel Reimarus (1694-1768)*, Leyde, Brill, 2011 ; Ernst-Peter Wieckenberg, *Johann Melchior Goeze*, Hambourg, Ellert und Richter, 2007

8. Barbara J. Shapiro, *A Culture of Fact. England, 1550-1720*, Ithaca, Cornell University Press, 2000 ; Lorraine Daston, « Baconian Facts, Academic Civility and the Prehistory of Objectivity », *Annals of Scholarship*, 8, 1991, p. 337-364 ; *id.* et Katherine Park, *Wonders and the order of nature, 1150-1750*, New York, Zone Books, 1998. Voir aussi Simona Cerutti et Gianna Pomata (dir.), *Fatti: storie dell'evidenza empirica*, numéro monographique de *Quaderni storici*, 108, 2001 ; Gianna Pomata et Nancy G. Siraisi (dir.), *Historia. Empiricism and Erudition in Early Modern Europe*, Cambridge, MIT Press, 2005.

9. Francis Bacon, *De dignitate et augmentis scientiarum* II, 4 (Paris, 1624, p. 97 *sq.*). Sur le sujet, voir Helmut Zedelmaier, *Bibliotheca Universalis und Bibliotheca Selecta…, op. cit.*, p. 304-305.

10. Lorraine Daston, « Perché i fatti sono brevi ? », dans Simona Cerutti et Gianna Pomata (dir.), *Fatti: storie dell'evidenza empirica, op. cit.*, p. 745-770.
11. Martin Mulsow, « Wissenspolizei. Die Entstehung von Anonymen- und Pseudonymen-Lexika im 17. Jahrhundert », dans *id.*, *Die unanständige Gelehrtenrepublik. Wissen, Libertinage und Kommunikation in der Frühen Neuzeit*, Stuttgart, Metzler, 2007, p. 217-245.
12. Sur Jungius, voir Hans Kangro, *Joachim Jungius' Experimente und Gedanken zur Begründung der Chemie als Wissenschaft: ein Beitrag zur Geistesgeschichte des 17. Jahrhunderts*, Wiesbaden, Steiner, 1968 ; Stephen Clucas, « In Search of "The True Logick": Methodological Eclecticism among the "Baconian Reformers" », dans Mark Greengrass, Michael Leslie et Timothy Raylor (dir.), *Samuel Hartlib and Universal Reformation. Studies in intellectual communication*, Cambridge, Cambridge University Press, 1994, p. 51-74. – J'ai poursuivi mon propre travail sur le sujet dans un article : « Entwicklung einer Tatsachenkultur. Die Hamburger Gelehrten und ihre Praktiken 1650-1750 », dans Johann Anselm Steiger et Sandra Richter (dir.), *Hamburg. Eine Metropolregion zwischen Früher Neuzeit und Aufklärung*, Berlin, Akademie Verlag, 2012, p. 45-63.
13. Jakob Friedrich Reimmann, *Eigene Lebens-Beschreibung oder Historische Nachricht von sich selbst, nahmentlich seiner Person und Schriften*, Brunswick, 1745, p. 174 *sq.* Voir Martin Mulsow, « Die Paradoxien der Vernunft. Rekonstruktion einer verleugneten Phase in Reimmanns Denken », dans *id.* et Helmut Zedelmaier (dir.), *Skepsis, Providenz, Polyhistorie. Jakob Friedrich Reimmann (1668-1743)*, Tübingen, Niemeyer, 1998, p. 15-59, ici p. 44.
14. À propos de Wolf, voir Martin Mulsow, « Johann Christoph Wolf (1683-1739) und die verbotenen Bücher in Hamburg », *op. cit.*, p. 81-112. À propos de Peter Friedrich Arpe, voir le chapitre 4.
15. À propos de la fascination exercée par le *De tribus impostoribus*, voir Margot Faak, « Die Verbreitung der Handschriften des Buches „De imposturis religionum" im 18. Jahrhundert unter Beteiligung von G. W. Leibniz », *Deutsche Zeitschrift für Philosophie*, 18 (2), 1970, p. 212-228 ; Martin Mulsow, *Moderne aus dem Untergrund. Radikale Frühaufklärung in Deutschland 1680-1720*, Hambourg, Meiner, 2002, p. 115-160 ; à propos de la fascination exercée par le manuscrit de Manéthon, voir Ralph Häfner, *Götter im Exil. Frühneuzeitliches Dichtungsverständnis im Spannungsfeld christlicher Apologetik und philologischer Kritik (ca. 1590-1736)*, Tübingen, Niemeyer, 2003, p. 503 *sq.* ; Martin Mulsow, « Den „Heydnischen Saurteig" mit dem „Israelitischen Süßteig" vermengt…, *op. cit.*, p. 21 *sq.*
16. Abraham Hinckelmann, *J. N. J. C. Detectio fundamenti Böhmiani, Untersuchung und Widerlegung Der / Grund-Lehre / Die / In Jacob Böhmens Schrifften verhanden. Worinnen unter andern der Rechtgläubige Sinn der alten Jüdischen Cabalae, wie auch der Ursprung alles Fanaticismi und Abgötterey der Welt entdecket wird*, Hambourg, 1693. Martin Mulsow, « Den „Heydnischen Saurteig" mit dem „Israelitischen Süßteig" vermengt: Kabbala, Hellenisierungsthese und Pietismusstreit bei Abraham Hinckelmann und Johann Peter Späth », *Scientia Poetica*, 11, 2007, p. 1-50.
17. Johann Christoph Wolf, *Manichaeismus ante Manichaeos, et in Christianismo Redivivus*, Hambourg, 1707. À propos de cet ouvrage, voir Ralph Häfner, « Die Fässer des Zeus. Ein homerisches Mythologem und seine Aufnahme in die Manichäismusdebatte in Deutschland am Beginn des 18. Jahrhunderts », *Scientia poetica*, 1, 1996, p. 35-61. En ce qui concerne Lactance : *Divinae Institutiones*, lib. II : « De origine errois », dans *id.*, *Opera*, éd. par Servatius Gallaeus, Leyde, 1660, p. 136-230.
18. Pour les volumes 2 à 6 des carnets d'extraits de Wolf : Staats- und Universitätsbibliothek Hamburg, Cod. theol. 2234, 2235, 2236, 2237, 2238. Le premier volume s'est retrouvé catalogué sous la cote Cod. philol. 409.
19. Staats- und Universitätsbibliothek Hamburg, Cod. hist. lit. 2° 29. Georg Matthias König, *Bibliotheca vetus et nova*, Nuremberg, 1678. On n'a conservé que le premier volume, qui correspond aux lettres A-H. Le second volume a disparu à la fin de la guerre, c'est-à-dire

qu'il se trouve encore probablement sur le territoire de l'ancienne Union soviétique. Sur la question générale des exemplaires interfoliés, voir Arndt Brendecke, « „Durchschossene Exemplare". Über eine Schnittstelle zwischen Handschrift und Druck », *Archiv für Geschichte des Buchwesens*, 59, 2005, p. 50-64.

20. À titre d'exemple, on peut mentionner les vastes travaux que Christian Theophil Unger avait entrepris en vue d'un dictionnaire biographique, et dont Wolf à sa mort hérita en partie. La constitution privée de listes d'anonymes et de pseudonymes paraissait tout aussi nécessaire à de nombreux savants, surtout avant Placcius, mais aussi après lui. À ce sujet, voir Martin Mulsow, « Wissenspolizei… », *op. cit.*, ici p. 232 *sq*. En ce qui concerne Wolf, voir par exemple les notes qu'il consigna occasionnellement sous la rubrique « Anonymi Pseudonymi » dans Staats- und Universitätsbibliothek Hamburg, Cod. theol. 2238.

21. Sur Le Clerc, l'étude d'Annie Barnes, *Jean Le Clerc (1657-1736) et la République des Lettres*, Paris, Droz, 1938, reste un ouvrage de référence.

22. Jeremias Drexel, *Aurifodina artium et scientiarum omnium. Excerpendi solertia, omnibus litterarum amantibus monstrata*, Munich, 1638 ; voir Florian Neumann, « Jeremias Drexels *Aurifodina* und die *Ars excerpendi* bei den Jesuiten », dans Helmut Zedelmaier et Martin Mulsow (dir.), *Die Praktiken der Gelehrsamkeit in der Frühen Neuzeit*, Tübingen, Niemeyer, 2001, p. 51-61 ; Alberto Cevolini, *De arte excerpendi. Imparare a dimenticare nella modernità*, Florence, Olschki, 2006, en particulier p. 118 *sq*. Au Johanneum de Hambourg, enseigner l'art de l'extrait faisait partie des pratiques pédagogiques au moins depuis Vincent Placcius, auteur lui-même d'un *Ars excerpendi* (Hambourg, 1689). Mais cet enseignement était probablement pratiqué bien auparavant, notamment par Joachim Jungius, qui avait été le professeur de Placcius et qui lui aussi s'intéressait à ce genre de techniques. Voir ainsi Christoph Meinel, « Enzyklopädie der Welt und Verzettelung des Wissens: Aporien der Empirie bei Joachim Jungius », dans Franz M. Eybl *et al.* (dir.), *Enzyklopädien der Frühen Neuzeit. Beiträge zu ihrer Erforschung*, Tübingen, Niemeyer, 1995, p. 162-187 ; voir par ailleurs Helmut Zedelmaier, « Buch, Exzerpt, Zettelschrank, Zettelkasten », dans Hedwig Pompe et Leander Scholz (dir.), *Archivprozesse. Die Kommunikation der Aufbewahrung. Internationales Symposium des Kulturwissenschaftlichen Forschungskollegs „Medien und kulturelle Kommunikation"*, Cologne, DuMont, 2002, p. 38-53.

23. Staats- und Universitätsbibliothek Hamburg, Cod. philol. 409, p. 1 : « *Memoria bonum grande, sed bonum fragile et ad omnes oblivionis injurias expositum.* » Voir Jeremias Drexel, *Aurifodina artium et scientiarum omnium. Excerpendi solertia, omnibus litterarum amantibus monstrata*, Munich, 1638, partie I, chap. II. Wolf poursuit : « *Aurifod. Memoria vas multorum capax, sed rimarum plenum, hac atque illac perfluit. id. ibid. Memoria necessarium maxime vitae bonum, nec tamen aliud est aeque fragile in homine, morborum casus et injurias atque etiam metus sentiens. Memoria bonum grande sed bonum fragile, et ad omnes oblivionis injurias expositum. Divinitatis argumentum, eloquentiae gazophylacium, eorum quae discimus reconditorium memoria est. De memoriae felicitate videatur Drexel. Aurifod. Pars I. Cap. II.* » Drexel insiste sur le fait que le savoir ne s'acquiert pas en compulsant compilations et florilèges, mais en lisant directement les textes à extraire. Il conseille d'organiser ces extraits en trois catégories distinctes : « lemmata », « adversaria » et « historica ». Dans les carnets de Wolf, nous rencontrons manifestement une combinaison de *lemmata* et d'*adversaria* puisque dans le premier cas, il s'agissait d'indiquer la provenance des sujets se rapportant à la rubrique considérée, en donnant de brèves informations à teneur plus ou moins bibliographique, tandis que dans le second, il s'agissait de définir des termes. Wolf fait l'un et l'autre dans ses carnets, et il donne au premier pour titre : « Lemmata et adversaria a Iohanne Christopho Collecta anno 1697 ».

24. À propos des carnets de lecture de l'époque moderne en général, voir Ann Moss, *Printed Commonplace-Books and the Structuring of Renaissance Thought*, Oxford, Clarendon Press, 1996 ; Ann Blair, « Note-Taking as an Act of Transmission », *Critical Inquiry*, 31 (1), 2004, p. 85-107 ; *id.*, « Reading Strategies for Coping With Information Overload ca. 1550-1700 », *Journal of the History of Ideas*, 64 (1), 2003, p. 11-28.

25. Staats- und Universitätsbibliothek Hamburg, Cod. philol. 409, p. 2 *sq.*
26. Salluste restait un des auteurs qui faisaient l'objet d'extraits chez Drexel et dont il recommandait la lecture.
27. *Marcelli Palingenii Stellati Zodiacus Vitae, hoc est, de hominis vita, studio ac moribus optime instituendis libri duodecem*, Bâle, 1543 – édition suivie de nombreuses autres. Voir Staats- und Universitätsbibliothek Hamburg, Cod. philol. 409, p. 172 : « *Paling. Sagit. v. 664.* » Sur Palingenius Stellatus, voir Franco Bacchelli, « Note per un inquadramento biografico di M. P. Stellato », *Rinascimento*, 25, 1985, p. 275-292. À propos de l'usage pédagogique de son livre, voir Foster Watson, *The Zodiacus Vitae of Marcellus Palingenius Stellatus: An Old School Book*, Londres, Philip Wellby, 1908.
28. Voir par exemple Staats- und Universitätsbibliothek Hamburg, Cod. theol. 2235, p. 128 ; Cod. theol. 2236, p. 418, p. 716. Pour une publication plus tardive, voir Johann Christoph Wolf (*praes.*) et Peter A. Boysen (*resp.*), *Atheismi falso suspecti vindicati*, Wittenberg, 1710 ; 2ᵉ édition, 1717.
29. Vers la fin du premier carnet, on trouve ainsi les rubriques : « sepultura », « miracula », « papatus papistae », « compendium », « intentio animi ».
30. Johann Christoph Wolf, *Manichaeismus ante Manichaeos...*, *op. cit.*
31. Ralph Cudworth, *The True Intellectual System of the Universe: The First Part; wherein, All the Reason and Philosophy of Atheism is Confuted; and its Impossibility Demonstrated*, Londres, 1678. À propos de cet ouvrage, voir Günter Frank, *Die Vernunft des Gottesgedankens. Religionsphilosophische Studien zur frühen Neuzeit*, Stuttgart-Bad Cannstatt, Frommann-Holzboog, 2003 et *Grundriß der Geschichte der Philosophie. Die Philosophie des 17. Jahrhunderts*, vol. 3 : *England*, éd. par Jean-Pierre Schobinger, Bâle, Schwabe, 1988, t. 1, p. 267-272, qui donne d'autres indications bibliographiques.
32. Richard H. Popkin, « Cudworth », dans *id.*, *The Third Force in Seventeenth-Century Thought*, Leyde, Brill, 1992, p. 333-350 ; Gerhard Johannes Vossius, *De theologia gentili, et physiologia christiana ; sive de origine ac progressu idololatriae ; deque naturae mirandis, quibus homo adducitur ad Deum libri IX*, Amsterdam, 1668. À propos des travaux de Vossius sur l'idolâtrie, voir Ralph Häfner, *Götter im Exil...*, *op. cit.*, p. 224-248.
33. Ralph Cudworth, *The True Intellectual System of the Universe...*, *op. cit.*, p. 63 *sq.* à propos des différents arguments des athées et p. 104 *sq.* à propos des différentes formes d'athéisme.
34. Staats- und Universitätsbibliothek Hamburg, Cod. theol. 2235, p. 102, 107, 123, etc.
35. Staats- und Universitätsbibliothek Hamburg, Cod. theol. 2234. Voir par exemple p. 197 : Historia literaria anglorum ; p. 200 : The Naked Gospel [d'Arthur Bury] ; et d'autres notes sur Toland, sur les déistes anglais, etc., avec de nombreux extraits en langue anglaise. À la p. 331, on lit ainsi à la première personne du singulier : « *Vidi in Bibl. Publ. Cantabrig. Bernardi Ochini Senensi Dial. 30.* » [Bernardino Ochino, *Dialogi XXX in duos libros divisi, quorum primus est de messia, secundus est... potissimum de trinitate*, Bâle, 1563.] Est-ce là un témoignage oculaire datant de la *peregrinatio*, ou bien Wolf avait-il déjà été en Angleterre auparavant ?
36. La correspondance de Wolf se trouve pour l'essentiel à la Bibliothèque universitaire et d'État de Hambourg. En ce qui concerne les lettres les plus anciennes, voir par exemple les lettres de et à Valentin Ernst Löscher, Edzardi, etc.
37. « Index scriptorum ab Eustathio in Commentariis ad Homerum citatorum accommodatus ad paginas editionis romanae », dans Johann Albert Fabricius, *Bibliotheca graeca*, vol. 2, Hambourg, 1706, p. 306-329. À propos de la *Bibliotheca graeca*, voir Erik Petersen, *Intellectum Liberare. Johann Albert Fabricius...*, *op. cit.*
38. Johann Albert Fabricius, *Bibliotheca graeca*, vol. 1, Hambourg, 1705 ; voir surtout les entrées du livre 1, rangées par ordre alphabétique, sur Hermès et les Hermetica (chap. VII-XII), Orphée et les Orphica (chap. XVIII-XX), la Sibylle et les Oracles sibyllins (chap. XXIX-XXXIII), Zoroastre et les oracles de Zoroastre (chap. XXXVI).
39. Ici, et pour ce qui suit : Staats- und Universitätsbibliothek Hamburg, Cod. theol. 2235, p. 71.

40. Ralph Cudworth, *The True Intellectual System of the Universe: The First Part; wherein, All the Reason and Philosophy of Atheism is Confuted; and its Impossibility Demonstrated*, Londres, 1678, p. 281-282 : « As for the Sibylline Oracles, there may [...] be Two Extremes concerning them: One, in swallowing down all that is now extant under that Title, as Genuine and Sincere. [...] The Other Extreme may be, in concluding the whole business of the Sibylline Oracles (as any ways relating to Christianity) to have been a mere Cheat and Figment ; and that there never was any thing in those Sibylline Books [...], that did in the least predict our Saviour Christ or the Times of Christianity. » Au sujet des Oracles sibyllins, je ne fais qu'indiquer quelques travaux récents : Jane L. Lightfoot, *The Sibylline Oracles: with Introduction, Translation, and Commentary on the First and Second Books*, Oxford, Oxford University Press, 2007 ; Rieuwerd Buitenwerf, *Book III of the Sibylline Oracles and Its Social Setting*, Leyde, Brill, 2003 ; Mariangela Monaca, *La sibilla a Roma. I libri sibillini fra religione e politica*, Cosenza, Giordano, 2005. Plus généralement, voir Wolfgang Speyer, « Religiöse Pseudepigraphie und literarische Fälschung im Altertum », dans *id.*, *Frühes Christentum im antiken Strahlungsfeld*, vol. 1, Tübingen, Mohr Siebeck, 1989, p. 21-58.
41. Ralph Häfner, *Götter im Exil...*, *op. cit.*, p. 249-422.
42. *Sp. Patrum Qui Temporibus Apostolicis Floruerunt, Barnabæ, Clementis, Hermæ, Ignatii, Polycarpi Opera Edita Et Inedita, Vera, & supposititia/J. B. Cotelerius... ex Mss. Codicibus eruit, ac correxit, versionibusque & notis illustravit. Accesserunt In Hac Nova Editione Notæ Integræ aliorum virorum Doctorum... Recensuit & Notulas aliquot adspersit Ioannes Clericus*, Anvers, 1698 ; David Blondel, *Des Sibylles celebrées tant par l'antiquité payenne que par les saincts peres...*, Charenton, 1649, en particulier livre II, chap. VII. Blondel compte parmi les interprètes qui, tout en revendicant une critique philologique des textes qui vise à établir leur authenticité, se refuse à qualifier de supercherie la pratique d'une « pieuse » pseudépigraphie. Selon Ralph Häfner, *Götter im Exil...*, *op. cit.*, p. 275-276 : « [...] sur la question des Livres sibyllins, Blondel a sans aucun doute apporté la contribution la plus importante de la première moitié du XVIIe siècle ; ses exposés détaillés s'accompagnent d'une critique acerbe de l'usage insouciant que faisaient des faux oracles sibyllins les penseurs du début du christianisme ; Clément d'Alexandrie en particulier aurait, en tenant les prophéties païennes pour plus claires et plus éclairantes que celles des Prophètes, succombé à cette erreur par un calcul conscient ». Dans sa *Bibliotheca graeca*, Fabricius critique également l'attribution par Blondel des Livres sibyllins à Hermas : voir Johann Albert Fabricius, *Bibliotheca graeca*, vol. 1, *op. cit.*, notamment chap. XXXIII, §. XVI.
43. Johann Christian Nehring, *Oracula Sibyllina oder Neun Bücher Sibyllinischer Weissagungen, anjetzo wegen vieler darinnen enthaltenen erbaulichen, auch diese letzte Zeiten betreffender wichtigen Dinge zum erstenmahl auß der Griechischen in die Teutsche Sprache mit besonderem Fleiße übersetzet...*, Essen, 1702. Voir Ralph Häfner, *Götter im Exil...*, *op. cit.*, p. 254-257. La troisième note consignée sur cette feuille permet donc déjà de lui attribuer la date de 1702 comme *terminus a quo*.
44. « *Varia* [...] *de Sibyllinis erudita programma exponit* J. Guilh. Kirchmaier [...]. » Georg Wilhelm Kirchmaier, « *De Orac[ulis] Sibyll[inis]* », dans *Clariss. Virorum Ad Georg. Casp. Kirchmaierum, Prof. P. Witteberg. Epistolae Quae Supersunt, Cum Eiusdem Epistolis At Poematibus Nonnullis, Ex Museo Georg. Guil. Kirchmaieri, G. C. Fil. Graec. Lit. Prof. P. Cuius Programmata Duo, Alterum De Fantasiai Orat. Alterum De Oracul. Sibyll. Cum Mathematicis De Witteberga Dissertat. Sunt Subiecta*, Wittenberg, 1703, p. 208-222. Kirchmaier était depuis 1701 le successeur de Schurtzfleisch à la chaire de langue grecque à l'université de Wittenberg.
45. Voir les thèses suivantes, un peu postérieures : Heinrich Gottlob Schneider (*praes.*) et Johannes David Mulert (*resp.*), *Dissertatio historico-philologica prima... de nomine et vita Zoroastris*, Wittenberg, 1707 ; *id.* et Michael Wippert (*resp.*), *De aetate etmagia Zoroastris*, Wittenberg, 1707 ; *id.* et Georg Rudolf Habbe (*resp.*), *De oraculis Zoroastris*, Wittenberg, 1708.

46. Thomas Hyde, *Historia religionis veterum Persarum eorumque Magorum*, Oxford, 1700, chap. XXXII. J'utilise l'édition d'Oxford, 1760, ici p. 398-399 : « *Apud Arabes et Persas, hoc Signum Synecdochice vocatum est* Súmbul, *seu* Súmbula, *i. e.* Spica *; quae tamen proprie & absque figura, est tantum primaria hujus Signi Stella*, Spicarum Fasciculum *repraesentans. Et haecce Virginalis Signi Pars (nomine tamen totius,* Virgo *subinde vocata,) toti huic Signo exprimendo sufficiebat, cum plura, vel pingere, vel verbis prolixius describere, non esset necessarium.* Chaldeis & Phoenicibus *Sibulla,* est Coelestis Virginis *Signum : unde (cuique hoc perpendenti) Fabula Sibyllarum tam obvia est, ut quisque forte dolebit quod, sine me monente, haud citius rem perceperit. Vocem quod attinet, eadem est quae in S.* Bibliis Sibbóleth, *quae quidem Forma quibusdam forte videatur aliquantulum diversa.* » Sur Hyde, voir Michael Stausberg, *Faszination Zarathushtra. Zoroaster und die europäische Religionsgeschichte der Frühen Neuzeit*, Berlin, De Gruyter, 1998, vol. 2, p. 680-718. Wolf note : « *De Sibyllis singularis et ante* [?] *inaudita opinio a Thom. Hyde in cap. 32 de religio. veterum Persar.* » Voir aussi Johann Albert Fabricius, *Bibliotheca graeca*, vol. 1, *op. cit.*, chap. XXIV, §. XI.

47. Voir Christian Rave, *A Discourse of the Oriental Tongues*, Londres, 1649 ; Samuel Bochart, *Geographia sacra*, t. 1 : *Phaleg*, t. 2 : *Chanaan*, Caen, 1646. Sur Rave, voir Gerald J. Toomer, *Eastern Wisedome and Learning. The Study of Arabic in Seventeenth-Century England*, Oxford, Clarendon Press, 1996, p. 187 *sq.*

48. Voir certaines allusions, aux livres V et VIII notamment.

49. Hadrien avait été « prédit » au troisième des Livres sibyllins. Voir Rieuwerd Buitenwerf, *Book III of the Sibylline Oracles and Its Social Setting, op. cit.*, 2003.

50. Isaac Vossius, *De Sibyllinis aliisque quae Christi natalem praecessere Oraculis*, Oxford, 1679. Voir David S. Katz, « Isaac Vossius and the English Biblical Critics 1650-1689 », dans Richard H. Popkin et Arjo Vanderjagt (dir.), *Scepticism and Irreligion in the Seventeenth and Eighteenth Centuries*, Leyde, Brill, 1993, p. 142-184. Ralph Häfner, *Götter im Exil…, op. cit.*, p. 366-377.

51. « *Sibyllina oracula alii ex patribus applaudunt* [?]*, alli reiiciunt.* »

52. Isaac Casaubon, *De rebus sacris et ecclesiasticis exercitationes XVI*, Genève, 1614. Sur la critique de Baronius par Casaubon, voir Anthony Grafton, « The Lamentable Deaths of Hermes and the Sibyls », dans Anna Carlotta Dionisotti, Anthony Grafton et Jill Kraye (dir.), *The Uses of Greek and Latin. Historical Essays*, Londres, The Warburg Institute, University of London, 1988, p. 155-170.

53. Voir Wilhelm Schmidt-Biggemann, « Heilsgeschichtliche Inventionen. Annius von Viterbos „Berosus" und die Geschichte der Sintflut », dans Martin Mulsow et Jan Assmann (dir.), *Sintflut und Gedächtnis. Erinnern und Vergessen des Ursprungs*, Munich, Fink, 2006, p. 85-111.

54. Richard Bentley, *Epistola ad Joannem Millium*, Oxford, 1691. À propos de la chronique universelle du Byzantin Jean Malalas, voir Herbert Hunger, *Die hochsprachliche profane Literatur der Byzantiner*, vol. 1 : *Philosophie, Rhetorik, Epistolographie, Geschichtsschreibung, Geographie*, Munich, Beck, 1978, p. 319-325 ; à propos de ces chroniques en général et des éléments archaïques véhiculés par elles, voir William Adler, *Time Immemorial. Archaic History and Its Sources in Christian Chronography from Julius Africanus to George Syncellus*, Washington, Dumbarton Oaks Research Library and Collection, 1989. À propos de Bentley, voir Kristine Haugen, *Richard Bentley. Poetry and Enlightenment*, Cambridge, Harvard University Press, 2011.

55. La traduction de Robertet (« Les ditz propheticques des sibilles tires du latin & composes par feu messire iehan robertet […] ») suit celle de Symphorien Champier (« Les prophéties ditz & vaticinations des sibilles translatez de grec en latin par lactance firmian & de latin en rhetorique francoise par maistre simphorien champier avec le comment dudit maistre simphorien […] ») dans l'ouvrage de ce dernier : *La nef des dames vertueuses composee par maistre simphorien champier docteur en medicine contenant quatre livres… Le tiers est des prophéties des sibilles…*, Lyon, 1503 (2ᵉ et 3ᵉ éditions, Paris, 1515 et 1531). Voir l'édition critique : Symphorien Champier, *La Nef des dames vertueuses*, éd. par Judy Kem, Paris, Champion, 2007.

56. Voir Staats- und Universitätsbibliothek Hamburg, Cod. hist. lit. 2° 29. Le second volume ayant disparu, on ne peut plus vérifier la note.
57. Staats- und Universitätsbibliothek Hamburg, Cod. geogr. 84.
58. À propos des nombreuses copies amassées durant le voyage, surtout dans les bibliothèques anglaises, voir Martin Mulsow, « Johann Christoph Wolf (1683-1739) und die verbotenen Bücher in Hamburg », *op. cit.*, p. 92-93.
59. Le portrait est aujourd'hui accroché dans la salle de lecture de la Bibliothèque universitaire et d'État de Hambourg. Il est de Johann Salomon Wahl et je suis tenté de le dater des environs de 1716, l'ordination comme pasteur ayant pu alors constituer une bonne occasion.
60. William Whiston, *A Vindication of the Sibylline Oracles*, Londres, 1715. Sur Whiston, voir James H. Force, *William Whiston: Honest Newtonian*, Cambridge, Cambridge University Press, 1985.
61. Voir Sir John Floyer, *The Sibylline Oracles*, Londres, 1713, « Dedication » : « *I here present to you in these Oracles the old Antediluvian Religion, and all the Moral Precepts communicated to Japhet's Family, which also contain many Prophesies concerning the Changes which would happen in the Kingdom of Japhet's Posterity* [...]. » Voir David S. Katz, « Isaac Vossius and the English Biblical Critics 1650-1689 », *op. cit.*, p. 162 *sq*.
62. Sur Arpe, voir le chapitre 4.
63. Voir Martin Mulsow, « Johann Christoph Wolf (1683-1739) und die verbotenen Bücher in Hamburg », *op. cit.*, p. 102-103.
64. Cette cote verte semble avoir été choisie pour certains livres rares et parfois interdits. Malgré le catalogage différent de la Bibliothèque universitaire et d'État de Hambourg, on peut, dans de nombreux cas, reconnaître l'ancienne cote de Wolf. Elle orne par exemple l'édition du *De tribus impostoribus* que Wolf possédait (R34), *Les Très-merveilleuses victoires des femmes du nouveau monde* de Guillaume Postel (R13), l'*Alcoran* (R11), l'*Ars nihil credendi* du pseudo-Vallée (R16), le *Pantheisticon* de John Toland (R32), le *Dialogus de trinitate* de Michel Servet (R5) et quelques lettres d'André Dudith (R14) – tous étaient de petits volumes in-octavo qui tenaient sur une étagère étroite réservée aux « rara » manuscrits d'un genre particulier.
65. Daniel Georg Morhof, *Polyhistor*, Lübeck, 1708, I, I, 10, 18-22, c'est-à-dire t. I, p. 98-99. Morhof avait traité des Sibylles dans son chapitre « De libris mysticis et secretis ».
66. « Les oracles des Sibylles traduites [...] par le Cheval. Floyer. »
67. *Systema intellectuale huius universi*, Iéna, 1733.
68. Voir Ralph Häfner, « Die Fässer des Zeus... », *op. cit.* ; Martin Mulsow, « Johann Christoph Wolf (1683-1739) und die verbotenen Bücher in Hamburg », *op. cit.*
69. *Marci Antonii Imperatoris de rebus suis, sive de eis qæ ad se pertinere censebat, libri XII, locis havd pavcis repurgati, suppleti, restituti: versione insuper Latina nova ; lectionibus item variis, locisq[ue] parallelis, ad marginem adjectis ; ac commentario perpetuo, explicati atque illustrati, studio operæque Thomæ Gatakeri Londinatis*, Cambridge, 1652. Sur Gataker, voir Thomas Webster, *Godly Clergy in Early Stuart England. The Caroline Puritan Movement, c. 1620-1643*, Cambridge, Cambridge University Press, 1997.
70. À propos de cette idée, voir Ralph Häfner, « Die Fässer des Zeus... », *op. cit.*
71. Edward Said, *L'orientalisme. L'Orient créé par l'Occident*, trad. Catherine Malamoud, Paris, Le Seuil, 1980. C'est sans doute un point faible du livre de Said que de ne pas considérer les XVIIᵉ et XVIIIᵉ siècles, ni le contexte allemand, mais de commencer avec Silvestre de Sacy et Renan pour continuer avec des auteurs britanniques. En ce qui concerne le contexte allemand tout au moins, l'ouvrage de Suzanne Marchand – *German Orientalism in the Age of Empire. Religion, Race and Scholarship*, Cambridge, Cambridge University Press, 2009 – promet d'y remédier, mais l'auteure se concentre également sur le XIXᵉ siècle. Voir par ailleurs Stephen Greenblatt, *Wunderbare Besitztümer. Die Erfindung des Fremden: Reisende und Entdecker*, Berlin, Wagenbach, 1994, en particulier le deuxième chapitre, sur les voyages de Mandeville.
72. Sur le discours sur l'idolâtrie, voir Joan-Pau Rubiés, « Theology, Ethnography, and the Historicization of Idolatry », *Journal of the History of Ideas*, 67 (4), 2006, p. 571-596 ;

Jonathan Sheehan, « Sacred and Profane: Idolatry, Antiquarianism, and the Polemics of Distinction in the Seventeenth Century », *Past and Present*, 192, 2006, p. 35-66 ; Martin Mulsow, « John Seldens *De Diis Syris*: Idolatriekritik und vergleichende Religionsgeschichte im 17. Jahrhundert », *Archiv für Religionsgeschichte*, 3 (1), 2001, p. 1-24 ; Guy G. Stroumsa, *A New Science. The Discovery of Religion in the Age of Reason*, Cambridge, Harvard University Press, 2010.

73. Voir Moïse Maïmonide, *Führer der Unschlüssigen*, éd. et trad. Adolf Weiss, Hambourg, Meiner, 1972, livre III, chap. XXIX (traduction française : *Le guide des égarés*, trad. Salomon Munk, Lagrasse, Verdier, 1979) ; en ce qui concerne la recherche sur les Sabéens, voir Daniil W. Chwolson, *Die Ssabier und der Ssabismus*, 2 volumes, Saint-Pétersbourg, 1856, réédition : Amsterdam, Oriental Press, 1965 ; Michel Tardieu, « Sabiens coraniques et "Sabiens" de Harran », *Journal asiatique*, 274, 1986, p. 1-44.

74. La rubrique et les notes correspondantes se trouvent dans Staats- und Universitätsbibliothek Hamburg, Cod. theol. 2235, p. 123.

75. Johann Christoph Wolf, *Manichaeismus ante Manichaeos, et in Christianismo Redivivus*, Hambourg, 1707, p. 85 *sq.* : « *Ad ZABIOS jam accedo, qui in acie hujus cohortis collocandi erant, si in eruditorum plerumque sententia de eorum antiquitate acquiescere animus fuisset. Constat enim plerosque & in primis Arabas ad ultimam remotissimamque antiquitatem eorum referre origines, adeo ut non dubitent cum Sabaeis perantiqua illa gente, quae a Saba sive [...] Chusi filio nomen tulit, Arabiamque felicem incoluit, Zabios non esse distinguendos, inter quos numero HOTTINGERUM Histor. Orient. lib. I. c. 8. p. 170. recte ideo notatum a SPENCERO p. 212. de Legg. Hebr. Ritual. Et sane vel ex sola scriptionis diversitate, quae in utroque nomen Sabaeorum scilicet & Zabiorum observatur, Vir doctissimus non invalide confutari potest, quae causa etiam permovit CASAUBONUM, ut ep. 223. haec verba consignata reliquerit : [...]*. » Etc. Voir Abraham Hinckelmann, *J. N. J. C. Detectio fundamenti Böhmiani, Untersuchung und Widerlegung Der / Grund-Lehre / Die / In Jacob Böhmens Schrifften verhanden. Worinnen unter andern der Rechtgläubige Sinn der alten Jüdischen Cabalae, wie auch der Ursprung alles Fanaticismi und Abgötterey der Welt entdecket wird*, Hambourg, 1693, p. 111.

76. *Observationes selectae*, Halle, à partir de 1700. Johann Christoph Wolf, *Ex antiquitate orientali, Spenceriana de Zabiis hypothesis... ceu dubia... excussa*, Wittenberg, 1706. Voir John Spencer, *De legibus Hebraeorum ritualibus*, La Haye, 1686, livre II, chap. I, p. 211 *sq.*

77. Staats- und Universitätsbibliothek Hamburg, Cod. theol. 2235, p. 73. Voir Guy G. Stroumsa, « Noah's Sons and the Religious Conquest of the Earth: Samuel Bochart and his Followers », dans Martin Mulsow et Jan Assmann (dir.), *Sintflut und Gedächtnis. Erinnern und Vergessen des Ursprungs*, Munich, Fink, 2006, p. 307-318.

78. Voir Jan Assmann, *Moses der Ägypter. Entzifferung einer Gedächtnisspur*, Munich, Hanser, 1998, p. 118 *sq.* (Pour une traduction française : *Moïse l'Égyptien. Un essai d'histoire de la mémoire*, trad. Laure Bernardi, Paris, Aubier, 2001).

79. Staats- und Universitätsbibliothek Hamburg, Cod. theol. 2235, p. 66b ; Johann Christoph Wolf, *Manichaeismus ante Manichaeos, et in Christianismo Redivivus*, Hambourg, 1707, p. 80. Ralph Cudworth, *The True Intellectual System of the Universe: The First Part; wherein, All the Reason and Philosophy of Atheism is Confuted; and its Impossibility Demonstrated*, Londres, 1678, p. 160. Athanasius Kircher, *Oedipus Aegyptiacus*, 3 volumes, Rome, 1652-1654. À propos de l'image que Kircher se faisait de l'Égypte, voir Wilhelm Schmidt-Biggemann, « Hermes Trismegistos, Isis und Osiris in Athanasius Kirchers *Oedipus Aegyptiacus* », *Archiv für Religionsgeschichte*, 3, 2001, p. 67-88.

80. Voir Michael Stausberg, « Von den Chaldäischen Orakeln zu den Hundert Pforten und darüber hinaus: Das 17. Jahrhundert als rezeptionsgeschichtliche Epochenschwelle », *Archiv für Religionsgeschichte*, 3, 2001, p. 257-272.

81. À propos de Bacon, voir Paolo Rossi, *Francesco Bacone. Dalla magia alla scienza*, Turin, Einaudi, 1974. À propos de l'*historia literaria*, voir Frank Grunert et Friedrich

Vollhardt (dir.), *Historia literaria. Neuordnungen des Wissens im 17. und 18. Jahrhundert*, Berlin, Akademie Verlag, 2007. À propos de Bacon, voir dans le même volume la contribution d'Annette Syndicus, « Die Anfänge der Historia literaria im 17. Jahrhundert. Programmatik und gelehrte Praxis », p. 3-36.

82. Universitätsbibliothek Rostock, Ms. orient. 71. Je remercie Ulrich Groetsch de m'avoir généreusement confié sa copie personnelle du manuscrit. Sur Reimarus, voir plus haut, chapitres 1 et 10.

83. Conrad Iken, *Antiquitates hebraicae, secundum triplicem Judaeorum statum, ecclesiasticum, politicum et oeconomicum breviter delineatae*, Brême, 1732.

84. John Spencer, *De legibus Hebraeorum ritualibus et earum rationibus*, La Haye, 1686 (1re édition : Cambridge, 1685). Voir Jan Assmann, *Moses der Ägypter...*, op. cit., p. 86-117 ; Martin Mulsow, *Moderne aus dem Untergrund...*, op. cit., p. 85 sq.

85. Ms. orient. 71, p. 4f. : « *Spenceri hypothesis de origine rituum Hebraeorum placuit non solum Joh. Marshamo in canone chronico, Londini 1698 in 4, sed et Joh. Tolando in origg. Judaicis, Hagae comit. 1709, 8, et dudum Maimonidi in More Nebuchim, parte III c. 32 et 45, quem vindicans contra Nachmanidem Abarbanel cap. IV exord. in Levit. etiam Talmudicis et Rabboth loca, huic sententia faventia, adducit. Placuit et patribus eccles. christianae, quos vide apud Buddeum in Hist. eccl.V.T. part. I pag. 668seqq. et Outramum, de sacrificiis cap. 22 §1 et 2. De Jo. Spencero ejusq. hypothesi et adversariis cf. B. J. A. Fabricium in Bibliograph. antiq. cap. 15 §3 et Jo. Fabricium in hist. biblioth. suae part. I p. 354 sq. praecipue vero Christ. Matth. Pfaffium in fronte recentioris edit. libr. Spenceri de legibus Hebraeorum ritualibus. Contra hanc hypothesin in primis urgeri debet 1) antiquitas et institutio divina praecipuorum rituum, sabbathi, sacrificiorum, circumcisionis, aliorum plurimorum. Viguisse adeo apud Patriarchas ante Mosen demonstrare conatus sum in Disp. de ritibus Moaicis ante Mosen.* »

86. Wolf, le professeur de Reimarus, avait déjà signalé sur le même mode l'emprunt de Spencer à Maïmonide. Voir Johann Christoph Wolf, *Manichaeismus ante Manichaeos, et in Christianismo Redivivus*, op. cit., p. 87.

87. Allusion à William Outram, *De sacrificiis libri duo, quorum alteron explicatur omnia Judaeorum, nonnulla gentium profanarum sacrificia ; alterum sacrificium Christi*, Londres, 1677, ouvrage dirigé contre les sociniens.

88. Johann Franz Budde, *De Spinozismo ante Spinozam*, Halle, 1701 ; Hermann Samuel Reimarus, *Dissertatio schediasmati de Machiavelismo ante Machiavellum*, Hambourg, 1729.

89. John Spencer, *De legibus Hebraeorum ritualibus*, Tübingen, 1732. Pfaff prenait pour base l'édition fournie par Leonard Chappelow en 1727, qui se fondait elle-même sur le manuscrit de Spencer.

90. Hermann Samuel Reimarus (*praes.*) et Christian Ziegra (*resp.*), *De legibus Mosaicis ante Mosen cogitationes,... publico examini in Gymnasio Hamburgensi ad. d. XI. April. A. MDCCXLI subiicient*, Hambourg. En ce qui concerne Spencer, voir en particulier p. 4-5.

91. Johannes Fabricius, *Historia Bibliothecae Fabricianae*, 6 volumes, Wolfenbüttel, 1717-1724.

92. Je fais ici allusion à la définition d'August Böckh, *Enzyklopädie und Methodenlehre der philologischen Wissenschaften*, 2e édition, Leipzig, 1886, réédition Darmstadt, 1966, p. 10 : « [...] la véritable tâche de la philologie paraît être la connaissance de ce qui a été produit par l'esprit humain, c'est-à-dire la connaissance de ce qui a été connu. Partout, la philologie présuppose un savoir existant qu'il lui faut reconnaître ».

93. Voir Stephen Greenblatt, « Die Zirkulation sozialer Energie », dans *id.*, *Verhandlungen mit Shakespeare. Innenansichten der englischen Renaissance*, Francfort-sur-le-Main, Fischer, 1993, p. 9-33.

94. Martin Mulsow, « From Antiquarianism to Bible Criticism? Young Reimarus Visits the Netherlands », dans *id.* (dir.), *Between Philology and Radical Enlightenment. Hermann Samuel Reimarus (1694-1768)*, Leyde, Brill, 2011, p. 1-39.

95. Isaac de Beausobre, *Histoire critique de Manichée et du Manicheisme*, 2 volumes, Amsterdam, 1734 et 1739 ; voir à ce propos Ralph Häfner, « Die Fässer des Zeus... », *op. cit.* ; Sandra Pott, « *Critica perennis*. Zur Gattungsspezifik gelehrter Kommunikation im Umfeld der *Bibliothèque Germanique* (1720-1741) », dans Helmut Zedelmaier et Martin Mulsow (dir.), *Die Praktiken der Gelehrsamkeit in der Frühen Neuzeit*, Tübingen, Niemeyer, 2001, p. 249-273.
96. Voir Sarah Hutton, « Classicism and Baroque. A Note on Mosheim's Footnotes to Cudworth's *The True Intellectual System of the Universe* », dans Martin Mulsow *et al.* (dir.), *Johann Lorenz Mosheim (1693-1755). Theologie im Spannungsfeld von Philosophie, Philologie und Geschichte*, Wiesbaden, Harrassowitz, 1997, p. 211-228 ; Marialuisa Baldi, « Confutazione e conferma: l'origenismo nella tradizione latina del *True Intellectual System* (1733) », dans *id.* (dir.), *"Mind Senior to the World". Stoicismo e origenismo nella filosofia platonica del seicento inglese*, Milan, Angeli, 1996, p. 163-204.
97. Ralph Cudworth, *Systema intellectuale huius universi*, Iéna, 1733, p. 304 sq. ; Staats- und Universitätsbibliothek Hamburg, Cod. theol. 2235, p. 71b. ; Philostratus, *The Life of Apollonius of Tyana*, éd. et trad. par Christopher P. Jones, 3 volumes, Cambridge, Harward University Press, 2005. Sur Apollonius de Tyane, voir Maria Dzielska, *Apollonius of Tyana in Legend and History*, Rome, L'Erma di Bretschneider, 1986.
98. Mosheim exprime par exemple des réserves considérables à l'égard de la fiabilité des informations transmises par Philostrate. Voir Johann Lorenz Mosheim, « De existimatione celeberrimi Philosophi, Apollonii Tyanaei », dans *id.*, *Observationum sacrarum et historico-criticarum liber I*, Amsterdam, 1721, p. 260-382. Voir à ce propos Martin Mulsow, « Eine „Rettung" des Servet und der Ophiten? Der junge Mosheim und die häretische Tradition », dans *id. et al.* (dir.), *Johann Lorenz Mosheim (1693-1755). Theologie im Spannungsfeld von Philosophie, Philologie und Geschichte*, Wiesbaden, Harrassowitz, 1997, p. 45-92, en particulier p. 68 *sq.*
99. Staats- und Universitätsbibliothek Hamburg, Cod. theol. 2235, p. 106b. Sur la question de la métempsychose, voir Helmut Zander, *Geschichte der Seelenwanderung in Europa. Alternative religiöse Traditionen von der Antike bis heute*, Darmstadt, Wissenschaftliche Buchgesellschaft, 1999.
100. Sur le concept de consommation culturelle, voir John Brewer et Roy Porter (dir.), *Consumption and the World of Goods*, Londres, Routledge, 1994 ; Martin Mulsow, « Kulturkonsum, Selbstkonstitution und intellektuelle Zivilität. Die Frühe Neuzeit im Mittelpunkt des kulturgeschichtlichen Interesses », *Zeitschrift für historische Forschung*, 25, 1998, p. 529-547.
101. Thorstein Veblen, *The Theory of the Leisure Class. An Economic Study in the Evolution of Institutions*, New York, Macmillan, 1899.
102. À propos des appropriations, on en trouve une typologie intéressante dans Stephen Greenblatt, « Die Zirkulation sozialer Energie », *op. cit.*
103. Voir Thomas Kaufmann, « Nahe Fremde – Aspekte der Wahrnehmung der „Schwärmer" im frühneuzeitlichen Luthertum », dans Kaspar von Greyerz *et al.* (dir.), *Interkonfessionalität – Transkonfessionalität – binnenkonfessionelle Pluralität. Neue Forschungen zur Konfessionalisierungsthese*, Gütersloh, Gütersloher Verlagshaus, 2003, p. 179-241 ; Sicco Lehmann-Brauns, *Weisheit in der Weltgeschichte. Philosophiegeschichte zwischen Barock und Aufklärung*, Tübingen, Niemeyer, 2004.
104. Dans cette perspective, voir mon précédent livre *Die unanständige Gelehrtenrepublik...*, *op. cit.*, p. 1-26 ; à propos de Hardouin, voir aussi plus haut, chapitre 13.

Conclusion

1. Sur cette ambivalence, voir Simon Schama, *The Embarrassment of Riches. An Interpretation of Dutch Culture in the Golden Age*, Londres, Collins, 1987. Pour une introduction à l'art de la nature morte, voir Claus Grimm, *Natures mortes flamandes*,

hollandaises et allemandes aux XVII*ᵉ et* XVIII*ᵉ siècles*, trad. par Denis-Armand Canal, Paris, Herscher, 1992 ; on trouve un grand nombre de natures mortes avec livres dans le catalogue *Leselust. Niederländische Malerei von Rembrandt bis Vermeer* [exposition du 24 septembre 1993 au 2 janvier 1994 à la Schirn Kunsthalle de Francfort], Stuttgart, Hatje, 1993. Dans cet ouvrage, voir en particulier la contribution de Görel Cavalli-Björkman, « Hieronymus in der Studierstube und das Vanitasstilleben », p. 47-53. Je remercie Eckhard Leuschner qui m'a indiqué cette référence.

2. Voir Martina Brunner-Bulst, *Pieter Claesz – der Hauptmeister des Haarlemer Stillebens im 17. Jahrhundert: kritischer Oeuvrekatalog*, Lingen, Luca Verlag, 2004 ; Pieter Biesboer *et al.*, *Pieter Claesz: Meester van het stilleven in de Gouden Eeuw* [catalogue d'une exposition au Frans Hals Museum de Haarlem en 2005], Zwolle, Waanders, 2004.

3. Très rarement, la tête de mort de ces tableaux porte une couronne de laurier. Le peintre laisse alors une place à l'espoir que le travail scientifique et la réputation qu'on y gagne n'aient pas été tout à fait vains. Voir par exemple Jan Davidszoon De Heem, *Vanitas*, reproduit dans *Leselust…, op. cit.*, p. 211. Chez quelques peintres comme Jacques de Gheyn II, une certaine proximité avec le néostoïcisme était par ailleurs avérée. Voir Barbara A. Heezen-Stoll, « Een vanitasstilleven van Jacques de Gheyn II uit 1621: afspiegeling van neostoische denkbeelden », *Oud Holland*, 93, 1979, p. 217-245.

4. Sam Segal, *Jan Davidsz de Heem und sein Kreis* [catalogue de l'exposition *Stilleben im Goldenen Jahrhundert – Jan Davidsz de Heem und sein Kreis* qui eut lieu au Centraal Museum d'Utrecht du 16 février au 14 avril 1991, et au musée Herzog Anton Ulrich de Brunswick du 9 mai au 7 juillet 1991], Brunswick, Herzog Anton Ulrich Museum, 1991 ; Quentin Buvelot *et al.* (dir.), *A Choice Collection. Seventeenth-Century Dutch Paintings from the Fritz Lugt Collection* [catalogue de l'exposition qui eut lieu au Cabinet royal de peintures Mauritshuis de La Haye du 28 mars au 30 juin 2002], Zwolle, Waanders, 2002, p. 96-101.

5. Johannes Secundus [Johann Nico Everaerts], *Basia*, Utrecht, 1539. Voir Edmund Dorer, *Johannes Secundus, ein niederländisches Dichterleben*, Baden, Zehnder, 1854 ; Thomas Borgstedt, « Kuß, Schoß und Altar. Zur Dialogizität und Geschichtlichkeit erotischer Dichtung (Giovanni Pontano, Joannes Secundus, Giambattista Marino und Christian Hofmann von Hofmannswaldau) », *Germanisch-romanische Monatsschrift*, 44, 1994, p. 288-323.

6. Voir par exemple David Thompson (éd.), *Altman on Altman,* Londres, Faber and Faber, 2006. Voir surtout le film *Short Cuts*, d'après le livre de Raymond Carver.

7. Cornel Zwierlein, *Der gezähmte Prometheus. Feuer und Sicherheit zwischen Früher Neuzeit und Moderne*, Göttingen, Vandenhoeck und Ruprecht, 2011 ; en ce qui concerne le XIXᵉ siècle, voir François Ewald, *L'État providence*, Paris, Grasset, 1986.

Table des illustrations et sources

Ill. 1. Theodor Ludwig Lau, *Portrait*, cabinets des estampes, Dresde, détail (*Vobis haec mysteria manent*).
Ill. 2. Theodor Ludwig Lau, *Portrait*, cabinets des estampes, Dresde, détail (emblème *Rationis et Revelationis Objecta mea*).
Ill. 3. Theodor Ludwig Lau, *Portrait*, cabinets des estampes, Dresde, détail (emblème *Sunt mihi curae, utraque Salus*).
Ill. 4. Theodor Ludwig Lau, *Portrait*, cabinets des estampes, Dresde, détail (emblème *Vobis, Tales Eos Facere Monstro*).
Ill. 5. Theodor Ludwig Lau, *Portrait*, cabinets des estampes, Dresde, détail (emblème *Tondereque docui non deglubere*).
Ill. 6. Wilhelm Schröter, *Fürstliche Schatz- und Rentkammer*, Königsberg et Leipzig, 1752, frontispice.
Ill. 7. Theodor Ludwig Lau, *Portrait*, cabinets des estampes, Dresde, détail (emblème *Aerem feriunt Cornua vestra*).
Ill. 8. Theodor Ludwig Lau, *Portrait*, cabinets des estampes, Dresde, détail (emblème *Pro re nata, sum usus Utroque*).
Ill. 9. Johann Michael Moscherosch, *Wunderbahre satyrische Gesichte durch Philander von Sittewald*, Francfort-sur-le-Main, 1644, frontispice. Tiré de Johann Michael Moscherosch, *Wunderliche und Wahrhafftige Gesichte Philanders von Sittewald*, éd. par Wolfgang Harms, Stuttgart, Reclam, 1986.
Ill. 10. Theodor Ludwig Lau, *Portrait*, cabinets des estampes, Dresde, détail (emblème *Palingenesia*).
Ill. 11. Peter Friedrich Arpe, *Apologia pro Vanino*, Staats- und Universitätsbibliothek Hamburg, Cod. theol. 1222, p. 44.
Ill. 12. Friedrich Wilhelm Stosch, *Concordia rationis et fidei*, avec copie des notes marginales de l'auteur, Staats- und Universitätsbibliothek Hamburg, Cod. theol. 2152.
Ill. 13. Le poêle satirique, couvent de Mattsee. Tiré de Hans Tietze, *Die Kunstsammlungen der Stadt Salzburg*, Vienne, Schroll, 1919, ill. 350.
Ill. 14. La liste de Heubel. Tirée de *Cimbria illustrata*, vol. 2 : *Propylaei continuatio*, après le fol. 464. Universitätsbibliothek Rostock, Mss. hist. part. S[chlesw.-Holst.] 2°.
Ill. 15. *La vie de Spinosa*, « Hambourg », 1735 (exemplaire de la Bayerischen Staatsbibliothek de Munich).
Ill. 16. Marque d'imprimeur de Marcolino da Forlì. Gravure sur bois d'Adrien

Willaert, *Cinque Messe*, Venise, 1536. Tirée de Fritz Saxl, « Veritas filia temporis », dans Raymond Klibansky (dir.), *Philosophy and History. Essays presented to Ernst Cassirer*, New York, Harper and Row, 1963, p. 197-222, ill. 2.

Ill. 17. Pietro Della Vecchia, *Allégorie*, Vicence, Museo Civico ; tirée de Bernard Aikema, *Pietro Della Vecchia and the Heritage of the Renaissance in Venice*, Florence, Istituto Universitario Olandese di Storia dell'Arte, 1990, cat. 151, ill. 112.

Ill. 18. Abraxas tiré de Bernard de Montfaucon, *L'Antiquité expliquée et représentée en figures*, supplément, vol. 2, Paris, 1724, planche LV.

Ill. 19. « Sapiens supra Fortunam », extrait de Florentius Schoonhovius, *Emblemata partim moralia, partim etiam civilia*, Gouda, 1618, p. 4.

Ill. 20. Pietro Della Vecchia, *Allégorie grotesque de l'ouie*, Venise, collection du marchand d'art P. Scarpa (1975) ; tirée de Bernard Aikema, *Pietro Della Vecchia and the Heritage of the Renaissance in Venice*, Florence, Istituto Universitario Olandese di Storia dell'Arte, 1990, cat. 148, ill. 121.

Ill. 21. Francesco Ruschi, gravure de titre pour la *Dianea* de Loredano (Venise, 1653) ; tirée de Bernard Aikema, *Pietro Della Vecchia and the Heritage of the Renaissance in Venice*, Florence, Istituto Universitario Olandese di Storia dell'Arte, 1990, ill. 108.

Ill. 22. Élève de Frans Floris, *La Vérité défendue par le Temps*, Kunstmuseum Breslau (jusqu'à 1945).

Ill. 23. Pietro Della Vecchia, *Le Royaume de l'amour*, Venise, collection privée ; tiré de Bernard Aikema, *Pietro Della Vecchia and the Heritage of the Renaissance in Venice*, Florence, Istituto Universitario Olandese di Storia dell'Arte, 1990, cat. 152, ill. 110.

Ill. 24. Pietro Della Vecchia, *Socrate et deux élèves*, Milan, marché de l'art ; tiré de Bernard Aikema, *Pietro Della Vecchia and the Heritage of the Renaissance in Venice*, Florence, Istituto Universitario Olandese di Storia dell'Arte, 1990, cat. 132, ill. 113.

Ill. 25. Achille Bocchi, *Symbolicae quaestiones*, Bologne, 1574, p. VIII.

Ill. 26. Pietro Della Vecchia, *Ius in Armis* ; tiré de Bernard Aikema, *Pietro Della Vecchia and the Heritage of the Renaissance in Venice*, Florence, Istituto Universitario Olandese di Storia dell'Arte, 1990, cat. 156, ill. 115.

Ill. 27. Représentations d'Harpocrate extraites de Jacques Spon, *Miscellanea eruditae antiquitatis*, Leyde, 1685, p. 18 (exemplaire personnel).

Ill. 28. Harpocrate politique, extrait des *Principis christiani archetypon politicum* d'Athanasius Kircher (Amsterdam, 1672) ; tiré de Claudia Benthien, *Barockes Schweigen. Rhetorik und Performativität des Sprachlosen im 17. Jahrhundert*, Munich, Fink, 2006, p. 51.

Ill. 29. Jan Müller, *Harpocrate* ; tiré de Claudia Benthien, *Barockes Schweigen. Rhetorik und Performativität des Sprachlosen im 17. Jahrhundert*, Munich, Fink, 2006, p. 67.

Ill. 30. Hermann von der Hardt, *Justitia et Silentium*, Herzog August Bibliothek Wolfenbüttel, Ms. Cod. Guelf. 119 Extrav., fol. 30r°.

Ill. 31. Hermann von der Hardt, *Harpocrate*, Herzog August Bibliothek, Ms. Cod. Guelf. 119 Extrav., fol. 5r°.

Ill. 32. Hermann von der Hardt, *Aenigmata prisci orbis*, Helmstedt, 1723, page de titre (exemplaire personnel).

Ill. 33. « Veritas premitur non opprimitur », tiré de Gabriel Rollenhagen, *Selectorum emblematum centuria secunda*, Utrecht, 1608, n° 38.

Ill. 34. Médaille des aléthophiles, tirée de « Nachricht von der zu Berlin auf die Gesellschafft der Alethophilorum oder Liebhaber der Wahrheit geschlagene Müntze », dans Johannes Bronisch, *Der Mäzen der Aufklärung. Ernst Christoph von Manteuffel und das Netzwerk des Wolffianismus*, Berlin, De Gruyter, 2010, p. 159.

Ill. 35. Florentius Schoonhovius, *Emblemata partim moralia, partim etiam civilia*, Gouda, 1618, frontispice, avec le portrait de l'auteur (exemplaire personnel).

Ill. 36. Johann Baptist Großschedel, *Calendarium naturale magicum perpetuum profundissimam rerum secretissimarum contemplationem totiusque philosophiae cognitionem complectens* (ca 1582-1583), publié par Johann Theodor de Bry à Oppenheim, détail.

Ill. 37. Dé (détail du *Portrait d'un jeune homme* de Della Vecchia, voir planche VI).

Ill. 38. Pietro Della Vecchia, *La Leçon de mathématiques*, Thiene (Vicence), collection privée ; tirée de Bernard Aikema, *Pietro Della Vecchia and the Heritage of the Renaissance in Venice*, Florence, Istituto Universitario Olandese di Storia dell'Arte, 1990, cat. 157, ill. 116.

Ill. 39. Double portrait du père et du fils Van Helmont, dans Johann Baptist Van Helmont, *Ortus Medicinae id est, initia physicae inaudita...*, Amsterdam, 1648.

Ill. 40. Voies postales au nord-ouest de Leipzig ; détail extrait des *Neue Chur-Saechsische Post Charte*, 1736 ; révisé en 1753 (exemplaire personnel).

Ill. 41. Un reçu de la poste de Brunswick de 1751, collection Zinecker.

Ill. 42. Natalitio Benedetti, reproduction d'un Mercure gnostique extraite de Peter N. Miller, « The Antiquary's Art of Comparison: Peiresc and *Abraxas* », dans Ralph Häfner (dir.), *Philologie und Erkenntnis. Beiträge zu Begriff und Problem frühneuzeitlicher Philologie*, Tübingen, Niemeyer, 2001, p. 72.

Ill. 43. Valentin Ernst Löscher (*praes.*) et Johann Sigismund Koblig (*resp. et auctor*), *Disquisitio antiquaria de talismanibus*, Wittenberg, 1693.

Ill. 44. Hermann von der Hardt à propos de pièces magiques, mémoire destiné à Zacharias Nolte ; Badische Landesbibliothek Karlsruhe, Ms. 394, logement pratiqué dans la reliure.

Ill. 45. Peter Friedrich Arpe, *De prodigiosis naturae et artis operibus Talismanes et Amuleta dictis*, Hambourg, 1717, page de titre (exemplaire personnel).

Ill. 46. Ottavio Falconieri, *De nummo Apamensi Deucalionei diluvii typum exhibente dissertatio*, Rome, 1667 ; tiré de Ralph Häfner, *Götter im Exil. Frühneuzeitliches Dichtungsverständnis im Spannungsfeld christlicher Apologetik und philologischer Kritik (ca. 1590-1736)*, Tübingen, Niemeyer, 2003, p. 273.

Ill. 47. Charles-César Baudelot de Dairval, *L'utilité des voyages*, Paris, 1693, page de titre (exemplaire personnel).

Ill. 48. Charles-César Baudelot de Dairval, *Histoire de Ptolemée Auletes*, Paris, 1698, p. 311 : bas-relief de Lamia (exemplaire de la Forschungsbibliothek de Gotha).

Ill. 49. Tétradrachme d'argent représentant Démétrios Poliorcète, *ca* 290-289 av. J.-C. © bpk / Münzkabinett der Staatlichen Museen zu Berlin / Lutz Jürgen Lübke, Inv.-Nr. 18203027.

Ill. 50. Pierre Petit, *De Amazonibus dissertatio*, Paris, 1685, p. 189, avec une reproduction tirée de Liceti (exemplaire de la Forschungsbibliothek de Gotha).

Ill. 51. Lettre d'Andreas Morell ; Forschungsbibliothek Gotha, Ch. B. 1749.

Ill. 52. Exemplaire de l'*Onomasticum sacrum* de Johannes Leusden (Leyde, 1684) ayant appartenu à Johann Christoph Wolf ; Staats- und Universitätsbibliothek Hamburg, Cod. hist. lit. 8° 46.

Ill. 53. Georg Matthias König, *Bibliotheca vetus et nova*, Nuremberg, 1678, fiches insérées à l'entrée Le Clerc ; Staats- und Universitätsbibliothek Hamburg, Cod. hist. lit. 2° 29, détail.

Ill. 54. *Oracula Sibyllina*, détail : « Habet Cl. Arpius » ; Staats- und Universitätsbibliothek Hamburg, Cod. theol. 2235, p. 71.

Planches en couleur

Planche I. Salvator Rosa, *Le Mensonge*, Florence, Palais Pitti, galerie palatine, Inv. Mif-1962. © Bridgeman Art Library.

Planche II. Ary de Vois (attribué à), *Portrait d'Adrian Beverland*, Rijksmuseum Amsterdam, Inv. SK-A-3237.

Planche III. Copie d'un tableau attribué à Jacob Huysmans, *Portrait du comte de Rochester*, National Portrait Gallery, Londres, Inv. NPG 804.

Planche IV. Portrait de Theodor Ludwig Lau, Kupferstichkabinett Dresden (cabinet des estampes, Dresdes), Inv. A 20121.

Planche V. Pietro Della Vecchia, *Allégorie*, Accademia Carrara, Bergame, Inv. 143.

Planche VI. Pietro Della Vecchia, *Portrait d'un jeune homme*, Chrysler Museum of Art in Norfolk, Virginie, Inv. 71.614.

Planche VII. Johann Christoph Wolf, *Oracula Sibyllina*, Staats- und Universitätsbibliothek Hamburg, Cod. theol. 2235, p. 71.

Planche VIII. Pieter Claesz, *Vanité – Nature morte*, Mauritshuis, La Haye. Pieter Claesz, *Vanitas Still Life*, 1630, Inv. 943, Panel 39,5 × 56 cm, Koninklijk Kabinet van Schilderijen Mauritshuis, Haag, Royal Picture Gallery Mauritshuis, The Hague.

Planche IX. Jan Davidszoon De Heem, *Nature morte aux livres*, Fondation Custodia, Collection Frits Lugt, Paris, Inv. 183.

Index des noms de personnes

A
Abano, Pietro d' : 202
Abélard : 112
Abravanel, Isaac : 296
Agrippa, Cornelius voir Nettesheim : 181, 188, 202, 244, 248, 252
Agustin, Antonio : 262
Aikema, Bernard : 127, 131, 180
Albert le Grand : 43
Alexandre le Grand : 223, 266
Alexandre Polyhistor : 289
Alsted, Johann Heinrich : 189, 197
Altman, Robert : 305
Amelot de La Houssaye, Abraham-Nicolas : 11
Anaximandre : 89
Andreae, Johann Valentin : 186
Anonymus Normannus : 42
Ansileubus : 110
Apinus, Siegmund Jakob : 224, 226
Apollonius de Tyane : 255, 285
Aretino, Pietro, dit l'Arétin : 125, 126, 137
Aristote : 45, 159, 163, 178, 186, 248
Arius : 103
Arnold, Gottfried : 26, 79, 82, 84, 106, 121
Arpe, Peter Friedrich : 21, 27, 32, 79, 80, 82, 83, 84, 85, 87, 88, 89, 90, 91, 92, 93, 94, 95, 96, 97, 98, 99, 100, 101, 102, 109, 110, 112, 113, 114, 116, 117, 119, 175, 254, 291, 300, 304
Aubry, Peter : 71
Augustin, évêque d'Hippone : 42
Aumont, Louis Marie Victor, duc d' : 262
Averroès : 11, 44, 45, 46, 49
Aymon, Jean : 114

B
Baader, Franz von : 146
Bacon, Francis : 19, 130, 137, 280, 281, 295
Baronio, Cesare : 246
Bassewitz, Adolf Friedrich von : 107, 108
Bassewitz, comte Henning von : 107, 108, 109
Bateson, Gregory : 10
Baudelot de Dairval, Charles-César : 21, 261, 262, 263, 264, 265, 266
Baumgarten, Siegmund Jakob : 82
Bayer, Siegfried Theophil : 108
Bayle, Pierre : 79, 82, 106, 114, 260, 294
Beausobre, Isaac de : 299
Becher, Johann Joachim : 59, 62, 65, 68, 73
Beck, Ulrich : 119
Behler, Ursula : 234
Benedetti, Natalitio : 247
Benivieni, Giralomo : 42
Benjamin, Walter : 65
Bentley, Richard : 289
Benzo : 108
Berkeley, George : 53
Bérose (Berosus) : 289
Beverland, Adrian : 29, 57, 58, 64, 71, 101

Bianchi, Luca : 47
Bignon, Jean-Paul, dit l'abbé Bignon : 261
Bissendorf, Johann : 112
Bisterfeld, Johann Heinrich : 189
Blondel, David : 287
Blount, Charles : 54, 98, 101
Blumenberg, Hans : 20, 125
Bocchi, Achille : 134, 136, 152, 153
Bochart, Samuel : 288
Bodin, Jean : 98, 116
Boèce de Dacie : 47
Böheim, Hans : 61
Böhme, Jakob : 178, 208, 209, 210, 281, 293
Böhmer, Justus Henning : 116
Bonifacio, Baldassare : 136, 140
Bonifacio, Giovanni : 127
Boszormenyi-Nagy, Ivan : 206
Bourdieu, Pierre : 31
Bovelles, Charles : 4
Boyle, Robert : 123, 137
Brackenhoffer, Elias : 251
Brandom, Robert : 17
Brandt, Reinhard : 187
Breckling, Friedrich : 106, 110
Brendecke, Arndt : 239, 271, 272
Brockes, Barthold Heinrich : 90, 94, 96
Bronisch, Johannes : 167
Brucker, Johann Jakob : 33, 219, 220, 221, 222, 223, 224, 225, 226, 227, 231, 232, 233, 234, 235, 279
Bruno, Giordano : 90, 98, 101, 111, 137, 188, 195, 226, 244, 245, 246
Budde, Johann Franz : 89, 217, 297
Budé, Guillaume : 279
Bury, Arthur : 101

C

Calckberner, Coenraad : 268
Calvin, Jean : 3
Camillo, Giulio : 196
Campanella, Tommaso : 38, 89, 245, 246
Carcavy, Pierre de : 261, 273
Cardan, Jérôme : 265
Carnéade : 87
Carpzov, Johann Benedikt : 209, 227
Casaubon, Isaac : 246, 291, 296
Castel, Robert : 19, 29
Cauz, Constantin Franz von : 165
Cavaillé, Jean-Pierre : 138
Cecco d'Ascoli : 245
Certeau, Michel de : 27
Charles-Frédéric, duc de Schleswig : 107, 108
Charles II : 58
Charpentier, Marc-Antoine : 265
Charron, Pierre : 88, 92
Chartier, Roger : 30, 31, 32
Chen, Bianca : 268
Child, Josiah : 62
Cicéron : 94, 229, 230
Claesz, Pieter : 303
Claudien : 85, 88
Clavius, Andreas : 146, 147, 153, 159, 161
Cléopâtre : 264
Colbert, Jean-Baptiste : 261, 269, 272, 273
Colerus, Johann Christoph : 147
Collier, Jeremy : 51, 52
Colli, Ippolito de' : 151, 160
Collins, Anthony : 51, 97, 101
Comenius, Jan Amos : 186, 189, 207, 210
Condren, Conal : 25
Congreve, William : 52
Conring, Hermann : 118
Constantin : 252, 253
Copernic, Nicolas : 8
Cremonini, Cesare : 127
Crusius, Christian August : 172
Cudworth, Ralph : 93, 285, 286, 287, 289, 292, 294, 299, 300
Cuffeler, Abraham Joannes : 101
Cuper, Gijsbert : 150, 268
Curtis, Mark H. : 31

D

Dale, Antonius van : 116
Dante Alighieri : 32
Darwin, Erasmus : 213

Daston, Lorraine : 19, 280, 281
De Heem, Jan Davidszoon : 303
De Jorio, Andrea : 128, 245
Della Porta, Giambattista : 245
Della Valle, Pietro : 260
Della Vecchia, Pietro : 21, 126, 127, 128, 130, 131, 132, 133, 134, 136, 138, 140, 141, 142, 143, 170, 180, 181, 187, 195, 197, 198, 200, 201, 203, 245
Delrio, Martin : 247
Delumeau, Jean : 213
De Martino, Ernesto : 245
Démétrios Ier Poliorcète : 265
Démocrite : 70, 71, 89
Descartes, René : 21, 166
Dewey, John : 95
Dew, Nicolas : 260
Dickinson, Edmund : 292
Dippel, Johann Konrad : 62, 73, 101
Dodsley, Robert : 211, 212
Doni, Antonfrancesco : 139
Dooley, Brendan : 138
Döring, Detlef : 166, 169, 172
Dorn, Gerhard : 130
Dörre, Klaus : 29
Drexel, Jeremias : 284
Dron, François : 261, 262, 270
Dryden, John : 58
Durand, David : 84

E
Eckhard, Johann Georg : 115
Edelmann, Johann Christian : 62, 100, 101
Edzardi, Esdras : 280
Edzardi, Sebastian : 112, 280
Ehlich, Konrad : 37
Eisenstein, Elizabeth : 13
Elcha ben David, Rabbi : 248
Engelberger, Ferdinand Franz : 113
Engels, Friedrich : 210, 211
Épictète : 53
Épicure : 8, 73, 89
Eusèbe de Césarée : 288, 289
Eustathe de Thessalonique : 286
Everaerts, Jan Nico, dit Jean Second : 305

F
Fabricius, Johann : 297, 298
Fabricius, Johann Albert : 83, 94, 96, 97, 99, 106, 107, 119, 216, 234, 280, 281, 286, 291, 296, 297, 300
Falconieri, Ottavio : 260
Firpo, Luigi : 165, 166, 168, 169, 170
Fleischbein, Johann Philipp : 272
Floyer, John : 290, 291
Fludd, Robert : 167, 189
Fogel, Martin : 81
Foucault, Michel : 15, 64, 124, 145
Franco, Nicolò : 139
Frankenau, Gehard Ernst Franck von : 82
Frankenau, Georg Franck von : 254
Frédéric-Guillaume Ier : 207
Frédéric le Grand : 98, 168
Fréret, Nicolas : 33
Frevert, Ute : 237
Frijhoff, Willem : 32
Frisch, Johann Leonard : 107
Fritsch, Kaspar : 114
Fritzsch, Christian Friedrich : 59
Furly, Benjamin : 114

G
Gaffarel, Jacques : 21, 248, 249, 250, 255
Galland, Antoine : 261, 262
Gassendi, Pierre : 79, 166, 170, 171
Gataker, Thomas : 292
Gaukroger, Stephen : 25
Gemma, Cornelius : 194
George, Stefan : 205
Gerhard von Maastricht : 81
Giddens, Anthony : 33, 137
Gierl, Martin : 105
Gimma, Giacinto : 197
Ginzburg, Carlo : 2, 152, 170, 171
Giovio, Paolo : 139, 142
Gladigow, Burkhard : 55
Goertz, Georg Heinrich von : 107
Goethe, Johann Wolfgang von : 55
Goeze, Johann Melchior : 101, 280
Goldenbaum, Ursula : 54
Goldgar, Anne : 98, 264

Goltzius, Hubert : 262, 269
Goropius Becanus, Johann (Jan van Gorp) : 149, 266
Gottsched, Adelgunde Luise : 147, 158
Gottsched, Johann Christoph : 33, 158, 165, 166, 167, 169, 219, 224, 226, 228, 229, 230, 232, 233, 234
Grafton, Anthony : 279
Grandier, Urbain : 111
Greenblatt, Stephen : 293, 298
Gregorius, Abba : 272
Groddeck, Gabriel : 270
Großschedel, Johann Baptist : 181, 183, 192, 196
Grotius, Hugo : 166
Gundling, Jacob Paul : 207
Gundling, Nikolaus Hieronymus : 51, 62, 207, 208, 209, 217
Gundling, Wolfgang : 208

H

Habermas, Jürgen : 153
Hadrien (empereur de Rome) : 288
Häfner, Ralph : 287
Halevi, Jehuda : 250
Hamahalzel : 249, 250
Hardouin, Jean : 261, 271, 303
Hardt, Hermann von der : 100, 146, 147, 153, 154, 155, 156, 157, 159, 216, 252, 253
Hatzfeld, Johann Conrad Franz von : 101
Haude, Ambrosius : 168
Hegel, Georg Wilhelm Friedrich : 79, 124
Heinsius (maître de poste) : 228, 230, 232, 233, 234
Hemmerling, Wiebke : 230
Héraclite : 70, 145
Herbelot, Barthélemy d' : 261, 294
Herbert of Cherbury, Edward : 93
Herder, Johann Gottfried : 146
Hermès Trismégiste : 152, 178, 191, 192
Heubel, Johann Heinrich : 21, 100, 107, 108, 109, 110, 112, 113, 115, 116, 118, 119, 120, 121

Heumann, Christoph August : 21, 147, 216, 217, 218, 219, 220, 221, 222, 223, 224, 225, 226, 227, 228, 229, 230, 232, 233, 235, 279
Hinckelmann, Abraham : 208, 209, 210, 238, 251, 280, 281, 292, 293, 294
Hinckelmann, Benedikt : 208
Hippocrate : 198
Hirzel, Bernhard : 210
Hobbes, Thomas : 26, 29, 34, 48, 49, 50, 63, 67, 116, 123, 167, 223
Hoffmann, Adolph Friedrich : 172
Holbein, Hans, dit le Jeune : 193
Homère : 155, 156
Höpken, Daniel Niclas von : 108
Horace : 85, 101, 164, 165, 166, 168, 169, 170, 171
Horb, Johann Heinrich : 209
Hottinger, Johann Heinrich : 246, 294
Huet, Pierre-Daniel : 292, 294, 301
Hull, Isabell : 64
Hume, David : 21
Hunter, Ian : 25, 26, 77
Hus, Jan : 111
Hyde, Thomas : 287, 288, 292

I

Ibn Esra, Abraham : 250
Iken, Conrad : 296
Israel, Jonathan : 119, 121

J

Jablonski, Daniel Ernst : 207, 209
Jacobi, Friedrich Heinrich : 56
Jardine, Lisa : 279
Jean de Jandun : 47
Jefferson, Thomas : 95
Jérôme de Prague : 111
Jobert, Louis : 261, 262, 266, 271
Jöcher, Christian Gottlieb : 282
Johns, Adrian : 12
Jordan, Charles Etienne : 98, 99
Jungius, Joachim : 73, 280
Juvénal : 85

K

Kant, Emmanuel : 7, 50, 53, 79, 164, 168, 169, 172
Kantorowicz, Ernst : 41, 55
Keckermann, Bartholomäus : 151
Kierkegaard, Søren : 61
Kircher, Athanasius : 149, 150, 151, 152, 153, 251, 279, 292, 294, 298
Kirchmaier, Georg Wilhelm : 287
Kittsteiner, Heinz Dieter : 213
Knutzen, Matthias : 62
Koblig, Johann Sigismund : 252, 253, 256
Koerbagh, Adriaen : 101
Konarski, Stanislaw : 168
König, Georg Matthias : 282, 289, 292
Kors, Alan Charles : 102
Koselleck, Reinhart : 109, 161
Kreyssig, Georg Christoph : 100
Kuhlmann, Quirinus : 111
Kuhn, Thomas S. : 123, 299
Kulpis, Johann Georg von : 116

L

La Croze, Mathurin Veyssière : 79, 93, 98, 99, 107, 216, 270
Lafitau, Jean-François : 242
Lahire, Bernard : 142
Laisné (voyageur en Orient) : 261
La Mettrie, Julien Offray de : 101
La Monnoye, Bernard de : 101, 110
La Mothe Le Vayer, François : 42, 46, 48, 51, 53, 79, 90
Lancelot, Antoine : 101, 110
Landucci, Sergio : 47
La Peyrère, Isaac : 19
Latour, Bruno : 9, 14
Lau, Philipp : 72
Lau, Theodor Ludwig : 10, 21, 27, 29, 30, 32, 34, 35, 36, 38, 48, 49, 50, 51, 52, 53, 54, 55, 56, 58, 60, 62, 63, 64, 65, 66, 67, 68, 69, 70, 71, 72, 73, 74, 93, 94, 95, 97, 98, 101, 102, 117, 126, 159
Le Clerc, Jean : 34, 282, 287, 290, 292, 294
Leibniz, Gottfried Wilhelm : 33, 89, 115, 146, 157, 159, 160, 167, 168, 177, 178, 179, 180, 219, 270
Le Petit, Claude : 111
Lessing, Gotthold Ephraim : 101, 169, 211
Leusden, Johannes : 278
Levier, Charles : 114
Libanios : 277
Liceti, Fortunio : 251, 255, 267
Lieselotte von der Pfalz : 264
Lipse, Juste : 129, 151, 170, 284
Liscow, Christian Ludwig : 158, 160
Locke, John : 21, 29, 34, 52, 53, 62, 261
Lollius, Marcus : 164
Loredano, Giovan Francesco : 127, 131, 139, 140, 141
Löscher, Kaspar : 147
Löscher, Valentin Ernst : 82, 238, 252, 253
Lossau, Christian Joachim : 100, 101, 112
Lotter, Johann Georg : 224, 225, 226, 229, 230
Louis XIV : 257, 258, 259, 260, 270
Louvois, Camille Le Tellier de : 269
Lucas, Jean-Maximilien : 114
Lucas, Paul : 261, 264
Lucien de Samosate : 92
Lucrèce : 73
Ludewig, Johann Peter : 115
Ludolf, Hiob : 272
Ludovici, Carl Günther : 158, 160
Luhmann, Niklas : 137
Lully, Jean-Baptiste : 265

M

Mabillon, Jean : 118
Machiavel, Nicolas : 12, 70
MacIntyre, Alasdair : 163
Magnusson, Arni : 108
Mahomet : 114, 281, 294
Maïmonide, Moïse : 36, 246, 251, 294, 296
Malalas, Jean : 289
Manteuffel, Ernst Christoph von : 165, 167, 168, 171
Marana, Giovanni Paolo : 213

Marchand, Prosper : 114
Marcolino da Forlì : 125
Marino, Giambattista : 131
Marx, Karl : 210, 211
Masius, Hector : 49
Maupertuis, Pierre Louis Moreau de : 211
Mauss, Marcel : 25
Mayer, Johann Friedrich : 209
May, Johann Heinrich le jeune : 217, 218, 229, 230
McKeon, Michael : 52, 53
Melm, Gottfried : 81
Mencke, Johann Burkhard : 108, 109, 115, 158, 218, 219, 235
Merian, Matthias : 167
Meslier, Jean : 92
Meyercron, Henning : 270
Michel-Ange (Michelangelo Buonarroti) : 139
Mill, John Stuart : 291
Minder, Robert : 11
Minervius : 87
Moïse : 114, 156, 283, 300
Molesworth, Robert : 12
Molinos, Miguel de : 147
Monceaux, François de : 249
Monceaux (voyageur en Orient) : 261
Montaigne, Michel de : 130
Montesquieu, Charles Louis de Secondat, baron de : 213
Montmarquet, James : 164
Mordente, Fabrizio : 192, 195
Morell, Andreas : 261, 262, 266, 269, 270, 271, 272, 275
Morhof, Daniel Georg : 82, 83, 291, 300
Moscherosch, Johann Michael : 71
Mosheim, Johann Lorenz von : 93, 100, 107, 109, 216, 229, 230, 255, 292, 299
Mourgues, Michel : 93
Müller, Jan : 151
Münchhausen, Gerlach Adolph von : 231, 232
Murray, Johann Philipp : 169
Mylius, Christlob : 169

N
Nahmanide, Moïse (Moses ben Nachman) : 298
Naudé, Gabriel : 21, 79, 82, 83, 88, 89, 90, 106, 248, 249, 255
Negri, Salvatore de' : 202
Nehring, Johann Christian : 287
Nelson, Benjamin : 104
Nestorius : 103
Nettesheim, Agrippa von, dit Cornelius Agrippa : 181, 188, 202, 244, 248, 252
Newton, Isaac : 9, 59, 157, 290
Nicaise, Claude : 261, 262
Nizolio, Mario : 11
Nointel, Charles Ollier de : 263, 265, 273
Nolte, Zacharias : 252, 253
Nonaka, Ikurjio : 15

O
Olearius, Johann Gottfried : 79
Osiander, Andreas : 8
Outram, William : 297
Owen, John : 226

P
Pallavicino, Ferrante : 140
Palma le Jeune : 132
Papuli, Giovanni : 84
Paracelse (Theophrastus Bombast von Hohenheim) : 130, 178, 182, 189
Patin, Charles : 261
Patin, Guy : 79, 116
Patrizi, Francesco : 196
Peignot, Gabriel : 106
Peiresc, Nicolas-Claude Fabri de : 149, 216, 246
Pélage : 42
Perizonius, Jakob : 266, 289
Petit, Pierre : 265, 266, 274
Pétrarque, François : 46
Pfaff, Christoph Matthäus : 297
Pic de la Mirandole, Jean : 42, 190, 248
Pierre le Grand : 108
Pignoria, Lorenzo : 149, 246

Pinelli, Gianvicenzo : 216
Pinell (marchand) : 100
Placcius, Vincent : 80, 82, 83, 218, 282, 283
Platon : 4, 45, 167, 172, 182, 183, 292
Plutarque : 149, 150, 265, 294
Pocock, John : 25, 294
Polanyi, Michael : 14, 17
Pomponazzi, Pietro : 43, 44, 45, 46, 78, 127, 247, 248, 255, 265
Pona, Francesco : 202
Ponickau, Johann August von : 100
Pope, Alexander : 211
Postel, Guillaume : 101, 249
Ptolémée Aulète : 265
Pufendorf, Samuel : 26, 36, 48, 49, 51, 53, 55, 56, 65, 71

R
Radicati, Alberto : 101
Raimondi, Francesco Paolo : 84
Rainssant, Pierre : 261, 262, 266, 270
Ratke, Wolfgang : 73, 186
Raulff, Ulrich : 205
Rave, Christian : 288
Rawls, John : 77, 95
Rechenberg, Adam : 37
Reddy, William : 237
Reemtsma, Jan Philipp : 140
Reichelt, Julius : 251, 255
Reimarus, Elise : 211
Reimarus, Hermann Samuel : 9, 10, 33, 34, 35, 90, 102, 107, 211, 213, 280, 296, 297, 288, 299
Reimarus, Johann Albert Hinrich : 211, 212, 213
Reimmann, Jakob Friedrich : 38, 82, 87, 99, 216, 281
Reinbeck, Johann Gustav : 165
Reitzer, Christian : 82
Reuchlin, Johannes : 188, 248
Richelieu, Armand-Jean du Plessis, premier duc de : 248
Richter, Christoph Gottlieb : 211, 212
Riposio, Donatella : 139
Rocco, Antonio : 134, 139, 141, 202
Roche, Daniel : 108, 239, 257

Rorty, Richard : 77, 80, 95
Rosa, Salvator : 47
Rosenwein, Barbara : 237
Rostgaard, Frederik : 271
Rousseau, Jean-Jacques : 55
Ruar, Martin : 207
Rudbeck, Olof : 108
Rudenskjöld, baron von : 168
Ruschi, Francesco : 127, 131
Russiliano, Tiberio : 45
Rychner, Max : 277

S
Said, Edward : 238, 262, 295
Saint-Hyacinthe, Themiseul de : 158
Sala, Angelo : 201
Salluste : 286
Salomon : 67, 87
Sarmant, Thierry : 260
Savonarole, Jérôme : 111
Saxl, Fritz : 137, 241
Scaliger, Joseph Juste : 246, 268, 292, 294
Scaliger, Jules César : 78
Schäfer, Peter : 249
Schaffer, Simon : 123
Schelhorn, Johann Georg : 219, 226
Schelling, Friedrich Wilhelm Joseph : 146
Schickhardt, Wilhelm : 193
Schimpfer, Bartholomäus : 194, 202
Schmid, Rudolph Johann Friedrich : 101
Schmidt-Biggemann, Wilhelm : 222
Schmidt, Johann Lorenz : 9, 34, 54, 226
Scholem, Gershom : 166
Schöne, Albrecht : 65, 153
Schoonhovius, Florentius : 130, 170, 171
Schor[er], Johann Ferdinand : 59
Schott, Kaspar : 193
Schramm, Johann Moritz : 79
Schröder (Schröter), Wilhelm (von) : 62
Schröder, Winfried : 166
Schrödter, Gustav : 82, 270

Schupp, Johann Balthasar : 73
Schütz, Alfred : 4
Schwabe, Johann Joachim : 168
Seckendorff, Veit Ludwig von : 62, 219
Seguin, Pierre : 261, 266
Selden, John : 246, 251
Sénèque : 85, 129, 141, 151
Servet, Michel : 3, 18, 19, 79, 98, 101, 106, 109, 111
Severino, Marco Aurelio : 200
Shaftesbury, Anthony Ashley Cooper, troisième comte de : 52, 165, 168, 170
Shaked, Shaul : 249
Shapin, Steven : 123, 137, 143, 215
Shapiro, Barbara : 280, 281
Siger de Brabant : 47
Simon, Richard : 294
Siraisi, Nancy : 262
Skinner, Quentin : 25
Smith, Adam : 53
Smith, Pamela : 59
Socrate : 139, 167, 172
Soll, Jacob : 11, 261
Soner, Ernst : 207
Sorbière, Samuel : 166, 171
Sosa, Ernest : 163
Spalding, Almut : 211
Spalding, Johann Joachim : 168, 169, 170
Spanheim, Ezechiel : 218, 259, 261, 262, 269
Spark, Geraldine : 206
Spencer, John : 292, 294, 296, 297, 298
Spener, Philipp Jakob : 105
Sperling, Otto : 82
Spinoza, Baruch de : 10, 21, 29, 34, 36, 37, 38, 48, 62, 63, 67, 79, 89, 90, 96, 97, 100, 106, 114, 115, 117, 166, 167, 217
Spon, Jacques : 149, 261
Stanley, Thomas : 218, 294
Stauffenberg, Claus Schenk von : 205
Steinwehr, Wolf Balthasar von : 229, 230
Stillingfleet, Edward : 294

Stosch, Friedrich Wilhelm : 98, 101
Strauss, Leo : 27, 36, 91
Strimesius, Johann Samuel : 108
Struve, Burkhard Gotthelf : 115
Stübner, Friedrich Wilhelm : 226, 227, 228, 230, 232, 233, 234
Suétone : 68
Swift, Jonathan : 158

T
Tachenius (Taken, Take), Otto : 21, 197, 198, 199, 200, 201, 203
Tacite : 11, 117
Takeuchi, Hirotaka : 15
Taylor, Charles : 148
Telemann, Georg Philipp : 108
Telesio, Bernardino : 200, 223, 245
Tentzel, Wilhelm Ernst : 115, 218
Tertullien : 116, 244
Thalès de Milet : 218
Thévenot, Melchisédech : 263, 265
Thomasius, Christian : 21, 25, 26, 30, 31, 32, 35, 36, 37, 48, 49, 51, 54, 65, 71, 79, 82, 88, 89, 97, 105, 106, 109, 110, 116, 118, 172, 207, 223
Thomasius, Jakob : 26, 89, 93, 217
Tibère : 68
Tindal, Matthew : 117
Titel, Basilius : 194, 202
Titien : 21, 127
Toinard, Nicolas : 261, 270
Toland, John : 12, 29, 48, 60, 63, 89, 101, 296
Torre, Giorgio : 202
Trinius, Johann Anton : 82
Troki, Isaac : 90

U
Ubaldino, Roberto : 87
Uffenbach, Conrad Zacharias von : 98, 99, 216, 218, 219, 235, 291, 300

V
Vaillant, Jean Foy (Foy-Vaillant) : 258, 261, 262, 263, 267, 268, 269
Valesius, Henricus (Henri de Valois) : 288

Valla, Lorenzo : 11
Vallée, Geoffroy : 98
Valvasense, Francesco : 141
Van Damme, Stéphane : 239, 257
Van den Dyck, Daniel : 127
Van Helmont, Franciscus Mercurius : 200, 201, 202, 203
Van Helmont, Johann Baptist : 200, 201
Vanini, Lucilio (Giulio Cesare) : 29, 48, 49, 63, 78, 79, 80, 82, 84, 85, 87, 88, 89, 93, 94, 101, 106, 110, 111, 113, 116, 175
Vasoli, Cesare : 78
Veblen, Thorstein : 302
Veillon, Marie : 260
Venturi, Franco : 165, 166, 168
Véronèse, Paolo : 139
Vico, Enea : 262
Viterbe, Annius de (Giovanni Nanni) : 289
Vogel, Johann : 207, 210
Vogt, Johann : 109
Vois, Ary de : 57
Völkel, Markus : 139, 142
Vossius, Gerhard Johannes : 57, 251, 281, 287
Vossius, Isaac : 288, 290, 291, 292, 298

W

Wachter, Johann Georg : 33, 38, 101, 107, 116, 166, 167, 168, 169, 171
Wagenseil, Johann Christoph : 90, 91, 113
Wagner, Gabriel : 31, 33, 37, 176
Wagner, Heinrich Theodor : 147
Walser, Robert : 279, 303
Wansleben, Johann Michael : 21, 261, 272
Warburg, Aby : 241, 242
Weber, Max : 4
Weichmann, Christian Friedrich : 108
Weigel, Erhard : 73, 179, 180, 183, 186, 187, 189, 192, 193, 194, 195, 196, 197, 199, 200, 201, 202, 203
Weißmüller, Siegmund Ferdinand : 146, 147, 153, 157, 158, 159, 160, 161

Wekhrlin, Wilhelm Ludwig : 33
Wepfer, Johann : 202
Werner, Thomas : 103
Wernsdorf, Gottlieb : 147
Whiston, William : 290, 291
Wichmann, Christian August : 165
Wilde, Jacob de : 218
Williams, Bernard : 11, 46, 124
Wilmot, John, comte de Rochester : 58
Winckler, Johann : 300
Wind, Edgar : 136, 242
Wittgenstein, Ludwig : 11
Wolfenbüttel, Anton Ulrich von : 146, 155
Wolfenbüttel, Rudolf August von : 154, 155
Wolff, Christian : 31, 66, 145, 157, 165, 167, 168, 171, 172
Wolff, Jacob : 251
Wolff, Johann Heinrich : 158
Wolf, Johann Christoph : 21, 83, 89, 96, 97, 99, 106, 107, 110, 119, 216, 220, 234, 238, 277, 278, 279, 280, 281, 282, 283, 284, 285, 286, 287, 288, 289, 290, 291, 292, 293, 294, 295, 298, 299, 300, 304
Woolf, Daniel : 258
Wowern, Johan von : 279

Z

Zagzebski, Linda : 124, 163
Zähinger, Georg Wilhelm : 234
Zeidler, Johann Gottfried : 62
Zimmermann, Johann Jakob : 219
Zincgref, Julius Wilhelm : 67
Zoroastre : 146, 248, 249, 292
Zschackwitz, Johann Ehrenfried : 112